VERSAILLES
PENDANT L'OCCUPATION
(1870—1871)

RECUEIL DE DOCUMENTS

POUR SERVIR

A

L'HISTOIRE DE L'INVASION ALLEMANDE

PUBLIÉ PAR

E. DELEROT

CONSERVATEUR HONORAIRE DE LA BIBLIOTHÈQUE DE VERSAILLES

NOUVELLE ÉDITION

VERSAILLES

LIBRAIRIE L. BERNARD, ÉDITEUR

1, RUE SATORY, 1.

1900

VERSAILLES

PENDANT L'OCCUPATION ALLEMANDE

19 Septembre 1870 — 12 Mars 1871

VERSAILLES
PENDANT L'OCCUPATION
(1870-1871)

RECUEIL DE DOCUMENTS
POUR SERVIR
A
L'HISTOIRE DE L'INVASION ALLEMANDE

PUBLIÉ PAR

E. DELEROT
CONSERVATEUR HONORAIRE DE LA BIBLIOTHÈQUE DE VERSAILLES

NOUVELLE ÉDITION

VERSAILLES
LIBRAIRIE L. BERNARD, ÉDITEUR
9, RUE SATORY, 9.

1900
Tous droits réservés.

DÉDIÉ

AUX ÉLÈVES DE NOS ÉCOLES

Pour qu'ils n'oublient pas

Versailles, Juillet 1900.

AVERTISSEMENT

Le titre de ce volume en indique nettement le caractère : ce n'est qu'un *Recueil de documents*, juxtaposés selon l'ordre chronologique (1).

On ne doit donc pas chercher ici l'intérêt qui peut s'attacher à un récit composé avec art, et offrant des qualités dramatiques ou pittoresques. En revanche, on y trouvera beaucoup de faits, tous d'une authenticité incontestable, car ils reposent sur des pièces originales signées, qui ont été entre mes mains.

Ces pièces, pour la plupart, avaient été réunies avec le plus grand soin par M. Rameau, maire de Versailles, qui m'a prié de les mettre en ordre. J'en ai tiré cette chronique, destinée principalement aux Versaillais, mais qui, parfois, pourra n'être pas consultée sans quelque fruit par les historiens futurs de l'invasion allemande.

Le plus souvent, je me suis borné à citer les faits, comme un témoin qui dépose dans une enquête; je n'ai donné que le commentaire strictement nécessaire pour l'intelligence des documents publiés. J'avais adopté, de parti pris, le ton et le style du procès-verbal, parce que je ne voulais pas, en écrivant, être tenté de laisser libre passage aux émotions que ces souvenirs ranimaient en moi. Cependant, il est resté de place en place quelques traces de mes sentiments, car certaines personnes m'ont reproché

---

(1) Dans cette nouvelle édition, un certain nombre de pièces administratives d'un intérêt secondaire ont été abrégées ou supprimées. Il suffisait qu'elles eussent été publiées une fois. Quant au texte, j'ai tenu à n'y apporter aucun changement essentiel. Écrit lorsque les troupes ennemies étaient encore campées sur le sol français, ce récit est devenu lui-même un « *Document* » du temps de l'occupation.

d'avoir montré « trop d'animosité » contre nos ennemis. Il est vrai que d'autres m'ont reproché, au contraire, d'avoir été « trop modéré ». En présence de critiques si opposées, je peux croire que j'ai gardé à peu près la mesure qui convenait.

Je dois pourtant l'avouer : pendant le long travail qu'il m'a fallu faire pour rapprocher et coudre ensemble tous ces documents, je ressentais au cœur une amertume qui a pu passer dans plus d'une page. On me pardonnera ce défaut, si c'en est un. C'était trop déjà d'avoir assisté à nos six mois de honte, et il me fallait de nouveau les repasser en détail jour par jour. Bien souvent, j'ai laissé de côté ce récit et je ne l'ai achevé que par devoir et parce qu'il est absolument nécessaire que les contemporains de la dernière guerre témoignent de ce qu'ils ont vu et souffert : il y a là, pour nos enfants, une leçon terrible qu'il nous est interdit de ne pas leur léguer.

A Versailles, plus que partout ailleurs, il était utile de ne pas garder le silence. Notre ville ayant eu le triste privilège de renfermer pendant près de six mois les chefs mêmes de l'invasion, nous étions mieux placés que personne pour apprécier dans quel esprit la campagne de France était conduite. Nous avons pu constater ainsi toute la haine méprisante de la race prussienne pour la race française, haine apprise dès l'école primaire et qui nous surprenait d'autant plus que nous étions, avant la guerre, pleins de préjugés bienveillants pour ce qui venait d'au delà du Rhin. Il y aurait tout un livre à faire sur la formation et le développement de cette haine. Déjà, au XVIIIe siècle, elle éclatait chez Lessing en épigrammes insultantes; de nos jours, Iéna en a fait un dogme national. C'est afin de pouvoir un jour se rassasier de vengeance que le peuple prussien a été transformé patiemment en un puissant instrument d'invasion. Nous avons donc eu bien tort de nous étonner des sentiments que montraient pour nous ces paysans si lourds conduits par ces nobles si durs. Ils obéissaient à une consigne qui leur était répétée dès leur naissance et que leurs pères avaient suivie avant eux. Cette haine maladive pour la France n'était certes pas sans quelques exceptions ; même parmi les officiers, il y avait, nous aimons à le reconnaître, des âmes équitables et paisibles, mais, chose caractéristique, ces officiers étaient silencieux et suspects ; ceux-là seuls, qui montraient pour nous des sentiments d'une violence aveugle, avaient droit à l'influence. Cédant à leurs conseils, la Prusse a découronné sa victoire en se laissant aller à d'audacieux outrages envers le droit des gens ; affichant la ferme volonté d'user en tout de la dernière rigueur, elle a réveillé les vieux instincts des âges de barbarie : un souffle de sauvagerie poméranienne a passé sur l'Europe, où tout aujourd'hui semble être redevenu plus implacable. Il y a là pour nous une raison de croire que la France retrouvera bientôt son jour, car ce que l'esprit prussien menace d'étouffer et de faire disparaître sur le continent, c'est justement ce goût passionné pour les idées chevaleresques et généreuses qui a toujours été la marque du génie français et la rançon brillante de notre légèreté. Oui, hélas ! nous sommes bien légers, mais nous devons préférer ce défaut aux qualités de nos voisins, s'il faut les payer au prix de tout ce qu'il y a dans le caractère d'un peuple de plus sympathique et de plus vraiment humain.

Nous avons pu juger aussi par expérience, à Versailles, comment la Prusse contemporaine entendait l'administration civile des pays occupés : le « préfet » de Brauchitsch est, à ce titre, un échantillon de cupidité curieux à étudier. Ses actes et ceux des subordonnés placés sous ses ordres sont d'autant plus intéressants qu'ils s'accomplissaient sous les yeux du Roi, par conséquent avec son assentiment tacite.

Bien des faits dont nous avons été les témoins nous ont de même renseigné d'une façon très claire sur la valeur réelle de certaines de ces « vertus germaniques » qui, à entendre nos voisins, sont leur propriété exclusive et le privilège distinctif de leur nation. Ayant vécu avec eux dans l'espèce de caserne piétiste qu'ils avaient installée au grand quartier général, nous savons amplement ce que valent leur « moralité allemande », leur « chasteté allemande », leur « loyauté allemande », etc. Ils sont venus nous en donner la mesure exacte, et notre instruction sur ce point s'est singulièrement complétée. Nous avions pris l'habitude assez naïve de ne juger l'Allemagne que sur ses grands poètes; sans cesser d'admirer ces grands poètes, nous saurons désormais qu'il y a en Allemagne, et surtout en Prusse, une réalité très prosaïque qui n'a absolument rien de commun avec les fictions idéales qui nous avaient charmés et dupés.

Malgré son étendue, ce volume, on doit bien le penser, ne renferme le récit que d'une très faible partie des incidents dont notre ville a été le théâtre pendant six mois. Bien des faits me sont restés inconnus; j'ai dû en laisser beaucoup d'autres de côté pour ne pas tomber dans les longueurs et les redites. Ce que Gœthe (un Allemand, pour le remarquer en passant, qui détestait cordialement les Prussiens) a dit de la littérature est encore plus vrai de l'histoire écrite : elle n'est qu'un « fragment de fragment ». Mais quoique forcément incomplète, cette chronique suffira, je crois, à donner une idée exacte de la vie versaillaise pendant les six mois d'occupation prussienne. C'est là toute la tâche que je m'étais imposée.

Versailles, 1871-1873.

VERSAILLES PENDANT L'OCCUPATION

(19 Septembre 1870 — 12 Mars 1871.)

La nouvelle du désastre de Sedan se répandit à Versailles dans l'après-midi du samedi 3 septembre 1870. Elle y fut accueillie avec une douleur d'autant plus profonde que, dès ce moment, on pouvait pressentir que Versailles allait encore, comme en avril 1814 et en juillet 1815, être exposé à toutes les calamités d'une occupation étrangère.

Dans la soirée, un certain nombre de conseillers municipaux se donnèrent rendez-vous chez l'un d'entre eux, M. Edouard Charton, dont le patriotisme et la haute sagesse étaient appréciés de tous. On s'entretint rapidement des mesures que la situation imposait, et il fut décidé qu'avant tout, une démarche serait faite auprès du maire, M. Ploix, pour qu'il voulut bien convoquer le Conseil municipal dès le lendemain matin, de bonne heure.

4—17 septembre. — Le *Journal officiel* qui parut le matin du 4 septembre faisait connaître la séance de nuit tenue par le Corps Législatif. Il avait été annoncé officiellement que Napoléon III s'était rendu à l'ennemi comme prisonnier et avait conclu une capitulation au nom de son armée (composée de plus de 80,000 hommes et de 500 pièces d'artillerie). M. Jules Favre, à la suite de cette communication, avait déposé la proposition suivante : Art. 1er. Louis-Napoléon Bonaparte et sa dynastie sont déclarés déchus des pouvoirs que leur a conférés la Constitution. — Art. 2. Il sera nommé par le Corps Législatif une Commission de Gouvernement.....

La discussion de cette proposition avait été renvoyée par le Corps Législatif à la séance de jour, qui devait s'ouvrir le 4 septembre, à midi.

La séance du Conseil municipal de Versailles s'ouvrit à dix heures du matin. MM. Albert Joly et Housay proposèrent de faire parvenir au Corps Législatif une adresse destinée à appuyer le projet de loi déposé dans la nuit par M. Jules

Favre. M. Édouard Charton rédigea aussitôt cette adresse dans les termes suivants :

Versailles, 4 septembre 1870.

Les membres du Conseil municipal de Versailles soussignés,
Au nom de leurs concitoyens ;
Émus des graves événements qui mettent la France en péril ;
Convaincus de l'urgente nécessité de constituer un Gouvernement provisoire qui ait la confiance du pays ;
Font appel au patriotisme du Corps Législatif et déclarent adhérer à la proposition que M. Jules Favre a lue dans la première séance de ce jour 4 septembre.

L'adresse, revêtue de vingt signatures, fut immédiatement portée à Paris par M. Albert Joly.

Au moment même où ce document était rédigé à Versailles, le Gouvernement impérial disparaissait à Paris et faisait place au « Gouvernement de la Défense Nationale ».

Le *Journal officiel* qui parut le lendemain matin portait le titre de *Journal officiel de la République française* et publiait une proclamation du Gouvernement nouveau, annonçant la déchéance de Napoléon III.

Le Conseil municipal de Versailles était convoqué pour le soir, à huit heures. Dans la journée, l'administration municipale avait résigné ses pouvoirs entre les mains du préfet. Obéissant à de très honorables scrupules, MM. Ploix, Talbot et du Val d'Ailly, en présence du fait politique qui venait de s'accomplir, avaient remis leur démission au préfet. En conséquence, le Conseil municipal, séance tenante, dut procéder à l'élection d'un nouveau maire. Le choix se porta sur M. Rameau, un des doyens du Conseil, connu pour son caractère ferme et ses habitudes de laborieuse activité. Les adjoints élus furent MM. Lasne, Laurent-Hanin et Deroisin.

La nouvelle municipalité adressa aussitôt aux habitants de Versailles la proclamation suivante :

RÉPUBLIQUE FRANÇAISE

VILLE DE VERSAILLES

Habitants de Versailles et chers concitoyens,

Votre Conseil municipal, sous la pression des plus impérieuses nécessités, nous a remis hier les pouvoirs que la présente administration municipale a cru qu'il était de son devoir de résigner. Dans ce moment de crise, il ne saurait être question de formuler un programme : tous nos soins doivent se concentrer exclusivement sur les mesures relatives à la protection de la Ville et à son approvisionnement. Votre attitude nous prouvera votre confiance, comme notre conduite vous démontrera notre dévouement. Soutenons de toutes nos forces le Gouvernement qui a eu le courage de prendre en main la défense de nos intérêts. Vive la République !

L'administration du département changea en même temps que l'administration de la ville. Par un décret du 5 septembre, le Gouvernement de la Défense nationale nommait M. Edouard Charton préfet de Seine-et-Oise, à la place de M. Cornuau.

M. Edouard Charton était alors extrêmement souffrant, et sa première pensée fut de refuser des fonctions que l'état de sa santé lui interdisait d'accepter. Mais, dans la journée même, il reçut de M. Cornuau une lettre dans laquelle celui-ci résignait ses pouvoirs et ajoutait : « Je me hâte, Monsieur, de vous remettre les dépêches parvenues cette nuit à la préfecture. Il y en a de très urgentes et qui réclament une suite immédiate. »

M. Edouard Charton était, par cette lettre, mis en demeure de la façon la plus pressante. Le danger qui pouvait résulter pour le département d'un refus qui suspendait l'administration dans un pareil moment de crise décida M. Charton à remplir, au moins provisoirement, les fonctions qui lui étaient imposées. Il prit donc la direction des affaires du département, et annonça son acceptation par la proclamation suivante :

Le Préfet de Seine-et-Oise à ses concitoyens,

Le Gouvernement me confie l'administration du département de Seine-et-Oise. Il fait appel à mon dévouement : ma conscience m'ordonne d'y répondre.

Aidez-moi, mes concitoyens ! laissons de côté tout sujet de discorde. N'ayons tous qu'un seul sentiment, qu'un seul cri : Sauvons la France !

C'est de l'ensemble des bonnes volontés individuelles que se forme la puissance de l'esprit public. La Liberté se relève : que devant elle, autour d'elle, partout, elle ne voie que des âmes enflammées des sentiments généreux qu'elle seule est capable d'inspirer.

Pas de découragement ! Pas de défaillance !

Il n'est point d'épreuves que nous ne puissions surmonter avec l'union et un ferme courage. L'ennemi ne doit trouver en face de lui que des citoyens graves, fiers, résolus, dont aucun revers n'a abattu ni le patriotisme ni l'espérance.

Le Préfet : Edouard CHARTON (1).

Le Conseil municipal se réunit à deux heures. M. Rameau lui soumit les mesures qu'il avait dû prendre d'urgence. Dès qu'il avait été élu, il avait eu une entrevue avec le général commandant la subdivision, M. de Longuerue, pour conférer avec lui sur les dispositions à prendre au moment, hélas ! trop prochain où le territoire de la ville serait menacé par l'ennemi, qui marchait rapidement, sans trouver de résistance, dans la direction de Paris.

(1) M. Charton, conformément à une déclaration faite alors par lui, ne consentit à accepter aucun traitement.

M. de Longuerue avait communiqué au maire l'instruction du général de la 1re division. Il y était dit :

..... On ne saurait donner que des indications générales, l'autorité locale pouvant seule apprécier le meilleur parti à prendre en présence des événements, en tenant compte des circonstances particulières. — Toutefois, il est certaines dispositions dont l'application pourra toujours être très utilement recommandée. Ainsi, en l'absence de troupes de ligne, il devra être fait appel à la garde nationale mobile ou sédentaire, pour l'organisation sur les voies de communications d'un service d'éclaireurs et la formation de détachements destinés à protéger les chemins de fer et les gares contre toute tentative de destruction de la part des ennemis. Si l'ennemi se présente en nombre trop considérable pour qu'on puisse songer à le repousser, il faut se retirer sur un point où la résistance soit possible, après avoir détruit les ponts, barricadé les routes et chemins, et enfin pris toutes les mesures de nature à arrêter ou retarder sa marche, en se concertant avec les services des ponts et chaussées et le génie militaire. Toutefois, il est entendu qu'en ce qui concerne les chemins de fer, ce soin doit être laissé aux officiers du génie, qui sont chargés sur chaque ligne de couper la voie, quand cela devient nécessaire, et qui disposent d'un personnel suffisant à cet effet. En dehors de ces dispositions, qui trouveront toujours leur application partout où l'on pourra craindre l'approche de l'ennemi, je ne saurais indiquer à l'avance à chacun la conduite qu'il devra tenir à un moment donné. Ceux-là seuls qui sont sur les lieux peuvent apprécier ce que les circonstances réclament, et ils devront user de l'initiative qui leur appartient nécessairement dans des conjonctures comme celles où nous nous trouvons aujourd'hui. J'ai l'honneur de vous inviter à vouloir bien, le cas échéant, faire une exacte et judicieuse application des dispositions ci-dessus.

Après avoir pris connaissance de cette pièce, le maire écrivit à M. de Longuerue :

Général..... Je crois devoir consigner ici l'impression que j'ai ressentie, et que vous m'avez paru partager, au sujet de l'application de ces dispositions à la ville de Versailles..... Il faudrait pour défendre la ville de Versailles, ouverte de tous côtés, environnée de hauteurs boisées qui la dominent, percée de larges avenues et de trois lignes de chemins de fer, une très nombreuse garnison et des ouvrages en terre garnis d'artillerie sur les hauteurs. Or, la ville de Versailles ne possède ni une garnison appartenant à l'armée, ni un ouvrage défensif quelconque. Elle n'a qu'une garde nationale sédentaire composée de près de trois mille hommes, mais réorganisée depuis quelques semaines et armée depuis quelques jours seulement, qui commencent à faire l'exercice, mais n'ont pour la plupart jamais tiré un coup de fusil, et sur laquelle leurs officiers n'ont encore pu acquérir aucune autorité.

Ces renseignements, que je voudrais qualifier de confidentiels, mais qui, malheureusement, sont de toute notoriété dans la ville, ne permettent pas de se dissimuler que la ville est hors d'état de pouvoir être défendue stratégiquement dans l'état actuel.

Cependant la population, je n'en doute pas, et la garde nationale ne voudraient pas subir l'humiliation d'une incursion et d'une sorte de pillage par des éclaireurs ou maraudeurs. En conséquence, et pour éviter cette insulte, voici les mesures que j'ai concertées avec le colonel de la garde nationale sédentaire :

Les quatorze barrières de la ville seront fermées aussitôt que la présence de l'ennemi aura été signalée à une distance de quelques heures de marche ; à chacune d'elles un poste de dix à quinze hommes de la garde nationale sédentaire y sera établi de jour et de nuit, avec une consigne consistant à refuser positivement l'entrée de la ville aux éclaireurs en question ; s'il s'agissait d'un régiment, même de plusieurs escadrons seulement, le chef de poste inviterait le corps ennemi à envoyer un officier comme parlementaire à l'Hôtel-de-Ville, où le maire de la ville serait appuyé par un poste de trente ou quarante hommes et pourrait ouvrir une conférence sur les conditions du passage des troupes à travers la ville.

Je dois dire ici que notre garde nationale n'est pas encore habillée complètement, mais je veillerai à ce qu'aux portes des barrières, les hommes de garde aient tous le képi et la vareuse ; les autres qui n'ont pas de vareuse ont un brassard tricolore timbré par la municipalité. Je vous prie, Général, de faire connaître à qui de droit les dispositions ci-dessus que je signale également à M. le préfet.

Permettez-moi maintenant d'appeler votre attention la plus sérieuse sur deux faits qui sont de nature, en ce moment, à menacer la tranquillité et même la sûreté de la ville. Le premier concerne les militaires isolés, qui affluent en ce moment dans Versailles, quelques-uns, cavaliers démontés ou blessés, que l'autorité militaire paraît vouloir laisser se refaire dans notre ville. Or, je vous signale ceci : c'est que si l'ennemi pénétrait d'ici à quelques jours dans notre ville, ces pauvres soldats pourraient être faits prisonniers de guerre, même insultés et blessés ; et comme plusieurs d'entre eux, encore valides, pourraient vouloir se défendre, un véritable mais très inégal combat se livrerait dans nos rues, la population s'y mêlerait et des conséquences déplorables pourraient s'ensuivre pour cette ville ouverte, livrée à un ennemi toujours si nombreux. Je réclame de la manière la plus énergique, au nom et dans l'intérêt de notre malheureuse armée, et aussi au nom de la ville, que ces débris de régiments soient de suite mis à l'abri des fortifications de Paris.

Le second point concerne les quinze à dix-huit cents voitures de fourrages qui sont dans les magasins militaires de Versailles. Il paraît que l'ordre de les incendier aurait été lancé d'une manière générale, et si ce fait malheureux se produisait, il pourrait avoir pour conséquence la ruine de tout un quartier, peut-être de toute la ville. Jamais la population n'assisterait passivement à une pareille exécution, et certainement l'instinct de la conservation l'emporterait sur le respect des ordres donnés. Je ne doute pas que la population s'y opposât. Que l'autorité militaire permette immédiatement à toute personne qui le pourra d'enlever une partie de ces fourrages, et il en restera peu en quelques jours. D'ailleurs, ne vaudrait-il pas mieux les laisser emporter ainsi par des Français que de les livrer à des Allemands ou de montrer à ceux-ci les traces de l'incendie, ce qui pourrait les amener par vengeance à brûler les maisons voisines. Il en serait de même des fours de la manutention que l'on veut détruire ; si le fait se produit, les ennemis s'empareront des fours de toute la ville et pourront l'affamer ; de même que, faute de fourrages, si on les brûle, les ennemis feront payer à la ville de Versailles les fourrages qu'ils achèteront dans les campagnes voisines. Un grand mal aura été produit sans nuire à l'ennemi. Je vous prie de la manière la plus instante, Général, pour que cet ordre *inexécutable* soit révoqué.

Une copie de cette lettre fut adressée à M. Charton, qui approuva les dispositions prises (1).

En même temps qu'il consultait le général de la subdivision, le maire, d'accord avec le chef de la garde nationale sédentaire, M. le colonel Michel (ancien colonel d'infanterie), prenait toutes les mesures nécessaires relatives : à l'organisation des cadres, qui étaient encore en formation ; à l'armement, qui se composait *d'anciens fusils à piston* en assez mauvais état ; à l'installation des postes qu'il fallait établir à toutes les entrées de la ville.

Après avoir adopté ces premières dispositions, l'administration municipale s'occupa immédiatement d'une autre question tout aussi urgente : l'approvisionnement de la ville.

Les boulangers et les bouchers furent convoqués et le maire étudia avec eux les moyens propres à empêcher la disette de pain et de viande, lorsque les communications avec les marchés voisins deviendraient difficiles ou impossibles. Des syndicats furent organisés pour simplifier les rapports avec l'administration municipale.

A côté des difficultés alimentaires se présentaient avec non moins de gravité des difficultés financières. L'encaissement de la ville, résultant de son compte au Trésor public (397,625 fr. 28), allait partir pour Paris avec le trésorier-payeur général ; les fonds du Bureau de Bienfaisance (70,072 fr. 94) allaient suivre la même route. La Caisse d'épargne allait cesser ses remboursements. Le Mont-de-Piété allait cesser ses engagements. Les produits de l'octroi allaient faire défaut. Le départ du trésorier-payeur général pour Paris, et l'interruption de toutes les communications, allaient rendre impossibles les payements à faire, notamment aux pensionnaires et rentiers de l'Etat habitant Versailles et aux employés de tous les services de l'Etat et de la ville. Comment résoudre ces difficultés financières ?...

Il fallut provisoirement ajourner la solution de ces problèmes, pour ne songer qu'au point capital : la protection de la ville contre les insultes des ennemis.

La journée du 7 septembre fut consacrée à ce soin. Toutes les barrières furent visitées et chaque chef de poste reçut un nombre de cartouches en rapport avec le nombre des fusils du poste. Quant aux accès de la ville qui communiquaient, sans barrières, avec le grand et le petit Parc, il était impossible de les garder, à cause de leur très grande étendue. Ce côté n'était donc pas défendu.

(1) Les fourrages furent presque tous portés à Paris ou vendus rapidement à bas prix. On put aussi distribuer aux indigents la provision de biscuit des Magasins de l'armée.

Le 8 septembre, au matin, le maire soumit au général de Longuerue les propositions contenues dans cette nouvelle lettre :

Général, la garde nationale de Versailles, dont l'organisation, au point de vue de l'instruction militaire et de l'habillement, est ma principale préoccupation, peut se diviser en trois catégories très dissemblables, quant au nombre des gardes nationaux qu'elles renferment.

La plus grande partie de ce qui forme aujourd'hui nos trois bataillons, et que le projet dont je viens vous entretenir réduirait au plus à deux, comprend les pères de famille, les hommes d'un certain âge, et qui ont toujours été depuis près de vingt ans tellement étrangers au métier des armes, qu'il sera bien difficile avant longtemps peut-être de les mettre en état de bien se servir de leurs armes et surtout de faire le coup de feu devant l'ennemi. Je considère cette catégorie comme devant être appliquée au service d'ordre et de police dans la ville, même à la défense contre des éclaireurs et maraudeurs de l'ennemi, mais elle serait, je le crains bien, hors d'état actuellement de repousser l'attaque sérieuse d'un corps ennemi voulant pénétrer de vive force dans la ville.

Dans la seconde catégorie, je placerais les jeunes gens, les célibataires, les hommes ayant déjà servi dans l'armée, ceux que la famille retient moins à la maison, et qui, formés en très peu de jours au maniement de leurs armes, sont déjà en mesure de s'en servir avec force et adresse contre l'ennemi, surtout s'ils étaient placés derrière un rempart ; je serais d'avis d'en former, sur leur demande, un *Bataillon de Volontaires*, qui pourrait être envoyé à Paris ou dans un fort, et y rendre de grands services pour la défense de la capitale.

Enfin, la dernière partie comprendrait des hommes de tout âge, vigoureux, hardis, chasseurs et bons tireurs, très disposés à faire le service de tirailleurs et d'éclaireurs dans les bois et les montagnes ; ce serait notre compagnie de *Francs-tireurs volontaires*.

Pour dégarnir les rangs de notre garde nationale, il faut par des affiches faire appel aux volontaires des deux catégories que je viens de vous indiquer. Je n'ai pas cru pouvoir me permettre cette publicité sans l'aveu de l'autorité militaire, qui dispose en ce moment de toutes les forces du pays.

Je vous prie donc, Général, de vouloir bien me faire savoir si vous m'autorisez à procéder à la formation, par la voie d'un appel public fait aux volontaires, d'un *Bataillon de Volontaires* pour servir *extra-muros*, et d'une *Compagnie de Francs-tireurs* qui serait mise également à la disposition de l'armée.

Le général de Longuerue ayant approuvé les propositions faites par le maire, l'avis suivant fut placardé :

RÉPUBLIQUE FRANÇAISE

VILLE DE VERSAILLES

Des engagements sont reçus chaque jour, à la Mairie de Versailles, au bureau de la Garde nationale, de la part de tout garde national de la légion qui voudrait faire partie d'un *Bataillon de Volontaires* de la Garde nationale de Versailles, en formation, pour être mis à la disposition de l'autorité militaire et concourir à la défense de la capitale et de ses forts détachés. On fait appel, par préférence, aux célibataires et aux jeunes gens.

Des crédits s'élevant à un total de 5,000 francs furent successivement votés par le Conseil municipal pour l'équipement et l'armement de ce bataillon de volontaires de la garde nationale.

Quant au corps de francs-tireurs qui cherchait à s'organiser, M. Angé demanda en son nom un crédit de 500 francs pour l'achat de haches. Ce crédit était le seul qui fût nécessaire, les francs-tireurs se chargeant du reste de leur armement et de leur équipement. Le crédit fut accordé, mais il resta sans emploi, divers obstacles d'ordre administratif s'étant opposés à la formation de ce corps indépendant. Déjà, du reste, un essai du même genre avait été tenté en vain, dès le mois d'août. Après les premières défaites de Forbach et de Reischoffen, l'appel suivant avait été affiché à Versailles :

Compagnie des francs-tireurs versaillais.

Amis,

La Patrie est en danger! Etre ou n'être plus, telle est l'alternative imposée à la France !...

Il y a un devoir, et il n'y en a plus qu'un pour tout homme de cœur : vaincre ou mourir! Venez vous joindre à nous! Que tout homme de plus de 30 ans, brave, sachant tenir un fusil, s'engage dans la compagnie des Francs-tireurs volontaires.

Plus qu'une pensée : la France ! un but : la victoire !

Georges LEGRAND, Léon RAMEAU, Henri RAMEAU, Jules CHARTON, DIEULEVEUT, etc.

Le chiffre des volontaires s'était élevé, en quelques jours, à 60. Le capitaine Janselme avait été commissionné par le général de la subdivision comme chef de la compagnie; les cadres furent rapidement constitués, et tout faisait espérer que le but poursuivi serait atteint, quand la nouvelle loi militaire du 10 août vint enlever à la compagnie ses principaux éléments et en empêcha la formation. Plusieurs de ses organisateurs entrèrent alors dans l'armée régulière; nous citerons entre autres les deux fils du maire, MM. Léon Rameau, inspecteur des finances, et Henri Rameau, attaché au ministère des affaires étrangères, qui s'engagèrent immédiatement comme simples soldats dans un régiment d'infanterie de ligne et firent la campagne de Paris. De son côté, le fils du préfet, M. Jules Charton, ingénieur, se rendit, dès l'entrée des Prussiens à Versailles, auprès du ministre de la guerre, qui lui confia plusieurs importantes missions militaires en province.

Le *Journal officiel* du 7 septembre avait publié le manifeste que M. Jules Favre, ministre des affaires étrangères, venait d'adresser aux puissances. Dans cette circulaire, il était dit :

Le roi de Prusse a déclaré qu'il faisait la guerre, non à la France, mais à la dynastie impériale. La dynastie est à terre... Le roi de Prusse veut-il continuer une lutte impie qui lui sera au moins aussi fatale qu'à nous? Veut-il donner au monde du XIXe siècle le cruel spectacle de deux nations qui s'entre-détruisent, et qui, oublieuses de l'humanité, de la raison, de la science, accumulent les ruines et les cadavres?

Libre à lui! qu'il assume cette responsabilité devant le monde et devant l'histoire!...

Je résume d'un mot nos résolutions devant Dieu qui nous entend, devant la postérité qui nous jugera : nous ne voulons que la paix. Mais si l'on continue contre nous une guerre funeste que nous avons condamnée, nous ferons notre devoir jusqu'au bout...

Dans sa séance du 8, le Conseil municipal, à l'unanimité, vota l'adresse suivante :

Le Conseil municipal de la ville de Versailles déclare donner son adhésion pleine et entière au Manifeste du Ministre des affaires étrangères. M. le Ministre a exprimé en termes dignes et nobles ce que voulait la France et ce que doivent vouloir tous les vrais citoyens. La ville de Versailles, par l'organe de son Conseil municipal, l'en remercie et charge son Maire de lui transmettre l'expression vive et sincère de ses sentiments.

Obéissant à des ordres généraux envoyés par le ministère de la guerre, les soldats du génie avaient entouré la gare des Chantiers de travaux de défense; en même temps, les routes des environs avaient été, sur plusieurs points, coupées par des fossés. Ces travaux, qui furent, du reste, bientôt abandonnés, ne devaient pas arrêter l'ennemi, mais ils eurent pour résultat de faire quitter Versailles par un très grand nombre de familles, désireuses de mettre à l'abri les vieillards, les femmes et les enfants. Des passeports furent demandés par centaines. Une foule immense se pressait à la gare du chemin de fer de Rennes; les quais étaient encombrés, non seulement de malles, mais de mobiliers; on aurait cru qu'une partie de la ville avait brûlé, et qu'on avait déposé là tout ce qui avait pu être sauvé. Chaque départ de train était l'occasion de scènes tumultueuses; on luttait pour monter dans les wagons qui arrivaient de Paris déjà surchargés. Les voyageurs qui n'avaient pu partir attendaient des journées entières et même couchaient dans la gare pour attendre le passage d'autres trains dont ils espéraient faire le siège avec plus de succès.

Cette panique n'était pas moins vive dans les campagnes. Là, elle était due, non pas tant aux tranchées creusées sur les routes, qu'à un ordre télégraphique lancé de Paris le 5 septembre et ainsi conçu :

Faites immédiatement évacuer sur Paris toutes les récoltes ou denrées qui pourraient approvisionner l'ennemi qui s'approche. *Celles qui resteront devront être brûlées.*

Cet ordre avait été accueilli dans les campagnes avec un étonnement auquel avait bientôt fait place une vive irritation. Les petits fermiers se demandaient où ils iraient et qui les nourrirait, quand ils auraient brûlé des meules, des granges pleines dont l'incendie se communiquerait peut-être à leurs maisons. Il était enjoint de « faire le vide »; mais cette injonction tardive était-elle d'une exécution possible dans une contrée où la population est si compacte? Cependant, des francs-tireurs se répandirent dans les villages pour brûler les moissons. Sur certains points, les paysans se disposèrent à défendre leurs récoltes; sur d'autres, ils émigrèrent en masse, emportant tout ce qu'ils pouvaient, fuyant au hasard, vers la Bretagne, disaient-ils, c'est-à-dire vers le côté qu'ils savaient vaguement être le plus opposé à celui d'où venait l'ennemi. A partir du 7 septembre, on vit chaque jour passer à Versailles de longues files de chariots conduits par des paysans qui allaient devant eux, sans savoir où, avec la résignation du désespoir; les chariots étaient chargés de blé, de paille, de foin; sur ces débris de moissons, entassés à la hâte, on apercevait souvent toute la famille du paysan, depuis la vieille grand'mère jusqu'à l'enfant à la mamelle. Derrière venaient des charrettes portant les parties les plus précieuses du ménage, et puis venaient enfin des troupeaux de bœufs ou de vaches, se traînant déjà péniblement et destinés à tomber peu à peu de fatigue sur les routes. Dans la journée du 10, on compta ainsi au passage plus de 200 bestiaux escortant des familles de petits cultivateurs. Marchant dans le sens opposé, d'autres chariots portaient en toute hâte à Paris les approvisionnements que la capitale réclamait pour subir le siège. Mêlés à toutes ces voitures qui se croisaient sans cesse sur l'avenue de Paris et dans la rue des Chantiers, on rencontrait des cavaliers ou des fantassins isolés qui revenaient de Sedan ou de Forbach, amaigris, harassés, sans armes, l'uniforme en lambeaux. D'autres soldats, incomplètement équipés, passaient par groupes nombreux : c'étaient les recrues nouvelles, les jeunes mobiles de province qui allaient s'enfermer dans Paris pour le défendre.

Rien ne saurait rendre la tristesse et la confusion de ce tableau qui se déroula sous nos yeux, sans interruption, pendant près de quinze jours, et qui fut pour Versailles le prologue poignant de l'invasion.

Des télégrammes officiels annonçaient l'approche de plus en plus rapide de l'armée allemande. Le dimanche 11, elle pénétrait dans le département de Seine-et-Marne. Le même jour, une revue de la Garde nationale de Versailles fut passée sur la place d'Armes par le colonel et la municipalité. Avant le défilé, les trois bataillons ayant été massés en colonne et les officiers appelés au centre, le maire prononça l'allocution suivante :

Gardes nationaux de Versailles!

Les périls de la Patrie exigent de vous les plus virils efforts! A ce cri : « *La Patrie est en danger,* » nos pères étaient debout, prêts à tous les sacrifices, même celui de leur vie, s'il le fallait. Prouvons que nous ne sommes pas des fils dégénérés. Mais la République n'exige que des sacrifices utiles. Il en est un grand nombre parmi vous qui ne sauraient pas se servir utilement de leurs armes devant l'ennemi ; qu'ils restent dans la cité pour la protection de nos familles. Quant aux autres, plus heureux parce qu'ils sont plus habiles, la ville de Versailles a résolu d'en former comme un BATAILLON D'HONNEUR, qu'elle sera fière d'envoyer à Paris pour concourir à sauver la tête et le cœur de la France. Nous leur disons : Courez à la mairie inscrire vos noms sur la liste qui se couvre de signatures! Vos magistrats municipaux vous y convient ; ils veilleront avec sollicitude sur vos familles, et nos descendants diront de vous un jour : Ils ont bien mérité de la Patrie! Vive la République !

Cette allocution fut accueillie par de chaleureuses acclamations, et le défilé se fit aux cris de : Vive la République !

Après cette revue, le maire visita de nouveau les postes, et recommanda partout l'exacte et scrupuleuse observation des ordres donnés. Pour mieux en assurer l'exécution, une consigne plus précise fut rédigée. Soumise au Conseil, et approuvée par lui, elle fut affichée dans chacun des postes. Cette consigne était ainsi conçue :

CONSIGNE

Dès que la nuit est venue, le chef de poste doit veiller à la fermeture des portes et grilles par l'employé de l'octroi. L'ouverture d'*une seule porte* ne doit avoir lieu que vers six heures du matin.

Le chef de poste doit se tenir, par des patrouilles ou rondes, en communication avec les deux barrières les plus voisines, à sa droite et à sa gauche.

A l'approche d'une troupe armée, le factionnaire placé devant la grille doit crier : *Qui vive?* et le poste prendre les armes.

S'il s'agit d'une troupe ennemie répondant et demandant à pénétrer dans la ville, le chef du poste doit refuser d'ouvrir les portes, et dire qu'il a ordre de n'introduire qu'un *parlementaire,* et cela seulement si la troupe est commandée par un officier.

Si un parlementaire est introduit, le poste, qui restera sous les armes, doit prendre les précautions nécessaires pour que le parlementaire soit seul admis, et les portes aussitôt refermées. — Les hommes de garde doivent s'abstenir de toute communication avec l'ennemi, et de suite faire prévenir de ce qui se passe les deux plus proches barrières de droite et de gauche.

Le parlementaire doit être conduit à la mairie, où il y a toujours un représentant de l'administration municipale.

La présente consigne sera affichée dans chaque poste.

Dès le mois de juillet, au moment où la guerre avait été déclarée, la *Société internationale de secours aux blessés* avait adressé un appel à tout le pays, pour que des ambulances fussent organisées et des souscriptions recueillies. De son côté, le Gouvernement avait provoqué la création de *Comités départementaux*, formés sous ses auspices, et chargés également de recueillir des cotisations en argent et en nature. La population de Versailles, fidèle à son esprit de charité, avait répondu avec le plus généreux empressement à ces divers appels. En même temps s'était formé, à la mairie même, un atelier de dames, où le linge était transformé rapidement en bandages et en charpie. La femme du préfet, Mme Cornuau, avait pris la direction de ces travaux avec le dévouement sincère dont elle avait déjà fait preuve à Amiens lors de l'invasion d'un autre fléau. Dans la plupart des familles, les femmes, les enfants même travaillaient pour les blessés, et les ballots envoyés à la mairie remplissaient des salles entières. Des troncs placés chez les commerçants et autour du marché se remplissaient chaque jour d'offrandes abondantes.

Dans le premier moment, ces cotisations et ces dons, destinés par les habitants tantôt à la *Société internationale*, tantôt au *Comité départemental*, avaient presque tous été reçus et centralisés à la mairie : vers le milieu du mois d'août, le Comité sectionnaire versaillais de la Société internationale, pour ne pas prolonger cette confusion, qui pouvait lui être préjudiciable, s'installa à l'hôtel des Réservoirs. — Le Comité avait alors pour président M. Rameau. Elu maire, M. Rameau transmit ses pouvoirs à M. Horace Delaroche. A ce même moment, l'atelier de dames installé à la mairie se trouva à peu près dispersé par l'émigration. Il se reforma à l'hôtel des Réservoirs, sous la présidence de Mme Horace Delaroche, qui le maintint en activité pendant toute la durée de l'occupation. Le Comité départemental et le Comité de la Société internationale, qui d'abord s'étaient trouvés en concurrence et même un peu en rivalité pour le bien à faire, se mirent tout à fait d'accord, afin qu'il n'y eût aucun double emploi dans l'action également utile qu'ils exerçaient. Le Comité *départemental* se chargea exclusivement des secours aux *familles* des militaires blessés ou tués; le Comité de la Société *internationale* se chargea de l'organisation des ambulances et des soins à donner aux blessés sur le champ de bataille, dans les combats qui devaient inévitablement avoir lieu autour de Versailles.

La première mesure prise par le Comité de la Société internationale pour organiser ce service avait été de convoquer les médecins à l'hôtel des Réservoirs, afin de s'assurer de leur concours. Les médecins, réunis le 20 août, se mirent avec un entier désintéressement au service du Comité. Les pharmaciens, réunis le 24, déclarèrent qu'ils livreraient les médicaments au prix coûtant ; les négociants en vin prirent un engagement analogue. En dehors des préparatifs faits dans les deux hôpitaux civil et militaire, des lits furent disposés pour les blessés au Château, au Lycée et dans un très grand nombre d'habitations ; on dressa des listes d'ambulanciers, de brancardiers, de voituriers qui devaient toujours se tenir prêts à marcher au premier signal. En un mot, toutes les précautions furent prises pour que les secours fussent donnés avec promptitude et régularité dès qu'ils seraient demandés. Au commencement de septembre, on avait annoncé que le nombre des blessés était déjà immense ; cependant Versailles, malgré toutes les démarches pour en recevoir, n'en voyait arriver aucun : l'intendance avait préféré les diriger sur les villes du centre. On gardait Versailles, disait-on, pour les blessés de Metz et de la grande bataille qui devait se livrer devant Paris. Cette grande bataille ne se livra pas, et Versailles fut occupé par les Prussiens avant d'avoir reçu les blessés auxquels tant d'habitants de notre ville avaient demandé instamment de consacrer leurs soins. Notre ville, occupée par l'ennemi, n'eut pas même la triste consolation, qu'elle avait pourtant implorée de tous côtés, de pouvoir distraire un peu sa pensée de la présence du vainqueur en soulageant et en soignant les vaincus.

Le 8 septembre, le Comité versaillais de la Société internationale, dans un nouvel appel adressé aux habitants de Versailles, disait :

La Société dispose, à Versailles seulement, de plus de 400 lits offerts par les particuliers, avec soins et nourriture pour les blessés qu'ils s'engagent à recueillir. Les communautés, les établissements publics, le Château offrent un nombre de lits au moins égal et le total approche de 1,500, si l'on y fait entrer des demandes d'inscription qui nous parviennent de beaucoup de communes du département. Enfin, nous pouvons annoncer l'installation au Château d'une ambulance hollandaise, munie de ressources considérables et dirigée par l'un des fondateurs de la Société internationale de secours aux blessés militaires, M. le capitaine de navire Vandevelt, qui veut bien nous apporter le concours de son dévouement et de sa longue expérience. La Société pourrait disposer, en outre, d'un certain nombre de locaux importants, mais entièrement dégarnis. Aussi toutes les offres de matériel, tels que lits, matelas, draps, couvertures, mobilier de toute sorte à l'usage des ambulances, seront-elles accueillies avec la plus vive reconnaissance.

Les deux Comités rappellent en même temps que les insignes de la Société, quels qu'ils soient, croix, brassards, drapeaux, etc., ne constituent une sauvegarde que s'ils portent son estampille et s'ils sont, en outre, l'indice d'un service actif et sérieux, ou d'une hospitalité effective et présente accordée à un blessé.

Dans toute autre circonstance, ces insignes exposeraient, au contraire, les personnes qui les porteraient, ou les maisons qui les arboreraient sans motif légitime, à toutes les rigueurs des lois militaires.

Le 13, l'ennemi était déjà assez près pour que le préfet adressât au maire la lettre suivante :

Monsieur le Maire, l'ennemi se rapprochant de notre département, il est urgent de mettre en lieu de sûreté les archives des communes et notamment les registres de l'état civil. Je vous invite à prendre immédiatement les mesures nécessaires pour assurer la conservation et l'intégrité de ces documents importants.....

Les prescriptions du préfet furent aussitôt mises à exécution.

Le 14, un ordre de l'autorité militaire supérieure enjoignit d'évacuer sur Paris la poudrière de Versailles.

Le maire, après avoir reçu cet ordre, fit dresser le procès-verbal suivant :

Nous, Maire de Versailles, considérant que le dépôt des poudres et cartouches est placé sous les ordres de l'administration de la guerre;

Que le général commandant la subdivision, excipant d'ordres venus de Paris de la part du Gouvernement de la Défense, et ayant pour but de faire le vide en matière de munitions et fourrages dans le rayon où l'action de l'ennemi peut s'exercer, la ville de Versailles ne pouvait ni ne voulait contrecarrer ces ordres;

Que cependant, en admettant comme très vraisemblable l'opinion généralement admise que Versailles ne pourrait ni soutenir un siège, ni résister à une force importante de l'ennemi, la ville a toujours manifesté la volonté de ne pas se laisser insulter et rançonner par des éclaireurs ou maraudeurs de l'ennemi;

Qu'à ce point de vue, elle refusera l'entrée de ses murs auxdits éclaireurs et peut être dans la nécessité, soit pour les repousser, s'ils attaquent, soit dans tous les cas pour maintenir l'ordre public, de faire un service de police dans la ville, même après l'occupation par l'ennemi;

Invitons M. le lieutenant-colonel commandant de place à exprimer à M. le général commandant la subdivision le vif désir, au nom de la garde nationale de la ville, de conserver une réserve dans la poudrière de Versailles, d'au moins 25,000 cartouches.

Ce même jour, à deux heures, une première compagnie de gardes nationaux volontaires, composée de 100 hommes, partit pour Paris, pleine du meilleur esprit, et aux cris de : Vive la République! Cette compagnie fut bientôt suivie de deux autres, qui formèrent un bataillon complet.

Pendant tout le siège de Paris, cette troupe, que le maire avait baptisée du nom de *Bataillon d'honneur* de Versailles, devait justifier son titre en se faisant remarquer par le zèle et la persévérance patriotiques avec lesquels elle s'acquitta de son service.

Le siège de Paris devenait imminent, et cependant les travaux nécessaires à la défense étaient bien loin d'être complets;

c'est dans ces derniers jours seulement qu'on s'en occupa avec énergie. Le maire mit à exécution, en ce qui le concernait, les mesures ordonnées par la dépêche suivante, adressée par le ministre des travaux publics au ministre de l'intérieur, et transmise aux maires et aux préfets :

Vous êtes prié de vous mettre en rapport avec les ingénieurs des ponts et chaussées, les maires et les inspecteurs des forêts, pour requérir le plus grand nombre possible de terrassiers destinés aux forts de Châtillon, des Bruyères, de Sèvres, de Montretout, et le plus grand nombre possible de bûcherons pour faire les abatis, d'accord avec les officiers du génie et d'état-major...

Tout indiquait qu'il ne s'écoulerait pas beaucoup de journées sans que l'ennemi ne parût; l'anxiété était grande; dans ces circonstances, la proclamation suivante du préfet fut accueillie par la population avec une vive émotion et contribua à donner aux âmes la force et le calme qui leur étaient si nécessaires :

RÉPUBLIQUE FRANÇAISE

VILLE DE VERSAILLES

Chers concitoyens,

Voici les grands jours d'épreuve.
Nous souffrons tous cruellement. Mais ne sentons-nous pas nos cœurs s'élever dans la souffrance?
Avons-nous jamais aimé plus qu'en ce moment notre chère Patrie? Prouvons-le donc cet amour!
Debout, jeunes gens généreux, hommes énergiques de notre garde nationale!
Serrez-vous sous les ordres de vos chefs; obéissez, soit qu'ils vous conduisent à Paris, soit qu'ils fassent appel sur d'autres points à votre courage.
N'interdisez à votre patriotique ardeur que les actes isolés au milieu de populations sans défense; ils ne pourraient qu'attirer des représailles terribles.
Devant l'ennemi, l'indiscipline et la discorde ne sont que les prétextes de la lâcheté.
Mes concitoyens, mes amis, mes frères, dans cette crise suprême, étouffons tout sentiment vulgaire et égoïste! N'ayons devant les yeux qu'une image, notre Patrie outragée, frémissante! Au nom de tout ce que vous avez de plus sacré, qu'elle n'ait pas à rougir de ses enfants!
Nous tous, armés ou non, soyons hommes, montrons-nous dignes de nos pères, relevons les timides, soutenons les faibles, faisons honte aux défaillances; pensons aux autres plus qu'à nous-mêmes. Ouvrons nos cœurs, entr'aidons-nous, ne nous divisons pas!
Vive la Patrie!

Le Préfet : E. CHARTON.

Les conseils donnés par cette proclamation indiquent quelques-unes des difficultés morales qui s'ajoutaient aux périls de la situation militaire. Nous ne devons pas hésiter à le dire :

s'il y avait alors dans bien des cœurs le désir de l'action, l'élan vers le sacrifice, dans bien d'autres on ne trouvait que l'indifférence et l'inerte résignation. Il semblait que le mot de Patrie n'éveillât plus qu'une idée confuse, incapable de secouer la torpeur égoïste dans laquelle trop d'intelligences s'étaient habituées à vivre depuis vingt ans.

Un ordre que le maire avait été obligé de donner quelques jours auparavant atteste combien la situation si désastreuse du pays préoccupait peu certains esprits, atteints d'une incurable frivolité. Au moment même où la présence de l'ennemi était signalée dans les départements voisins, où chaque jour des combats sanglants avaient lieu pour la défense du sol, des habitants de Versailles et des environs s'étaient répandus dans les parcs autrefois réservés, et se livraient joyeusement à la chasse. Pour mettre enfin un terme à ces parties de plaisir, il fallut que l'autorité municipale rappelât sévèrement les lois sur la chasse et fit saisir, aux barrières, le gibier tué. Un grand nombre de pièces furent ainsi enlevées aux chasseurs et distribuées aux hôpitaux.

La faute, du reste, devait retomber en partie sur l'administration nouvelle de la Liste civile ; au lieu de s'opposer tout de suite à ce scandale traditionnel, elle avait donné trop légèrement les premières autorisations à quelques chasseurs de Paris, qui semblaient avoir vu avant tout, dans la chute d'une monarchie, l'occasion pour eux-mêmes d'une chasse princière.

Le 17, conformément à des ordres supérieurs, avis fut donné dans la ville, à son de tambour, d'envoyer à Paris ou au loin tous les chevaux que la ville renfermait, afin de les soustraire à l'ennemi, qui aurait pu les utiliser pour sa cavalerie et ses transports.

Versailles s'était peu à peu dégarni de toutes les troupes régulières. Le général de Longuerue, commandant la subdivision, partit le 17 avec les derniers escadrons de cuirassiers qui fussent restés dans la ville.

Le trésorier général, le directeur des postes, l'ingénieur en chef avaient également obéi aux ordres ministériels et étaient partis.

Depuis le 5 septembre, le Conseil municipal s'était déclaré en permanence, et depuis plusieurs nuits, à tour de rôle, deux membres du Conseil couchaient à l'Hôtel-de-Ville pour qu'il y eût toujours présent un membre de la municipalité autorisé à donner des ordres, en cas d'alerte aux barrières.

Le côté le moins protégé étant le Parc, le maire écrivit au régisseur afin que toutes les issues fussent surveillées avec le plus grand soin.

Des agents envoyés dans les environs de la ville par le commissaire central de police, pour recueillir des renseignements, avaient constaté que des détachements allemands occupaient déjà Jouy, et que le gros de l'armée était sur les hauteurs de l'Hôtel-Dieu. Ces renseignements furent immédiatement transmis au commandant des troupes françaises postées au château de Meudon, afin qu'il en tirât parti.

Toutes les nouvelles qui parvenaient à Versailles étaient d'accord pour annoncer qu'un corps d'armée comprenant des forces extrêmement considérables était à quelques heures de marche.

Le maire eut alors une conférence approfondie avec le colonel de la garde nationale, devenu le commandant de place depuis le départ du général de Longuerue. Dans cette conférence, les forces réelles dont la ville disposait furent étudiées dans le plus grand détail, et ce qui était évident par soi-même fut bien vite reconnu, c'est que la résistance à un de ces corps d'armée considérables qui s'approchaient ne présentait absolument aucune chance de succès. La garde nationale, telle qu'on avait pu l'organiser en quelques jours, pouvait et devait protéger l'honneur de la ville en s'opposant à tout envahissement subit et à toute insulte tentée par un détachement isolé, mais il lui était tout à fait impossible d'assurer la défense contre une attaque faite par des troupes régulières pourvues d'artillerie. Non seulement, en effet, Versailles est une ville absolument ouverte, mais elle est entourée de plusieurs côtés par des hauteurs boisées qui la dominent; rien n'est plus facile à un ennemi venant du dehors que d'occuper ces hauteurs, et ce simple mouvement rend vaine toute tentative de résistance. Que fallait-il donc faire lorsque l'ennemi approcherait? Ce que M. de Jouvencel avait fait dans des circonstances presque identiques et ce que le jugement de la postérité avait approuvé : lutter contre les excès de la force militaire en lui opposant la seule force dont on disposât véritablement, c'est-à-dire le courage civil.

La nuit du 17 au 18 fut calme. Le 18, la gare du chemin de fer de la rive gauche avait été fermée et tout le matériel ramené à Paris. La rive droite continuait son service de deux en deux heures. Les trains de la ligne du Mans passaient encore.

18 septembre. — Pendant toute cette journée, des éclaireurs de notre armée avaient parcouru les environs de Versailles. Vers trois heures, quatre de ces cavaliers, des guides, parurent à la grille de Satory, hésitant sur le chemin à prendre pour se diriger sur Paris. Trois d'entre eux restèrent à la grille, pendant que le quatrième, traversant la ville ventre à terre, venait demander des renseignements à la Mairie. Puis il re-

2

tourna au galop chercher ses camarades, et tous les quatre disparurent rapidement par l'avenue de Paris...

A quatre heures du soir, le Conseil municipal était en séance ; un employé vint prévenir le maire que trois cavaliers prussiens, qui s'étaient présentés comme parlementaires à la barrière de la porte de Buc, venaient d'arriver à l'Hôtel-de-Ville, conduits par deux des gardes nationaux placés au poste de cette barrière.

Ces trois cavaliers, qui appartenaient au régiment des hussards de la mort, faisaient partie d'un détachement composé de douze hommes, qui s'était approché lentement par la route de Buc ; à peu de distance de Versailles, neuf étaient restés en arrière, espacés par groupes de trois hommes, à des intervalles à peu près égaux. Trois cavaliers seulement s'étaient avancés jusqu'à la barrière de la porte de Buc, et après plusieurs questions sur les forces militaires qui occupaient Versailles, avaient demandé à entrer. Les gardes nationaux de service avaient répondu que la ville ne contenait aucune troupe régulière, mais qu'ils ne pouvaient cependant ouvrir qu'à des parlementaires et pour les conduire devant le maire. Les trois hussards avaient accepté et s'étaient rendus paisiblement à la Mairie, conduits par deux gardes nationaux. La grille de la Mairie fut ouverte pour l'un de ces cavaliers, qui était sous-officier, et qui pénétra seul, à cheval, dans la cour. Les deux soldats d'escorte, qui étaient armés de pistolets-carabines, furent maintenus en dehors de la grille. Ils ne descendirent pas de cheval, et parurent veiller attentivement sur leur chef, séparé d'eux par la grille fermée. Autour de ces cavaliers s'amassa bien vite une foule considérable, agitée à la fois par des sentiments d'étonnement, de curiosité ou de sourde colère.

Le maire, ceint de son écharpe, se rendit, suivi des conseillers, dans la cour de l'Hôtel-de-Ville. Le sous-officier ne parlait et ne comprenait que l'allemand. MM. Franchet d'Esperay, adjudant de place, et Hermann Dietz fils, professeur à l'École de Saint-Cyr, servirent d'interprètes dans la conversation qui s'engagea. Le sous-officier, sans descendre de cheval, annonça qu'il précédait cinq régiments de cavalerie, campés dans une plaine voisine, et qui avaient le projet d'entrer prochainement dans la ville. Le maire répondit qu'il ne pouvait parlementer sur cette question qu'avec un officier supérieur de ces corps. A cette observation, le sous-officier répondit tranquillement qu'il allait en référer à son général, et, tournant bride avec ses deux cavaliers, il quitta immédiatement la cour de l'Hôtel-de-Ville.

Le second passage à travers la ville ne fut pas aussi calme que le premier, et présenta quelques incidents qui auraient pu facilement amener des coups de feu.

Sur l'avenue de Paris, un individu donna une poignée de main à l'un des hussards. Presque aussitôt il fut maltraité par un grand nombre de spectateurs; il allégua pour excuse que, pendant quatre ou cinq ans, il avait travaillé avec cet Allemand dans le même atelier, à Versailles (1).

Un peu plus loin, dans la rue des Chantiers, un zouave sans armes, qui n'avait pas encore rejoint son régiment, et qui paraissait très échauffé par le vin, se jeta à la tête des chevaux des hussards, saisit les trois brides dans ses mains, en gesticulant et en proférant des menaces. Les deux cavaliers porteurs de pistolets-carabines les dirigèrent sur la poitrine du zouave, mais sans tirer. Les gardes nationaux qui accompagnaient les hussards parvinrent à écarter ce zouave et à faire respecter le caractère des parlementaires. D'autres habitants montrèrent au passage de ces cavaliers ennemis des dispositions très hostiles et quelques-uns, armés de fusils, les menacèrent. Les cavaliers gardèrent constamment leur sang-froid et continuèrent leur route. Ils s'arrêtèrent un seul instant, pour acheter un numéro du *Petit Journal*, qu'un vendeur criait dans la rue. Dès qu'ils furent arrivés à la barrière, ils quittèrent tout de suite le pas, qu'ils avaient gardé depuis leur entrée dans la ville, et rejoignirent au grand galop les autres cavaliers restés en vedette à les attendre.

Après une courte reprise de la séance du Conseil, le maire monta en voiture, accompagné de MM. Deroisin, adjoint, Delaroche et Rémont, conseillers municipaux, et se rendit à la barrière de la porte de Buc. — Après avoir attendu environ trois quarts d'heure, et constaté qu'aucun ennemi ne paraissait devoir s'approcher, le maire revint à l'Hôtel-de-Ville, et reprit séance au Conseil municipal.

19 septembre. — Aucun incident ne survint pendant la nuit du 18 au 19; mais dès que le jour parut, on entendit le bruit d'une violente canonnade. Il était facile de reconnaître qu'un combat important se livrait aux portes de Paris. C'était le combat de Châtillon.

Le matin, à six heures et demie, en arrivant à l'Hôtel-de-Ville, le maire fut prévenu qu'à la grille de la rue des Chantiers, un détachement assez considérable s'était présenté. Le maire se rendit aussitôt en voiture à cette barrière, accompagné de MM. Deroisin, adjoint, Barbu, conseiller municipal, et Hermann Dietz, interprète. L'officier qui commandait le détachement demanda à entrer dans la ville, simplement, disait-il, pour faire

---

(1) *Journal de Versailles*, n° du 22 septembre 1870.

des fourrages. Le maire se refusa absolument à toute entrée d'un soldat allemand dans la ville, tant que les conditions d'une capitulation n'auraient pas été discutées avec un officier supérieur. L'officier demanda alors que l'on fournît des vivres, en dehors de la barrière, à ses hommes, au nombre de 200 environ. Le maire opposa un nouveau et énergique refus à cette seconde demande, et déclara qu'il ne « consentirait pas à faire porter des vivres à un ennemi qui combattait en ce moment même contre ses compatriotes ». On entendait, en effet, à ce moment, dans la direction de Paris, un bruit continu de canons et de mitrailleuses.

Pendant que ces pourparlers avaient lieu à la grille de la rue des Chantiers, un autre détachement de cavalerie se présentait à la grille de l'avenue de Paris, un autre à la grille du Petit-Montreuil ; un peu plus tard, un troisième se présenta à la grille de la rue Satory ; en même temps que se rassemblaient aux issues de la ville ces détachements de plus en plus nombreux, demandant tous l'entrée avec plus ou moins d'énergie, et parfois tirant des coups de fusil sur les grilles, on voyait dans les bois de Nicollay et des Deux-Moulins briller au soleil des baïonnettes et des casques qui trahissaient la présence de troupes nombreuses. Il devenait certain que la ville, des côtés Est et Sud, était l'objet d'un investissement complet. Ces détachements, envoyés du côté de Versailles depuis la veille, étaient les éclaireurs des masses considérables de troupes qui se battaient à Châtillon. Les parlementaires, du reste, l'avaient annoncé formellement. En face d'un pareil déploiement de forces, auxquelles on ne pouvait opposer qu'une garde nationale armée de fusils à piston en médiocre état, encore incomplètement organisée, sans cadres complets, engager la lutte, ce n'était pas protéger la ville, mais simplement fournir un prétexte à l'ennemi pour autoriser toutes les violences, après une victoire qui ne pouvait être douteuse. La municipalité de 1870 se trouvait exactement dans la même situation que celle de 1814 et de 1815 ; elle suivit la même ligne de conduite : elle mit tous ses efforts et toute son énergie là où il était possible et utile de les mettre, c'est-à-dire dans la discussion des articles d'une capitulation que son devoir lui imposait de n'accepter qu'honorable et protectrice des intérêts de la ville.

M. Horace Delaroche, conseiller municipal, qui vint rejoindre le maire à la grille de la rue des Chantiers, lui offrit de se rendre auprès du général qui commandait les troupes pour conférer avec lui (en allemand, si besoin était) sur les obligations qui devaient être consenties de part et d'autre avant que les grilles de la ville ne fussent ouvertes. Le maire accepta. M. Delaroche fut conduit alors au général de Stolberg, qui était sur l'estrade du champ de courses de Porchefontaine. Ce général donna sa parole à M. Delaroche que la ville serait respectée, si ses troupes entraient. Le maire, à qui M. Delaroche rapporta cette promesse, pensa qu'un pareil engagement, d'où dépendait le sort de la ville, devait être fait d'une façon plus authentique et sur une pièce signée. M. Delaroche repartit pour obtenir cette pièce et négocier les conditions de la capitulation, dans les termes indiqués par le maire et empruntés par lui aux actes conclus en 1814 par M. de Jouvencel. Mais le général de Stolberg répondit qu'il n'avait pas qualité pour donner la signature qui lui était demandée. Il ajouta que du reste la ville serait occupée le jour même par un corps d'armée, et que c'était avec le chef de ce corps d'armée qu'il convenait de traiter.

Aussitôt après le départ de M. Delaroche, le maire, averti de la présence de hussards à la grille de l'avenue de Paris, s'y rendit ; là, il refusa encore avec énergie les fournitures de vivres que l'officier du détachement lui demandait, et il enjoignit aux gardes nationaux de maintenir les grilles fermées.

De retour à l'Hôtel-de-Ville, le maire y trouva un nouveau parlementaire. C'était cette fois un officier supérieur : le commandant en chef du génie du 5ᵉ corps. Cet officier demanda pour le 5ᵉ corps la faculté de traverser la ville où, disait-il, aucune troupe ne devait pour le moment séjourner. Il se déclarait d'ailleurs prêt à signer toutes les promesses propres à garantir la sûreté de la ville. Des conditions lui furent soumises ; il les discuta article par article, tantôt en allemand, tantôt en essayant de parler français. MM. Franchet d'Esperay, Delerot et Hermann Dietz servaient d'interprètes. Après une longue et minutieuse discussion, qui eut lieu dans le cabinet du maire, en présence de plusieurs membres du Conseil municipal, l'entrée des troupes fut autorisée aux conditions suivantes, acceptées de part et d'autre :

Art. 1ᵉʳ. Respect des personnes et des propriétés, des monuments publics et objets d'art.

Art. 2. Conservation, par les seuls gardes nationaux, de leurs armes (sans munitions), uniformes, postes, pour le service de police dans la ville et la prison.

Art. 3. Les troupes allemandes seront logées dans les casernes et établissements publics convertis en casernes. Les officiers seront logés chez les habitants, s'il est nécessaire (et même les soldats, si les casernes ne suffisent pas) (1).

Art. 4. Les hôpitaux civils et militaires seront respectés et les

---

(1) Des membres de phrases furent, tour à tour, pendant la discussion, ajoutés et retranchés à ces articles, ce qui explique les irrégularités de la rédaction.

blessés non prisonniers, conformément à la Convention de Genève.

Art. 5. Les vivres de marche et les fourrages seront livrés aux troupes allemandes sans aucune contribution de guerre.

Fait à l'Hôtel-de-Ville, le 19 septembre 1870.

Approuvé la convention ci-dessus, sauf ratification du général de Kirchbach.

Le Maire, RAMEAU. PIRSCHER, (?)
Commandant en chef du génie du 5e corps.

Cette convention fut rédigée en trois exemplaires, deux en français et un en allemand; un exemplaire français resta entre les mains du maire; les deux autres furent remis au commandant du génie, qui affirma ne pas douter de la ratification du général de Kirchbach.

Pour éviter tout malentendu dans la population lors de l'entrée des troupes allemandes, le maire se rendit à la grille de la cour de l'Hôtel-de-Ville, et donna lecture aux habitants qui y étaient rassemblés des articles de la capitulation.

A dix heures, le Conseil se réunit; le maire communiqua les articles de la convention signée le matin. Le Conseil les approuva et désigna trois conseillers pour veiller à l'entrée régulière des forces ennemies.

La convention fut de plus adressée au préfet avec la lettre suivante :

Versailles, le 19 septembre 1870.

Monsieur le Préfet,

J'ai conféré avec vous des événements d'hier, relatifs à l'invasion de la ville de Versailles, et j'ai conféré avec votre secrétaire particulier (1) de ceux de ce jour.

Je crois être certain de votre approbation, mais le Conseil municipal m'ayant manifesté aujourd'hui le désir qu'une lettre de vous consolidât les pourparlers de capitulation que nous avons ouverts et conclus, sauf ratification du général en chef, je viens vous prier de vouloir bien me répondre un mot à ce sujet.

Le préfet répondit :

Versailles, le 19 septembre 1870.

Monsieur le Maire et Messieurs les Conseillers,

Vous voulez bien me donner communication des pourparlers de capitulation que vous avez ouverts et conclus, dans l'intérêt de la ville de Versailles, sauf la ratification du général en chef de l'armée ennemie.

Les conditions que vous avez proposées me paraissent être, dans les malheureuses circonstances où se trouve Versailles, aussi favorables qu'il était permis de l'espérer, et je ne doute pas que ce sentiment que j'éprouve ne soit aussi celui du Gouvernement lorsqu'il les connaîtra.

Agréez, Messieurs, l'assurance de ma parfaite considération.

Le Préfet, Ed. CHARTON.

(1) M. Delerot, qui remplissait ces fonctions conjointement avec MM. Jules Charton et Edmond Saglio.

Quelques jours plus tard, dans une lettre qui fut une des dernières que le préfet put recevoir de Paris par messager, le ministre de l'Intérieur, M. Gambetta, fit en effet parvenir son approbation des conditions conclues.

A midi, l'aide de camp du général commandant en chef le 5e corps d'armée se présenta à l'Hôtel-de-Ville et demanda à voir le maire. Conduit dans son cabinet, il lui annonça, en français et en présence d'un grand nombre de conseillers municipaux, que le 5e corps était aux portes de la ville, qu'il allait la traverser pour se rendre à son campement, entre Versailles et Saint-Germain, et que son général s'installerait à Versailles avec un bataillon qui logerait dans les casernes.

Le maire fit observer que si les portes de la ville, d'après la convention signée le matin, devaient être ouvertes aux troupes allemandes, il fallait d'autre part que la ratification de cette convention, promise au nom du général par un officier supérieur, fût donnée expressément.

L'aide de camp répondit que les conventions stipulées le matin regardaient seulement les troupes qui devaient rester dans la ville, et non celles qui devaient seulement passer. Il ajouta que, d'ailleurs, « si on voulait s'opposer au passage des troupes, elles passeraient de force ».

Le maire constata alors que ce mot de *force* établissait exactement les relations qui existaient entre lui et le général qui demandait à occuper la ville. « Vous l'avez dit vous-même, Monsieur, ajouta le maire, et je tiens à vous le dire aussi de mon côté : en vous laissant entrer, c'est à la force que je cède, et si j'étais assez heureux pour avoir un moyen quelconque de vous empêcher d'être ici, vous n'entreriez certes pas; c'est en ennemi et comme ennemi que je vous reçois, je tiens à ce que vous le sachiez bien, et j'ai besoin de vous le dire en ce moment... »

Les paroles du maire étaient prononcées avec une émotion et une vigueur d'accent qui en augmentaient encore l'énergie; elles parurent inspirer à l'aide de camp quelque respect pour le magistrat qui savait conserver tant de ferme dignité devant un ennemi victorieux et toujours si aisément disposé à l'emploi de la violence. Il écouta en silence, s'inclina et sortit.

Peu de temps après son départ, une ambulance prussienne, composée d'un grand nombre de voitures conduites au grand trot, déboucha par la rue des Chantiers et, sans s'arrêter, sans demander aucun renseignement, se dirigea tout droit vers le Château, dont elle prit immédiatement possession, au nom du 5e corps. Elle y installa les blessés allemands qu'elle ramenait du combat de Châtillon.

De son côté, le comité versaillais de la *Société internationale*, dès que le canon avait retenti, avait envoyé de nombreuses voitures sur le champ de bataille, surtout du côté de Villacoublay. Ces voitures rentrèrent à Versailles à partir de dix heures du matin et distribuèrent des blessés dans les principales ambulances de la ville.

A deux heures, le 5ᵉ corps d'armée commença à entrer dans la ville par la grille de la rue des Chantiers. Infanterie, cavalerie et artillerie défilèrent, musique en tête, jusqu'à six heures, en masses serrées, sans interruption. Près de 40,000 hommes traversèrent ainsi Versailles, entrant par la rue des Chantiers pour sortir par la grille du boulevard du Roi, et se diriger du côté de Saint-Germain, où ils donnèrent la main à d'autres troupes qui venaient par Saint-Denis.

Le 19 septembre 1870 était le jour fixé dans le plan de campagne des Prussiens pour achever l'investissement de Paris, et l'investissement fut en effet complet à partir de ce jour. Il n'y eut plus pour les Parisiens de relations avec le dehors, et, par conséquent, avec les Versaillais, qui eux-mêmes se trouvèrent, à partir de ce jour, emprisonnés dans leur ville. Des laissez-passer, délivrés par l'autorité prussienne, furent nécessaires pour sortir. Le service de la poste, déjà bien irrégulier depuis plusieurs jours, fut officiellement suspendu.

Parmi les régiments qui défilèrent ainsi pendant quatre heures, il en est un dont le chef de musique eut l'âme assez basse pour faire jouer la *Marseillaise* pendant son passage devant la Mairie. Cette infâme ironie devait se répéter plusieurs fois pendant la durée de l'occupation.

De temps en temps, au milieu d'un de ces bataillons allemands, on apercevait des groupes de soldats français faits prisonniers le matin même au combat de Châtillon. La foule les acclamait au passage. Ils jetaient de côté un regard triste et reconnaissant vers ceux qui leur rendaient encore hommage malgré leur défaite.

Cette entrée subite de 40,000 hommes dans la ville paraissait inspirer à la foule assez nombreuse qui s'était rassemblée devant la Mairie et la Préfecture un sentiment de stupeur profonde. Pour la population de Versailles, d'habitudes et de caractère fort paisibles, les émotions se succédaient depuis quelques heures avec une rapidité et une violence qui semblaient avoir jeté les âmes dans une espèce d'étourdissement. Les plus craintifs se sentaient cependant presque rassurés en voyant de leurs yeux ces Allemands qui semblaient en somme des soldats, sinon vêtus comme les nôtres, du moins aussi soumis et aussi disciplinés. Leur manière d'entrer dans la ville, en ordre si parfait, calmait un certain nombre d'inquiétudes; le matin, au bruit du canon, beaucoup d'habitants et surtout d'habitantes avaient cru que la journée ne s'écoulerait pas sans un pillage ou un incendie. Tout semblant au contraire devoir se passer sans danger réel, une espèce de détente s'était produite, et même, le péril ayant disparu, la curiosité, pour quelques esprits frivoles ou vulgaires, l'emportait sur tous les autres sentiments. Disons vite que cette curiosité puérile ne se manifestait que dans une bien petite partie des spectateurs ou dans une partie méprisable. Pour tous les autres témoins de cette scène, c'était la tristesse profonde, la honte, la colère que les traits et les regards trahissaient; bien des paroles de menace furent même dites plus ou moins haut par des ouvriers, anciens soldats, qui assistaient en frémissant à cette humiliation; bien des larmes silencieuses coulèrent et les conversations qu'on échangeait étaient toutes l'expression émue de cette pensée : nous apprenons aujourd'hui à connaître une douleur nouvelle dont nous ne soupçonnions pas la cruelle amertume.

Dès que les troupes allemandes avaient commencé à pénétrer dans Versailles, les intendants de tout grade avaient pullulé à la Mairie avec des demandes énormes de réquisitions de toute nature; leur ridicule exagération s'explique peut-être en partie par une erreur de certaines cartes prussiennes mises entre les mains des officiers. Sur ces cartes, à côté du nom de chaque ville, était inscrit le chiffre de sa population. Or, à côté du nom de Versailles était inscrit le chiffre de 48,500 habitants. Les intendants avaient calculé leurs exigences sur ce chiffre, trop élevé de plus de 10,000, et faux surtout dans un moment où une grande partie de la population avait déserté.

Ces intendants pénétraient et s'installaient dans tous les bureaux de l'Hôtel-de-Ville, s'asseyaient à leur aise et dressaient à loisir leurs listes de denrées à fournir; d'autres apportaient ces listes écrites au crayon sur des chiffons de papier déchirés de leur carnet. Les moins élevés en grade étaient les plus grossiers. Un d'eux, qui avait montré une insolence par trop brutale en présence d'un officier supérieur, reçut de lui, comme avertissement, un violent soufflet, au grand étonnement des Français présents. Nous ne savions pas encore comment les nobles prussiens avaient le droit et l'habitude de châtier les roturiers placés sous leurs ordres.

Un officier s'était spécialement chargé de distribuer les logements militaires qui, dès ce soir-là, commencèrent à peser sur la ville de ce poids sous lequel elle resta écrasée jusqu'au dernier jour.

En même temps que les intendants arrivaient rapidement par groupes à la Mairie, des aides de camp venaient y demander, d'un air joyeux, des dîners et de vastes et beaux logements pour leurs généraux et pour les états-majors. Ils indiquaient en détail le menu de tous ces dîners, en insistant sur la fourniture de nombreuses bouteilles de vin de Champagne et de vins fins. Aux objections qui leur étaient faites sur l'impossibilité de fournir ces vins et sur le peu d'opportunité de célébrer ces festins, quand des blessés allemands et français arrivaient à chaque instant dans la ville, la plupart de ces officiers répondaient par des menaces et quelques-uns commencèrent à dégainer.

En même temps qu'ils enjoignaient de fournir aux troupes et aux officiers des vivres en abondance, les intendants réclamaient les clefs des casernes, des établissements et dépôts de l'Etat, qu'ils semblaient du reste connaitre aussi bien et même mieux que les habitants de la ville.

La liste suivante, qui fut soumise tout d'abord à la municipalité, ne donne qu'une faible idée de celles qui se succédaient constamment :

RÉQUISITIONS DES 9° ET 10° DIVISIONS

1° Cent dîners pour les hussards (à porter à la grille de l'avenue de Paris);
2° Vingt à trente bœufs ou vaches sur pied;
3° Dix pièces de vin (de 228 litres) pour les troupes et 500 bouteilles de vin pour les officiers;
4° Quatorze dîners d'officiers pour le général von Schmidt et son état-major;
5° Vingt voitures pour le transport de fourrages pour la cavalerie;
6° Trente terrassiers pour combler les fossés du boulevard du Roi;
7° Cinquante lits de blessés pour le Château.

Les réquisitions de vivres étaient destinées à nourrir les troupes qui devaient rester dans Versailles et aux alentours. Les régiments désignés pour séjourner dans la ville ne se rendirent pas immédiatement dans les casernes. On sut plus tard que l'ennemi craignait qu'elles ne fussent minées, et il voulut les visiter en détail avant d'y loger. Il ne s'y installa que lentement et peu à peu. Pendant les premiers jours de l'occupation, les troupes bivouaquèrent sur les avenues. Les soldats n'avaient pas de tentes; la nuit, ils couchaient à terre, enveloppés dans leurs couvertures, la tête appuyée sur leur sac. Ils gardaient dans leur sommeil l'ordre qu'ils occupaient en marche, et dormaient rangés les uns à côté des autres, par compagnies et par bataillons; les fusils étaient placés en minces faisceaux devant chaque file de soldats. Le matin ou la nuit, dès que le régiment se levait, il se trouvait en ligne pour la marche.

Le soir du 19, les avenues de Saint-Cloud, de Paris, de Picardie furent occupées dans une grande partie de leur étendue par des régiments ainsi rangés. Les bœufs apportés au régiment furent tués et dépecés sur place; les feux s'allumèrent de tous côtés; Versailles n'était qu'un immense camp regorgeant de troupes à la fois exténuées de fatigue et exaltées par le triomphe.

A la suite des troupes étaient entrées de nombreuses voitures de transports et de grossiers chariots, d'une forme inconnue dans nos provinces, qui s'accumulèrent sur la place d'Armes et sur l'avenue de Sceaux. Sur une partie de ces chariots boueux, couverts de bâches sordides, construits en bois mal taillé et qui rappelaient ceux des anciennes invasions germaniques ou tartares, vivaient tous les brocanteurs de bas étage que le corps d'armée traînait à sa suite. Ces chariots s'entassèrent immédiatement en groupes serrés les uns contre les autres et donnèrent à certaines parties de la ville la physionomie d'une halte de tribus barbares.

Dès que le défilé cessa, toutes les rues commerçantes se trouvèrent inondées de soldats allemands qui couraient lourdement de boutique en boutique pour acheter des provisions de toute espèce, dévorées aussitôt avec avidité; tous paraissaient avoir souffert de la faim pendant leurs derniers jours de marche, terminés par un combat pénible; ils semblaient ravis de se voir enfin dans une grande ville que la plupart prenaient pour Paris. Beaucoup avaient pensé que le Château était « le palais de Napoléon ».

Ils s'entassaient de préférence chez les charcutiers, qui furent bientôt étonnés de tout ce qu'on pouvait leur faire manger. A défaut de charcutiers, ils entraient chez les bouchers, achetaient de la viande qu'ils avalaient immédiatement toute crue, en la coupant et en la mêlant à du poivre. D'autres étaient surtout avides de fruits; ils s'étonnaient de leur bon marché, de leur abondance, et ils s'émerveillaient entre eux de la grosseur et de la beauté de nos poires et de nos pêches qui semblaient être pour ces paysans du Nord des objets de curiosité. La plupart payaient leurs achats, mais beaucoup profitaient de la foule qui se pressait dans les boutiques pour se servir eux-mêmes et disparaître en emportant leurs vols.

Lorsque la nuit vint, ce campement improvisé répandu dans toute la ville prit l'aspect le plus étrange.

Partout fourmillaient les soldats, criant et chantant dans leur rude langage; de tous côtés brillaient des feux où cuisait le souper des troupes, feux alimentés par du bois que les soldats allaient demander ou prendre dans les maisons les plus rapprochées. Quand il y avait dans le voisinage un treillage ou une barrière, tout disparaissait en un clin d'œil jusqu'au dernier débris.

Sur la place d'Armes, où s'étaient rangés l'artillerie, le train et les équipages, des forges de campagne étaient en pleine activité, jetant des lueurs qui de loin faisaient croire à l'incendie. Des chevaux de cavalerie étaient sans cesse amenés à ces forges et ferrés; des voitures étaient réparées; chacun semblait se livrer à son travail spécial avec la plus parfaite aisance et dans la plus complète tranquillité. Toute cette installation militaire, si compliquée en apparence, s'était faite comme d'elle-même, et dans cet immense mouvement, dans cette prise de possession d'une ville inconnue par des troupes qui sortaient du combat, il n'y avait pour ainsi dire aucun trouble. Tout, même la violence, avec sa règle tracée d'avance, de façon à laisser les passions mauvaises du soldat se satisfaire sans troubler l'ordre nécessaire à l'ensemble.

Cette violence s'exerça surtout aux extrémités de la ville, là où les propriétés sont à la fois plus vastes et plus éloignées les unes des autres. Le quartier Montreuil et le Chesnay eurent, dès cette première soirée, beaucoup à souffrir de pillages et de vols. En dépit des légendes qui avaient couru sur le respect des armées allemandes pour tout ce qui touchait à l'enseignement populaire, nos écoles communales de la rue d'Artois et de la rue de Vergennes furent saccagées; les livres et les cahiers des enfants, le mobilier des classes servirent à faire du feu pour cuire la soupe des soldats. Un grand nombre de maisons particulières furent entièrement dévastées; les soldats campés sur l'avenue de Picardie pénétrèrent, en forçant les portes, dans plusieurs habitations, les dévalisèrent en brisant les serrures et s'emparèrent du bois et du fourrage qu'elles contenaient; le poste du fontainier de la rue de la Ceinture fut envahi; les portes des filtres furent brisées; aux barrières, les maisons destinées à servir de postes furent saccagées; des détachements entiers s'installèrent chez des maraîchers, arrachant et pillant les légumes, brisant à plaisir toutes les cloches et jetant à la porte les maîtres du logis, qui voulaient protester contre ces dégâts inutiles; ailleurs, les coups de sabre et de baïonnette s'ajoutèrent au pillage.

Les querelles et les brutalités de ce genre, plus ou moins graves, furent sans nombre à partir du 19 septembre; les rapports de police en ont constaté chaque jour et ces rapports n'en relataient qu'une très faible partie. Au centre de la ville, ces désordres étaient plus rares; dans les faubourgs, ils furent quotidiens.

Toute la nuit du 19 au 20, des patrouilles parcoururent la ville, qui du reste était déjà complètement aux mains de l'autorité allemande; dès le premier moment, des détachements de soldats prussiens avaient été placés à toutes les barrières, et personne ne sortait plus.

20 septembre. — Le mardi 20, à huit heures du matin, le Conseil municipal se réunit.

Le maire demanda d'abord et obtint un crédit de 100,000 francs pour payer les frais des réquisitions déjà faites la veille ou annoncées pour le lendemain et les jours suivants. Les réquisitions, en effet, se continuèrent si bien qu'elles formèrent, au bout de six mois, un total s'élevant à plus d'un million de francs.

Le général de Kirchbach, commandant le corps d'armée qui occupait la ville, avait fait savoir par son aide de camp qu'il se présenterait à dix heures et demie devant la municipalité pour lui faire une communication. Il avait annoncé en même temps que le Prince Royal de Prusse établissait son quartier général à Versailles, qu'il résiderait à l'hôtel de la Préfecture, et que la ville aurait, en dehors des troupes en garnison, à loger et à nourrir sa suite, composée de 400 personnes. Chaque grand personnage qui entra dans Versailles fit ainsi toujours savoir son arrivée par l'annonce d'une nouvelle série de réquisitions, et comme la ville devint peu à peu le grand quartier général militaire et civil de l'occupation, on pressent à quelle masse énorme de fournitures quotidiennes Versailles dut satisfaire.

A dix heures et demie, le général de Kirchbach fut introduit dans la Galerie municipale, où les conseillers étaient déjà réunis. Il se présenta avec une grande politesse, s'exprimant en français, et sembla vouloir montrer par le ton de sa parole ferme et courtoise qu'il n'avait en rien l'intention d'abuser des droits du vainqueur, mais qu'il fallait s'incliner sans aucune espèce de résistance devant les ordres qu'il apportait. Ces ordres n'étaient rien autre chose que le refus de la convention signée la veille. Elle avait été soumise au Prince Royal qui ne l'avait pas acceptée, et le général de Kirchbach venait annoncer cette décision au Conseil municipal. Cette convention, dit le général, ne pouvait être ratifiée, parce que, d'après les lois de la guerre, « on ne conclut pas de capitulation avec une ville ouverte, mais seulement avec une forteresse ou une place forte »; en conséquence, les articles stipulés la veille étaient nuls, et Versailles, comme toutes les autres villes de France, devait livrer ses armes et munitions.

Le maire manifesta son étonnement de voir annuler ainsi d'un seul mot une convention débattue la veille si minutieusement par un officier supérieur allemand, qui n'avait pas paru douter de la validité de l'acte qu'il avait signé. Le maire ajouta qu'il savait trop bien qu'il fallait que Versailles subît la loi du plus fort, mais qu'il devait faire remarquer au général que des fusils à ancien système de percussion (sans munitions de guerre, les cartouches ayant été renvoyées) ne pouvaient être des armes dangereuses dans les mains d'une troupe aussi peu nombreuse que la garde nationale de Versailles ; qu'on aurait donc pu sans aucun risque épargner sa dignité en lui laissant ses armes ; que d'ailleurs la garde nationale avait à remplir un service d'ordre et de police, qu'elle n'avait pas d'autres armes que ces fusils et qu'elle ne pouvait faire ce service désarmée ; qu'enfin, en 1815, la garde nationale avait conservé ses armes et avait fait son service concurremment avec les armées prussiennes.

Le maire, pour mieux démontrer combien les Prussiens devaient concevoir peu de craintes sérieuses de pareilles armes, fit apporter un des fusils de la garde nationale. Le général le regarda en souriant d'un air dédaigneux, disant qu'il connaissait fort bien cette arme, mais il n'en persista pas moins dans sa volonté. Répondant à l'argument tiré de la conduite des Prussiens en 1815, il dit que les circonstances n'étaient plus les mêmes, qu'à cette époque Paris n'était pas fortifié, tandis qu'aujourd'hui Paris était une place de guerre, sous le canon de laquelle se trouve en quelque sorte Versailles ; les lois de la guerre nécessitant la reddition des armes pour toute ville occupée, il était donc indispensable que les fusils de munition, se trouvant entre les mains de la garde nationale, fussent déposés à *une heure au plus tard* dans la cour de la Mairie.

Le maire fit alors observer que ce délai était insuffisant, car il fallait que les gardes nationaux fussent prévenus. Le général consentit à ce que le délai pour le dépôt des fusils de la garde nationale fût reculé et fixé définitivement à *deux heures*.

Le général déclara avant de se retirer que la convention, du reste, n'était pas nécessaire pour protéger la ville, et qu'il était chargé par le Prince Royal d'affirmer au Conseil que « les lois de l'humanité » seraient observées envers les habitants de Versailles ; la volonté expresse du Prince Royal était que les personnes, les propriétés et les édifices publics fussent respectés ; il voulait notamment faire savoir au Conseil municipal que le Musée national resterait intact, et les autorités françaises pourraient toujours, pour que ces volontés du Prince Royal fussent obéies, s'adresser aux autorités militaires allemandes.

Après ces déclarations, que le Conseil écouta en silence, le général de Kirchbach se retira.

Une demi-heure après son départ, l'avis suivant était annoncé à son de caisse dans la ville :

20 SEPTEMBRE.

Avis aux Gardes nationaux.

Les chefs de l'armée allemande ayant exigé que les fusils de la garde nationale et ceux des pompiers fussent rapportés à la Mairie, les gardes nationaux sont prévenus que ces fusils doivent être déposés aujourd'hui même à la Mairie de Versailles, avant deux heures de l'après-midi.

Cet avis fut généralement obéi, et, à partir de deux heures, les fusils furent déposés en grand nombre à la fourrière de la Mairie, où un sous-officier prussien les recevait. Ils furent de là transportés dans une salle de la caserne des Grandes-Écuries.

En 1815, à peu de différence près, la garde nationale avait été traitée de même. Des promesses lui avaient été faites, et quelques jours plus tard, le vainqueur, entré et installé dans la ville, avait trouvé les meilleures raisons, les raisons du plus fort, pour ne pas tenir sa parole.

Dès la même heure, en même temps que le général de Kirchbach exigeait le dépôt des armes, l'intendant général du 5e corps faisait une première ronde dans les dépôts de l'État. Il prenait possession en particulier de tous les tabacs de l'entrepôt de Versailles, qui contenait 710,500 cigares, sans compter les autres espèces. La poste, le télégraphe étaient visités par des employés spéciaux qui s'emparèrent des papiers, de l'argent et du matériel qu'ils trouvèrent.

Dès neuf heures, un aide de camp du Prince Royal, qui lui servait de fourrier, avait pénétré dans l'hôtel de la Préfecture. Sans faire annoncer sa présence au préfet, il avait visité les appartements et les galeries, se rendant compte de leur disposition. Peu après était arrivé un capitaine de gendarmerie qui avait fait la même inspection, donnant une attention spéciale aux diverses issues qui conduisaient à la chambre à coucher destinée au Prince. Sur les portes des chambres principales, ils firent inscrire à la craie par des sous-officiers de gendarmerie : Son Altesse Royale, — le comte de Blumenthal, — le comte d'Eulembourg (1), etc. Ils donnèrent des ordres pour que certaines portes fussent condamnées, que des tapis fussent posés, qu'un déjeuner fût préparé dans un des salons, et ils se retirèrent en laissant un gendarme de planton à la porte principale.

Pendant le cours de sa visite, le capitaine de gendarmerie, qui ouvrait sans façon toutes les portes, avait même ouvert celle du cabinet où le préfet travaillait encore, expédiant les derniers ordres qu'il pouvait donner. Le capitaine, à la vue du préfet, se retira sans prononcer un mot; il pensa même à ôter de sa

(1) Le comte de Blumenthal était le chef d'état-major du Prince; le comte d'Eulembourg son grand maréchal.

bouche le cigare qu'il fumait pendant sa tournée dans les salons, mais ce fut la seule politesse qu'il songea à faire au maître de l'hôtel dont il prenait possession si militairement.

Le préfet resta dans son cabinet jusqu'à ce qu'il eût achevé l'expédition des affaires qu'il avait commencées; puis, à midi, il sortit comme d'habitude pour aller déjeuner chez lui, mais avec l'intention de ne plus passer le seuil de l'hôtel, gardé désormais par un soldat prussien.

Il avait pu, la veille, expédier toutes les pièces et circulaires nécessaires aux élections des conseils municipaux et des députés à l'Assemblée constituante.

Ces pièces avaient été accompagnées par lui de la proclamation suivante :

RÉPUBLIQUE FRANÇAISE

Le Préfet de Seine-et-Oise aux Électeurs.

Le Gouvernement de la Défense nationale vous appelle à élire, le 25, vos conseillers municipaux.

Pas d'abstention! Faites actes de citoyens. Votez, votez au milieu même des armes étrangères. Rien ne doit interrompre l'exercice de vos droits et de vos devoirs.

Votez librement. Aucune influence ne pèse plus sur vous. Aucune autorité n'a de mot d'ordre à vous insinuer. Ne prenez conseil que de votre raison et de votre conscience. Personne ne vous épie ; personne ne vous demandera compte de vos votes.

Je vous recommande une seule pensée :

Du choix de vos conseillers municipaux peut dépendre le choix de vos représentants à l'Assemblée constituante, le 2 octobre prochain. Du choix de vos représentants dépendent le salut de la France, son honneur, ses libertés et ses destinées avant et après la paix.

Versailles, le 19 septembre 1870.

Le Préfet de Seine-et-Oise,
Édouard CHARTON.

Retiré chez lui, le préfet envoya au ministre de l'Intérieur la lettre suivante, qu'il avait écrite à la Préfecture, dans la matinée :

« Monsieur le Ministre,

Le Prince Royal de Prusse prend possession de l'hôtel de la Préfecture avec son état-major. Des ingénieurs allemands rétablissent le télégraphe à leur usage. La poste ne fonctionne plus qu'avec peine et par les plus longs détours.

Je suis réduit à l'impossibilité d'agir.

Mon dernier acte public est un appel imprimé à tous les électeurs du département pour les inviter à voter les 25 septembre et 2 octobre.

Je vous envoie ma démission à la date fixée par la loi (1), afin que,

---

(1) Dix jours avant le 2 octobre. Cette démission parvint entre les mains du ministre, qui la refusa et fit savoir son refus à M. Charton. Elle n'avait plus, d'ailleurs, de raison d'être quelques jours plus tard, les élections à la Constituante ayant été renvoyées à une époque indéterminée. Elle ne fut acceptée définitivement que le 18 février 1871.

si j'étais élu, il ne s'élevât pas de contestation sur la validité de mon mandat.

Je vais continuer néanmoins officieusement, sinon officiellement, à exercer toute l'influence dont je pourrai user pour raffermir les esprits et les presser de ne pas s'abstenir au vote...

Ce même jour, il fut déclaré par l'autorité allemande que les communications du chef-lieu avec toutes les communes, même les plus voisines, devaient être soumises à l'autorisation des chefs militaires. Cet ordre était l'annulation absolue de l'action administrative préfectorale.

M. Charton, peu de temps après, quitta Versailles pour se rendre à Tours et se mettre à la disposition du Gouvernement. Presque aussitôt après son départ, la police prussienne descendit chez lui, sans doute pour l'arrêter, et fit une perquisition dans sa maison, sur laquelle elle continua à exercer une surveillance secrète pendant toute l'occupation. Malgré la distance et les obstacles, M. Charton réussit à entretenir quelques relations avec le Conseil municipal de Versailles; il reçut des détails exacts sur notre situation morale et matérielle, détails qu'il put compléter en venant plusieurs fois dans les parties du département qui n'étaient pas occupées. Il suivit la délégation à Bordeaux, et rendit les plus précieux services à Versailles en se faisant, auprès du Gouvernement, le représentant autorisé des intérêts de la ville et l'interprète des pensées du Conseil. Notre ville eut en lui, auprès du ministre, un défenseur bien informé qui était en état de réfuter les bruits absurdes et les calomnies ridicules qui, parfois, furent répandus en France à propos de Versailles. C'est ainsi qu'un journal de province annonça un jour que le Prince Royal avait donné un bal à la Préfecture, et que des dames de la ville y avaient assisté. Ce bruit fut répété partout, et fit son tour de France. Le Gouvernement, grâce aux renseignements authentiques que lui fournissait M. Charton, ne fut jamais dupe de ces légendes odieuses, et il fit plusieurs fois savoir au Conseil municipal qu'il éprouvait une sympathie profonde pour les souffrances d'une ville dont il connaissait et appréciait la conduite ferme et digne.

Comme l'avait annoncé l'aide de camp, le Prince Royal arriva dans l'après-midi. Il était escorté d'un piquet de uhlans.

Depuis plusieurs jours, beaucoup d'habitants avaient pris l'habitude de se masser devant la Mairie et la Préfecture; c'était là qu'on se réunissait pour recueillir les nouvelles, pour lire les télégrammes qui arrivaient d'heure en heure, et étaient affichés sur les murs de la Mairie et de la Préfecture. Des groupes nombreux étaient constamment réunis autour de ces placards sans cesse renouvelés et qui prêtaient à des commentaires sans fin. De plus, tout commerce, tous travaux étant suspendus, une partie de la population vivait dehors, et surtout dans les environs de l'Hôtel-de-Ville, où les nouvelles étaient connues plus tôt qu'ailleurs. Ces diverses circonstances expliquent en partie l'affluence qui se trouvait autour de la Préfecture, lorsque le Prince Royal de Prusse arriva. Certains correspondants de journaux allemands considérèrent, de bonne ou de mauvaise foi, cette affluence comme une démonstration sympathique; ils n'auraient pas pensé ainsi, s'ils avaient compris les malédictions énergiques qui, ce jour-là comme le jour de l'entrée des troupes, partaient à chaque instant des groupes dont se composait cette foule. On pouvait reprocher à ces habitants de la ville de ne pas avoir su, contrairement à leurs habitudes, rester chez eux; mais ce reproche est le seul qui puisse leur être adressé, car leur attitude n'autorisait un témoin sincère à aucune autre interprétation, et si trop de badauds manifestaient avec un sot empressement le désir d'apercevoir les traits d'un des principaux chefs de l'armée ennemie, ce désir, chez eux, restait parfaitement associé à un sentiment de haine et de colère que manifestaient avec assez de netteté les conversations échangées (1).

Les bureaux du rez-de-chaussée de la Préfecture furent choisis pour servir de poste au bataillon qui gardait le Prince. L'envahissement de ces bureaux par les soldats y apporta toutes les souillures et toutes les ordures. Les cartons qui garnissaient les murs furent ouverts; les papiers, jetés à terre, servirent à nettoyer les bottes des soldats. Dans les salles du Conseil de préfecture, la table du prétoire était constamment couverte de gamelles, de bouteilles et de viande. Il y avait dans ce désordre, autorisé par les officiers, une espèce de pillage officiel qui indiquait tout de suite l'esprit de rudesse et de brutalité avec lequel les vainqueurs voulaient agir. Ils en donnaient un témoignage immédiat dans l'édifice public occupé par le chef de l'armée.

(1) Si nous insistons sur ce point, c'est parce que des journalistes prussiens ont eu l'audace de faire de cette entrée du Prince Royal, comme de l'entrée des troupes la veille, une espèce d'entrée triomphale. Un d'eux a poussé le mensonge jusqu'à oser dire que, le 19, des *drapeaux aux couleurs allemandes* avaient été suspendus aux fenêtres en signe de joie et de bon accueil. Nous voudrions croire qu'il y a eu simplement confusion; beaucoup d'étrangers habitant notre ville avaient arboré leurs pavillons nationaux, et peut-être y avait-il dans le nombre quelques pavillons hollandais que l'on peut prendre pour un pavillon allemand. Admettons cette confusion pour l'honneur des écrivains auxquels nous faisons allusion. Rien cependant n'est moins certain : il existe en effet une école de patriotes tudesques qui tiennent moins encore à nous vaincre qu'à nous déshonorer. Ils voudraient, à force de calomnies, amener l'Europe à nous mépriser autant qu'eux-mêmes nous haïssent, mais ils montrent dans leurs mensonges une trop lourde maladresse pour réussir, et ils attirent simplement sur eux-mêmes les sentiments qu'ils voudraient inspirer contre nous.

Pendant toute cette journée du 20 septembre, des habitants de Versailles affluèrent à la Mairie, venant demander secours et protection contre les violences ou les vols dont ils avaient été les victimes la veille. Le maire écrivit dès le soir au général commandant de place, M. de Voigts-Rhetz, pour lui mettre sous les yeux quelques-unes des plaintes qui lui avaient été présentées. Il avait été averti que c'était avec cet officier, installé avec son état-major à l'hôtel de France (place d'Armes), qu'il devait se mettre en relation pour tout ce qui regardait les rapports entre les habitants et les soldats. La lettre suivante fut la première qu'il lui écrivit; elle donne quelque idée d'une journée dans une ville occupée et indique l'attitude gardée par le maire de Versailles avec les vainqueurs :

Versailles, le 20 septembre 1870.

Monsieur le Commandant de la place,

J'ai l'honneur de porter à votre connaissance les plaintes suivantes des habitants de Versailles, qui avaient l'intention de porter leurs réclamations au général en chef :

1° Divers habitants de Versailles, venus à la Mairie pour déposer leurs fusils, se sont vu refuser la sortie de la ville pour rentrer chez eux, parce qu'ils habitaient hors barrière.

2° Un autre habitant, apportant son fusil à la Mairie, a été désarmé par les soldats d'un poste allemand placé au passage à niveau du chemin de fer.

3° Diverses personnes, venues des environs de Versailles pour leurs affaires et pour le marché, ont été repoussées en ville, lorsqu'elles ont voulu en sortir.

Si ce dernier fait se reproduisait, les gens de la campagne ne pouvant plus venir en ville, la ville serait bientôt réduite à la famine.

4° Des soldats allemands se sont violemment introduits, hier soir, à 11 heures, chez un sieur Gennot, boulanger, rue de Montreuil, ont ouvert les armoires et bu d'autorité. Ils ont fait travailler le maître et les garçons pour l'armée, de sorte que les habitants, clients du boulanger, n'ont pu être servis.

5° Les troupes allemandes campées sur l'avenue de Saint-Cloud, près le carrefour Montreuil, ont, en quittant leur camp, abandonné de grandes quantités de viande et de riz sur la place.

6° Sur la résistance d'un loueur de voitures, nommé Bussière, à ce que des soldats enlevassent de la paille sans payer, la maison a été envahie : vingt-quatre soldats ont voulu le pendre, et c'est à cause de sa femme et de son enfant qu'ils ont consenti à le laisser aller.

7° Des soldats se sont introduits à Montreuil dans la maison d'un vieillard de 80 ans, ont pillé chez lui et lui ont pris 400 francs.

8° Sur l'avenue de Picardie, n° 32 (*malgré le pavillon britannique arboré*), lady Pigott, habitant chez Mme Laugh, sa mère, a dû résister à une sorte de siège; la maison a été forcée et pillée comme si elle avait été prise d'assaut; il n'y avait que des femmes seules.

9° Dans un escalier de la maison rue des Fripiers, n° 5, un soldat allemand a cherché à pénétrer chez des femmes seules et a tiré un coup de pistolet. Il a laissé son pistolet et son béret.

10° Douze soldats allemands ont escaladé les murs, rue de Montreuil, ont pénétré dans une maison pour piller, et les habitants, qui se sont enfuis, sont venus se plaindre chez le général, à l'hôtel des Réservoirs.

Ces faits très regrettables motiveront sans doute, de la part de l'autorité militaire allemande, des mesures de précaution, telles que des patrouilles et des répressions sévères contre des actes que l'état de guerre ne permet pas dans une ville ouverte qui ne s'est pas défendue.

Je suis prêt à conférer de tous ces faits avec vous, et à vous mettre en rapport avec le commissaire central de la ville, qui pourrait vous donner de nouveaux détails sur tous les faits ci-dessus.

J'ai l'honneur de vous présenter mes civilités avec la plus profonde tristesse pour la situation faite à mes administrés.

Le Maire : RAMEAU.

Le même jour, M. le curé de Saint-Symphorien écrivait :

Monsieur le Maire,
Je viens d'inhumer un soldat mort de ses blessures à l'ambulance de la Retraite, qui est au delà de la grille de Montreuil. D'abord j'ai éprouvé bien des difficultés pour aller prendre le mort à cette maison, puis, avant d'arriver au cimetière, il a fallu bien autre chose : des soldats ont exigé que le mort soit découvert, pour s'assurer sans doute si je ne transportais pas des munitions. Ma paroisse s'étend au delà des barrières, je puis être appelé partout, indépendamment des inhumations, pour mon ministère ; ne pourriez-vous pas demander et obtenir pour moi, du commandant de place, un permis général d'entrer et sortir pour moi et les personnes qui sont nécessairement obligées de m'accompagner, et aussi pour les parents et amis du défunt, quand je fais un enterrement...

Pillages, vols, violations brutales de domicile chez des femmes, violences sur les personnes, outrage au culte, insultes aux morts, tels étaient quelques-uns des incidents de cette première journée passée sous l'autorité qui, le matin même, avait promis solennellement « le respect des personnes et des propriétés ».

21 septembre. — Le canon gronda toute la journée dans la direction du Mont-Valérien.

Pendant toute la nuit avaient eu lieu des mouvements de troupes dans tous les sens ; les unes allaient du côté de Bougival, de Ville-d'Avray, de Saint-Cloud ; les autres s'éloignaient par Saint-Cyr. Les habitants, en entendant pendant des heures et des heures ce continuel passage de soldats de toutes armes, ces roulements ininterrompus d'artillerie, de pontonniers, d'équipages, avaient la sensation d'une espèce d'inondation d'hommes déversée tout à coup sur notre pays. Les Allemands semblaient avoir à cœur d'augmenter cette impression, car, pendant le jour, ils faisaient faire à leurs régiments, à travers la ville, une série de marches et de contre-marches qui avaient pour but évident de multiplier en apparence aux yeux le nombre des troupes qui occupaient la ville. Ils voulaient que Versailles fût considéré comme renfermant une garnison considérable, et dépeint comme tel par les témoins qui pourraient venir y faire des observations et les reporter aux autorités militaires françaises.

L'ordre du Gouvernement, d'après lequel tous les chevaux devaient être envoyés à Paris ou au loin en province, n'avait pas été suivi partout, mais il l'avait été assez pour que les chevaux fussent très rares. Les propriétaires les cachaient autant qu'ils le pouvaient. Tous ceux que les Allemands avaient découverts avaient été mis par eux en réquisition dès leur entrée dans la ville. Une démarche du maire fut nécessaire pour protéger les chevaux des voitures de place contre les enlèvements forcés qui les menaçaient à chaque instant et auxquels certains officiers se livraient d'autorité au milieu de la ville, sur la place d'Armes même. S'ils apercevaient une voiture au moment où ils avaient le désir d'en posséder une, ils chassaient le cocher de son siège et disparaissaient au galop. Le cocher restait à pied et dépouillé.

Une des conséquences de ces réquisitions plus ou moins violentes avait été l'interruption complète et immédiate de tous les services publics de salubrité.

La ville, cependant, était d'autant plus encombrée d'ordures que les Prussiens avaient campé sur toutes les avenues, laissant partout des débris et même des quartiers entiers de bestiaux, car, pendant ces premiers jours, les étables ayant été pillées de tous côtés, les troupes allemandes avaient eu une surabondance extraordinaire de viande. Les soldats la jetaient ou la vendaient à bas prix. Quelques-uns laissaient aller au hasard les vaches dont ils s'étaient emparés et dont ils ne savaient que faire. On voyait ces vaches errer par la ville, mais elles retombaient bien vite entre les mains d'autres détachements, qui les abattaient au coin des avenues, s'en partageant les meilleurs morceaux et abandonnant le reste.

Rien n'était plus urgent que l'enlèvement de ces débris d'animaux qui, pendant tout le temps de l'occupation, s'accumulèrent tantôt d'un côté, tantôt d'un autre. Les bois de Satory en furent infectés pendant longtemps, malgré toutes les réclamations de la municipalité. Au milieu des fourrés, on découvrait de temps en temps des entassements de détritus que les soldats allemands avaient laissé pourrir. L'avidité pour la viande qui les caractérise leur faisait voler de tous côtés des vaches qu'ils allaient tuer et se partager dans les bois. L'air s'empestait, et les autorités allemandes adressaient alors de vifs reproches à la municipalité, en l'accusant de ne pas remplir ses devoirs.

Le 21 septembre, c'était dans la ville même que ces abattoirs militaires s'établissaient, et cependant le maire ne pouvait déjà plus prendre librement les mesures nécessaires à la salubrité publique. Il lui fallut écrire au commandant de place pour obtenir que les voituriers chargés du service de la salubrité fussent exemptés de réquisitions.

De même pour le service des eaux. Par suite d'un ordre sévèrement exécuté, personne ne pouvait sortir de la ville sans sauf-conduit prussien. Il fallut donc demander au commandant de place qu'il voulût bien accorder aux fontainiers la permission de se rendre à la machine de Marly, où leur présence était nécessaire pour que la ville ne manquât pas d'eau.

De même pour l'éclairage public. Afin de faciliter sa surveillance et la circulation de ses patrouilles, l'autorité prussienne exigea que les becs de gaz restassent allumés toute la nuit; cette exigence eut pour résultat une consommation plus grande de charbon; or, la provision de l'usine à gaz était près d'être épuisée. Il fallut donc demander au commandant de place qu'il voulût bien autoriser des voitures et des chevaux à franchir la barrière pour aller chercher du charbon, sinon la ville risquait de manquer de gaz comme elle risquait de manquer d'eau.

Tous les services municipaux se trouvaient ainsi entravés, paralysés, et pour le plus petit mouvement des démarches aussi longues que pénibles étaient nécessaires. Dans ces négociations incessantes, on se heurtait à tout moment à des objections tirées de l'ordre militaire, qui rendaient la plus petite affaire d'une incroyable difficulté. Les retards, les lenteurs qui se produisaient inévitablement et qui souvent compromettaient la bonne administration de la ville étaient aussitôt rejetés sur la mauvaise volonté de la municipalité et devenaient l'occasion de menaces ou de sévices.

Aux lettres que lui écrivait le maire, pour lui exposer ses griefs ou lui demander la solution des difficultés créées par les ordres militaires, le commandant de place s'abstenait le plus souvent de répondre, mais il envoyait, en revanche, des notes du genre de celle-ci, remise le surlendemain de son entrée dans Versailles :

AVIS AU MAIRE

1° La route de Bièvres doit être tout à fait rétablie et en bon état;
2° M. le Maire est responsable qu'il n'y ait pas de communication télégraphique secrète, souterraine ou aérienne, avec aucune partie de la France. Il est prié, dans le cas où il en existerait, d'en faire la déposition, sinon ce serait considéré comme espionnage. Le Maire alors en subirait les conséquences.

L'espionnage est puni de mort par le code militaire prussien.

A cette note, très significative dans sa brièveté, le maire répondit :

1° En ce qui concerne les travaux de la route de Bièvres, je réponds :

Si les travaux nécessaires à la mise en état de cette route sont à faire sur le sol de la commune de Versailles, je suis prêt, sur votre réquisition, à mettre des ouvriers en nombre suffisant pour rétablir un passage praticable, bien que ce soit le génie militaire qui les ait fait faire pour l'État; mais si les travaux que vous exigez ne sont pas à faire sur le territoire de la commune, il me semble qu'il est injuste de les demander à la ville de Versailles, et qu'ils doivent être exécutés par les habitants de la commune ou des communes sur le territoire desquelles ces travaux sont à effectuer;

2° En ce qui concerne les communications entre Versailles et les autres parties de la France, je réponds :

Je suis habitant de la ville de Versailles depuis trente-six ans, et il y en a vingt-cinq que je suis conseiller municipal, mais il n'y a que dix-sept jours que je suis maire;

Comme habitant et comme conseiller, je n'ai jamais connu qu'il existât entre Versailles et un autre point de la France, notamment Paris, de communication souterraine ou aérienne secrète; il n'y avait que les fils télégraphiques ordinaires et les chemins de fer;

Comme maire, je me suis fait rendre compte, par le commissaire central de police, que le bureau télégraphique établi rue des Chantiers ne fonctionne plus depuis le 18 de ce mois, et il a ajouté qu'il n'existe à Versailles aucune voie souterraine électrique;

Ceci dit, je dois ajouter que je n'entends donner mon concours comme maire à aucune communication de ce genre; mais que je ne dois pas répondre des faits personnels à tout citoyen, qui, à ses risques et périls, cherchera à établir, soit avec Paris, soit avec tout autre point de la France, des communications quelconques...

Dès le premier moment, on voit que l'ennemi organisait l'inquisition des consciences; les autorités françaises sur lesquelles il avait mis la main étaient soumises par lui à un interrogatoire accompagné de menaces de mort; il prétendait ouvertement avoir le droit de les mettre en demeure de trahir leur pays. Dans cette circonstance particulière, la réponse du maire de Versailles était très facile à faire, puisqu'il ne savait réellement rien et qu'il n'existait rien; mais des communications cachées auraient pu exister, le maire aurait pu les connaître, et lui demander d'en livrer le secret, c'était lui demander insolemment une trahison. Les autorités allemandes ne semblèrent jamais comprendre tout ce qu'il y avait de révoltant dans de pareils procédés. « Trahis ton pays ou je te tue, » telle était l'alternative qu'ils posaient dès leurs premières relations avec un maire.

Avec ces renseignements sur le télégraphe, l'autorité militaire prussienne demandait à la municipalité : 1° un état de tous les habitants sans domicile légal, « afin de les expulser »; 2° un état sanitaire spécial relatif à la sécurité des soldats allemands; 3° un état des malades en traitement à l'hôpital militaire. Cet état avait pour but de faire reconnaître ces malades comme prisonniers de guerre, et le directeur de l'hôpital était déclaré responsable de leur présence.

Par suite de ces mesures, la population de la ville était soumise à une espèce d'examen militaire; les précautions étaient prises pour écarter des troupes tout danger, et en particulier pour qu'une pleine sécurité fût assurée aux chefs qui devaient venir bientôt fixer leur séjour à Versailles. Toutes ces dispositions avaient été combinées bien à l'avance; elles étaient prises sans tâtonnement dès l'entrée de l'ennemi dans la ville. On constatait par là avec quel soin et quelle précision les instructions de tout genre avaient été données aux officiers supérieurs.

A la séance du Conseil, le maire, après avoir tracé un tableau de l'état de la ville, exposa que les exigences de l'ennemi allaient en croissant, et que leurs réquisitions prenaient des proportions vraiment fabuleuses; ainsi le matin même ils avaient demandé, comme fourniture *quotidienne* : 120,000 livres de pain, 80,000 livres de viande, 90,000 litres d'avoine, 27,000 livres de riz, 7,000 livres de café brûlé, 4,000 livres de sel, 20,000 litres de vin et 500,000 cigares.

Les intendants qui présentaient ces demandes n'admettaient pas la discussion; dès qu'ils avaient dressé leurs listes, ils ne consentaient jamais à revenir sur les chiffres fixés, et leur seule réponse aux réclamations était la menace du pillage des maisons de commerce en cas de refus trop prolongé. Le maire ne pouvant rien obtenir des intendants, qui semblaient avoir quelque intérêt particulier à grossir leurs demandes, résolut d'écrire au général et au maréchal de la cour du Prince Royal les lettres suivantes :

Versailles, le 21 septembre 1870, midi 1/2.

Général,

Des réquisitions impossibles à satisfaire sont en ce moment demandées à la ville de Versailles, laquelle va être dans l'absolue nécessité de refuser, puisqu'elle n'a pas et ne peut se procurer ce qu'on lui demande.

Il semble en effet que l'on veuille l'obliger à alimenter toute l'armée allemande qui est sous Paris!

Dans cette situation, je viens vous demander de vouloir bien solliciter pour le maire de la ville de Versailles une audience du Prince Royal.

Je demanderai en outre la faculté, qui paraît avoir été accordée ailleurs, de correspondre, pour les habitants de Versailles, avec le reste de la France, par lettres ouvertes.

Versailles, le 21 septembre 1870, 1 heure du soir.

Monsieur le Maréchal,

La nécessité où va se trouver la ville de Versailles de ne pas satisfaire aux réquisitions impossibles qui lui sont adressées verbalement et par un nombre infini de personnes se disant avoir qualité pour requérir, m'oblige, avant que ce fait grave se produise, à solliciter par votre entremise une audience du Prince Royal.

Je vous prie de vouloir bien me faire connaître si je puis l'obtenir et recevoir mes salutations respectueuses.

Le maire reçut la réponse suivante (en français) :

Versailles, le 21 septembre 1870.

Monsieur,

Son Altesse le Prince Royal m'a chargé de vous répondre, à votre lettre d'aujourd'hui, qu'il est empêché de vous accorder une audience.

Je vous engage alors de vouloir bien adresser vos demandes à M. le colonel de Gottberg, qui demeure dans la Préfecture et qui sera prêt de vous recevoir.

Par ordre : LENKE,
Capitaine d'état-major.

Le maire fut reçu par le colonel de Gottberg avec la plus grande politesse, et il remit à cet officier une note contenant, entre autres réclamations, les observations suivantes, relatives aux réquisitions et aux services de police :

1° *Service des réquisitions.*

La forme des réquisitions verbales est on ne peut plus fâcheuse pour la ville de Versailles. Chaque jour, une foule de personnes, se disant intendants, ou mandataires d'intendants, ou officiers d'ordonnance, ou généraux, ou aides de camp, appartenant soit à l'armée, soit à l'ambulance, soit à la maison du Prince Royal, et dont la qualité ne peut pas être vérifiée, se présentent à la Mairie et y font prendre note de réquisitions qu'ils adressent verbalement au maire ou à ses adjoints, et dont il ne reste aucune trace.

Souvent les réquisitions demandées par l'un sont prises par l'autre ; des difficultés surgissent ; le moyen d'y remédier serait d'établir à la Mairie un officier allemand chargé de contrôler les réquisitions présentées et d'exiger qu'elles soient faites par écrit et signées avec la qualité.

Le fonds des réquisitions est réellement épuisé. Il n'y a plus de chevaux et de voitures, parce que toutes celles qui passent dans les rues sont arrêtées et prises d'autorité par les troupes allemandes et on ne renvoie pas celles que l'on a emmenées ainsi.

Pour les bestiaux sur pied, tout ce qui existait a été enlevé (1), et les bouchers qui sont partis aujourd'hui pour s'approvisionner sont obligés d'aller à peut-être 80 kilomètres pour en trouver. Or, on demande toujours les réquisitions *sur l'heure.*

Quant aux fourrages, il existait à Versailles un énorme magasin de paille, foin et avoine, appartenant à l'État ; hier, après qu'on en avait beaucoup enlevé la veille, un intendant général m'en a demandé les clés, pour s'assurer s'il en existait encore, et depuis je ne les ai plus revues. Il est très probable que les marchands grainetiers n'ont plus rien chez eux ; les boulangers et les marchands de vin peuvent, quant à eux, encore livrer des fournitures.

(1) Il fallut des sauvegardes spéciales pour conserver quelques vaches laitières. Le lait et le beurre étant nécessaires au déjeuner des officiers allemands, ces sauvegardes furent accordées sans peine.

2° *Service de police.*

Des violations de domicile, des vols, des actes de violence contre les personnes, des exigences pour obtenir des vins de Champagne et des liqueurs, sont des faits malheureusement trop fréquents et pour la répression desquels des postes, des patrouilles et des réprimandes sont nécessaires. Les détails relatifs aux lieux et aux personnes ont été donnés dans plusieurs lettres au général commandant de place.

Le maire obtint, en apparence, gain de cause sur quelques points, mais ce ne fut qu'une pure apparence, comme la plupart des satisfactions que l'ennemi feignait d'accorder.

En effet, il fut convenu que désormais les réquisitions de nourriture seraient toutes réunies dans un magasin central, établi à la gare du chemin de fer de la rive droite. C'est là que la ville devait tous les matins faire porter les quantités de vin, de viande, de riz, de pain, de sel, de café, jugées nécessaires par l'intendance allemande pour l'entretien des troupes. Les habitants logeant des soldats n'auraient plus en conséquence à fournir les aliments; ils ne seraient tenus que de les faire cuire, le soldat devant aller les prendre au magasin central. C'était là sans doute un soulagement réel pour la partie peu aisée de la population, mais cette mesure n'en tourna pas moins, comme toutes les autres, au profit des Prussiens. En effet, si le soldat, dans certains jours d'abondance exceptionnelle, recevait de l'intendance des quantités de viande et de riz qui dépassaient le nécessaire et lui permettaient même parfois de partager avec ses hôtes, d'habitude, il trouvait que les provisions qu'on lui avait données étaient insuffisantes, et il forçait l'habitant à lui faire un nouveau repas, quand il avait consommé déjà les provisions venues du magasin. De cette façon, les troupes prussiennes mangeaient, comme on dit, à deux râteliers. La ville fournissait en masse, et les habitants continuaient à fournir en détail. L'habitant était quelquefois tenté de résister à ces fournitures supplémentaires. De là des querelles qui devenaient des rixes, où l'étranger avait facilement raison des résistances trop prolongées, car lorsqu'il avait donné quelque coup de sabre à son hôte, c'est l'hôte que les gendarmes prussiens emprisonnaient, « afin d'étudier l'affaire ».

Ce qui prouve le peu de bonne foi des autorités allemandes dans ces conventions, c'est qu'il ne fut jamais possible à la municipalité d'obtenir d'elles l'autorisation de poser une affiche rédigée dans les deux langues et faisant connaître officiellement que les habitants n'étaient plus obligés de fournir des vivres aux soldats allemands.

Quant aux réquisitions diverses de détail, qui comprenaient

le bois, la chandelle et en général tout ce qui pouvait être utile, pour un motif quelconque, aux troupes d'occupation, elles durent être soumises au *visa* du commandant de place, et la Mairie eut le droit de refuser toutes celles qui n'étaient pas revêtues de ce visa. Cette mesure semblait assurer une amélioration, mais, en réalité, ce fut simplement une gêne pour quelques intendants et non une garantie sérieuse : le visa, en effet, était apposé dans les bureaux du commandant de place, à l'hôtel de France(1), par des sous-officiers et des soldats qui l'accordaient à tout venant, et sans le moindre contrôle, sans le moindre examen. Des intendants fripons purent être entravés dans quelques-unes de leurs opérations; mais l'autorité supérieure allemande, malgré l'avertissement qui lui était donné, ne contribua en aucune façon, par ce procédé, à proportionner les réquisitions aux besoins réels des troupes. Depuis le matin huit heures jusqu'au soir, de tous les corps campés à Versailles et dans les environs, de toutes les maisons de la ville occupées par des généraux, par des princes, par des officiers, par des soldats, par des ambulances, continuèrent à arriver sans interruption des porteurs de bons de réquisition qui, l'injure et la menace à la bouche, exigeaient la fourniture de tout ce qu'eux-mêmes avaient jugé bon de demander, au gré de leur caprice, depuis les matelas et les gros meubles jusqu'à la cire à cacheter. Presque tous, afin de prévenir et de rendre inutiles les diminutions qu'ils présumaient devoir être faites par la Mairie, avaient adopté comme règle de demander toujours une quantité de fournitures beaucoup plus considérable que celle dont ils avaient réellement besoin. Le *visa* et le *timbre* du général commandant de place, une fois apposés sur ces réquisitions, en consacraient officiellement les exigences les plus inacceptables ; la convention faite de bonne foi avec le général, et qui avait paru devoir être un secours, devenait ainsi, bien au contraire, un obstacle nouveau aux résistances opposées par la Mairie. Après l'apposition du visa (donné comme on sait), le refus de la Mairie était non plus un refus à tel ou tel officier, mais au général commandant de place, c'est-à-dire à la plus haute autorité de la ville. Il prenait alors un caractère d'une gravité extrême : soldats et officiers savaient très bien se servir de cet argument; les soldats prussiens, avec ce sentiment si profond de la discipline qui les caractérise presque tous, étaient pris tout d'un coup d'une violente fureur quand ils voyaient qu'un Français osait élever des objections contre un ordre revêtu du *timbre du général !* La municipalité

---

(1) *A la Commandanture*, comme on disait dans un jargon franco-allemand qui devint alors la langue courante.

fut amenée bien vite à reconnaître qu'il était tout à fait vain de chercher à organiser, d'accord avec l'ennemi, un contrôle véritable sur les réquisitions ; le fond de la pensée des autorités prussiennes, c'est qu'il fallait laisser les troupes vivre et bien vivre sur le pays conquis, aussi à leur aise, aussi librement, aussi largement qu'elles le pourraient, en évitant les scandales trop publics. La municipalité dut donc se borner à restreindre en fait les réquisitions toutes les fois qu'elle le pouvait et tâcher de découvrir par elle-même les abus, pour forcer l'autorité allemande à les connaître et la mettre en demeure de les approuver ou de les punir. Le plus souvent, l'autorité ainsi mise au pied du mur n'approuvait pas, mais ne punissait pas davantage et laissait les choses aller comme devant, avec le même désordre tout en faveur des troupes d'occupation.

Pour veiller aux fournitures des régiments logés dans les casernes de Versailles, le commandant de place désigna un sous-intendant spécial qui prétendit être le réquisitionnaire unique, et qui acquit ainsi le droit de présenter des demandes plus considérables que tout autre. Tous les matins, il venait faire ce qu'il appelait sa « commande », consistant en un nombre incroyable d'objets de toute espèce, qui étaient distribués par lui dans les casernes et en disparaissaient à mesure qu'on les y envoyait. Les soldats, qui tous les quinze jours allaient aux avant-postes devant Paris, les emportaient avec eux ou les vendaient aux juifs qui escortaient l'armée. La ville fut ainsi obligée, il serait impossible de dire combien de fois, de fournir pour toutes les casernes de la ville, devenues des casernes allemandes, des mobiliers complets, depuis les lanternes, les balais d'écurie et les chandeliers, jusqu'aux paillasses, aux serviettes, aux tables et aux cruches, sans compter des quantités incalculables de bois de chauffage et de charbon de terre.

Chaque matin, dans la cour de la Mairie, cet intendant de la place, nommé Ursell, procédait avec une solennité grotesque à sa distribution. Ce factotum de caserne était un juif de Francfort, qui était souvent venu à Paris comme commis voyageur. Il parlait suffisamment un français plus riche en mots orduriers qu'en tournures élégantes. Il avait été ravi de découvrir, grâce à cette quasi-connaissance du français, un emploi d'intendant qui le dispensait d'aller au feu ; il l'avouait avec un gros rire dans ses moments de jovialité, car il avait la prétention d'être jovial, et aspirait à manier légèrement la plaisanterie, en souvenir des Parisiens qu'il avait fréquentés. Malgré son peu de goût pour la guerre, ce commis voyageur portait avec une satisfaction naïve un costume aussi militaire que possible, et traînait avec lui un grand sabre de cavalerie qu'il regardait avec complaisance à son côté et qu'il faisait retentir bruyamment sur le pavé. Il était le digne représentant de cette partie de la bourgeoisie germanique, rusée et plate, désignée sous le nom de *Philistins*, et qui, dans cet immense débordement de l'Allemagne sur la France, s'était aussi déversée sur nous en même temps que les armées.

C'était contre cette coalition quotidienne de toutes les friponneries et de toutes les violences qu'il fallait que la municipalité se défendît. Tout en sentant son impuissance, elle luttait de son mieux, en cherchant à mettre toujours de son côté le bon sens et la justice. Ainsi, tout en élevant des réclamations énergiques contre les abus et contre les désordres, elle fit sincèrement tous ses efforts pour que prompte satisfaction fût donnée, dans la mesure raisonnable, aux demandes autorisées par les lois de la guerre. Pour mieux assurer les services créés par la situation nouvelle, le Conseil, dans la séance du 21 septembre, se divisa définitivement en quatre commissions permanentes, qui prirent en main la direction d'une section administrative distincte dont elles devinrent responsables. Chaque conseiller, à partir de ce jour, fut convoqué d'office à la Mairie pour un service quotidien, commençant le matin vers huit heures pour ne cesser qu'à la fin de la soirée. Les quatre commissions étaient :

1° La commission des logements militaires ;
2° La commission des vivres et réquisitions diverses ;
3° La commission des charrois, voitures et fourrages ;
4° La commission des ambulances et enterrements militaires.

Ces commissions s'installèrent : la 1re dans la salle dite des Commissions ; la 2e dans la salle des Mariages ; la 3e et la 4e dans la Galerie municipale.

Elles fonctionnèrent sans un jour de répit jusqu'au dernier moment de l'occupation, ayant des relations incessantes avec l'ennemi, l'attirant à dessein à la Mairie, afin de le forcer autant que possible à ne faire ses demandes aux habitants de la ville que par l'intermédiaire de l'administration municipale. Le désir des conseillers, en forçant ainsi toutes les demandes à prendre ce chemin légal, était toujours de les réduire au passage en les soumettant aux règles du droit des gens. Malheureusement, beaucoup d'officiers prussiens affectaient sans détour le plus profond dédain pour ce droit des gens, dans lequel les habitants d'une « ville ouverte » croyaient pouvoir espérer, comme dans un protecteur respecté de tous. Le maire ayant un jour, justement à propos des réquisitions, invoqué, devant un des militaires-diplomates de l'état-major prussien, une des règles les mieux reconnues par les publicistes classiques qui font autorité en ces matières, cet officier, un des amis et confidents intimes de M. de Bismarck, répondit avec un sourire moqueur : « Oui, *cela se met dans les livres*, mais voilà tout. »

Certains propos tenus hautement par plusieurs officiers expliquaient ce dédain si inattendu pour le droit des gens moderne européen, tel qu'il avait été pratiqué par nous en Crimée et en Italie. Aux yeux du parti qui, en Prusse, avait préparé la guerre avec la France, et qui avait des représentants très nombreux dans les états-majors résidant à Versailles, cette guerre n'était pas une guerre politique entre deux gouvernements, mais bien une guerre entre deux races. Dans cette lutte, la race germanique, représentant la moralité et la religion, avait la mission historique de détruire autant que possible cette race mauvaise, immorale, frivole, révolutionnaire et irréligieuse qui s'appelle la race française. En conséquence, les officiers du parti féodal étaient fermement résolus à laisser de côté, à Versailles comme ailleurs, toutes les mesures protectrices usitées depuis cinquante ans entre les peuples d'Europe, lorsque la guerre ne se fait qu'entre les armées et n'est qu'un duel politique. Dans la lutte contre la France, telle que l'entendaient ces hobereaux déchaînés, tout excès, toute exaction, tout pillage était non seulement un droit, mais un devoir. La France, mère de toutes les idées révolutionnaires, devait être mise hors la loi, et pour ainsi dire hors l'humanité. Ils le pensaient du fond du cœur et le disaient à qui voulait, parmi nous, les écouter.

Par un grand bonheur, le commandant de place désigné pour Versailles, M. le général de Voigts-Rhetz, n'appartenait pas, il faut le reconnaître, à ce parti extrême. S'il avait l'inflexibilité du soldat, il n'en montra pas moins en plusieurs circonstances un véritable désir de conciliation et une bonne volonté réelle pour résoudre les difficultés quotidiennes qui se présentaient. Comme tout administrateur sensé, il savait que la modération est la plus grande force et la meilleure habileté. A cette qualité, si rare chez ses compatriotes, il ajoutait de la loyauté et de la courtoisie. Mais, malgré ses dispositions personnelles, parfois excellentes, il devait céder le plus souvent à l'influence de puissances supérieures à la sienne, qui poussaient avec une haine fébrile à toutes les violences.

Aussi, malgré les efforts faits par la municipalité et par les habitants eux-mêmes pour rendre la situation aussi tolérable que possible de part et d'autre, les autorités allemandes et en particulier l'intendance continuèrent à montrer les mêmes exigences.

Le maire, comme on l'a vu plus haut, avait demandé la correspondance par lettres ouvertes; elle fut accordée officiellement, et un bureau de poste établi avenue de Paris, 26, reçut les lettres de Versailles, mais neuf fois sur dix, à moins qu'elles ne fussent envoyées à l'étranger, les lettres remises à la poste prussienne n'arrivèrent pas à destination; les Allemands, qui ne négligeaient pas d'encaisser les plus minimes recettes, faisaient payer l'affranchissement en tout état de cause, mais ils ne prirent aucune mesure efficace et attestant une véritable bonne volonté pour que les habitants de Versailles pussent donner de leurs nouvelles aux membres de leur famille habitant Paris ou la province; il y avait là un supplice moral qui, dans les vues prussiennes, faisait partie du châtiment infligé par la conquête; cette souffrance nouvelle, en servant à démoraliser les vaincus, devait d'ailleurs contribuer à nous ôter l'énergie de la résistance. On retrouvait là encore un des procédés impitoyables de la stratégie « psychologique » que cette armée, si riche en professeurs et en docteurs, employait toujours, parallèlement à la stratégie militaire. Ils mettaient en œuvre toute leur science du cœur humain pour le torturer aussi durement que possible.

L'émigration d'une partie des habitants de la ville créait pour les logements militaires une difficulté particulière. Un certain nombre d'émigrés avait eu la précaution de laisser de l'argent à un domestique pour subvenir aux charges qui devaient résulter de l'occupation, mais d'autres avaient quitté leurs domiciles sans se préoccuper le moins du monde des logements militaires qu'ils devaient avoir à subir. Les officiers et les soldats, en arrivant dans ces maisons, ne trouvaient personne pour les servir et préparer leurs repas. De là des colères, des violences. En pareille circonstance, les concierges avaient le plus souvent fait office de domestiques provisoires. Mais ces concierges manquaient d'argent pour subvenir aux frais de nourriture qui leur étaient imposés. Dans un intérêt général, le Conseil adopta une délibération où : ... « Considérant qu'il convient que la ville prenne une mesure protectrice des intérêts de ceux des habitants qui n'ont pas quitté leurs demeures, et qu'elle crée une ressource générale destinée à subvenir à la dépense susmentionnée, sauf répétition contre les absents qui doivent seuls en dernier lieu les supporter, » il était décidé qu'un crédit de 20,000 francs serait inscrit au budget supplétif de 1870 pour faire face à ces paiements.

22—23 septembre. — Le 22 septembre, le maire de Versailles reçut l'ordre :

1° D'avoir à faire réparer le chemin de Chaville au Bas-Meudon ;

2° D'avoir à fournir 180,000 chemises de flanelle.

Le premier ordre était donné dans une lettre ainsi conçue :

> Monsieur,
>
> Mon général et commandant m'ordonne, de vous communiquer, qu'il soit de première nécessité, que le chemin de Chaville à Bas-Meudon près de Chaville spécialement est sans délai mis dans un état tout à fait viable. Aux frais participerons toutes les communes attenantes. J'ai l'honneur de me signer
>
> Votre tout dévoué,
DE TRESKOW,
Officier d'ordonnance.

Déjà les routes attenant directement à Versailles étaient en réparation, travail qui coûtait à la commune près de 1,000 fr. par jour. Ce nouveau travail fut refusé.

Quant à la réquisition incroyable des 180,000 chemises de flanelle, le maire, après avoir adressé des demandes à tous les magasins, répondit, le 23, au commandant de place, que les marchands de la ville, réunis, en pouvaient fournir 238, sur lesquelles 88 seulement étaient confectionnées.

Avec cette réponse, il lui envoya cinq plaintes qui lui avaient été adressées par des habitants contre des officiers et des soldats, et demanda répression des actes coupables commis.

Ces plaintes méritent d'être reproduites dans leur texte authentique, parce qu'elles sont un exemple vivant des faits qui se reproduisirent chaque jour dans cent endroits de la ville pendant six mois, sans être jamais réprimés : les premières semaines, on se plaignit vivement, croyant qu'il était possible d'obtenir justice, mais on reconnut bientôt que toute plainte était inutile ; la seule réponse à toutes les réclamations fut toujours cette unique phrase, sans cesse répétée sur le même ton, comme une consigne, par les généraux comme par les soldats : « *C'est la guerre.* »

Cette petite phrase, où l'ironie se mêlait à une froide dureté, est restée dans la mémoire de tous les Français qui l'ont entendue comme un souvenir d'iniquité qui ne s'effacera pas.

Voici les cinq plaintes envoyées par le maire à la « Commandanture » :

Versailles, le 23 septembre 1870.

Monsieur le Maire,

Le soussigné, casernier de la caserne T du génie, a l'honneur de vous informer que les soldats du bataillon de la garde royale logés dans la caserne ci-dessus ne se sont pas seulement contentés de briser une partie du mobilier, tel que bancs, tables, planches de châlits, etc., pour l'employer comme bois à brûler pour la cuisson de leurs aliments, mais qu'ils ont violé les lois de la convention en se permettant d'envahir brutalement mon domicile pour le saccager; mes provisions de bouche, mes effets d'habillement, tout m'a été pris; il ne me reste plus que les effets que je porte sur moi.

C'est un ancien militaire, qui n'a pour toute ressource que sa modique pension de retraite, qui vous prie de vous adresser à qui de droit pour le faire rentrer en possession des effets qui lui ont été si iniquement dérobés.

Versailles, le 23 septembre 1870.

Madame V° R***, blanchisseuse, a l'honneur d'informer le Conseil municipal que son cheval et sa voiture, requis par l'armée prussienne, le 22 septembre, à une heure de l'après-midi, en sa demeure, lui ont été pris de force à l'entrée de Ville-d'Avray.

Les soldats faisaient partie du 58° régiment de ligne, 12° compagnie.

Cette dame espère que le Conseil voudra bien intervenir auprès de qui cela dépend, afin que justice soit rendue, s'il est possible.

Versailles, le 23 septembre 1870.

M. L***, rue de l'Abbé-de-l'Épée, 4, expose qu'un militaire persiste à rester chez lui, sans billet de logement, et s'y fait nourrir malgré son opposition. M. L*** est un vieillard valétudinaire hors d'état de supporter les menaces incessantes qui lui sont faites.

Versailles, le 23 septembre 1870.

M. D***, jardinier chez M°° C***, gardien de la propriété en l'absence de cette dame, se plaint du nombre considérable de soldats prussiens qui logent dans la maison.

Tous les jours, il n'y a pas moins de 20 à 25 soldats, plus un poste de 18 à 20 hommes qui l'occupent continuellement depuis lundi soir, et 24 officiers supérieurs.

Depuis leur entrée dans la propriété, ils n'ont cessé de piller les fruits du jardin.

Un des officiers a exigé l'ouverture de toute la maison ainsi que de la cave, où il a enlevé trois bouteilles de champagne et trois bouteilles de bordeaux hier, et cinq bouteilles de bordeaux aujourd'hui, qu'il a emportées avec les plus beaux fruits du fruitier, environ un panier. Il a aussi emporté une descente de lit.

Le poste de mardi a enlevé trois couvertures de laine. Les soldats se livrent au pillage le plus désordonné; ceux d'hier, malgré les paillasses et les matelas mis à leur disposition, ont saisi les tapis de la maison et la batterie de cuisine en cuivre, quoique sous clé.

N'ayant reçu aucun dépôt d'argent de cette dame, je vais me voir forcé de refuser à ces hommes le feu et l'éclairage.

Je prie le Conseil municipal de vouloir bien intervenir pour améliorer cette situation, si toutefois possibilité il y a.

Versailles, le 23 septembre 1870.

Monsieur le Maire,

Le soussigné, propriétaire, avenue de Paris, a l'honneur de vous exposer que le 20 courant, ayant déjà à loger et nourrir un capitaine d'état-major prussien et sa suite, il s'est présenté la nuit, à huit heures du soir, environ 50 soldats avec un officier en tête, exigeant une maison pour établir un poste. Le capitaine, logé depuis quelques heures, m'a engagé à les recevoir, disant que ces hommes étaient harassés

4

de fatigue et n'avaient pas mangé depuis trois jours : j'ai dû consentir ; alors ces hommes se sont emparés du rez-de-chaussée, ensuite du premier étage, brisant canapés, fauteuils et tout ce qu'ils ont trouvé. Comme c'était la nuit, le placement était difficile ; il a fallu éclairer toutes les pièces, fournir du bois, du charbon, du vin, des pommes de terre, ce que j'ai fait de bonne grâce ; souffrir le gaspillage du jardin, le bris de toutes choses, bien qu'il y ait un capitaine et un officier dans la maison. Le lendemain, le poste a été relevé par 40 hommes qui ont pour la nuit l'occupation de la maison et auxquels j'ai encore fourni bois, charbon et lumière pour la nuit. Je n'ai pas eu à me plaindre des procédés de tous ces hommes, si ce n'est le bris et sacrifices en toutes choses (1).

A la séance du Conseil qui eut lieu le 23 septembre, à une heure, M. Laurent-Hanin, adjoint, raconta une conversation qu'il avait eue avec un aide de camp prussien, et qui pouvait servir à faire comprendre, par de nouveaux motifs, pourquoi Versailles, depuis l'entrée de l'ennemi, était écrasé de réquisitions tout à fait en disproportion avec ses ressources. Selon la théorie très inattendue de cet aide de camp (théorie sans doute reçue parmi ses collègues civils et militaires, car elle fut sans cesse reproduite sous les formes les plus variées, et en particulier par le préfet allemand), la municipalité de Versailles étant, dans « un certain rayon, » autour de Paris, le seul pouvoir indigène resté debout, c'était elle qui devenait responsable et c'était à elle que les Prussiens devaient s'adresser pour tout ce « rayon » indéterminé. Le territoire communal cessait d'être la règle des réquisitions, et les forces de Versailles n'étaient plus la mesure servant à les fixer.

En d'autres termes, la commune dont on avait pu saisir les autorités devait payer pour les autres. C'était là une espèce d'application administrative du *système des otages*, que tout le monde croyait un système inacceptable aujourd'hui, mais que la Prusse de 1870 devait, en notre honneur, s'efforcer de rajeunir, sans vouloir paraître se douter qu'elle scandaliserait l'Europe par ce retour aux procédés que le droit public moderne n'accepte plus.

Cette théorie prussienne expliquait une autre visite faite à M. Laurent-Hanin par un employé de l'intendance, qui avait apporté un état établissant la comparaison des réquisitions présentées à la Mairie et des fournitures faites par la ville au magasin central de la gare du chemin de fer de la rive droite. Cet état fut de nouveau envoyé officiellement deux jours plus tard sous la forme suivante :

(1) Gourmand, ivrogne et assuré menteur...
Sentant la hart de cent pas à la ronde.
Au demeurant le meilleur fils du monde.

Rapport du magasin central.

Suivant les ordres donnés, la municipalité de Versailles doit fournir tous les jours :

20,000 litres de vin, 800 quintaux de viande, 270 q. de riz, 1,200 q. de pain, 40 q. de sel, 70 q. de café.

Le 23 septembre ont été livrés : 6,000 litres de vin, 71 quintaux de viande, 16 q. de riz, 120 q. de pain, 21 q. de sel, 13 q. de café. Il manque 14,000 litres de vin, 729 quintaux de viande, 254 q. de riz, 1,080 q. de pain, 19 q. de sel, 57 q. de café.

Le 24 septembre ont été livrés : 10,000 litres de vin, 118 quintaux de viande, 4 q. de riz, 126 q. de viande, 10 q. de sel, 8 q. de café. Il manque : 10,000 litres de vin, 682 quintaux de viande, 266 q. de riz, 1,074 q. de pain, 30 q. de sel, 62 q. de café.

En présentant son état, l'employé de l'intendance avait déclaré que la différence des deux quantités étant déjà très considérable, il venait avertir la municipalité qu'elle eût à prendre immédiatement des mesures pour combler le déficit. En vain M. Laurent-Hanin avait fait observer que Versailles n'était ni une ville industrielle ni une ville commerçante, qu'elle ne vivait que de ses relations avec Paris, en ce moment suspendues, l'envoyé de l'intendance n'avait rien écouté : un certain chiffre énorme, inacceptable, ayant été fixé une fois pour toutes par un intendant, cette appréciation, une fois faite, devenait une loi supérieure à toute considération de bon sens, et toutes les idées administratives sur les droits et les devoirs des communes cessaient d'avoir leur application.

Une pareille manière de raisonner, qui n'était qu'un procédé pour déguiser sous le mot réquisition un véritable pillage, souleva la plus vive émotion au sein du Conseil. L'occupation devait durer *cent soixante-quatorze* jours, et nous n'étions alors qu'au *cinquième;* mais déjà plusieurs conseillers proposèrent d'opposer un refus absolu à toutes les demandes manifestement contraires aux lois protectrices que le droit des gens a consacrées pour les « villes ouvertes ». Ces conseillers crurent qu'il convenait, en cas de persistance de l'ennemi, d'envoyer une démission générale. Quel serait le résultat de cette démission, firent observer d'autres conseillers? Un employé prussien remplacerait évidemment le maire français et la ville aurait, dès lors, perdu l'unique défenseur qui pouvait, avec quelque autorité, plaider hautement les intérêts français devant l'envahisseur.

Cette discussion entre les conseillers, après avoir été très vive, très animée, s'arrêta sans pouvoir aboutir à une conclusion. Elle devait être reprise bien des fois et toujours se terminer de même, car les conseillers les plus décidés au refus et à la démission sentaient bien que leur premier devoir était avant tout de rester au poste où la confiance de leurs concitoyens les avaient placés. Ils avaient pour rôle de représenter la justice et la modération en face de la force et de la brutalité; ils n'étaient pas tenus de réussir toujours dans leurs réclamations adressées à un ennemi hautain et violent, mais ils étaient tenus de ne pas se décourager dans leurs tentatives, quels que fussent leurs insuccès. Quand même ils étaient réduits à obéir à des ordres qui dépassaient les droits légitimes d'un vainqueur, ils pouvaient et devaient, en se chargeant de leur exécution, en adoucir et en atténuer la dureté et l'injustice. Le jour où la municipalité française aurait disparu de la ville, la population se serait sentie bien plus faible encore entre les mains de l'étranger. Il y avait pour tous les habitants quelque consolation à se rendre à la Mairie, et à porter leurs doléances à un concitoyen, même quand ces doléances devaient rester stériles. Une espèce de symbole attestait, aux yeux de tous, le rôle joué par la municipalité : l'Hôtel-de-Ville, où elle siégeait en permanence, était le seul édifice de Versailles qui eût gardé le drapeau national; partout ailleurs, et sur le Château même, consacré « à toutes les gloires de la France », le lugubre drapeau noir et blanc avait remplacé notre gai et brillant pavillon. A la Préfecture étaient également suspendues ces couleurs de deuil qui témoignaient publiquement de notre servitude. Le regard se portait avec d'autant plus de joie et d'espérance vers ces couleurs tricolores, plus aimées que jamais, qui flottaient encore au sommet de l'Hôtel-de-Ville. Là était comme un coin de la patrie resté intact, et lorsque, venant de l'intérieur de la ville pleine de soldats allemands, on franchissait la grille de la Mairie, il semblait, pour ainsi dire, qu'on rentrât en France. — Il fallait donc que la municipalité, malgré ses défaites quotidiennes dans la lutte qu'elle soutenait, restât sur la brèche, où, même vaincue, elle rendait encore des services. Elle comprit ainsi son devoir et sut, jusqu'à la fin, rester énergiquement à son poste de combat.

D'ailleurs, si la municipalité échoua le plus souvent dans ses réclamations, parfois aussi, et dans des circonstances très importantes, elle obtint gain de cause et sut faire revenir l'ennemi sur ses décisions. Ce n'était pas par un accès subit de générosité que l'autorité prussienne agissait ainsi, car elle déclarait que la générosité lui était étrangère et n'était nullement de mise en temps de guerre; non, ces actes de modération étaient simplement la suite d'un calcul bien fait. L'autorité prussienne allait aussi loin que possible dans l'excès, mais sans rien cependant pousser à bout, parce qu'elle aurait été, elle aussi, très embarrassée, si la municipalité avait disparu. Pour établir et répartir les logements militaires, pour procéder aux réquisitions, les Prussiens se seraient trouvés tout de suite et tous les jours obligés de recourir à une série continue de violences qui, pour eux-mêmes, avaient leurs dangers et qui auraient été par trop scandaleuses, surtout dans la ville où siégeait le grand quartier général. M. de Bismarck le dit un jour avec cette espèce de sincérité apparente et calculée qui lui est particulière : « Je trouve qu'il ne faut pas laisser abîmer la ville où réside le Roi. » — Versailles devait, dans une certaine mesure, profiter de cette pensée du diplomate prussien; mais pendant les premiers jours de l'occupation, le Roi n'étant pas présent, la licence et surtout l'intendance se donnèrent pleine carrière. Cependant, au gré de quelques nobles officiers prussiens du parti féodal, l'entrée dans Versailles, à ce point de vue, avait été manquée. Selon eux, le devoir du général en chef qui avait pénétré le premier dans la ville eût été de frapper immédiatement une contribution de guerre considérable et de répandre la terreur dans la population par quelques scènes de pillage bien caractérisé. Ces officiers pensaient et disaient que par ce procédé les relations avec les autorités et les habitants fussent devenues immédiatement bien plus faciles. Ils reprochaient vivement au Prince Royal de Prusse d'avoir, en cette circonstance comme en tant d'autres, cédé aux mesquines préoccupations d'humanité qui lui étaient trop familières. Il avait, disaient-ils, perdu le bon moment pour agir; plus tard, les rigueurs devenaient difficiles; à cette première entrée, rien n'était plus aisé et n'aurait été plus profitable.

Pendant toute cette journée du 23, le canon retentit dans la direction de Clamart. Ce bruit, si nouveau pour la population de Versailles, devait peu à peu lui devenir bien familier, car, jusqu'à la fin de janvier, il fut presque continu. Il y eut parfois des interruptions plus ou moins prolongées, mais le silence, alors, inquiétait plus encore que cet écho lointain de détonations dans lequel on croyait toujours entendre le présage d'une délivrance prochaine. Une sortie heureuse des Parisiens du côté de Versailles, telle fut, pendant cinq mois, l'attente quotidienne des Versaillais, et, chaque fois que le bruit du canon redoublait, cette espérance, qui devait toujours être vaine, prenait plus de force et faisait battre bien des cœurs.

Dans ces premiers jours, la canonnade de nos forts était dirigée contre des détachements faisant des reconnaissances de terrains ou construisant des travaux. Quoi qu'en disent nos ennemis, elle n'était pas sans résultats meurtriers.

Les officiers prussiens en garnison à Versailles, qui n'avaient pas été désignés pour prendre part à ces études préliminaires des opérations de siège, procédaient, pendant ce temps, à leur installation dans les logements qui leur avaient été attribués dans la ville ou qu'ils s'étaient choisis eux-mêmes. Cette installation de l'étranger, qui devait, pour certaines familles de Versailles, se renouveler tant de fois, donna lieu naturellement à bien des scènes pénibles. Si un certain nombre d'officiers montrèrent de la discrétion et respectèrent les convenances, beaucoup, en revanche, semblaient s'ingénier à se faire haïr autant qu'il est possible par des excès gratuits de brutalité et de grossièreté. A peine entrés dans l'appartement de leur hôte, armés de leur billet de logement, ils visitaient d'autorité toutes les pièces, agissant en maîtres, ouvrant et fermant les armoires, et, leur examen terminé, ils disaient d'un ton aussi insolent que possible au maître du logis : « Voici ma chambre. » En vain leur représentait-on que dans l'appartement se trouvait telle ou telle pièce aussi convenable; que celle qu'ils avaient choisie était celle dont l'occupation par un étranger était la plus gênante, ou même la plus blessante, comme lorsqu'ils choisissaient la chambre de la jeune fille de la maison, ces motifs les laissaient indifférents, heureux quand ils n'attiraient pas des violences sur les hôtes dont les réclamations étaient trop persistantes.

Certains, après s'être conduits comme des manants avec leurs hôtes, abondaient tout à coup en démonstrations exagérées de politesse, comme s'ils avaient voulu prouver que, eux aussi, ils connaissaient « ce que les Français appellent les belles manières ». Un trait de ce genre suffit comme exemple. Un officier supérieur, aux allures rogues et méprisantes, arrive dans une maison, où aussitôt il se fait servir comme s'il était chez lui et commande son dîner aux domestiques. Tout à coup il s'aperçoit qu'il a indigné le maître du logis par ses procédés d'envahisseur, et, aussitôt, se ravisant, et de l'air le plus aimable, il se dirige vers son hôte, et l'*invite* avec une grâce toute germanique à prendre place au dîner qu'il venait de commander. Un refus ironique est, à son grand étonnement, la seule réponse qu'il obtient, et il est encore sans doute à comprendre que le dernier mot de la courtoisie ne consiste peut-être pas à « inviter » les gens, quand on vient prendre leur dîner.

24 septembre. — Les sentiments d'humanité que l'opinion générale attribuait au Prince Royal de Prusse n'apparaissaient pas dans la proclamation suivante, signée de son nom, et qui fut affichée à Versailles, le 24 :

24 SEPTEMBRE.

PROCLAMATION

Nous, général commandant la troisième armée allemande,

Vu la proclamation de Sa Majesté le roi de Prusse, qui autorise les généraux commandant en chef les différents corps de l'armée allemande à établir des dispositions spéciales relativement aux mesures à prendre contre les communes et les personnes qui se mettraient en contradiction avec les usages de la guerre, relativement aux réquisitions qui seront jugées nécessaires pour les besoins des troupes, et de fixer la différence du cours entre les valeurs allemande et française, avons arrêté et arrêtons les dispositions suivantes, que nous portons à la connaissance du public :

1° La juridiction militaire est établie par la présente. Elle sera appliquée, dans l'étendue du territoire français occupé par les troupes allemandes, à toute action tendant à compromettre la sécurité de ces troupes, à leur causer des dommages ou à prêter assistance à l'ennemi. — *La juridiction militaire sera réputée en vigueur et proclamée pour toute l'étendue d'un canton aussitôt qu'elle sera affichée dans une des localités qui en font partie ;*

2° Toutes les personnes qui ne font pas partie de l'armée française et n'établiront pas leur qualité de soldat par des signes extérieurs, et qui :

A. Serviront l'ennemi en qualité d'espion ;

B. Egareront les troupes allemandes quand elles seront chargées de leur service de guide ;

C. Tueront, blesseront ou pilleront des personnes appartenant aux troupes allemandes ou faisant partie de leur suite ;

D. Détruiront des ponts ou des canaux, endommageront les lignes télégraphiques ou les lignes de chemins de fer, rendront les routes impraticables, incendieront des munitions, des provisions de guerre, ou les quartiers des troupes ;

E. Prendront les armes contre les troupes allemandes ;

Seront punies de la PEINE DE MORT.

Dans chaque cas, l'officier ordonnant la procédure instituera un conseil de guerre chargé d'instruire l'affaire et de prononcer le jugement. *Les conseils de guerre ne pourront condamner à une autre peine qu'à la peine de mort. Leurs jugements seront exécutés immédiatement ;*

3° Les communes auxquelles les coupables appartiendront, ainsi que celles dont le territoire aura servi à l'action incriminée, seront passibles, dans chaque cas, d'une amende égale au *montant annuel de leur impôt foncier ;*

4° Les habitants auront à fournir ce qui est nécessaire pour l'entretien des troupes. Chaque soldat recevra par jour :

750 grammes de pain.
500 — de viande.
250 — de lard.
30 — de café.
60 — de tabac ou 5 *cigares.*
1/2 litre de vin, ou 1 litre de bière, ou 1/10 d'eau-de-vie.

La ration à livrer par jour pour chaque cheval sera de :

6 kilogrammes d'avoine.
2 — de foin.
1 1/2 — de paille.

Pour le cas où les habitants préféreront une indemnité en argent à l'entretien en nature, l'indemnité est fixée à 2 francs par jour pour chaque soldat ;

5° Tous les commandants de corps détachés auront le droit d'ordonner la réquisition des fournitures nécessaires à l'entretien de leurs troupes. La réquisition d'autres fournitures jugées indispensables dans l'intérêt de l'armée ne pourra être ordonnée que par les généraux et les officiers faisant fonctions de généraux ;

Sous tous les rapports, il ne sera exigé des habitants que ce qui est nécessaire pour l'entretien des troupes, et il sera délivré des reçus officiels pour toutes les fournitures ;

Nous espérons, en conséquence, que les habitants ne feront aucune difficulté de satisfaire aux réquisitions qui seront jugées indispensables ;

6° A l'égard des transactions individuelles entre les troupes et les habitants, nous arrêtons que 8 silbergros ou 28 kreutzer équivalent à 1 franc.

Le commandant en chef de la troisième armée allemande,

FRÉDÉRIC-GUILLAUME.
Prince Royal de Prusse.

Ce code sommaire d'exécutions par ordre alphabétique prend un caractère tout à fait odieux quand on se rappelle que le paragraphe qui ordonnait de fusiller « quiconque prendrait les armes contre les troupes allemandes » était spécialement destiné aux francs-tireurs, c'est-à-dire à tout Français qui se faisait soldat pour repousser l'invasion du territoire national. La Prusse avait autrefois fait un devoir rigoureux pour tous ses enfants de combattre, par tous les moyens, l'envahisseur français ; de ce devoir, elle faisait aujourd'hui, pour les Français, un crime qu'elle qualifiait officiellement de « brigandage (1) ». Elle savait que les corps de francs-tireurs lui faisaient beaucoup de mal, il fallait donc qu'elle en empêchât la formation à tout prix ; elle avait trouvé dans cette proclamation un moyen jugé sans défaut par les Prussiens, puisqu'il réussissait. Dans le code

(1) Il n'est pas inutile de reproduire ici, en regard de cette proclamation, un passage de l'édit de Frédéric-Guillaume, roi de Prusse, par lequel fut organisée, en 1813, la *landsturm*, c'est-à-dire la levée en masse de toute la population. Cet extrait est la flétrissure la plus énergique des précautions que la Prusse de 1871 a prises pour entraver la formation des corps de francs-tireurs :

« A l'approche de l'ennemi, disait alors l'édit royal, les hommes de la levée en masse emmèneront tous les habitants des villages avec les bestiaux et les effets. Les farines et les grains doivent être enlevés ou détruits, les tonneaux vidés ; les moulins et les bateaux brûlés ; les puits comblés, les *ponts coupés*, les moissons incendiées... Le combat auquel tu es appelé *sanctifie tous les moyens* (alle mitteln heiligt) ; les plus terribles sont les meilleurs. Non seulement tu harcèleras continuellement l'ennemi, mais tu détruiras et anéantiras les soldats isolés ou en troupes... »

Tels étaient les ordres donnés alors par la Prusse à tous ses enfants pour repousser les Français du territoire national ; ce qu'elle appelle chez elle un acte sublime, elle a feint de le considérer et elle l'a traité en France comme un attentat contre le droit des gens. Voilà la *deutsche treue* si vantée... par les Allemands.

militaire, qu'ils avaient étudié et qu'ils appliquaient ponctuellement, ce qui est utile n'a pas besoin d'être juste.

Pendant qu'on affichait à Versailles cette loi qui rétablissait le droit à l'assassinat des prisonniers, voici comment, au même instant, se conduisaient les officiers et les soldats prussiens qui avaient entrepris une « guerre sainte » contre nous, dans le but de sauvegarder la morale et les vertus de la famille, que l'influence française tendait, nous disaient-ils chaque jour, à « pervertir dans le monde entier ».

Nous citons, en les atténuant, quelques fragments des rapports de police :

Il s'est passé de nouveau, hier soir, des scènes très graves dans le quartier de la Petite-Place ; les soldats de garde et un gendarme se sont refusés à prêter main-forte à nos agents, en disant qu'ils n'avaient pas d'ordres. Plus de trente soldats sont montés tous ensemble dans une chambre où était une femme seule, et l'un d'eux, après avoir tiré son sabre, l'a menacée de lui couper le cou... Toutes les femmes de ce quartier ont leur existence constamment menacée... Des officiers prennent d'assaut les maisons et emmènent de force des femmes avec eux ; l'un d'eux, à qui l'on refusait d'ouvrir la porte, a menacé de mettre le feu...

En même temps, les violations de domicile et les vols se multipliaient dans le quartier de Montreuil, dont la population adressait à la Mairie plaintes sur plaintes.

Se trouvant très nombreux dans ce quartier séparé du reste de la ville, les soldats s'en donnaient à cœur-joie. Par exemple, sur la place de Montreuil même, ils envahirent, au nombre d'une cinquantaine, une boutique d'épicier-marchand de vins, tenue par une femme, et enlevèrent tout ce qu'ils jugèrent à leur gré. Parmi les bouteilles volées, il y en avait heureusement un certain nombre qui servaient à l'ornement de la montre, et ne contenaient que de l'eau colorée en vert et en bleu. Des erreurs de ce genre étaient souvent commises par les soldats pillards qui buvaient sans distinction tout ce que contenaient les bouteilles qui tombaient entre leurs mains, prenant parfois des flacons de médicaments pour des liqueurs exquises. Chez beaucoup de ces soldats, paysans venus du fond des provinces pauvres de l'Allemagne, on trouvait une grossièreté épaisse, grâce à laquelle de pesantes niaiseries s'ajoutaient à leurs brutalités.

Le même jour, des soldats pénétrèrent par escalade dans la gare de la rue des Chantiers, enfoncèrent avec leurs baïonnettes plusieurs pièces de vin, un fût de cognac, enlevèrent des caisses de liqueurs et une vingtaine de sacs de pommes de terre.

Tous ces vols restèrent impunis.

Les rues des Récollets et du Vieux-Versailles avaient été envahies comme Montreuil par des détachements de soldats qui s'étaient installés en nombre considérable dans les maisons, sans billets de logement.

Ces envahissements semblaient d'autant plus pénibles à supporter qu'une partie des casernes restait vide; il était facile d'y installer encore plusieurs milliers d'hommes. Le maire le fit remarquer à l'autorité militaire, mais inutilement.

Dans ces casernes, on aurait pu croire que la discipline empêcherait les vols : au contraire, tout y était considéré de droit par les soldats comme de bonne prise. Les officiers en permettaient le pillage complet, et chacun des caserniers put faire des rapports semblables au suivant :

Monsieur le Maire,

Le casernier de la caserne de Satory a l'honneur de vous informer que les cavaliers logés à ladite caserne ont fracturé la chambre 125 où il y avait un mobilier appartenant à une cantinière du 4ᵉ voltigeurs; ils ont enfoncé les malles, la commode, l'armoire, et ont pris tout ce qui leur a été agréable.

Les dispositions des officiers, plus hostiles en général que celles des soldats, se manifestaient publiquement, et en particulier au poste prussien établi à la grille de la Mairie, sur l'avenue de Paris. Devant ce poste étaient rangés en faisceaux, selon l'usage allemand, les fusils des hommes de garde. Ces fusils étaient là toujours prêts, pour que les soldats pussent les saisir et se mettre instantanément en rang, dès que passait sur l'avenue quelque officier supérieur. Ce mouvement s'exécutait à chaque moment, au cri rauque de : « heraus, » lancé violemment du fond de la gorge par la sentinelle chargée d'épier le passage des officiers auxquels était dû l'honneur de la sortie du poste. Même lorsque ces officiers passaient extrêmement loin, la sentinelle devait faire sortir le poste, qui était, pour ainsi dire, toujours sous les armes. Il y avait là un exemple de ces exigences exagérées de discipline auxquelles il semble que nos troupes se plieraient difficilement, mais qui ont pour résultat de faire du soldat prussien une machine absolument obéissante. La sentinelle avait encore une autre consigne : elle devait écarter des faisceaux tous les passants qui en approchaient trop près. Ces habitudes étant choses tout à fait nouvelles pour les Versaillais, ils recevaient souvent les avertissements très rudes des sentinelles. Mais ces rudesses, qui allaient jusqu'aux coups de crosse, n'étaient pour ainsi dire rien à côté des menaces et des injures que certains officiers jetaient aux groupes qui stationnaient parfois devant le poste. L'un d'eux poussa la rage jusqu'à tirer son épée et la diriger contre ces curieux inoffensifs qui avaient le tort de regarder les soldats exécuter leurs mouvements. On sentait, en ces circonstances, qu'il y avait dans l'âme de certains officiers une colère toujours prête à éclater contre cette population civile de Versailles, qui, à leur gré, ne souffrait pas assez de la lutte engagée, et sur laquelle il leur était interdit d'assouvir trop directement leurs besoins passionnés de vengeance contre la France.

Au milieu de ces épreuves si dures des premiers jours de l'occupation, la population éprouva un moment de joie qu'elle manifesta très vivement, ce qui augmenta encore le dépit des Prussiens.

Un ballon venant de Paris passa au-dessus de Versailles. Dès qu'il fut signalé, des groupes se formèrent de tous côtés pour le suivre et le saluer, des télescopes furent braqués rapidement pour tâcher de distinguer les aéronautes. Un soleil éclatant jetait sur ce ballon une vive lumière, et il semblait, dans sa marche rapide, braver joyeusement l'ennemi, qui voyait ainsi rompre l'investissement de Paris d'une façon bien inattendue. Les Versaillais étaient d'autant plus heureux en regardant ce ballon parisien, qu'ils constataient combien les Prussiens étaient furieux. Officiers et soldats gesticulaient avec colère, et regardaient d'un air menaçant les groupes d'habitants réunis sur les avenues et qui riaient et applaudissaient sans se cacher. Il y avait là un délit nouveau que les lois militaires n'avaient pas prévu.

Des coups de fusil nombreux furent tirés, mais en vain; le ballon traversa heureusement la ville et disparut en quelques instants à l'horizon.

Nous avons su depuis que ce ballon, le premier qui partit de Paris, était le *Neptune*. Il s'était élevé de la place Saint-Pierre, à Montmartre, et portait 103 kilogrammes de lettres. Il descendit à Evreux, d'où les dépêches furent expédiées sans obstacle.

Le soir, on distribua secrètement dans la ville des journaux qui avaient été jetés du ballon et qui donnaient quelques nouvelles de Paris, dont on ne savait plus rien depuis le 20 septembre. C'est à des hasards de ce genre, à des expédients qui changeaient tous les jours, que les Versaillais durent recourir jusqu'en février 1871 pour avoir quelque idée de ce qui se passait au dehors. Un journal, même quand il avait huit jours de date, était un trésor qu'on s'enviait et qu'on se disputait. Il n'était pas rare qu'on restât toute une semaine sans une nouvelle certaine. En revanche, chaque jour circulaient cent bruits plus faux et plus absurdes les uns que les autres. Pendant ces premiers jours, c'était l'arrivée très prochaine de corps nombreux de francs-tireurs qui était l'illusion accréditée. On les avait vus à Rambouillet, à Trappes, à Saint-Cyr. Ces bruits étaient réduits à leur juste valeur par les esprits réfléchis, mais la masse des habitants les accueillait avec une crédulité qui ne se lassait pas des déceptions. Dans le malheur sous lequel on était accablé, on n'avait pour consolation que l'espérance, et ce n'était jamais sans une résistance involontaire qu'on consentait à se laisser complètement désabuser.

25 septembre. — Le 25 était un dimanche. Les troupes allemandes furent conduites militairement aux offices. Le Prince Royal assista à un service luthérien qui fut célébré en plein air, dans le Parc, au quinconce du Midi. Autour du Prince Royal se groupa un nombreux état-major, dans lequel se trouvaient les princes déjà arrivés à Versailles, et parmi eux, le duc de Cobourg. En demi-cercle, à quelque distance, se rangèrent les soldats. En face du Prince, derrière le prédicateur, était placé le corps de musique du 47e régiment de ligne. Pendant la cérémonie, tout le monde resta debout. Le Prince joignit sa voix à celles des soldats pour chanter les versets et le choral indiqués.

Après le service, le Prince se rendit à l'ambulance du Château. Presque toutes les salles du rez-de-chaussée du Palais, depuis le 19 septembre, étaient déjà garnies de lits dont le nombre devait sans cesse augmenter. Comme le temps était très doux, on laissait ouvertes les portes-fenêtres qui donnent sur la terrasse, et les blessés qui pouvaient se soulever sur leur lit avaient ainsi la vue des jardins. Ceux qui avaient assez de forces pour faire quelques pas venaient s'asseoir dans des fauteuils placés sur le terre-plein de la terrasse ou se promenaient devant la façade du Palais. Très peu de ces blessés étaient des Français; les chirurgiens allemands tenaient en général à soigner par eux-mêmes leurs blessés et, par contre, n'insistaient pas pour soigner les nôtres, auxquels l'hôpital militaire de la ville et les ambulances particulières étaient spécialement réservés. Nos blessés n'y perdaient à aucun point de vue, car il y a dans les habitudes des chirurgiens allemands avec leurs propres compatriotes, et dans l'ensemble de leur traitement, une certaine rudesse qui aurait été plus pénible à nos soldats qu'elle ne semblait l'être aux soldats allemands, accoutumés sans doute à une vie plus dure, menée sous un climat ingrat et rigoureux qui rend moins délicat.

Le Prince Royal parcourut toutes les salles occupées par des lits, s'arrêtant souvent auprès des blessés, causant avec eux assez longuement et leur montrant une bienveillance cordiale sans affectation. Ces visites du Prince Royal à l'ambulance du Château se répétèrent fréquemment pendant son séjour à Versailles. Il les faisait avec la plus grande simplicité. Il semblait d'ailleurs éviter, par goût, tout ce qui rappelait l'étiquette; très souvent, il se promenait seul dans la ville, sans qu'il fût possible de le distinguer de tout autre officier.

Un décret du Gouvernement, en date du 16 septembre, avait fixé au 25 septembre le renouvellement des Conseils municipaux de toute la France. Malgré l'occupation prussienne, les élections eurent lieu à Versailles au jour fixé.

Le maire les avait annoncées le 22 par l'avis suivant, qui était en accord complet avec les pensées que le préfet avait exprimées dans sa proclamation du 19, affichée le jour même de l'entrée des Prussiens, et dans laquelle il disait aux électeurs :

« Pas d'abstentions. Votez, votez même au milieu des armées étrangères. »

L'avis du maire était ainsi conçu :

RÉPUBLIQUE FRANÇAISE

VILLE DE VERSAILLES

Élections municipales.

Les événements des derniers jours ont dû retarder l'apposition des affiches pour la convocation des électeurs ; mais l'administration municipale n'a pu avoir un seul instant la pensée de suspendre l'exécution de la loi. Nous engageons tous les bons citoyens à concourir à l'exécution du décret qui prescrit le renouvellement des Conseils municipaux, en prenant part à l'élection de dimanche, sans avoir égard aux tentatives qui ont été faites pour les éloigner du scrutin.

Les habitants de Versailles suivirent le conseil que leur donnait leur magistrat, et se rendirent au scrutin avec un empressement remarquable. Malgré le nombre si considérable des absents, le chiffre des votants s'éleva à 3,256. Chacun, sans même s'en rendre compte, sentait instinctivement qu'il y avait dans cet acte de citoyen une espèce de protestation publique contre l'envahissement de la ville par l'étranger; par ce vote, en effet, on retrouvait quelque chose de la nationalité. Au moment où la Patrie semblait avoir disparu en fait, on était heureux de la ressaisir et de lui rendre hommage en obéissant à une de ses lois, malgré la présence des Prussiens et en dépit de leur domination matérielle. L'esprit de patriotisme donna un élan exceptionnel à l'esprit municipal, et les élections se firent avec une espèce d'enthousiasme calme qui ne fut pas sans frapper les officiers allemands.

Le dépouillement des suffrages, fait le jour même, donna le résultat suivant :

ÉLECTEURS INSCRITS, 9,923. — VOTANTS, 5,256.

MM.	voix	MM.	voix
Rameau	5,150	Pesty-Rémont	4,155
Ed. Charton	5,004	De Montfleury	4,151
Ramin	4,926	Mainguet	4,137
Hunebelle	4,901	Bersot	3,836
De Magny	4,897	Housay	3,802
Barué-Perrault	4,892	Jeandel	3,800
Laurent-Hanin	4,881	Augé	3,749
Barbu	4,863	Albert-Joly	3,739
Denis	4,831	Delerot	3,738
Riché	4,603	Scherer	3,587
H. Delaroche	4,481	Lefebvre	3,552
Lasne	4,444	Lebourdais	3,505
Postel-Grusse	4,350	Verhac	3,422
Deroisin	4,272	Debains	3,386
C. Fontaine	4,263	Magnier	3,343

Ces élus du 25 septembre devaient conserver leurs fonctions pendant toute la durée de l'occupation.

A la séance du Conseil qui eut lieu le jour même des élections, le maire annonça une nouvelle précaution que l'autorité militaire croyait devoir prendre vis-à-vis de la population versaillaise. Déjà on avait ordonné le dépôt des fusils de gardes nationaux (fusils à piston qui, en face du fusil à aiguille, semblaient destinés à figurer dans un musée d'archéologie plutôt que dans un arsenal); cette précaution déjà excessive ne parut pas suffisante. Le commandant de place ordonnait aujourd'hui que toute arme à feu, *de quelque nature que ce fût*, possédée par un des habitants fut déposée « avant le lendemain 26, à une heure de relevée ».

De plus, il exigeait de l'administration municipale et du Conseil une déclaration signée de tous les membres, attestant qu'il n'existait à la Mairie ou dans les bâtiments publics aucun dépôt d'armes, de poudre ou de munitions de guerre.

Conformément à cette volonté, l'avis suivant du commandant de place fut lu le jour même, à son de caisse, dans la ville :

AVIS

L'autorité militaire allemande prévient les personnes qui sont détenteurs des objets ci-après désignés, savoir :
Poudre de guerre et cartouches,
Carabines de tir,
Fusils de guerre et de chasse,
Carabines de guerre,
Revolvers,
Et toutes autres armes à feu,
Qu'elles sont tenues de les déposer immédiatement en l'hôtel de la

Mairie. Ce dépôt devra être complètement effectué avant le lundi 26 septembre courant, à une heure après midi.

Faute de quoi il pourra être fait par la force militaire allemande des perquisitions qui auraient pour conséquence contre les habitants trouvés détenteurs d'un ou de plusieurs des objets ci-dessus désignés d'être arrêtés et transférés en Prusse, et subir, même après la paix, une détention de 15 années dans une forteresse; le tout conformément aux lois prussiennes.

De leur côté, les conseillers firent rédiger par le secrétaire de la Mairie la pièce suivante, composée à dessein avec un luxe ironique de détails, et qui dut calmer pleinement toutes les appréhensions de l'autorité militaire. Malgré l'exactitude exagérée de cette pièce, les conseillers la signèrent sans trop savoir s'ils ne s'exposaient pas aux quinze années de détention qui punissaient toute fausse déclaration, car on avait trouvé dans la caserne de la gendarmerie des poudres restées là à l'insu de la municipalité, et rien ne pouvait assurer que d'autres dépôts n'existassent pas ailleurs. Plus tard, en effet, on retrouva un autre dépôt dans un édifice public où l'on n'en soupçonnait pas, ce qui prouve combien la déclaration exigée par le commandant de place était abusive. En cette circonstance comme dans tant d'autres, les responsabilités les plus étranges étaient imposées à la municipalité, qui, étant seule présente, devait, d'après la justice prussienne, payer pour tous et pour tout.

DÉCLARATION

Les soussignés, administrateurs et conseillers municipaux de la ville de Versailles, déclarent sur l'honneur qu'il n'existe pas à leur connaissance, dans les établissements publics et communaux de la ville de Versailles, d'armes à feu et de munitions de guerre autres que ce qui suit :

1° Dans les bâtiments de la Mairie :

Fusils de pompiers.	82
Fusils restés.	32
Fusils hors de service.	9
Mousquetons hors de service.	6
Pistolets hors de service.	4
Total.	133

2° Dans la fourrière de la Mairie :

Un boulet chargé, dix-sept paquets de cartouches, six cartouches détachées, deux cartouches à blanc, quarante amorces de canon, trois sacs contenant de la poudre, vingt fusées d'artifice, un sac de vis pour mitrailleuses, un sac contenant des vis, des écrous et étuis vides de charges d'artillerie;

3° Trois fusils de garde nationale dans la maison de correction, avenue de Paris, n° 20, lesquels paraissent devoir être laissés pour la sûreté des gardiens;

4° Quelques fusils de chasse ou autres déposés en gage dans l'établissement du Mont-de-Piété où ils doivent demeurer à titre de dépôt et sous la surveillance du directeur de l'établissement, qui pourrait s'engager à ne pas les rendre avant la fin de la guerre;

5° Quelques vieux fusils à pierre ou autres au Grand-Théâtre, servant aux représentations scéniques;

6° Un certain nombre de fusils de chasse, déposés au Palais de Justice par suite de confiscation après constatation de délits de chasse;

7° Enfin, il a existé au lycée de Versailles quelques fusils qui servaient aux élèves pour faire l'exercice, mais ils ont dû être enlevés.

Fait à l'Hôtel-de-Ville, le 25 septembre 1870.

C'était sans doute la découverte de la poudre oubliée par les gendarmes français dans un coin de la caserne qu'ils occupaient (et qui était contiguë à la Préfecture), qui avait amené tout à coup ce redoublement de sévérité, car cette découverte avait paru causer le plus grand émoi aux autorités prussiennes. On y avait vu la preuve de projets d'attentat contre la vie du Prince Royal et du Roi. A l'angle de l'avenue de Paris et de la rue Jean-Houdon, près de l'ancienne poste aux chevaux, se trouve un regard où aboutissent cinq gros tuyaux qui descendent des étangs Montbauron. Ce regard et tous les alentours furent aussitôt explorés. La maison voisine fut envahie et les caves militairement occupées pendant près de vingt-quatre heures. Des sapeurs armés de pelles et de pioches, éclairés par des flambeaux tenus par les locataires, sondèrent partout le sol; ils gardaient un grand sérieux quand on les observait, et se moquaient de leurs chefs dès que ceux-ci ne les regardaient plus. Ce n'est pas tout. Sous le comble de la maison, il existe un réservoir qui fournit de l'eau à tous les étages. Or, le rez-de-chaussée était habité par l'architecte de l'ambassade de Prusse à Paris, M. Jung de Trèves, attaché à l'état-major du Prince Royal. Ce Prussien zélé ayant plusieurs fois entendu le bruit que fait le jeu des soupapes, s'était imaginé qu'il y avait là quelque mine qui ne tarderait pas à faire explosion. Pour un architecte officiel, honoré quelque temps après du titre de conseiller, la méprise ne laissait pas d'être assez singulière; aussi demeura-t-il quelque peu confus le lendemain, quand les habitants, pour le rassurer, lui montrèrent la cause de ses terreurs.

26 septembre. — Dans la matinée du 26, le Prince Royal se donna la satisfaction de passer une revue dans la cour du Palais, devant les statues de Louis XIV, de Turenne, de Condé et de ces maréchaux de l'Empire qui avaient tant de fois battu l'Allemagne. Après la revue, il se plaça sur le soubassement de la statue de Louis XIV, et là, entouré de son état-major, il distribua les croix de fer gagnées dans le combat de Châtillon. Cette distribution terminée, il adressa à ses soldats une courte allocution dans laquelle il les félicita de leur bravoure, qui les rendait, dit-il, les égaux de ceux qui avaient combattu dans la guerre de la Délivrance (1). Il termina en criant : « Vive le Roi! » cri qui fut répété aussitôt par les soldats. Le général de Sandrart, commandant des troupes passées en revue, s'avança alors vers le Prince Royal, et cria à son tour : « Vive le commandant de la troisième armée, qui nous a conduits devant les portes de Paris! Vive notre cher prince Frédéric-Guillaume! »

Les acclamations des soldats et des officiers présents à cette solennité militaire retentissaient encore, quand une troupe de paysans français faits prisonniers passa devant le Palais. Les cavaliers qui les conduisaient disaient tout haut que ces paysans étaient des espions et qu'on allait les fusiller. Ce n'était pas exact, mais il y avait là une occasion de jeter la terreur dans la population de Versailles, et jamais les occasions de ce genre n'étaient perdues. Au moment où passaient ces prisonniers, autour desquels, comme toujours, s'était réunie une foule sympathique, M. Passa, pasteur de l'Église réformée de Versailles, sortait du Château, où il venait d'exercer son ministère auprès des blessés soignés à l'ambulance installée dans les salles du rez-de-chaussée du Musée. A la vue de ces prisonniers, et en entendant dire qu'on les conduisait hors de la ville pour les fusiller, M. Passa se dirigea vivement vers un des aumôniers de régiment qui assistait à la revue et le supplia, au nom de leur religion commune, de s'unir à lui pour demander au Prince Royal la grâce de ces malheureux. L'aumônier prussien s'y refusa en ces termes : « S'ils sont fusillés, c'est qu'ils ont mé-
« rité de l'être. On ne vous fera jamais assez souffrir. Cette
« guerre est au dernier sang. Voyez nos soldats : ils sont tous
« une âme! »

M. Passa exprima en termes énergiques toute son indignation à ce pasteur si pénétré de l'esprit prussien, et termina en lui disant : « Vous vous dites ministre de l'Évangile, et quel Évan-
« gile prêchez-vous, Monsieur? Après les paroles que vous
« venez de prononcer, il est bien évident pour moi que nous ne
« servons pas, vous et moi, le même Dieu! »

L'aumônier répliqua avec emportement : « Cessons : nous ne
« nous entendrions pas!

— Je l'espère bien, répondit M. Passa; car il n'y a rien de
« commun entre nous! »

Cette vive discussion avait attiré l'attention de l'état-major groupé autour du Prince. Celui-ci s'informa sans doute de ce qui se passait, et envoya vers M. Passa un officier qui lui dit : « Monsieur, il sera *sursis* à l'exécution. »

(1) On sait que c'est le nom consacré pour la campagne de 1813, qui délivra l'Allemagne de la domination de Napoléon.

M. Passa put constater en effet que ces prisonniers n'étaient pas conduits au lieu d'exécution. Ils furent simplement enfermés dans la caserne de Croy, comme tous ceux qu'on avait déjà amenés à Versailles. Là, ils reçurent des secours et des soins d'un de nos concitoyens, M. Émile Hardy, qui depuis trois jours avait commencé l'œuvre admirable de dévouement et de charité à laquelle il se voua pendant toute la durée de l'occupation. Encouragé par M. Passa, soutenu par plusieurs conseillers municipaux, et en particulier par M. Bersot, il se fit spontanément le protecteur des prisonniers et, comme l'a dit M. Bersot lui-même, « le bon génie de la prison ». Usant de son caractère de franc-maçon, et invoquant avec l'éloquence naturelle d'un homme de cœur les droits de l'humanité, il obtint de faire distribuer, aux prisonniers si nombreux qui chaque jour arrivaient ou partaient, des aliments, des couvertures, des vêtements, et en même temps il leur apportait la consolation et la force que donnent les paroles sympathiques et affectueuses d'un compatriote. Dès ces premiers jours, nous voyons M. Émile Hardy à l'œuvre ; nous le retrouverons toutes les fois que nous parlerons de prisonniers, car aucun d'eux n'a échappé à ses bienfaits, et plusieurs lui doivent la vie.

Parmi les officiers qui venaient faire des réquisitions à la Mairie, il en était qui non seulement se présentaient avec une morgue hautaine et insultante, mais se croyaient obligés d'entrer dans de bruyantes colères et de proférer des menaces d'amende, d'emprisonnement, d'envoi en Prusse, dès qu'on leur présentait des objections, quelque légitimes qu'elles fussent. Un officier de ce caractère avait adressé à la ville la réquisition d'une selle de forme particulière et d'un harnachement complet du même genre. On avait cherché chez nos selliers sans pouvoir trouver, ce qui n'avait rien de surprenant. Une selle un peu riche est en effet un de ces objets que nos commerçants vont choisir dans les grands magasins de Paris, dès qu'une demande leur est faite. D'ailleurs, depuis deux mois, bien des motifs les avaient empêchés de s'approvisionner. La selle n'avait donc pu être fournie, et personne ne pensait qu'un incident aussi insignifiant prendrait de l'importance, quand la lettre suivante arriva à la Mairie.

Versailles, 25 septembre 1870.

A la Mairie de Versailles,

La ville de Versailles reçoit l'ordre de payer 2,000 francs jusqu'à demain matin 10 heures, parce qu'elle n'a pas exécuté l'ordre de livrer une selle et l'autre harnachement pour un officier de la gendarmerie.

L'intendant en chef de l'armée allemande.

Jacom, (?)
Conseiller intime.

Il y avait là un de ces caprices vexatoires, particuliers au caractère prussien, dont la raideur cassante et le pédantisme tyrannique sont si cordialement détestés des habitants du centre et du midi de l'Allemagne. Si la municipalité s'était courbée humblement devant cette notification, si elle avait accepté d'être traitée ainsi comme un serf par son seigneur, ou comme le soldat prussien roturier par l'officier de noble race, elle perdait irrévocablement toute son autorité protectrice ; elle devenait de son propre consentement taillable et corvéable à merci. Il était donc indispensable de montrer, par une décision énergique et prompte, que ce n'était pas de cette façon que les relations pouvaient s'établir et durer entre le pouvoir civil municipal français et l'autorité militaire prussienne. La municipalité ne cherchait pas à se soustraire aux dures obligations que lui imposait sa situation de vaincue ; mais dès qu'elle était maintenue par l'ennemi lui-même comme pouvoir français, il fallait qu'elle fût traitée par lui avec considération, et son premier devoir à elle-même était de se faire respecter, en ne consentant à rien qui altérât sa dignité. C'était là certainement une situation extrêmement délicate, mais qui n'offrait pas de difficultés insurmontables pour des hommes ayant une intelligence calme et un sens juste de l'honneur et du droit.

Aussi, la municipalité, au reçu de l'ordre de l'intendant, résolut de protester immédiatement devant l'autorité la plus haute, et la lettre suivante fut envoyée au Prince Royal :

Versailles, 26 septembre 1870, 9 h. m.

A Son Altesse le Prince Royal de Prusse.

Prince,

La ville de Versailles tient son existence de ses relations journalières avec Paris ; vous avez rompu le lien qui unissait ces deux villes et depuis dix-huit jours vous assistez à l'agonie de notre ville.

Il ne saurait entrer dans vos projets de hâter la mort de Versailles et d'y ajouter les tortures de l'humiliation.

Cependant, les intendants de votre armée viennent de frapper la ville de Versailles d'une sorte d'amende de *deux mille francs*, pour n'avoir pas livré, dans un délai très court, une selle et un autre harnachement pour un officier de la gendarmerie, objets que les recherches faites n'ont pas pu procurer.

L'administration municipale actuelle, qui représente légitimement la ville, surtout après les élections nouvelles qui ont eu lieu hier, ne peut prêter son concours à un pareil fait, et est prête, si vous croyez devoir maintenir son exécution, à déposer sa démission sur le bureau du Conseil municipal.

Nous vous prions, Prince, de recevoir l'hommage de nos respects.

Les Adjoints : LASNE.   Le Maire : RAMEAU.
             LAURENT-HANIN.
             DEROISIN.

En même temps qu'elle se refusait à une pareille pénalité et offrait sa démission, la municipalité montrait que si elle ne consentirait jamais à être traitée sans égards, elle ne se refusait pas à faire le possible pour répondre aux réquisitions qui lui étaient faites : un des anciens conseillers municipaux, l'honorable M. de Pavant, voulut bien offrir une selle et un harnachement pris dans ses propres écuries. L'officier de gendarmerie dut s'en contenter, et quant à l'amende dont l'intendant avait puni la ville, elle ne fut pas payée, quoique la selle n'eût pas été fournie dans le délai prescrit.

Le 29, en effet, arriva à la Mairie une réponse du Prince, qui levait l'amende. Cette lettre était rédigée dans un style royal et présentait comme une « grâce » la remise de l'amende ; ce qui était naturel, elle ne donnait aucun tort à l'intendant, mais l'amende prononcée n'en était pas moins supprimée, et la municipalité avait ainsi évité qu'il ne s'établît un précédent d'humiliation qui aurait bien vite fait loi.

Voici la lettre du Prince Royal :

Versailles, 29 septembre 1870.

Monsieur le Maire,

Je réponds à la lettre que la ville de Versailles m'a adressée le 26 septembre, que dans la gendarmerie de campagne, un cheval a dû être abattu et son harnachement détruit, parce qu'il était soupçonné d'être attaqué de la morve. Il était absolument nécessaire de remplacer ce cheval, ce qui ne pouvait se faire qu'à Versailles. La réclamation de mon intendant était par conséquent conforme à son devoir. Il ne paraissait pas probable que, dans la ville, on ne pût se procurer un seul harnachement, et par conséquent, il ne nous restait qu'à stimuler le zèle des employés de la ville, ce qui a été fait par la menace d'une peine.

Comme, d'après le rapport de mon intendant, la ville a réussi depuis ce moment à se procurer une selle, je suis bien aise de pouvoir lui faire remise en grâce de l'amende.

FRÉDÉRIC-GUILLAUME,
Prince Royal de Prusse.

Dans la matinée du 26, le général commandant de place de Voigts-Rhetz, escorté de ses officiers d'ordonnance, vint à la Mairie faire plusieurs notifications importantes à la municipalité.

Malgré l'occupation, les journaux de Versailles avaient continué à paraître ; quoiqu'ils eussent usé de grandes précautions, ils avaient attiré l'attention de l'autorité prussienne, qui ne négligeait rien, et la presse moins que toute autre chose. Le nombre des officiers et des soldats allemands qui savaient le français étant considérable, les journaux versaillais pouvaient, en effet, trouver des lecteurs nombreux dans les rangs de l'armée et y exercer une certaine influence. Le commandant de place déclara à la municipalité qu'il entendait laisser à la presse une pleine et entière liberté, mais à la condition, cependant, que les journaux ne diraient rien de relatif à la guerre qui pût déplaire au gouvernement allemand. Ils pouvaient, au contraire, traiter absolument comme ils l'entendraient toutes les questions de politique intérieure; sur ce point, la polémique était permise, et même, pour ainsi dire, encouragée. En d'autres termes, il ne déplaisait pas à l'autorité prussienne de voir des journaux français se quereller sous leurs yeux à propos de nos propres affaires; la polémique sur ce point spécial avait toute liberté de devenir très vive; républicains, monarchistes, bonapartistes étaient comme engagés à la lutte; le gouvernement prussien ne s'y opposait pas; ce spectacle, en effet, n'était pas mauvais à montrer à ses soldats, qui pouvaient apercevoir ainsi une des causes de notre faiblesse; il y avait là aussi un moyen ingénieux de leur faire aimer et admirer d'autant plus l'unité de leur propre gouvernement et l'unanimité momentanée des journaux allemands dans leur respect pour la monarchie prussienne.

Il fut de plus enjoint à chaque journal, au moment où il paraissait, d'envoyer au bureau du commandant de place huit exemplaires, afin d'assurer la surveillance.

Des contestations quotidiennes avaient lieu entre les soldats et les commerçants à propos de la valeur des monnaies allemandes. Le général annonça que cette valeur serait fixée et obligatoire pour tous les habitants. Connaissance de cette décision fut portée à la population par l'avis suivant, que le général enjoignait à la Mairie de faire afficher :

AVIS

Suivant l'ordre de Sa Majesté le Roi de Prusse, commandant en chef les armées fédérées de l'Allemagne, le cours des monnaies allemandes est fixé selon le tarif suivant :

1 thaler prussien vaut.	3 75
1 florin bavarois	2 15
1 florin autrichien	2 50
8 gros (en allemand *groschen*)	1 00

Les billets de banque ont la même valeur.

La population de Versailles recevra ces valeurs dans les transactions individuelles avec les troupes allemandes.

Fait à Versailles, le 26 septembre 1870.

De Voigts-Rhetz,
Général-Commandant.

Pour traduction conforme :
 Le Maire, Rameau.

Le général annonça en même temps que quelques-unes des

consignes sévères données sur les routes et aux barrières de la ville étaient levées ; en conséquence, la circulation entre Versailles et les communes voisines ne rencontrerait plus aucun obstacle. Huit jours s'étaient écoulés depuis la prise de possession de la ville ; les alentours avaient été parcourus ; une grande partie des villages environnants étaient occupés ; les laissez-passer et les sauf-conduits ne seraient plus exigés.

Cette mesure était bien nécessaire, car les détachements qui parcouraient sans cesse les routes conduisant à Versailles arrêtaient les voitures et charrettes qu'ils rencontraient, pour s'emparer des chevaux ; chaque jour arrivaient à la Mairie des plaintes semblables à celle-ci, que nous reproduisons dans sa naïveté confiante :

Monsieur le Maire,
En partant mardi de Versailles pour aller à Saint-Nom-la-Bretèche avec un cheval et une voiture, on nous avait laissé passer à la grille de Saint-Germain, mais arrivés à la mairie du Grand-Chesnay, on nous a arrêtés, et le soir, à la nuit tombante, on a enlevé notre cheval, en laissant la voiture et les harnais. Je vous prie donc, Monsieur, de nous faire rendre le cheval, s'il vous plaît ; je vous en serai très reconnaissant.
Je vous salue.   Joseph B...

Effrayés par ces vols quotidiens, les paysans des environs avaient résolu de ne plus rien apporter au marché de la ville, qui se trouva dépourvu de tout ; les habitants n'y trouvaient plus ce qui était de nécessité absolue pour leur subsistance ; les rares denrées qui arrivaient atteignaient des prix inaccessibles à la plus grande partie de la population. Il était donc bien naturel que la municipalité ne s'opposât pas à la disparition d'une consigne, par suite de laquelle les habitants de la ville eux-mêmes qui se rendaient dans les villages voisins étaient, à leur retour, empêchés de rentrer dans Versailles.

La levée de la consigne fut portée le lendemain à la connaissance du public par l'avis suivant :

VILLE DE VERSAILLES

AVIS

Nous, commandant de la ville de Versailles pour l'autorité allemande,
Prévenons le public :
Que la circulation est et demeure entièrement libre de Versailles aux communes environnantes et réciproquement.
Paris et les localités de la banlieue de Paris, situées dans le rayon d'attaque et de défense, restent sévèrement interdites à la circulation.
Sont invités à vaquer librement à leurs affaires et notamment à

approvisionner les marchés de Versailles, les habitants des communes non frappées d'interdiction : toute protection est assurée à leurs personnes, à leurs chevaux et voitures, ainsi qu'à leurs produits, denrées et marchandises.

Le Commandant de place,
Voigts-Rhetz.

Vu, le Commandant de place pour la ville,
F. d'Espéray (1).

Il y avait là un simple rétablissement de la circulation; il y avait garantie donnée aux paysans que leurs voitures et leurs chevaux ne seraient plus, comme les jours précédents, arrêtés et confisqués par les soldats allemands, mais il n'y avait nullement, comme on a voulu le faire croire, appel exceptionnel de denrées ou de bestiaux. Les spéculateurs qui ont apporté des troupeaux et des grains à Versailles pour les vendre aux intendants allemands n'ont, en aucune façon, le droit d'invoquer les termes de cet arrêté pour se mettre à l'abri des justes reproches que leur commerce a attirés sur eux. Ils dénaturent complètement le sens très limité de l'arrêté, sens heureusement fixé par les passages suivants des procès-verbaux des séances du Conseil municipal (Séances des 26 et 29 septembre) :

« ... Le Maire annonce au Conseil que l'administration municipale a été invitée à donner avis aux habitants de Versailles que l'on pourrait circuler librement hors de la ville, à la condition de ne pas aller du côté de Paris. »

« ... Le Maire fait connaître une affiche signée de M. Franchet d'Espéray, annonçant que rien ne s'oppose à la libre circulation des habitants hors de la ville. »

Il est donc parfaitement clair que l'arrêté n'avait en aucune façon la portée que des calculs intéressés ont voulu lui attribuer.

En exécution de l'ordre donné la veille, les armes à feu autres que les fusils de garde nationale furent apportées à une heure à la Mairie et livrées entre les mains d'un officier prussien. Parmi ces armes, il s'en trouvait de fort belles. Les propriétaires, en les déposant, demandaient un reçu : l'officier donnait comme reçu un petit morceau de papier de trois centimètres carrés sur lequel était simplement inscrit un numéro d'ordre, sans aucune

---

(1. M. Franchet d'Espéray avait été désigné par la municipalité et reconnu par l'autorité prussienne pour exercer les fonctions de commandant de place français. A ce titre, il rendit chaque jour de très nombreux services. Une circonstance particulière lui donnait plus d'influence qu'à toute autre personne : il avait, dans son enfance, eu des relations avec le Prince Royal, alors enfant lui-même. Le Prince Royal ne chercha pas à paraître oublier ces souvenirs, quand ils lui furent rappelés, et M. Franchet d'Espéray en profita pour être utile à ses concitoyens.

signature, sans aucun timbre. Les armes, au nombre de 1,200 environ, furent transportées à la caserne des Écuries et, là, des officiers vinrent prendre au milieu de cette collection ce qui était à leur convenance pour chasser aux environs ou pour orner leurs panoplies dans leurs châteaux. Ce dépôt d'armes de luxe devint un magasin gratuit où les Prussiens venaient faire leur choix à loisir. Que les lois de la guerre autorisent à enlever et à détruire les armes de guerre, on le comprend, mais l'enlèvement, dans une ville ouverte, d'armes de luxe, de pistolets damasquinés, de précieux fusils de chasse, sera toujours considéré comme un vol, quand même l'enlèvement aurait été commis par des mains de nobles officiers et de princes, ce que nous avons vu à Versailles.

Ce fait est un de ceux qui indiquent le mieux les principes dont beaucoup d'Allemands étaient animés dans cette campagne de France. Dès qu'ils occupaient un pays, une ville, ils y devenaient, nous disaient-ils, les propriétaires légitimes de tout ce qui s'y trouvait, et ce qu'ils laissaient aux habitants était un véritable présent qu'ils voulaient bien leur faire, car ils avaient le droit de tout prendre et tout emporter, de par leur victoire. Telle était en effet la loi qui réglait les anciennes conquêtes, et cette loi antique, une partie de la noblesse prussienne l'avait de nouveau proclamée en franchissant nos frontières. Elle fit à Versailles une application éclatante de ces principes par l'enlèvement des armes de luxe que leurs propriétaires avaient confiées de bonne foi en dépôt au commandant de place. Son aide de camp, M. de Treskow, était présent à la remise de ces armes, et avait affirmé qu'elles seraient restituées. Le 12 mars 1871, jour du départ des Prussiens, tout ce qui avait quelque valeur avait disparu.

Depuis le 20, chaque jour, du côté de Paris, des soldats allemands étaient tués aux avant-postes. Ces morts, relativement assez nombreuses, semblaient affecter vivement l'armée. On l'avait conduite vers Paris en lui persuadant qu'elle y entrerait immédiatement ; cependant elle trouvait une résistance assez sérieuse et des difficultés inattendues qui étonnaient les chefs eux-mêmes et jetaient une grande tristesse dans les cœurs des soldats. Ils faisaient leurs confidences à leurs hôtes versaillais, et un très grand nombre déclaraient, avec des gestes très significatifs pour aider à l'intelligence de leur pensée, que « Napoléon, Guillaume et Bismarck » méritaient tous les trois le même sort (1) ». La déception, qui se traduisait chez les offi-

(1) « *Napoléone, Guillaume, Bismarck : capout !* » disaient-ils à chaque

ciers nobles en redoublement de fureur contre la France, se manifestait chez les simples soldats en accès de colère contre M. de Bismarck. Beaucoup parlaient en pleurant de leurs enfants et de leur femme, qu'ils avaient laissés et qu'ils ne reverraient sans doute jamais. Par un contraste qui étonna d'abord et qu'on comprit à mesure que l'on se rendit mieux compte de la nature particulière de l'Allemand, ces hommes si grossiers et d'une brutalité si rude avaient presque tous une disposition très grande à pleurer. Leurs muscles étaient très épais, mais la fibre en était molle. Il n'y avait en eux rien de cette gaieté alerte, de cette bonne humeur vive et cordiale qui caractérise notre troupier; dès que la discipline ne les tenait plus debout et raides, ils retombaient dans un lourd accablement qui se soulageait par des larmes sans fin. Un soldat, chez nous, serait honteux de pleurer; ils paraissaient, quant à eux, n'éprouver aucun sentiment pareil. Cette abondance intarissable de larmes parut d'abord touchante; plus tard, elle sembla plutôt ridicule quand on vit qu'elle ne s'associait en aucune façon à une bonté de cœur exceptionnelle; on la considéra alors simplement comme une particularité physiologique de la race germanique.

Le jour de leur entrée dans Versailles, les soldats avaient montré en général un entrain qui, quelques jours plus tard, avait tout à fait disparu. Un d'eux, le 19, passant à son rang, avait jeté en riant à la foule ce mot : « Nous voulons voir Paris! » D'autres : « Nous avons foi en nous! » Ou bien : « Paris ne peut pas résister : nous avons de bons canons! » Cependant, dès ce moment-là, quelques-uns ne craignirent pas de dire à leurs hôtes : « Paris sera notre tombeau; c'est notre roi seul qui veut continuer la guerre : les Allemands aiment les Français! » Ces sentiments de découragement diminuèrent beaucoup après les grands succès obtenus à Metz et sur la Loire par les armées allemandes; mais pendant les premiers temps d'investissement l'angoisse semblait régner dans une partie des troupes. On leur avait promis d'abord l'entrée dans Paris pour le dimanche suivant, puis pour l'arrivée du Roi, puis pour tel ou tel anniversaire; mais ces promesses successives ne se réalisaient pas et, malgré la discipline si solide de cette armée, un certain mécontentement était visible.

Les enterrements de soldats qui passaient à travers la ville augmentaient ces dispositions.

Le 26, eurent lieu avec assez de pompe les funérailles d'un

---

instant. *Capout* est une expression du langage populaire qui devint alors très familière à la population versaillaise; c'est un des mots de l'occupation qui est resté connu de tous, et on l'a appris en l'entendant appliquer par les soldats, surtout à leurs chefs.

général tué aux avant-postes. Cette cérémonie, qui se renouvela plusieurs fois, était imposante. Le cortège partit de l'ambulance du Château, traversa la place d'Armes et se rendit au cimetière Notre-Dame. Le cercueil, entouré de drap noir, couvert de branches de laurier, était porté sur les épaules de soldats ; il était suivi d'un nombreux état-major et escorté de détachements des différents régiments de l'armée ; un corps de musique jouait avec un ensemble et une ampleur remarquables des marches funèbres d'un grand effet. Au cimetière fut prononcé un discours sans doute éloquent, car il excita à plusieurs reprises les hourras des soldats. Ces hourras étaient des cris de vengeance contre nous. De notre côté, si nous nous découvrions devant ces morts, obéissant en cela à un mouvement de respect involontaire et à un sentiment général d'humanité qui dominait justement notre haine nationale, nous ne pouvions nous empêcher, au passage de ces cercueils, d'éprouver au fond de nous-mêmes une satisfaction secrète que nous ne savions comment juger. Par suite de ce renversement complet de toutes les idées morales, qui caractérise l'état de guerre, nous trouvions une sorte de consolation dans ces enterrements fréquents, dont on ne pouvait nous empêcher d'être les témoins. — S'abstenir de démonstrations hostiles trop significatives, et cependant se témoigner une haine réciproque profonde, telle était la situation constante de ces deux groupes de population qui devaient pendant six mois vivre côte à côte. Cette société forcée ne pouvait être pour nos ennemis qu'une légère inquiétude de plus au milieu de bien d'autres plus graves ; mais quant à nous, elle nous mettait l'âme dans une espèce d'énervement douloureux auprès duquel les souffrances actives des assiégés enfermés dans Paris paraissaient légères à supporter.

Parmi les blessés de ces derniers jours, on comptait un prince : le prince Max de Wurtemberg. Il était allé se promener à cheval à Saint-Cloud pour observer de là le panorama de Paris. Une balle, venue de l'autre côté de l'eau, l'atteignit légèrement au crâne. Cette mésaventure rendit encore plus prudents plusieurs des nobles personnages qui avaient suivi en France le grand état-major sans avoir de commandement effectif dans l'armée, et qui s'étaient installés à l'hôtel des Réservoirs, où ils passaient une partie de leur journée à faire couler à flots les vins de France, et surtout le vin de Champagne. Le reste de leur temps était consacré à des promenades à cheval dans le Parc, à des excursions en voiture dans les environs, à des parties de chasse dans les bois du canal. Ils tiraient là des coups de fusil sans danger, de compagnie avec des maraudeurs et des braconniers qui, depuis le commencement du mois, tantôt volaient à leur aise le gibier ou les pommes de terre non récoltées, tantôt pêchaient les poissons du canal et même des bassins du Parc.

27 septembre. — Le mardi 27 septembre était le jour fixé pour l'installation des conseillers municipaux élus le dimanche 25. Mais, ce qui montre combien l'emprisonnement de Versailles était rigoureux, ces élections du 25 se trouvaient avoir été faites dans l'ignorance d'un décret qui les rendait nulles. Le 27 au matin, le maire apprit, par une affiche préfectorale apportée secrètement du département d'Eure-et-Loir, que le décret du 16, relatif au renouvellement des Conseils municipaux, avait été rapporté. Dans ces circonstances, le maire écrivit à M. de Rouvray, doyen des conseillers de préfecture, faisant fonctions de préfet, la lettre suivante :

> Monsieur le Préfet,
> J'apprends qu'un décret du Gouvernement de la Défense nationale de Tours, en date du 24 septembre courant, aurait annulé toute élection municipale. Il me semble qu'en face de cette circonstance, si à vos yeux elle est certaine et authentique, je ne peux pas me permettre de procéder à l'installation du nouveau Conseil. Cependant, il est impossible que la ville de Versailles cesse un seul instant d'avoir une administration municipale, et je vous prie de vouloir bien instantanément aviser.

M. de Rouvray répondit en confirmant purement et simplement les élections du 25.

La nouvelle municipalité fut installée aussitôt ; les nominations de MM. Rameau, Lasne, Laurent-Hanin et Deroisin comme maire et adjoints furent consacrées par acclamation, et, sans plus tarder, le Conseil reprit sa lourde tâche en recomposant les commissions chargées des rapports avec l'ennemi. Elles furent formées des membres suivants, qui continuèrent leurs fonctions jusqu'à la fin de l'occupation :

Commission des réquisitions et des vivres : MM. de Montfleury, Barué-Perrault, Lebourdais, Riché, Postel-Grusse, Lefebvre, Delerot. — Commission des logements : MM. Barbu, Denis, de Magny, Mainguet, Constant Fontaine, Scherer. — Commission des fourrages, charrois et transports : MM. Pesty-Rémont, Jeandel et Verlhac. — Commission des ambulances et enterrements militaires : MM. Ramin, Housay, Magnier-Lambinet, Albert Joly, Angé, Delaroche, Bersot. — M. Delaroche était délégué auprès de la *Société internationale*, et M. Bersot était chargé spécialement de la correspondance des blessés français avec leurs familles.

Le travail quotidien des commissions, qui exigeait des relations de tous les instants avec l'ennemi, devenait un labeur d'autant plus pénible et douloureux que les nouvelles qui venaient de pénétrer dans la ville forçaient désormais les plus optimistes à reconnaître que l'occupation ne durerait pas seulement quelques jours, comme on se l'était imaginé d'abord. On avait en effet appris de source certaine la malheureuse issue des négociations tentées à Ferrières par Jules Favre ; on savait que M. de Bismarck avait indiqué, comme condition de paix, l'abandon de l'Alsace et de la Lorraine ; cette déclaration avait indigné les habitants de Versailles comme elle avait indigné toute la France, et la présence des Prussiens en devenait d'autant plus intolérable. Pendant la première semaine, les habitants avaient vécu dans une certaine surexcitation qui, malgré la fermeture de la plupart des boutiques, semblait maintenir extérieurement à la ville son aspect habituel ; mais cette surexcitation tomba complètement dès que les nouvelles mauvaises, se succédant, firent évanouir l'espérance de voir l'ennemi disparaître bientôt. Dès lors, Versailles prit ce caractère de résignation ouvertement hostile qu'elle ne devait plus quitter et qui irritait très fort les Prussiens, car ils avaient la prétention d'être aimés des habitants d'une ville, dès qu'ils ne l'avaient pas brûlée. Ils se croyaient sincèrement pleins de mansuétude pour nous, et trouvaient notre attitude comme nos plaintes fort injustes. Les faits que nous relatons suffisent à justifier les Versaillais des sentiments qu'ils éprouvaient et qu'ils avaient le mérite de manifester très clairement.

Dans la soirée du 27, au centre même de la ville, passage Saint-Pierre, se produisait un de ces actes de violence sur lesquels l'autorité militaire fermait si facilement les yeux. Un soldat entra chez un épicier et lui demanda à boire. Comme on lui faisait observer qu'il se trompait, il tira son sabre et le dirigea sur l'épicière. Plusieurs personnes, intervenant, réussirent, non sans peine et sans danger, à l'expulser de la boutique.

Cependant, par ordre du Prince Royal, des gendarmes prussiens, reconnaissables à un large hausse-col portant un numéro en relief, circulaient en assez grand nombre dans la ville et étaient chargés d'empêcher les excès des soldats. Ils n'étaient pas, en effet, sans rendre de temps en temps quelques services, mais on sentait clairement que le but vrai de leur surveillance était, non pas de protéger les Français, mais de veiller à ce que la discipline ne s'altérât pas parmi les troupes prussiennes. C'est dans cette mesure seulement que nous profitions de leur surveillance.

Un certain nombre d'ouvriers des diverses industries de la ville s'était refusé, dans ces premiers jours de l'occupation, à recevoir les commandes qui leur étaient faites par les Allemands ; plusieurs fabricants avaient même fermé boutique, pour échapper à l'occasion de travailler pour l'ennemi ; le commandant de place, averti, fit lire à son de caisse l'avis suivant :

> Les ouvriers sont prévenus qu'ils ne peuvent se refuser à travailler de leur état à la demande des officiers ou de tout autre individu appartenant à l'armée prussienne et que leur travail sera rétribué comme il l'est par les autres habitants de la ville.

Cet avis était de ceux qui sont le mieux faits pour donner à tous une idée claire de l'asservissement qui résulte de la conquête. Il fut tout de suite mis brutalement à exécution par quelques officiers. On vit, par exemple, l'un d'eux, qui avait besoin d'une paire de bottes, se faire suivre pas à pas pendant une partie de la journée par un garçon cordonnier, en lui enjoignant, sous peine d'emprisonnement, de ne pas le quitter jusqu'à ce qu'il eût le loisir de se faire prendre mesure. Certains officiers éprouvaient ainsi une méprisable jouissance, quand ils rencontraient quelque créature inoffensive et timide, à s'en servir comme de jouet et à humilier en elle, sans aucun péril, la nation qu'ils détestaient.

28 septembre. — Dès le commencement du mois de septembre, des précautions avaient été prises pour mettre à l'abri de l'ennemi quelques-uns des objets d'art les plus précieux renfermés dans le Musée. M. Félix Ravaisson, conservateur des Antiques du Louvre, s'était rendu à Versailles et avait désigné, pour être transporté à Paris, un certain nombre de peintures et de sculptures. On avait emporté successivement 55 *portraits historiques*, appartenant presque tous au XVIe siècle ; *l'Entrée des Croisés à Constantinople*, par E. Delacroix ; *le Sacre*, par David ; une *Atalante*, statue antique venant de Trianon ; des *fragments antiques* ; 6 *bustes* en marbre. — Les moyens de transport ayant manqué, on avait seulement roulé et caché : *la Batterie de brèche* et *l'Assaut de Constantine*, par Horace Vernet ; *la Bataille d'Aboukir*, par Gros.

Le 19, l'ennemi prit possession du Château. M. Soulié, conservateur du Musée, continua cependant, en dépit de cet envahissement militaire, à veiller avec le soin le plus attentif, et des désordres s'étant produits, il adressa immédiatement la note suivante au Prince Royal :

> Comme conservateur des Musées nationaux et spécialement chargé, depuis vingt ans, de la garde et de l'inventaire des collections qui composent le Musée historique de Versailles, mon devoir est de porter à la connaissance de V. A. R. que, dans la journée d'hier, un tableau de M. Beaume, représentant *la Bataille de Lutzen* (n° 1766 de la notice

imprimée), placé dans les galeries du premier étage de l'aile du Nord, a été endommagé par un coup de sabre qui a crevé la figure de Napoléon I*er*. — Dans la même journée, un *cadre de médailles*, placé dans un tiroir de la bibliothèque de Louis XVI, a été brisé, et 29 médailles modernes en bronze, représentant des personnages célèbres de la France, ont été enlevées. — Aujourd'hui, il a été reconnu qu'un petit portrait de *Christophe Colomb*, peint sur bois, placé dans les galeries du deuxième étage (n° 4035 de la notice imprimée), a été également arraché de son cadre et emporté.

Le personnel des gardiens du Musée est en ce moment employé tout entier au service de l'ambulance établie au palais de Versailles. Les galeries non occupées par l'ambulance sont ouvertes, sans aucune surveillance, aux visiteurs qui se présentent, et je sollicite de V. A. R. un ordre qui serait affiché dans les galeries pour prévenir toute détérioration ou déprédation ultérieure.

Cette lettre fut remise au quartier général le 28 septembre, à 2 heures; le même jour, à 4 heures, le comte d'Eulembourg, maréchal de la Maison du Prince, et M. Hassel, attaché à son état-major, étaient envoyés au Palais pour procéder à une enquête qui avait surtout pour but de prévenir le renouvellement de faits semblables. Il fut arrêté que les galeries non occupées par l'ambulance seraient désormais ouvertes de 10 heures à midi, et de 3 heures à 5 heures, et qu'un certain nombre de gardiens serait détaché du service de l'ambulance pour être employé à la surveillance des visiteurs. Quelques jours plus tard, le Prince Royal fit manifester à M. Soulié son désir, en ajoutant que « ce n'était pas un ordre », de voir remis à leur place habituelle les deux tableaux d'Horace Vernet qu'il savait n'avoir pas été transportés à Paris. Ces tableaux furent rependus et ne subirent aucune détérioration.

Les vols signalés dans la note de M. Soulié ne furent pas les seuls qui furent commis pendant l'occupation. Le 4 novembre, on constata l'enlèvement d'un portrait de *Mademoiselle de La Vallière*, par Albrier (n° 2111 de la notice); le 24 novembre, on constata l'arrachement sur place d'un petit portrait de *Marie de Lorraine*. Le Prince Royal, averti, ordonna une nouvelle enquête, qui ne produisit pas plus de résultats que la première. Le 31 décembre, un morceau de la tenture du lit de Louis XIV fut coupé.

Ce furent là, avec quelques autres accidents sans gravité, les seuls dégâts commis dans le Musée. Le Prince Royal, nous devons le reconnaître loyalement, semblait avoir fait tout ce qui était en lui pour que, conformément à sa promesse, le Musée fût respecté.

Dès le lendemain de leur arrivée, des soldats avaient établi des fils télégraphiques dans toutes les directions, en profitant des poteaux déjà posés ou en suspendant simplement les fils sur les branches des arbres. Ce travail avait été fait avec une merveilleuse rapidité et nous avait donné une nouvelle preuve de l'excellente organisation de tous les services de l'armée ennemie. Il devait aussi servir à nous donner une nouvelle preuve des procédés administratifs de l'autorité militaire. Le 28, le maire reçut du commandant de place la lettre suivante :

> Monsieur le Maire,
>
> Nous vous informons par la présente, que le télégraphe de campagne se trouvant dans cette ville a été interrompu de cette manière qu'on a détaché à dessin une pièce du fil ayant une longueur d'environ 30 pieds.
>
> Nous vous avertissons donc, si le même ou un semblable cas se répéterait, que la ville serait frappé, pour la première fois d'une amende de deux mille francs.
>
> C'est donc dans l'intérêt de la ville, si vous, Monsieur le Maire, donneriez immédiatement les ordres les plus strictes aux sergeant de ville, qu'ils se chargent à surveiller le fil du télégraphe.
>
> Le général et le commandant de Versailles : De Voigts-Rhetz.

Le maire fit à cette lettre la réponse suivante, qui cherchait à donner au général quelques notions d'une justice plus exacte et plus civilisée que celle dont les règlements militaires prussiens sont l'expression :

> A Monsieur le Général commandant la place de Versailles.
>
> Versailles, le 28 septembre 1870.
>
> Général,
>
> J'ai reçu la dépêche par laquelle vous me faites connaître que le fil télégraphique de campagne (pour l'armée allemande) aurait été coupé ou détaché sur une longueur d'environ 10 mètres — avec invitation d'en faire surveiller la conservation par les sergents de ville.
>
> J'ai recommandé les mesures de surveillance nécessaires, mais déjà elles existaient dans la limite du possible.
>
> Quant à l'avertissement que vous croyez devoir me donner, que pour un fait de même nature qui se renouvellerait encore, la ville de Versailles serait frappée d'une amende de deux mille francs, je dois protester et vous présenter les observations suivantes :
>
> En principe du droit des gens, aussi bien qu'en saine justice, les communes ne sont jamais rendues responsables des méfaits qui se commettent sur leur territoire, qu'autant qu'il y a eu de leur part négligence, absence coupable des précautions ordinaires de police, ou même refus de concourir à la répression des méfaits.
>
> Or, ici vous demandez à la ville de Versailles de concourir à des mesures de surveillance qu'elle a toujours prescrites et auxquelles elle ne se refuse pas ; à moins donc d'établir contre elle qu'elle a concouru au fait que vous défendez, par sa volonté ou son refus de surveillance, on ne saurait la frapper d'amende sans violer le droit des gens.
>
> Recevez, Général, l'assurance de mon respect.
>
> Le Maire : Rameau.

Le 20 septembre, le lendemain de l'entrée des Prussiens, l'administration municipale avait dû demander au Conseil un crédit de 100,000 francs pour subvenir aux frais des réquisitions ; le 28, la même demande dut lui être présentée de nouveau, mais cette fois la ville était obligée de recourir à un emprunt. Ce premier emprunt devait bien vite être épuisé, et d'autres lui succédèrent rapidement. En effet, chaque semaine de l'occupation coûta en moyenne à la ville 100,000 francs.

Le Conseil contracta cet emprunt dans les conditions les plus propres à donner toute garantie aux prêteurs. L'extrait suivant de sa délibération en indique les clauses principales :

La ville de Versailles est autorisée à emprunter d'un ou plusieurs particuliers, en une ou plusieurs fois, jusqu'à concurrence d'une somme totale de 100,000 fr., laquelle somme sera remboursée trois mois après la publication officielle du traité de paix, et productive, jusqu'à remboursement intégral, d'intérêts à 5 p. 100 par an, payables en même temps que le capital ; lesquels intérêts commenceront à courir du jour du versement de chaque somme prêtée à la Caisse municipale.

Art. 1er. L'emprunt dont il s'agit sera représenté par 200 obligations de 500 fr. chacune au porteur ou nominatives, susceptibles de transfert par voie d'endossement, et qui seront souscrites et délivrées immédiatement, au moment même du versement à la Caisse municipale par les prêteurs.

Le produit de cet emprunt n'était pas destiné seulement au paiement des réquisitions de l'ennemi ; une partie devait avoir un emploi qui honorait la ville. Déjà, en effet, elle recevait de divers côtés des demandes de secours, de subventions, adressées par des personnes ou des établissements que la rupture de toute communication laissait absolument sans ressources. La ville, en cette circonstance, fut fidèle à l'esprit de bienfaisance éclairé qui la caractérise ; le Conseil municipal sut laisser de côté les règles habituelles, et, comprenant qu'une situation aussi exceptionnelle autorisait des irrégularités qui avaient un motif si légitime, il se fit le trésorier momentané de tous ceux qui d'habitude recevaient de l'Etat les subsides ou les traitements qui les faisaient vivre. Cette longue série de paiements volontaires faits par la municipalité de Versailles, remplaçant l'Etat, commença par le paiement des traitements des employés de l'Hôpital militaire.

29 septembre. — Le 29, quelques instants avant la réunion du Conseil, un envoyé du Prince Royal vint à l'Hôtel-de-Ville annoncer à la municipalité que Toul et Strasbourg étaient entre les mains des Allemands. En même temps, le maire était invité à annoncer cette nouvelle à la population versaillaise par une affiche.

Le porteur de ce message était M. Hassel, qui, la veille, avait été chargé d'une enquête au Musée. C'était un professeur d'histoire de l'université de Berlin, attaché comme historiographe à l'état-major du Prince Royal.

Nous devions avoir à Versailles un échantillon de toutes les variétés de la race berlinoise : M. le Dr Hassel représentait fort bien ce *Professorthum*, qui, malgré des antipathies innées, s'est uni si fraternellement au *Junkerthum* (1), pour prêcher la haine de la France et la croisade sainte du germanisme contre la dernière grande nation latine. Il semblait prendre à tâche de condenser en lui toutes les raideurs déplaisantes, toute la morgue et toute l'âpreté bilieuse de ses compatriotes. Sa petite taille l'empêchait de paraître aussi hautain qu'il l'aurait désiré ; il suppléait à ce défaut par une expression de physionomie aussi revêche que possible. Il communiqua la nouvelle qu'il apportait du ton solennel d'un ambassadeur muni de pleins pouvoirs. Le maire répondit avec une sécheresse égale à l'emphase arrogante de son interlocuteur qu'il n'entrait pas dans ses fonctions d'annoncer aux Français les succès des Allemands, et il refusa de faire poser une *affiche* qui contiendrait les nouvelles apportées par M. le Dr Hassel. Celui-ci voulut bien alors déclarer que la nouvelle de la prise de ces deux villes n'excluait en aucune façon l'estime et l'admiration pour le courage de leurs défenseurs, qui avaient lutté autant qu'il était possible, et il ajouta qu'il venait simplement porter à la connaissance du Conseil un fait de guerre dont le Prince Royal affirmait l'exactitude, et que la municipalité ne pouvait laisser supposer qu'elle voulait refuser de connaître la vérité. — Dans cette mesure et dès qu'il ne s'agissait pas d'une affiche municipale, rien ne s'opposait à la communication officieuse du message et il fut annoncé au Conseil sous cette forme : L'autorité militaire allemande a fait connaître que la ville de Toul, après une sortie vigoureuse et désespérée, s'était rendue le 23 de ce mois, et que Strasbourg avait capitulé le 27. — Les journaux de la ville reproduisirent la nouvelle, qui, du reste, s'était déjà vaguement répandue.

Cette perte de Stra‑‑‑‑‑urg, venant après le récit de l'entrevue de Ferrières, brisa les espérances que l'on voulait garder encore, et dès lors l'issue définitive de la lutte commença à être douloureusement pressentie.

Parmi ‑‑‑‑‑aux quotidiens dont s'étaient chargés les conseil-

---

1. Ce sont les noms donnés par les Allemands à la caste *professorale* et à la caste *féodale*, deux extrêmes qui se sont touchés et associés un instant pour accomplir en commun l'œuvre d'envieuse vengeance si longtemps élevée contre le Welche d'outre-Rhin.

lers municipaux, un des plus pénibles était la direction du *Magasin central* établi à la gare du chemin de fer de la rive droite (1).

Tous les matins, l'intendance prussienne recevait les quantités de riz, de pain, de sel, de vin qui étaient requises de la municipalité versaillaise. Ces vivres étaient répartis ensuite par les soins des intendants entre les divers régiments du 5° corps d'armée.

La gare servait non seulement à recevoir ces réquisitions de Versailles, mais toutes celles qui étaient faites dans les villages des environs. On y voyait chaque jour arriver, de divers côtés, sous l'escorte de uhlans, des files de charrettes chargées de pains, de farine, de grains, de fourrages, de légumes, etc.; derrière ces charrettes marchaient des troupeaux de bœufs, de vaches et de moutons, conduits par des paysans. C'était le produit des réquisitions faites par les détachements de cavalerie qui parcouraient le département, allant de village en village, les taxant à leur fantaisie et ramenant sur Versailles ce qu'ils avaient obtenu de gré ou de force. Les paysans étaient obligés d'apporter eux-mêmes ce qui leur était enlevé et, quand le déchargement était terminé, on les renvoyait dans leur village avec un sauf-conduit. Ainsi s'entassèrent dans la gare des amas considérables de provisions de toute nature. Les hangars à wagons furent transformés en parcs à moutons, fermés par des débris de treillages arrachés çà et là; le quai aux marchandises devint un abattoir en plein vent, constamment souillé de sang et de détritus d'animaux; les pièces de vin remplissaient les abords des salles d'attente; les salles d'attente elles-mêmes étaient remplies de viande fumée, de tabac, et, bientôt après, de tout ce que des sociétés de bienfaisance allemandes expédiaient aux troupes, depuis les bouteilles de rhum jusqu'aux pipes et aux gilets de laine.

A la tête de ce dépôt important étaient placés des intendants parmi lesquels il s'en trouva de fort grossiers. L'un d'eux, le 29 septembre, frappa, avec la plus révoltante brutalité et sans motif légitime, un des employés français qui avaient été attachés au service du magasin par les conseillers municipaux. M. Barué-Perrault, indigné, alla aussitôt trouver cet intendant qui connaissait un peu notre langue et lui dit :

Je ne sais si vous me comprendrez bien, mais je veux et je dois vous dire que vous êtes un misérable et que je ne souffrirai jamais

---

(1) MM. Barué-Perrault et Riché avaient été délégués à cette direction, à laquelle, jusqu'au 26 septembre, avait pris part également, avec beaucoup de soin, M. Guilloteaux-Vatel. Ils furent aidés dans leur surveillance quotidienne par MM. Métral et Hautemps, qui firent preuve dans ce service du zèle et de l'exactitude les plus méritoires.

que vous touchiez à un de mes employés. Je suis ici le représentant de la ville, et vous me devez le respect, à moi et aux hommes que j'emploie.

L'intendant répondit avec insolence; M. Barué-Perrault fit remettre immédiatement au maire la note suivante :

Un des officiers de l'intendance prussienne, attaché depuis ce matin au magasin central de la ville, et dont ses collègues n'ont pas voulu donner le nom, s'est permis de brutaliser un de nos employés, et, sur nos observations, nous a injuriés. Si des faits aussi déplorables devaient se renouveler, les conseillers municipaux soussignés, attachés volontairement aux subsistances, se trouveraient dans la nécessité de quitter ce service. Ils demandent au major commandant de place de Voigts-Rhetz, comme exemple, une répression sévère.

Barué-Perrault, Riché.

Satisfaction fut donnée aux conseillers municipaux. Un officier supérieur vint à la gare; après avoir fait une enquête, il adressa publiquement à l'intendant une réprimande très énergique pendant laquelle il joignit le geste aux paroles, en le saisissant et le secouant par la barbe, puis il le renvoya, et pendant quinze jours cet intendant ne parut plus au magasin. Quand il revint, il fut aussi convenable que ses autres collègues, qui montraient constamment aux conseillers municipaux la déférence qui leur était due.

Une troupe de soldats français prisonniers qui traversa ce jour-là Versailles excita vivement la compassion. Tous étaient des blessés et des malades de l'ambulance du Vésinet qui avaient été déclarés prisonniers de guerre. Pâles, fiévreux, la tête encore couverte du bonnet de coton de l'hôpital, ils s'en allaient en Prusse, sous la conduite de soldats qui donnèrent un témoignage de leur brutalité en écartant durement la foule qui voulait s'approcher. Chaque fois que des prisonniers traversaient ainsi la ville, ils devenaient le centre de rassemblements que les soldats allemands repoussaient parfois à coups de crosse, ou même à coups de sabre. Malgré les menaces et les coups, les Versaillais ne s'éloignaient pas; ils adressaient quelques paroles à ces malheureux et leur donnaient de l'argent, qu'ils étaient quelquefois obligés de lancer par-dessus la tête de leurs gardiens; mais, lorsque le chef du détachement était dur ou en colère, ce qui arrivait trop fréquemment, l'argent était arraché aux prisonniers, sous les yeux mêmes de ceux qui l'avaient donné. Ces passages continuels de prisonniers, mal vêtus, hâves, abattus, que l'ennemi semblait comme promener et montrer à dessein, étaient un des sujets de douleur les plus amèrement pénibles que les habitants de Versailles eussent à supporter. Les secours de la municipalité étaient toujours prêts pour ces compatriotes si dignes de notre pitié, mais l'autorité prussienne ne permettait que difficilement le contact avec eux, et souvent il fallait assister à ces douleurs sans pouvoir les soulager.

Pendant la nuit était arrivée également, après une longue odyssée, l'ambulance française dite « de la Presse », placée sous la direction de M. le Dr Sée. Elle formait un groupe pittoresque, composé de plusieurs voitures et d'un assez grand nombre de médecins et d'ambulanciers à cheval. Elle fut fort mal reçue par le commandant de place, qui voulait la faire prisonnière et la renvoyer en Allemagne, d'où elle revenait. Après différentes négociations et grâce à l'intervention du Prince Royal, elle réussit à faire respecter sa neutralité et fut dirigée sur Saint-Germain d'où elle devait regagner l'armée de la Loire.

A une heure, le Conseil s'était réuni pour sa séance quotidienne. Au milieu d'une délibération, M. Jeandel, l'un des membres du Conseil, fut appelé dehors. Il rentra presque aussitôt, suivi de près par M. de Treskow, le jeune aide de camp du commandant de place, et il apprit à ses collègues qu'il venait d'être déclaré en état d'arrestation, à cause d'un article publié le matin même dans le *Journal de Versailles* (dont il était rédacteur en chef).

M. de Treskow, qui était resté près de la porte de la salle du Conseil, semblait supporter avec grande impatience ces explications pourtant données en quelques mots rapides, et il s'avança tout à coup d'un air menaçant vers M. Jeandel en lui enjoignant durement de le suivre.

Dans les relations que M. de Treskow avait eues jusque-là avec la municipalité, il avait semblé faire preuve extérieurement de dispositions bienveillantes. C'était un jeune homme de bonne famille, qui, comme tous les gens bien élevés de son pays, avait appris le français dès son enfance. On disait même qu'il avait jadis, dans les salons de Berlin, joué des *Proverbes* d'Alfred de Musset. Sa prononciation et les termes qu'il employait étant des plus étranges, on ne pouvait s'empêcher de sourire en pensant à l'effet que devait produire la prose élégante du *Caprice* en passant par des lèvres aussi rebelles à l'harmonie de notre langue. Quoi qu'il en soit, cette connaissance telle quelle du français lui permettait de rendre de grands services à son général et à la municipalité. S'il était d'allures naturellement assez gauches, raidies encore par les plis rectilignes que donnent au corps les gestes militaires prussiens, il cherchait à corriger ce défaut par des démonstrations d'affabilité; il était très pédant de manières et d'un orgueil méprisant, comme la plupart de ses compatriotes, mais il n'était pas incapable de modération; cependant, dans cette circonstance, il montra envers son prisonnier une rudesse extrême, qui fit complètement tomber les illusions que l'on pouvait avoir conçues sur la réalité de ses dispositions bienveillantes.

Ce genre de désillusion devait se reproduire plus d'une fois, et avec d'autres officiers plus à redouter encore que M. de Treskow, et qu'on crut bons tant qu'on n'eut pas l'occasion de les contredire. On ne connaît pas bien, en effet, l'homme qu'on n'a pas encore vu en colère. Dans ce mouvement de désordre involontaire, pendant lequel nous perdons momentanément le gouvernement de nous-même, nous rejetons les conventions apprises et calculées; notre nature intime se manifeste dans toute sa sincérité; c'est le fond même de l'individu qui apparaît à la surface des traits; or, chez beaucoup de Prussiens, la colère se montrait vraiment effrayante de rapidité et de violence. Parfois, nous nous entretenions tranquillement avec des officiers qui nous paraissaient d'instincts paisibles; mais si une idée qui les irritait se présentait à leur esprit, aussitôt leur physionomie se transformait à ne plus la reconnaître: leurs yeux s'injectaient, devenaient luisants et prenaient une expression de sauvagerie extraordinaire; la bouche semblait s'armer; la voix devenait rauque, la saillie des pommettes augmentait; c'était comme un autre être d'une autre période historique qui apparaissait; on sentait alors que ces hommes qui, parfois, affectaient laborieusement une politesse si cérémonieuse, n'avaient qu'un vernis bien superficiel de douceur, et que leur âme était restée dans son essence celle du Teuton ou du Slave d'autrefois, du Barbare des invasions, qui brûlait, saccageait et tuait tout sur son passage. Les Prussiens nous accusent d'être une race affaiblie, amollie; ils ont au moins raison en ce sens que la plupart d'entre nous n'ont plus ces retours de sève bestiale que nous avons eu trop d'occasions d'observer chez les nobles de sang prussien.

M. Jeandel fut conduit à la caserne de Croy. Après avoir été fouillé minutieusement, avec ce soin scrupuleux que les Prussiens mettent à tout, il fut enfermé dans une salle qui servait de cachot.

L'article qui avait amené son arrestation était en effet un de ceux qui pouvaient le plus blesser l'autorité prussienne. Ce n'était, dans la pensée de l'auteur, qu'une série de considérations morales sur la guerre; il fut jugé comme un appel à la révolte adressé par la presse française à l'armée allemande. L'interprétation paraissait d'autant plus naturelle que les ballons partis tout récemment de Paris avaient laissé tomber dans les lignes prussiennes une pluie de manifestes, rédigés en allemand, où l'on engageait les troupes allemandes à se refuser à la prolongation d'une lutte fratricide. Cet article avait aux yeux des Prussiens un autre caractère non moins attentatoire : il touchait à la personne du roi Guillaume ; or, c'était ce que les nobles prussiens supportaient le moins facilement ; les officiers attachés à la personne du souverain avaient pour lui une espèce de respect mystique qui nous est devenu tout à fait inconnu et qui nous fournissait un exemple intéressant de la foi monarchique dans toute sa pureté : on voyait qu'en entendant parler mal du Roi, ses fidèles sujets éprouvaient comme le froissement d'une conviction religieuse. Ces motifs suffisent pour expliquer la soudaineté et la sévérité de la peine infligée au rédacteur de l'article incriminé. Voici, du reste, les passages les plus saillants de cet article :

De tous côtés, nous n'entendons que plaintes et malédictions contre les Prussiens ; il est hors de doute que nous ne pouvons pas les accueillir à bras ouverts ; leur passage dans nos villes est un fléau, leur présence un outrage, leur vue une affirmation vivante du désastre qui ruine la France... Nous avons donc le droit de haïr les Prussiens et de souhaiter l'heure des représailles ; à notre place, ils en feraient tout autant. Mais examinons la question sous un autre point de vue :

Qu'est-ce que cette armée prussienne ? — Une innombrable réunion d'hommes. — Et qu'est-ce que chacun de ces hommes en particulier ? — C'est un être encore plus malheureux que nous.

Une volonté à laquelle on ne résiste pas l'a poussé hors de son pays où il vivait paisible, au milieu de ses chères habitudes et de ses chères affections ; il a, là-bas, une mère, des sœurs, peut-être une femme, des enfants, tout ce qui rend bon, humain, tout ce qui fait aimer le travail et la vie !... Et le voilà jeté loin de son bonheur ; le voilà exposé à la mort, tout simplement parce que le souverain de la France a jeté son gant au souverain de la Prusse, et que lui, *sujet de Sa Majesté*, il est devenu l'un des bras qui doivent accomplir ce gigantesque duel auquel il ne comprend pas grand'chose... sinon *que les parties intéressées sont les seules qui, à coup sûr, n'en mourront pas.*

Pour laver l'affront, pour relever le défi, lui, ce sujet prussien que nous maudissons, a reçu l'ordre de quitter patrie, famille, travail, d'abandonner ses projets d'avenir, ses rêves d'amour et d'aller tuer ou se faire tuer. S'il résiste à cet ordre, on le tue. — Nul moyen de sortir de ce cercle de mort... Oui, le Prussien qui excite en ce moment notre colère devrait exciter aussi notre pitié, car il est plus malheureux que nous... Il est exténué de fatigue, de privations. Honnête jusqu'alors, il se fait voleur parce qu'il a faim. Il a vu tomber autour de lui ses compagnons, ses frères ; demain peut-être il aura le même sort. Dans les villes où il passe, il fait peur aux femmes, aux enfants ; partout des regards de crainte ou de fureur pèsent sur lui ; et le soir, quand il s'étend sur la terre humide pour dormir, il peut se dire que le bandit qui, comme lui, tue sans haine, a au moins le bénéfice de sa profession... tandis que lui, le pauvre hère, que gagnera-t-il à cette brillante campagne ?... La gloire ?... Oh ! encore une fois, grâce pour ce mot ! ne l'attachons pas au casque du plus fort. En admettant d'ailleurs qu'il y ait gloire, en rejaillira-t-il assez sur cet intime vainqueur pour le dédommager de ce qu'il aura souffert! L'hymne patriotique n'expirera-t-il pas sur ses lèvres quand il trouvera, au retour, morts de misère ou de chagrin, ceux qu'il aimait ?...

Cette situation faite au soldat prussien, nous la retrouvons chez le soldat français : tous sont à plaindre... Il y a de la ruine, du sang, des larmes partout. L'Allemagne, comme la France, est en deuil. Toutes deux, dans une partie de princes, ont joué la richesse de leurs pays, la liberté de leurs peuples et la vie de leurs enfants... Honte à celui qui l'a perdue, cette partie sanglante; mais, au nom de l'humanité, que celui qui la gagnera ne s'en glorifie pas !...

Dès que M. Jeandel fut sorti de la salle des délibérations, le Conseil désigna immédiatement deux de ses membres, MM. Scherer et Delerot, pour faire avec le maire toutes les démarches propres à hâter la mise en liberté du prisonnier. Après une tentative inutile à l'hôtel du commandant de place, les délégués du Conseil purent avoir, dans le cabinet même du maire, un entretien avec M. de Voigts-Rhetz. Le général se montra d'abord extrêmement irrité contre M. Jeandel, menaçant de lui infliger les peines les plus graves, et parlant de l'envoyer en Prusse; cependant, peu à peu, sur les observations qui lui furent présentées, il reconnut que l'article ne méritait pas un châtiment aussi sévère; il conclut en disant que pour lui, en effet, cette publication était plutôt un acte de folie qu'autre chose, qu'il ne s'opposerait donc nullement à ce que grâce fût faite par le Prince Royal, et que cette grâce serait accordée certainement si on la demandait. Il conseillait donc à la municipalité de faire cette démarche, qu'il appuierait; mais jusqu'à ce qu'elle eût réussi, son devoir l'obligeait à garder M. Jeandel en prison.

Le maire, après bien des essais, parvint enfin à obtenir une audience de M. de Blumenthal; la mise en liberté de M. Jeandel fut concédée, à la condition qu'il promettrait de cesser toute publication, et que le Conseil se déclarerait responsable de l'exécution de cette promesse. Le Conseil, à l'unanimité, se porta garant, et M. Jeandel sortit de sa prison le soir du 1ᵉʳ octobre, après y avoir passé trois jours. Il avait supporté son emprisonnement sans aucune faiblesse, et avec d'autant plus de mérite qu'il aurait pu écarter de lui une partie de la responsabilité de l'article incriminé, mais il n'avait pas pensé un seul instant à échapper à aucune des conséquences de la publication qu'il avait dirigée et autorisée comme rédacteur en chef.

L'émotion jetée au sein du Conseil par cette arrestation si brusque n'était pas calmée, et l'incident n'était pas encore terminé, quand deux nouvelles fort graves survinrent coup sur coup :

1° La ville était frappée d'une contribution de guerre de 400,000 francs ;

2° Elle allait avoir à sa tête un préfet prussien.

La contribution de guerre fut annoncée à la municipalité par la lettre suivante :

Versailles, le 29 septembre 1870.

A M. le Maire de Versailles,

Sa Majesté le roi de Prusse ayant ordonné que, pour le dédommagement préalable des pertes causées à des propriétaires allemands par des vaisseaux de guerre français et par l'expulsion des Allemands de la France, une contribution soit exigée des départements occupés par les troupes allemandes à la somme d'un million par département, quant au département de Seine-et-Oise, ladite somme a été distribuée sur les villes mentionnées ci-joint, au chiffre y ajouté.

Pour l'exécution de cet ordre, M. le Maire est chargé par cela, et pour la ville de Versailles et pour les autres dites communes, de prendre tous les ordres et mesures afin que la contribution soit délivrée exactement à la caisse du 5° corps d'armée prussienne qui se trouve à l'instant à Versailles, dans le délai d'une semaine, à calculer du 30 courant, si l'on veut éviter des mesures de force les plus rigoureuses.

La somme à payer par la ville de Corbeil sera exigée immédiatement par une autorité militaire résidant dans ladite ville.

C'est affaire des communes mentionnées dans la distribution constituée pour cela, de faire répartir les sommes fixées sur elles et les villages de ses environs dont on n'a pas eu égard en considération de leur importance inférieure.

Pour le commandant en chef de l'armée 3° allemande :

Le chef d'état-major,
BLUMENTHAL,
Général.

A cette lettre était joint le tableau suivant :

Versailles	400,000 francs
Saint-Germain-en-Laye.	150,000 —
Étampes.	80,000 —
Rueil.	70,000 —
Sèvres	60,000 —
Pontoise.	60,000 —
Corbeil.	45,000 —
Meudon	45,000 —
Mantes.	45,000 —
Saint-Cloud	45,000 —
Summa.	1,000,000 francs

Le maire répondit aussitôt à M. le général de Blumenthal :

Versailles, le 30 septembre 1870.

Général,

J'ai l'honneur de vous accuser réception de la lettre, en date du 29 de ce mois, par laquelle vous me faites connaître l'ordre du roi de Prusse, qui exige une contribution d'un million de francs de chacun des départements de France occupés par les troupes allemandes, et qui me charge de prendre, pour la ville de Versailles et les communes, les mesures nécessaires à la délivrance exacte de cette contribution à la caisse du 5e corps d'armée prussienne qui se trouve à Versailles.

La ville de Versailles, qui figure pour 400,000 francs dans le tableau de répartition, et de laquelle seulement je dois m'occuper, a vu, en moins de douze jours, épuiser successivement toutes ses provisions alimentaires, toutes ses ressources financières, et se trouve dans l'impossibilité matérielle de satisfaire à la nouvelle demande qui lui est faite. Elle ne pourrait faire un pas de plus dans cette voie qu'autant que le gouvernement de la Défense nationale de la République française, dont elle relève, lui en donnerait l'autorisation et lui en fournirait les moyens.

Je viens donc, après ce simple exposé, vous demander, Général, le sauf-conduit nécessaire au délégué qui sera désigné par le Conseil municipal pour se transporter immédiatement à Tours et rapporter la réponse.

Recevez, Général, l'assurance de mon respect.

Le maire demanda en même temps une audience au Prince Royal. Le comte d'Eulenbourg lui écrivit à ce sujet :

Versailles, le 30 septembre 1870.

Monsieur le Maire,

En réponse à la lettre que vous avez bien voulu m'écrire hier soir, j'ai l'honneur de vous prévenir que S. A. R. M. le Prince Royal est absent pour deux jours. M. le général de Blumenthal, chef d'état-major, est chargé, pendant ce temps, de toutes les affaires concernant l'armée du Prince Royal.

Recevez, Monsieur le Maire, l'assurance de ma considération distinguée.

Comte d'Eulenbourg.

La négociation fut alors suspendue ; elle devait être reprise quelques jours plus tard avec le Roi lui-même, et avoir une issue heureuse, comme nous le verrons.

Rien d'heureux, au contraire, ne devait résulter pour la ville des rapports qui commençaient avec ce préfet prussien qui venait de s'annoncer. Son arrivée avait été accueillie avec grande inquiétude par le Conseil municipal, et ses pressentiments furent trop justifiés.

La fonction, en elle-même, était au premier abord assez énigmatique. Depuis qu'elle était occupée, la ville avait un gouverneur militaire qui avait pris l'administration générale ; que venait faire ce gouverneur civil ?

Nous apprîmes bientôt que le gouvernement prussien considérait toute partie de pays occupée par ses armées comme ayant pour ainsi dire perdu momentanément sa nationalité. Versailles fut tout étonné un jour de savoir qu'il faisait partie d'un gouvernement dont la capitale était à Reims. Le pédantisme bureaucratique de l'administration prussienne taillait et découpait notre pays, non seulement en circonscriptions militaires, ce qui était tout naturel, mais en circonscriptions civiles, ce qui était fort singulier. Ces circonscriptions dessinées par lui, il avait soin de les pourvoir d'un personnel administratif et financier d'une richesse luxueuse. Cette division officielle, que l'on rendait publique, que l'on proclamait très haut, que l'on affichait partout, avait pour premier but de prêter dès l'abord à l'occupation un caractère de permanence propre à frapper les esprits des populations; elle était aussi destinée à annoncer et à faciliter la levée des contributions de toute nature par lesquelles ces fonctionnaires civils attestaient leur existence. Tout général commandant de place était accompagné d'un préfet intendant civil, parce que, dans cette campagne de France, il s'agissait pour la Prusse, non seulement de vaincre, mais de pressurer à outrance. Aussi le préfet était, hiérarchiquement, l'égal du commandant de place. Ces deux pouvoirs de nature si différente se jalousaient mutuellement : le plus souvent, le général affectait le plus profond mépris pour le préfet, et le préfet cherchait à dominer le général, mais le gouvernement central tenait avec soin la balance égale entre les deux autorités; s'il avait besoin de victoires, il avait un non moins grand désir d'épuiser financièrement le pays, et les intendants ou préfets étaient envoyés par lui comme les grands explorateurs des caisses publiques et privées.

A ce titre, M. de Brauchitsch avait été, malheureusement pour nous, trop bien choisi. C'était un assez grand personnage par ses relations, car il était le gendre du ministre de la Guerre, M. de Roon. Membre de la Diète fédérale, il s'y montrait avec affectation un des serviteurs les plus zélés du roi Guillaume et un des approbateurs les plus décidés de sa politique. Il avait occupé dans le Luxembourg des fonctions analogues à celles qu'il venait remplir en France, et il y avait laissé les souvenirs qu'il devait laisser à Versailles : son nom n'y était prononcé qu'avec des malédictions. Cependant, cet homme, au premier abord, pouvait passer pour bienveillant et poli. Il débutait toujours par des discours insinuants, pleins de douceur et de promesses conciliantes; mais ce n'était là, on le voyait bientôt, qu'un des artifices d'une intelligence rompue à toutes les ruses de la politique prussienne. Il n'était pas difficile d'apercevoir combien ses démonstrations de politesse étaient forcées dans leur gaucherie officielle, et l'expression que prenait sa physionomie, dès que la contradiction s'élevait, renseignait sur le fond de sa pensée. Ses traits et son allure étaient bien en harmonie avec son caractère. De taille moyenne, assez élégante dans sa maigreur fatiguée, à la fois nonchalant et raide, il portait le costume moitié civil, moitié militaire, de tous les agents administratifs qui suivaient l'armée; sa figure blême, son œil d'un bleu terne, ses cils d'un blond fade, son front dégarni et osseux, convenaient bien à un courtisan dont la vie s'était passée dans les luttes de l'ambition; le plus souvent, ses traits, qui ne manquaient pas de finesse, gardaient à dessein une insignifiance diplomatique; lorsqu'ils s'animaient, c'était pour s'enlaidir par l'expression d'une ironie impitoyable ou d'une froide méchanceté. En un mot, ce fonctionnaire, devenu notre maître, était, dans sa médiocrité, le type d'un politique appartenant à la fois à l'école de M. de Morny et à l'école de M. de Bismarck : combinaison doublement menaçante.

30 septembre. — Le 30, dans sa première entrevue avec le maire, M. de Brauchitsch, après avoir énoncé ses titres et les fonctions qu'il venait occuper, déclara que le roi de Prusse faisait administrer les provinces occupées, attendu qu'on ne savait pas trop quel était en ce moment le gouvernement de la France. Était-ce l'Empire? Était-ce la République? Et où était le gouvernement de la République?... Sur toutes ces questions, le gouvernement prussien n'était pas fixé. Il devait donc administrer le pays; cependant, il voulait bien consentir à ce que les communes continuassent à s'administrer elles-mêmes, mais à la condition qu'elles ne se mettraient pas en opposition avec l'administration prussienne. Quant à lui, il ne venait dans le département que pour alléger aux populations les charges de la guerre : il comptait dans cette bonne œuvre sur le concours de la municipalité et il l'invitait à lui exposer elle-même ses conditions dans un « protocole » qu'il examinerait avec l'esprit de conciliation le plus sincère.

A ce premier discours, si adroitement tissu de finesses transparentes, le maire avait répondu très simplement et très clairement :

1° Que la municipalité (comprenant le maire, les adjoints et le Conseil) était le produit du suffrage universel; que le suffrage universel avait été mis en mouvement, lors de l'élection, par le gouvernement de la Défense nationale; par conséquent, la municipalité de Versailles ne reconnaissait, en France, d'autre gouvernement que celui-là.

2° Que l'administration municipale relevait en France, à beaucoup d'égards, de l'administration préfectorale; si cette administration préfectorale restait française, la municipalité en reconnaissait l'autorité; quant à prêter son concours à une administration préfectorale étrangère, la municipalité ne le pouvait pas, et, devant elle, elle n'avait qu'à se retirer.

M. de Brauchitsch sentit, sans doute, qu'il avait été un peu loin ; le maire, de son côté, demanda à communiquer les projets de M. de Brauchitsch au Conseil ; la décision définitive fut remise au lendemain.

Dans la matinée de ce jour, un nouveau ballon était passé au-dessus de la ville. Sans que les habitants de Versailles pussent le deviner, ce ballon était dirigé par un jeune aéronaute bien connu de nous, M. Gaston Tissandier. En des temps meilleurs, M. Tissandier était venu à Versailles raconter ses ascensions, qui avaient alors un but scientifique. Les vœux qui saluèrent sa nacelle, à son passage au-dessus de notre ville, furent exaucés, car il atterrit heureusement, sans être atteint par les balles qui faisaient escorte aux aéronautes parisiens pendant qu'ils franchissaient les lignes ennemies.

D'autres ballons furent aperçus encore les jours suivants. Les Prussiens, de plus en plus irrités par les défis que semblaient leur lancer ces voyageurs aériens, firent construire et promenèrent dans Versailles un canon monté sur un affût spécial et pouvant se pointer vers le ciel ; mais cet engin disparut bientôt et on ne nous parla jamais des succès qui lui étaient dus.

Depuis leur entrée, beaucoup d'officiers cherchaient à bien prouver, par leurs allures et par leurs procédés vis-à-vis de la population, qu'ils étaient ses maîtres et ses vainqueurs et qu'ils ne lui devaient aucune espèce d'égards ; un des procédés employés par eux pour établir leurs droits à la brutalité consistait à courir à cheval, à bride abattue, sur les avenues, au risque de renverser les passants ; déjà plusieurs accidents avaient eu lieu ; des femmes et des enfants avaient été renversés, sans que les cavaliers eussent eu l'air d'attacher la moindre importance à l'incident ; la municipalité adressa au commandant de place des plaintes qui furent écoutées, et l'avis suivant fut affiché dans les deux langues. S'il ne fut pas obéi bien strictement, car l'avenue de Paris surtout continua à être labourée par les fers des chevaux, il apporta cependant quelque changement et il attesta du moins à la municipalité la bonne volonté du général :

VILLE DE VERSAILLES

BEKANNTMACHUNG

Das Reiten und Fahren uber den Trottoirs und in den Seitenalleen ist verboten.

Versailles, den 30 september 1870.

Der général-major und commandant,
Von Voigts-Rhetz.

AVIS

Il est interdit de circuler à cheval ou en voiture sur les trottoirs des rues et les contr'allées des avenues.

Le général commandant,
DE VOIGTS-RHETZ.

Pour traduction conforme :
Le commandant de place pour la ville,
FRANCHET D'ESPÉRAY.

1er octobre. — Le Conseil se réunit le 1er octobre, à 9 heures du matin. Après avoir entendu le récit de l'entrevue du maire avec M. de Brauchitsch, il prit la délibération suivante :

Le Conseil :
Considérant que si l'état de guerre et ses alternatives peuvent, dans certains cas, obliger une ville et son administration municipale à subir les réquisitions du vainqueur, jamais ce dernier, lorsqu'il prend en main l'administration civile du pays occupé, ne doit contraindre les administrations municipales à s'associer aux administrations supérieures qu'il aurait créées ;

Que dès lors l'administration municipale de la ville de Versailles ne pourrait continuer son action que si le roi de Prusse entendait respecter sa liberté administrative, telle qu'elle s'exerce sous la loi française, et sans l'obliger directement ou indirectement à manquer à aucun de ses devoirs envers le gouvernement de la République ;

Délibère qu'un extrait de la présente délibération sera immédiatement adressé à la personne portant le titre d'intendant civil, et que si, par suite de la réponse, la situation de la municipalité de Versailles, comprenant les maire et adjoints et le Conseil municipal, n'était pas maintenue dans les termes ci-dessus, tous les membres qui la composent se trouveront dans la nécessité de cesser leurs fonctions.

Après avoir présidé à cette délibération, le maire annonça au Conseil qu'il avait résigné ses fonctions par la lettre suivante, adressée au conseiller de préfecture faisant fonctions de préfet :

Versailles, le 30 septembre 1870.

Monsieur le Préfet,

Vingt-cinq jours de travaux excessifs et des inquiétudes de toute sorte et de toute nature ont épuisé mes forces ; ne possédant plus celles qui sont nécessaires à une si lourde tâche, je me vois dans l'obligation de résigner mes fonctions de maire de Versailles.

J'ai dû, pendant cet espace de temps, travailler de 6 heures du matin à 10 heures du soir, en passant de plus une nuit sur quatre à la Mairie ; j'ai dépensé ainsi tout ce que mon intelligence et mon dévouement pouvaient donner, et il ne me reste plus rien. Cependant les deux questions soulevées dans la journée d'aujourd'hui (relatives au paiement de la contribution de guerre et à l'administration départementale par un représentant de l'autorité allemande) sont si graves, et leur solution, à laquelle j'ai dû travailler, me paraît si impérieuse, que je ferai un nouvel effort pour me présenter demain à l'Hôtel-de-Ville et concourir encore avec mes collègues à un dernier acte administratif.

Je ferai ensuite constater mon état de souffrance par le docteur Leroux, dont je joindrai le certificat à ma lettre, et retournerai chez moi, chercher un repos dont j'ai le plus grand besoin. M. Lasne, premier adjoint, prendra immédiatement le service.

Le maire ajouta que, le 5 septembre, s'il avait résisté d'abord, lorsque ses collègues lui avaient offert les fonctions de maire, c'est que, à ce moment déjà, il était dans un état de souffrance qui lui interdisait toute fatigue. Cependant il n'avait pas cru alors pouvoir refuser l'appel pressant fait à son patriotisme dans des circonstances aussi douloureuses. Il avait donc accepté, et il avait lutté de toute son énergie et de toute son activité; mais cette énergie et cette activité, il les sentait s'affaiblir malgré lui par la maladie, à un moment où elles étaient plus nécessaires que jamais. Il croyait donc de son devoir de se retirer; d'ailleurs, le certificat que le médecin avait rédigé attestait que la continuation des fatigues auxquelles il ne pouvait échapper dans ses fonctions l'exposait aux plus sérieux dangers.

Le Conseil, qui était témoin depuis plusieurs jours de la lutte que le maire soutenait contre la souffrance, dut consentir à accorder à son chef le repos nécessaire au rétablissement de sa santé, mais il ne consentit pas à accepter sa démission.

De son côté, le conseiller de préfecture faisant fonctions de préfet répondit au maire :

Versailles, le 1er octobre 1870.

Monsieur le Maire,

Je n'ai plus qualité pour recevoir votre démission : hier à 6 heures du soir, j'ai dû abandonner le département à l'administration prussienne.

J'ai l'honneur de vous renvoyer cette démission et le certificat qui l'accompagne.

Agréez, Monsieur le Maire, l'assurance de mes sentiments de haute et profonde estime.

L. DE ROUVRAY.

Le maire écrivit alors à MM. Lasne, Laurent-Hanin et Deroisin une lettre dans laquelle, après leur avoir communiqué cette pièce, il ajoutait :

La situation qui m'est faite par ce concours de circonstances, j'ai voulu l'expliquer par une conférence avec M. de Rouvray, et il en est résulté pour moi ceci : M. de Rouvray n'est plus préfet de fait, mais il est toujours préfet de droit. Seulement, comme préfet de droit, il entend s'abstenir absolument de tout acte qui en ferait un préfet de fait : ainsi il ne veut pas même recevoir une démission de maire. Je ne saurais m'adresser au plus ancien conseiller de préfecture M. le baron Normand, que j'ai vu, parce que M. de Rouvray n'ayant pas donné sa démission, M. Normand n'a pas à faire fonction de préfet.

Dans ces conditions, je me considère, à défaut d'acceptation de ma démission, comme un maire de droit, sans l'être de fait, à cause des empêchements résultant de mon état de maladie. Aussitôt que mes forces seront revenues, je me joindrai à vous pour concourir à l'œuvre commune jusqu'à mon remplacement.

Je vous prie, mes chers collègues, en recevant de nouveau ici le témoignage de toute ma reconnaissance pour le zélé concours que vous m'avez toujours accordé, de vouloir bien le continuer, après avoir mis sous les yeux du Conseil municipal la présente lettre, et en avoir opéré le dépôt dans les archives.

Votre bien dévoué collègue, RAMEAU.

Cette détermination était trop d'accord avec les vœux du Conseil municipal pour n'être pas pleinement approuvée par lui. Il ne devait pas, du reste, être longtemps privé de la direction si intelligente et si ferme à laquelle il était habitué; le 5 octobre, M. Rameau, sans être guéri, trouva quand même des forces pour reprendre ses fonctions, qu'il ne devait plus quitter.

Après le départ de M. Rameau, une seconde séance du Conseil municipal avait eu lieu à 1 heure, sous la présidence de M. Lasne, premier adjoint. M. Lasne avait eu un entretien avec M. de Brauchitsch, et il convoquait le Conseil pour lui en rendre compte.

M. de Brauchitsch avait encore une fois exprimé le désir de voir le Conseil municipal donner son concours à l'action de l'administration préfectorale prussienne, et il avait ajouté que, si ce concours était promis, le Roi investirait de nouveau la municipalité.

Puis, quittant brusquement cet ordre d'idées, il avait abordé un sujet sur lequel il devait revenir bien souvent, et pour lequel, dès ce premier jour, il montrait sa prédilection : nous voulons parler des *denrées et subsistances*. M. de Brauchitsch avait déclaré qu'il portait un grand intérêt à notre population versaillaise, et qu'il souffrait beaucoup de voir le marché et les magasins si mal fournis ; aussi il donnerait très volontiers à des conseillers des sauf-conduits à l'aide desquels ils iraient au delà des lignes prussiennes se pourvoir de toutes les denrées qui étaient devenues rares et chères à Versailles.

M. Lasne avait répondu que la municipalité ne se préoccupait de la question des subsistances qu'au point de vue des habitants de la ville, et qu'à ce point de vue, les habitants ne souffraient pas autant que voulait bien le supposer M. de Brauchitsch ; que, d'ailleurs, si un habitant de Versailles, porteur d'un sauf-conduit prussien, pouvait franchir les lignes prussiennes pour aller acheter et pour rapporter à Versailles des denrées, ce pourvoyeur d'une ville occupée par les Prussiens ne pourrait pas, au retour, franchir les lignes françaises. Il serait arrêté, et justement.

La conversation s'était brisée là-dessus.

En même temps que M. de Brauchitsch cherchait doucement, mais en vain, à engager la municipalité de Versailles dans une voie dont elle avait heureusement aperçu tout de suite le danger, il essayait une séduction analogue auprès des employés de la Préfecture. Il avait le plus grand besoin de leur secours, afin de connaître les ressources financières du département, et se mettre au courant des ressorts que l'on pousse en France pour faire rendre à l'impôt tout ce qu'il peut produire ; il ne pouvait pas cependant demander ouvertement aux employés de servir la Prusse ; il résolut d'user encore de la seule et médiocre ruse qu'il eût à sa disposition, et il se présenta à eux comme un administrateur paternel, dont l'ardent désir était de répandre des bienfaits sur les Français confiés à ses soins.

Dès le jour de son arrivée, il avait fait appeler M. Cochard, chef de la 1re division de la Préfecture, et lui avait dit :

« Monsieur, S. M. le roi de Prusse a daigné me nommer préfet du département de Seine-et-Oise. Je veux administrer ce département conformément aux lois françaises ; comme vous êtes le premier employé de cette administration, je vous demande votre concours, bien entendu dans l'intérêt exclusif de vos compatriotes, et surtout pour faciliter le mouvement des impôts, qui fera disparaître les réquisitions. »

M. Cochard avait répondu : « Je suis simplement chef de la 1re division et non le premier employé de la Préfecture. Si, dans le concours que vous me demandez, il ne devait y avoir rien qui pût nuire à la défense de Paris et à l'organisation des armées françaises, je pourrais peut-être examiner si les services que je rendrais à mes compatriotes seraient assez importants pour effacer la honte qui s'attacherait à mon nom en servant sous vos ordres ; mais vous ne pouvez même pas protéger mes compatriotes. Tenez, Monsieur, avant d'aller plus loin, dites-moi si vous avez les pouvoirs nécessaires pour empêcher les vols et les pillages que commettent sans cesse vos soldats dans Versailles et aux environs ?... »

M. de Brauchitsch, oubliant son rôle de protecteur, avait répliqué durement : « Vous avez voulu la guerre, vous en subissez les conséquences !... »

Cette réponse avait mis fin à cette première conférence.

Le lendemain, M. de Brauchitsch, sans se fâcher et sans se décourager, fit une nouvelle convocation qu'il adressa cette fois à tous les chefs de service, y compris M. Desjardins, archiviste du département. Ayant assez de difficulté à exprimer sa pensée, et désireux, sans doute, de l'entendre une fois traduite en bon français, il pria très poliment M. Cochard d'expliquer à ses collègues, d'après sa conversation de la veille avec lui, ce qu'il attendait d'eux. M. Cochard résuma ces intentions d'un mot : il s'agissait de donner à l'autorité allemande des moyens faciles de percevoir l'impôt dans le département.

M. Desjardins répondit à M. de Brauchitsch : « Vous êtes l'agent et le représentant des ennemis de la France, et vous ne pouvez pas, par conséquent, espérer un concours quelconque d'employés français ; même en supposant réelle votre bonne volonté pour nos compatriotes, il doit vous être impossible d'admettre que nous puissions vivre avec vous en relations quotidiennes et pour ainsi dire en bonne intelligence. »

M. de Brauchitsch répliqua avec beaucoup de calme que ces scrupules étaient bien exagérés et il pria instamment ses interlocuteurs de lui indiquer à leur gré, dans un « protocole », les conditions qu'ils jugeraient à propos de mettre à leur concours. Il était prêt, quant à lui, à faire toutes les concessions.

En guise de « protocole », M. Desjardins rédigea la lettre suivante qui fut approuvée par ses collègues et expédiée immédiatement à M. de Brauchitsch :

Monsieur, après avoir réfléchi aux questions que vous nous avez posées ce matin, nous avons pensé qu'il est impossible que nous prêtions à l'autorité prussienne un concours, si faible qu'il soit, sans nuire aux intérêts de notre pays. Ce sentiment, nous n'en doutons pas, est celui qui vous animerait à notre place.

Nous sommes d'ailleurs les employés du préfet nommé par le gouvernement français. L'administration départementale française ayant été supprimée, nos fonctions ont cessé avec elle.

Sensibles à la courtoisie que vous nous avez montrée, nous vous prions, Monsieur, d'agréer nos hommages respectueux.

Les chefs de division réunirent ensuite tous les employés ; ils leur firent part de la résolution qu'ils avaient prise de cesser leurs fonctions, les prévenant en même temps qu'ils n'avaient pas voulu les engager dans la lettre qu'ils avaient écrite au fonctionnaire prussien et que par conséquent chacun restait maître de sa conduite. Tous déclarèrent spontanément qu'ils suivraient l'exemple de leurs chefs et ne pouvaient consentir à servir sous une autorité allemande. Les bureaux furent immédiatement évacués après que les papiers eurent été mis en ordre.

L'incident semblait terminé. La conduite des fonctionnaires français avait été irréprochable à tous les points de vue, et elle méritait, on peut le dire, la sympathie d'un ennemi qui eût eu quelque respect pour la droiture et l'honnêteté. Mais M. de Brauchitsch ne ressentit que du dépit et de la colère de voir échouer sa négociation, et il adressa à chacun de ses interlocuteurs de la veille la lettre suivante, qui leur fut remise par un gendarme :

CABINET
DU CONSEILLER D'ÉTAT
Préfet de Seine-et-Oise

Versailles, le 3 octobre 1870.

Monsieur,

Répondant à votre lettre d'hier, je vous préviens que je ne puis pas accepter les raisons par lesquelles vous croyez devoir me refuser votre concours, si faible qu'il soit, aux ordres que j'aurai à vous donner dans l'intérêt de l'administration du département de Seine-et-Oise. Je ne vous ai pas demandé de prêter votre concours à l'autorité prussienne. Je vous avais seulement demandé des renseignements dans l'intérêt de votre pays même et vous m'aviez promis de reprendre vos fonctions sous lesdites conditions. Si vous ne voulez pas reprendre vos fonctions et que vous persistiez dans vos sentiments, je vous ordonne de payer une amende de 200 francs à M. le secrétaire Alippi, jusqu'à demain matin dix heures.

DE BRAUCHITSCH.

Cette lettre, détail curieux, était écrite sur le papier à lettre de l'ancien préfet, M. Cornuau. M. de Brauchitsch, dans les cartons qu'il avait scrutés pour prendre possession de ses fonctions, avait découvert des provisions de ce papier à tête imprimée, et (croyant que tous les préfets français sont conseillers d'État, il se l'était aussitôt approprié. Il se figurait sans doute qu'il donnait ainsi une espèce de réalité à son pouvoir de préfet français. Pendant toute la durée de son administration, il se servit de ce papier dérobé sans se douter qu'il y avait dans cet acte si mesquin une espèce de fraude et de travestissement indigne d'un vainqueur un peu fier. Mais ces nuances sont de celles que la raison pratique des Prussiens dédaigne ou plutôt ignore absolument.

Cette lettre n'était pas seulement mensongère et ridicule par son en-tête, elle l'était par son contenu. M. de Brauchitsch affirmait que les chefs de service lui avaient promis leur concours ; ils ne lui avaient jamais promis qu'une réponse à sa demande de concours. Mais M. de Brauchitsch cherchait à se venger de la leçon qui lui avait été donnée, et pour se réhabiliter à ses propres yeux, il ne trouva qu'un moyen, c'était de toucher 200 francs de chacun des fonctionnaires dont il était obligé de se passer. L'honnêteté et le patriotisme n'étaient envisagés par lui que comme l'occasion d'une taxe particulière à percevoir. — Un fonctionnaire civil, d'un ordre élevé, chargé par le roi de Prusse de l'administration d'un département, et qui signalait son arrivée par de pareilles pauvretés, déshonorait le pouvoir qu'il représentait. Dès le premier jour, il montrait maladroitement une impudence de rapacité pour laquelle on se sentait un mépris qui rejaillissait sur tous les vainqueurs.

1ᵉʳ OCTOBRE.

Au reçu de cette sommation, deux des chefs de division quittèrent Versailles. MM. Cochard et Desjardins, qui restèrent, furent arrêtés chez eux.

L'arrestation de M. Desjardins était deux fois révoltante, car un archiviste n'est pas un fonctionnaire de l'ordre administratif ; c'est un savant attaché à un dépôt public et chargé avant tout de travaux d'érudition. M. de Brauchitsch ne le comprit qu'après avoir lancé ses gendarmes ; il eut du moins le mérite de reconnaître son ignorance, quand M. Desjardins la lui fit comprendre ; il rendit la liberté à l'archiviste et lui promit même que ses archives resteraient intactes.

Quoique la promesse fût formelle, elle ne rassura qu'incomplètement M. Desjardins, qui continua à prendre toutes les précautions pour préserver de toute atteinte le dépôt précieux qui lui était confié. L'expérience lui montra qu'il n'avait pas tort, car il eut à lutter plus d'une fois contre des tentatives d'enlèvement de divers objets ; un lieutenant de la landwehr, nommé Forster, qui servait d'auxiliaire à M. de Brauchitsch, et s'affublait des titres réunis de « conseiller de préfecture-secrétaire général-sous-préfet », fit un jour une perquisition qui n'était que la visite d'un amateur en quête de curiosités archéologiques dignes d'être expédiées en Allemagne ; mais grâce à la fermeté, à l'habileté et à la présence d'esprit de M. Desjardins, rien (sauf quelques cartes) ne fut détourné. Il faut dire que toutes les pièces curieuses avaient été déjà mises par lui en sûreté. Pour les découvrir, bien des fouilles furent faites en présence et en l'absence de l'archiviste ; le « conseiller de préfecture-sous-préfet » n'eut pas même honte de demander un jour à M. Desjardins la clef des tiroirs de son bureau particulier. Il fit cette demande avec le plus grand sang-froid, en ajoutant que si ces clefs, comme les autres, ne lui étaient pas immédiatement apportées, il ouvrirait tout par la force, à coups de marteau. Ces gens ne paraissaient pas soupçonner qu'ils dégradaient honteusement leurs victoires en les mettant à profit pour forcer des serrures. Ils étaient arrivés précédés de l'éclat de leurs succès, et chaque jour, ils semblaient vraiment prendre plaisir à s'abaisser devant nous, comme s'ils avaient voulu, par leurs petitesses morales, nous consoler, autant qu'ils le pouvaient, de leur gloire militaire.

Si M. de Brauchitsch se trouva obligé de ne pas pousser les choses jusqu'au bout avec l'archiviste, et s'il crut de bon goût de se piquer avec lui de respect pour les choses de l'esprit, il se dédommagea avec M. Cochard, qui n'avait pas payé l'amende à l'heure fixée. Arrêté chez lui par un officier de gendarmerie,

M. Cochard fut conduit devant M. de Brauchitsch, qui insista de nouveau pour obtenir des renseignements. Ils furent refusés avec énergie. M. de Brauchitsch dit alors brusquement :

— Pourquoi n'avez-vous pas imité vos collègues, qui ont quitté la ville ?

— Parce que cela ne m'a pas convenu. Les lois françaises ne donnent à personne le droit de m'arrêter; vous nous aviez affirmé que vous les respecteriez ; je proteste donc contre l'infamie que vous commettez en ce moment. Votre conduite prouve que nous avons bien fait de vous refuser ce concours.

Après un moment de silence, M. de Brauchitsch ajouta :

— Vous ne savez pas à quoi vous vous êtes exposé en restant ici.

— Vous vous trompez, Monsieur, mon costume doit vous faire voir que je m'attends à voyager, car je ne pense pas que votre intention soit de me faire fusiller, n'ayant commis aucun crime.

— C'est cela! nous avons été trop bons depuis que nous sommes en France !...

— J'avoue que je ne m'en aperçois pas en ce moment.

— C'est assez, Monsieur, taisez-vous, — dit M. de Brauchitsch, la colère peinte sur le visage; — voulez-vous, oui ou non, rester avec moi ?

— Non, Monsieur, je ne le veux pas. Est-ce que, si vous étiez à ma place, vous feriez ce que vous me demandez.

— Certainement, Monsieur, je le ferais.

— Je le regrette pour vous et vos enfants, si vous en avez.

Après cette réponse, M. de Brauchitsch prit un morceau de papier sur lequel il écrivit l'ordre d'incarcération. On conduisit M. Cochard d'abord au poste de la Préfecture, ensuite à celui de la Mairie, et enfin, accompagné de soldats, à la caserne de la rue Royale, où il fut mis au cachot avec quatorze autres prisonniers. Parmi eux se trouvaient plusieurs des soldats français blessés ou malades qui avaient été forcés de quitter l'asile du Vésinet. Ils étaient arrivés à peine vêtus, et les Prussiens les laissaient là sans soins aucuns. Plusieurs prêtres se trouvaient aussi parmi les prisonniers, entre autres le curé de Bellevue, accusé de correspondance avec l'armée de Paris, et un vicaire de Chartres qui n'avait pas voulu quitter un brave homme emmené par lui sur un champ de bataille pour ramasser les blessés, et qui avait été fait prisonnier par les Prussiens.

La nourriture donnée par les ordres de l'autorité prussienne aux prisonniers, quels qu'ils fussent, se composait de pain, de soupe servie pour tous dans une gamelle commune et d'un peu de viande. Le lit était très simple : c'était de la paille.

C'est ainsi que M. de Brauchitsch traitait un chef de division auquel il avait d'abord demandé, avec les formules de la plus grande politesse, de vouloir bien être son collaborateur. M. Jeandel, conseiller municipal, avait été traité de même. Heureusement, « le bon génie de la prison » était là qui veillait : M. Hardy, comme d'habitude, adoucit pour M. Cochard le séjour du logis prussien, et de son côté, M. Jeandel, qui avait l'expérience des privations dont on souffrait le plus, fit passer à son collègue en emprisonnement un matelas et une couverture.

M. Desjardins et Mme Cochard, après diverses démarches, apprirent enfin que la mise en liberté du prisonnier tenait au paiement de 200 francs. Telle était la rançon très modeste fixée par M. de Brauchitsch. M. Desjardins porta la somme en or aux bureaux du commandant de place. L'officier qui était présent, dès qu'il vit reluire sur sa table ces dix pièces d'or, s'empressa avec le plus grand zèle de délivrer un reçu, c'est-à-dire un ordre de mise en liberté. Mais au moment où il allait le remettre entre les mains de M. Desjardins, il s'aperçut que l'ordre d'arrestation était signé de M. de Brauchitsch. Ce n'était donc pas à l'autorité militaire à encaisser cette recette ; il fut obligé d'y renoncer, ce qu'il fit d'assez mauvaise humeur, et il renvoya M. Desjardins à l'autre bureau de recette, tenu par l'autorité civile. La somme fut enfin régulièrement extorquée et M. Cochard sortit de prison.

Cet incident, dont les détails furent connus de toute la ville, indiqua immédiatement quel genre de fonctions M. de Brauchitsch venait remplir dans le département de Seine-et-Oise.

Officiellement, il détermina ces fonctions par la proclamation suivante, affichée dans tout le département. Il y résumait les sentiments, pleins de sollicitude pour nous, qu'il avait exprimés devant le Conseil et devant les chefs de division, et dont l'arrestation lucrative de M. Cochard était la première application visible.

Voici cette proclamation du nouveau « préfet de Seine-et-Oise », morceau de littérature diplomatique où le rédacteur s'était efforcé de faire patte de velours, mais en laissant passer le bout de la griffe :

PROCLAMATION

DU PRÉFET DE SEINE-ET-OISE

Sa Majesté le roi de Prusse, mon Auguste Souverain, a daigné me conférer l'administration du département de Seine-et-Oise. Je viens d'entrer dans mes fonctions avec l'intention de porter aux habitants du département tout soulagement possible des maux de la guerre.

Pour me faciliter la tâche difficile que j'ai à remplir et qui consiste à concilier, tant que pourra se faire, les intérêts des troupes allemandes et le bien-être de la population, les citoyens ne pourront mieux agir qu'en me prêtant un concours légal (1) et sincère. Si, au contraire, je rencontrerais de la résistance, je serais forcé, à mon grand regret, d'employer *tous les moyens dont je dispose* pour maintenir mon autorité.

Toutes les autorités administratives et municipales qui ne se montreront pas hostiles seront maintenues dans leurs fonctions ; toutes les lois françaises, en tant que l'état de guerre n'en réclame pas la suspension, restent en vigueur.

Versailles, le 1er octobre 1870.

Le Préfet de Seine-et-Oise,
De Brauchitsch.

2 octobre. — Les réquisitions continuaient à être écrasantes. A la séance du Conseil du 2 octobre, M. de Montfleury exposa que la Commission des vivres et fournitures diverses, dont il était le président, était absolument débordée par des demandes qui, chaque jour, prenaient un caractère plus âpre et plus abusif. Par exemple, les réquisitions de cuir avaient déjà atteint un chiffre qui dépassait 20,000 francs ; cette marchandise était épuisée dans la ville et cependant, chaque jour, des intendants ou des officiers venaient en exiger impérieusement de nouvelles et énormes quantités. Il en était de même pour tout. Le matin même on avait requis 5,500 chemises de toile de lin. L'ennemi allait parfois plus loin. Des officiers avaient osé demander à la Commission une réquisition les autorisant à prendre du vin fin dans les caves d'un particulier (M. Dagnan). Cette demande, qui naturellement avait été repoussée avec indignation, montrait l'idée singulière que les officiers prussiens se faisaient de la réquisition. D'après les termes mêmes de la proclamation du Prince Loyal, et d'après le droit de la guerre, il n'y a lieu à réquisition que pour « les fournitures nécessaires à l'entretien des troupes ou jugées indispensables dans l'intérêt de l'armée » ; mais ce ne fut jamais ainsi que les troupes installées à Versailles, et agissant sous les yeux des chefs les plus élevés, entendirent la réquisition ; elles la considérèrent comme un procédé commode à l'usage du vainqueur pour se procurer sans payer tout ce qui leur faisait envie chez le vaincu.

Le Conseil décida que ces faits seraient portés à la connaissance du Prince Royal, afin de lui faire d'autant mieux sentir combien était inacceptable la contribution de guerre de 400,000 francs dont la ville était menacée.

Une autre question non moins grave préoccupait alors le Conseil. Les officiers de la garnison allemande logés chez les

---

(1) Sans doute pour *loyal*.

habitants montraient pour leurs repas des exigences qui créaient mille difficultés ; de plus, beaucoup d'habitants, par suite de la rupture des communications avec Paris, se trouvaient à court d'argent et ne pouvaient plus supporter la dépense considérable que causait la nourriture de ces officiers, car les vivres avaient alors beaucoup augmenté de prix. Il y avait là, pour une partie de la population, une situation très pénible à laquelle le Conseil municipal résolut de porter secours. D'ailleurs, pendant que les habitants venaient en foule à la Mairie se plaindre des procédés des officiers et déclaraient se refuser, par lassitude des grossièretés qu'ils avaient à supporter, ou par manque d'argent, à les nourrir plus longtemps, le commandant de place, de son côté, avait, dès le 29 septembre, proposé à l'administration municipale qu'une allocation de 6 francs par jour, pour chaque officier de la garnison logé chez les habitants, fût payée par la ville à l'autorité allemande. D'après ses déclarations, les officiers étant au nombre de 250 à 300, la ville aurait ainsi à supporter une dépense quotidienne de 1,500 à 1,800 francs ; mais à partir de ce moment aucun officier ne prendrait plus ses repas chez les habitants, qui se trouveraient ainsi déchargés d'une de leurs obligations les plus pénibles et les plus coûteuses.

Cette proposition avait été soumise au Conseil. A ce système, la Commission chargée d'étudier la question aurait préféré la création de *bons de dîners* chez des restaurateurs, que les habitants auraient pu se procurer à la Mairie et auraient donnés aux officiers qu'ils avaient à loger.

La proposition, d'abord votée en principe, dut être ensuite abandonnée par suite des difficultés que son acceptation rencontrait auprès de l'autorité prussienne. Celle-ci préférait et imposa le mode qu'elle avait proposé, et qui, en effet, lui était beaucoup plus favorable, parce qu'il mettait les officiers dans une situation analogue à celle des soldats : ils pouvaient recevoir de deux côtés. Beaucoup touchèrent la somme réglementaire de 6 francs, et continuèrent à exiger la nourriture de leurs hôtes. Quelques habitants réclamèrent contre cet abus, qui ressemblait singulièrement à une escroquerie, mais la plupart de ceux qui en étaient victimes, craignant des vengeances et des violences, se résignèrent, et bien des officiers s'attribuèrent ainsi, grâce à cette allocation, un supplément de solde de 6 francs par jour. La Commission des logements fit ce qui était en elle pour protéger la population en inscrivant sur les billets qu'elle délivrait l'indication *avec nourriture* ou *sans nourriture*. Mais cette indication était un bien faible obstacle aux exigences des officiers.

Ces 6 francs étaient payés par la ville à l'aide d'états quotidiens que le commandant de place fournissait. Sur ces états figuraient seulement les officiers placés sous son commandement ; il n'était pas autorisé à y inscrire les officiers, très nombreux, faisant partie de l'état-major du Prince Royal. Ces officiers échappaient donc à la règle établie et continuaient à avoir le droit d'exiger de leurs hôtes la nourriture. Or, comment les habitants pouvaient-ils savoir si l'officier qu'ils logeaient appartenait ou non à l'état-major du Prince Royal? Il y avait là encore une complication, peut-être volontaire, qui rendait, de la part de la municipalité et des habitants, tout contrôle impossible.

Cette allocation quotidienne de 6 francs aux officiers devint peu à peu une des lourdes charges de la ville. De 1,500 francs par jour, somme fixée d'abord par le commandant de place, elle s'éleva, après l'arrivée du Roi, à plus de 5,000 francs, et le total de la dépense, pendant l'occupation, fut de 619,986 fr. 90 c., qui furent versés directement, et en numéraire, dans la caisse du commandant de place. C'est M. de Treskow qui venait lui-même, tous les quatre jours, apporter les états et toucher à la Comptabilité le montant de la somme qu'il avait fixée.

Un des meilleurs moyens d'empêcher les abus aurait été d'afficher dans les deux langues un avis signé du maire et du commandant de place, et interdisant aux officiers recevant 6 francs par jour d'exiger leur nourriture. Mais ce que l'autorité prussienne avait refusé pour les soldats, elle le refusa bien plus énergiquement pour les officiers ; elle voulait laisser la porte ouverte aux abus de ce genre, qui, selon elle, n'était qu'une application naturelle des droits du vainqueur, et de plus, elle redoutait toujours de paraître se faire, de quelque façon que ce fût, la protectrice trop zélée des vaincus. Pour être populaire dans l'armée, il fallait être impitoyable avec la France.

Les nouvellistes firent courir dans la journée du 2 octobre un bruit merveilleux : un immense succès avait été remporté par nos troupes à Saint-Denis, et comme preuve on rapportait que de Sèvres l'on avait vu le dôme des Invalides illuminé. La nouvelle du succès aussi bien que l'illumination qui la confirmait étaient de pures imaginations.

3 octobre. — M. de Brauchitsch avait fait savoir qu'il se présenterait devant la municipalité à 2 heures. Il fut exact au rendez-vous. La séance se tint par exception dans la galerie de l'Hôtel-de-Ville. Pour éviter que M. de Brauchitsch prît place autour de la table du Conseil, il lui avait été préparé un siège isolé, qui faisait face aux conseillers groupés sur l'estrade placée au fond de la galerie.

M. de Brauchitsch, après avoir salué le Conseil, lui exposa longuement ses idées. Il s'exprimait lentement, dans un français assez correct pour rester toujours intelligible. Son discours fut recueilli immédiatement par M. Barbu, et nous le reproduisons dans son entier, en supprimant une partie des germanismes dont il était rempli.

« Messieurs,

J'ai été désigné par S. M. le roi de Prusse, mon très auguste Maître, pour administrer le département de Seine-et-Oise.

Ainsi que je l'ai assuré ce matin aux trois messieurs qui vous président, je tâcherai d'atténuer, pour la population versaillaise, les maux de la guerre; mais cette œuvre, je ne puis l'accomplir qu'avec vous.

Vous avez eu samedi dernier une séance dont vous m'avez remis le protocole; les conclusions de ce protocole sont le résultat d'un malentendu. Je n'ai jamais eu l'intention de vous retirer votre liberté administrative, telle que vous l'exerciez sous l'empire de la loi française; je n'ai jamais eu la pensée de vous faire manquer, ni directement ni indirectement, à vos devoirs envers la République française; je n'ai pas du tout à rechercher aujourd'hui quel est le gouvernement de la France avec lequel le Roi peut faire la paix. Que ce gouvernement soit celui de la Défense nationale ou celui de l'Empire, c'est une question qui ne me regarde pas comme préfet de Seine-et-Oise.

Vous pouvez être assurés que mon désir est que vous conserviez le mandat que vous a conféré le vote de vos concitoyens. Les trois messieurs qui vous président m'ont assuré qu'ils resteraient, M. Lasne comme maire, et ses deux collègues comme adjoints. J'espère que, comme eux, vous conserverez vos fonctions. J'espère aussi que vous serez satisfaits de m'avoir accordé un peu de confiance.

La première chose importante dont j'ai à vous entretenir est celle relative aux réquisitions. J'ai délibéré avec les officiers de l'armée allemande un changement de système. Nous paierions tout ce que nous recevrions; les officiers mêmes acquitteraient la nourriture qu'ils prendraient chez les habitants, et au nom de S. M. le roi de Prusse, qui doit venir demain ou après-demain, nous percevrions les contributions qui étaient payées au Gouvernement français.

Ce système faciliterait de beaucoup la possibilité de faire venir des vivres des parties éloignées de la France qui ne sont pas, en ce moment, occupées par les armées allemandes.

Je vous demande si, pour atteindre ce but, on trouverait des personnes qui se chargeraient d'aller dans ces parties éloignées pour acheter des vivres et les faire entrer dans Versailles. C'est un point que vous pouvez mieux résoudre que nous, parce que vous connaissez mieux les sentiments des francs-tireurs et autres troupes qui nous entourent. Ce serait très nécessaire, non pour l'armée allemande, mais pour la ville que vous habitez. Car, lorsque les vivres viendront à manquer, c'est la ville qui en souffrira. En effet, l'armée allemande saura toujours tirer des vivres de l'Allemagne même, où cette année la récolte a été très bonne, contrairement à ce qu'elle a été en France, et elle les fera venir par chemin de fer jusqu'à Meaux ou Nanteuil. Je vous annonce, en effet, ce que vous savez peut-être, que les voies ferrées sont rétablies jusque-là, à une distance d'un certain nombre de kilomètres assez rapprochée toutefois. Vous pouvez comprendre que, tôt ou tard, Paris sera pris. On n'a pas pu approvisionner pour longtemps une ville de deux millions d'habitants. Si on attend jusqu'à ce que les provisions lui manquent, il y aura alors pour tous les habitants de la France un immense désastre.

Ainsi, ce que je vous propose, bien que ce ne soit pas encore une chose décidée, c'est d'élire un certain nombre d'entre vous, qui, avec l'autorité résultant de vos fonctions, iraient aussi loin que possible, là où nous ne sommes pas, prendraient des renseignements et rapporteraient des vivres.

Ce but serait facilité, si l'on refaisait les chemins de fer qui vont toujours jusqu'à Dreux, si les trains pouvaient arriver jusqu'à Versailles. Ce qui manque, ce sont les locomotives que l'on a enlevées. Il dépend de vous d'agir comme je le demande et de persuader le Gouvernement français.

Vous voudrez bien délibérer sur ce point et me transmettre votre avis en protocole; j'ajoute qu'au besoin on vous donnera des escortes pour conduire vos élus au milieu de nos armées. On m'a objecté que cela serait peut-être possible s'il s'agissait uniquement de chercher des vivres pour faire vivre la ville de Versailles, mais qu'il en serait autrement si c'était pour faire vivre l'armée allemande.

Cette distinction ne serait pas praticable, car on ne pourra pas reconnaître l'origine des vivres, une fois leur arrivée à Versailles, distinguer ceux ainsi amenés d'avec ceux existants dans la ville et ceux d'autres provenances.

Des conversations que j'ai eues avec quelques Anglais qui habitent Versailles, il résulte que l'argent commence à manquer. Vos banquiers sont partis. Par le moyen que je viens de vous signaler, vous pourriez vous procurer des fonds dans les pays que nous n'occupons pas; nous vous donnerions au besoin des sauf-conduits.

Délibérez si ce que je vous propose est possible; transmettez-moi votre avis et proposez-moi, au besoin, d'autres moyens.

On pourrait, sur ce point et sur d'autres, écrire des articles dans les journaux; j'entends laisser une liberté entière à la presse, pourvu qu'elle ne parle ni contre l'armée, ni contre l'Allemagne, ni contre les armées allemandes. Je serai même satisfait de voir discuter la politique. Il faut que le pays sache comment les choses se sont vraiment passées, ce qu'il n'a pas toujours su. Je serai même bien aise de faire des communications à vos journaux.

Je vous répète que toutes ces propositions sont plus dans l'intérêt de la commune que dans le nôtre. J'espère que MM. les Conseillers voudront bien garder leurs fonctions; ils les conserveront au même titre qu'avant la guerre.

Si quelques-uns de ces messieurs veulent m'adresser des questions, je suis prêt à y répondre.

Aucun membre du Conseil ne céda à la gracieuse invitation de M. de Brauchitsch. Le silence le plus glacial, telle fut la seule réponse faite à son allocution, qui, sous sa forme mielleuse, cachait tant d'outrages et de propositions révoltantes. Après avoir attendu quelques instants les questions qu'il sollicitait et qu'il espérait, M. de Brauchitsch, visiblement surpris et embarrassé du silence qui continuait à régner, se leva, salua de nouveau et sortit.

Le Conseil, délivré de la présence du fonctionnaire prussien, rentra dans la salle de ses délibérations.

Ce que M. de Brauchitsch, dans son discours insinuant, avait proposé aux membres du Conseil municipal, c'était en réalité de se faire les pourvoyeurs de l'armée prussienne. Il avait d'autant moins de motifs pour alléguer l'intérêt des Versaillais, que les vivres étaient en ce moment bien loin de manquer sur nos marchés. Certaines denrées, telles que le beurre, atteignaient des prix très élevés, mais les vivres en général étaient très abondants. Le rapport de police du 6 octobre le constate expressément en ces termes :

« Il y a eu, aujourd'hui, beaucoup de monde au marché, qui était parfaitement approvisionné de toute espèce de denrées. L'étal de chaque boucher était largement garni de viande de tout genre. »

Que cherchait donc M. de Brauchitsch, et d'où venait cette préoccupation si marquée pour faciliter l'entrée à Versailles de quantités considérables de denrées? Il y avait là un mystère qui peu à peu s'éclaircit, lorsqu'on vit plus tard que M. de Brauchitsch agissait sous l'impulsion d'un spéculateur nommé Baron, qui l'excitait à user contre la municipalité de tous ses pouvoirs pour lui faire faire des achats immenses, en prévision de la prise très prochaine de Paris. Le sieur Baron, naturellement, s'offrait comme vendeur.

Le 3 octobre, la municipalité ignorait encore ce détail important, mais il était inutile de le connaître pour repousser énergiquement les offres de M. de Brauchitsch. Sur la proposition de M. Bersot, le Conseil prit une délibération dans laquelle il opposa simplement aux propositions du fonctionnaire prussien le texte des lois françaises et en particulier l'article 77 du Code pénal, d'après lequel est « puni de mort quiconque aura pratiqué des manœuvres afin de fournir des vivres aux ennemis ».

Cette déclaration fut immédiatement transmise à M. de Brauchitsch; le Conseil s'ajourna au soir, à cinq heures, pour une nouvelle séance (c'était la troisième dans la même journée), afin d'aviser, en cas de réponse de M. de Brauchitsch. A cinq heures, la réponse n'était pas venue. Elle ne devait venir que beaucoup plus tard.

Les incidents de cette journée laborieuse marquaient, entre la municipalité et le préfet prussien, le commencement de la longue lutte qui devait se terminer le 31 décembre par l'emprisonnement du maire et de trois conseillers municipaux.

Dans la matinée de ce même jour, de nombreuses ambulances avaient quitté Versailles par la rue des Chantiers; elles allaient recueillir les blessés faits par les Parisiens dans la sortie importante opérée la veille du côté de Chevilly et de l'Hay.

Les bruits les plus rassurants circulèrent encore dans la ville à l'occasion de ce combat; on parla beaucoup d'une dépêche tombée d'un ballon, et qui annonçait que 20,000 Allemands avaient été faits prisonniers, que 1,500 avaient été mis hors de combat, etc. Chacune des sorties, chacun des combats livrés autour de Paris devait être l'occasion de récits de ce genre, qui se détruisaient successivement, mais auxquels il semblait interdit de ne pas ajouter foi le premier jour. Les objections et les doutes étaient considérés comme des injures au sentiment patriotique. Allemands et Français vivaient dans des illusions égales et contraires : les Allemands croyaient dès lors et affirmaient que Paris n'avait plus que quelques jours à résister; les Français croyaient et affirmaient que bientôt une armée venant de la Loire forcerait les Allemands à lever le siège. On se trompait de part et d'autre. A Versailles, l'opinion publique française se manifestait naïvement par une inscription tracée à la craie de tous côtés et ainsi conçue : « Les alarmistes sont des lâches ou des traîtres. » Les Allemands, qui sans doute ne comprenaient guère cette inscription, la respectèrent, et elle resta, pendant toute la durée de l'occupation, comme un indice du sentiment populaire qui dominait du reste tous les cœurs, et qui persista en dépit des nouvelles sans cesse désastreuses qui bientôt survinrent chaque jour.

M. de Fontanelle, sous-préfet de Rambouillet, condamné à être emmené en Prusse comme prisonnier de guerre, passa quelques heures à Versailles; il y fut l'objet de la sympathie générale : on savait qu'il était conduit à Landau, pour avoir résisté avec une patriotique énergie à des ordres contraires aux lois françaises.

L'arrivée des autorités en plus grand nombre ne diminuait nullement les méfaits des troupes. Dans la journée du 3, les soldats qui travaillaient au remblai des travaux de défense faits en avant de la gare du chemin de fer de Rennes pénétrèrent dans les magasins, défoncèrent des tonneaux de vin, burent à satiété, et, après s'être enivrés, laissèrent couler à terre le vin qu'ils ne pouvaient boire. Le sergent chargé de les surveiller était aussi ivre que les soldats.

4 octobre. — La voie du chemin de fer de l'Ouest avait été réparée du côté de Saint-Cyr par les Allemands. Le 4, trois wagons pleins d'avoine arrivaient à Versailles, traînés par des chevaux et conduits par des Bavarois. A leur entrée dans la gare, les Bavarois pillèrent la cave du chef de gare, brisèrent les fenêtres du logement d'un employé et volèrent son linge. Ils fracturèrent la caisse du receveur, qui heureusement était vide. Un commissaire de police, qui survint, alla chercher le sergent du poste prussien, qui prit les noms des Bavarois; mais comme ce sergent était lui-même en état d'ivresse, son rapport ne pouvait avoir de résultat bien efficace.

Le même jour, d'autres soldats pénétraient par escalade chez M. Happe, rue d'Anjou, et lui volaient du bois.

Les violences continuaient en même temps que les vols. Les soldats logés chez M. Barbier, marchand de bois, avenue de Saint-Cloud, l'ayant voulu frapper de leurs sabres, celui-ci désarma l'un d'entre eux. Cette résistance fut immédiatement punie par l'autorité prussienne. M. Barbier fut arrêté avec son fils, son frère et quatre de ses employés. Tous passèrent une nuit en prison. Les soldats qui avaient menacé la vie de M. Barbier restèrent installés chez lui, par ordre de leurs chefs.

5 octobre. — Le roi Guillaume, venant du château de Ferrières, arriva à Versailles le 5. Pendant toute la matinée, de 8 à 10 heures, le Mont-Valérien avait lancé des obus; les Allemands avaient craint un instant une grande sortie du côté de Sèvres, et avaient pris les armes. L'alerte se calma dans la journée, le feu du Mont-Valérien ayant cessé.

A 5 heures, la garnison allemande de Versailles se rangea devant la Préfecture et dans la rue des Chantiers. En avant de la grille de la Préfecture se tenait un nombreux état-major en grand uniforme. Parmi ces officiers se trouvaient le duc de Cobourg, les princes et duc de Wurtemberg, le prince héréditaire de Hohenzollern (qui avait été le prétexte de la guerre), les princes héréditaires de Saxe-Weimar, de Mecklembourg, le duc d'Augustenbourg, etc. A 6 heures, le Roi arriva en voiture par la rue des Chantiers, ayant à côté de lui le Prince Royal, qui avait été au-devant de son père jusqu'à Villeneuve-Saint-Georges. A l'approche de la voiture, escortée d'un piquet de uhlans, les troupes, sur un signe des chefs, poussèrent ensemble un long hourra. Le Roi descendit de voiture devant la grille, serra la main à plusieurs des généraux et princes qui l'attendaient, et après avoir causé avec eux quelques instants, entra dans la Préfecture, devenue dès lors le grand quartier général de l'armée allemande. Le soir, il alla dîner chez son fils, qui depuis l'avant-veille avait choisi comme nouvelle résidence la villa de Mme André, à la Porte-de-Buc.

Une foule assez nombreuse d'oisifs avait été attirée autour de la Préfecture par les mouvements de troupes qui avaient eu lieu. Parmi ces curieux, on distinguait beaucoup d'étrangers, et en particulier des Anglais. Il se trouvait aussi beaucoup d'agents de police prussiens; à partir de ce moment, ils se multiplièrent dans la ville avec une abondance extraordinaire.

M. de Bismarck, M. de Moltke et M. de Roon étaient arrivés quelques heures avant le Roi.

M. de Bismarck avait choisi pour habitation l'hôtel Jessé, rue de Provence, n° 12. Placée dans une rue assez écartée et facile à surveiller, entourée d'un grand jardin, complètement isolée des maisons voisines, cette habitation offrait les conditions exceptionnelles de sécurité que M. de Bismarck semblait avoir voulu rechercher avant tout. Par surcroît de précaution, toutes les maisons voisines furent occupées par des agents de sa chancellerie; la maison placée de l'autre côté de la rue resta vide; la maison mitoyenne avait quelques fenêtres étroites qui s'ouvraient sur le jardin de l'hôtel Jessé : les propriétaires durent barricader ces fenêtres avec des planches, et ils reçurent comme hôte un agent de police. En un mot, la rue tout entière, devenue le domaine exclusif du chancelier, fut inabordable pour quiconque pouvait avoir des desseins hostiles. Pendant toute la journée, un agent de police se promenait dans la rue; nuit et jour, des sentinelles veillaient à la porte de l'hôtel. Dès son arrivée, M. de Bismarck montrait qu'il était très préoccupé de protéger les jours du futur chancelier de l'Empire germanique contre les dangers auxquels il les savait exposés, soit de la part des Français, soit de la part des Allemands eux-mêmes.

A la grille de l'hôtel Jessé fut suspendu un pavillon de calicot blanc assez sale portant en allemand l'inscription : *Chancellerie de la Confédération*. Ce pavillon était attaché à une simple branche d'arbre encore recouverte de son écorce. En cette circonstance comme en tant d'autres, si toutes les précautions jugées utiles étaient prises avec le soin le plus scrupuleusement minutieux, aucun sacrifice, en revanche, n'était fait à l'apparat.

Pendant tout le séjour de M. de Bismarck à Versailles, on peut dire que l'hôtel Jessé fut le centre diplomatique de l'Europe; rien, en apparence, ne l'indiquait; la rue resta presque aussi silencieuse, aussi calme que par le passé. Les travaux qui s'accomplissaient dans ces quelques maisons occupées par la chancellerie n'amenaient aucun mouvement visible : on apercevait un officier entrer ou sortir de temps en temps; le soir, on distinguait, très tard encore, des lampes qui restaient allumées; à travers les fenêtres, on entrevoyait quelques employés penchés sur de grandes tables et écrivant sans lever la tête; et c'était tout.

Tous les jours, M. de Bismarck sortait à cheval ou en voiture et allait chez le Roi; il était toujours seul dans ce passage à travers la ville, et rien absolument ne le distinguait des autres colonels. Dans cette simplicité systématique, il y avait un nouveau témoignage de ce bon sens pratique qui caractérise à un si haut degré l'ensemble de l'organisation militaire prussienne.

M. de Moltke s'installa rue Neuve, à l'hôtel Lambinet. Un pavillon aussi peu élégant que celui de M. de Bismarck était suspendu devant sa porte et portait l'inscription : *Grand quartier général*. Ici, l'appareil militaire fut plus visible que chez M. de Bismarck, et le mouvement y était forcément plus accentué, sans correspondre cependant à l'activité réelle qui se déployait dans cette maison, d'où partaient sans cesse les ordres qui décidaient des mouvements de toutes les armées allemandes. C'est de cette maison de la rue Neuve que M. de Moltke dirigea pendant plus de quatre mois tout l'ensemble des opérations de guerre.

M. de Roon logea rue Colbert, à côté du général commandant de place.

En même temps que le Roi et les princes de son entourage arriva une suite extrêmement nombreuse. Cette suite immédiate du roi de Prusse comprend officiellement : 7 officiers supérieurs, 92 employés, de rang plus ou moins élevé, 27 soldats du train. En tout 126 personnes, 135 chevaux et 28 voitures. A la tête de ce personnel était placé le maréchal du palais, le comte Pückler; puis venaient le comte de Perponcher, grand maître des cérémonies; le conseiller intime Borck, chef du cabinet; le conseiller Kanzki, régisseur; le docteur Schneider, lecteur; puis des chambellans, des officiers d'ordonnance, etc. Toute cette suite tint à s'installer dans les environs de la Préfecture. La rue Saint-Pierre, l'avenue de Paris et l'avenue de Saint-Cloud furent ainsi surchargées de logements militaires, occupés par ces personnages civils et militaires, de tout rang et de toute classe, qui avaient quelque emploi auprès du Roi ou au grand quartier général. Les réquisitions, qui déjà avaient été si lourdes, s'accrurent immédiatement dans une proportion conforme à la dignité des nouveaux arrivants. Les princes eux-mêmes, en effet, n'avaient aucun scrupule à se servir du procédé si simple de la réquisition pour diminuer les dépenses de leur campagne de France. Il fallut donc voir s'augmenter encore cette foule famélique et impérieuse de réquisitionnaires, qui, depuis le matin jusqu'au soir, affluaient à la Mairie, et vidaient peu à peu, aux dépens de la caisse municipale, les magasins de Versailles de toutes les marchandises qu'ils contenaient.

Il avait été décidé que la cour de Prusse célébrerait par une solennité éclatante l'entrée du roi Guillaume dans Versailles, cette ancienne capitale de Louis XIV, le véritable ennemi auquel l'Allemagne faisait la guerre, selon le mot de M. Ranke à M. Thiers. Réquisition fut adressée à M. Dufrayer d'avoir à faire jouer les grandes eaux. Le commandant de place voulait d'abord qu'une affiche, signée du maire, annonçât cette fête ; M. Franchet d'Espéray, à qui la proposition fut communiquée, la repoussa absolument et il ajouta : « Non seulement nous ne ferons pas cette affiche, mais je m'en vais avertir toutes les personnes que je connais de bien se garder d'aller au Parc aujourd'hui. » Sur ce refus, très catégorique, les autorités prussiennes durent se borner à faire faire l'annonce elles-mêmes par un tambour. Quelques instants après cette annonce, on collait sur les murs du marché Notre-Dame un petit placard écrit à la main, portant ces mots : « Tous les habitants de Versailles qui iront voir jouer les eaux aujourd'hui méritent la mort. »

La fête, en effet, fut exclusivement prussienne et militaire. A l'exception d'un certain nombre d'étrangers, d'agents de la police secrète allemande et de quelques oisifs versaillais d'une curiosité forcenée, ou appartenant à une partie méprisable de la population, le Parc ne contenait que des soldats et des officiers, qui vinrent en très grand nombre pour jouir de la vue de leur souverain et de sa cour. Elle y parut tout entière. MM. de Bismarck, de Roon, de Moltke, le frère du Roi, son fils, tous les princes du quartier-général furent exacts à cette fête donnée par le conquérant prussien dans les jardins de Louis XIV.

Le roi Guillaume parut sur la terrasse à une heure et demie ; le directeur des Eaux, qui avait été requis de lui servir de guide, crut devoir obéir à cette réquisition et l'accompagnait. Un état-major brillant suivait le souverain, qui alla de bassin en bassin, assistant en maître à un spectacle auquel il avait été invité comme hôte quelques années auparavant.

Pendant que le roi de Prusse, plein d'un joyeux orgueil, se promenait ainsi dans le parc de Versailles, une troupe de ses soldats, à quelques pas de lui et presque sous ses yeux, s'emparait, par la violence, du domicile du portier de la grille des Jambettes pour y établir un poste. En s'y installant, ils le dévalisaient entièrement, forçant le secrétaire et la commode, volant le linge, faisant disparaître toutes les provisions et brûlant pour se chauffer des panneaux en chêne. Quoique le soleil brillât encore, le froid commençait à se faire sentir, et ce dernier genre de dévastation allait être mis chaque jour en pratique. Pendant tout l'hiver, dès que le bois de chauffage manqua aux soldats, ils le remplacèrent par les chaises d'abord, puis par les meubles, et enfin par les fenêtres et les parquets. Ce procédé prussien de dévastation fut appliqué chez nous une des premières fois dans le parc de Versailles, à quelques pas du roi Guillaume, recevant les félicitations enthousiastes d'une escorte de princes humblement courbés devant le futur empereur.

Le soir, vers neuf heures, il y eut retraite des troupes aux flambeaux. La ville, à cette heure, était toute noire, car les boutiques se fermaient dès qu'il faisait un peu nuit, et le gaz était rare. L'effet de cette fête nocturne parut d'autant plus saisissant aux Allemands. Partis de la place d'Armes, les corps de musique de quatre régiments se dirigèrent vers la Préfecture, entourés d'une foule immense de soldats, poussant sans cesse des hourras comme accompagnement des hymnes nationaux que jouaient les musiciens (1). Ils pénétrèrent et s'entassèrent dans la cour de la Préfecture qu'ils remplirent de leurs cris; le Roi parut au balcon et les hourras devinrent frénétiques. Puis les corps de musique, escortés de la même foule de soldats, retournèrent vers la place d'Armes et se séparèrent au pied de la statue de Louis XIV, après qu'un dernier et immense hourra en l'honneur du Roi eût été lancé en levant et en agitant les casques.

Les habitants de Versailles, renfermés dans leurs demeures, le cœur serré, entendaient de loin ces chants, ces cris, ces acclamations auxquels se mêlait de temps en temps une détonation sourde, venant d'un des forts de Paris.

7 octobre. — A la séance du Conseil du 5 octobre, le maire avait annoncé qu'un journal, venant de Tours, était parvenu entre ses mains, et que ce journal contenait le texte d'un décret convoquant « les collèges électoraux pour le dimanche 16 octobre, à l'effet d'élire une Assemblée nationale constituante ». Il avait demandé au Conseil si, malgré l'occupation prussienne, il n'y avait pas pour les électeurs de Versailles un devoir patriotique à prendre part à ces élections et, au cas où le Conseil penserait ainsi, quelles mesures devaient être adoptées pour procéder librement au vote.

A la suite d'une longue discussion, le Conseil avait décidé :
1° Qu'un délégué du Conseil serait envoyé à Tours pour demander des instructions au Gouvernement;
2° Que le gouvernement prussien serait interrogé par la municipalité sur la question de savoir s'il s'opposerait au vote du 16 octobre, et, au cas où il déclarerait ne pas devoir y mettre

---

(1) Surtout la Marche de Düppel et la *Wacht am Rhein*.

d'obstacle par la force, qu'un sauf-conduit lui serait demandé pour le délégué envoyé à Tours.

Conformément à cette résolution, une démarche avait été faite le même jour auprès de M. de Brauchitsch par le maire, accompagné de M. Lefèvre-Pontalis, qui, désirant se porter candidat à l'Assemblée nationale, était venu à Versailles demander à la municipalité du chef-lieu ce qu'elle décidait pour les élections. M. de Brauchitsch avait répondu qu'il ne voyait personnellement aucun inconvénient à laisser les élections se faire, mais que cette question se rattachant à la politique générale, il ne pouvait la trancher qu'après en avoir référé à M. de Bismarck.

M. Lefèvre-Pontalis écrivit alors à M. de Bismarck la lettre suivante :

4 octobre 1870.

Monsieur le Comte,

Un décret du gouvernement français convoque pour le 16 octobre une Assemblée constituante.

J'avais l'honneur de représenter au Corps législatif le département de Seine-et-Oise.

Il ne saurait assurément convenir à ma dignité d'ancien député de demander au gouvernement que vous représentez l'autorisation de laisser procéder à ces élections dans le département de Seine-et-Oise, quoiqu'il soit occupé par les armées allemandes.

Mais il m'appartient de vous faire savoir qu'il ne peut être procédé à ces élections, si les électeurs ne sont pas convoqués par un préfet français, qui puisse disposer à cet égard de pleins pouvoirs dans le département. L'intervention d'un préfet autre qu'un préfet français rendrait des élections françaises radicalement nulles.

Il n'importe pas moins que, pour le service de ces élections, les postes françaises soient rétablies dans le département.

J'attendrai dès lors la réponse que vous voudrez bien m'adresser à la mairie de Versailles.

Veuillez agréer, Monsieur le Comte, mes salutations.

LEFÈVRE-PONTALIS.

M. de Bismarck, après avoir pris connaissance de cette lettre, fit prier M. Lefèvre-Pontalis de passer chez lui ; il avait, disait-il, des explications à lui demander sur plusieurs points.

Comme M. Lefèvre-Pontalis était reparti le soir même pour Pontoise, et ne pouvait se rendre au rendez-vous, M. Rameau, le 7 au matin, se rendit à l'hôtel Jessé, chez M. de Bismarck.

Après avoir franchi la sentinelle placée à la porte principale de l'hôtel, le maire, parvenu dans un vestibule où veillaient des huissiers, fit passer sa carte. On le fit attendre un instant dans un salon du rez-de-chaussée. Bientôt un domestique vint l'avertir, en le traitant d'*Excellence*, que M. de Bismarck était prêt à le recevoir, et le conduisit au premier étage. Après avoir de nouveau dû passer devant trois huissiers qui gardaient les portes, maire pénétra dans une pièce qui paraissait servir à M. de

Bismarck à la fois de chambre à coucher et de cabinet de travail.

M. de Bismarck était assis devant une table formant bureau, couverte d'un amas de papiers, parmi lesquels se trouvaient des lettres et des journaux récents de Paris (1). Il était enveloppé dans une grande robe de chambre de soie, et il s'excusa à la fin de l'entretien sur le négligé de ce costume. Cette robe de chambre laissait voir un uniforme militaire. Sur la cheminée était posé un casque, recouvert d'une sorte de housse, que M. de Bismarck, en causant, soulevait de temps en temps. Sur une commode était placé un revolver. Tout cet entourage semblait calculé avec une certaine affectation pour montrer l'alliance du soldat et du diplomate. L'ensemble de la personne de M. de Bismarck ne démentait pas cette alliance, car sa haute stature, sa force apparente prodigieuse, convenaient parfaitement à un colonel de cuirassiers, tandis que la pénétration perçante de son regard et les détours calculés de sa prudente parole caractérisaient bien l'habile négociateur.

M. Rameau ne s'était jamais trouvé avec le chancelier de la Confédération, et désirant donner à sa conférence un caractère en quelque sorte officiel, il demanda d'abord à la personne vers laquelle il avait été conduit s'il avait l'honneur de parler à M. le comte de Bismarck.

Sur la réponse affirmative qui lui fut faite, M. Rameau dit :

« Je suis, moi, le maire de Versailles, et voici comment : le maire et les adjoints nommés par l'ex-empereur ayant, le 4 septembre, donné leur démission, j'ai été, le même jour, révolu-

(1) Dans sa circulaire diplomatique en date du 28 octobre 1870, à M. de Bernstoff, M. de Bismarck fit allusion à cette conversation dans les termes suivants :

« Il est notoire que S. M. le Roi était prêt à accorder, dans toute l'étendue du territoire français occupé par les troupes allemandes, pleine et entière liberté pour les élections déjà fixées au 2 octobre par le gouvernement de Paris et à les faciliter de toute manière, bien que cette convocation des électeurs émanât d'un gouvernement non encore reconnu. Nos conventions à cet égard avec les autorités françaises locales et départementales, — notamment celles que nous avions faites avec le maire de Versailles, et qui ont été publiées par les journaux, — prouvent quel était le bon vouloir des autorités allemandes pour aider à ce que de libres élections pussent avoir lieu. Mais ce qui montre combien peu le gouvernement parisien avait l'intention de laisser réellement la nation élire ses représentants, c'est que, non content d'avoir ajourné les élections primitivement fixées au 2 octobre, il a encore annulé formellement une nouvelle convocation des électeurs au 16 octobre, faite par le gouvernement de Tours. Le décret qui déclare cette convocation nulle et non avenue a déjà été publié par les journaux. La minute même du décret en question, portant les signatures originales des membres du Gouvernement, est tombée entre nos mains, avec une lettre de M. Gambetta. »

Cette lettre était sur la table de M. de Bismarck au moment de son entretien avec M. Rameau, et il la lui montra de la main. Elle était datée du 3 octobre.

tionnairement nommé maire; mais, trois semaines plus tard, il a été fait un appel au suffrage universel pour la formation d'un Conseil municipal, et sur 5,250 votants, j'ai réuni 5,150 suffrages; à la suite de ce vote, le Conseil municipal m'a de nouveau élu maire. Considérez-vous que je sois bien, à vos yeux, le maire de la ville? »

M. de Bismarck ayant répondu affirmativement, la conférence s'engagea.

Le maire rappela à M. de Bismarck qu'il avait demandé à M. Lefèvre-Pontalis des explications sur certains passages de sa lettre; or, M. Lefèvre-Pontalis ayant quitté Versailles le matin, le maire avait cru devoir venir donner ces explications.

M. de Bismarck répondit que le premier point traité dans la lettre qu'il avait reçue (les armées allemandes s'opposeraient-elles à ce qu'il fût procédé le 16 octobre, dans le département de Seine-et-Oise, aux élections de l'Assemblée nationale?) ne faisait aucune espèce de difficulté. Les Allemands ne demandaient pas mieux que de laisser la France former ou se donner un gouvernement, en face duquel ils pourraient ensuite se trouver. Mais le second point, c'est-à-dire la nécessité, pour mettre le suffrage universel en mouvement, de l'intervention d'un délégué du gouvernement de Tours, lui paraissait au contraire constituer une grosse difficulté.

M. de Bismarck croyait à la nécessité de l'envoi dans Seine-et-Oise d'une personne venant de Tours. M. Rameau lui expliqua que ce délégué pouvait être le préfet de Seine-et-Oise, ou, à son défaut, un des sous-préfets, ou même le maire du chef-lieu. La délégation résulterait du simple envoi d'un décret signé du gouvernement de Tours. M. de Bismarck, après cette explication, déclara qu'il n'y avait là pour lui aucun motif d'empêchement aux élections.

Restait le troisième point, un peu plus complexe; c'était la demande d'autoriser tous les moyens d'exercer le suffrage universel, c'est-à-dire le déplacement des électeurs de chaque commune, leur vote au chef-lieu de canton, l'envoi des délégués, des affiches, des listes, des procès-verbaux, des bulletins de vote, etc. Quelques mots d'explications sur le petit nombre des votants dans leurs groupes respectifs, sur le caractère de ces réunions sans armes, sur l'obligation de ne pas franchir les lignes ennemies du côté de Paris, suffirent pour lever toutes les objections.

Il n'en existait donc plus.

« C'est fort bien! dit alors M. de Bismarck, je vois comment vous pourriez vous-même au besoin agir; mais le feriez-vous sans un ordre, sans une pièce officielle de votre Gouvernement, et en avez-vous une ? »

Le maire répondit qu'il ne se permettrait jamais de faire procéder à des élections sans un ordre, et que, bien qu'il n'en eût pas reçu directement, il lui suffisait d'être moralement et parfaitement certain de l'existence d'un décret rendu le 30 septembre à Tours, et fixant les élections au 16 octobre, pour qu'il fît le nécessaire à l'effet d'y procéder.

« Vous n'avez aucunement connaissance que ce décret ait été annulé ou modifié depuis cette époque ? reprit M. de Bismarck. »

Sur la réponse négative du maire, M. de Bismarck ajouta :

« Eh bien ! j'en suis sûr, moi, et je vous en fournis la preuve. »

Il donna alors lecture au maire du décret du gouvernement de la Défense nationale, en date à Paris du 1er octobre 1870, qui, en opposition avec le décret de Tours, maintenait l'ajournement des élections jusqu'au moment où elles pourraient se faire sur toute la surface de la République, et frappait de nullité toute opération accomplie en violation dudit décret.

M. le comte de Bismarck lut avec une certaine affectation les noms de tous les signataires de ce décret de Paris.

Le maire, qui, à la lecture du décret, ne put dissimuler son étonnement d'abord, et son émotion ensuite, répondit qu'il était dans l'obligation de rendre compte au Conseil municipal de l'entretien qu'il avait en ce moment, et surtout de l'existence de ce décret du 1er octobre ; mais que, pour suspendre l'exécution du décret du 30 septembre, il lui faudrait avoir sous les yeux et dans les mains le texte du décret du 1er octobre ; qu'en conséquence, il demandait à M. le comte de Bismarck la permission d'en prendre ou faire prendre une copie.

Ce dernier y consentit ; il appela un secrétaire, lui remit un papier en lui adressant quelques mots en allemand, et dit au maire :

« Monsieur le Maire, vous pourrez, dans une heure, envoyer chercher la copie du décret. — Vous voyez bien, reprit-il dès que le secrétaire fut sorti, que ce n'est pas moi qui empêche les élections du 16 d'avoir lieu. Déjà, lorsqu'elles avaient été rapprochées au 2 octobre, le Prince Royal m'avait demandé si je voyais quelque difficulté à les laisser faire dans les départements occupés par nous, et j'avais de suite répondu que je ne m'y opposerais nullement. Il en a été de même pour les conférences sur l'armistice : ce n'est pas par moi qu'elles ont été rompues. Une suspension d'armes de 15 à 20 jours était un avantage considérable accordé à la France par l'Allemagne. Chaque jour apportait à la première l'avantage de pouvoir mieux organiser sa défense générale et constituait pour la seconde une perte en retardant son avancement; il fallait donc des compensations. En demandant Toul et Strasbourg, je ne faisais que devancer de cinq à six jours le moment où ces deux places allaient nous appartenir. Mais c'était surtout pour Paris que se ravitailler, matériellement pour les vivres, moralement pour les communications politiques avec le reste de la France, constituait un énorme avantage; il nous fallait, ou ne pas concéder la cessation de l'investissement, ou l'équilibrer par la possession de la position militaire commandant Paris. Je n'ai jamais nommément désigné le Mont-Valérien; c'est M. Jules Favre qui seul en a parlé. Quant au blocus, il m'a dit : Comment voulez-vous que l'Assemblée nationale constituante se réunisse à Paris, s'il est investi? J'ai répondu : Réunissez-la à Tours ou ailleurs. — Mais alors, comment les députés de Paris pourront-ils s'y rendre? J'ai répondu : S'il en manquait 43 sur 750, cela n'empêcherait pas l'Assemblée de siéger. Bref, M. Jules Favre a demandé à en référer au gouvernement de la Défense nationale, et il n'est pas revenu. Alors ont paru les articles de journaux disant que je voulais le Mont-Valérien. C'était une erreur que l'on a laissé propager, et je suis convaincu que l'on a eu d'autres motifs pour suspendre les élections au 2 octobre et rompre les pourparlers. J'ai d'ailleurs toujours blâmé le système des fausses nouvelles ou mensonges de la presse, dont l'Empire a tant abusé et que continue votre République. »

Sur un mouvement d'incrédulité du maire, qui, d'ailleurs, n'interrompit pas M. de Bismarck, celui-ci s'arrêta un instant, puis continua :

« Je pourrais vous fournir de tout ceci une preuve, à l'occasion d'un combat qui a eu lieu ces jours derniers à l'Hay; j'ai là les rapports et pièces officielles sur les pertes éprouvées : sur un certain espace du champ de bataille et jusqu'au point seulement où les projectiles lancés par vos forts venaient tomber, ayant perdu leur force, nos troupes ont relevé et enterré les morts, Français et Allemands : il y avait plus de 450 Français et 85 Allemands. Cela se comprend parfaitement; nos troupes étaient abritées, tiraient de derrière des murs crénelés, tandis que vos soldats étaient complètement découverts. Je ne vous parle pas là des pertes que notre artillerie de campagne, dont la justesse de tir est connue, a fait éprouver aux vôtres; on les évalue à un chiffre au moins égal à celui ci-dessus; nous n'avons pu le vérifier, puisque les corps qui avaient été atteints de plus loin étaient tombés trop près de vos forts pour que nous puissions les relever. Nous pouvons donc dire : 900 Français tués contre 85 Allemands. Eh bien! vos journaux ont dit : environ 400 Français hors de combat contre plus de 500 Allemands (1)!... »

M. le comte de Bismarck, parlant lentement, en cherchant ses expressions, aborda alors le côté politique de la situation, comme s'il avait tenu à présenter à un plénipotentiaire un système complet d'idées :

« Nous ne faisons pas la guerre, dit-il, pour l'occupation indéfinie, mais bien pour assurer la paix. Vous ne nous mettez donc pas en mesure de pouvoir en discuter les conditions, si vous ne constituez pas un pouvoir, un gouvernement, par lequel nous puissions être certains que la France sera engagée. Les armées allemandes n'entendent nullement intervenir dans le choix du gouvernement que se donnera la France, et elles n'apporteront aucun obstacle à la convocation des assemblées électorales et à leur fonctionnement, pourvu que les lignes stratégiques ne soient pas traversées, surtout du côté de Paris, et que les dispositions militaires ne soient en rien menacées. Le système de défense que semble avoir adopté le gouvernement français force l'Allemagne à l'occupation continue, laquelle peut amener les plus terribles catastrophes. Les armées allemandes, qui vivent sur le sol français, et qui d'ailleurs peuvent faire venir au besoin des vivres de leur pays, avec lequel elles communiquent, ont certainement plus de garanties de vitalité que la ville de Paris. A un moment donné, il faudra bien que cette ville ouvre ses portes; les deux millions d'affamés qu'elle renfermera auraient alors, lors même que les armées allemandes se seraient retirées au delà de la zone épuisée, à traverser sur tous les points du cercle un espace d'environ trois étapes ou dix-huit lieues, à pied, sans pouvoir trouver un morceau de pain. Or, un pareil trajet dans ces conditions est impossible : donc, les deux millions d'affamés sont destinés à périr (2). »

Sur l'objection faite par le maire, que l'ensemble de ce système reposait sur une fausse hypothèse, celle où Paris serait abandonné à lui-même et non secouru, M. de Bismarck reprit :

« La France réunira des hommes, mais pas une armée. Pour former une armée, il faut d'abord des hommes et ensuite des

---

(1) Dans les publications récentes faites en Allemagne et ayant un caractère officiel, les pertes des Prussiens dans le combat de l'Hay sont évaluées à 400 hommes. Ce seul détail suffit pour montrer qu'en fait de sincérité, M. de Bismarck n'a de leçons à donner à personne. Du reste, ces calculs de pertes après chaque bataille sont toujours de part et d'autre très contestables.

(2) Ces idées furent exposées par M. de Bismarck dans une circulaire diplomatique spéciale; le chancelier s'apitoyait sur les calamités dont il se voyait avec douleur contraint d'être l'instrument, et cela uniquement à cause de la résistance de la France, qui était la vraie et seule coupable.

armes dont ces hommes sachent se servir. Si les Français avaient eu le temps d'apprendre à se servir du chassepot, jamais les Allemands ne seraient arrivés où ils sont aujourd'hui. Mais il faut encore, en outre, une organisation (artillerie, cavalerie, génie, intendance, ambulance, transports, approvisionnements de tous genres), cela ne s'improvise pas; il se passera des mois avant que tout cela soit fait et que les armes soient venues d'Amérique; Paris aura ouvert ses portes auparavant. Jusque-là, que feront vos francs-tireurs et vos mobiles? Jamais ils ne tiendront contre un corps de troupes régulières de 10,000 hommes pourvus d'artillerie. Enfin, outre les armes et l'organisation, il faut à vos hommes, pour former une armée, des officiers, et des officiers en qui les soldats aient confiance. Que dire de vos officiers généraux (je ne dis pas cela de tous), qui étaient toujours occupés à prendre leur café, à un ou deux kilomètres de leurs troupes, lorsque le canon commençait à tonner; qui laissaient mitrailler leurs soldats jusque dans les rues de leur camp, sans s'assurer de la présence de l'ennemi? Les troupes allemandes pouvaient sortir d'un bois et mettre quarante pièces de canon en batterie avant que les soldats français s'en doutassent et eussent pris les armes. L'Allemagne veut la paix, et fera la guerre jusqu'à ce qu'elle l'obtienne, quelles qu'en soient les déplorables conséquences pour l'humanité, dût la France disparaître comme Carthage et d'autres nations de l'antiquité. Cette paix serait assurée par une ligne de forteresses entre Strasbourg et Metz, sans compter ces deux places, le tout garantissant l'Allemagne contre un retour offensif de la France, retour qu'elle doit craindre. Les autres petites forteresses ont peu d'importance. »

Le maire avait écouté en silence l'exposé complet de ce système; s'apercevant qu'il était terminé, et n'ayant aucune mission pour le combattre et le réfuter, il crut que le moment était venu, en se levant pour se retirer, de dire quelques mots de la situation faite à la ville de Versailles par l'occupation allemande : il fit remarquer que les réquisitions adressées directement à la Mairie pouvaient, à elles seules, représenter déjà, en quinze jours, plus de 700,000 francs.

M. de Bismarck reconnut que la ville devait être bien surchargée par l'occupation permanente du quartier général, et il engagea le maire à écrire au Roi, à l'occasion de la contribution de guerre d'un million frappée sur le département de Seine-et-Oise, contribution dans laquelle la ville de Versailles figurait pour 400,000 francs.

Le maire ayant répondu qu'une démarche avait été faite, et ayant donné connaissance à M. de Bismarck de la lettre qu'il avait adressée le 30 septembre au général de Blumenthal pour qu'elle fût remise au Prince Royal, M. de Bismarck répliqua que très probablement l'autorisation d'aller conférer à Tours, que cette lettre demandait, ne serait pas accordée; qu'au surplus, il était peu vraisemblable que le gouvernement de la Délégation accordât les pouvoirs et les moyens demandés par la ville pour régler ce point.

Au moment où le maire allait se retirer, M. de Bismarck lui ayant tendu la main, et le maire n'ayant pas avancé la sienne, M. de Bismarck ajouta :

« Mais *personnellement*, Monsieur le Maire? »

Le maire répondit avec émotion :

« Monsieur le Comte, vous m'avez accueilli avec trop de courtoisie pour que je puisse vous refuser personnellement la main; mais je n'aurais pas pu la donner à l'ennemi de mon pays... »

Ces mots mirent fin à la conférence, qui avait eu pour Versailles cet excellent résultat de donner au maire l'occasion de faire savoir et reconnaître au chancelier combien notre ville était écrasée par les réquisitions. Le secours tout-puissant de M. de Bismarck, dans les négociations engagées pour obtenir la remise de la contribution de guerre, ne devait pas tarder à se faire sentir.

Conformément à sa promesse, M. de Bismarck fit remettre au maire une copie exacte du décret du gouvernement de la Défense nationale, qui annulait le décret de la délégation de Tours, et ajournait les élections jusqu'au moment « où elles pourraient se faire sur tout le territoire de la République ».

Cette communication officielle ne pouvait laisser aucun doute au Conseil, et dès lors il n'y avait plus lieu de se préoccuper des élections.

Le soir même, le maire eut l'occasion de faire transmettre à la délégation de Tours le récit de son entretien avec M. de Bismarck. Un de nos concitoyens, M. Desnos, quittait Versailles et allait au delà des lignes prussiennes; il voulut bien se charger du message. Grâce à son sang-froid et à sa fermeté, il parvint à remettre entre mains sûres cette pièce importante, qui donnait de si précieux renseignements sur les pensées de M. de Bismarck.

Malgré son peu de succès auprès des chefs de division de la Préfecture, M. de Brauchitsch ne s'était pas découragé; il voulait à toute force être reconnu dans le département de Seine-et-Oise comme préfet français, et faire, à côté de M. de Moltke, de l'administration civile « régulière », sans apercevoir tout ce qu'il y avait de bizarre et de choquant dans cette prétention. Il lui vint l'idée de s'occuper de notre enseignement populaire et de la réouverture de nos écoles; et ayant trouvé le nom de M. Passa, pasteur, parmi les membres du Conseil départemental de l'instruction publique présents à Versailles, il résolut de s'adresser à lui pour traiter cette question et une autre qui lui tenait bien plus vivement à cœur.

Le 7, M. Passa recevait la lettre suivante, écrite en français et de la main même de M. de Brauchitsch :

CABINET
DU CONSEILLER D'ÉTAT
Préfet de Seine-et-Oise

Versailles, le 7 octobre 1870.

Monsieur,

J'ai essayé hier de vous faire ma visite, mais j'ai trouvé votre maison fermée, de sorte que je ne pouvais pas vous faire parvenir ma carte. J'ai l'honneur de vous prier de vouloir bien passer à mon cabinet aujourd'hui ou demain, de 9 heures à 12, pour affaire qui concerne l'administration du département.

Agréez, Monsieur, l'assurance de ma considération la plus distinguée.

Le Préfet de Seine-et-Oise,
DE BRAUCHITSCH.

M. Passa s'étant rendu à l'entrevue à laquelle il était appelé si poliment, n'eut pas de peine à démontrer que l'administration des écoles du département lui était étrangère et qu'il n'avait sur ce point aucune espèce de renseignements ou d'appui à donner. M. de Brauchitsch accepta sans aucune difficulté cette fin de non-recevoir, et quittant tout à coup l'instruction publique, il aborda un autre sujet qui était peut-être le véritable motif de l'entrevue. Ce sujet, c'était la recherche et la découverte d'une personne de Versailles sachant le français et qui voulût bien lui servir de secrétaire : « On le paierait très bien, on lui donnerait ce qu'il demanderait et il serait fort bien traité, etc. »

M. de Brauchitsch trahissait là une de ses inquiétudes les plus vives; il avait l'intention de répandre à profusion dans « son département » des circulaires, des affiches, et il sentait bien que son français, s'il suffisait dans la conversation et dans les relations quotidiennes, courait de très grands risques d'incorrection ou d'étrangeté, lorsqu'il s'agissait de rédiger quelque pièce administrative; or, il avait une peur extrême d'être ridicule, quoique vainqueur, et il voulait enlever à ses nouveaux administrés le droit de se railler de la rédaction d'arrêtés auxquels il avait l'intention de donner (avec l'appui de l'autorité militaire) un caractère très sérieux. De là ce grand désir de découvrir un Français qui lui servît de « blanchisseur », comme disait Voltaire, lorsqu'il occupa ces fonctions auprès du grand Frédéric. M. de Brauchitsch avait déjà commis quelques solécismes publics qui lui avaient été signalés et qui le rendaient sans doute très malheureux; homme du monde élégant, il avait l'ambition délicate de dépouiller ses administrés sans écorcher leur langue. Nous, au contraire, nous pensions qu'il convenait fort que des ordres, qui le plus souvent étaient révoltants pour le bon sens et le bon droit, fussent donnés dans un langage digne des idées qu'ils exprimaient. Il y avait d'ailleurs une grande insolence ou une grande naïveté à supposer qu'un membre du Conseil départemental entrerait dans les soucis littéraires d'un agent prussien, et consentirait à l'aider dans l'organisation de ses bureaux. Aux questions qui lui furent posées, M. Passa répondit très sèchement qu'il ne pouvait donner les renseignements qui lui étaient demandés et qu'il ne connaissait aucun Versaillais qui consentirait à accepter cet emploi.

M. de Brauchitsch, entraîné par la vivacité de son désir, insista encore par ce dernier mot, qui mérite d'être conservé :

« Eh bien ! Monsieur, si vous croyez qu'un Français ne voudrait pas, alors, indiquez-moi au moins *un Suisse!* »

Cette manière inattendue de réduire ses prétentions était si comique que M. Passa put à peine réprimer un sourire en répondant :

« Monsieur, je ne connais pas plus de Suisse que de Français. »

Et sur ce, M. Passa se retira, laissant M. de Brauchitsch à ses anxiétés sur la pureté du style de ses proclamations.

M. de Brauchitsch prenait, du reste, ses fonctions au sérieux, ne s'épargnait aucune peine et ne jugeait rien au-dessous de sa dignité, dès qu'il s'agissait de s'instruire de l'organisation financière du département, à laquelle il portait, et pour cause, un véritable intérêt. Ce même jour, il visita en voiture nos barrières d'octroi. A la grille de Villeneuve-l'Étang, il entra dans le bureau du receveur, se fit montrer ses registres, lui posa différentes questions sur les droits d'entrée, et enfin lui fit la question importante : « Où versez-vous vos recettes ? » Après s'être bien renseigné sur la caisse vers laquelle était dirigé le produit de l'octroi, M. de Brauchitsch engagea paternellement l'employé à continuer de toucher les droits avec le plus grand soin et remonta en voiture.

En remontant, il dit à son cocher de le conduire à un endroit d'où l'on pût apercevoir Paris.

C'était le désir de tous les nouveaux arrivants à Versailles, et le roi G...illaume le partagea, car, le 7, dès sa première promenade en voiture, il se dirigea du côté des hauteurs de Saint-Germain, suivi d'une escorte d'une cinquantaine de uhlans.

D'après les bruits qui coururent, cette promenade faillit lui coûter cher.

Il quitta la Préfecture à midi. Le Prince Royal l'accompagnait, et, en traversant la ville, il tenait sur les genoux une carte déployée. Il désirait sans doute expliquer à son père, sur le terrain même, l'état des opérations. De l'angle nord des arcades de Louveciennes on découvre une partie des alentours du Mont-Valérien et du cours de la Seine. Ce point était un des observatoires favoris des princes, qui apercevaient de là un terrain qui avait été déjà et devait être encore le théâtre de nombreux combats. Qu'arriva-t-il au Roi dans cette excursion? On ne le sut qu'imparfaitement; mais ce qui est certain, c'est qu'à son retour, son escorte était diminuée et semblait avoir eu quelque combat à soutenir, car elle n'avait plus la tenue correcte du départ.

D'après une version, le Roi aurait été surpris par une attaque de francs-tireurs; d'après une autre, des coups de feu auraient été dirigés sur lui par des Polonais de l'armée allemande.

Cette dernière version n'avait peut-être pour point de départ que certains récits qui couraient alors de bouche en bouche et attestaient avec quelle répugnance une partie des Polonais des provinces prussiennes prenait part à cette guerre. L'un d'eux avait supplié ses hôtes qu'on lui donnât des vêtements civils pour déserter, et en faisant cette demande, il pleurait et baisait les mains des Français auxquels il adressait sa prière. — Un autre avait dit : « Pendant toute cette campagne, je n'ai pas tué un Français, et je n'en tuerai pas, car nous espérons que la France délivrera notre pays; aussi je ne ferai rien contre la France qui a tant fait pour nous et que nous aimons !... Je l'ai juré devant mon père qui mourait pour la patrie ; je l'ai juré sur ce Christ !... » Et en parlant il montrait un petit crucifix du XVIe siècle, relique de famille qu'il gardait cachée sur sa poitrine. Lorsque leur service les obligeait à venir à l'Hôtel-de-Ville apporter des réquisitions, la plupart d'entre eux les présentaient comme en s'excusant et en disant : « Donnez ce que vous voudrez ; je n'exige rien. » Souvent, s'il n'y avait aucun soldat allemand présent, ils s'approchaient et disaient à demi-voix : « Je suis Polonais ! » Les membres de la Commission des réquisitions comprenaient le sens de cet aveu ; ils faisaient asseoir le soldat un instant, et souvent recevaient de lui d'intéressantes confidences sur les événements militaires. Ces pauvres gens étaient reconnaissants envers les Français qui, en leur faisant bon accueil, leur témoignaient qu'ils leur pardonnaient le rôle que leur faisait jouer la Prusse.

Pendant toute cette semaine, des troupeaux immenses de moutons, qui à leur passage couvraient presque la moitié de la place d'Armes, arrivèrent sans cesse par la route de Saint-Cyr. Ils continuaient à s'entasser à la gare de la rive droite, d'où ils étaient répartis entre les différents régiments. Ces troupeaux étaient ou le produit des réquisitions à main armée ou le résultat d'achats faits par les fournisseurs de l'armée allemande. Ils attiraient d'autant plus vivement l'attention des Versaillais, que l'opinion, très excitée à ce sujet, en attribuait la vente à certains habitants de la ville, qui ne craignaient pas, disait-on, de trafiquer largement avec l'ennemi. Des plaintes très énergiques contre ces trafics, qui se prolongèrent pendant toute l'occupation, furent adressées au Conseil municipal. Il ne pouvait plus que renvoyer les auteurs de ces plaintes à l'autorité judiciaire. — La justice, qui était alors interrompue, devait, quelques mois plus tard, après le départ de l'ennemi, donner pleine satisfaction au sentiment public par des poursuites régulières devant la Cour d'assises.

8 octobre. — Le 8, M. le général de Voigts-Rhetz vint en personne annoncer au maire, de la part du roi Guillaume, que remise était faite à la ville de la contribution de guerre de 400,000 francs, qui formait sa part du million imposé au département, comme compensation des dommages causés aux capitaines de vaisseaux marchands allemands faits prisonniers.

Le jour de l'entrée des troupes prussiennes, il avait été promis, au nom du Prince Royal, que la ville n'aurait aucune contribution de guerre à payer; cette remise pouvait donc être considérée simplement comme l'exécution fidèle de la parole donnée; mais le général de Voigts-Rhetz la présenta comme une grâce exceptionnelle et il insinua, avec autant de discrétion que de netteté, qu'il était tout à fait nécessaire de répondre à ce « bienfait » du Roi par un témoignage de reconnaissance.

Cette « reconnaissance », qui semblait si légitime et si naturelle à M. de Voigts-Rhetz, ne paraissait nullement justifiée aux conseillers municipaux, car la contribution de guerre, par son origine et par la façon dont elle avait été imposée, était inacceptable devant le droit des gens; le Roi avait simplement empêché l'accomplissement d'un nouvel et criant abus.

Cependant il fallait reconnaître qu'il avait cédé sur ce point aux démarches faites par la municipalité (appuyée sans doute par M. de Bismarck), et si la municipalité devait se garder avec le plus grand soin de tout témoignage qui eût un caractère trop marqué, elle ne pouvait s'abstenir de donner acte au Roi de la réponse favorable faite à sa requête, réponse qui avait délivré la ville d'une nouvelle et énorme aggravation de charges. Le maire, après avoir pris l'avis du Conseil, se rendit seul à la Préfecture dans ce but. Le Roi était absent; on pria le maire de vouloir bien revenir le lendemain; à l'heure indiquée, le lendemain, le Roi était de nouveau sorti en voiture, mais il avait laissé à son grand maréchal l'ordre d'inviter le maire de Versailles à dîner pour le soir. Le maire pria le maréchal du palais de vouloir bien supposer que cette invitation ne lui avait pas été adressée, car il n'avait pas l'intention de faire injure au Roi, mais il lui était impossible d'accepter une pareille invitation. Le maréchal du palais parut comprendre et approuver la conduite du maire qui, dès lors, considéra ses démarches auprès du Roi comme terminées et ne retourna plus à la Préfecture.

Les récits les plus étranges étaient répandus en ville sur l'inhumation des soldats prussiens qui mouraient aux ambulances du Château et du Lycée. Pour que le nombre des morts fût ignoré, des corps étaient enterrés, disait-on, dans les bosquets du Parc, dans les cours intérieures du Lycée, etc. On adressait à la municipalité des plaintes et on lui enjoignait de s'opposer à de pareilles inhumations, qui pouvaient compromettre la salubrité de la ville. Après enquête, il fut reconnu que ces récits, comme tant d'autres, ne reposaient sur rien. Tous les soldats qui mouraient dans les ambulances prussiennes étaient enterrés dans une grande tranchée faite au cimetière Notre-Dame; seulement, il est à peu près certain que souvent plusieurs cadavres étaient renfermés dans un seul cercueil.

9 octobre. — Comme le Prince Royal, le Roi, pendant tout son séjour à Versailles, assista chaque dimanche matin à un office. La saison ne permettant plus la prédication en plein air, l'église Notre-Dame avait d'abord été désignée par le commandant de place comme devant servir à la célébration de l'office auquel le Roi assisterait. Le clergé de Notre-Dame réclama contre cette application d'une église catholique à un autre culte, et l'autorité allemande consentit à revenir sur sa décision : l'église Notre-Dame fut destinée aux soldats allemands catholiques; l'office royal fut célébré dans la chapelle du Château. C'est là que pendant cinq mois le chef des armées allemandes vint avec la plus grande régularité assister au culte. Rien absolument n'avait été changé à la disposition intérieure de la Chapelle. Le ministre prononçait le sermon debout sur les marches de l'autel. Le Roi n'avait pas eu l'idée de se placer dans la tribune occupée autrefois par Louis XIV; il se tenait au rez-de-chaussée, au premier rang à gauche de l'autel; le Prince Royal se plaçait du côté opposé, et chacun d'eux avait à sa suite les princes, dans l'ordre hiérarchique tracé par l'étiquette. Derrière venaient les généraux et les officiers de la garnison. La piété étant bien vue du Roi, comme elle l'avait été aussi de l'autre conquérant, Louis XIV, elle était à l'ordre du jour de l'armée, et l'office royal était très suivi de l'état-major. M. de Bismarck presque seul témoignait de son indépendance ou de sa sincérité en s'abstenant d'y paraître. Il n'aurait pas été dupe du maréchal du palais, si celui-ci avait voulu, ce qui était tentant, renouveler la plaisante épreuve imaginée autrefois par M. de Brissac (1). Dans les bas côtés et dans la galerie supérieure s'entassait une énorme quantité de soldats qui profitaient de l'occasion pour voir tout l'état-major du grand quartier général.

Le Roi et les princes témoignaient extérieurement une grande ferveur et, les yeux fixés sur leurs livres, chantaient en chœur les psaumes du jour. Le sermon, qu'ils écoutaient d'autant plus religieusement qu'il était parsemé de leurs louanges, était prononcé par un des aumôniers de l'état-major, jeunes gens qui semblaient, pendant la semaine, plus disposés à monter à cheval et à faire des promenades qu'à remplir les devoirs de leur ministère auprès des blessés et des morts.

L'office terminé, le Roi regagnait à pied sa voiture, en traversant la foule des soldats qui remplissait jusqu'aux vestibules.

L'envahissement de l'élégante chapelle de Louis XIV par cette masse de soldats prussiens y laissait chaque dimanche une odeur intolérable qui persistait pendant plusieurs jours, malgré tous les efforts des gardiens du Musée pour la chasser par l'aération (2).

La chapelle du Château suffisait à la célébration du service religieux luthérien du quartier général; cependant, au commencement du mois d'octobre, la chapelle de la communauté protestante de Versailles (rue Hoche) fut mise deux fois en réquisition. Cette violence était un acte de vengeance exercé par l'aumônier de l'état-major qui, le 26 septembre, le jour de la revue du Prince Royal, avait eu avec M. Passa la discussion que nous avons rapportée.

(1) Voir l'anecdote dans Saint-Simon.

(2) Cette odeur particulière au soldat prussien était bien connue de tous les Versaillais qui avaient consacré une pièce de leur logement à leurs hôtes forcés. Le tabac, le lard, le cuir et d'autres éléments immondes s'y réunissaient pour former on ne sait trop quel horrible et âcre mélange qui s'attachait avec une ténacité extraordinaire aux meubles et aux murs. Le fait est peut-être dû à la nourriture et aux habitudes uniformes des soldats, mais il est incontestable : il y a une odeur prussienne.

Après le départ du Prince, cet aumônier, furieux d'avoir reçu une leçon de M. Passa, était revenu vers lui et lui avait dit :

« Monsieur, vous me donnerez votre temple dimanche.

— Vous le prendrez peut-être par réquisition, mais je ne vous le *donnerai* pas, répondit M. Passa. »

Le dimanche 9, dans la matinée, un officier, suivi de cinq soldats armés de leurs fusils, sonnait à la porte de M. Passa. M. Passa ouvrit lui-même. L'officier, le cigare aux lèvres, lui déclara qu'il venait prendre les clefs de son temple, et c'est à la suite de cette négociation fraternelle que l'aumônier du Prince Royal réussit à monter dans la chaire évangélique de Versailles. Il s'y trouva sans doute déplacé, car le troisième dimanche il ne réclama plus les clefs. Pendant les quelques heures où le temple s'était trouvé ouvert à un ennemi aussi étranger à l'esprit de charité chrétienne, le tronc destiné à recevoir les offrandes pour les pauvres de la ville avait été, par les soins de M. Passa, recouvert et fermé d'un voile noir.

10 octobre. — Dans sa séance du 10, le Conseil, fidèle au principe qu'il avait posé et d'après lequel il se faisait volontairement le ministre des finances de tous les services de l'État, autorisa le paiement des fournisseurs de l'Hôpital militaire. Il y avait là un service qui, plus que tout autre, devait être protégé par la municipalité, et avec d'autant plus de sollicitude que, depuis le commencement de l'occupation, les autorités allemandes faisaient tous leurs efforts pour désorganiser l'Hôpital militaire et pour s'en emparer. Ils avaient été obligés de le respecter à leur entrée dans la ville, car il regorgeait de malades et de blessés, et la violation de la convention de Genève eût été trop flagrante; mais tous leurs efforts tendaient à diminuer le plus rapidement possible le nombre des blessés qu'il contenait ; pour atteindre ce but, ils avaient eu recours à un procédé d'évacuation digne de leur caractère impitoyable et qui attestait une fois de plus combien ils étaient étrangers à tout sentiment de générosité. Ils avaient exigé que tous les jours un état des malades et des convalescents fût remis au commandant de place. Les soldats portés comme convalescents recevaient immédiatement de l'autorité prussienne l'ordre de se préparer au départ pour l'Allemagne, en qualité de prisonniers de guerre. M. de Treskow, accompagné de soldats armés, présidait lui-même à cette évacuation barbare, contre laquelle M. Fropo, le médecin en chef, protesta avec la plus grande énergie, mais en vain. Cette évacuation était contraire au texte et à l'esprit de la convention de Genève, signée par la Prusse (1); mais les Prus-

(1) « Les blessés tombés aux mains de l'ennemi, lors même qu'ils ne se-

siens ayant envie de l'Hôpital, tous les arguments et toutes les considérations d'humanité et de droit étaient tout à fait inutiles.

Rien n'était plus pénible que d'annoncer à ces malheureux soldats qu'au sortir de l'Hôpital, et encore souffrants de leurs blessures, ils allaient trouver la prison et l'exil; il n'y avait pas de spectacle plus navrant que le départ de ces convois qui devaient, par le froid de cet hiver si rude, transporter à travers la France et l'Allemagne des soldats affaiblis par la maladie et auxquels l'annonce de leur captivité rendait souvent la fièvre qui venait à peine de les quitter.

Toutes ces pensées étaient indifférentes aux chirurgiens prussiens. Aux réclamations les plus touchantes ils opposaient une impassibilité absolue, et ils arrivèrent ainsi à leurs fins. Le 4 décembre, l'Hôpital militaire de Versailles, évacué à l'aide d'arrestations contraires à la convention de Genève, ne contenait plus qu'un petit nombre de malades; les Prussiens se déclarèrent alors autorisés à en prendre possession; les malades français furent cantonnés dans une des ailes du bâtiment; les trois autres furent occupées par quatre cents malades allemands.

Deux fois seulement, et après la prise de possession de l'Hôpital, le Comité versaillais de *l'Internationale*, à force de supplications, obtint le rapatriement de convalescents déjà désignés pour le départ en Allemagne.

Le médecin en chef, M. Fropo, et M. Frey, officier-comptable, avaient réussi du moins à sauvegarder l'Hôpital pendant plus de deux mois; après deux mois de lutte, obligés de céder à la force et envahis par l'ennemi, ils surent conserver encore une partie de leur indépendance, et grâce à leur surveillance de tous les instants, à leurs ménagements et à leur fermeté, l'établissement confié à leurs soins et le matériel considérable qu'il renfermait échappèrent aux pillages contre lesquels il fallait sans cesse se défendre.

11 octobre. — Une cérémonie touchante eut lieu le mardi 11 octobre. L'ambulance hollandaise, établie au Château sous la direction de M. Van de Velde, rendait les derniers devoirs à un de ses membres, M. W. Smitt, mort à vingt-trois ans sur son champ d'honneur, l'ambulance, empoisonné par une légère piqûre qu'il s'était faite au doigt en soignant un de ses blessés. Après avoir langui pendant plusieurs jours, entouré des soins de ses collègues, ce jeune homme s'était éteint sans trop de souffrances, dans la nuit du 9 au 10 octobre.

raient pas reconnus incapables de servir, devront être renvoyés dans leur pays après guérison, ou plus tôt si faire se peut, à la condition toutefois de ne pas reprendre les armes pendant la durée de la guerre. » (Article additionnel cinquième.)

Un nombreux cortège, composé de médecins et de membres des ambulances hollandaise, française et prussienne, se réunit au Château pour rendre un dernier hommage à cette victime d'un double dévouement, celui de la science et celui de la charité. La mairie de Versailles était représentée par un des adjoints, M. Laurent-Hanin. Les funérailles furent célébrées par M. le pasteur Passa, dont la sympathique émotion se communiqua à toute l'assistance.

Ayant été instamment prié de reproduire le discours qu'il avait prononcé et qui était l'expression éloquente des pensées et des tristesses qui remplissaient tous les cœurs, M. Passa écrivit la lettre suivante à M. Van de Velde :

« *A M. Van de Velde, directeur de l'ambulance hollandaise, au château de Versailles.*

« Monsieur le Directeur,

« Plusieurs personnes qui ont assisté à l'enterrement de votre jeune et cher ami, M. le docteur W. Smitt, membre de l'ambulance hollandaise, sont venues me prier de leur donner par écrit les paroles que j'ai prononcées dans cette triste cérémonie, afin d'en conserver le souvenir. Cette demande, dictée par un sentiment de cordiale confraternité, m'a vivement touché, et je comprends qu'une relation de cette mort si chrétienne et de ces funérailles si simples, mais si émouvantes, dans les temps douloureux que nous traversons, soit, dans la pensée des membres de la Société Internationale française, un précieux témoignage de leur sympathie, qu'ils veulent déposer, comme une couronne, sur la tombe de leur collègue, et adresser en Hollande comme une consolation pour la mère qui pleure son enfant. Je serais heureux de pouvoir les aider, en ce qui me concerne, dans la réalisation de ce désir sacré ; malheureusement, je ne saurais le faire. J'ai laissé déborder mon cœur attristé par votre deuil et par nos deuils ; j'ai prié, voilà tout, et la prière ne s'écrit pas. D'ailleurs, mes paroles, eussent-elles été recueillies fidèlement, seraient une bien faible expression de notre douleur à tous. Mais ce que j'ai vu et ce que j'ai éprouvé jusqu'au fond de l'âme, j'essaierai de vous le dire ; ce sera ma part du tribut de reconnaissance que nous voulons rendre à la mémoire de M. Smitt et au dévouement que votre ambulance a montré au milieu de nous.

« Lorsque nous sommes entrés dans la chambre mortuaire, au Château, le cercueil était placé au centre, devant nous, et, par une de ces inspirations qui viennent du cœur et qui parlent au cœur, vous l'aviez fait voiler simplement par deux drapeaux qui confondaient leurs plis : le drapeau de la Hollande, dont les couleurs nous rappelaient le nôtre abattu, et le drapeau de *l'Internationale*. La patrie, comme une mère, avait jeté un pan de sa robe sur le cadavre de son enfant, et la religion, cette autre mère aussi, nous redisait, avec la croix rouge, la grande parole du Christ : « Il vit ! et vous, vous êtes tous frères ! »

« En effet, autour de ce cercueil, autour de ces deux symboles, la patrie d'en bas qu'il avait quittée, et la patrie d'en haut qu'il habitait maintenant, nous étions là, tous, rangés en silence, Hollandais, Français, Allemands, catholiques, protestants ; toutes les ambulances étaient représentées par un grand nombre de leurs docteurs : nos chirurgiens militaires avec l'uniforme français (1), les chirurgiens prussiens en tenue. Devant la mort, devant Dieu, toutes les divergences d'opinion avaient disparu, toutes les haines étaient tombées ; on sentait passer le souffle du Christ, et la pensée montait d'elle-même vers ces régions sereines de la véritable paix et de la véritable gloire où l'âme de votre cher défunt était entrée avec Dieu.

« J'avais le privilège, moi, Cévenol, d'ouvrir là, officiellement, dans ce palais, notre Bible, et d'y présider notre culte si longtemps proscrit, et c'était pour l'un des vôtres, pour un enfant de cette Hollande si généreuse envers nos pères, que je remplissais les devoirs les plus douloureux de mon ministère !...

« Vous l'avez vu, j'ai dû faire violence aux sentiments qui remplissaient mon cœur pour trouver la force de parler. J'ai lu le psaume 90, et cette prière de Moïse, je l'ai élevée pour tous vers le ciel. Je me suis humilié devant Dieu. Quand nous étions entourés de tant de morts sanglantes, il avait trouvé bon de frapper un de nos plus jeunes soldats de la charité, au moment même où il combattait contre la mort. J'ai adoré cette volonté souveraine qui est toujours, quelque terrible et incompréhensible qu'elle paraisse souvent dans ses effets, la volonté d'un Père miséricordieux dont les voies ne sont pas nos voies. Je lui ai demandé ardemment pitié et pardon pour nous, dans cette fumée de sang qui nous environne, lorsque le chant des anges, en annonçant son Évangile au monde, disait : Paix sur la terre ! Et, en même temps, je lui ai rendu grâce pour les soins si chrétiens et si affectueux dont il avait permis que notre frère fût entouré jusqu'à son dernier soupir, pour cette mort si édifiante

---

(1) Depuis le 19 septembre, c'était la première fois que les uniformes français reparaissaient publiquement. Les chirurgiens prussiens n'avaient pas osé ne pas assister à la première partie de la cérémonie, célébrée au Château même, mais ils abandonnèrent le cortège dès qu'il fut arrivé sur la place d'Armes. Toutes les haines n'étaient pas tombées, comme le pensait M. Passa.

qui avait été le sommeil du chrétien dans les bras du Sauveur, et pour cette parole de résurrection et de vie éternelle que nous venions de lire, et qui nous permettait de nous relever sous l'épreuve, de recevoir ses consolations et de nous tendre fraternellement la main par-dessus ce cercueil.

« Puis, le cortège s'est acheminé vers notre église, en traversant la cour et la grille d'honneur du Château. Les soldats prussiens de garde portaient les armes sur notre passage, et la foule sympathique se découvrait respectueusement...

« Quand tant d'autres autour de nous font l'œuvre de la mort, la Société internationale de secours aux blessés, comme le bon Samaritain, fait l'œuvre de la charité universelle, l'œuvre de la paix, l'œuvre de l'amour, l'œuvre de Dieu! Honneur à elle!

« Voilà ce que nous avons tous compris en rendant les derniers devoirs à M. Smitt, et voilà ce que votre ami, quoique mort, nous annonçait encore.

« Dites à sa famille que nos cœurs étaient avec elle, et que des hommes habitués à voir la mort en face, et à la faire fuir souvent, avaient les yeux pleins de larmes. Dites-lui que nous garderons ici pieusement le soin de cette tombe.

« Gardez-nous aussi, Monsieur le Directeur, le souvenir de notre église et de nos ambulances de Versailles, et que Dieu bénisse l'œuvre de vos mains! »

M. Rosseuw Saint-Hilaire, professeur à la Faculté des lettres de Paris, attaché volontaire à l'ambulance hollandaise, avait également prononcé sur la tombe du jeune médecin des paroles que nous voulons aussi reproduire. Ces souvenirs sont de ceux que nous devons aimer à garder tout entiers ; au milieu des duretés et des sécheresses de cœur auxquelles nous condamnait le régime prussien, c'était un repos et une consolation d'entendre, même au prix d'une douleur, l'expression émue de quelques-uns de ces sentiments généreux et élevés que l'âme prussienne s'est fait trop souvent un système d'ignorer.

« Messieurs, avait dit M. Rosseuw Saint-Hilaire, permettez-moi de rendre aussi mon témoignage à ce cher jeune homme que nous venons ici déposer dans la tombe. Il m'a été donné de le voir souvent sur son lit de souffrance, qui devait sitôt se changer en lit de mort, et de saisir les dernières lueurs de cette intelligence prête à s'éteindre. Il y a peu de jours, je vins lui proposer de lire avec lui la Parole de Dieu, et de prier. Bien que le délire fût déjà à la porte, il me reconnut et m'accueillit avec un doux sourire. Nous lûmes, nous priâmes ensemble, et il m'écouta avec toute l'attention dont il était capable. Puis, comme j'essayais de le soutenir et de le fortifier, en lui faisant

espérer sa guérison, à laquelle je croyais encore : « Non, non !
« me dit-il avec un léger sourire d'incrédulité ; non, il faut que
« je m'en aille ! — Où cela ? lui dis-je. — Là-haut, dans le ciel !
« Mon père et mon frère (morts tous deux depuis longtemps)
« sont venus me chercher cette nuit. Je les ai vus ! » Et il y avait
dans ces paroles, et dans le ton dont il les prononça, une si
ferme espérance, une si ardente aspiration vers les réalités éternelles, que je me sentis à la fois ému jusqu'aux larmes et résigné
pourtant à l'idée de le perdre.....

« Et à présent, à côté de cette tombe sitôt ouverte, je veux
aussi rendre hommage à ces chers frères hollandais, et à cette
nation sœur de la nôtre qui les a envoyés ici pour nous assister
dans ces heures douloureuses où la sympathie fait tant de bien,
et où notre pauvre France en a tant besoin. Remercions-les tous
ensemble de ce dévouement fraternel, que nos blessés de toute
langue et de toute nation apprécient si bien, et que nous pouvons mesurer aujourd'hui par ce qu'il leur coûte. Puisse leur
belle et sainte mission être de plus en plus respectée, et se conquérir de plus en plus sa place sur tous les champs de bataille !
Smitt était venu chercher auprès d'eux l'activité dont il avait
besoin, les leçons de l'expérience à ajouter à celles de la science,
et les joies austères du dévouement. Il a plu à Dieu de lui
refuser tout cela, et de trancher cette vie dans sa fleur... Soumettons-nous à ces dispensations que nous ne pouvons pas
comprendre, et ne plaignons pas celui qui s'en va, mais ceux
qui restent ! Plaignons surtout sa famille qui apprendra sa fin
sur une terre étrangère, victime d'un devoir qu'il y est venu
gratuitement chercher ; sa famille qui n'a pas même eu la triste
consolation d'assister à ses derniers moments, mais que soutiendra la pensée que nous la remplaçons ici, en faisant pour
elle ce qu'elle aurait voulu faire.

« Nous sommes ici, Messieurs, sur un terrain neutre, celui de
la tombe, où les haines s'apaisent entre ceux qui viennent
y pleurer ensemble, comme elles s'apaisent entre nos blessés
sur le terrain de la souffrance qui est aussi celui de la charité !
A côté de ce cercueil, il faut faire trêve à toute autre pensée
qu'à des pensées de paix. Dans les tristes jours où nous vivons,
nous avons besoin de tourner nos regards en haut pour y puiser
les seules consolations que nous puissions accepter, celles qui
nous viennent de Dieu, père de Jésus-Christ ! C'est à lui, c'est à
ce père céleste qu'il faut demander de nous soutenir dans ces
heures douloureuses, à lui qui tient la vie et la mort, la victoire
et la défaite dans ses puissantes mains, en le conjurant de donner à notre chère France la foi qui lui manque, pour qu'elle y
puise la force de supporter ses malheurs !... »

Cette cérémonie, ces discours attestent quelles sympathies et quel respect avait su se concilier cette ambulance internationale hollandaise, qui avait choisi Versailles pour y mettre en pratique les lois de la convention de Genève, dont M. Van de Velde avait été un des rédacteurs. Ce dernier titre semblait devoir lui mériter des égards exceptionnels de la part de l'autorité prussienne. Il était pour ainsi dire, auprès du grand quartier général, le représentant et le défenseur officiel de ce droit international nouveau qui, au nom de l'humanité, faisait du blessé une chose sacrée devant laquelle tout vainqueur devait s'arrêter. Mais malheureusement, là encore, nous devions avoir une preuve de la rudesse prussienne et de son tranquille mépris pour toute réclamation faite au nom du droit, quand son intérêt lui commande de ne pas l'écouter.

Le 19 septembre, sur le champ de bataille même de Villacoublay, les Prussiens demandèrent à M. Delaroche, président du comité versaillais de la Société internationale, où les blessés devaient être transportés. M. Delaroche indiqua l'ambulance internationale hollandaise installée depuis plusieurs jours au Château, où déjà quelques blessés étaient soignés, et qui, le matin, en entendant le canon, avait fait tous les préparatifs nécessaires un jour de combat. C'est là, en effet, que furent conduits les premiers blessés qui arrivèrent. Mais quand ils furent entrés, les médecins prussiens, au lieu de remercier M. Van de Velde de l'hospitalité qu'il leur avait préparée, déclarèrent qu'ils s'emparaient au nom de la Prusse de l'ambulance et du matériel médical qui s'y trouvait. M. Van de Velde protesta ; mais, à ce moment, ce qui lui paraissait important et utile avant toute chose, c'était de donner des soins aux soldats que recevaient les lits de son ambulance. C'est ce qu'il fit avec dévouement. Il fut récompensé le 23 du zèle que lui et les médecins placés sous ses ordres avaient déployé. Ce jour-là, il lui fut signifié officiellement par M. le D' Kirchner, médecin en chef prussien, qu'il lui était « *permis* » de rester au Château avec ses médecins, mais que désormais son ambulance serait une section ou « station » de l'ambulance prussienne. De plus, au lieu de comprendre comme à l'origine tous les bâtiments du centre et le rez-de-chaussée du midi, elle serait réduite et ne s'étendrait plus que depuis la galerie Louis XIII jusqu'à la salle des Guerriers célèbres. En même temps, le drapeau hollandais qui flottait sur le Château fut abattu, et remplacé par le drapeau prussien.

C'est ainsi qu'un médecin attaché au quartier général du Prince Royal respectait la neutralité des ambulances, représentée non par une ambulance ennemie, mais par une ambulance d'une nation étrangère à la lutte engagée, et qui avait par conséquent au plus haut degré le caractère de la neutralité. Si l'ambulance avait été russe ou anglaise, la Prusse aurait certainement été plus soucieuse des traités ; mais il s'agissait ici de la Hollande, c'est-à-dire d'un petit Etat qui n'a pas d'armée redoutable ; par conséquent, les principes prussiens devaient s'appliquer, et la force pouvait librement primer le droit.

A cette brutalité devaient s'en ajouter d'autres plus raffinées. Le 23, la plupart des blessés français furent évacués du Château par les soins du comité versaillais de la Société internationale, qui les plaça dans les différentes ambulances françaises de la ville. Il n'en resta qu'une dizaine. Ceux qui étaient soignés dans l'ambulance prussienne furent disséminés dans des salles où ils ne se trouvaient qu'entourés de Prussiens. M. Van de Velde, au contraire, avait ordonné que les blessés français confiés à ses soins fussent placés dans une même salle ; il y avait dans leur réunion un moyen de relever leur moral, ce qui est bien loin d'être indifférent à la guérison. Mais M. le Dr Kirchner étant arrivé le même jour à quatre heures, dans cette salle, et ayant constaté cette organisation, entra dans une violente colère, et il ordonna que les blessés français fussent aussitôt séparés et placés isolément au milieu de soldats allemands.

Telles étaient les délicatesses de conduite de ce docteur prussien, qui commandait en maître absolu au Château, et dont les actes d'autorité, inspirés toujours par le même esprit, étaient l'occasion constante de scènes violentes avec les médecins de l'ambulance hollandaise. Leur présence le gênait ; il voulait à toute force se délivrer d'eux, et il n'était pas d'outrage qu'il ne se permît pour les amener à quitter le Château. Le 28, il signifia à M. Van de Velde qu'il entendait que toutes les amputations et résections jugées nécessaires pour les blessés de l'ambulance hollandaise fussent pratiquées par ses chirurgiens, et non par les chirurgiens hollandais. Il envoyait même ses infirmiers refaire les pansements. Enfin, au commencement d'octobre, il s'empara complètement de la direction du service. Dès lors, M. Van de Velde n'était plus qu'un employé de l'ambulance prussienne. Il était venu pour faire respecter la loi de la neutralité des ambulances ; son voyage avait eu un tout autre résultat, mais peut-être aussi utile : il avait servi à démontrer une fois de plus, et par un exemple éclatant, que la signature de la Prusse, mise au bas d'une convention, ne l'engage jamais qu'autant qu'elle le juge utile à ses propres intérêts.

Un instant, M. Van de Velde avait songé à porter la question sur le terrain diplomatique. Connu et honoré comme il l'est, non seulement dans son pays, mais dans toute l'Europe, une plainte publique de lui contre les violences prussiennes n'aurait pas été sans échos. Il préféra, peut-être avec raison, renoncer silencieusement à l'œuvre qu'il avait tentée, et le 29 novembre l'ambulance hollandaise quittait Versailles, laissant au milieu de nous une victime de son dévouement et un souvenir ineffaçable de ses services.

Un des historiens prussiens de la campagne de France a écrit que M. Van de Velde avait quitté Versailles « sans qu'on puisse en découvrir les motifs ». Cet historien est bien peu clairvoyant, car ces motifs, nos lecteurs le savent maintenant, n'étaient pas difficiles à apercevoir. Dès le jour où, par ordre des Prussiens, le drapeau hollandais fut abattu en même temps que le drapeau français, M. Van de Velde était insolemment jeté à la porte. Il resta cependant encore, par humanité, par esprit de sacrifice, mais il partit quand une série de dures expériences lui eut fait acquérir la certitude que toute relation du faible avec la Prusse devait être une servitude humiliante.

Dans la matinée du 11, le Roi était venu se placer devant la Préfecture, et un assez grand nombre de troupes avait défilé devant lui. Elles faisaient partie d'un corps d'armée qui se dirigeait sans doute du côté d'Orléans, et dont l'artillerie et les immenses équipages traversèrent la ville en interminables files.

Le Roi, à cette revue, était entouré d'un état-major de princes, à la tête duquel se tenait M. de Moltke. Son visage pâle, maigre et complètement rasé, semblait plutôt celui d'un savant que d'un soldat. On avait dit en France, au début de la guerre, qu'il était impotent et accablé par l'âge ; il paraissait au contraire plein de vigueur. Ses traits immobiles et durs gardaient une expression d'une austérité glaciale. La physionomie du roi Guillaume, en contraste frappant avec celle de son chef d'état-major, était assez colorée et très animée ; les yeux d'un bleu très clair, la bouche facilement souriante, avaient une expression apparente de bonhomie et de bonne humeur. Les soldats, en passant devant leur souverain, poussaient, sur un signe de leurs officiers, le hourra réglementaire ; mais dans ces acclamations assez faibles on constatait plus d'obéissance que d'enthousiasme. On vit les yeux d'un de ces soldats s'emplir de larmes au moment où il aurait dû crier. Était-ce un de ceux, en si grand nombre alors, qui souffraient cruellement du « mal du pays » et qui épanchaient secrètement devant nous une haine si profonde pour la guerre et ses auteurs ?...

Au Chesnay, quelques jours auparavant, un de ces soldats pris de nostalgie s'était suicidé, ce qui avait amené l'arrestation momentanée de plusieurs habitants. Les officiers ne voulaient pas croire qu'un soldat allemand pût être las de la campagne de France jusqu'à en mourir, et cependant la lassitude et l'ennui étaient un des sentiments qui dominaient le plus les soldats de l'armée ennemie. La guerre devient facilement chez nous une passion qui nous enivre, parce que nous la menons avec un joyeux et chevaleresque héroïsme ; elle restait au contraire pour les Allemands un devoir pesant, parce qu'ils n'associaient à leur méthode prudente aucun de ces élans brillants qui sont comme la poésie du combat. Nos officiers entraînent leurs soldats en leur parlant de gloire et de périls à braver gaiement ; les chefs allemands ne maintenaient la solidité de leurs troupes qu'en leur promettant sans cesse la paix. Une campagne est pour nos troupes une aventure épique qui étourdit l'esprit et charme l'imagination ; elle reste pour les Allemands une froide et cruelle opération stratégique qui oppresse l'âme. De là ces accablements dont chaque jour nous étions les témoins ou les confidents.

Les luttes dans lesquelles la municipalité se trouvait engagée avec les autorités prussiennes ne lui faisaient pas oublier les soins qu'il était plus que jamais de son devoir de consacrer à l'assistance publique. Dès le mois de septembre, 10,000 francs avaient été votés pour l'établissement de fourneaux économiques ; leur organisation avait été confiée à M. Hippolyte Raoult, qui avait eu l'initiative de leur création. Dans le commencement d'octobre, après un rapport de M. de Magny, le Conseil approuva toutes les dispositions prises, et l'affiche suivante, délibérée en Conseil, annonça à la population versaillaise l'œuvre excellente dont elle était surtout redevable à M. H. Raoult :

VILLE DE VERSAILLES

FOURNEAUX ÉCONOMIQUES

Le Conseil municipal a établi des fourneaux économiques, dans les locaux desquels il sera distribué des litres et demi-litres de bouillon, et des portions de viande cuite, à ceux des habitants de la ville qui, ne pouvant subvenir à leur propre existence et à celle de leur famille, se seront procuré des cartes.

Les fourneaux commenceront à fonctionner lundi prochain, 10 du présent mois, et sont situés, savoir :

Le premier, rue de la Paroisse, n° 83 (passage Saint-Jean) ; le second, rue de l'Occident, n° 3 ; le troisième, rue de Montreuil, n° 61 ; le quatrième, avenue de Paris, n° 34.

La vente des cartes aura lieu chaque jour, de neuf heures à dix heures du matin, par les soins de MM. les délégués dont les noms suivent :

Quartier Notre-Dame. — MM. Briat, rue Maurepas, 6 ; Doit, rue de la

Paroisse, 56 ; Fillette, propriétaire, rue Hoche, 16 ; Vallade, négociant, rue de la Paroisse, 53.

Quartier Saint-Louis. — MM. Gatineau, propriétaire, rue Saint-Honoré, 7 ; Huquelle fils, propriétaire, rue du Vieux-Versailles, 18 ; Pernot, négociant, rue de l'Orangerie, 50 ; Piquand, négociant, propriétaire, rue de l'Orangerie, 64.

Quartier du Grand-Montreuil. — MM. Bertin fils, propriétaire, avenue de Saint-Cloud, 89 ; Cartier, marchand, rue de Montreuil, 43 ; Coudun, pharmacien, rue de Montreuil, 3 ; Vigouroux, négociant en vins, rue de Montreuil, 11.

Quartier du Petit-Montreuil. — MM. Bachelet, entrepreneur, rue de Vergennes, 30 ; Brière, propriétaire, rue Saint-Martin, 3 ; Druillé, propriétaire, rue de Noailles, 2 ; Rimbault, rue de Vergennes, 17.

Il sera, en outre, vendu dans les bureaux de la Mairie, de dix heures à onze heures du matin, des cartes au prix de 0,15 centimes pour un litre de bouillon ou une portion de viande, à toutes les personnes qui seront désireuses d'en faire elles-mêmes la distribution gratuite à qui bon leur semblera.

Le Conseil municipal fera encore appel à toutes les personnes qui, par des dons spéciaux en argent ou même en nature (viande, pain, légumes, riz), veulent s'associer à cette œuvre humanitaire et patriotique.

Il espère que cet appel à la bienfaisance sera entendu, et que le service régulier des fourneaux sera ainsi assuré.

Fait à l'Hôtel-de-Ville, le 4 octobre 1870.

Les Délégués membres de la Commission,

BARUÉ-PERRAULT, MAGNIER-LAMBINET, POSTEL-GRUSSE, RICHÉ, DE MAGNY.

Approuvé :

Le Maire,
Ch. RAMEAU.

Les fourneaux commencèrent leurs distributions le lundi 10 octobre, et dès le lendemain ils étaient devenus populaires. Sous la direction dévouée des délégués qui les administraient, ils rendirent pendant tout l'hiver les services les plus essentiels aux classes indigentes.

13 octobre. — Déjà, le 12, le canon avait résonné du côté du Mont-Valérien ; le 13, pendant la plus grande partie de la journée, on entendit du côté d'Issy les échos du combat que le général Susbielle livrait aux environs de Châtillon. En même temps que retentissait le bruit lugubre de la canonnade, on vit arriver à Versailles, se traînant péniblement, trois cents paysans de Garches expulsés de leurs demeures.

A mesure que les Prussiens le jugeaient nécessaire, ils chassaient des villages les plus rapprochés de Paris les habitants qui auraient pu être des témoins indiscrets de leurs travaux de siège. Ils avaient chassé ainsi une partie des habitants de Saint-Cloud ; c'était le tour des habitants de Garches.

Vieillards, femmes, enfants, tous avaient reçu en même temps l'ordre du départ, et malgré les supplications, tous avaient été obligés de quitter leurs habitations sans pouvoir presque rien emporter; c'est à peine si quelques charrettes, appartenant à quelques privilégiés, contenaient un peu de linge, des matelas, des objets de ménage choisis et sauvés à la hâte. Aucune distinction n'avait été faite; les malades eux-mêmes n'avaient pas été exemptés. Une femme qui venait d'accoucher n'avait pas obtenu quelques jours de répit; elle avait été placée dans une mauvaise voiture avec d'autres femmes infirmes, et elle était partie avec tout le village; tous ignoraient où on les conduisait.

Cette troupe d'émigrants, composée en très grande partie de petits cultivateurs que la guerre avait mis tous plus ou moins dans la misère, arriva dans la matinée sur la place d'Armes, conduite par des soldats qui poussaient les traînards devant eux comme un troupeau. L'ordre était donné de s'arrêter devant la *Commandanture*. Ces malheureux, parmi lesquels se trouvaient des vieillards de l'âge le plus avancé, semblaient accablés à la fois de fatigue et de désespoir. La plupart, chargés de hardes et de paquets, et pouvant à peine se soutenir après cette marche forcée faite entre deux haies de soldats, s'étaient, dès qu'ils avaient pu s'arrêter, assis ou couchés sur l'avenue Nepveu, et ils attendaient avec résignation l'arrêt inconnu que le général allait prononcer sur eux.

M. de Voigts-Rhetz avait exprimé d'abord l'intention de les expulser de Versailles, comme ils avaient été expulsés de Garches; ils venaient, en effet, augmenter la population d'une ville où les vivres semblaient devenir rares; c'étaient là, avait-on dit à l'état-major, non pas des victimes de la guerre dignes de pitié, mais bien tout simplement « *des bouches inutiles* ». D'ailleurs, la police prussienne n'aimait pas à voir autour du roi de Prusse cette classe pauvre, sans moyens d'existence assurés; elle voulait, autant qu'il dépendait d'elle, l'écarter du quartier général. Les trois cents émigrants de Garches devaient donc être chassés de nouveau de Versailles et être renvoyés sur la route de Saint-Cyr, où ils deviendraient ce qu'ils pourraient.

La municipalité versaillaise protesta contre cette nouvelle expulsion si impitoyable, et grâce à ses démarches, les émigrants purent rester dans notre ville; le Conseil municipal déclara qu'il revendiquait cette charge nouvelle, bien loin de chercher à y échapper. Il était en cela l'interprète exact des sentiments de la population, car dès le premier moment, en voyant ces pauvres gens jetés ainsi dans la rue sans aucune espèce de ressources, et ne possédant souvent que le vêtement qui les couvrait, un certain nombre d'habitants de Versailles, touchés de compassion, avaient offert spontanément l'hospitalité aux familles qui excitaient le plus la pitié par le nombre des petits enfants ou par la vieillesse des grands-parents. D'autres émigrants avaient trouvé dans la ville des amis ou des connaissances qui avaient consenti à leur donner un asile provisoire; des billets de logement avaient été accordés par la Mairie; l'Hospice avait ouvert ses portes aux malades. Une souscription organisée immédiatement par la municipalité allait produire une somme considérable. Mais tous ces moyens laissaient encore sans abri un grand nombre de ces malheureux, qui se rendirent à l'Hôtel-de-Ville et s'installèrent dans le vestibule, où il semblait qu'ils dussent coucher, car on ne savait où les abriter. Toutes les auberges étaient pleines, et la Ville ne possédait aucune maison où ils pussent être logés. L'idée vint alors à quelques conseillers municipaux de visiter le grand séminaire, dont les élèves étaient absents. On trouva là, en effet, un grand bâtiment comprenant des cellules et de vastes salles qui pouvaient, au moins pendant quelque temps, servir de refuge. Le directeur du séminaire, consulté, se prêta sans aucune objection à l'œuvre charitable qui lui était proposée, et les conseillers municipaux vinrent vite annoncer aux émigrants qu'ils leur avaient découvert une habitation. La nouvelle fut accueillie avec la plus vive reconnaissance, et la tribu errante traversa encore une fois la ville. Les cellules des séminaristes étaient absolument vides; les lits avaient été requis pour les ambulances; on fit venir de la paille; de son côté, M. Raoult, qui n'était jamais loin quand il s'agissait de secourir quelque misère, avait fait apporter des seaux de bouillon des fourneaux économiques; on avait acheté du pain, et dans la soirée l'installation était déjà presque complète. Chaque famille s'était placée dans une cellule, qui contint ainsi parfois sept ou huit personnes; on s'était partagé la paille, non sans se la disputer parfois avec une certaine passion; les mères de famille surtout en réclamaient pour les petits enfants, qui étaient très nombreux. Afin de maintenir un peu d'ordre dans cette foule, où chacun avait plus ou moins perdu la tête, les conseillers municipaux avaient choisi un des cultivateurs les plus intelligents et l'avaient nommé « maire » de la commune émigrée. Sa « proclamation » ramena un instant le sourire sur le visage de ces pauvres gens si accablés par leur malheur; en se voyant si bien accueillis à Versailles, et traités avec cordialité et sympathie, ils retrouvèrent un peu d'espérance; on chercha à tirer parti de quelques incidents de cette installation si inattendue pour ramener un peu d'entrain et de gaieté parmi eux, et quand la nuit vint, tout le village chassé le matin si brutalement put s'endormir sans trop d'angoisses.

Le curé de la commune, M. l'abbé Bunel, vieillard d'un âge très avancé, devait, plus qu'aucun de ses paroissiens, souffrir de cette expulsion. Comme il avait cherché à échapper aux soldats qui le ramenaient sur Versailles, ils lui firent subir des outrages et des violences de toute nature. Il arriva le visage meurtri, la soutane en lambeaux et pleine de sang. Enfermé provisoirement à la villa Moricet, où demeurait un général, il s'échappa encore. Poursuivi et facilement atteint, après avoir été blessé d'un coup de baïonnette, il fut incarcéré dans la prison Saint-Pierre. Heureusement, M. Hardy était là : ses prières obtinrent la mise en liberté de ce malheureux vieillard, que la souffrance avait réduit à un état d'exaltation voisin de la démence.

Le même jour où les expulsés de Garches étaient ainsi arrivés à Versailles, un incident d'une tout autre nature mit la ville entière en mouvement. Vers midi, on vit, dans une voiture découverte qui passa sur l'avenue de Paris, un général français en grand uniforme accompagné d'un officier supérieur prussien. Ce général descendit rue Satory, 48, dans un logement qui lui avait été préparé d'avance par l'autorité allemande. Puis il traversa de nouveau la ville, se rendant chez M. de Bismarck, et ensuite chez le Roi.

Dès que le fait fut connu, et il le fut immédiatement, une émotion extraordinaire se répandit dans toute la ville. Des groupes animés se formèrent devant la Préfecture ; les menaces des gendarmes prussiens n'ayant pu disperser ces rassemblements, les coups de plat de sabre habituels commencèrent à pleuvoir, et les curieux furent au hasard arrêtés et conduits en prison par groupes de dix à douze. Malgré tout, chaque fois que la voiture reparaissait, la foule courait sur son passage, la suivait, et les cris de : *Vive la France!* retentissaient en même temps que toutes les têtes se découvraient. Sans qu'on sût ce que venait faire ce général à Versailles, la vue seule de son uniforme remplissait tous les cœurs d'une joie involontaire. Pour serrer les mains de cet officier, que n'aurait-on pas donné! Plusieurs personnes essayèrent de l'approcher, mais en vain ; la maison qui lui avait été assignée était gardée avec le plus grand soin par des sentinelles prussiennes.

Peu à peu plusieurs indices et les indiscrétions des Prussiens eux-mêmes firent malheureusement connaître quel était ce personnage mystérieux. Un officier allemand était venu à Clagny demander si Mme la maréchale Bazaine habitait la maison de campagne qu'elle occupait avant la guerre : il avait, disait-il, plusieurs lettres à lui remettre. On lui avait répondu que Mme Bazaine avait quitté Versailles. Il était alors retourné à la Préfecture. Déjà, huit jours auparavant, avait eu lieu une démarche du même genre. Évidemment ce général français venait de Metz. Bientôt on sut que c'était le général Boyer, l'aide de camp du maréchal Bazaine. Un officier prussien était venu apporter à l'habitation de Mme Boyer, 5, rue Lafayette, un petit billet non fermé qui, en l'absence de Mme Boyer, réfugiée en Suisse, fut remis à son jardinier; le billet était ainsi conçu : « Bazaine est en bonne santé. J'ai été nommé général. » Quelques doutes naquirent alors sur le caractère de la démarche que cet ami du maréchal venait tenter; mais l'illusion ne tomba pas tout à fait, car on ignora jusqu'à son départ que la négociation à la fois politique et militaire dont cet officier était chargé avait pour but final, avec la capitulation de Metz, un essai de rétablissement de l'Empire par l'armée du maréchal Bazaine.

M. le général Boyer fut reçu par le Roi devant un conseil privé, dans lequel siégeaient le Prince Royal, MM. de Blumenthal, de Bismarck et de Moltke. Quelques-unes des idées échangées dans cette conférence historique tenue à Versailles doivent être indiquées ici.

M. le général Boyer avait exposé la situation de Metz et proposé des conditions de capitulation qui avaient été rejetées d'un mot par M. de Moltke : l'armée de Metz, dit-il, devait avoir le même sort que l'armée de Sedan et être faite prisonnière, car il n'y avait pas de raison militaire pour la mieux traiter.

M. de Bismarck, traitant la question au point de vue politique, qui, selon lui, était le plus important, avait dit au contraire qu'il y aurait peut-être avantage à conclure une convention qui permettrait au maréchal Bazaine de se retirer au midi de la France avec son armée, d'y convoquer les anciens pouvoirs, Corps législatif et Sénat, et de rétablir avec eux l'Impératrice et le Prince Impérial. Les troupes de Frédéric-Charles deviendraient disponibles dans ce cas comme dans l'autre. Paris tomberait immédiatement devant un désastre qui lui enlèverait tout espoir, et l'autorité légitime se trouvant partout restaurée, la paix pourrait être conclue dans un avenir prochain.

Conformément à cette proposition, le général Boyer partit de Versailles avec cette réponse : « On ne traitera du sort de l'armée de Metz qu'à la condition de la voir rester fidèle au gouvernement de la régence, seul susceptible de faire la paix et de contribuer à son rétablissement : l'Impératrice devra donner son assentiment à cet arrangement et en assurer l'exécution par sa présence au milieu des troupes. »

Cette proposition n'était sans doute qu'un leurre jeté adroitement par M. de Bismarck au maréchal Bazaine, pour l'occuper encore quelques jours et amener son armée à un épuisement tel qu'on n'eût plus d'efforts à redouter de sa part (1).

Telles sont les trames qui s'ourdissaient au milieu de nous, pendant que la population de Versailles, d'ordinaire si calme, se laissait aller, sur la vue d'un uniforme, à la plus vive exaltation patriotique, et persistait à se grouper devant la Préfecture, pour acclamer le général français.

Après être resté deux jours à Versailles, le général Boyer repartit à neuf heures du soir pour Metz, accompagné du même officier qui l'avait amené. Il avait été si exactement gardé qu'il n'avait pu causer avec aucun habitant de la ville.

Ce n'était pas sans motifs que les Prussiens avaient exercé cette surveillance attentive. Si M. de Bismarck tenait tant à ce que le général Boyer ne reçût de nous aucun renseignement, c'est qu'il avait tracé à l'envoyé de Metz un tableau de l'état de notre pays d'une insigne fausseté. Il avait affirmé que la France était dans une dislocation complète, que la Vendée était soulevée, que Lyon était en insurrection, que le Midi formait une république séparée, que Rouen appelait les Prussiens, que M. Gambetta avait été obligé de fuir de Paris en ballon, que l'armée était en débandade, en un mot, qu'il n'y avait plus en France que l'anarchie et l'émeute.

Le général Boyer avait eu le tort d'accepter ces nouvelles comme parfaitement exactes, sans demander de preuves à l'appui, et il devait les reporter dans Metz, où elles exercèrent la plus grande influence sur l'état moral de l'armée. Par ce récit et par le soin avec lequel il avait éloigné tout contrôle, M. de Bismarck avait donné une nouvelle preuve de ce qu'on appelle en Allemagne son « habileté » diplomatique. L'histoire emploiera peut-être une autre expression pour caractériser cette manière de négocier.

Les manifestations en l'honneur du général français avaient-elles augmenté l'irritation des officiers prussiens contre les Versaillais? On le croirait par la scène déplorable qui se passa le soir même de son arrivée. Un officier d'une trentaine d'années se présenta, muni d'un billet de logement, rue de la Paroisse, n° 38, chez M. Hamel, ancien conseiller à la cour d'appel d'Amiens. M. Hamel était un vieillard de 70 ans, du caractère le plus pacifique et d'habitudes parfaitement polies. Il était loin d'être riche et n'occupait qu'un petit logement. L'officier, en

(1) Voir *Metz; campagne et négociations*, par un officier supérieur.

entrant, lui dit : « Je viens loger chez vous ! » — M. Hamel répondit avec grande douceur qu'il n'avait que sa chambre et celle de sa domestique ; il le priait donc de vouloir bien, pour être mieux installé, accepter un logement à l'hôtel, où toute sa dépense serait payée.

« Je suis logé chez vous, répondit l'officier avec violence, c'est chez vous que je dois coucher, manger et boire, ainsi que mon ordonnance. Faites-moi voir vos chambres.

— Voici ma chambre, et voici celle de ma domestique, dit alors M. Hamel.

— C'est bien. Je prends la vôtre et mon ordonnance prendra celle de votre domestique. »

Et il demanda immédiatement à dîner. M. Hamel, sans faire la moindre observation sur les paroles qu'il venait d'entendre, répondit qu'il faudrait attendre que le repas demandé fût préparé ; l'officier s'emporta de nouveau en invectives, ajoutant que les Prussiens venaient de prendre le Mont-Valérien, que Paris était à court de vivres et qu'il allait se rendre, etc., etc.

A ces cris de furieux, le respectable M. Hamel n'opposait que quelques paroles timides par lesquelles il s'efforçait de donner à la conversation une allure moins violente, quand tout à coup il s'affaissa et, en quelques secondes, rendit le dernier soupir. L'officier assista à la mort de ce vieillard, qu'il venait de tuer par sa brutalité, sans témoigner la moindre émotion, le moindre regret, et il quitta l'appartement en disant simplement qu'il allait loger ailleurs.

Cette scène donne une idée exacte des manières d'agir d'un certain nombre d'officiers prussiens, qui ne se seraient pas crus vainqueurs s'ils n'avaient pas été d'une brutalité révoltante avec les habitants qui les logeaient.

La municipalité communiqua ce fait au commandant de place et protesta autant qu'elle le pouvait en assistant officiellement par députation aux obsèques de M. Hamel. Le maire était à la tête de la députation.

Les mouvements de troupes et les opérations militaires qui avaient lieu à ce moment entre Orléans (1) et Versailles créaient des difficultés spéciales d'approvisionnement pour la ville ; par suite de ces circonstances, quelques boulangers se trouvèrent sans farine et fermèrent leur boutique ; d'autres, sans être réduits à cesser leur commerce, ne purent fournir du pain qu'à une partie de leur clientèle. Aussitôt la panique se répandit dans la population avec cette rapidité et cette exagération de

(1) Après une série de combats, les Prussiens étaient entrés à Orléans le 11.

craintes qui se manifestent dans toutes les crises de ce genre ; on se voyait déjà réduit à la famine ; les Allemands constataient cette panique avec une certaine satisfaction et ils l'augmentaient de leur mieux en allant de bon matin enlever dans les boulangeries les pains qui étaient cuits ; de cette façon, les habitants ne trouvaient presque plus rien quand ils venaient faire leur achat quotidien. La municipalité recevait plaintes sur plaintes et était l'objet d'attaques et de reproches. Le maire, tout en prenant par lui-même toutes les précautions propres à assurer l'arrivée de la farine nécessaire aux habitants, écrivit le 13, au commandant de place, la lettre suivante :

Général,
Je viens d'apprendre par les commissaires de police de la ville qu'un certain nombre de boulangers de Versailles n'ont plus de farines que pour deux jours. Il y en a même deux qui n'en ont plus du tout et ils vont fermer. L'un de ceux-là est le fournisseur de l'hôpital militaire ; de sorte que cet établissement va manquer de pain demain.

Je pense que les armées allemandes, qui ont fait le vide autour de nous, vont, maintenant qu'il ne nous reste plus rien, alimenter au moins nos hôpitaux et nos bureaux de bienfaisance. Les fourneaux économiques que nous avons ouverts ne pourront pas fonctionner sans viande.

Si ce point vous paraissait douteux, je vous prie de vouloir bien me le faire savoir, parce que je m'adresserais à S. M. le roi de Prusse, au nom de l'humanité.

Cette lettre, comme la plupart des plaintes du même genre, resta sans réponse. Le maire n'eut pas d'ailleurs à s'adresser au roi de Prusse ; les communications avec les environs se rétablirent bientôt ; la farine et le pain reparurent, sinon en abondance, du moins en quantité suffisante pour écarter toute crainte immédiate de famine. Le même fait devait se reproduire plus d'une fois ; souvent, il semblait qu'on fût près de manquer de tout ; les prix s'élevaient, les inquiétudes étaient extrêmes, mais après quelques jours d'anxiété, telle ou telle marchandise, devenue introuvable, reparaissait, et le calme se rétablissait pour quelque temps. — Ces oscillations et ces incertitudes dans l'approvisionnement de la ville se reproduisirent jusqu'à la fin de l'occupation. Elles troublèrent beaucoup les esprits, mais, en réalité, elles n'amenèrent dans la population aucune souffrance sérieuse.

En même temps que les difficultés alimentaires semblaient augmenter, des embarras non moins grands naissaient à propos de la question du chauffage. — Le froid qui, pendant cet hiver, devait être si dur, était déjà assez vif dès la première quinzaine d'octobre. La fourniture du bois aux troupes, soit dans les casernes et les postes, soit chez les particuliers, devint pour la ville et les habitants une charge nouvelle, d'autant plus considérable que les Allemands brûlaient pour se chauffer dix fois plus de bois qu'il n'était nécessaire. Habitués aux poêles, ignorant l'usage des cheminées et des chenets, inconnus dans leur pays, ils ne savaient pas disposer le feu comme il convient ; certains entassaient les bûches les unes sur les autres jusque dans le corps de cheminée, ou bien ils les rangeaient debout côte à côte ; ainsi placées, elles roulaient sans cesse sur les planchers et les incendiaient ; d'autres prenaient le rideau pour une porte de poêle et le laissaient constamment baissé ; de là des feux de cheminée continuels et des détériorations dans tous les foyers. Cependant, malgré leur consommation extraordinaire de bois, soldats et officiers se plaignaient d'être fort mal chauffés, et dès ces premiers jours, le commandant de place annonça au maire que les approvisionnements des chantiers de la ville ne pouvant suffire à ses troupes, il fallait recourir aux forêts de l'Etat ; comme il n'y avait plus dans Versailles de chevaux de transport, le général offrait de fournir les attelages nécessaires. Le maire, qui n'avait aucun droit de requérir en dehors de la commune, renvoya le général à l'inspecteur des forêts, et ajouta à sa lettre le post-scriptum suivant :

Général, permettez-moi, à cette occasion, de vous faire remarquer que, jusqu'à présent, lorsque les troupes allemandes ont fait des réquisitions à la Mairie pour obtenir du bois de chauffage dans les chantiers des marchands de bois, elles en ont toujours obtenu ; cependant, tous les jours, on nous apprend que les soldats allemands détruisent les cloisons, les portes et les fenêtres des casernes pour faire du feu ; dans quelques maisons particulières, ils ont brûlé des meubles. Depuis que le froid commence à se faire sentir, les arbres de nos avenues ne sont plus respectés ; on abat un arbre pour faire bouillir une seule marmite, c'est-à-dire que l'on détruit à plaisir le combustible et que bientôt, comme vous le dites, il n'y en aura plus.

Dans l'intérêt de tous, ces abus devraient être réprimés. L'abus des vivres nous forcera tous à mourir de faim ; l'abus du combustible nous forcera tous à mourir de froid.

Le parc de Versailles, dont les troupes allemandes gardent les grilles, est dévasté. Je sais que la population pauvre, qui pourrait aller couper dans les bois, trouve plus commode d'abîmer le Parc ; ce sont ses gardiens qui devraient le protéger.

Le général, fidèle à ses habitudes, se garda bien de répondre à cette lettre, et tous les abus qu'elle signalait, bien loin de diminuer, augmentèrent à mesure que la saison devenait plus rigoureuse.

14 octobre. — Les nouvelles de Paris et de l'intérieur de la France étaient fort rares ; toutes celles que l'on recevait par des voies plus ou moins indirectes étaient si étrangement mêlées de vérité et d'erreur qu'on ne pouvait guère y ajouter foi. Aussi ce fut avec la joie la plus vive que le Conseil municipal, dans sa séance du 14, entendit la lecture d'un document officiel qui avait pu pénétrer dans Versailles. Ce document était la proclamation adressée par le Gouvernement « *Aux citoyens des départements* ». Elle était datée de Tours, et signée du ministre de l'Intérieur, M. Gambetta, qui, le 8, avait quitté Paris par ballon. Elle donnait les renseignements les plus précis et les plus rassurants sur la mise en état de défense de Paris. « Sous le feu des forts, disait le ministre, l'ennemi a été impuissant à établir le moindre ouvrage. L'enceinte, qui n'avait que 500 canons le 4 septembre, en compte aujourd'hui 3,800. A la même date, il y avait 30 coups de canon à tirer par pièce ; aujourd'hui il y en a 400, et l'on continue à fondre des projectiles... Paris se rationne volontairement tous les jours, et il a devant lui, grâce aux accumulations de vivres, de quoi défier l'ennemi pendant de longs mois encore : il supportera avec une mâle constance la gêne et la disette, pour donner à ses frères des départements le temps d'accourir et de le ravitailler. » Après avoir énuméré tous les travaux merveilleux accomplis en quelques jours par les Parisiens, le ministre adressait un appel chaleureux à la nation entière, suppliait tous les partis de s'unir pour la défense, et « d'accepter fraternellement le commandement du pouvoir républicain, sorti de la nécessité et du droit ». Grâce à ce concours de toutes les forces nationales, disait-il, « les Prussiens, inquiétés, troublés, pourchassés par les populations réveillées, seront décimés par nos armes, par la faim, par la nature... Non ! ajoutait-il, il n'est pas possible que le génie de la France se soit voilé pour toujours, que la grande nation se laisse prendre sa place dans le monde par une invasion de cinq cent mille hommes... »

C'étaient là des paroles d'espérance et d'enthousiasme auxquelles tout le monde voulait et devait croire alors, car la lutte nous offrait encore des chances de succès sur lesquelles il n'était nullement déraisonnable de compter. Le Conseil municipal accueillit par des applaudissements et des acclamations la lecture de ce document, qui avait pour nous d'autant plus de prix qu'il nous parvenait à travers les lignes ennemies ; pour un instant, il rétablissait nos relations avec Paris et avec la France, et donnait un démenti à tout ce que les Prussiens racontaient et annonçaient sur la prise prochaine de la capitale. Le Conseil décida aussitôt qu'une adresse serait rédigée en réponse à cette proclamation. Pourrait-on la faire parvenir ? C'était fort douteux. Mais elle devait, tôt ou tard, témoigner des sentiments de patriotique fermeté qui animaient la population de Versailles.

au moment où elle était le plus durement écrasée par l'ennemi.

Cette adresse était ainsi conçue :

Versailles, 14 octobre 1870.

Le Conseil municipal de Versailles à M. le Ministre de l'Intérieur.

Monsieur le Ministre,

La population de Versailles se trouve depuis un mois dans une douloureuse situation. Elle subit chaque jour ce que la guerre a de plus pesant sans pouvoir prendre sa part de la lutte. Isolée à la fois de Paris et du reste de la France, enfermée dans les lignes allemandes, devenue le quartier général de l'ennemi, notre ville, étroitement gardée, est comme un prisonnier de guerre qui ne reçoit que de loin en loin des nouvelles de la Patrie.

C'est avec une émotion d'autant plus profonde que nous avons lu votre proclamation.

Vous avez tracé au pays ses vrais devoirs et exprimé fièrement ses légitimes espérances. Comme vous, Monsieur le Ministre, nous ne séparons pas le salut de la France de la cause de la République. Nous avons foi dans l'avenir, parce que nous avons foi dans la puissance des institutions que nous avons reconquises.

Ces sentiments, dans lesquels le Conseil municipal, et le maire qui le représente si dignement, se sont toujours trouvés réunis, nous ont soutenus au milieu des dures épreuves que nous avons traversées. Aujourd'hui, nous sommes convaincus qu'elles cesseront bientôt, grâce à votre patriotique activité.

La responsabilité des maux du pays restera tout entière au gouvernement que le Conseil municipal de Versailles s'honore d'avoir déclaré déchu, avant même que Paris ne l'eût justement détruit.

Croyez, Monsieur le Ministre, aux sentiments de haute et respectueuse considération de vos tout dévoués concitoyens.

Les Membres du Conseil municipal de Versailles.

Cette adresse fut insérée au procès-verbal de la séance du 14. M. de Brauchitsch, très intrigué de ce qui pouvait se passer dans les longues séances tenues chaque jour à l'Hôtel-de-Ville par les conseillers municipaux, séances d'où sortaient tant de décisions si déplaisantes pour lui, avait quelques jours auparavant, en qualité de « préfet », demandé la communication des procès-verbaux du Conseil. Ne l'ayant pas obtenue, et jugeant avec raison que ses efforts en ce sens seraient tout à fait inutiles, il renonça à satisfaire sa curiosité. S'il avait insisté, toutes les précautions étaient prises pour que ces procès-verbaux fussent mis en lieu sûr, à l'abri de ses investigations. Non seulement, en effet, il y aurait trouvé la preuve que le Conseil se tenait en communication avec le gouvernement français, — crime puni de mort par le code de prétendue justice prussienne, — mais il aurait pu constater que toutes ses ruses financières étaient percées à jour, et qu'on n'avait pas été dupe un seul instant de ses hypocrites promesses d'impartiale protection.

Le même jour avait pénétré dans la ville le numéro du *Moniteur Universel* de Tours du 10 octobre 1870, accompagné d'une courte dépêche de M. Charton, préfet de Seine-et-Oise. La dépêche annonçait que le Gouvernement avait donné son approbation complète à tous les actes de l'administration municipale; le numéro du *Moniteur* contenait un récit très exact des principaux incidents de l'occupation de Versailles. Après avoir raconté la prise de possession de la ville par les Prussiens, ce récit ajoutait :

A partir de ce moment, la municipalité ne cessa point d'être assaillie de réquisitions. Le maire, M. Rameau, homme énergique et dévoué, avait pris, d'accord avec le préfet et les conseillers municipaux, la résolution de tenir cette ligne de conduite :
Faire tout ce qui serait possible pour protéger les habitants contre les violences et le pillage. N'avoir jamais pour but que l'intérêt de la ville et du département. Ne faire aucune concession contraire à l'honneur et au patriotisme. S'arrêter et opposer un refus décidé à toute exigence qu'on ne pourrait subir sans honte.
Ces règles, ajoutait le *Moniteur*, n'avaient pas été perdues de vue un seul moment.

C'était une grande consolation pour la municipalité de recevoir la preuve que les efforts faits par la ville, pour conserver sa dignité dans son infortune, avaient été connus en France et appréciés par l'opinion publique. L'administration et le Conseil puisèrent dans ces témoignages si honorables de nouvelles forces pour continuer une lutte qui devenait chaque jour plus pénible et plus douloureuse. En effet, à mesure que les rapports avec les autorités allemandes devenaient plus multipliés et entraient pour ainsi dire dans les habitudes quotidiennes, la servitude à laquelle les Prussiens prétendaient réduire le pays occupé par eux devenait plus sensible et plus irritante.

Pendant la séance même du Conseil où ces bonnes nouvelles avaient été communiquées, le commandant de place avait envoyé à la Mairie un message qui enjoignait au maire d'avoir à donner immédiatement des renseignements sur un souterrain dont on venait de faire connaître l'existence à la « commandanture »; ce souterrain, selon une lettre adressée au général, mettait en communication directe Versailles et Paris. — Le général, aussitôt, avait été pris d'inquiétude, et sans plus tarder avait commencé son enquête par cette injonction au maire. Le maire, sans quitter la salle des séances du Conseil, répondit à cette demande par le petit billet suivant :

Général,
On me remet de votre part au Conseil municipal une sorte de lettre anonyme parlant de souterrains qui conduiraient de Versailles à

Paris, et l'on me demande une réponse. Le fait annoncé est tellement ridicule que je ne peux pas croire que vous l'ayez pris au sérieux et je ne crois pas avoir à y faire d'autre réponse.

La grave responsabilité qui, pour les autorités prussiennes, résultait de la présence du Roi les rendait constamment inquiètes, et chaque jour il y avait ainsi pour elles quelque nouvelle alerte qui, le plus souvent, ne reposait sur rien de réel. Dans leur domination, elles affectaient beaucoup de hauteur pour mieux dissimuler les transes qu'elles ne pouvaient s'empêcher d'éprouver au milieu d'une population dont les allures et les habitudes calmes ne les rassuraient nullement, parce qu'elles sentaient que sous ce calme se cachait une haine profonde, encore augmentée tout récemment par les incendies d'Ablis et de Cherisy. Des voyageurs revenus de ces villages avaient donné des détails exacts sur leur destruction, ordonnée et accomplie de sang-froid, et ces récits avaient rendu les Prussiens encore bien plus odieux. Beaucoup de femmes du peuple, usant de la liberté de langage qui leur est permise, ne se gênaient nullement pour dire, avec une verve hardie, aux officiers comme aux soldats, tout ce qu'elles avaient sur le cœur ; cette franchise toute gauloise de pensée et d'expression faisait parfois sourire les officiers, mais elle donnait à penser aux employés de la police qui redoublaient de précautions et de surveillance.

Le 13 et le 14 octobre, M. de Brauchitsch, puis M. Stieber, directeur de la police du quartier général, firent venir à deux reprises le commissaire central de Versailles, et s'enquirent auprès de lui, avec un grand détail, de l'organisation de la police française. Non seulement ils déclarèrent qu'ils en prenaient la surveillance (ce qu'il était impossible d'empêcher), mais ils allèrent plus loin ; ils prétendirent embrigader les sergents de ville dans leur propre police, en leur faisant porter un brassard aux couleurs prussiennes. Il y avait là, encore une fois, une de leurs tentatives habituelles pour traiter un pays occupé en pays conquis et soumis. Au lieu de soumission, ils trouvèrent la résistance que le droit autorisait et que le patriotisme exigeait. M. Corajod, commissaire central, déclara que jamais il ne consentirait à se prêter à une pareille mesure et, devant son énergique opposition, les autorités allemandes durent renoncer à leur projet : les sergents de ville, pour être mieux reconnus des Prussiens, portèrent des brassards, mais ces brassards restèrent tricolores.

De cette tentative comme de tant d'autres, les Prussiens ne recueillirent que la honte d'un essai secret de corruption ; sa révélation publique les abaissa encore dans l'opinion. Cet emploi constant de petits moyens détournés d'humiliation trahissait de plus en plus un vainqueur sans aucune dignité.

Le jour même où M. le directeur de police Stieber organisait officiellement la surveillance de la ville, une nouvelle arrestation, arbitraire et brutale, avait montré en action cette police secrète prussienne dont les principaux agents étaient installés à Versailles. Un de nos honorables concitoyens, M. Chobert, voyait son domicile envahi par des gendarmes et des espions, qui, après l'avoir fouillé et maltraité, le conduisirent dans une des cellules de la prison Saint-Pierre. — M. Chobert n'était coupable que d'avoir, sur l'injonction des Prussiens eux-mêmes, logé pendant vingt-quatre heures un attaché à l'ambassade espagnole de Paris, M. Angel de Vallejo-Miranda, qui, devenu tout à coup suspect à M. de Bismarck, fut envoyé à Mayence. Cet agent diplomatique avait d'abord été fort bien reçu au quartier général prussien. C'est avec une autorisation du Prince Royal qu'il avait pu, à l'aide d'un parlementaire, franchir les lignes d'investissement à Sèvres. Il désirait se rendre en Espagne, et, arrivé à Versailles, il avait été conduit chez M. de Bismarck pour y régler les conditions de son voyage.

Dans un récit de son aventure, qu'il a publié sous le titre: *Un dîner à Versailles chez M. de Bismarck* (1), M. Angel de Miranda a raconté avec détails cette entrevue. Nous détachons de son récit le chapitre qui se rapporte directement à Versailles. Le narrateur, dans ces quelques pages très vives, et d'une allure toute parisienne, nous fait pénétrer une fois de plus dans l'hôtel Jessé et le décrit à sa manière. Il peint en même temps le maître du logis, que nous voyons dans l'intimité, en veine de confidences, et se livrant avec abandon à l'*humour* qui forme un des traits de ce caractère si complexe :

« La maison de M. de Bismarck, dit M. de Miranda, est située dans une des rues les plus sombres du sombre Versailles ; elle est d'apparence modeste, presque nue. En entrant dans cette demeure toute spartiate, je songeai aux pillages, aux réquisitions forcées, aux wagons entiers remplis de meubles précieux expédiés en Allemagne, et j'admirai le comédien minutieux qui se cache sous le masque de franchise soldatesque du très excellent chancelier.

« Un seul factionnaire se tenait à la porte. Dès l'antichambre, la chaleur vous prenait à la gorge ; le maître se plaît dans cette température de magnanerie, favorable sans doute à l'éclosion de ses vastes projets. De grands manteaux militaires et d'énormes bottes garnissaient la pièce. — A côté se tenaient une douzaine d'individus d'assez mauvaise mine, qui travaillaient à un

(1) Bruxelles, 1871, 1 vol. in-8°.

classement de papiers. L'un d'eux se leva, le chef sans doute ; il avait une longue barbe rousse. Cet homme, qui devait jouer un certain rôle dans les aventures qui m'attendaient à Versailles, était une sorte de maître Jacques, tour à tour huissier, laquais, valet de chambre, selon les besoins, d'habitude préposé aux basses œuvres bureaucratiques de la chancellerie, et mouchard perpétuellement. M. de Bismarck, en homme pratique et qui entend l'économie domestique, s'est servi, pour monter sa maison militaire, des principaux limiers de la police berlinoise. Ces honorables personnages, tout en lui rendant les services les plus divers, lui épargnent l'encombrement d'un personnel nombreux : célérité et discrétion.

« M. de Hatzfeld, chef du cabinet, vint me recevoir, et à son aspect, M. de Uslar, mon guide, lieutenant de hussards, prit aussitôt cette attitude de raideur soumise qui faisait dire à Heine : « Ils ont l'air d'avoir avalé le bâton avec lequel on les « rossait jadis. » — La pièce où nous entrâmes, après avoir échangé quelques mots, était pleine de fumée et d'une température encore plus suffocante que celle de l'antichambre. Deux bougies brûlaient sur la cheminée, fichées dans des bouteilles et faisant deux tristes auréoles dans l'atmosphère opaque. Au milieu, sur un méchant guéridon, il y avait un broc contenant de la bière et quatre gobelets d'argent. Le reste du mobilier n'était rien moins que somptueux et fort élémentaire. Trois personnes se tenaient là : un général, qui s'esquiva à mon arrivée ; puis un jeune homme vêtu d'une ample redingote bleu de ciel et de bottes fortes ; enfin un grand gaillard assez mal affublé d'une interminable capote verte à collet et à doublure jaune, déboutonnée, et laissant voir la chemise et les bretelles.

« Ce personnage n'était autre que S. E. le comte de Bismarck, chancelier de la Confédération du Nord, pour le moment arbitre souverain des destinées de l'Europe.

« Le comte se leva et m'invita à m'asseoir en essayant un sourire aimable qui ne réussit pas. Après avoir écouté le rapport que lui fit en allemand à mon sujet le lieutenant de Uslar, il se mit à questionner longuement cet officier sur les moindres détails relatifs à l'incident ; puis il donna des ordres au jeune homme bleu, qui se retira. Ces préliminaires terminés, il revint à moi :

« — Il reste donc encore à Paris des membres du corps diplomatique et du personnel des légations, me demanda-t-il pour entrer en matière.

« — Sans doute, Monsieur le Comte, et je vous croyais très au courant de ce fait, surtout après la note que les ministres restés à

Paris ont eu l'honneur de vous adresser dernièrement pour vous demander le libre passage de leurs dépêches.

« — C'est vrai ; mais je ne comprends guère cette persistance à rester dans une ville assiégée et livrée à l'anarchie. En ce qui vous regarde, je suis plus étonné encore : l'ambassade d'Espagne, il me semble, est partie depuis longtemps.

« — En effet ; mais il reste encore, même après mon départ, deux attachés chargés de garder les archives et de suivre le cours des événements militaires, sans compter le consul et quelques employés de la commission des finances, dont je suis le vice-président.

« Le comte parut surpris.

« — J'ignorais tout cela, reprit-il ; j'apprends avec étonnement qu'il existe des rapports entre votre gouvernement et ces messieurs de Paris.

« Il ajouta :

« — Ah ! vous êtes vice-président de la commission des finances... Et comment êtes-vous parti sans nous prévenir ?

« — Je vous demande pardon, Monsieur le Comte ; je suis arrivé aux lignes accompagné d'un parlementaire, et j'ai remis au lieutenant de Uslar les sauf-conduits que voici, d'après lesquels le Prince Royal a daigné m'accorder le libre passage.

« En disant cela, je tendis mes papiers à M. de Bismarck, qui, sentant qu'il oubliait son rang et prenait les allures d'un gendarme en faction, les repoussa du geste.

« — Oh ! c'est inutile, je ne doute nullement de votre identité !...

« Changeant brusquement de ton, il ajouta :

« — Mais vous n'avez pas dîné, probablement ; permettez-moi de vous offrir une collation : elle ne sera pas brillante ; l'heure de notre dîner est passée depuis longtemps, et nous manquons de tout à Versailles.

« L'officier bleu reparut ; le chancelier me présenta :

« — Mon neveu, M. le comte de Bismarck, qui vous fera les honneurs en mon absence. Je vous prie de m'excuser ; j'ai un travail urgent, je reviendrai bientôt.

« Je fus introduit dans la salle à manger, aussi piteuse d'aspect que le salon. Le système des bouteilles vides en guise de flambeaux y était continué. M. de Bismarck neveu s'assit à ma gauche et M. de Hatzfeld à ma droite. On commença la « collation », largement arrosée de bordeaux et de champagne, et sous prétexte de conversation, M. de Hatzfeld, remplaçant le chancelier, poursuivit son interrogatoire en véritable juge d'instruction. Tout en affirmant la prompte entrée des Allemands à Paris, la défaite totale de l'armée de la Loire et la prochaine capitulation de Metz, il ne négligeait point de me questionner sur les moindres détails de la situation à Paris : « Les « cercles restent-ils encore ouverts? Y a-t-il encore du monde « comme il faut? Comment font ces messieurs pour s'habituer « à vivre en commun avec les sans-culottes qui exercent une « tyrannie insupportable? etc., etc. »

« Je répondis comme il convenait, c'est-à-dire que le patriotisme avait rapproché les distances ; que, d'ailleurs, il n'était question ni de tyrannie ni de sans-culottes, mais seulement de citoyens qui s'en allaient ensemble aux remparts, laissant pour plus tard le soin de régler leurs rapports mutuels.

« Le chancelier revint sur ces entrefaites, bruyant, d'allure cavalière ; il s'installa à califourchon sur une chaise en face de moi et demanda du bourgogne. Le maître d'hôtel entra, suivi de l'homme à barbe rousse ; ils apportaient à eux deux huit bouteilles. M. de Bismarck goûta la première : c'était du nuits ; il n'eut pas de succès. Une seconde bouteille fut débouchée : cette fois, le chancelier parut satisfait ; il examina le liquide à la lueur de la bougie et s'écria :

« — Excellent ! c'est de la Romanée.

« — Vous êtes connaisseur, Monsieur le Comte, lui dis-je, et à ce titre vous devez être satisfait de la cave de céans...

« Il m'arrêta :

« — Vous vous trompez, s'écria-t-il avec vivacité ; ce vin n'est pas de la maison : il vient de l'*hôtel des Réservoirs*. Je suis gentilhomme ; je me ferais un scrupule de faire pour moi-même la moindre réquisition (1). Tout ce dont j'ai besoin, je l'achète ; je ne veux pas que mes fils aient à rougir de moi. C'est ce qui vous explique, ajouta-t-il en désignant les bouteilles qui servaient de flambeaux, le dénuement qui existe ici.

« Remarquant dans le sourire discret avec lequel j'accueillais ses paroles une imperceptible nuance d'incrédulité, il interpella vivement le domestique :

(1) La mairie de Versailles possède toute une liasse de réquisitions sorties de la maison de M. de Bismarck, parmi lesquelles figurent des réquisitions de meubles de toute espèce, de tables, de casiers, de lingerie, de vaisselle et même d'une *nachtstuhl*. Le chancelier pouvait avoir d'autant moins de scrupules à requérir quelques *flambeaux* qu'il faisait chaque semaine une réquisition énorme de *bougies*. C'est la ville également qui payait le bois et le charbon qui entretenaient cette chaleur suffocante dont M. de Miranda fut surpris. Dans cet emploi de bouteilles en guise de flambeaux, il n'y avait donc qu'une simple fantaisie ou peut-être un calcul qui ne doit pas faire illusion. M. de Bismarck a usé largement de la réquisition comme tous ses collègues du grand quartier général. Mais, parlant à un agent diplomatique étranger, il jouait le rôle qui était utile en face d'un interlocuteur. Il disait vrai : il n'avait pas requis le vin ; mais, selon un procédé qui lui est très familier, il se servait d'une vérité particulière pour déguiser la vérité générale.

« — Combien payez-vous cette Romanée ?

« — 6 ou 8 thalers, Excellence... balbutia le domestique. C'est bien 8 thalers, je crois.

« A cette invocation de témoignage d'assez mauvais goût, je ne trouvai rien à répliquer. La conversation continua sur le même sujet. Le comte me parla de sa cave de Berlin.

« — Cave excellente, dit-il ; car j'ai un fournisseur hors ligne : le marquis de T***, que vous avez dû connaître à Paris. C'est un diplomate qui a distancé Talleyrand une fois en sa vie, en forçant le ministre des Affaires étrangères de l'Empereur à le faire marquis sans le savoir. Il est fils d'un riche fermier et s'appelait Lemarquis, tout court. Parvenu à se faire envoyer à Francfort comme attaché à la légation de France, il ajouta à son nom celui d'une terre que son père possédait : cela fit Lemarquis de T*** ; puis, peu à peu, il prit l'habitude de laisser écrire son nom en deux mots ; enfin il finit par l'écrire ainsi lui-même. Il arriva à Berlin : je connaissais l'histoire. Voyant le plaisir qu'il avait de s'entendre appeler marquis, je flattai sa manie et, dans un dîner diplomatique, je fis placer sous son couvert une carte de menu où son titre se trouvait inscrit en belle ronde, de la façon la plus aristocratique. Il fut touché du procédé et m'envoya, le lendemain, un panier de vins exquis, du bourgogne, qu'il recevait de ses *terres* de France. Depuis lors, il est resté mon fournisseur, et je m'en trouve bien.

« M. de Bismarck racontait tout cela avec une grosse gaieté qui laissait bien peu deviner le rusé diplomate dont l'habileté tenait en ce moment toute l'Europe en suspens.

« Nous parlâmes ensuite de Paris, qu'il feignait de croire à bout de ressources, des Parisiens « très désireux sans doute de capituler au plus vite et maudissant les gens de l'Hôtel-de-Ville ». Je le détrompai là-dessus, et lui montrai la population de Paris tout entière décidée à se défendre jusqu'à la dernière extrémité, ce qu'il ne crut pas.

« — L'amour-propre les soutient maintenant, dit-il : c'est le fond du caractère français. Cela ne tiendra pas devant une souffrance réelle. On ne me fera jamais croire que Paris soit une ville héroïque, et de toutes les façons il faudra bien que nous finissions par y entrer.

« — Ce ne sera pas de vive force, à moins que vous ne vous décidiez à détruire la ville par un bombardement et à sacrifier une grande partie de votre armée.

« — Le mode qu'on adoptera ne me regarde point, c'est l'affaire des généraux ; si je suis appelé à donner mon avis là-dessus, — ce qui n'est point, — je ne proposerai jamais l'attaque, parce que je pense comme vous que les Parisiens sont doués d'un courage très actif et qu'ils opposeront une vive résistance ; dans ce cas, nous subirions de grandes pertes, c'est indubitable ; or, *le jeu n'en vaut pas la chandelle.* D'autant plus que nous sommes sûrs de vaincre avec un peu de patience, grâce aux deux puissants alliés que nous avons dans la place : les rouges et la famine.

« — Les rouges, cependant, me paraissent suffisamment tenus en respect par la garde nationale ; quant à la famine, elle peut tarder longtemps.

« — Soit ! Nous attendrons des années, s'il le faut, mais nous entrerons ! C'est chose décidée dans l'esprit du Roi, qui veut épargner Paris autant que possible, mais qui a résolu de ne signer la paix qu'aux Tuileries. Cette idée est tellement ancrée dans la volonté du Roi, que Sa Majesté ayant rétabli pour cette campagne l'ordre de la Croix-de-Fer, dans lequel on ne faisait plus de nominations depuis 1815, elle a invité les rares titulaires qui restent de cette époque à se rendre au quartier général, afin d'entrer pour la seconde fois dans la capitale au milieu de ces glorieux vétérans.

« — Et vous ne craignez pas, en cas de prolongation, l'arrivée d'une armée de secours ou l'intervention de l'Europe entière ?

« — Où prenez-vous cette armée ?... Est-ce dans la Loire, où quelques bataillons, qui sont plutôt des troupeaux d'hommes que des troupes régulières, viennent d'être dispersés ? Est-ce à Metz, dont la garnison affamée nous envoie chaque jour des parlementaires pour traiter de la capitulation ? Détrompez-vous : la France n'a plus d'armée et elle n'en aura pas de longtemps.

« Quant aux puissances neutres, elles sont pour le moins autant nos amies que celles de la France, dont l'orgueil, la politique inquiète et agressive ont été un danger pour l'Europe depuis des siècles. Du reste, chaque pays me paraît destiné à avoir sous peu assez de ses affaires particulières. Au pis aller, nous n'accepterons aucune intervention étrangère dans une guerre que nous avons entreprise tout seuls et à nos risques.

« — A Paris, cependant, répondis-je, on accordait une grande confiance à la négociation entreprise par M. Thiers.

« — Cette négociation, croyez-le bien, se rapporte bien moins à la paix qu'à l'avènement des princes d'Orléans. Les Français sont par trop frivoles, s'ils n'ont pas compris cela. D'ailleurs, peut-être l'ont-ils compris et n'en sont-ils que plus enchantés, à commencer par M. Jules Favre et à finir par le général Trochu. Je comprends que l'on préfère tout à la dictature de M. Gambetta, cet avocat sans clients dont tout le bagage politique consiste en péroraisons de café et en trois discours libéralesques prononcés à la Chambre.

« — Je ne crois pas qu'on ait compris dans ce sens, à Paris, la mission de M. Thiers. Dans tous les cas, on y disait que la Russie et l'Angleterre s'étaient mises d'accord pour intervenir.

« — Que ne dit-on pas à Paris! La Russie et l'Angleterre d'accord!... Ha! ha! ha!

« Le chancelier rit bruyamment en regardant M. de Hatzfeld, qui lui donna respectueusement la réplique par un sourire discret. Il reprit:

« — Et vous autres Espagnols, allez-vous aussi entrer dans cette terrible coalition contre nous? C'est égal, j'aurais cru que, dans cette guerre, vous seriez nos alliés.

« — Monsieur le Comte plaisante!

« — Pas le moins du monde. Nous avons fait la guerre un peu pour vous, et j'aurais trouvé naturel que vous marchiez à nos côtés. C'est à ce point que j'ai fait demander au maréchal Prim, le lendemain de la déclaration de guerre, quel serait le contingent de l'Espagne. J'ai été fort surpris de voir le maréchal reculer devant les conséquences de sa politique.

« — Pardon! répliquai-je vivement; l'Espagne n'a pas l'habitude de reculer, pas plus que le maréchal Prim. Si le prince de Hohenzollern n'avait pas retiré sa candidature, et s'il l'avait fallu pour soutenir notre droit, nous nous serions battus, même contre la France.

« — C'est grand dommage que les choses ne se soient pas arrangées ainsi: la France se serait trouvée prise au nord et au midi, et nous serions à Paris à l'heure qu'il est. Quel réveil pour votre peuple, endormi depuis si longtemps!

« Il ajouta, après un silence:

« — Et quelles sont maintenant les intentions du maréchal Prim?

« — Je ne sais. Le maréchal m'honore de sa confiance, mais non jusqu'au point de m'informer de ses projets politiques.

« — Eh bien! puisque vous allez le rejoindre bientôt, dites-lui de réfléchir... Je ne suis pas homme à me mêler des affaires d'autrui, et la Prusse n'a pas la moindre intention de s'immiscer dans la politique intérieure de l'Espagne ni d'aucun autre pays. Cependant on peut dire que le choix d'un prince allemand eût été pour vous une garantie de régénération... Voyez-vous, la race latine est usée; elle a accompli de grandes choses, mais aujourd'hui ses destinées sont finies, et elle est appelée à s'amoindrir peu à peu jusqu'à disparition totale — en tant que collectivité. Les hommes d'État prévoyants des pays latins doivent devancer et diriger ce mouvement de transformation, au lieu de s'épuiser en efforts stériles pour empêcher une chose fatale... Notre prince sur votre trône vous eût infusé, sans violence et sans humiliation, un peu de la sève allemande. La race germanique est jeune, vigoureuse, aussi pleine de vertu et d'initiative que vous le fûtes autrefois. C'est aux peuples du Nord qu'appartient l'avenir, et ils ne font que débuter dans le rôle glorieux qu'ils sont destinés à remplir pour le bien de l'humanité...

« L'entretien prenait une tournure de plus en plus philosophique à mesure que les bouteilles se succédaient. M. de Bismarck en était à la quatrième : il s'échauffait en parlant et débitait des menaces hautaines d'un ton de bonhomie protectrice. Les deux secrétaires et mon lieutenant qui avaient pris place à la table semblaient fascinés ; l'éloquence du chancelier résonnait à leurs oreilles comme un clairon de bataille. Évidemment, il n'y avait pour moi, mortel égaré par hasard dans le sanctuaire où un dieu rendait ses oracles en personne, qu'un seul parti à prendre : le parti du silence. Ce silence calma peu à peu mon interlocuteur et fit changer le cours de l'entretien. On parla de différentes choses, mais, fatalement, nous étions ramenés au sujet palpitant : la guerre, et M. de Bismarck se rallumait ; il s'exprimait avec une animation qui semblait exclure toute idée de mystification ou de duplicité. D'ailleurs, je ne pouvais être, à ses yeux, un confident bien dangereux, et je suis persuadé que durant cet entretien, dont le souvenir m'est resté assez profondément gravé pour me permettre d'en garantir l'exactitude, le chancelier pensa tout haut. Après avoir parlé des événements de la campagne de Sedan, de la marche conquérante de l'armée confédérée, de la mission Burnside, de l'entrevue avec Jules Favre, etc., nous revînmes de nouveau à l'occupation de Paris : c'était la marotte du chancelier.

« — Ce n'est qu'à Paris, dit sentencieusement M. de Bismarck, que la paix peut être signée.

« — Avec qui ? osai-je demander ; il me paraît difficile que le gouvernement de la Défense, dont le programme a été si catégorique, puisse consentir à traiter sur les bases d'une cession territoriale.

« — Eh bien, nous occuperons Paris et la France aussi longtemps qu'il le faudra, et nous attendrons que le pays se constitue ; nous finirons bien par trouver un gouvernement avec qui traiter, *fût-ce celui de Robert Macaire* (1). L'essentiel pour nous est de faire la paix aux conditions que nous demandons en toute justice, et d'avoir des garanties sérieuses du traité. Le reste nous

(1) Ce mot et plusieurs autres du même genre ont tous les caractères de l'authenticité, car ils furent répétés par M. de Miranda à M. Chobert dès le surlendemain, et lorsque M. de Miranda ne se doutait pas qu'on allait l'envoyer en Prusse.

importe peu. Et d'ailleurs, qui nous dit que l'Empereur ne reviendra pas, ou tout au moins sa dynastie? Que peut lui reprocher la France? D'avoir été vaincu, en poursuivant le vœu le plus cher au pays : la conquête du Rhin... Je ne serais pas étonné de voir la majorité de la nation le rappeler... *Petit bonhomme vit encore!* ajouta le noble comte avec un de ces gros rires dont il a l'habitude de souligner ses effrayantes arrière-pensées. Il continua en s'adressant à son neveu et à M. de Hatzfeld :

« — A propos, je viens de recevoir une dépêche : *il arrive demain.*

« Le sens de ces dernières paroles m'échappa tout d'abord. Plus tard, lorsque j'appris l'arrivée à Versailles du général Boyer et ses entrevues avec M. de Bismarck, j'acquis la certitude qu'elles désignaient l'envoyé de Bazaine, l'homme qui avait servi d'intermédiaire dans l'intrigue nouée entre Metz, Hastings et Versailles. — Je crus devoir ajouter que, à nos yeux, l'annexion de l'Alsace et de la Lorraine ne pouvait, de toutes façons, laisser espérer une paix durable.

« — Dans tous les cas, répliqua M. de Bismarck, c'est la volonté du Roi... D'ailleurs, la paix, quelles que soient les conditions où elle se fasse, ne peut être qu'une trêve: la France est trop vaniteuse pour nous pardonner jamais ses défaites (1). Demain, nous consentirions à évacuer son territoire sans demander une indemnité que son amour-propre n'en souffrirait pas moins et qu'elle nous provoquerait à une guerre nouvelle aussitôt qu'elle le pourrait. Par conséquent, notre politique, dans l'intérêt de l'Allemagne comme de l'Europe entière, doit avoir pour but d'amoindrir le plus possible et de ruiner la France, de façon à la rendre incapable pour longtemps de troubler la paix générale.

« Ces paroles, d'une impitoyable logique, froidement exprimées, me donnèrent le frisson. A ce moment, je crus lire dans le livre du Destin l'arrêt sans appel qui condamnait la France. Il y eut un silence morne, après lequel je hasardai timidement cette objection :

« — Vous mettez toujours en avant, Monsieur le Comte, la volonté du Roi, et cependant l'Europe verra toujours en vous l'arbitre suprême de cette guerre.

« — En jugeant ainsi, l'Europe se tromperait ; mais je crois que c'est seulement en France que l'on pense si légèrement. Ce

---

(1) Les Allemands ont-ils pardonné celles que nous leur avons infligées? Ils n'oseraient pas le soutenir, mais ils affirmeraient gravement que ce désir de vengeance qui, chez nous, est une vanité, est chez eux un sentiment plein de noblesse qui ne mérite que l'admiration.

peuple indiscipliné, accoutumé à être le jouet des aventuriers politiques, ne peut comprendre notre respect pour la monarchie, notre organisation, la solidité de notre échelle hiérarchique. Chez nous, Monsieur, il n'y a d'autre volonté souveraine que celle du Roi ; seul le Roi *veut*, parce que seul il a le droit de vouloir. Quelque haut placé que je sois, je ne suis que l'instrument de sa volonté politique, comme les généraux sont les instruments de sa volonté militaire. Quand Sa Majesté émet une idée, je suis chargé de proposer les moyens de l'exécuter, et ma gloire consiste à réussir parfois dans cette tâche. D'ailleurs, en ce moment, mon action reste absolument subordonnée à celle des chefs d'armée... qui ne sont pas toujours de mon avis.

« L'entretien durait depuis trois heures. M. de Bismarck, faiblement secondé par son neveu, son secrétaire, le lieutenant et moi, venait d'achever la dernière bouteille de Romanée. Je demandai la permission de me retirer. M. de Bismarck m'accompagna jusqu'à la porte et me dit, en me remettant aux mains de son neveu :

« — On trouve difficilement à se loger à Versailles. J'ai donné l'ordre de vous faire préparer un appartement. Demain, je ferai mon possible pour obtenir de l'autorité militaire qu'elle vous délivre sans retard votre sauf-conduit.

« Je trouvai ma voiture à la porte ; l'ami Oswald, dans l'attitude correcte d'un bon domestique (1), se tenait à la portière, tandis que l'on chargeait les malles. Lui aussi avait eu à subir, à l'office, un interrogatoire aussi complet de la part des gens de Son Excellence. Cinq minutes plus tard, la voiture nous déposait au n° 18 de la rue Montbauron (2), où des appartements avaient été retenus « pour un personnage de distinction ». L'ordonnance qui m'avait accompagné dit au propriétaire :

« — Ayez soin de ce monsieur : c'est un grand personnage. Son Excellence a causé avec lui pendant trois heures et il vient de me donner vingt francs...

« Hélas ! ma grandeur n'allait pas tarder à déchoir d'une singulière façon ! »

En effet, le lendemain 13, le sauf-conduit promis par M. de Bismarck n'arriva pas, ce qui était mauvais signe. M. de Miranda passa le temps en parcourant Versailles. Ses impressions méritent d'être reproduites ; ce sont celles d'un témoin désintéressé, et malgré ce qu'elles peuvent avoir d'incomplet et de forcément superficiel, elles sont intéressantes :

(1) Un journaliste de Paris, nommé Oswald, avait profité du départ de M. de Miranda pour franchir avec lui la ligne d'investissement, en se faisant passer pour son domestique.
(2) Chez M. Chobert.

« La ville était morne, dit-il ; la terreur prussienne pesait sur elle ; les habitants se cachaient ou se glissaient dans les rues, silencieux et courbant la tête comme pour dérober à tous les yeux la honte que la servitude met au front des hommes. J'interrogeai l'un de ces passants. Il me dit que les réquisitions étaient écrasantes et la discipline imposée par l'ennemi fort sévère. Il me montra un numéro du journal de la localité, annonçant qu'il cessait de paraître, l'autorité prussienne lui ayant interdit la publication de tout article sympathique à la cause nationale, sous peine de quinze années de travaux forcés, à subir même après la paix ! Il ajouta que, néanmoins, la rigueur de la situation se trouvait quelque peu atténuée, grâce à un officier français, M. Franchet d'Espéray, qui, ayant connu dans sa jeunesse le Prince Royal, avait usé de sa protection pour se faire nommer commandant de la place, afin de rendre le plus de services qu'il pouvait à ses concitoyens.

« Une partie de la place du Château était convertie en parc d'artillerie. Le reste servait de place d'armes. J'y assistai à une parade : la tenue des troupes était aussi brillante, aussi peu négligée que s'il eût été question d'une revue passée aux *Linden* (1) de Berlin, et les mouvements s'exécutaient avec une admirable précision... A la répulsion bien naturelle que m'inspirait un système qui change les hommes en autant de rouages d'une machine à détruire leurs semblables, se mêlait une admiration forcée pour cet ingénieux mécanisme de la discipline prussienne. En présence de ces régiments supérieurement équipés et manœuvrant avec une régularité automatique, de ces canons enfermés dans des étuis en cuir, comme des instruments précieux d'un cabinet scientifique, il ne fallait plus s'étonner de la force prussienne ; mais, d'autre part, on ne pouvait se défendre d'un sentiment de colère contre un peuple qui abdiquait ainsi toute dignité, toute personnalité, pour servir une idée de violence. Tant de soldats et pas un seul citoyen, la condition de troupeau acceptée universellement sans la moindre idée de révolte : quelle infériorité dans cette puissance !

« La salle à manger de *l'hôtel des Réservoirs*, où j'allai déjeuner, était remplie d'officiers ; cet hôtel était le rendez-vous des gros bonnets de l'armée. Princes et généraux y foisonnaient, et les officiers de roture n'y osaient point paraître. Je vis, assis à une table, le général de Moltke, ayant, malgré son uniforme, plutôt l'aspect d'un aumônier que d'un chef d'armée ; puis une

---

(1) *Unter den Linden* (*Sous-les-Tilleuls*) est le nom d'une rue-avenue de Berlin, analogue, dans de moindres proportions, à notre avenue des Champs-Elysées.

kyrielle de princes plus ou moins souverains, portant tous très fièrement la livrée de la Prusse, marque de leur déchéance.

« Grâce à mon uniforme orné de la plaque d'Isabelle et à la croix de Saint-Jean-de-Jérusalem que je portais au cou, je pus trouver une place modeste dans un coin, non loin de la table où se trouvaient les généraux Burnside et Sheridan, dont l'intimité avec l'état-major prussien me frappa singulièrement et me fit voir clair dans certaines négociations qui avaient été pour les malheureux Français autant de duperies. »

Ainsi s'écoula la journée du 13. Le 14, dans la matinée, arrivèrent dans l'appartement occupé par M. de Miranda le commandant de place et M. de Treskow. Ils venaient lui faire subir un interrogatoire. M. de Miranda, quelque temps auparavant, avait publié et signé dans un journal de Paris un article dirigé contre l'ambition envahissante de la Prusse ; le numéro avait été envoyé à M. de Bismarck, qui s'aperçut alors qu'il avait donné trop légèrement l'hospitalité de sa table et de ses confidences, et qui s'en vengeait.

L'interrogatoire terminé, le général dit à M. de Miranda, dont nous citons de nouveau le récit gaiement pittoresque :

« — Je vais rendre compte de vos explications à M. de Bismarck, qui est fort en colère de vous avoir reçu et d'avoir causé si longuement avec un ennemi. Je vous prie de me donner votre parole d'honneur de ne pas quitter cet appartement jusqu'à notre retour.

« Je donnai ma parole, en priant le général de rassurer M. de Bismarck sur mon compte. L'aide de camp Treskow, petit bonhomme à l'uniforme râpé, l'air obséquieux et fourbe, et dont les façons mielleuses étaient d'autant moins sympathiques qu'elles s'efforçaient d'être plus prévenantes, sortit derrière son maître, en me faisant force révérences : il ne savait pas encore s'il avait devant lui un prisonnier d'État pur et simple ou un étranger de qualité que la colère du grand chancelier serait forcé d'épargner. Aussitôt, nous tînmes conseil, Oswald et moi. Il n'était rien moins que rassuré sur le dénouement de cette aventure. J'essayai de le tranquilliser et le priai d'aller explorer les alentours de notre logement, transformé pour moi en prison. Il rentra au bout de quelques secondes et me dit que l'homme à barbe rousse arpentait le vestibule de la maison. Je m'approchai de la fenêtre, et je reconnus, posté dans la rue, un autre familier de la chancellerie. Cette façon d'être prisonnier sur parole me parut originale, et je pris bonne note de ces précautions dont les Prussiens croient devoir renforcer un engagement d'honneur. Pourtant, l'idée d'une évasion ne me vint pas. La journée s'écoula ainsi. Plus je réfléchis, plus j'acquis la certitude que mon arrestation était le résultat d'un rapport arrivé de Paris, avec le numéro du journal comme pièce à conviction. Voyant que ma captivité se prolongeait, je fis prier le propriétaire de la maison de m'envoyer quelque nourriture, en l'informant de ma situation. M. Chobert, que je ne connaissais d'aucune façon, que je n'avais même point rencontré depuis mon installation chez lui, se mit courageusement à ma disposition, me pria d'accepter une place à sa table, et, en attendant l'heure du dîner, sortit pour glaner quelques nouvelles.

« Il revint bientôt, et m'apprit qu'un général français, arrivé tout récemment, était en conférence avec M. de Bismarck; que M. Gambetta, sorti de Paris depuis cinq jours, était arrivé à Tours, et qu'il y avait publié une proclamation où les forces de Paris étaient énumérées; M. Chobert avait même copié quelques chiffres sur son portefeuille.

« Soudain, un grand bruit se fit entendre dans l'escalier; la porte s'ouvrit avec fracas et les crosses de fusils résonnèrent dans l'antichambre.

« Deux officiers m'attendaient au salon; l'un était M. de Treskow, qui avait échangé son attitude pateline du matin contre une autre parfaitement insolente. L'autre se distinguait surtout par un énorme hausse-col suspendu au cou à l'aide d'une forte chaîne et s'étalant d'une façon ridicule sur sa maigre poitrine. Quand l'homme marchait, cette ferblanterie s'agitait avec un grincement pareil à celui des girouettes rouillées. Ce personnage, que le lieutenant Treskow qualifiait d'officier de gendarmerie, était absolument fantastique : une figure décharnée, des yeux de hibou et un nez crochu surmonté d'une paire de lunettes d'or; de longs bras ballants avec des mains qui rappelaient les pinces du homard; des jambes grêles, battues par une épée longue et mince comme une broche. Ce type d'alguazil eût fait l'honneur de feue notre inquisition.

« En entrant, M. de Treskow me salua par cette phrase toujours fort désagréable aux oreilles de ceux à qui elle est adressée :

« — Monsieur, vous êtes notre prisonnier !...

« — Parfaitement, Monsieur; je crois inutile de vous demander des explications; toutefois, puis-je savoir, en deux mots, de quoi l'on m'accuse?

« — Oh! de beaucoup de choses, mais il n'entre pas dans mes instructions de vous les détailler.

« — Je vous ferai remarquer, cependant, que je suis étranger, fonctionnaire d'un Etat neutre, porteur de papiers en règle, et qu'en m'arrêtant on commet une violation flagrante du droit des gens.

« — Allons, allons, pas d'explication ! glapit alors le monsieur qui accompagnait Treskow, et me mettant la main au collet, selon l'antique coutume des sbires, il me poussa dehors.

« — Monsieur est officier de gendarmerie et chargé de vous arrêter, dit Treskow, comme pour justifier la violence de son compagnon.

« — Je m'en aperçois.

« — Il voudrait aussi visiter vos effets.

« — Je n'ai rien à refuser à cet aimable gentleman.

« Je me dégageai de l'étreinte du gendarme, et entrant dans ma chambre à coucher, je remis mes effets, mon argent, mes papiers et mes clefs. L'homme de police poussait parfois de petits cris qui ressemblaient à des jappements et exprimaient sans doute la satisfaction qu'il avait de remplir ses fonctions. Comme je mettais de l'empressement à lui livrer tout, il se plaignit amèrement à Treskow de ce procédé ; il tenait absolument à opérer lui-même et à faire de la violence ; il voulait saisir et non recevoir. Cette engeance se reconnaît dans tous les pays du monde. Voyant que j'avais affaire à un amateur qui avait élevé la perquisition à la hauteur d'un art, je laissai cet homme fouiller à son aise dans mes papiers, déplier mes chemises, fourrer son nez et ses doigts crochus dans les coins les plus intimes de ma malle, mettre à son oreille les boîtes de toilette pour en interroger le creux, retourner les poches des vêtements que j'avais sur moi et promener sa patte investigatrice tout le long de ma personne.

« M. de Treskow, pendant cette opération, tâchait, par des discours bien sentis, de me faire sonder la profondeur de mes forfaits : oser être l'ami des ennemis de la Prusse !...

Rien que la mort n'était capable, etc.

« Cependant, le gendarme n'avait pu, malgré les plus louables efforts, découvrir rien de suspect : cela ne pouvait pas se passer ainsi. On appela Barberousse qui rôdait depuis longtemps aux alentours, et l'on tint conseil dans le vestibule. Soudain, j'entendis de grands cris de joie ; mes gens venaient de faire une trouvaille chez le propriétaire (1) : le carnet où se trouvaient inscrits les fameux chiffres de la proclamation Gam-

---

(1) Sur sa personne même, M. Chobert fut soumis aux mêmes perquisitions que M. de Miranda ; on le prit au collet et on le fouilla avec le même cynisme de brutalité.

betta. Ordre immédiat de s'emparer de la personne de M. Chobert, fort étonné, cela se conçoit.

« Ils revinrent sur moi comme des chiens.

« — Ah ! ah ! très bien. Nous vous tenons enfin ! Nous avons trouvé vos notes ; vous venez espionner notre armée : « 1,200 ca« nons, 400 coups par pièce. » Parfait. Canaille ! traître ! vous serez fusillé demain.

« A toutes ces invectives, je répondis un seul mot — que Victor Hugo a osé écrire en toutes lettres — et je me laissai emmener.

« Le bon gendarme me dit d'enlever la plaque d'Isabelle que je portais. Sur mon refus, il se chargea de l'arracher lui-même de mon uniforme avec la violence ordinaire. Le sang me monta à la face et je fus sur le point de sauter à la gorge de ce misérable. Très heureusement, une seconde de réflexion m'arrêta. On me fit entrer dans une voiture, en compagnie de Treskow, du gendarme et du premier mouchard de la chambre de M. de Bismarck. Deux autres argousins se chargèrent de M. Chobert et d'Oswald, qui partageait ma mauvaise fortune. On me jeta dans un cachot cellulaire de la prison de Versailles et on m'y laissa au secret. »

Le lendemain à 4 heures, M. de Miranda partait pour Mayence. M. Chobert, qui avait été également enfermé dans une cellule, sortit de prison à 5 heures du soir. Selon l'usage suivi par les Prussiens avec leurs prisonniers, il avait été laissé sans nourriture, et c'est à M. Hardy qu'il dut de pouvoir prendre un repas. Dans la journée, M. Barbier, son beau-frère, qui, la semaine précédente, avait été incarcéré aussi justement, et M. Franchet d'Espéray, avaient fait des démarches auprès du général, qui donna l'ordre de mise en liberté. M. de Miranda, de son cachot, avait écrit lui-même une lettre dans laquelle il protestait contre l'emprisonnement de son hôte.

Les incidents de cette arrestation méritaient d'être reproduits dans tous leurs détails, parce qu'ils peuvent servir de type pour les arrestations du même genre qui se reproduisirent sans cesse à Versailles. Sauf des variantes peu importantes, la scène présentait toujours la même brutalité insolente, le même mépris audacieux de toutes les règles du droit, la même violence mêlée de duplicité.

15 octobre. — Le 15, une surprise fut offerte par M. de Brauchitsch aux Versaillais : on vit apparaître un petit journal portant pour titre : « *Le Nouvelliste*, journal quotidien politique. » Cette feuille, rédigée en français ou à peu près, était destinée à servir de *Moniteur* à la préfecture prussienne de

Seine-et-Oise. Pour porter à la connaissance du public les actes et les nouvelles qu'il jugeait à propos de publier, M. de Brauchitsch aurait de beaucoup préféré se servir d'un des journaux qui existaient à son arrivée; mais devant les conditions qui leur avaient été faites, tous avaient successivement renoncé à paraître, après avoir lutté inutilement pour faire respecter leur indépendance. M. de Brauchitsch, dans son discours au Conseil, avait pourtant dit qu'il voulait respecter la liberté de la presse; mais il en était de cette promesse comme de toutes celles du même genre que faisait l'autorité prussienne : c'était un leurre hypocrite jeté à notre crédulité pour tâcher de nous duper et nous amener par la ruse à des actes que le patriotisme le plus élémentaire ne pouvait accepter. *Le Journal de Versailles*, la *Concorde* et *l'Union libérale et démocratique* disparurent donc successivement, et le 15, M. de Brauchitsch put remplacer toutes les feuilles versaillaises, trop rétives pour lui, par une feuille d'une docilité complète, car elle se rédigeait dans ses bureaux, sous la direction d'un nommé Levysohn, ancien correspondant parisien d'un journal allemand.

Ce n'est pas sans regret que les journaux versaillais avaient cessé leur publication, car il eût été bien désirable de conserver pour les habitants un moyen d'information sûr qui les aurait empêchés d'être dupes des faux bruits qui couraient chaque jour par la ville. Mais après de longues négociations, après avoir fait toutes les concessions exigées par l'état de guerre et compatibles avec la dignité, il avait bien fallu reconnaître que l'autorité prussienne, sur ce point comme sur les autres, entendait établir le régime militaire absolu, c'est-à-dire introduire dans la vie civile française la discipline de ses casernes.

Les pièces suivantes, échangées à ce sujet entre M. de Brauchitsch et *l'Union libérale*, donnent d'utiles renseignements sur la façon dont l'autorité prussienne entendait le respect de la liberté de la presse.

Avant même l'arrivée de M. de Brauchitsch, M. le Dr Hassel, qui avait été amené de Berlin par le Prince Royal pour s'occuper pendant la campagne de toutes les questions de ce genre, s'était introduit doucement dans les bureaux de *l'Union* et avait offert un récit, rédigé par lui, d'un des combats livrés autour de Paris. Mais ce n'était là qu'une première reconnaissance tentée du côté de la presse par un volontaire plein de zèle. L'attaque sérieuse ne devait pas tarder. M. de Brauchitsch, le jour même où il se présenta au Conseil municipal, convoqua les gérants des journaux et leur fit connaître ses intentions, qui le lendemain furent communiquées officiellement à *l'Union libérale* sous la forme suivante :

PRÉFECTURE
du département
DE SEINE-ET-OISE
.......Division.

Versailles, le 4 octobre 1870.

Monsieur,

J'ai l'honneur de vous envoyer mes propositions suivantes :
Le journal :
L'Union libérale et démocratique de Seine-et-Oise peut continuer de paraître en remplissant les conditions suivantes :

1º Ne rien écrire contre la Prusse, ni contre l'Allemagne en général, ni contre les armées alliées ; ils traiteront de politique comme ils le voudront ;

2º Insérer gratuitement les articles donnés par mon ordre ou par les ordres des autorités militaires, ainsi que les annonces et avis provenant de moi et des autorités militaires ;

3º Envoyer gratuitement deux exemplaires pour moi ;

4º Pour les contraventions quand ils me donnent sujet à des plaintes, une amende, la première fois de cent francs, la seconde de deux cents francs, et la troisième fois, il y a suspension ;

5º Vendre des exemplaires dans les rues.

Ayez la bonté de me faire connaître votre opinion sur ce sujet.

L'opinion des rédacteurs du journal fut bientôt faite, et la réponse suivante fut adressée à M. de Brauchitsch :

Versailles, 4 octobre 1870.

A Monsieur l'Intendant civil.

Le Conseil de *l'Union libérale et démocratique*, après avoir pris connaissance des conditions que Monsieur l'Intendant civil lui a communiquées, a décidé que le journal cesserait de paraître.

M. de Brauchitsch ne s'attendait pas à une décision aussi prompte et aussi nette : il chercha alors à négocier ; il lui semblait maladroit de supprimer un journal dès les premiers jours de son entrée en fonctions ; il avait d'ailleurs pour politique de maintenir autour de lui le plus possible de vie locale, et pour cela, il ne fallait point en venir tout de suite aux mesures de rigueur. Dans une conversation avec un employé qui remplissait alors les fonctions d'administrateur du journal, il feignit d'abord d'être offensé : « Il ne comprenait pas, disait-il, com-
« ment ces messieurs avaient pu lui écrire une lettre aussi peu
« polie, à la troisième personne. On n'écrirait pas ainsi à son
« valet de chambre ! » Il ajouta cependant qu'il ne voulait pas considérer l'affaire comme terminée ; dans une explication verbale, dit-il, les difficultés s'aplaniraient sans doute, et il exprima le désir que « l'un de ces messieurs du journal » voulût bien se rendre à la Préfecture pour conférer avec lui.

Deux des rédacteurs, MM. Bersot et Scherer, furent délégués pour se rendre à cette conférence. M. de Brauchitsch, avec la subtilité insidieuse qu'il avait toujours à sa disposition, essaya de démontrer que les conditions qu'il avait posées n'avaient rien qui ne fût acceptable. On voyait qu'il avait un grand désir qu'un journal français continuât à paraître dans le département qu'il administrait, afin de pouvoir tirer parti de son existence pour établir combien la Prusse est généreuse et libérale dans la victoire; d'un autre côté, il entendait bien se servir de ce journal dans l'intérêt prussien ; il fallait donc tâcher de faire tomber les rédacteurs de *l'Union* dans quelque piège, en leur promettant une certaine liberté, mais en exigeant d'eux, en revanche, la promesse de publier les articles qui leur seraient envoyés par l'autorité allemande. On aurait ainsi un journal d'un caractère assez ambigu pour qu'il fût possible de soutenir que la Prusse avait, au quartier général même, respecté la liberté de la presse. Cette ruse échoua devant la clairvoyante fermeté de MM. Bersot et Scherer. Ils ne consentirent pas à entrer dans les compromis que leur proposait M. de Brauchitsch, et, résistant à tous les arguments qui leur étaient présentés, ils se réservèrent le droit entier et absolu de refuser l'insertion des pièces communiquées par les autorités allemandes, toutes les fois qu'ils le jugeraient convenable.

« C'est la guerre, alors ! répliqua avec irritation M. de Brauchitsch.

— Non, c'est l'indépendance.

— Eh bien ! soit, mais c'est l'indépendance à vos risques et périls.

— C'est bien comme cela que nous l'entendons. Le jour où il le faudra, nous cesserons de paraître; mais tant que nous paraîtrons, nous resterons libres. »

Ainsi s'était terminé l'entretien, qui, déconcertant les projets de M. de Brauchitsch, n'avait en rien modifié la situation déjà existante; car, dès le 2 octobre *l'Union*, en annonçant l'arrestation de M. Jeandel, avait ajouté : « Nous persistons à paraître, malgré les circonstances que les événements nous ont faites. Nous publierons tous les faits que la population a intérêt à connaître ; quant aux réflexions qu'ils peuvent nous inspirer, nous ne dirons pas tout ce que nous voudrions dire, *mais nous ne dirons que ce que nous voudrons.* »

Le numéro du 9 octobre fut composé conformément à cette ligne de conduite. Avec un remarquable article de M. Scherer sur l'impossibilité de la restauration bonapartiste que méditait M. de Bismarck, il renfermait des fragments du récit de l'entrevue de Ferrières, que M. Jules Favre venait de donner dans une circulaire diplomatique ; on avait eu soin de supprimer de ce document toute la partie purement polémique, dans laquelle M. Jules Favre tâchait de démontrer combien étaient inacceptables les conditions mises par M. de Bismarck à la signature d'un armistice.

Le 8 octobre, on pliait ce numéro, qui allait paraître, lorsque le secrétaire de M. de Brauchitsch se présenta dans les bureaux, porteur de la lettre suivante :

PRÉFECTURE
 DE
SEINE-ET-OISE
—Division.
—Bureau.

N°
—

Versailles, le 8 octobre 1870.

Monsieur,

Dans le n° 80 de « l'Union libérale » de jeudi 6 octobre, j'ai lu à la fin que vous donneriez dans votre prochain numéro une analyse et des extraits du rapport de M. Jules Favre au Gouvernement de la Défense nationale sur ses démarches auprès du Gouvernement prussien.

Je ne peux permettre cela qu'avec la condition d'insérer en même temps la dépêche-circulaire adressée par M. le comte de Bismarck, chancelier fédéral, aux représentants de la Confédération de l'Allemagne du Nord à l'étranger, datée de Ferrières, le 27 septembre 1870, qui est imprimée dans la Correspondance de Berlin, n° 114, ci-jointe.

Le Préfet du département de Seine-et-Oise.
Par autorisation :
FORSTER,
Reglerungs-assessor.

Un des rédacteurs se rendit aussitôt chez le signataire de cette lettre et lui exposa : 1° qu'il était impossible d'insérer la circulaire de M. de Bismarck dans le numéro du jour, attendu que la distribution et la vente en étaient déjà commencées ; 2° que la rédaction du journal ayant volontairement évité, dans l'analyse qu'elle avait donnée du rapport de M. Jules Favre, de mentionner les parties qui pouvaient donner lieu à contestation de la part de M. de Bismarck, il lui était impossible d'insérer une réponse qui s'adressait exclusivement à des passages volontairement omis dans l'analyse ; 3° que, d'ailleurs, l'injonction de M. de Brauchitsch était manifestement en désaccord avec ce qui avait été convenu précédemment entre les rédacteurs et lui. M. Forster, invité à prendre connaissance de l'analyse et des extraits du rapport de M. Jules Favre, déclara n'y rien trouver de répréhensible.

Mais, le surlendemain matin, le D' Hassel revenait avec l'ordre exprès de M. de Brauchitsch de publier *in extenso* la dépêche-circulaire de M. de Bismarck.

Les raisons de refus qui avaient été déjà exposées de vive voix à M. Forster furent alors envoyées par écrit à M. de Brauchitsch.

La réponse ne tarda pas à venir. En voici le texte :

CABINET
DU CONSEILLER D'ÉTAT
Préfet de Seine-et-Oise

Versailles, le 10 octobre 1870.

Messieurs,

En réponse à votre lettre du 10 octobre, dans laquelle vous me faites part de l'impossibilité d'adhérer à la demande de M. le docteur Hassel, je me vois obligé de vous signifier les conditions que je crois devoir vous imposer.

Je vous donne l'ordre formelle de paraître demain ou après-demain au plus tard, et je désire que vous insériez dans votre journal le rapport complet de Monsieur le comte de Bismarck.

Si vous ne vouliez pas absolument adhérer à ma demande, soit en ne faisant pas paraître votre journal, ou soit, tout en le faisant paraître, en n'y insérant pas ce que je vous demande, je me verrai obligé à condamner chacun de vous à une amende de 1,000 fr. au moins.

Il est bien entendu que les personnes qui auraient à supporter l'amende seraient MM. Scherer, Edmond, et Ernest Berset, tous les deux membres du conseil du journal.

Pour le Préfet et par autorisation :
FORSTER,
Assesseur de régence.

Aux promesses de respect de la liberté de la presse avaient, on le voit, succédé promptement des menaces d'amende : l'autorité prussienne parlait là le véritable langage qui lui convenait et qui lui était le plus naturel. *L'Union*, dans un dernier numéro, publia la circulaire de M. de Bismarck, mais en même temps elle publia à côté, et cette fois *tout entière*, la circulaire de M. Jules Favre. Le document français répondait ainsi dans le même numéro au document prussien. En tête du journal était inséré l'avis suivant :

Jusqu'à nouvel ordre, *l'Union libérale et démocratique de Seine-et-Oise* a décidé de cesser de paraître.

Le rédacteur du *Journal de Versailles*, M. Jeandel, avait été emprisonné et avait reçu l'ordre de suspendre sa publication ; *la Concorde* avait également cessé de paraître, après avoir payé une amende. Il n'y avait plus de journaux à Versailles.

M. de Brauchitsch avait échoué dans ses tentatives pour transformer adroitement quelque journal français en feuille semi-officielle de sa « préfecture », et il avait été forcé, « à son grand regret », d'user de sévérité quand il désirait tant, encore une fois, n'avoir qu'à montrer toute sa bienveillante douceur. Il résolut alors de publier ce qu'il appela *le Nouvelliste*, car il lui fallait absolument un journal, et plutôt que de n'en pas avoir, il aima mieux ouvertement en faire un lui-même. L'État prussien a en effet trop d'expérience et est trop au courant de la science politique pour ne pas connaître et apprécier la puissance et les ressources variées de la presse bien administrée. Dans les préparatifs si complets de la guerre contre la France, la presse avait été mise au nombre des engins de combat qui devaient être employés à l'occasion et au moment opportun. Le maniement de cet engin spécial avait été confié aux « préfets ». M. de Brauchitsch sut, pour sa part, à Versailles, le diriger sinon avec habileté et finesse, du moins avec un zèle sincère.

Le premier numéro du *Nouvelliste* était un échantillon de bon aloi; il donnait une idée assez exacte de ce que devait être la publication tout entière. Il débutait par le récit d'un combat dans lequel les pertes des Français étaient présentées comme très considérables, tandis que les pertes des Prussiens étaient « relativement petites ». Il se continuait par une série de nouvelles et d'extraits de journaux qui avaient tous pour but de démontrer, d'une part, le bon sens et la magnanimité germaniques, et, d'autre part, la folie et la dépravation de la nation à laquelle la Prusse se voyait contrainte d'enlever deux provinces, et cela, non pas du tout par un vulgaire esprit de conquête ou par désir d'agrandissement, mais uniquement dans un grand intérêt public européen et pour sauvegarder la paix de l'avenir. Cette démonstration devait faire le fond de la polémique de cette feuille. En même temps, elle s'appliquait avec grand soin à recueillir et à publier toutes les nouvelles plus ou moins authentiques qui tendaient à présenter Paris ou les grandes villes de France comme livrées à l'anarchie et à la démoralisation. Nous citerons, à leur date, les passages les plus curieux du journal de M. de Brauchitsch.

On devine facilement quels sentiments de dégoût et de mépris devait inspirer à la population versaillaise une pareille feuille. Le rédacteur, en n'y réunissant que ce qu'il jugeait propre à nous humilier et à nous attrister, en omettant absolument tout ce qui était en notre faveur, trahissait trop la pensée qui l'inspirait, et par excès de zèle, il dépassait le but sans l'atteindre. Cependant M. de Brauchitsch, pour être sûr que son journal fût lu, le fit afficher à tous les coins de la ville; mais aussitôt des mains inconnues tracèrent dessus, au charbon, ces mots: *Mensonges Bismarck et Cie*, ou d'autres paroles beaucoup plus énergiques, et que les Allemands eux-mêmes comprenaient fort bien, car il est remarquable que lorsqu'ils ne savent que quelques mots de notre langue, ceux qu'ils aiment à répéter en les épaississant sont justement ceux que nous ne prononçons pas et que nous dissimulons par des initiales. Ces épithètes pittoresques et ces substantifs populaires, ainsi ajoutés chaque jour à sa publication, irritèrent fort M. de Brauchitsch, et il posta auprès du *Nouvelliste* des limiers de sa police secrète. Plusieurs arrestations furent faites, mais elles ne suspendirent pas la verve des critiques anonymes, qui continuèrent à témoigner, par des inscriptions variées, des sentiments que cette feuille inspirait à la population. Quelques officiers allemands convenaient eux-mêmes devant leurs hôtes que le journal de M. de Brauchitsch était souvent assez ridicule et qu'il était impossible d'y chercher des renseignements sur la situation vraie des choses ; mais ils excusaient le rédacteur à leur manière en disant : « Le journal est rédigé spécialement pour nos avant-postes. » Et, en effet, il y était très répandu. A ce point de vue, s'il était utile de mentir pour encourager les Allemands à supporter patiemment les obus des Parisiens, le *Nouvelliste* était fort bien fait.

Ce petit pamphlet quotidien ne suffit pas au besoin de publicité qui tourmentait M. de Brauchitsch. Ayant, dans ses explorations des Archives, découvert des livraisons du *Recueil administratif* que publiait la préfecture de Seine-et-Oise, il vit là pour lui un nouveau moyen de continuer le rôle de préfet français qu'il lui était recommandé de jouer avec le plus de vraisemblance possible. En même temps que *le Nouvelliste* parut donc le *Recueil officiel du département de Seine-et-Oise*, qui, pour le format et l'impression, était calqué sur le Recueil habituel. Cette nouvelle publication fut le digne pendant du *Nouvelliste* ; elle avait surtout pour but d'aider au recouvrement des contributions, opération financière que M. de Brauchitsch était alors en train de préparer et qui était la seule raison sérieuse de son existence.

La première livraison du *Recueil officiel* de M. de Brauchitsch portait en tête l'avis suivant :

AVIS

Je préviens le public qu'à dater de ce jour, je ferai paraître un *Recueil officiel* de tous les actes officiels et administratifs allemands.

Ce Recueil sera adressé à MM. les Maires des chefs-lieux des cantons, lesquels devront à leur tour en expédier à MM. les Maires des communes de leurs cantons.

Chaque Maire en particulier devra alors s'arranger de manière à ce que ce Recueil soit non seulement affiché à la Mairie, mais aussi répandu dans toute sa commune, chez les restaurateurs, hôteliers et cafetiers.

Toutes les communes du département seront tenues de s'abonner à ce Recueil aux frais de la caisse communale, ainsi que tous les restaurateurs, hôteliers et cafetiers du département. Le prix de l'abonnement sera fixé à 2 francs par mois (1).

Le Maire de chaque commune sera chargé d'opérer le versement jusqu'au 20 de chaque mois. Le versement du mois d'octobre devra donc être opéré à la caisse de la Préfecture, au bureau du secrétariat, à M. Schmith, avant le 20.

En cas où les versements ne s'opéreraient pas régulièrement, la commune ou ses habitants abonnés seraient frappés d'une sérieuse amende.

En cas de refus d'abonnement, les hôteliers, restaurateurs, cafetiers seraient tenus de fermer leurs magasins aussitôt, et les Maires suspendus immédiatement de leurs fonctions.

Dès lors, les Maires qui voudraient que, dans l'intérêt de leur administration, certains articles fussent insérés dans le *Recueil officiel*, devront me les expédier à seule fin que je décide s'ils devront ou non être mis sous les yeux du public.

Versailles, le 11 octobre 1870.

Le Préfet de Seine-et-Oise,
DE BRAUCHITSCH.

Après cette introduction qui, par les pénalités si absurdes qu'elle édictait, témoignait du prix que M. de Brauchitsch attachait à son Recueil, le numéro se continuait par une série de pièces officielles dont plusieurs étaient déjà connues. La première était la proclamation du Prince Royal que nous avons reproduite et dans laquelle la peine de *mort*, appliquée « immédiatement », avait été annoncée comme étant la seule qui dût être employée contre les Français non soldats, coupables de résistance aux troupes allemandes. Cette proclamation avait déjà été affichée, mais les Prussiens jugeaient bon de ne pas la laisser oublier. Menacer de mort les Français était une des satisfactions qui avaient pour eux le plus d'attrait. A cette ancienne proclamation était jointe, comme commentaire explicatif, la pièce suivante :

Le Commandant en chef,

Porte à la connaissance des habitants de l'arrondissement que tout prisonnier, pour être traité comme prisonnier de guerre, doit justifier de sa qualité de soldat français, en établissant que, par un ordre émanant de l'autorité légale et adressé à sa personne, il a été appelé au drapeau et porté sur les listes d'un corps militairement organisé par le Gouvernement français; en même temps, sa qualité de militaire, faisant partie de l'armée active, doit être indiquée par des insignes militaires et uniformes inséparables de sa tenue, et reconnaissables à l'œil nu à portée de fusil.

Les individus qui auront pris les armes en dehors d'une des conditions ci-dessus indiquées ne seront pas considérés comme prisonniers de guerre. Ils seront jugés par un conseil de guerre, et s'ils ne se

---

(1) Le Recueil français était distribué gratuitement, mais M. de Brauchitsch entendait ne perdre aucune occasion de faire une nouvelle recette.

sont pas rendus coupables d'une action qui entraîne *une punition plus grave*, condamnés à dix années de travaux forcés et détenus en Allemagne jusqu'à l'expiration de leur peine.

Deux autres documents nous annonçaient que, au-dessus de M. de Brauchitsch, le département avait encore pour administrateurs :

1° Le grand-duc de Mecklembourg-Schwerin ;
2° Le prince de Hohenlohe ;
3° Le comte de Tauffkirchen.

Ces grands personnages, habitant Reims, ne se firent jamais connaître à nous que par des proclamations qui n'avaient rien d'original : toutes les pièces de ce genre avaient toujours le même sens hypocrite ; les administrateurs voulaient bien assurer de leur « bienveillance » les Français qui se soumettraient docilement à toutes leurs volontés ; pour les autres, un paragraphe spécial et final était destiné à faire luire à leurs yeux les canons de fusil d'un peloton d'exécution.

Voici ces deux pièces :

Sa Majesté le roi de Prusse, Généralissime des armées allemandes, m'a nommé gouverneur général des départements occupés par les troupes alliées et qui ne sont pas placées sous l'autorité des Gouvernements généraux de Lorraine et d'Alsace.

Résolu de m'acquitter de ma tâche difficile avec autant de fermeté que de bienveillance, je désire l'assistance de la population entière pour me mettre en état de concilier le plus possible l'action du Gouvernement avec le bien-être des habitants de ces contrées.

En face d'une position dont chacun sent tout le sérieux, j'ai le droit d'attendre que tous réuniront leurs efforts aux miens, afin de m'épargner des mesures auxquelles, sans ce concours, je pourrais être forcé de recourir.

Reims, le 27 septembre 1870.

Le Gouverneur général,
FRÉDÉRIC-FRANÇOIS,
Grand-Duc de Mecklembourg-Schwerin,
Commandant du 13e corps d'armée.

Proclamation.

Sa Majesté le roi de Prusse, Généralissime des armées allemandes, a daigné nommer les soussignés ses Commissaires civils près le Gouvernement général, siégeant à Reims.

Appelés à diriger l'Administration civile de tous les départements de la France qui se trouvent occupés par nos troupes, à l'exception de ceux qui font partie des Gouvernements généraux de l'Alsace et de la Lorraine, nous tâcherons de leur alléger, par une distribution égale, les fardeaux de l'occupation.

Nous ferons ce qui sera en notre pouvoir pour faire rendre justice à toute plainte fondée, pour raviver le commerce et l'industrie, pour rétablir les communications.

Nous y parviendrons à mesure que les populations, les municipali-

tés, le clergé, les administrations, les sociétés industrielles nous prê-
teront leur concours.

Donné à Reims, le 27 septembre 1870.

CHARLES, prince DE HOHENLOHE.
CHARLES, comte DE TAUFFKIRCHEN.

A côté de ces proclamations, M. de Brauchitsch plaça de nouveau la sienne, du 1er octobre, en la débarrassant de quelques fautes de français qui la déparaient dans sa première forme et qu'un ami sincère lui avait sans doute signalées. Il l'accompagna des avis suivants :

AVIS

Je préviens le public que je reçois tous les jours, de 9 heures à midi, les dimanches et jours de fêtes exceptés.

Les personnes qui désireraient une audience particulière hors de ces heures pourront en faire la demande par écrit, en ayant soin d'indiquer l'objet dont elles veulent m'entretenir.

Versailles, le 5 octobre 1870.

Le Préfet de Seine-et-Oise,
DE BRAUCHITSCH.

AVIS

Le Préfet de Seine-et-Oise prévient le public que toute personne ayant le désir d'obtenir un sauf-conduit devra se présenter à la Préfecture, munie d'un certificat de bonne conduite où sera relaté son âge, profession et demeure.

Lequel certificat, donné par un Maire de petite commune, devra être légalisé de nouveau par un Maire de chef-lieu de canton.

Versailles, le 11 octobre 1870.

Le Préfet de Seine-et-Oise,
DE BRAUCHITSCH.

Il réimprima également l'avis du 27 septembre relatif à la libre circulation des denrées ; mais tous ces avis et proclamations étaient peu importants à côté de deux arrêtés qui étaient la partie capitale du *Recueil* et qui le terminaient.

Ces deux arrêtés étaient ainsi conçus :

Préfecture de Seine-et-Oise.

ARRÊTÉ

Versailles, le 10 octobre 1870.

Nous, Préfet de Seine-et-Oise,

Après avoir destitué les Sous-Préfets du département parce qu'ils se sont refusés de fonctionner sous mon autorité, et considérant qu'il est nécessaire d'assurer l'exercice des divers services publics, ainsi que la prompte et complète exécution des décisions officielles dans toutes les communes du département ;

Arrêtons :

Article premier. — Les Maires des chefs-lieux des cantons du département sont délégués pour faire exécuter, dans toutes les communes rurales de leurs cantons respectifs, les décisions de l'autorité supérieure concernant l'administration publique et le recouvrement des impôts.

Article 2. — Le présent arrêté sera publié et affiché par les soins des Maires des chefs-lieux de canton dans toutes les communes de leur canton.

*Le Préfet du département
de Seine-et-Oise,*
DE BRAUCHITSCH.

ARRÊTÉ

Versailles, le 10 octobre 1870.

Nous, Préfet du département de Seine-et-Oise,

Considérant que, par suite des incidents de la guerre, la perception des contributions directes, d'après les lois françaises, a été interrompue depuis le mois de septembre, et que la continuation de cette perception dans les formes prescrites, d'après les institutions accoutumées, a été rendue impossible par le départ des employés supérieurs de l'administration financière française;

Considérant, en outre, que le rétablissement nécessaire de l'ordre légal et des administrations dans les parties de la France occupées par les armées allemandes exigent *(sic)* beaucoup d'espèces qui devront être fournies sans retard;

Avons arrêté et arrêtons ce qui suit :

Article premier. — Vu la présente situation, à dater du 1er octobre courant, la perception des contributions directes, fixée d'après les lois françaises, est provisoirement suspendue et sera continuée d'après le mode suivant.

Article 2. — Le Maire de chaque commune aura à percevoir, dans les premiers jours de chaque mois, un douzième de la somme fixée pour sa commune, dans l'état du montant des rôles généraux des contributions foncière, personnelle-mobilière, des portes et fenêtres et des patentes, pour l'exercice 1870, qui a été approuvé par M. Cornuau, alors préfet de Seine-et-Oise, et par le directeur des contributions directes, en date du 24 avril 1870. Cette somme devra être versée, le 10 de chaque mois, au Maire du chef-lieu de canton, qui devra faire le versement le 15 du même mois à la Caisse générale du département établie à la Préfecture de Versailles, chez M. le secrétaire Schmith.

Pour le mois d'octobre courant, la somme répartie à chaque commune doit être versée le 20 du mois courant, aux Maires du canton, et les Maires des cantons de l'arrondissement de Versailles sont tenus d'en effectuer le versement à la Caisse générale du département le 25 octobre, ceux de Corbeil le 26, ceux d'Etampes le 27, ceux de Mantes le 28, ceux de Pontoise le 29, et enfin ceux de Rambouillet le 30, entre 9 heures du matin et midi et demie.

Article 3. — Les communes sont responsables pour la rentrée de leurs contributions totales réparties à la Caisse générale du département. Elles devront suppléer aux contributions qui pourraient manquer, vu l'absence de certains habitants, sauf plus tard à se les faire rembourser.

Article 4. — Une remise de trois pour cent est accordée au Maire de chaque commune pour le recouvrement, et d'un pour cent au Maire du canton pour l'encaissement et versement à la Caisse générale du département.

Les remises sont à déduire de la Caisse à chaque versement.

Article 5. — Les Maires ainsi que les contribuables auront à suivre strictement le présent arrêté, sinon je me verrais obligé à recourir à des mesures rigoureuses et à la force militaire pour faire payer les contributions réparties sur les communes du département.

Le Préfet du département
de Seine-et-Oise,
De Brauchitsch.

Ce *Recueil officiel* de M. de Brauchitsch fut envoyé au maire de Versailles avec la lettre suivante :

Versailles, le 15 octobre 1870.

Réquisition.

Monsieur le Maire,

J'ai l'honneur de vous adresser sous ce pli quinze exemplaires du *Recueil officiel* des actes administratifs du département de Seine-et-Oise, en vous priant de faire parvenir sans retard l'un de ces exemplaires à chacun des Maires des communes composant les trois cantons de Versailles.

Je saisis cette occasion, Monsieur le Maire, pour vous inviter à bien vouloir vous rendre dans mon cabinet particulier, hôtel de la Préfecture, le dix-huit courant, à onze heures et demie du matin.

Recevez, Monsieur le Maire, l'assurance de ma considération.

Le Préfet,
De Brauchitsch.

Le maire répondit :

Monsieur le Préfet pour les armées allemandes,

J'ai l'honneur de vous accuser réception *de la réquisition*, sous forme de lettre, que vous m'avez adressée le 15 de ce mois et ayant pour but de faire parvenir sans retard un exemplaire de votre *Recueil officiel* à chacun des maires des communes composant les trois cantons de Versailles.

La seule réponse que je puisse faire à cette réquisition, c'est que, si elle m'est adressée pour la seule distribution, je peux y obtempérer, puisque le fait se convertit en une dépense d'agents chargés de faire la distribution dont il s'agit ; mais si, comme je dois le croire en lisant un arrêté que vous auriez pris le 10 octobre, vous entendez me *déléguer comme maire de chef-lieu de canton*, pour faire exécuter dans toutes les communes rurales des trois cantons de Versailles les décisions de votre autorité, *je déclare refuser absolument* cette investiture, qui excède les limites de la loi française, et que je ne peux accepter des armées allemandes.

Je dois même m'expliquer sur un autre arrêté du même jour que vous auriez pris pour la perception des contributions directes. Cet arrêté paraît devoir m'obliger, d'abord comme maire de la commune, à percevoir l'impôt des habitants de la commune, et comme maire du chef-lieu de canton, à recevoir, pour le verser dans votre caisse, le produit de l'impôt des autres communes du canton. *Je déclare ne pouvoir accepter cette mission*, contraire à la loi française, qui n'oblige jamais un maire à recevoir et à payer, et qui même ne lui permet pas de s'immiscer dans le maniement des deniers publics. Je n'ai pas besoin d'ajouter que je repousse à plus forte raison la remise de 3 p. 100 et celle de 1 p 100 offerte sur la perception.

Recevez, Monsieur le Préfet pour les armées allemandes, l'assurance de mon respect.

RAMEAU.

Les agents chargés de la distribution du *Recueil* reçurent l'ordre de lire aux personnes auxquelles ils le remettaient la note suivante :

La Mairie de Versailles ayant été obligée, sur réquisition de l'autorité allemande, de faire distribuer le *Recueil administratif* du préfet de Seine-et-Oise pour les armées allemandes, le maire se borne à le faire remettre dans les cafés, restaurants, etc., sur un reçu.

Là s'arrête la réquisition qu'il a reçue et qu'il fait exécuter par les sergents de ville, sans autre commentaire.

Après avoir conféré avec le Conseil municipal sur l'arrêté relatif aux contributions, le maire, accompagné de M. Deroisin, adjoint, se rendit à l'entrevue à laquelle il avait été appelé par M. de Brauchitsch. Là, il se refusa de nouveau à se changer en percepteur communal et cantonal.

« Je ne vous reconnais pas le droit, dit-il à M. de Brauchitsch, de recevoir des contributions dont je ne dois compte qu'à l'État français ; comme maire ou comme particulier, je ne prêterai jamais mon concours à un acte de cette nature. Je ne puis être contraint par vous qu'à une seule contribution, c'est la contribution de guerre.

— Peu m'importe le nom, avait répliqué M. de Brauchitsch ; appelez cette contribution une contribution de guerre si vous voulez ; ce à quoi je tiens, c'est à sa réalisation sous quelque dénomination que ce soit.

— Mais il nous a été fait remise par le roi de Prusse d'une contribution de guerre qui s'élevait à 400,000 francs, parce qu'il a été reconnu que la ville était écrasée de réquisitions ; vous ne pouvez donc pas, aujourd'hui, en imposer une nouvelle.

— C'est au contraire parce que déjà une remise vous a été accordée que nous vous demandons cette nouvelle contribution ; elle est d'ailleurs fort raisonnable et vous ne pouvez vous en plaindre, puisque la répartition est celle qui a été fixée par votre gouvernement lui-même ; nous avons ses rôles et nous ne vous demandons que ce qu'il aurait le droit de vous réclamer s'il était ici. »

En vain le maire et l'adjoint présentèrent à M. de Brauchitsch toutes les raisons de droit et d'équité qui s'opposaient à cette contribution, il répondit qu'elle serait exigée de gré ou de force. Le maire, obligé de céder pour Versailles, déclara qu'en tout cas, il ne s'occuperait jamais du recouvrement des contributions des autres communes, recouvrement dont il avait été chargé par l'arrêté cité plus haut. Après une vive altercation, M. de Brauchitsch avait enfin cédé sur ce point.

L'arrêté spécial à Versailles était ainsi conçu :

PRÉFECTURE DE SEINE-ET-OISE

Réquisition.

ORDRE

Vu l'arrêté du préfet et du directeur des contributions directes, en date du 29 avril 1870, par lequel les communes du département doivent verser une somme fixe à titre de contributions directes.

Nous, Préfet de par l'autorité allemande, conformément à notre arrêté du 10 octobre (*Recueil 1er*), requérons la commune de Versailles à verser *la somme de 82,961 fr.* à titre de contribution *du mois d'octobre 1870*, laquelle somme devra être remise au Maire du chef-lieu de canton, à Versailles.

MM. les Maires des chefs-lieux de canton devront dès lors opérer leurs versements à la Caisse générale de la Préfecture, au jour prescrit par notre dit arrêté, de neuf heures à midi et demie. En cas d'irrégularité de versement, la commune se verrait condamner à des poursuites sérieuses opérées par la force militaire allemande.

Le Préfet de Seine-et-Oise,
DE BRAUCHITSCH.

Le paiement de cette contribution de 83,061 francs, dont le versement devait se répéter chaque mois, était d'autant plus difficile que de nouveau la Caisse municipale était vide. Les innombrables réquisitions, qui continuaient en suivant une marche toujours progressive, les paiements aux lieu et place de l'Etat, et les subventions aux œuvres d'assistance publique avaient épuisé l'emprunt déjà contracté. Un nouvel emprunt, de 200,000 francs, dut être voté le 10 octobre.

La rédaction des conditions de cet emprunt présentait des difficultés particulières que le Conseil n'avait pas encore rencontrées. En effet, il s'était produit dans la ville une crise monétaire, due à l'introduction de la monnaie prussienne. L'autorité allemande avait décrété le cours forcé de ses espèces, mais une grande partie de la population et du commerce n'avait obéi que là où elle n'était pas libre, c'est-à-dire dans les transactions avec les troupes allemandes. Ce qu'on acceptait de l'étranger, on ne voulait pas l'accepter d'un concitoyen. Certains habitants invoquaient l'arrêté prescrivant le cours forcé quand ils avaient à payer, et ne voulaient plus l'exécuter quand ils avaient à recevoir. On cita en conseil l'exemple d'un boulanger qui, ayant à payer son terme d'octobre, le solda entièrement en monnaie allemande ; le jour même, sa propriétaire vint chez lui acheter du pain et lui donna en paiement un des thalers qu'il lui avait donnés le matin ; il ne voulut pas l'accepter et exigea de l'argent français. Ce boulanger disait pour se défendre qu'ayant à acheter de la farine hors de Versailles, à des meuniers qui n'acceptaient que de l'argent français, il fallait qu'il s'en procurât pour continuer son commerce. D'autres commerçants n'acceptaient les thalers qu'en leur faisant subir une diminution considérable et tout à fait arbitraire. La classe pauvre, dans ses achats, souffrait beaucoup de ces réductions, qui amenaient des discussions continuelles et très violentes. Au marché, les paysans venus des environs refusaient l'argent allemand, avec lequel ils ne pouvaient d'ailleurs payer à l'octroi les droits d'entrée dont ils étaient redevables à la ville. Une députation de dames de la Halle se présenta à l'Hôtel-de-Ville pour demander, ce qui était inacceptable, que la municipalité s'associât à la proclamation du cours forcé des monnaies allemandes. Le Conseil municipal se trouvait ainsi amené, par bien des motifs, à prendre une résolution sur ce sujet. De longues discussions eurent lieu au sein du Conseil pendant un grand nombre de séances. La difficulté était de trouver les mesures nouvelles qui convenaient dans une situation si exceptionnelle ; il fallait ne prendre aucune résolution qui dût plus tard créer des embarras, et cependant il fallait aviser avec promptitude au mal constaté. Le Conseil, avant d'agir, interrogea avec soin tous les intérêts et tâcha de les concilier. Il reconnut qu'en cette circonstance comme en tant d'autres, la rigueur absolue des principes devait forcément céder devant des nécessités tout à fait imprévues, et il eut la sage hardiesse de modifier les règles habituelles de la comptabilité pour les mettre d'accord avec ce fait très extraordinaire : l'occupation par une armée ennemie.

Le Conseil adopta d'abord la délibération suivante, relative à l'acceptation de la monnaie allemande par la Caisse municipale :

Le Conseil,

Considérant que l'occupation de l'ennemi a mis sous la main de l'autorité étrangère les choses de toute nature existant à Versailles ; que toutefois les transactions ont continué au moyen de la monnaie allemande, lorsqu'il a convenu à l'ennemi de payer ;

Que l'usage de cette monnaie s'est donc imposé en fait, par suite des circonstances, dans les transactions commerciales, et que de plus un ordre du commandant en chef des armées allemandes l'a imposé même aux habitants de la ville ;

Que la circulation monétaire à l'intérieur de la ville se fait déjà en grande partie au moyen des monnaies allemandes, et qu'en même temps les monnaies françaises se sont retirées de la circulation ;

Que les monnaies allemandes se trouvent en grande quantité entre les mains des commerçants, et que les paiements effectués par les troupes étrangères accroissent sans cesse cette quantité ; que notamment les recettes de l'octroi et de l'abattoir, les deux plus importantes de la ville, ne peuvent plus s'effectuer qu'en monnaie allemande ;

Qu'en présence de ces faits, la ville de Versailles se trouve dans un de ces cas de force majeure où il est impérieusement nécessaire de se tenir en dehors des règles légales ordinaires, et de se conformer aux exigences de l'intérêt public, pourvu qu'elles ne soient pas contraires aux principes de l'équité ;

Considérant qu'il devient dès lors indispensable pour la Caisse municipale de recevoir les monnaies allemandes, et, par conséquent, de payer en la même monnaie ;

Considérant qu'il faut admettre ces monnaies dans la Caisse municipale, soit pour continuer les recettes de l'octroi et de l'abattoir, soit pour permettre la réalisation des divers emprunts, à défaut de monnaie française ;

Considérant que cette mesure favorisera indirectement la circulation des monnaies allemandes pour les échanges usuels entre les commerçants et les consommateurs français ;

Délibère :

Article premier. — Le receveur municipal et les préposés à la perception des revenus communaux sont autorisés à recevoir les monnaies métalliques allemandes et à en faire usage pour les paiements qu'ils auront à effectuer, aux cours suivants :

Le thaler prussien pour . . . . 3 fr. 75
Le florin bavarois pour . . . . 2 fr. 15
Le florin autrichien pour . . . . 2 fr. 50

Article 2. — Toutes monnaies inférieures aux valeurs ci-dessus ne seront reçues par les caisses municipales et employées dans les paiements que comme *appoint*. Le chiffre de l'appoint ne dépassera pas la valeur du thaler (3 fr. 75).

Les conditions de l'emprunt de 200,000 francs furent réglées d'après un principe analogue ; aux clauses déjà adoptées pour le premier emprunt, le Conseil ajouta les suivantes :

Article 3. — Le versement des fonds par les prêteurs pourra s'effectuer *jusqu'à concurrence de moitié en monnaie allemande*, mais seulement en florins ou thalers (pièces métalliques ou papier).

Dans ces conditions, l'emprunt fut souscrit, et, en même temps, la crise monétaire qui troublait la ville se dissipa peu à peu. Ces deux délibérations avaient réussi à conjurer toutes les craintes et à calmer les esprits, qui s'agitaient de plus en plus.

Dans leur entrevue avec M. de Brauchitsch, le maire et l'adjoint n'avaient pas seulement discuté le paiement des contributions. Il avait été parlé aussi de l'approvisionnement de la ville, ce problème qui devait rester l'occasion de luttes constantes entre la municipalité et M. de Brauchitsch. La question, depuis quelques jours, avait semblé prendre un aspect tout nouveau et en apparence assez rassurant; mais, comme on le vit bientôt, il n'y avait là qu'une nouvelle feinte de M. de Brauchitsch pour tâcher d'abuser le Conseil.

Le 11, le maire avait reçu la lettre suivante :

Monsieur le Maire,

Vu l'état de guerre où nous nous trouvons, je vous prie de me faire parvenir aussitôt que possible un tableau où vous me ferez connaître, d'une part, les hôtels de première classe de Versailles, et de l'autre, ceux des rangs inférieurs. Deux taxes, où seront mentionnés les prix des déjeuners et des dîners, seront adoptées, l'une pour les premiers, l'autre pour les seconds. Lesquelles taxes seront affichées dans les hôtels, et l'hôtelier sera tenu de les observer strictement, sous peine d'amende sérieuse. Je joins à ma lettre une taxe qui m'a été présentée par un hôtelier de votre ville, et que vous devrez imposer à l'une ou à l'autre catégorie des hôtels en question.

J'ai aussi l'honneur de vous annoncer que, d'après un ordre de M. le commandant en chef des armées alliées, *toutes les réquisitions qui seront faites par la suite, tant à la ville qu'à ses habitants, seront payées* (excepté cependant le logement).

Non seulement vous devrez faire votre possible pour pourvoir aussi à l'approvisionnement de la ville et de ses habitants, mais il faudra que tous les magasins qu'elle contient soient garnis de vivres, *qui ne seront toujours requis qu'en échange d'espèces*.

Vous comprendrez dès lors que, vu toujours la présente situation, il faut que j'adopte une taxe des vivres les plus nécessaires. C'est dans ce but que je vous envoie ci-joint ce tableau, afin que vous y marquiez vos prix. Je puis vous assurer que toute facilité sera donnée aux habitants et à leurs fournisseurs afin de se munir ou de *munir la ville de vivres*, ainsi, bien entendu, que les magasins.

Je désirerai beaucoup voir les marchés plus fournis que je les ai vus jusqu'ici. Je prête mon concours à la circonstance et j'espère que vous y prêterez le vôtre autant que moi, afin que de part et d'autre les soldats alliés et les habitants soient satisfaits.

Ainsi que vous devez le remarquer, ces nouvelles dispositions sont tout à fait dans l'intérêt de votre ville et de ses habitants et de tout le département. Cependant j'ai à vous signifier que si les habitants ne font pas leur possible pour se prêter à la circonstance, et si une certaine mauvaise volonté semblait se montrer chez eux (1), je devrais recourir comme auparavant aux réquisitions forcées. Il est donc de votre intérêt tout à fait à engager vos administrés à se montrer diligents à approvisionner la ville. Il est bien entendu que les

---

(1) Si ces dispositions étaient « tout à fait dans l'intérêt de la ville », comment M. de Brauchitsch pouvait-il pressentir qu'il y aurait « mauvaise volonté » ?

dispositions ainsi que les taxes adoptées dans votre ville *devront être prises dans tout le département de Seine-et-Oise.*

Veuillez, Monsieur le Maire, m'envoyer le plus tôt possible ce que je vous demande.

De Brauchitsch.

A cette lettre était joint, avec une liste des denrées les plus nécessaires, le tableau suivant :

TAXE DES REPAS

Déjeuner à 2 fr. — Un potage. Un plat froid. Un beefsteak aux pommes. Une côtelette aux pommes. Un fromage et beurre. Une demi-bouteille de vin ordinaire ou bière. Café avec cognac (payé à part, 0,50 c.).

Dîner à 3 fr. — Un potage. Deux plats de viande. Un plat de légumes. Un fromage et beurre. Un fruit. Une demi-bouteille de vin ordinaire ou bière. Café avec cognac (payé à part, 0,50 c.).....

Cette lettre était une nouvelle édition perfectionnée du premier discours de M. de Brauchitsch. Pour amener la municipalité à faire des approvisionnements considérables, M. de Brauchitsch avait imaginé de faire la promesse la plus capable de rassurer : à l'avenir, disait-il, les réquisitions *seraient payées en espèces.* Que pouvait-on demander de plus? M. de Brauchitsch espérait qu'un pareil engagement ferait disparaître toute résistance. Mais le Conseil ne se laissa pas abuser par le langage insidieux et par les promesses décevantes de l'intendant; la plus simple étude de ce document ambigu suffit pour lui faire voir que M. de Brauchitsch s'était ménagé des moyens variés pour échapper à l'exécution de son engagement : il était donc impossible de le prendre au sérieux. Aussi le Conseil pria assez ingénieusement M. de Brauchitsch d'exécuter *le premier* la clause essentielle du contrat qu'il proposait, c'est-à-dire de faire payer en espèces les réquisitions ordonnées par l'autorité allemande. Dès qu'il aurait commencé l'exécution du contrat, le Conseil s'empresserait de suivre son exemple.

Quant à la fixation du prix des repas dans les restaurants, le Conseil n'y vit aucun inconvénient, si cette fixation était admise par les intéressés; il autorisa donc l'administration à faire immédiatement sur ce point ce que demandait M. de Brauchitsch. Il prouvait par là que, s'il résistait avec opiniâtreté aux prétentions inacceptables, il était toujours prêt à prendre toutes les décisions qui pouvaient réellement servir à diminuer les occasions de querelles entre la population versaillaise et les troupes d'occupation.

16—21 octobre. — Le 16, à midi, le roi de Prusse passa une ouvelle revue. Les soldats se massèrent sur l'avenue de Paris.

Le défilé fut assez morne. Parmi ces régiments se trouvait la landwehr de la Garde, revenant du siège de Strasbourg. Ils quittèrent la ville par la rue des Réservoirs.

En même temps que des troupes de renfort passaient par la ville, on voyait arriver des blessés et des malades en nombre de plus en plus considérable. La plupart étaient des Bavarois mis hors de combat autour d'Orléans. Ils arrivaient, couchés sur de la paille, dans des voitures d'ambulances ou dans des charrettes. Beaucoup de ces Bavarois semblaient presque mourants, tant ils avaient l'œil terne et le teint verdâtre. — L'un d'eux, assis seul dans une misérable charrette, traversa la place d'Armes à un moment où des régiments prussiens paradaient, aux sons d'une musique joyeuse, devant des officiers supérieurs du quartier général. On vit le malheureux jeter sur ces chefs un long regard pensif, puis il détourna tristement la tête et se recoucha sur la paille, jusqu'à ce qu'il arrivât à la porte de l'hôpital où il allait sans doute mourir.

A ces blessés si nombreux, les ambulances installées déjà au Château et au Lycée ne suffisaient plus. Des officiers allemands se rendirent à l'hospice civil et déclarèrent qu'ils allaient y installer 200 malades et qu'il fallait leur trouver de la place. C'était agir avec l'hospice civil comme avec l'hôpital militaire : on voulait expulser administrativement les Français pour installer à leur place les Allemands. Le maire, prévenu aussitôt, adressa à M. de Brauchitsch la protestation suivante :

Versailles, le 17 octobre 1870.

Monsieur le Préfet pour les armées allemandes,

Je viens, comme président de la commission administrative de l'hospice de Versailles, vous soumettre quelques observations sur la demande de 200 lits qui aurait été faite à cet hôpital pour y placer des malades allemands.

L'hôpital civil de Versailles renferme (outre les malades des deux sexes et les blessés civils) les vieillards infirmes des deux sexes et les enfants abandonnés. En resserrant son service dans les limites les plus étroites, il ne saurait que vider trois salles représentant la surface d'environ 100 lits occupés comme il suit :

Salle Sainte-Pélagie	33 lits.
Salle Saint-Alexandre	20 lits.
Salle Saint-Philibert	30 lits.
	83 lits.

Quant aux vieillards (hommes) que l'on voulait expulser, il y en a 20 atteints d'infirmités incurables, dont le déplacement causerait la mort, et il y en a 40 environ qui ne pourraient être admis dans des maisons particulières qu'autant que ces maisons jouiraient, par compensation, de l'exemption des logements militaires de la part des troupes allemandes.

C'est donc une centaine de lits que l'hôpital peut mettre à la disposition des malades allemands, et il y ajoute les soins de toute espèce que ces malades recevront, par humanité, de la part des médecins et Sœurs de l'établissement; mais il faudrait que l'autorité allemande concourût au ravitaillement *en nature* des médicaments et provisions de bouche nécessaires aux *cent* nouveaux malades qui vont lui être imposés. Il y a notamment une absence complète de sel, et 500 kil. de cette substance par mois seront maintenant de la plus grande urgence pour le service hospitalier.

Je vous prie, Monsieur le Préfet pour les armées allemandes, de vouloir bien mettre les observations qui précèdent sous les yeux de qui de droit, notamment du prince royal de Prusse, et je suis persuadé que les sentiments d'humanité dont on le dit animé le décideront à ramener la demande impossible de 200 lits aux seules conditions que notre hôpital puisse supporter.

Cette démarche immédiate protégea l'hospice civil contre l'envahissement et l'encombrement dangereux qui le menaçaient. Il ne fut pas déclaré ambulance prussienne, comme il en courait le risque. Les nombreux vieillards qui y trouvaient asile ne furent pas jetés dehors, selon la première intention des officiers prussiens qui, en visitant l'hospice, semblaient trouver scandaleux que des malades et des blessés français eussent une installation plus complète que les malades et les blessés allemands soignés dans les ambulances improvisées pendant la campagne. Le droit du vainqueur, selon eux, ne s'arrêtait pas devant les hôpitaux de l'ennemi. S'ils avaient simplement dit que tout établissement hospitalier devait être, en France, ouvert à leurs compatriotes, ils n'auraient jamais trouvé la moindre résistance. Oui, un blessé n'a plus de nationalité; dès qu'il n'est plus en état de combattre, ce n'est plus un ennemi, c'est un défenseur de son pays digne de respect et de pitié; par conséquent, il doit être accueilli et soigné partout où il y a un lit pour le recevoir, et il y aurait faute grave à laisser vides et inoccupés des lits d'hôpitaux qui pourraient être utilisés pour des blessés de l'armée ennemie. Si les Prussiens s'étaient présentés au nom de ces idées reconnues par tous, ils auraient reçu l'accueil que l'humanité commandait; mais c'est en maîtres impérieux qu'ils venaient, pour prendre pleine possession de l'hospice comme vainqueurs, et non pour recevoir avec reconnaissance l'hospitalité demandée avec courtoisie. Là comme partout, ils montraient l'insolente raideur de leur caractère, qui rendait impossibles ces relations paisibles que l'on aurait aimé à voir s'établir entre les hommes qui, dans chaque nation, ne prennent part à la guerre que pour en adoucir les maux. Il fallait donc se défendre avec énergie pour ne pas voir bientôt méconnaître ses droits les plus légitimes. C'est ce que firent, en même temps que le maire, les médecins de l'hôpital civil, et, grâce à leur fermeté, grâce aussi aux démarches actives faites auprès du Prince Royal par la Supérieure des

Sœurs de charité, notre hospice civil resta indépendant et librement ouvert aux malades français de Versailles, alors très nombreux, et auxquels venaient sans cesse s'ajouter les émigrés des communes environnantes expulsés par les Prussiens.

N'ayant pas réussi à s'emparer de l'hôpital, déjà rempli par nos malades et nos vieillards, l'intendance militaire dut prendre la peine d'organiser par elle-même des ambulances nouvelles dans la ville. L'école communale de la rue Saint-Médéric, la caserne de la rue Satory, la caserne de la Guerre, l'hôtel du Grand-Contrôle, le Petit Séminaire furent successivement garnis de lits, de matelas et de tout le mobilier et matériel nécessaires, que l'intendance prussienne requit de la ville ou prit d'autorité dans divers établissements d'éducation et dans des maisons particulières. Cette organisation des ambulances allemandes non seulement coûta très cher à la ville par les réquisitions considérables qu'elle amena, mais elle fut en même temps l'occasion de scandaleux pillages qui s'exécutaient sous la direction de cet employé subalterne d'intendance nommé Ursell, dont nous avons déjà parlé. Avec l'impudence servile qui le caractérisait quand il se sentait un peu soutenu par un ordre de son maître le commandant de place, il pénétra d'autorité dans un certain nombre de maisons, et sans réquisition, il s'empara des matelas, des lits et de tout ce qu'il jugeait à propos d'enlever. Si l'intendance prussienne l'eût voulu le moins du monde, il eût été très facile d'installer ces ambulances nouvelles sans ces violences et sans ces vols; mais les Prussiens semblaient être ravis quand il se présentait quelque prétexte un peu plausible pour donner carrière à leurs désirs de brutalité. Ce prétexte existait à propos des ambulances; il fut saisi avec empressement, et pour l'exploiter comme il convenait, on choisit habilement un Ursell, c'est-à-dire un agent dégagé de tout scrupule.

Ces excès blessaient et attristaient d'autant plus la municipalité qu'à ce même instant notre hôpital militaire était encore une fois à bout de ressources. Le Conseil municipal pensa que le Comité versaillais de la Société internationale de secours aux blessés pouvait l'aider dans la protection qu'il devait à cet établissement, et le maire écrivit à M. Horace Delaroche, membre du Conseil municipal, président du Comité, la lettre suivante :

Versailles, le 16 octobre 1870, 10 h. m.

Monsieur le Président et cher Collègue,

Le Conseil municipal de Versailles n'ignore pas les actes si nombreux d'humanité qu'accomplit, sous votre présidence, le Comité versaillais de la Société de secours aux blessés militaires; mais les faits de guerre et le système d'isolement adopté par l'ennemi font que la Société se trouve presque dans l'impossibilité de secourir des blessés français, et secourt seulement ceux des troupes allemandes.

Or, la ville de Versailles, accablée qu'elle est de réquisitions de toute nature, est souvent forcée de satisfaire à des réquisitions coûteuses pour les ambulances allemandes, et elle voit ainsi une partie de ses ressources, et toutes celles de la Société de secours, absorbées par l'ennemi. Il serait cependant bien juste qu'il en pût être autrement, au moins pour partie, et cette remarque est devenue d'autant plus saillante que l'hôpital militaire, où se trouvent de nombreux blessés et malades français, est au moment de voir ses fournitures de médicaments et de vivres cesser faute d'argent. Déjà le Conseil municipal, dans deux délibérations successives, a voté d'abord 1,000 francs pour parfaire le traitement des médecins et autres employés; ensuite 4,800 francs pour payer 50 p. 100 aux divers fournisseurs d'hôpital sur les fournitures du mois de septembre dernier, afin qu'ils veuillent bien continuer pendant le mois d'octobre; mais toutes ces ressources sont insuffisantes, et une nouvelle somme de 1,000 francs, pour faire face aux nouvelles dépenses journalières du service de l'hôpital, est sollicitée avec instance.

Dans cette position, le Conseil a pensé qu'il pouvait s'adresser à la Société de secours pour la prier de prendre à sa charge tout ou partie des dépenses de ce service hospitalier, de façon que ses ressources servent, en partie, à nos malheureux compatriotes.

Je m'adresse donc à vous, Monsieur le Président, et sans avoir besoin de rappeler mon titre d'ancien président de la Société, je vous prie de vouloir bien accueillir cette demande, et, pour y donner la suite nécessaire, d'indiquer le moment où les membres du Conseil chargés de la partie relative aux réquisitions pour les ambulances pourront se mettre en rapport avec votre Société, tant pour les besoins du service de l'hôpital militaire que pour toutes autres causes de même nature.

Le secours de 1,000 francs demandé par cet hôpital pour son service journalier est de la dernière urgence, car il n'y a plus que 2 fr. 50 en caisse.

L'appel du maire fut aussitôt entendu. M. Horace Delaroche répondit :

Monsieur le Maire,

Je m'empresse de répondre à la lettre que vous m'avez fait l'honneur de m'adresser à la date d'aujourd'hui. Le Comité me charge de vous remercier de l'appel qui lui est fait et met immédiatement à la disposition de l'hôpital militaire *la somme de mille francs*. Déjà, du reste, deux membres de notre Comité visitent quotidiennement l'hôpital militaire et y portent différents secours. J'ajouterai que nous avons en ville plus de 60 blessés français entièrement soignés par la Société depuis le 18 septembre.

Quelques jours plus tard, M. Delaroche annonça que le Comité, ayant reçu d'Angleterre des sommes importantes, prenait à sa charge *l'entretien complet* de l'hôpital militaire.

Les graves questions de salubrité publique, d'approvisionnement, d'installation d'ambulances, auxquelles venaient s'ajouter tant d'autres dont l'autorité allemande exigeait la solution immédiate, étaient certainement bien suffisantes pour absorber tout le temps et tous les soins de la municipalité ; mais il fallait que l'autorité allemande lui suscitât encore constamment, et à propos d'incidents insignifiants, des difficultés inutiles que le vainqueur semblait comme créer à plaisir pour avoir l'occasion de faire sentir son pouvoir absolu et d'humilier le vaincu. Dès le début de l'occupation, à la fin de septembre, la demande, faite par un intendant de mauvaise humeur, d'une *selle* introuvable, avait rendu nécessaire l'intervention du Prince Royal lui-même ; au milieu d'octobre, le retard dans la fourniture d'une *voiture* devint de même la cause d'un conflit.

A la séance du Conseil du 15, le maire avait communiqué la pièce suivante, envoyée à la municipalité par le commandant de place :

La ville, n'ayant pas obéi à une réquisition (faite le 12 de ce mois) qui demandait une voiture pour le courrier du Roi, est frappée d'une amende de *cent francs* qui devra être payée avant demain midi, aux bureaux du commandant de place.

Versailles, le 14 octobre 1870.

Le Général major et commandant,
DE VOIGTS-RHETZ.

Le maire avait aussitôt écrit au général en ces termes :

Versailles, le 15 octobre 1870, 9 h. matin.

Général,

Vous avez frappé la ville d'une *amende* de 100 francs, parce qu'elle n'aurait pas obéi à une réquisition faite le 12 de ce mois, et demandant une voiture pour un courrier du Roi. La ville de Versailles en appelle au général mieux informé et répond ceci :

En principe, il n'y a pas d'amende entre le vainqueur et son prisonnier de guerre ; il n'y a entre eux que *le droit du plus fort*, et c'est à la conscience du vainqueur à juger dans quelle mesure il doit en user ! La ville de Versailles pense donc que vous ne pouvez vouloir que punir son administration d'un manquement volontaire à vos ordres et il s'agit alors de vérifier les faits :

En fait, la voiture demandée a été fournie ; et cela est assez étonnant, car ce service des voitures et charrois est très difficile et peut souvent manquer. On demande à la ville plus de voitures qu'elle n'en a, et celles qu'on lui prend pour quelques heures, on les lui garde plusieurs jours ; quelquefois même on ne les rend pas du tout ; j'en citerai seulement deux exemples :

Busine, loueur de voitures, rue Montbauron, nº 10, a été requis de livrer une voiture à deux chevaux, le 7 octobre, à une heure du matin. Elle devait transporter un officier à Nanteuil-les-Meaux. Ce transport effectué, le cocher (Mathieu) a été requis par d'autres officiers prussiens, successivement, pendant six jours, et n'est rentré qu'hier soir, 13 octobre, avec des chevaux et une voiture dans un état qui les met hors de service pour quelque temps.

Meresse, voiturier, rue de Montreuil, est parti sur réquisition avec sa voiture depuis quatre jours, et l'on est sans nouvelles de lui depuis ce temps.

Au service des voitures et charrois sont préposés trois conseillers municipaux et deux agents qui se relèvent. Ces deux agents n'étaient pas là lorsque le courrier du Roi est venu demander la voiture. L'un d'eux venait de se rendre chez lui où sa femme, restée seule, avait des soldats allemands à loger; l'autre était à courir la ville pour se procurer la voiture, et est parvenu à la trouver.

C'est en présence de ces faits, que je crois très certains, que vous déciderez, Général, ce qu'il vous convient d'exécuter.

Recevez, Général, l'assurance de mon respect.

M. de Voigts-Rhetz, en guise de réponse, avait envoyé à la Mairie l'original même de la lettre suivante (en allemand), qu'il avait reçue de M. de Bismarck, et qui portait sa signature autographe :

Versailles, le 13 octobre 1870.

L'expédition d'un courrier, qui avait été ordonnée d'après un commandement de Sa Majesté pour des dépêches d'État pressantes et d'une importance particulière, n'a pas pu avoir lieu parce que, d'après la déclaration du courrier, M. Kellner, la Mairie s'est trouvée dans l'impossibilité de lui fournir une voiture. Il n'est pas admissible que la Mairie, avec plus de bonne volonté, n'eût pas réussi à procurer à temps les moyens de transport pour le but indiqué, attendu que dans ce moment les moyens ne lui manquent pas, ainsi que le prouvent les nombreuses voitures que l'on aperçoit journellement dans les rues. Il est de mon devoir de veiller à ce que de pareilles perturbations dans le service des postes pour l'étranger soient évitées à tout prix, notamment dans les circonstances actuelles.

Dans ce but, et en vertu de l'ordre de Sa Majesté, en date de Château-Thierry, du 14 septembre, j'invite le commandant de la place à imposer à la commune de Versailles une amende de 100 francs pour n'avoir pas fourni la voiture requise et à vouloir bien me dire si le paiement en a été effectué.

V. BISMARCK.

Le maire, voyant jusqu'où remontait l'amende, écrivit alors à M. de Bismarck :

Versailles, le 18 octobre 1870, 10 h. matin.

Monsieur le Comte,

J'ai l'honneur de vous adresser copie d'une lettre par moi écrite à M. le général commandant la place de Versailles, et qui fait suffisamment connaître le fait à l'occasion duquel je viens réclamer près de vous.

Je me suis déterminé à prendre ce parti parce que, hier, sous forme de réponse néga... e à ma lettre, j'ai reçu communication d'une note, en date du 13 octobre (antérieure à ma lettre), qui aurait été adressée par vous à M. le général commandant la place.

N'y aurait-il pas là *un abus* (1)? Vous apprécierez.

Ma conduite est toute tracée dans ma lettre du 15 octobre. Je ne saurais, par les motifs de droit et de fait que j'y déduis, consentir à payer une « amende ». On pourra venir prendre, de force, 100 francs dans la caisse de la ville, mais *jamais je n'ordonnerai, sous forme d'amende, le paiement de la somme dont il s'agit.*

Recevez, Monsieur le Comte, l'assurance de mon respect.

Le lendemain, pour mieux établir combien il était absurde d'intenter une accusation contre la municipalité à propos des voitures, — quand, au contraire, il y avait justement là, de la part des troupes d'occupation, un des abus évidents contre lesquels la municipalité aurait eu le plus le droit de réclamer et de se plaindre, — le maire écrivit de nouveau au général :

Général,

J'ai l'honneur de vous adresser copie de la plainte qui m'a, avec bien d'autres, été déposée hier à l'occasion des réquisitions de voitures.

J'ajoute que les voitures de nos loueurs sont à peu près toutes retenues par des personnes de l'état-major, ou bien hors de service ou même perdues. *Mirès*, loueur, rue de Montreuil, n'a que 2 voitures, et sa voiture à 2 chevaux, prise le dimanche 2 courant, n'est pas encore revenue. *Dias*, loueur de voitures, rue de la Pompe, a un omnibus pris pour la poste de Versailles à Corbeil. *La veuve Leroux*, loueuse, place d'Armes, a 2 voitures hors de service et 1 omnibus parti sans qu'elle puisse savoir où. Elle a de plus 4 voitures emmenées de Versailles depuis huit jours.

Cette situation empire chaque jour et sera bientôt intolérable.

Recevez, Général, l'assurance de mon respect.

Monsieur le Maire,

Je crois devoir vous adresser la plainte suivante au sujet des réquisitions de voitures bourgeoises :

Le 12 courant, une personne, sans uniforme, ayant seulement la casquette et le brassard de Genève, et se disant appartenir à l'armée allemande, est venue chez M. le comte de Blancmesnil, boulevard du Roi, 16, dont je suis le cocher et dont je garde la maison ; il était porteur d'une réquisition signée de M. Jeandel (le nom et l'adresse étaient en blanc), contenant ces mots :

Réquisition est faite à M.   , loueur de voitures à Versailles, rue   , n°   , d'envoyer une voiture à

Versailles, ce 12 octobre 1870.

Pour le Maire,
Signé : JEANDEL.

Cette personne a ajouté « de Blancmesnil », a mis « propriétaire » au lieu de « loueur », et « à deux chevaux, mais avec les harnais ».

J'ai livré la voiture et suis resté sans nouvelles jusqu'à aujourd'hui, où je l'ai retrouvée à la caserne de cavalerie, aux écuries, près l'ave-

---

(1) Dans l'entrevue que M. Rameau avait eue avec M. de Bismarck, celui-ci avait prié le maire de lui faire connaître confidentiellement les abus qui pourraient être commis, promettant de faire le possible pour les empêcher.

rue de Sceaux. *On avait effacé les écussons sur les portières et les harnais.* Elle n'avait point encore servi.

Je crois que nos voitures sont prises par des carrossiers allemands qui les louent à leur profit (1).

Pareil fait est arrivé chez M. Millet, propriétaire, rue Sainte-Victoire.

Je pense, Monsieur le Maire, que vous devriez recommander de ne pas donner de réquisitions en blanc, et que vous devriez porter ces faits à la connaissance de l'autorité allemande.

J'ai l'honneur d'être, avec respect, Monsieur le Maire,
Votre dévoué serviteur,
Vincent FOURNEL.

Au sujet de cette plainte adressée au maire par un habitant, une discussion assez vive eut lieu au sein du Conseil. Les réquisitions en blanc furent blâmées, mais la commission des voitures expliqua que ce mode de requérir était inévitable. En effet, les voitures étant devenues très rares chez les loueurs, et les réquisitions étant extrêmement fréquentes, il fallait s'adresser successivement à quatre ou cinq loueurs avant de rencontrer une voiture satisfaisant à la réquisition envoyée par le commandant de place. Si l'on n'avait pas donné la réquisition en blanc, il aurait fallu revenir trois ou quatre fois à la Mairie, ce qui aurait causé un retard, et les réquisitions étaient toujours accompagnées de la mention : à fournir *immédiatement*. Le moindre retard dans l'envoi des voitures requises était un des motifs les plus vifs d'irritation pour le commandant de place, et il avait même menacé récemment, dans une de ses faciles colères, de saisir toutes les voitures des médecins, respectées jusque-là.

Le Conseil, sur la proposition de la commission des voitures, qui était à chaque instant en lutte avec des officiers, fut amené à examiner la question de savoir s'il n'y avait pas lieu de requérir les voitures des particuliers, comme on requérait d'eux le logement et la nourriture. Ces voitures, en général, avaient été cachées, mais elles commençaient à être découvertes par les Prussiens, qui les faisaient rechercher par leur police secrète ; elles ne pouvaient tarder à tomber entre leurs mains, d'une façon ou d'une autre. Le Conseil autorisa donc la commission à délivrer des réquisitions non plus seulement sur les loueurs, mais sur les particuliers, à moins qu'ils ne fussent absents. Cette exception fut adoptée, parce que, d'une part, il y aurait eu là une espèce de dénonciation et que, d'un autre côté, le propriétaire n'étant pas présent pour veiller à l'emploi et au retour de sa voiture, courait un bien plus grand risque de la perdre. Le Conseil, dans cette délibération, se considéra et agit comme le pro-

(1) Un carrossier allemand, autrefois installé à Paris, était venu au quartier général exercer sa profession dans ces conditions tout à fait favorables.

tecteur et le tuteur légal des biens des absents. Il résistait en cela à une certaine opinion assez populaire, qui, sans distinction, frappait de réprobation toutes les personnes qui avaient quitté la ville. Le Conseil avait dû déjà examiner cette question à propos des logements militaires, et il avait reconnu qu'il était impossible, sur ce point, de porter un jugement sommaire et de prendre une mesure générale, parce que, parmi les absents, il en était beaucoup dont l'absence avait la cause la plus légitime et la plus honorable. Sans parler des familles où se trouvaient des malades, des enfants ou des vieillards qu'on avait voulu avec raison soustraire aux hasards inconnus qui attendaient Versailles pendant le siège de Paris, beaucoup d'absents n'avaient quitté la ville que pour servir dans l'armée ou dans quelque administration publique. Fallait-il les punir d'une pareille absence? Evidemment, de même que la présence à Versailles n'était pas par elle-même un signe certain de patriotisme, l'absence n'était pas davantage un signe certain d'indifférence ou de peur. Dans une pareille situation, le Conseil résolut de n'agir vis-à-vis des biens des absents qu'avec une très grande prudence, après un examen très attentif, et il ne voulut pas céder au sentiment irréfléchi d'impopularité dont les absents se trouvaient frappés en masse. Tel fut le principe de mesure et d'équité qui le guida dans cette question si délicate.

Le même jour, 19, le maire, désireux de bien démontrer au commandant de place que lui aussi, s'il l'avait voulu, pouvait se plaindre d'abus et de fraudes, envoya cette seconde missive :

Versailles, le 19 octobre 1870.

Général,

J'ai l'honneur de vous adresser copie de deux lettres que je viens de recevoir de M. Gauthier, relatives à des dévastations de bois commises, sans aucune espèce d'intérêt, dans sa propriété de Versailles, avenue de Villeneuve-l'Etang (1).

J'ajoute que si vous n'y apportez remède, nos avenues de la ville disparaîtront bientôt ; le sol est labouré par les voitures et les chevaux qui y passent ou y séjournent malgré vos défenses; et les arbres sont ou hachés à coups de sabre, ou brûlés en partie par les feux qu'on allume avec intention à leurs pieds.

(1) Les lettres jointes comme pièces justificatives constataient que, en une seule journée, plus de 1,800 arbres avaient été hachés à coups de sabre, à mi-hauteur d'homme, pour prendre des branchages propres à faire des gabions. En élaguant, comme le font les bûcherons, on eût pu détacher tout autant de branchages sans nuire aux arbres ; mais, en toute circonstance, on sait assez que les troupes prussiennes se plurent, dans leur campagne de France, à agir comme le « sauvage » dont parle Montesquieu, qui coupe l'arbre pour cueillir le fruit. Le fruit avait ainsi pour eux un goût plus savoureux, le goût de la violence et de la vengeance.

Je dois croire que *tous ces faits de vandalisme* sont ignorés de vous ; ils produisent sur l'esprit public de Versailles, comme ils le produiront un jour sur celui du monde, le plus grand effet.

Recevez, Général, l'assurance de mon respect.

Cette lettre du maire indiquait par son accent que, malgré son grand désir de rester maîtresse d'elle-même et de garder tout son calme pour conserver le droit de tout tempérer, la municipalité commençait involontairement à perdre patience. L'irritation qui, à ce moment, régnait dans le Conseil se justifiait assez par les vexations, sans cesse renaissantes, qui se succédaient si près les unes des autres, mais elle avait encore une autre cause. Il nous avait fallu assister à des fêtes célébrées sous nos yeux par les Prussiens avec cette ironie insultante qui leur est familière. Le 18 octobre était un jour doublement solennel pour le grand quartier général, car il est le jour anniversaire de la bataille de Leipzig et de la naissance du prince royal de Prusse. La bataille de Leipzig, que les Allemands appellent « la bataille des nations », est restée pour eux l'occasion d'une fête nationale qui a toujours été célébrée religieusement, surtout par la Prusse, parce qu'elle voyait là un moyen d'entretenir cette haine contre la France dont elle comptait tirer parti un jour pour son propre agrandissement. En Prusse, depuis plus d'un demi-siècle, quand venait le 18 octobre, les cloches de toutes les églises sonnaient à toute volée, les écoles étaient fermées, et de tous les côtés des discours patriotiques transmettaient aux générations nouvelles la tradition de haine contre « l'ennemi héréditaire ». Nous qui, comme le disent avec dédain les Prussiens, ne savons pas même haïr, nous ne donnions aucune attention à ces usages de nos voisins, et il fallut qu'ils vinssent célébrer cette fête sur notre sol pour que son vrai sens parût clair à notre esprit. On devine sans peine avec quel enthousiasme les troupes en garnison à Versailles acclamèrent ce jour-là le fils de leur souverain. La veille, il avait passé, en dehors de l'avenue de Paris, une grande revue à la suite de laquelle il avait distribué de nombreuses croix-de-fer. Une fausse alerte, qui mit en mouvement une partie de l'armée, augmenta encore l'excitation des esprits. Des allées et venues des troupes françaises, constatées du côté des forts du sud, avaient fait craindre aux Allemands une attaque très sérieuse ; pendant la nuit du 17 au 18, l'alarme fut donnée ; on entendit les sous-officiers allant de porte en porte avertir les officiers et réveiller les soldats dispersés dans les divers logements. Les prophètes de caserne qui avaient tant de fois promis l'entrée dans Paris pour le 18 octobre allaient-ils avoir raison ? Bien des soldats l'espérèrent, mais, encore une fois, il fallut attendre. Le matin, tout se calma, toute apparence de combat disparut, et on s'abandonna avec d'autant plus d'entrain aux plaisirs de la fête. Des guirlandes de feuilles de chêne furent suspendues aux grilles des casernes; des transparents, qui devaient le soir être éclairés, portaient des inscriptions lyriques en l'honneur du vainqueur de Wœrth; les corps de musique donnèrent une aubade à la villa des Ombrages, où les officiers, en grand uniforme, se rendirent vers midi; à 4 heures, les grandes eaux jouèrent de nouveau; le Roi, les princes, M. de Bismarck y parurent; à 7 heures, un dîner de gala de 80 couverts réunit à la Préfecture tout l'état-major du quartier général; et la journée se termina par une bruyante retraite aux flambeaux, qui se fit sous la conduite du major de la place, M. de Treskow, marchant en tête de toutes les musiques de la garnison.

Cette dernière partie de la fête, qui se passait dans l'ombre, et qui venait après une journée où le vin de supplément requis de la ville n'avait pas été épargné, présenta un spectacle peu digne d'une nation qui, dans ses pièces officielles, se déclare la représentante de « la vertu et des mœurs ». Des filles de mauvaise vie avaient été invitées par des soldats à prendre part à la retraite; ces soldats tenaient ces femmes à leur bras, et elles vinrent au milieu de la foule des troupes rendre hommage, par leurs cris, aux princes et aux généraux placés sur le balcon de la Préfecture. Dans les chants discordants de cette soldatesque, délivrée pour un jour du frein de la discipline, dans les danses avinées de ces femmes doublement odieuses, dans les retentissements aigus de toutes ces musiques qui résonnaient dans l'obscurité en visant surtout au bruit, il y avait une espèce de délire et d'orgie militaire qui donnait une assez juste idée de ce sentiment de fureur aveugle qui avait jeté l'Allemagne sur Paris.

Il y aurait bien des rapprochements curieux à faire entre les occupations de 1814 et 1815 et celle de 1870. Sur quelques points, les trois crises ont eu un caractère tout à fait analogue et même parfois identique. Mais ce qui distingue les deux premières invasions de celle à laquelle notre génération a dû assister, c'est que les troupes étrangères, surtout en 1815, se considéraient et étaient considérées, par une partie de la population, comme des alliés du roi de France venant l'aider à chasser « l'usurpateur Buonaparte ». De là des pièces comme celles que nous croyons intéressant de citer ici, à l'occasion de la fête du prince royal de Prusse. Ces deux pièces sont, à elles seules, très propres à faire sentir nettement la différence profonde du sentiment public aux deux époques.

Au mois de juillet 1815, le frère du roi actuel de Prusse résidait à Versailles; sa fête y fut célébrée, et voici ce qu'il écrivait deux jours après au maire de la ville, qui transforma aussitôt sa lettre en affiche (1).

Versailles, le 15 juillet 1815.

S. A. R. Mgr le Prince Guillaume de Prusse à Monsieur le Maire de Versailles.

Monsieur,

Je suis très reconnaissant des marques de considération que les habitants de Versailles m'ont données durant mon séjour en cette ville, et particulièrement le 3 de ce mois, à l'occasion de ma fête. Veuillez, Monsieur, leur en témoigner ma très vive satisfaction.

J'espère que, dans peu de temps, une paix heureuse, conciliant les intérêts de toutes les puissances, rendra le calme à votre pays, et viendra resserrer les liens d'amitié qui subsistaient autrefois entre la Prusse et la France.

Agréez, Monsieur le Maire, les assurances de ma considération.

FRÉDÉRIC-GUILLAUME.

Pour copie conforme :
Le chevalier DE JOUVENCEL, maire.

Le mois suivant, c'était la fête du Roi lui-même que les troupes d'occupation célébraient, et voici l'affiche nouvelle qui était posée par la municipalité :

MAIRIE DE VERSAILLES

Aux habitants de Versailles.

Les troupes Prussiennes s'apprêtent à fêter demain l'Anniversaire de la Naissance de leur roi.

Monsieur le Commandant Prussien indique, dans le programme de cette fête, qu'il sera donné, dans les Logemens, un meilleur dîner qu'à l'ordinaire. Les Habitans sont engagés à s'y prêter suivant leurs facultés. A cinq heures, il y aura, à l'Hôtel de la Mairie, un Banquet de l'Etat-Major Prussien, auquel assisteront des Commissaires désignés par la Ville ; vers la même heure, tous les militaires de la garnison se réuniront dans le jardin de la Mairie, où on leur distribuera des rafraîchissemens et des vivres.

Les édifices occupés par les Autorités Prussiennes seront illuminés et Monsieur le Commandant annonce qu'il saura bon gré aux Habitans *qui voudront bien illuminer aussi leurs maisons.*

A l'Hôtel de la Mairie, le 2 août 1815.

Le chevalier DE JOUVENCEL, maire.

L'effet étrange que la lecture de ces pièces produit sur nous montre à quel point, en 1870, la haine entre les deux nations en lutte était plus âpre ; elle atteste aussi combien les souffrances morales de la population ont dû de nos jours être plus amères. En 1815, les troupes d'occupation croyaient pouvoir inviter la

---

(1) L'affiche est conservée aux archives de la ville.

population à partager leurs fêtes ; en 1870, elles ne pouvaient associer à leurs joies que la lie du vice.

Parmi ces femmes, auxquelles les soldats allemands avaient permis de salir par leur présence leur journée d'enthousiasme patriotique, il en était un certain nombre qui avaient été enrôlées dans la police secrète du quartier général, police destinée à surveiller les troupes allemandes comme la population française. Elles avaient l'occasion de remplir leur rôle aussi bien auprès des officiers supérieurs qu'auprès des simples soldats. Une d'elles, dont l'espionnage avait été découvert par notre propre police, fut appelée devant le commissaire central, qui voulut, comme de droit, l'expulser de la ville. Mais elle déclara qu'elle n'obéirait pas et se mit sous la haute protection de M. de Brauchitsch, qui daigna étendre sur elle sa main toute-puissante et fit savoir au commissaire central que la liberté de cette personne devait être scrupuleusement respectée.

On n'avait pas été si indulgent, deux jours auparavant, pour une honnête et brave fille, une simple servante qui avait rendu vigoureusement à un officier le soufflet qu'il s'était cru en droit de lui donner, parce que, obéissant en cela à des ordres de son maître, elle refusait de lui faire du café. On sait qu'en Allemagne, ces mauvais traitements sont encore en usage avec les domestiques ; furieux d'avoir appris ainsi à ses dépens la différence des mœurs françaises avec celles de son aristocratique pays, l'officier avait conduit cette irrévérencieuse servante devant le commandant de place, qui l'avait condamnée à deux jours de cellule dans la prison de la rue Saint-Pierre.

Cette prison, les Prussiens ne cessaient de la remplir avec des habitants de Versailles et du département, et trop souvent ils ne la vidaient que pour en déverser les hôtes sur l'Allemagne. Il n'était pas de semaine où il n'y eût des départs de ce genre, qui étaient toujours l'occasion du rassemblement sympathique d'un certain nombre d'habitants autour de la prison.

Le 19, partit ainsi, pour Mayence, M. Georges Lesourd, ancien premier secrétaire d'ambassade à Berlin, et qui, en cette qualité, avait été chargé, le 19 juillet 1870, de remettre entre les mains du roi Guillaume la pièce funeste qui contenait la déclaration de guerre de la France à l'Allemagne. Lorsque le quartier général allemand vint s'établir à Versailles, M. Lesourd, par les motifs les plus respectables de piété filiale, ne voulut pas quitter la ville. D'ailleurs, il ne savait pas encore que le fait d'avoir remis, par le devoir de ses fonctions, une pièce diplomatique constituât un crime puni de l'emprisonnement dans une forteresse. L'autorité allemande n'en jugea pas ainsi. Quand elle sut que M. Lesourd était à Versailles, elle déclara que sa seule présence au quartier général constituait une injure grave au roi de Prusse, et sans autre motif, M. Lesourd, après avoir passé la nuit dans une cellule, fut expédié en Allemagne. Arrêté chez lui à 10 heures du soir, il partait le lendemain à 11 heures du matin. Cet enlèvement est une des violations du droit des gens les plus audacieuses que M. de Bismarck se soit permises pendant son séjour à Versailles. Il a, ce jour-là, satisfait à cet instinct naturel de violence extrême que son éducation diplomatique ne parvient que difficilement à cacher ou à adoucir.

Ce que nous voyions chaque jour partir pour l'Allemagne en même temps que les prisonniers, c'étaient des chariots chargés de tout ce que les Prussiens pillaient dans les environs. L'incendie du château de Saint-Cloud donna une activité nouvelle à ces convois de déménagement. Le 18, de grandes voitures amenèrent à Versailles des meubles et des objets d'art qui provenaient de cette résidence et qui furent déposés dans des salles de la Préfecture. S'il est vrai qu'un obus français ait allumé le feu dans une des salles du château, il n'est pas moins certain que cet incident fut salué par les Prussiens comme un signal pour achever ce que l'obus avait commencé. On sauva, mais voici comment, la bibliothèque, par exemple, qui avait une assez grande valeur, et fut apportée presque tout entière à Versailles ; le lecteur et ami intime du Roi, le docteur Schneider, rédacteur en chef d'un journal teutomane, fut chargé de la ranger dans une des salles de la Préfecture, et il la rangea si bien qu'on ne l'a jamais revue (1).

C'est une protection du même genre qui fut donnée à la manufacture de Sèvres. Le 18, des chariots prussiens avaient apporté et déposé entre les mains de M. Soulié, au château de Versailles, un certain nombre d'objets précieux. Ce transport était dû à l'intervention du Prince Royal, qui en avait chargé son architecte, M. Junck, et M. le professeur Hassel, son historiographe. Celui-ci, dans un récit qu'il a donné de cette mission, a cru devoir profiter de l'incident pour nous injurier, et pour opposer « le vandalisme » des Français à ce respect religieux pour la conservation des œuvres d'art dont les armées allemandes ont donné une preuve si éclatante dans leur campagne de France, et spécialement à Sèvres. Comme, en effet, des objets d'art, venant de la manufacture de Sèvres, furent déposés à la fin d'octobre au musée de Versailles, il convient d'établir les

---

(1) Des volumes ont été retrouvés loin de Versailles. On lira à ce sujet des détails dans l'excellent ouvrage de M. Desjardins, archiviste, sur l'histoire de l'invasion dans le département de Seine-et-Oise.

faits dans leur exactitude. Nous le ferons très simplement en opposant au témoignage de M. le docteur Hassel le témoignage de M. Regnault lui-même, directeur de la manufacture, auquel M. Hassel rend hommage comme membre de l'Académie des sciences de Berlin. Dans les *Annales de physique et de chimie* (1), M. Regnault s'est excusé de ne plus pouvoir continuer la publication de travaux considérables qu'il avait commencés, et voici comment il explique cette interruption forcée, qui prive la science de résultats importants :

J'avais laissé dans le laboratoire (installé dans l'ancienne manufacture de Sèvres) la partie de mes registres qui contenait les procès-verbaux des expériences dont je calculais alors les résultats, ainsi que des rédactions, plus ou moins avancées, destinées à la publication. Mon intention était de les ramener dans la nouvelle manufacture, mais l'ennemi ne nous en laissa pas le temps. Les troupes prussiennes arrivèrent à Sèvres le 19 septembre ; leurs avant-postes occupèrent immédiatement les bâtiments non achevés de la nouvelle manufacture, où ils se retranchèrent. Je ne pouvais plus songer à retirer de mon laboratoire ni un instrument de précision, ni mes papiers. Les choses restèrent en cet état jusqu'au 13 octobre, où le commandant prussien nous força d'abandonner la vieille manufacture et nous ramena, avec escorte, jusque dans le haut du pays, vers Versailles.

Arrivé à Versailles, je m'adressai au prince royal de Prusse, pour le prier d'éviter la destruction de ce qui restait encore à la manufacture. Le Prince me reçut avec la plus grande bienveillance ; il me proposa tous les moyens en son pouvoir pour sauvegarder l'établissement. C'est à l'aide des troupes prussiennes et des fourgons prussiens que je pus ramener à Versailles ce qui restait encore de précieux et de transportable à la vieille manufacture, ainsi que la totalité de ma bibliothèque. De plus, j'obtins du Prince Royal que l'autorité allemande ferait afficher, sur toutes les portes d'entrée, la défense de causer aucun dégât. Pour plus de sûreté, des sentinelles furent placées aux dites portes. Je fus moins heureux pour la nouvelle manufacture qui se trouvait sous un feu continu. Trois fois, à des jours différents, je tentai, avec l'aide d'officiers prussiens bavarois, de pénétrer dans mon laboratoire pour sauver mes papiers, mais je trouvai la porte fermée et les abords encombrés de barricades ; je reconnus seulement que la défense allemande de causer des dégâts était apposée sur la porte.

Malheureusement pour nous, les bonnes intentions du commandant en chef de la troisième armée allemande n'ont pas produit l'effet désiré ; *mon laboratoire a été saccagé ; tous mes instruments, même les grosses machines motrices, ont été brisés à coups de marteau ; mes registres, mes papiers ont été brûlés ou déchirés.* Je n'ai réussi à sauver que quelques rares portions de registres qui n'étaient pas entièrement consumées par le feu. Je suis aujourd'hui dans l'impossibilité de publier des travaux dont j'ai annoncé précédemment l'existence.

Ces coups de marteau qui viennent briser les instruments de travail d'un savant français, ces incendies de registres d'observations scientifiques ont été omis dans le récit de M. Hassel. Ils

(1) Cahier de novembre 1871.

le complètent très utilement et montrent dans quelle mesure les Prussiens ont obéi aux bonnes intentions du Prince Royal. Le soin avec lequel on s'attaqua spécialement aux instruments de précision et aux registres d'observations semble indiquer que la main qui détruisait savait très bien ce qu'elle faisait. Il y a, en effet, chez la plupart des professeurs d'Université d'outre-Rhin une jalousie maladive des travaux français. Tandis que notre naïveté généreuse se plaît à exalter la science allemande, l'érudition allemande, la philosophie allemande, toutes nos découvertes sont, au contraire, contestées et rabaissées par nos voisins. Ils y sont pour ainsi dire obligés par leurs théories. Ils ont décidé que, désormais, c'est la race germanique qui est chargée d'éclairer le genre humain ; des découvertes faites par des Welches sont donc des contresens qui ne font que gêner et altérer le développement futur de l'histoire, tel qu'il a été réglementé par ces docteurs de landwehr (1).

Ajoutons que, pendant toute l'occupation, nous avons vu les officiers et les soldats, qui revenaient des avant-postes de Sèvres, se servir de la porcelaine de la manufacture, et, à Noël, les vases peints et les assiettes décorées furent parmi les cadeaux que les officiers s'offrirent mutuellement ou envoyèrent dans leur patrie, pour aider à la célébration de la fête de famille que l'Allemagne célèbre ce jour-là. Un de nos amis, à Versailles, dont la maison a été pillée, a trouvé chez lui, en revanche, un encrier doré en porcelaine de Sèvres, qui avait été oublié (mais le sien avait disparu). Son jardin était jonché de débris d'assiettes dorées et marquées au chiffre impérial. Toute cette porcelaine avait été apportée par des officiers du 47ᵉ régiment, qu'il avait logés, et qui allaient régulièrement passer une quinzaine sur deux aux avant-postes. Chaque fois que ces troupes d'avant-poste revenaient de Sèvres à Versailles, elles y rapportaient des collections d'objets variés en porcelaine, et en si grande quantité, que les soldats eux-mêmes n'y attachaient plus de valeur. Ils se servaient de cette vaisselle avec le plus grand dédain ou la mettaient en morceaux, conformément à leur consigne, qui leur prescrivait, dans les endroits désignés

---

(1) M. Hassel s'indigne de plus d'avoir rencontré la plus mauvaise volonté chez les ouvriers de la manufacture qu'il avait *requis* de charger, sur les fourgons prussiens, les vases précieux qu'il emportait, tandis que ces employés paraissaient empressés à sauver les objets qui leur appartenaient. Rien n'est plus explicable que cette mauvaise volonté. Les employés devaient penser tout d'abord que ce convoi aurait la destination habituelle, c'est-à-dire l'Allemagne, et nous concevons fort bien qu'ils aient eu de la répugnance à travailler à un pareil chargement ; mais M. Hassel trouve dans ce fait un *intérêt psychologique général*, et il en tire naturellement une conclusion insultante.

au pillage officiel, de briser tout ce qu'on ne pouvait pas emporter ou expédier.

C'est en présence de ces faits, de notoriété publique à Versailles, que M. Hassel, généralisant très adroitement une exception dont l'honneur revient exclusivement au Prince Royal, déclare que les Prussiens ont été admirables pour les soins qu'ils ont mis à éviter les dévastations inutiles.

Cette même diplomatie fut adoptée par M. de Brauchitsch; plusieurs fois, il fit vertueusement insérer dans son journal et dans son *Recueil officiel* des avis de ce genre :

Le public est informé qu'il a été trouvé par des soldats de l'armée allemande les objets suivants :

Dans la maison abandonnée du notaire Maingot, à Thyais, au coin de la route de Versailles et de celle de Grignon, un paquet de valeurs estimé 10,000 francs.

..... Dans une maison déserte, à Brunoy, une petite *pendule* (!).

..... A Montretout, on a *sauvé de l'incendie* 15 tableaux provenant de la maison 37, rue Impériale, etc., etc.

..... Bien que le château de Saint-Cloud n'ait guère renfermé des objets d'art de premier choix, *nous pouvons rassurer* les personnes qui en regretteraient les pertes, en leur disant que, lors de la destruction du château par les boulets du Mont-Valérien, les soldats allemands ont, par ordre de leurs chefs, *sauvé* le plus possible des statues, tableaux et vases qui s'y trouvaient.

Dans cette duplicité si étudiée, par laquelle la Prusse espérait combiner les bénéfices du pillage avec la renommée de la délicatesse scrupuleuse, il y a quelque chose de répugnant, et qui, malheureusement, est en harmonie parfaite avec un des traits du caractère prussien : cette race est profondément hypocrite. Si les Prussiens avaient dit ouvertement : « Nous sommes vainqueurs, nous voulons des trophées, nous les choisissons à notre gré, et, en plein soleil, nous les envoyons en Allemagne; » on n'aurait pas eu à condamner en eux non seulement le pillage, mais ce qui est bien plus méprisable : le mensonge recouvrant le vol, l'artifice soigneusement combiné pour paraître immaculé, au moment même où l'on satisfait une passion mauvaise.

En constatant les lacunes morales de ces vainqueurs, en donnant des exemples du système d'artifices qui a été pratiqué par les agents officiels de l'administration prussienne, j'ai pour but de montrer l'esprit général qui régnait dans les troupes d'occupation installées à Versailles; mais, j'ai hâte de le dire, cet esprit général et dominant n'excluait pas les exceptions individuelles, et sans compter le Prince Royal, qui se montra toujours, à ce point de vue, digne de louanges, l'armée avait dans ses rangs bon nombre d'officiers, et même de soldats, qui rougissaient des dévastations et des vols non seulement tolérés, mais ordonnés par l'état-major. Ces officiers, comme on le pense bien, ne protestaient que bien bas, car une parole dite tout haut eût été considérée comme une espèce de trahison. Ils ne pouvaient blâmer qu'en opposant leur propre conduite à celle de leurs collègues. Plusieurs vinrent remettre ainsi à la Mairie des objets de prix. Un correspondant de journal (qui porte un nom historique) fit mieux. Etant allé à Bougival, il trouva dans la demeure du peintre Gérôme quelques tableaux de grande valeur échappés aux pillards qui avaient déjà mis la maison à sac. Il les rapporta à Versailles, les déposa chez son hôte, et fit dresser par un des notaires de la ville un procès-verbal par lequel il était dûment constaté qu'il existait des Allemands ayant horreur du vol. Il y avait là peut-être un peu trop de formalisme, mais il y avait aussi la révolte d'un honnête homme désireux de ne pas être confondu avec les consciences malsaines qui l'entouraient.

D'autres actes de ce genre, accomplis plus simplement, ne méritent pas moins d'être signalés. Auprès de la grille de l'Ermitage, un blanchisseur avait à loger une cinquantaine de soldats. L'un d'eux, en entrant, aperçut une montre suspendue à un clou. Il dit tout bas au maître du logis : « Enlevez cette montre, elle vous serait volée !... »

Ce brave garçon connaissait bien ses camarades.

En effet, il n'y a guère d'habitant de Versailles, ayant logé des soldats, qui n'ait eu à regretter, en plus ou moins grand nombre, des objets disparus. Nous laissons de côté, bien entendu, les dévastations complètes. Assez souvent, après le départ des soldats, en entrant dans le logement qu'ils occupaient, et en constatant que, sauf l'odeur et la malpropreté, tout était en apparence à peu près resté comme à leur arrivée, on se laissait aller à dire : « Eh bien ! vraiment, il n'y a pas trop à se plaindre !... » C'était là le plus souvent une illusion qui se dissipait à l'examen ; peu de temps après, on reconnaissait que les armoires et les commodes avaient été visitées et que cet ordre apparent était destiné à mieux déguiser les larcins commis. Telle armoire à glace ne semblait pas avoir été touchée, mais la planche appliquée contre le mur avait été sciée, et c'est par derrière qu'on avait fait un choix dans ce qu'elle contenait. Telle commode avait ses serrures intactes, mais par le tiroir du haut on avait vidé les tiroirs inférieurs. Dans leurs vols, les soldats étaient surtout avides de linge, de couvertures de laine, de couverts d'argent, de couteaux, de bijoux et aussi de vêtements de femme. Distribuaient-ils les vêtements et les bijoux à ces compagnes qu'ils invitaient à la fête du Prince Royal? Les envoyaient-ils en Allemagne, à leurs femmes légitimes et à leurs fiancées? Les vendaient-ils aux juifs innombrables qui suivaient l'armée ? Ce sont là des secrets nationaux qu'ils surent scrupuleusement garder.

Les « fiancées » dont nous venons de parler jouaient un grand rôle dans leurs conversations avec leurs hôtes, qui parfois étaient touchés de leurs épanchements intimes ; mais, là encore, il nous fallut bientôt reconnaître que l'Allemand s'entendait dans la perfection à abuser de notre crédulité et agissait avec un calcul intéressé, lorsque nous le croyions tout entier en proie à un accès de naïve « sentimentalité germanique ». En ce genre, l'anecdote suivante est très caractéristique. Un de nos concitoyens eut à loger un jeune sous-officier bavarois, timide, doucereux, qu', au bout de quelques jours de relations, montra à son hôte une photographie représentant une jeune fille, en lui disant d'un air ému : « Ma fiancée !... » Mais le hasard fit que la photographie put être examinée à loisir par ce Versaillais, qui vit avec stupéfaction que celle-ci était signée *Carjat*. C'était tout simplement une photographie de Paris, volée dans un album français, et que le Bavarois avait mise au service de sa mélancolie allemande. Le mensonge poétique n'était pas son plus grand défaut : après son départ, notre concitoyen constata qu'il lui manquait plusieurs chemises et une paire de souliers. Bientôt après, le 28 octobre, un vol avec effraction était commis rue Satory, chez un marchand de nouveautés. L'auteur était le fiancé de la photographie. Une plainte fut adressée aux autorités militaires. La justice prussienne du quartier général n'hésitait jamais à faire des exemples, quand les coupables qu'elle jugeait étaient des Bavarois : celui-là fut condamné à la réclusion.

Lorsque les effractions ou les violences étaient commises par des Prussiens et surtout par des officiers supérieurs, s'il y avait plainte, ce n'était pas les coupables que l'on punissait, c'était les plaignants. C'est ce qui arriva à un conseiller municipal, M. Constant Fontaine, neveu du célèbre architecte. Il logeait deux officiers de la pire espèce, qui forçaient les armoires pour s'emparer des liqueurs et du linge, posaient leurs barils de bière sur des fauteuils de soie, mettaient le feu à la cheminée et s'opposaient violemment à l'entrée du propriétaire venant pour l'éteindre, etc. Ces faits furent portés à la connaissance du commandant de place, et on lui indiqua en même temps que le frère du roi Guillaume avait eu autrefois des relations cordiales avec l'oncle de ce Français qui était aujourd'hui traité avec si peu d'égards. La réclamation eut juste un effet contraire à celui qu'on attendait. Le commandant de place, très heureux sans doute de montrer, par un exemple propre à frapper, que les officiers étaient absolument maîtres de faire tout ce qu'ils jugeaient à propos, donna raison à ceux contre lesquels était portée la plainte, et, pour le prouver, il punit M. Fontaine de sa réclamation, jugée injurieuse, en lui envoyant, comme garnisaires, trois soldats de plus à loger.

Il est facile de se figurer quelles sourdes et amères colères jetaient dans la population ces actes d'autorité vexatoires, qui de jour en jour devenaient plus fréquents.

21 octobre. — Le vendredi 21 octobre, dans la matinée, de sept à huit heures, on avait entendu le canon du Mont-Valérien; ce bruit, auquel l'oreille s'était accoutumée, ne paraissait pas avoir plus d'importance que d'habitude. Mais, à midi, les détonations recommencèrent; cette fois, elles étaient plus rapprochées, et on reconnaissait le son particulier de l'artillerie de campagne. Vers une heure, des officiers d'état-major arrivèrent à Versailles à bride abattue; le clairon d'alarme fut sonné, et aussitôt une agitation extraordinaire se manifesta dans toute la garnison. Les officiers rassemblèrent à la hâte des détachements qui se dirigèrent au pas de course du côté de Bougival; des batteries d'artillerie disparurent au galop dans la même direction; des soldats qui étaient en train de recevoir, dans la cour de l'Hôtel-de-Ville, une de leurs distributions quotidiennes, laissèrent là balais et cruches, et coururent avec précipitation à leurs casernes. Bientôt après, les canons réunis sur la place d'Armes furent mis en batterie; en tête de chacune des trois grandes avenues de Saint-Cloud, de Paris, de Sceaux, deux pièces furent disposées de façon à les commander; les artilleurs veillaient à côté. Le général de Voigts-Rhetz vint, sur la place d'Armes, se mettre à la tête de ses réserves; il était entouré d'officiers et d'aides de camp qui sans cesse apportaient et remportaient des ordres; les troupes étaient massées, l'arme au pied, autour de cet état-major, qui paraissait très préoccupé. Pendant ce temps, des fourgons chargés à la hâte s'éloignaient par la rue des Chantiers et emportaient ce que le quartier général renfermait de plus précieux. Tous les officiers qui en avaient eu le temps avaient bouclé leurs valises et tout préparé pour le départ. Les malles étaient rapidement entassées sur des chariots; à la Préfecture, on déménageait les appartements du Roi et on chargeait dans des voitures de réquisition les bagages et jusqu'aux tiroirs des meubles pleins de linge et d'effets (1). Chez MM. de Moltke, de Bismarck, mêmes préparatifs et même bouleversement subit.

On devine facilement quelle émotion avait saisi la population

(1) *Revue des Deux-Mondes*, 1er avril 1871. Voir l'excellente étude de M. Pigeonneau sur Versailles pendant le siège.

de Versailles au spectacle de cette prise d'armes précipitée. Elle avait donc enfin été décidée, cette sortie des Parisiens sur Versailles, que les Versaillais appelaient depuis si longtemps ! La joie, l'enthousiasme avaient tout à coup succédé à l'abattement et à l'écrasement moral sous lequel on vivait depuis plus d'un mois. Le Conseil municipal avait sa réunion quotidienne à une heure, mais il n'avait pu rester en séance ; après une demi-heure de délibération distraite, les conseillers avaient quitté l'Hôtel-de-Ville afin d'aller, avec toute la population, jouir des anxiétés de l'ennemi et tâcher de deviner les péripéties de la lutte engagée. Réunis en groupes dans les rues et sur les avenues, les habitants ne cachaient nullement leurs espérances. Déjà, çà et là, quelques cris patriotiques avaient retenti. Il semblait bien en effet que l'heure de la délivrance allait sonner. Dans la direction de Vaucresson, on distinguait non seulement le bruit strident des mitrailleuses, mais le crépitement de la fusillade ; au-dessus de la ligne de bois qui forme l'horizon de la ville au nord, on voyait à chaque instant de petits nuages blancs qui traversaient le ciel, éclairé ce jour-là par un beau soleil d'automne : c'étaient des obus qui éclataient. A deux heures et demie, le Roi, accompagné de son fils et des princes de son entourage, était parti avec une forte escorte, par la rue des Réservoirs, se dirigeant du côté de Saint-Germain, d'où il pouvait gagner Saint-Denis. Bien des Versaillais avaient tenté d'aller au-devant des troupes françaises, dont on croyait à chaque instant entendre déjà les clairons et voir les uniformes, mais les grilles de la ville avaient été fermées et soigneusement gardées ; des gendarmes repoussaient et frappaient quiconque cherchait à en approcher ; les groupes qui s'y réunissaient étaient dispersés avec violence. Sans tenir compte des patrouilles de cavalerie qui parcouraient la ville d'un air menaçant, le sabre ou le mousqueton au poing, des rassemblements s'étaient formés autour des hôtels des généraux et des grands personnages ; les sentinelles placées à la porte de ces hôtels dirigeaient de temps en temps sur la foule les canons de leurs fusils. M. de Bismarck sortit seul à cheval de sa demeure vers trois heures et, descendant la rue de Provence, se dirigea du côté de l'avenue de Villeneuve-l'Etang. Sur le pont du chemin de fer de la rive droite, il interpella durement une vieille femme, lui disant de rentrer chez elle. Celle-ci lui répondit en termes énergiques que c'était à lui de s'en aller dans son pays, et M. de Bismarck continua son chemin sans répondre.

Cette émotion si vive devait, comme tant d'autres, finir par une déception. Vers cinq heures, l'écho de la bataille, au lieu de continuer à se rapprocher, s'éloigna. Le canon du Mont-Valérien retentit de nouveau, mais on n'entendait plus la fusillade. Les réserves d'artillerie de la place d'Armes n'étaient pas parties. Les allées et venues des aides de camp devenaient plus rares. Enfin, le général de Voigts-Rhetz rentra à son hôtel. Il était impossible de ne pas être convaincu que la sortie des Parisiens n'aurait pas pour résultat de rejeter le quartier général hors de Versailles. Un peu plus tard, le Roi et les princes revinrent à leur tour. La nuit tomba, et les habitants de Versailles, plus désespérés que jamais, rentrèrent chez eux, après avoir passé en quelques heures par les sentiments les plus extrêmes de la joie et de la douleur.

L'obscurité était complète et la ville avait repris son calme habituel, quand les régiments partis le matin en hâte repassèrent les grilles. On ne put constater si la lutte engagée avait éclairci leurs rangs. Suivant leur habitude quand ils revenaient du combat, ils chantèrent, pendant qu'ils traversaient la ville, un hymne national. Quelles que fussent les pertes éprouvées dans la journée (et nous sûmes le lendemain qu'elles avaient été considérables), il leur fallait, devant l'ennemi, paraître fermes et fiers, et sur l'ordre de leurs chefs, les bataillons entonnaient en chœur, d'une voix sonore et mâle, des chants graves et puissants qui résonnaient au loin. Dans ces hymnes, il n'y avait rien qui ressemblât aux refrains joyeux que lancent sur les routes nos soldats en campagne ; c'étaient comme les chants de haine d'une guerre sainte : le caractère en était à la fois religieux et menaçant, sublime et féroce. On y sentait l'âme de fer d'une nation certainement grande, mais prête à la froide extermination.

A neuf heures et demie, le maire était rentré chez lui, quand il reçut d'un adjoint, M. Laurent-Hanin, un billet l'avertissant que M. de Bismarck désirait le voir le soir même. Le conseiller de légation, comte de Hatzfeld, était venu le chercher à l'Hôtel-de-Ville, de la part de son maître.

Le maire se rendit sans tarder rue de Provence, et il fut introduit immédiatement dans le cabinet du chancelier.

M. de Bismarck était en uniforme et paraissait un peu fatigué ; cependant, sur la table éclairée par trois bougies devant laquelle il était assis se trouvait du papier blanc, sur lequel il était occupé à coller des articles de journaux découpés par lui ; le reste des feuilles, jeté à terre, jonchait la chambre. Il était très oppressé, sa respiration était gênée, et il buvait de temps à autre des gorgées d'eau de Seltz, comme pour dégager sa poitrine.

Il serra la main du maire, le remercia de s'être rendu de suite à son invitation, et prenant un air assez indifférent, comme s'il eût parlé de la pluie ou du beau temps, il lui adressa cette question :

— Comment vont les choses en ville?...

Le maire fut étonné du défaut de précision de cette question; il en profita pour répondre :

— Mais, Monsieur le Comte, la ville a eu aujourd'hui une espérance qui ne s'est pas, à ce qu'il paraît, réalisée.

— Ce n'est pas de cela, dit le comte en souriant, que j'entendais parler. Je voulais vous demander s'il y avait en ville des abus, des excès de la part des nôtres.

Le maire répondit en rappelant les charges énormes dont la ville était écrasée, et ajouta que, quant aux détails quotidiens de police, il en avait référé, quand il y avait lieu, au général commandant la place, et n'avait pas cru devoir en occuper M. de Bismarck.

— Ah! oui, reprit celui-ci, évitant de répondre au sujet de la charge des réquisitions, et se jetant sur un petit côté de la question : vous vous êtes plaint d'une *amende* de 100 francs à l'occasion d'un retard dans la livraison d'une voiture...

Et comme le maire faisait un geste en entendant le mot *amende* :

— ... Ne discutons pas sur les principes; vous ne voulez pas que ce soit une *amende;* eh bien! ce sera une contribution de guerre, une *exaction*, si vous voulez; mais, je vous en prie, acquittez cette petite somme : c'est bien le moins que vous puissiez faire pour moi, qui ai contribué à vous faire faire la remise d'une contribution de guerre de 400,000 francs.

Le maire répondit qu'il ne pouvait payer une amende à l'occasion d'un fait dans lequel l'administration municipale n'avait à se reprocher ni mauvais vouloir, ni négligence, mais s'était seulement trouvée en face d'une impossibilité matérielle.

— Il fallait au besoin vous emparer, par voie de réquisition, de la voiture que je loue moi-même pour mon usage personnel; je n'aurais rien dit! Mais un courrier du Roi n'a pu partir en voiture pour une course pressée; il a fallu prendre des relais, cela a coûté 800 francs, et le but n'a pas été atteint : il y a là une faute à réparer.

Le maire, sans donner aucune espèce d'assentiment à ce qui venait d'être dit, ne répondit plus. Puis il se fit un certain silence comme si M. de Bismarck eût voulu aborder un autre sujet, autour duquel il semblait tourner (1).

(1) Pendant une de ces interruptions de dialogue, M. de Bismarck, se levant et prenant un flambeau, fit avec le maire une espèce de revue des gravures et des peintures qui ornaient sa chambre; il mêla cet examen de

— C'est étonnant, dit-il tout à coup, comme l'on a peu, en France et à Versailles, *le sentiment et la connaissance de l'état de guerre!* Lorsque le boute-selle est sonné, toute la partie mâle de la population doit rentrer dans ses demeures, sans quoi elle s'expose à recevoir des coups de fusil. Au lieu de cela, chez vous, tous les hommes sortent par curiosité, se groupent sur les places et avenues, et semblent attendre l'issue des événements pour y prendre part. Cela amènera des malheurs... Lorsqu'aujourd'hui je suis monté à cheval pour aller rejoindre les troupes, il y avait plus de trois cents curieux dans la rue de Provence; je m'en suis plaint au factionnaire, et le jeune sergent qui commandait le poste a été puni des arrêts, pour n'avoir pas dispersé la foule par les armes, après un simple avertissement. Aujourd'hui, il y a eu une sortie de Paris et une du Mont-Valérien; on a lancé 20 bataillons; demain, on peut en faire sortir 40; les alertes peuvent se succéder; avertissez vos habitants de rentrer chez eux, évitons-leur de graves malheurs...

De même, reprit le comte, lorsque certaines personnes sortent, telles que le Roi, M. de Moltke ou moi, il y a toujours foule. Cela nous gêne. Dès que je suis reconnu, l'on me poursuit. Un soir, je revenais seul de la Préfecture, j'ai été suivi de très près et avec affectation par deux ou trois personnes; l'une d'elles avait la main droite dans sa poche, et pouvait être un assassin; je m'attendais à recevoir un coup de couteau. Si ces personnes eussent eu affaire à l'un de nos jeunes officiers, celui-ci eût mis l'épée à la main et les aurait chargées. L'état de guerre autorise tout cela. Je ne l'ai pas fait, et je me suis borné, arrivé à la portée d'un factionnaire, à faire arrêter l'homme qui me suivait de trop près; comme on m'a dit qu'il était connu dans le quartier, je m'en suis tenu là (1). Il faut prévenir les habitants par vos agents, pas par une affiche, pour que tout cela cesse!

Puis M. de Bismarck, après un nouveau silence, prit un cigare, en offrit un au maire, qui refusa de l'accepter:

— Mais vous me permettrez bien de fumer?

Le maire s'inclina.

— Eh bien! Monsieur le Maire, reprit le comte, après avoir allumé son cigare, il paraît que nous allons passer l'hiver chez

---

nombreuses questions sur le propriétaire de la maison qu'il occupait et de plaisanteries sur les sujets des tableaux qu'il regardait à la lueur de la bougie.

(1) Le factionnaire qui fit l'arrestation fut celui qui était placé devant la grille du Lycée, alors ambulance prussienne. Le Versaillais qui avait si fort inquiété le chancelier était l'être le plus inoffensif du monde : c'était un des domestiques du Lycée, qui ne se doutait nullement des soupçons qu'il avait inspirés. On le fouilla aussitôt pour voir s'il n'avait pas quelque arme cachée.

vous, et cependant j'ai le plus grand désir de retourner à Berlin.

— Nous n'en sommes assurément pas plus satisfaits que vous, répondit le maire ; mais pourquoi cela ?

— Pas d'élections, pas de paix possible ! Il n'existe pas en ce moment une personne qui puisse prendre sur elle la responsabilité d'engager la France. Ce n'est ni le comte de Chambord, ni les d'Orléans, ni l'Impératrice-régente. Et cependant la France veut la paix et l'Allemagne aussi. Nous serons obligés de traiter avec Napoléon III et de vous l'imposer.

— Vous ne le ferez pas !... la France prendrait cela pour une sanglante injure !...

— Cependant il est bien de l'intérêt du vainqueur de laisser le vaincu aux mains d'un pouvoir qui ne pourrait s'appuyer que sur les prétoriens. Il est bien certain, alors, que le vaincu ne penserait plus à porter la guerre au dehors..... C'est incroyable jusqu'à quel point le gouvernement impérial avait poussé la corruption. Connaissez-vous les documents trouvés aux Tuileries ?

— Non, Monsieur le Comte, vous savez que nous sommes au secret depuis plus d'un mois.

— Ces documents sont très curieux. Il y a des coryphées du parti démocratique un peu compromis ; il faudra que je fasse paraître cela dans notre petit journal (1).

Puis après une nouvelle pause :

— Vous avez tort de croire que Napoléon III n'a plus de racines ; il a encore pour lui l'armée...

Sur un signe négatif du maire, le chancelier continua :

— ... Le général Boyer, envoyé par le maréchal Bazaine, est venu pour traiter de la paix, au nom de Napoléon. Si l'on traite, et que nous laissions sortir la garnison de Metz, elle se retirera dans la Gironde, sous l'engagement de ne pas combattre pendant trois mois, et attendra les événements. Nous pourrons alors disposer des 200,000 hommes qui sont devant Metz ; nous formerons sept armées avec lesquelles nous parcourrons toute la France, en vivant à ses dépens. Paris comptait sur la province et la province compte sur Paris. C'est une double erreur ! Paris a une armée bonne pour défendre une forteresse, mais qui ne saurait tenir la campagne, parce qu'elle n'a ni artillerie, ni cavalerie, qu'en un mot elle manque d'organisation. Quant à la province, depuis que nous sommes allés à Orléans, nous savons à quoi nous en tenir sur l'armée de la Loire : des débris, des tronçons qui ne peuvent pas être reliés entre eux. Les dépar-

---

(1) *Le Nouvelliste*. Beaucoup de ses articles émanaient directement de la Chancellerie. Il publia des extraits des Papiers des Tuileries, qui lui servirent pendant longtemps de *Variétés*.

tements commencent à se fatiguer de ce que le pays n'est pas consulté. Au nord, il n'y a guère que Lille où l'esprit guerroyant se soutienne ; mais du côté de Rouen et du Havre, où nous avons envoyé des troupes, l'esprit public n'est pas à la résistance. Dans plusieurs villes, la police se fait à moitié entre nos troupes et les habitants.

— Ceci, Monsieur le Comte, me fait craindre que vous n'ayez pris comme symptôme d'affaiblissement de notre patriotisme la soumission par la ville de Versailles à vos mesures de police.

— Du tout ; faire d'accord la police, arrêter les voleurs, empêcher les violences et les meurtres, dans une ville occupée par le vainqueur, c'est faire œuvre d'humanité, c'est respecter les lois de la vie sociale, ce n'est pas compromettre son patriotisme !...

Ici, nouveau silence, que M. de Bismarck paraissait ne vouloir pas rompre, sans pour cela manifester par aucun signe extérieur que l'entretien était terminé. Le maire mit fin à ce silence en disant au chancelier :

— Je ne suis pas diplomate, je n'ai reçu mission de personne, mais, mû par les seuls sentiments d'humanité que les désastres de la guerre font naître dans tous les cœurs, je soutiens que la paix est facile, et je crois pouvoir le démontrer. Vous m'avez dit, Monsieur le Comte, que l'Allemagne ne faisait pas la guerre par esprit de conquête, mais bien pour assurer la paix. Et moi, je dis que la République française n'est pas davantage animée de l'esprit de conquête, et consentira à toutes les mesures compatibles avec sa dignité pour assurer la paix. Donc, comme première conséquence, pas d'agrandissement de territoire, d'un côté ni de l'autre : le *statu quo ante bellum*. Comme garanties de la paix, l'Allemagne réclame la démolition des forteresses françaises placées sur ses frontières. Comme garanties de la paix, la France réclame la démolition des forteresses allemandes placées sur ses frontières. Il faut accepter des deux parts, et l'honneur est sauf.

M. de Bismarck qui, jusque-là, n'avait pas dit un mot et n'avait pas fait un seul signe d'approbation, reprit la parole pour contester en ces termes :

— Cependant, la position n'est pas la même des deux parts. Jamais, si ce n'est en 1792, et par une sorte d'entraînement général, la Prusse n'a attaqué la France ; tandis que vingt-trois fois depuis Louis XIV, sous la République, sous Napoléon Ier et sous Napoléon III, la France a porté la guerre en Prusse ; elle l'eût même faite sous la Restauration, d'accord avec la Russie, sans la révolution de Juillet.

— Eh bien ! répliqua le maire, que les deux nations se lient entre elles par un traité de désarmement proportionnel à leurs populations respectives, traité qu'elles auront bientôt imposé à toute l'Europe. C'est peut-être, pour chacune d'elles, le seul moyen de cicatriser leurs blessures.

— Mais avec qui voulez-vous que tout cela se discute? reprit M. de Bismarck.

— Ceci, c'est la question de l'armistice, répondit le maire. L'investissement de Paris étant maintenu pendant les élections, eussiez-vous accordé aux députés de Paris les sauf-conduits nécessaires pour se rendre à Tours?

— Nous eussions facilité partout les élections, sauf les précautions militaires, et nous eussions donné les sauf-conduits nécessaires aux députés.

— Monsieur le Comte, j'ai le plus vif désir d'être utile à mon pays, et je voudrais tenter de faire apprécier par le gouvernement de la Défense nationale les idées que je viens d'émettre; voulez-vous me faire donner un sauf-conduit pour Paris, et je m'y rends de suite?

— Je ne vous le conseille pas; des paroles de paix, *venues de mon initiative*, seraient mal reçues : elles seraient considérées comme la preuve que nous ne pouvons plus continuer la guerre, et rejetées. Ne tentez pas cela, dans votre propre intérêt.

— Monsieur le Comte, je suis républicain, et il n'y a de bon républicain que celui qui préfère toujours l'intérêt général à son intérêt particulier.

— Je suis républicain comme vous, dans ce sens-là; seulement, je tiens à la garantie d'un chef héréditaire. Mais je vais vous fournir la preuve que vous ne réussirez pas. L'Amérique est le seul pays qui porte véritablement intérêt à la France. Quatre généraux américains, MM. Sheridan, Burnside, etc., sont venus me trouver dans le but d'amener la paix. Ils ont été à Paris, et lorsqu'ils en sont revenus, ils m'ont dit : « *Il n'y a rien à faire!* Excepté le général Trochu, — qui dit : « Nous ne « sommes pas encore assez battus pour traiter (1), » — les autres

---

(1) Voici ce que le général Trochu, de son côté, a dit de ses relations avec M. Burnside :

« J'ai été extrêmement frappé de voir que M. de Bismarck, consentant toujours facilement à nouer avec nous des ententes, ne manquait jamais de s'arranger de manière à en détruire les effets, quand ces ententes avaient eu lieu... Pendant le siège arriva de Versailles à Paris un homme considérable dans son pays, le général américain Burnside, qui montrait de vives sympathies pour la France... Il nous donnait à entendre que, par son intermédiaire, on pouvait arriver à un accord. Que demandions-nous? Ce que demande et ce qu'obtient toujours une place assiégée qui veut traiter : un armistice avec ravitaillement proportionnel à sa durée... Le général Burnside, allant et venant plusieurs fois entre Paris et le quartier général prussien, ne put rien obtenir. Quand il prit congé de moi, je lui dis, avec une énergie de sentiment et de conviction qui me parut l'impressionner prone veulent pas entendre parler de paix. Ils ne veulent même pas consulter le pays. Ce ne sont pas de vrais républicains, ce sont des fous ou des tyrans. » Je ne veux pas blesser votre patriotisme en vous répétant tous les termes dont ils se sont servis en parlant d'eux. Ils feront si bien, que la France se démembrera.

Le maire répondit :

— Je n'insiste plus pour aller à Paris.

Nouveau silence, sans rupture de l'entretien. Le maire, changeant de conversation pour montrer que tout était terminé sur le sujet précédent, dit à M. de Bismarck :

— Je suis heureux de pouvoir vous fournir la preuve que, malgré l'état d'hostilité existant, et réserve faite des deux parts du sentiment patriotique, les relations humanitaires subsistent. En voici un double exemple. Le Conseil municipal a voté aujourd'hui, à titre de récompense, une somme de 50 francs en faveur d'un sergent prussien qui, ces jours-ci, a fait preuve de beaucoup de dévouement pour éteindre un incendie dans Versailles. La veille, un soldat prussien, tombé de voiture par accident, s'étant cassé la cuisse, a été relevé et pansé par un habitant de Versailles, nommé Poidevin.

— Eh bien ! dit M. de Bismarck, si ce Poidevin est dans le besoin, remettez-lui les 100 francs d'indemnité que vous nous devez, et ce sera une affaire finie (1).

En disant ces mots, M. de Bismarck se leva et tendit la main au maire, qui lui dit en lui donnant la sienne :

— Toujours *personnellement*, Monsieur le Comte !...

M. de Bismarck dit en riant :

fondément, ces paroles que j'ai très présentes : « Général, vous n'êtes pas, en fait, un diplomate. Vous êtes soldat et je le suis aussi. Par conséquent, toutes les précautions de langage que prennent les diplomates, nous n'avons pas à les employer. Je parlerai net. *J'ai acquis la conviction que M. de Bismarck ne veut pas traiter. Il poursuit la ruine de la France et veut y rendre tout gouvernement moralement et économiquement impossible.* Il a autour de moi, avec la démagogie, des ententes que je ne puis pas saisir matériellement, mais dont je suis de plus en plus certain. *Il n'a aucun arrangement en vue ; ce qu'il veut, c'est l'émeute et l'anarchie.* Je ne sais ce qui arrivera, mais je ne capitulerai devant aucun événement de guerre, et Paris tiendra jusqu'à son dernier morceau de pain. Je vous prie de le lui dire. »

Ce témoignage éclaire beaucoup, selon nous, la conduite diplomatique de M. de Bismarck.

(1) L'incident fut en effet terminé de cette façon : le sergent allemand qui avait contribué à éteindre l'incendie reçut 50 francs, et les 100 francs « d'amende » furent donnés à l'habitant de Versailles qui avait porté secours au soldat allemand blessé. Le maire, en annonçant le vote du Conseil au général, lui écrivit : « Le Conseil a pensé que l'état de guerre devait laisser subsister tous les droits de l'humanité en dehors de la lutte sur le champ de bataille, et il m'a chargé de vous prier d'obtenir du chef sous les ordres duquel ce sergent est placé l'autorisation pour lui de recevoir à la caisse de la ville le montant du mandat que je joins ici. »

— Mais les soldats ennemis, aux avant-postes, se donnent souvent la main.

— Je voudrais bien être soldat ! répondit le maire, ma position n'en serait que plus nette !

Et sur ces mots, il prit congé du chancelier (1).

Les digressions, les détours de cet entretien peuvent paraître bizarres : ils caractérisent la manière de causer favorite de M. de Bismarck. Tout en suivant avec soin sa propre pensée et en calculant, d'après l'effet qu'il veut produire, les détails les plus inattendus de sa parole, il aime à dérouter son interlocuteur par des brusqueries et des saillies de toute nature. S'il avait appelé le maire, c'était évidemment pour lui exprimer le mécontentement que lui avait causé la population ; mais, comme on le voit, à cette idée il en mêla d'autres qui pouvaient l'aider à mieux pénétrer l'homme qu'il avait devant lui. Il tenait sans doute à bien se rendre compte du caractère et de la tournure d'esprit de ce maire français du grand quartier général, de ce chef d'une population qui venait de prouver qu'à l'occasion, elle serait peut-être moins calme que son attitude habituelle ne le faisait présumer.

22 octobre. — L'émotion que le maire avait cru remarquer chez M. de Bismarck était-elle réelle, et le chancelier avait-il été inquiet pour lui-même de l'issue possible de la sortie dirigée sur Versailles ?... Quelques personnes le supposèrent, car le lendemain il pensa à changer d'habitation, pour se rapprocher de la résidence du roi Guillaume. Dans la matinée du 22, un des familiers de la Chancellerie vint visiter l'hôtel situé impasse Montbauron, appartenant à M. Lefaivre, ancien adjoint au maire, hôtel qui était occupé avant la guerre par Mlle Augustine Brohan. Après un examen minutieux des chambres et des issues du jardin, l'hôtel ne fut pas jugé suffisant pour le chancelier, mais il le garda cependant en sa possession, comme il avait déjà fait pour la demeure du préfet, M. Charton. La Chancellerie avait ainsi par la ville un certain nombre de logements de choix dont elle disposait pour les hôtes de distinction qu'elle avait de temps en temps à accueillir au grand quartier général. Dès le 25 octobre, cet hôtel de Mlle Brohan fut préparé et chauffé trois jours de suite pour Mme Bazaine, qui était attendue par M. de Bismarck.

Elle ne vint pas. Plus tard, l'hôtel fut occupé pendant quelque temps par un personnage qui chaque jour allait travailler avec le roi Guillaume, pour régler des détails relatifs à l'organisation du nouvel Empire allemand.

(1) Cette conversation, comme celle du 7 octobre rapportée plus haut, reproduit des notes rédigées le jour même par M. Rameau.

Quant au projet de changement de domicile de M. de Bismarck, il ne fut pas réalisé; on ne trouva probablement nulle part un aménagement aussi commode que celui de la rue de Provence.

Les paroles de mécontentement contre la population que le chancelier avait adressées au maire ne tardèrent pas à se traduire par un acte de l'autorité militaire. Dans la journée fut apposée l'affiche suivante, qui attestait l'irritation très vive qu'avait produite sur les Prussiens l'attitude des Versaillais :

Nous, commandant de place de Versailles, décrétons ce qui suit :
Vu l'état de siège ;
Dès que le signal d'alarme est donné aux troupes allemandes, les habitants de la ville sont tenus à rester ou à rentrer chez eux ;
Les troupes ont reçu l'ordre *de faire usage de leurs armes à feu* contre tout individu désobéissant.
Versailles, le 22 octobre 1870.
Le Commandant de la place,
DE VOIGTS-RHETZ.

Le Nouvelliste, avec ce « décret », contenait l'avis suivant, très significatif :

Hier, dans l'après-midi, pendant que le canon grondait du côté de Rougival, le bruit d'un attentat contre la personne de M. de Bismarck s'est répandu tout à coup dans toute la ville. On prétendait qu'une balle meurtrière aurait frappé le domestique du chancelier fédéral au moment même où ce dernier est monté à cheval pour se rendre sur l'endroit du combat. Cette rumeur, *heureusement pour la ville de Versailles*, est complètement controuvée. Il n'y a pas eu de coup de fusil tiré ni sur M. de Bismarck, ni sur une personne de sa suite. L'histoire doit être rangée parmi les innombrables contes fantastiques qui défrayent depuis quelque temps les conversations des Versaillais.

Toutefois, nous croyons devoir rappeler aux habitants de la ville que, selon les lois ou les proclamations prussiennes, on rend toujours responsable toute la commune pour les faits et gestes de simples individus, aussitôt qu'ils sont dirigés contre l'armée ou le gouvernement allemand.

Le même numéro donnait un récit du combat de la veille. Ce récit, mélange de vrai et de faux, était rédigé de façon à dissimuler l'échec des avant-postes, la lutte acharnée et meurtrière de la Malmaison, la panique ressentie à Versailles et les pertes faites par les Prussiens, pertes surtout sensibles dans cette précieuse landwehr de la Garde, composée en partie de bourgeois de Berlin, et que le Roi avait passée en revue sur l'avenue de Paris le dimanche précédent. Cantonnée à Saint-Germain, elle avait été appelée à la défense de Rougival ; elle s'était battue avec la plus grande bravoure, mais elle avait beaucoup souffert. *Le Nouvelliste* garda le silence sur ce point. Il commit également une autre erreur en affirmant (comme notre désir l'avait supposé) que les troupes françaises avaient voulu déloger le quartier général. Une autorité militaire désintéressée et compétente, l'historien suisse Rustow, dit en termes exprès : « Il était formellement interdit à l'artillerie (française) de dépasser la hauteur de la Jonchère; » et il ajoute : « S'il ne s'agissait pas uniquement d'habituer au feu de jeunes soldats, il est fort difficile de saisir quel pouvait être le but de cette sortie. » L'ordre du jour publié le lendemain à Paris lui donnait bien ce sens, car il y était dit : « C'est par de telles opérations, bien conduites et bien exécutées, que les troupes se préparent aux grands efforts de la guerre... A dater du combat d'hier, le 14ᵉ corps a conquis sa place parmi les meilleures troupes de l'armée de défense. »

D'après des histoires de la guerre récemment publiées en Allemagne même, les pertes infligées aux Prussiens dans ces quelques heures de combat s'élevaient à 400 hommes (1).

Voici le récit que *le Nouvelliste* donna aux Versaillais :

Hier, l'armée française cernée à Paris a tenté une sortie vers la vallée de Rougival, dans l'espoir évident de pouvoir forcer les lignes allemandes. Cet espoir a été déçu. Bien que l'attaque, exécutée par vingt à vingt-cinq bataillons de ligne et plusieurs de garde mobile, ait été poussée en avant avec beaucoup de vigueur, sous le feu protecteur des canons du Mont-Valérien, une partie de la 2ᵉ division du 5ᵉ corps d'armée prussien a suffi pour repousser énergiquement la tentative des assiégés. Les avant-postes prussiens ont évacué, *comme c'était leur devoir*, à l'approche des bataillons français, les quelques maisons de Rougival qu'ils avaient occupées et ils se sont rapprochés de la sorte de leur base d'opération. Mais les Français, au lieu de s'avancer au delà du village, y sont restés, ce qui explique comment, au moment de l'attaque par les troupes prussiennes, un nombre assez considérable de prisonniers a pu être fait par ces dernières. Les Prussiens, en attaquant à la baïonnette, ont pris en même temps deux canons français. Les troupes françaises se sont alors retirées dans le fort du Mont-Valérien qui protégeait leur retraite.

Un semblant de sortie a été fait en même temps vers Argenteuil, sans produire un meilleur résultat pour les assiégeants. Les canons du Mont-Valérien ont incendié cette dernière ville.

De nombreux *blessés français*, notamment de la garde mobile, ont été accueillis par les *ambulances allemandes* et transportés pendant la nuit à Versailles.

Ce n'est pas seulement des blessés français qui furent ramenés, comme le disait *le Nouvelliste*; on ramena aussi, et en bien plus grand nombre, des blessés allemands, parmi lesquels se trouvaient des officiers, qui furent enterrés dès le lendemain.

Parmi les blessés français (que le Comité international de Versailles, lui aussi, avait ramenés du champ de bataille, ce que *le Nouvelliste* ne disait pas davantage) se trouvait un comman-

(1) Voir entre autres : Zehlicke, *Von Weissenburg bis Paris*, page 261.

dant de zouaves, qui mourut dans la nuit. Son enterrement eut lieu dans la journée du 22. Un service funèbre fut célébré à l'église-cathédrale, et plusieurs discours furent prononcés sur sa tombe.

A partir de ce jour, le cercueil des officiers français que l'on ensevelissait fut d'habitude enveloppé dans les plis d'un drapeau tricolore. Le clergé, des délégués des ambulances, des membres de l'*Internationale* formaient le cortège funèbre, qui, sur sa route jusqu'au cimetière, s'augmentait d'un grand nombre d'habitants, suivant spontanément, la tête découverte.

A l'heure même où se célébrait cet enterrement, des dragons amenaient de Bougival une centaine de prisonniers français et deux canons. Canons et prisonniers furent promenés à travers la ville ; on força les prisonniers à s'arrêter quelques instants devant la Préfecture, sans doute pour les laisser voir au Roi. Pendant cette station, une foule assez considérable s'amassa autour d'eux ; on essayait de leur parler et de leur donner de l'argent de route, car on savait qu'ils allaient partir immédiatement pour l'Allemagne. Les dragons s'y opposèrent avec violence ; ils agitaient leurs sabres et caracolaient pour repousser la foule. Une vieille femme fut renversée et blessée ; M. Passa, qui s'était jeté en avant pour la protéger, n'échappa à un coup de sabre qu'en se baissant brusquement.

Les deux canons furent installés d'abord sur la place d'Armes, à côté des batteries prussiennes de réserve; puis, un peu plus tard, on les rangea dans la cour du Château, au pied de la statue de Louis XIV. Des photographes attachés à l'armée vinrent en prendre une reproduction, en ayant le soin de faire poser dans le groupe plusieurs soldats prussiens au casque à pointe. Une des grandes jouissances de nos ennemis était de soumettre à quelque humiliation cette statue de leur ancien vainqueur. On voyait par là combien était exact le mot de M. Ranke à M. Thiers.

La séance du Conseil municipal du 22 fut une des plus tristes de l'occupation, car on s'était séparé la veille avec une magnifique espérance, et il fallait se réunir de nouveau pour revenir aux plus déplorables réalités : la ville venait de recevoir de l'intendance générale de la 3ᵉ armée une réclamation de plus de *six cent mille francs*. Déjà, une tentative de ce genre avait été faite un mois auparavant ; elle se représentait, et cette fois beaucoup plus menaçante. La lettre de l'intendant était ainsi conçue :

Quartier général, Versailles,
le 18 octobre 1870.

Nous envoyons ci-joint à la commune de Versailles un état par lequel elle verra quelles quantités ont été fournies sur les objets requis le 21 septembre pour la nourriture et l'entretien des troupes allemandes, du 22 septembre au 8 octobre, et par conséquent quelles sont les quantités arriérées.

Pour subvenir à cet arriéré, nous avons dû nous adresser à des fournisseurs; l'état ci-joint prouve que nous avons eu 173,974 thalers 14 silbergros de dépense par ce motif (652,464 fr. 25).

Nous prions le Maire, en nous réservant de revenir sur les arriérés à venir, de faire remettre la susdite somme à l'intendant royal du 3e corps et de nous donner connaissance des mesures prises à cet égard.

L'Intendant de la 3e armée,
JACOBI.

A la lettre étaient joints des états très détaillés, énumérant les quantités de viande, café, sel, macaroni, avoine, lard, sacs, achetés par l'intendance allemande à un fournisseur nommé Schottkender. C'était la ville qui devait payer cette note.

Le maire, après avoir pris l'avis du Conseil, adressa au Prince Royal la lettre suivante :

Versailles, le 21 octobre 1870.

Prince,

L'occupation de la ville de Versailles par les troupes allemandes de la 3e armée date déjà du 19 septembre dernier. Les réquisitions diverses (sans parler des logements) furent si nombreuses pendant les trois premiers jours que l'intendance militaire allemande, voyant bien que ces réquisitions (qui dépassaient la valeur de 25,000 fr. par jour) ne pourraient, à cause de leur nombre, de leur diversité, de la confusion et des abus qui en résultaient, continuer de cette manière, fit adopter par l'administration municipale un mode de fournissement différent ; ce fut celui d'un magasin ou entrepôt général, où la ville verserait et livrerait par jour aux troupes allemandes le montant des réquisitions, ou tout ce qu'elle aurait pu se procurer sur le montant des réquisitions de guerre à elle adressées.

Ce mode de procéder a commencé à fonctionner le 22 septembre au matin, et continue encore en ce moment.

Il était requis, *chaque jour*, de la ville, les quantités suivantes, qui certainement dépassaient de beaucoup les besoins journaliers des soldats logés dans son enceinte : 800 quintaux de viande, 1,200 quintaux de pain, 270 quintaux de riz, 70 quintaux de café, 40 quintaux de sel, 20,000 litres de vin, 900 quintaux d'avoine, 50,000 cigares.

Le tableau des déficits dans nos livraisons constate par exemple que nous n'avons livré aucun cigare, sur les 850,000 demandés ; cela s'explique, puisque le magasin de tabac a été saisi par les troupes allemandes le jour de leur arrivée, qu'elles y ont pris 716,000 cigares et tout ce qui s'y trouvait. Il en est de même des 15,300 quintaux d'avoine, puisque les magasins de l'Etat, où il y en avait une grande quantité, ont été saisis. Pour le sel et le riz, il n'y en a plus nulle part. Pour le vin, la ville a pu en fournir (ce qui est énorme) 176,360 litres. Enfin, elle a donné, en viande, tout ce qu'elle avait de bestiaux sur pied, moins la part que lui ont enlevée les armées allemandes ; et en pain, tout ce que les boulangers ont pu également livrer. Elle a donc la certitude d'avoir fait tout ce qu'elle pouvait faire, et lui demander davantage est certainement excessif. Cependant, voici qu'à la date du 18 de ce mois, l'intendant de la 3e armée, dressant un tableau comparatif des quantités requises et des quantités fournies, constate les déficits; puis, dans un autre tableau, il constate les acquisitions qu'il aurait été obligé de faire, afin d'établir que la ville serait débitrice de la différence. Elle est évaluée en argent à 652,464 fr. 25 pour l'espace de 17 jours, ce qui représenterait 38,000 francs environ par jour à ajouter aux 25,000 francs environ par jour que la ville a déjà supportés; au total, plus de 60,000 francs par jour.

Or, la ville de Versailles, dont les revenus sont absorbés par ses charges annuelles, ne reçoit pas, dans les années les plus prospères, 2,500 francs par jour en revenus bruts; comment pourrait-elle en payer 60,000 ?

Elle a déjà contracté, depuis l'occupation, trois emprunts représentant 400,000 francs, et elle doit une somme à peu près égale à ses fournisseurs; il lui est donc matériellement et moralement de toute impossibilité de faire face à la nouvelle réclamation qui lui est adressée par l'intendant de la 3ᵉ armée. Et comme ce refus, fondé sur l'impossibilité, pourrait aboutir à la violation du respect par vous promis, Prince, des personnes et des propriétés, elle croit pouvoir vous rappeler avec confiance cette promesse du 19 septembre, et ne pense pas que les nécessités de la guerre puissent jamais vous paraître en légitimer la violation. Vos sentiments d'humanité, connus de tous, lui donnent l'assurance que ce n'est pas en vain qu'elle y aura fait appel, et que vous déclarerez qu'il y aurait abus de la part du vainqueur à exiger l'impossibilité du vaincu.

Recevez, Prince, l'assurance de nos respects.

En même temps, le maire prévenait M. de Bismarck de sa démarche par ce billet :

Versailles, le 22 octobre 1870.

Monsieur le Comte,

Permettez-moi d'user de la faculté que vous m'avez accordée le 7 de ce mois, en faisant parvenir et *appuyer*, par votre intermédiaire, la lettre ci-jointe, que j'ai l'honneur d'adresser à M. le Prince Royal.

La lecture que je vous prie de vouloir bien faire de cette lettre me dispense de vous présenter séparément les raisons de justice et d'humanité qui doivent me donner le plus grand espoir de la voir bien accueillir.

Recevez, Monsieur le Comte, l'assurance de mon respect.

Encore une fois, le Prince Royal exerça son influence bienfaisante. Le 30 octobre, remise nous fut faite de la réclamation de l'intendant, à la condition que la ville continuerait à fournir régulièrement aux troupes logées à Versailles les quantités de pain et de vin qu'elle avait fournies jusque-là. En même temps, le Prince annulait l'énorme réquisition primitive, ce qui garantissait contre toute nouvelle réclamation d'arriéré.

23—24 octobre. — Le 23, onze enterrements d'officiers allemands eurent lieu à la même heure. Un premier cortège de trois cercueils descendit de l'ambulance de la rue Satory; des dragons bleus l'escortaient; une musique militaire le précédait en jouant une marche funèbre d'une imposante tristesse. Ces trois cercueils renfermaient les restes d'un colonel prussien et de deux officiers bavarois. Arrivé à la place d'Armes, ce premier cortège fut rejoint par un second qui descendait de l'ambulance du Château et qui conduisait également au cimetière Notre-Dame trois autres officiers. Au cimetière même, un troisième cortège vint rejoindre les deux premiers. Sur les cercueils étaient placés les casques et les épées des morts, entourés de fleurs et de branches de lauriers. Sur les tombes, des pasteurs de régiment prononcèrent des discours.

La plupart de ces officiers avaient succombé à des blessures reçues au combat de la Malmaison. Ces pertes n'étaient pas sans augmenter d'une manière très visible la colère que les Prussiens éprouvaient contre les Parisiens, et les Versaillais constataient cette irritation par le redoublement d'arrogance et de dureté qu'ils rencontraient auprès d'un certain nombre d'officiers ou d'agents. Pendant les journées qui suivaient les combats peu heureux, la plupart des autorités devenaient inabordables et les arrestations arbitraires se multipliaient. Il y avait là une espèce particulière de thermomètre moral qui nous donnait des renseignements beaucoup plus sûrs que ceux du *Nouvelliste;* aussi, lorsque nous étions plus mal reçus que d'habitude dans nos réclamations, nous nous en consolions en pensant que notre insuccès était une conséquence de ceux que les Prussiens avaient dû subir quelque part. C'est ainsi que M. Franchet d'Espéray eut beaucoup de peine à obtenir, en ce moment, la mise en liberté de deux de nos concitoyens, MM. de Savignac et Leclerc, qui passèrent plusieurs jours en prison. Ils étaient simplement coupables, l'un d'avoir eu une querelle avec l'officier qu'il logeait, l'autre d'avoir recueilli des blessés sur le champ de bataille de Bougival et donné asile à un aumônier, sorti de Paris comme ambulancier, qui, après le combat, s'était trouvé dans les lignes prussiennes.

Naturellement, les agents subalternes étaient ceux qui, en ces circonstances, se plaisaient le plus à faire montre d'une exagération de brutalité. Parmi les agents de cette classe, qui avaient des rapports quotidiens avec la municipalité, se trouvait un nommé Zernicki, Prussien ardent en qualité de Polonais prussifié, et qui remplissait à la Chancellerie, sous le titre de lieutenant de police, les fonctions les plus diverses. Toujours courant, toujours agité, on le voyait tantôt chercher et organiser des logements pour les grands personnages, tantôt procéder à des arrestations et à des visites domiciliaires, tantôt faire de simples commissions de ménage; c'était, en un mot, un des hommes à tout faire de M. de Bismarck. C'est lui qui avait le plus insisté pour que le brassard tricolore des sergents de ville disparût. Il avait échoué, les autorités supérieures l'ayant abandonné dans ses réclamations, et depuis ce moment il conservait contre la municipalité un désir de vengeance qu'il crut, le 24, pouvoir satisfaire.

L'incident est raconté en détail dans la lettre suivante que le maire écrivit le jour même au commandant de place :

Versailles, 24 octobre 1870.

Général,

J'ai l'honneur de porter à votre connaissance une scène très regrettable qui vient de se passer aujourd'hui dans l'Hôtel-de-Ville, entre une personne de l'armée allemande, qui paraît être le lieutenant de police Zernicki, et plusieurs membres du Conseil municipal.

Voici les faits qui y ont donné lieu :

M. Zernicki avait demandé à la Mairie 5 kilogrammes de bougies à porter boulevard du Roi, n° 3(1). M. de Montfleury, conseiller municipal (chargé du service, très pénible, des réquisitions de vivres et objets mobiliers, et qui s'en acquitte avec un zèle extrême chaque jour, depuis sept heures du matin jusqu'au soir), lui avait délivré une réquisition sur un épicier, nommé Hubault, demeurant rue Royale, n° 85 ; il paraît que M. Zernicki aurait envoyé chercher la bougie requise par la fille de la portière, laquelle serait revenue sans la bougie et en se plaignant même de la manière dont l'épicier l'avait reçue. M. Zernicki est alors venu à l'Hôtel-de-Ville, très en colère, expliquer avec une grande vivacité tous ces faits à l'interprète allemand du Conseil municipal. Celui-ci lui dit que ces faits pouvaient peut-être donner lieu à une plainte contre l'épicier, mais ne concernaient pas le conseiller. A ce moment, M. de Montfleury, qui sortait du Conseil, est survenu et, apprenant ce qui venait d'être dit, a répondu qu'on allait faire le possible. Mais M. Zernicki s'exaspérant, s'écria que si, avant six heures, l'on n'avait pas apporté la bougie boulevard du Roi, il *ferait mettre en prison le conseiller municipal et le maire.* Comme, à ce moment, les conseillers sortaient du Conseil et entendaient ces mots, l'un d'eux dit à M. Zernicki : « Qui donc êtes-vous, pour menacer ainsi? » Aussitôt M. Zernicki tira son sabre, et après en avoir menacé les personnes présentes et désarmées, sortit pour aller chercher 5 ou 6 hommes de garde, avec lesquels il revint arrêter et faire conduire au poste le conseiller municipal M. de Montfleury et l'un de mes adjoints, M. Laurent-Hanin.

Ces deux messieurs (2) furent conduits au poste par les soldats, et n'en sortirent, quelque temps après, qu'au moyen de l'intervention de M. Franchet d'Espéray, commandant de place français, qui se porta fort pour eux (3).

Je dois ajouter que cette violation de l'Hôtel-de-Ville et de la liberté d'un conseiller municipal et du maire (car l'adjoint le remplace), sans aucune espèce de raison, et par pur caprice ou colère, avait causé une très vive émotion dans le Conseil municipal, qui s'est

(1) C'était le siège de la direction de la police secrète prussienne.

(2) Auxquels il faut ajouter M. Albert Joly, qui fut également emmené au poste, à cause d'une observation qu'il avait faite sur cette arrestation de ses collègues.

(3) Pendant ce temps, les autres membres du Conseil avaient été internés à l'Hôtel-de-Ville. Des sentinelles avaient été placées à toutes les portes, et personne ne pouvait plus sortir.

réuni pour me charger de porter les faits ci-dessus à votre connaissance et à celle de M. de Bismarck, au nom de qui on disait agir.

Il est en effet déplorable que de pareilles scènes de violence viennent troubler ceux qui passent leurs jours à répondre aux réquisitions des troupes allemandes ; si, par un blâme sévère contre la conduite de M. Zernicki, il n'est pas donné une légitime satisfaction à MM. Laurent-Hanin et de Montfleury, je ne pourrai plus trouver de conseillers qui consentent à se charger du service des réquisitions, et elles ne pourront plus s'opérer que par la violence, ce que des deux côtés l'on avait voulu éviter.

Je vous prie donc, Général, de vouloir bien me faire connaître quelle suite il vous conviendra de donner à ma plainte, et de recevoir l'assurance de mon respect.

Le général de Voigts-Rhetz, qui était parfois très dur, mais qui était un galant homme, avait le plus profond mépris pour tous ces agents qui appartenaient à l'armée par l'épée qu'ils portaient, par les grades dont ils se paraient, et à la police secrète par les fonctions qu'ils remplissaient. Il tenait à ne rien avoir de commun, aux yeux des Français, avec ces instruments dont il voulait bien se servir, mais en montrant qu'il les estimait à leur valeur. Sur la lettre du maire, M. de Treskow, aide de camp du général, vint exprimer à la municipalité tous les regrets qu'inspirait à M. de Voigts-Rhetz la scène qui s'était passée : « Il ne faut pas attacher d'importance, ajouta-t-il, à ce que font de pareilles gens ; ils n'ont ni *érudition* ni *élévation* (1). »

Pendant plus de quinze jours, le lieutenant Zernicki ne reparut pas à la Mairie ; il fut remplacé par un sous-officier de gendarmerie qui avait un flegme de politesse immuable. M. Zernicki rendit d'ailleurs sans doute de très grands services de police pendant son séjour à Versailles, car, à la fin de l'occupation, il s'appelait non plus lieutenant, mais bien capitaine de police.

Dans la soirée du 24, le ciel fut illuminé par une aurore boréale de la plus grande beauté, qui reparut encore le lendemain. Cette lueur pourpre, si rare dans notre pays, fut prise par une partie de la population pour le reflet d'un incendie immense, que les uns plaçaient à Paris, les autres du côté de Saint-Cyr, car la lueur avait des directions changeantes. Pour d'autres, qui reconnaissaient bien un phénomène céleste, il y avait là quelque signe prophétique, que chacun mettait d'accord avec ce que son imagination lui suggérait de funeste ou de favorable à notre cause. Les bonnes femmes se donnèrent carrière, mais,

---

(1) En bon français : ni *instruction*, ni *moralité*. — Dans les conversations avec les Allemands, il fallait faire constamment de ces substitutions de termes, qui parfois faisaient sourire au moment où l'on en avait le moins envie.

pour presque tout le monde, il y avait une impression sinistre dans cette couleur de sang dont se couvrait tout à coup notre ciel. Même en la réduisant à ce que les savants y voyaient : l'annonce d'un hiver très dur, elle apportait la certitude d'une cause de souffrance de plus pour nos soldats. Cette souffrance n'existait pas au même degré pour nos ennemis; habitants d'un pays plus froid et accoutumés aux rigueurs de leur climat, ils étaient, de plus, protégés par des capotes et des manteaux d'une étoffe extrêmement épaisse; ils se couvraient de gilets de laine superposés les uns sur les autres; ils avaient jusqu'à des paires de gants de rechange, tandis que nous savions, par des voyageurs revenant de Dreux ou de Chartres, que nos pauvres mobiles étaient à peine vêtus. Nous devions nous-mêmes devoir bientôt à cette aggravation du froid des aggravations de difficultés avec l'autorité allemande.

La constitution prochaine du nouvel Empire allemand fut pour la première fois annoncée officiellement à Versailles par l'article suivant, inséré le 24 dans *le Nouvelliste*. M. de Bismarck y indiquait déjà nettement que l'œuvre préparée par lui de si longue main allait enfin s'accomplir :

On annonce l'arrivée à Versailles de plusieurs hommes d'État allemands, appelés par M. de Bismarck, pour délibérer ici sur la forme politique que se donnera à l'avenir l'Allemagne unie. On cite comme représentants officiels de la BAVIÈRE : M. le comte de Bray, ministre des affaires étrangères et président du Conseil; M. de Lutz, ministre de la justice, et M. de Pranck, ministre de la guerre, tous trois de Munich. Les représentants du WURTEMBERG sont : M. Mittnacht, ministre de l'intérieur, et M. de Suckow, ministre de la guerre. Il y a, en outre, en ce moment, à Versailles, plusieurs membres des plus influents du Reichstag de la Confédération de l'Allemagne du Nord, tels que M. Benigsen et M. Friedenthal. Le premier est l'un des chefs les plus considérés du parti des nationaux-libéraux, et le second est l'un des membres prépondérants des libres-conservateurs.

L'arrivée de ces ambassadeurs eût été connue, même sans la note du *Nouvelliste*, par un certain nombre de réquisitions singulières qui eurent lieu à ce moment. La chancellerie prussienne ne crut pas sa dignité intéressée à faire les légers frais occasionnés par les délibérations de ces hauts plénipotentiaires : table, encriers, plumes, poudre, cire, pains à cacheter, tout fut fourni aux hôtes de la Prusse par la ville. La réquisition de guerre se trouva jouer ainsi dans la fondation du nouvel Empire allemand le rôle qui lui revenait de droit, et l'habile monarchie prussienne, qui profitait tant du résultat de ces délibérations de Versailles, se montra une fois de plus fidèle aux habitudes de parcimonie sans vergogne qui sont dans ses traditions depuis le père de Frédéric.

Du reste, le jour où nous avions dû constater que la Prusse nous faisait fournir et payer jusqu'aux cercueils des soldats morts pour elle, il nous avait bien fallu reconnaître qu'il lui manquait un sens, et que certaines délicatesses morales, auxquelles, nous autres Français, nous attachons un grand prix, lui étaient, à elle, complètement étrangères.

25 octobre. — Le bruit s'était répandu que des représailles d'une cruauté révoltante avait été exercées contre les habitants de Bougival qui avaient assisté à la retraite précipitée des avant-postes prussiens. *Le Nouvelliste* se crut obligé de raconter le fait à sa manière; l'article est des plus curieux par le ton apitoyé que le mielleux rédacteur adopta; on trouve là toutes les grimaces de fausse sensibilité que les Prussiens, de temps en temps, croyaient utile d'associer à leur dureté :

BOUGIVAL. — *Un bien triste événement* vient d'avoir lieu dans ce village *autrefois si gai et si riant.* Lorsque, pendant le combat du 21 octobre, les avant-gardes prussiennes se sont repliées sur leur base d'opération avant de prendre l'offensive, plusieurs habitants de Bougival ont, paraît-il, cru que l'armée allemande se trouvait en pleine retraite. Aussitôt, ils ont chargé *des arquebuses à vent* et ils ont tiré sur les soldats du 46ᵉ de ligne, qui entouraient le drapeau de ce régiment. Les troupes, furieuses de voir des troupes en civil prendre part au combat, se sont précipitées dans les maisons d'où les coups sont sortis et ont arrêté dix-neuf individus qui, le lendemain, ont dû paraître devant un conseil de guerre réuni *ad hoc.* Deux de ces hommes ont été condamnés à mort. L'exécution a eu lieu hier, 24 octobre, à Bougival. La commune doit payer une contribution extraordinaire de 50,000 francs. Les maisons d'où l'on a tiré sur les troupes allemandes seront incendiées, et c'est ainsi que quelques fanatiques ont pu *mettre en deuil* toute une commune.

Le simple bon sens faisait pressentir la fausseté de cette histoire de *fusils à vent*, engins qui ne se trouvent guère que dans les cabinets de physique; et, en effet, il a été constaté que tout ce récit n'était qu'une fable (1). Dès le lendemain, un premier fait le prouvait pour nous. Un habitant de Bougival fut amené à Versailles, couvert de blessures, et transporté à l'hôpital civil. Il raconta que, pendant le combat, des soldats prussiens étaient entrés dans sa maison, l'avaient conduit dans un bois voisin avec une vingtaine d'autres habitants, et là, sans qu'ils aient fait la moindre résistance, la plus petite démonstration hostile, sans qu'ils aient même proféré la moindre parole, les soldats, exaspérés par le mouvement de retraite de leur régiment, s'étaient jetés sur eux à coups de sabre et les avaient frappés jusqu'à ce qu'ils fussent tous laissés pour morts sur la place. Le

(1) Je renvoie le lecteur, pour les détails, à l'ouvrage de M. Desjardins.

malheureux avait pour sa part la tête labourée de plaies profondes.

Les rares habitants qui étaient restés à Bougival durent le quitter, conformément à l'ordre suivant, affiché sur les murs du village et qui a été copié textuellement :

> A l'ordre de la dixième division de l'armée prussienne, tous les habitants de Bougival sont arrêtés a quitter ce village. Les habitants virils suivront cet ordre aussitôt aujourd'hui, les féminines et les enfants a demain midi. Tous les personnes qui n'obéissent pas a cet ordre seront punis a mesure du droit militaire.

26 octobre. — Il semblait que *le Nouvelliste* eût voulu éclairer lui-même sur la sincérité de ses paroles de commisération pour les habitants de Bougival, car, dès le lendemain, il faisait succéder à son accès de pitié la note suivante où apparaissent, cette fois sans aucun détour, l'équité et la douceur prussiennes :

> Plusieurs endommagements ayant eu lieu sur les chemins de fer, M. le commandant de la 3e armée allemande a donné l'ordre de faire accompagner les trains par des habitants connus et jouissant de la considération générale. On placera ces habitants sur la locomotive, de manière à faire comprendre que tout accident causé par l'hostilité des habitants frappera en premier lieu leurs nationaux.

Dans le même numéro, *le Nouvelliste* présentait une apologie des contributions, réquisitions, exactions dont la France était frappée, en publiant un compte, dressé par les ordres du chancelier, et d'après lequel la monarchie prussienne aurait subi, de 1806 à 1813, une perte de 6 *milliards de francs*. Toutes les sommes que la Prusse victorieuse exigeait aujourd'hui de la France n'étaient donc, d'après le journal de M. de Bismarck, qu'une très faible compensation des pertes subies autrefois.
Dès que cette manière de raisonner paraissait acceptable à M. de Bismarck, on se demande pourquoi il ne faisait pas également entrer dans son mémoire les contributions et pertes qui résultaient pour l'Allemagne des guerres du XVIIe et du XVIIIe siècle. On aurait même pu remonter jusqu'à Clovis, puisqu'un journaliste prussien affirmait gravement que Sedan était la revanche de Tolbiac.

A mesure que l'occupation se prolongeait, les ressources ou les économies d'un grand nombre d'habitants s'épuisaient et beaucoup se trouvaient dans un état de gêne qui inquiétait d'autant plus qu'on pouvait de moins en moins espérer la levée du siège de Paris. Dans la séance du 26, le Conseil prit plusieurs délibérations qui, complétées peu à peu et renouvelées périodiquement, eurent pour résultat de porter remède à une grande partie de ces souffrances.

Une première avance à l'Etat, de 9,583 francs, fut votée en faveur des 136 employés du Château. Le service de ces employés était devenu extrêmement pénible, car ils avaient été transformés en infirmiers de l'ambulance prussienne; mais, en même temps, ils continuaient de leur mieux à veiller à la conservation du Musée. Aussi le Conseil vota-t-il avec empressement cette avance à l'Etat; il considérait comme de son devoir de montrer la plus grande sollicitude pour tout ce qui intéressait le Palais, dont la ville se trouvait momentanément l'administrateur provisoire. Quelques jours plus tard, une mesure analogue fut prise pour une partie des employés du service des bâtiments et jardins, pour le personnel de la conservation des tableaux et pour les employés de Trianon. Une avance à l'Etat fut également votée pour les ouvriers de la machine de Marly et pour une partie des employés du service des Eaux. Les employés des châteaux de Saint-Cloud et de Meudon, de la ferme de Villeneuve-l'Etang, du château de la Malmaison, les préposés des inspections des forêts reçurent de même leurs traitements de la Caisse municipale de Versailles.

Tous les crédits de ce genre étaient répartis de manière à ce que les plus petits traitements reçussent une part proportionnelle plus forte.

Une autre avance à l'Etat, de 2,000 francs, fut votée pour les employés de la prison, dont le directeur, M. Coussol, s'était signalé par une grande énergie, aussi bien contre ses prisonniers, tentés un instant de profiter de la guerre et de l'invasion pour se révolter, que contre les Prussiens, qui avaient voulu mettre la prison sous leur administration.

En dehors des crédits accordés pour les dépenses générales d'entretien de la prison, une somme de 2,000 francs fut également accordée pour les détenus libérés qui, au moment de leur sortie de prison, se trouvaient sans moyens d'existence, ce qui n'était pas sans créer quelque danger pour la sécurité publique.

Enfin, un premier fonds de secours de 8,000 francs fut mis à la disposition de l'administration municipale. Aidée par une commission spéciale, elle devait distribuer cette somme aux personnes qui, possédant d'habitude des moyens d'existence réguliers, se trouvaient, uniquement par suite de l'état de guerre, dans un état de dénûment absolu. Ce fonds de secours était surtout destiné aux titulaires des petites retraites et des pensions de l'Etat, dont les paiements étaient absolument suspendus. Ce premier mode de répartition fut plus tard notablement perfectionné par la création d'une *Caisse de prêts et avances* que M. Laurent-Hanin avait proposée et qui fut organisée définitivement dans le courant du mois de décembre.

Conformément à la même pensée d'assistance paternelle, des paiements anticipés, s'élevant à 21,000 francs, furent faits aux employés de la Mairie; d'un autre côté, sur les propositions de M. Paris, architecte de la ville, des travaux de terrassement et de pavage furent ordonnés et achevés dans plusieurs quartiers, malgré la présence de l'ennemi.

La Caisse d'Epargne reçut de même, peu après, une subvention de 3,000 francs.

Quant aux indigents qui sont secourus d'ordinaire par les bureaux de bienfaisance, ils n'étaient pas oubliés; les bureaux, sur leur demande, reçurent des suppléments d'allocation qui devaient s'élever à 45,688 francs.

Ces procédés variés d'assistance publique, mis en œuvre avec persévérance par le Conseil pendant toute la durée de l'occupation, apportèrent aux diverses classes de la population les secours qui leur étaient indispensables, et malgré la guerre, malgré le froid exceptionnel, la misère n'ajouta pas à Versailles de souffrances excessives à celles que causait déjà l'ennemi.

Dans l'après-midi de la journée du 26, une longue file de voitures, portant le pavillon blanc des parlementaires, arriva à Versailles. Elles amenaient de Paris au quartier général des agents diplomatiques du Portugal et des Etats-Unis (1). Plusieurs d'entre eux donnèrent de bonnes nouvelles de la situation morale et matérielle de la capitale. Ils démentirent tous les bruits d'insurrection victorieuse qui avaient été répandus par les Prussiens et attestèrent qu'il y avait encore dans la ville assiégée des vivres pour fort longtemps.

Au même instant, d'après un autre bruit, venant on ne sait de quelle source, il fut annoncé dans toute la ville que le maréchal Bazaine avait fait une sortie très heureuse « du côté de Nancy » et qu'il avait même franchi les lignes prussiennes...

Les événements devaient bien vite donner un démenti lamentable à toutes les espérances que ces récits avaient encore une fois fait naître dans la population de Versailles.

27 octobre. — Le 27, à midi, les conseillers municipaux furent appelés d'urgence à l'Hôtel-de-Ville par le maire : un nouvel incident venait encore de créer un grave conflit avec l'autorité militaire. *Six mille* couvertures de laine avaient été requises de la municipalité pour les soldats casernés. Comme il était parfaitement impossible de les trouver chez les commer-

(1) Déjà le nonce Chigi était passé la semaine précédente.

çants, la municipalité avait cru qu'il en serait de cette demande comme de tant d'autres, et que le commandant de place, mieux renseigné sur les ressources vraies du commerce de Versailles, renoncerait à sa réquisition. Mais les choses avaient pris une toute autre tournure. Sans doute, sous l'influence des pertes subies à la Malmaison, l'état-major était plus que jamais désireux de faire sentir aux Français tout le poids de la guerre. Le général de Voigts-Rhetz disait avoir reçu de ses supérieurs des reproches pour les ménagements excessifs dont il avait usé jusqu'alors; il était aussi accusé, dans l'entourage du Roi, paraît-il, de montrer trop d'indulgence pour les Versaillais. Tous les soirs, de 8 à 11 heures, en effet, il y avait un thé chez le roi Guillaume; là, on causait de toutes les questions du jour: à côté des grands évènements de la guerre générale, les petits incidents de la vie versaillaise trouvaient leur place, et les officiers partisans de toutes les violences pouvaient avoir eu parfois quelque occasion de convaincre M. de Voigts-Rhetz de modération. Il avait donc à se défendre du grave reproche que ses adversaires lui avaient adressé : ne pas préférer à tout l'intérêt de l'armée prussienne et ne pas mettre le bien-être du soldat au-dessus de toutes les considérations. Il était opportun qu'une rigueur vînt montrer que les biens de la population civile de Versailles restaient à la libre disposition de l'armée prussienne, et que la propriété privée n'était respectée qu'autant qu'elle n'était pas jugée utile aux soldats. En conséquence, le général, quoiqu'il sût que les magasins de la ville ne renfermaient pas 6,000 couvertures, déclara qu'il lui *fallait* ces 6,000 couvertures, qu'il les avait attendues déjà trop longtemps, et qu'il les exigeait le jour même; sinon, dès le soir, 40 soldats seraient logés chez chaque conseiller municipal, et, le lendemain, 5,000 soldats quitteraient les casernes pour aller s'installer chez les habitants. De cette façon, disait-il, ils auraient tous des couvertures, car ils recevraient l'ordre de choisir les meilleurs lits. M. de Treskow vint à l'Hôtel-de-Ville prendre lui-même l'adresse des conseillers pour expédier les garnisaires.

En présence de cette menace d'envahissement général de toutes les maisons de la ville par des soldats auxquels, en ces circonstances, on recommandait la brutalité comme une consigne, il fallait que le Conseil avisât immédiatement et choisît entre deux maux le moindre. Il prit la délibération suivante :

 Le Conseil,
Vu la réquisition, faite par l'autorité allemande, de 6,000 couvertures livrables le jour même, sous peine de logement de nombreux militaires chez l'habitant, avec ordre d'occuper tous les lits et tous les logements;

Délibère :

Un conseiller municipal, accompagné d'une personne à ce connaissant, est autorisé à se présenter chez les habitants de Versailles. Le conseiller invitera les habitants présents à céder à la ville les couvertures ou objets pouvant en tenir lieu, moyennant la remise d'une réquisition portant le prix de la couverture.

Chez les absents dont les clefs sont entre les mains d'un mandataire quelconque, il sera réquisition seulement des couvertures de laine ou de coton. La réquisition portera le taux de l'évaluation.

C'était là, à coup sûr, une mission bien dure et bien pénible que les conseillers se donnaient spontanément, mais ils adoptèrent ce procédé, parce qu'ils tenaient, avant tout, à conserver à cette réquisition chez les particuliers un caractère de mesure protectrice. Si la recherche de ces couvertures avait été faite par voie purement administrative et par mesure générale, il aurait été impossible de tenir compte des motifs légitimes de refus que bien des habitants devaient avoir à opposer. On ne pouvait s'introduire dans les domiciles et dépouiller les lits de force : il fallait que la contribution de chacun fût volontaire et surtout présentée comme le dénouement à l'amiable d'une situation violente imposée par l'ennemi.

C'est bien ainsi que la population comprit la résolution de la municipalité. A part quelques rares exceptions, les conseillers trouvèrent partout un accueil résigné. On sentait que la garnison prussienne ne cherchait qu'un prétexte pour se livrer à des excès, et chacun s'efforçait de retarder le commencement des violences que tant d'imaginations craintives attendaient et redoutaient à chaque instant. De pauvres gens, avec cet élan de cœur si vif qui souvent les caractérise, voyaient là comme une occasion de montrer qu'ils étaient tout prêts à faire quelque sacrifice pour le salut commun, et les lits les plus humbles étaient ceux qui parfois se dépouillaient avec le moins de résistance. « Nous n'avons que cette couverture pour nous deux, disait une femme, mère d'un jeune enfant, et nous aurons peut-être bien froid, mais nous ferons comme nous pourrons... Prenez-la, Messieurs, il ne faut pas que les Prussiens brûlent notre ville !... » En ces circonstances, les conseillers laissaient le plus souvent leur demande de côté, et au contraire prenaient note de la famille pour la secourir.

Pendant toute la journée, par une pluie battante, le lendemain et le surlendemain encore, un défilé non interrompu d'habitants vint de tous les quartiers à la Mairie pour y déposer ces 6,000 couvertures que les Prussiens attendaient. Des voitures allèrent également en recueillir de maison en maison. De temps en temps, le général faisait demander, avec menaces nouvelles, si le chiffre fixé était atteint. Il envoya plusieurs fois un officier qui inspecta, d'un air ironiquement satisfait, les énormes monceaux de couvertures de toutes couleurs et de toute provenance accumulés au rez-de-chaussée de l'Hôtel-de-Ville. Cette élégante Galerie municipale, où autrefois s'étaient donnés tant de bals joyeux et de fêtes brillantes, n'était plus qu'un magasin d'aspect sordide, plein de poussière et de confusion, où des ouvrières rangeaient, découpaient et recousaient à la hâte.

Quand on fut parvenu à réunir le nombre exigé, la livraison à l'intendance fut une nouvelle occasion de luttes. L'intendant qui avait été chargé de recevoir ces couvertures les examina une à une, les palpant, les mesurant, et ne consentant pas à accepter celles qui n'avaient pas une certaine grandeur, une certaine épaisseur. Enfin, après bien des discussions aussi fatigantes qu'humiliantes, des fourgons vinrent tout emporter. Le jour même, une partie de ces couvertures était vendue à vil prix par les soldats qui les avaient reçues ; d'autres servaient aux chevaux après avoir été mises en morceaux ; d'autres, en plus grand nombre, partaient par ballots dans les chariots des brocanteurs. Cette réquisition déjà si intolérable, car elle n'était rien autre chose qu'un pillage régulier, se montrait plus scandaleuse encore en devenant l'occasion d'un vaste trafic, qui ne prenait pas même la peine de se dissimuler (1).

A partir de cette lugubre journée du 27 octobre, pendant laquelle il avait fallu subir ce véritable vol déguisé sous le nom de réquisition, la population de Versailles s'attendit à peu près à tout de la part des Prussiens. Il leur avait plu de prendre chez les particuliers des couvertures, rien ne pouvait garantir que bientôt ils n'y pénétreraient pas de nouveau pour y lever à leur fantaisie un impôt d'un autre genre. Le peu de sécurité qu'on avait pu garder disparut : on se sentait tout entier, corps et biens, entre les mains d'un maître que les promesses faites ne liaient en aucune façon, et dès lors, on fut condamné à un sentiment de résignation morne plus accablant que jamais.

(1) En 1815, il avait été fait également une réquisition de couvertures aux habitants, mais seulement pour les ambulances. Voici l'avis du maire de cette époque :

« Les habitants de Versailles sont requis de faire porter sur-le-champ chacun *une couverture* pour le service des malades et blessés qui abondent en ce moment. Le Maire espère que ses concitoyens s'empresseront à concourir à une mesure qui doit contribuer puissamment à la salubrité et à la tranquillité publiques.

« MM. les Commissaires de police recevront ces couvertures au Manège des Grandes-Écuries, où l'on tiendra note des personnes qui fourniront. »

Il fut porté ainsi 106 couvertures, 9 couvre-pieds et 7 draps. Il y a loin de ces chiffres à celui de 6,000. Cet écart constate la différence des temps et les progrès d'exigences de la Prusse.

Cette prostration se produisit d'autant plus complète que, le soir même du jour où cet incident avait agité la ville, *le Nouvelliste* imprimait comme dépêche *officielle* cette nouvelle que les yeux se refusaient à lire :

Le maréchal Bazaine vient *de se rendre avec son armée* et *de livrer la forteresse de Metz*. On a fait 150,000 prisonniers, dont 30,000 malades ou blessés.

« Non, c'est impossible !... » tel fut le cri universel. N'avait-on pas reçu, la veille même, des nouvelles « authentiques » absolument contraires ? Les Prussiens, il est vrai, annonçaient de leur côté cette capitulation depuis plusieurs jours; mais précisément, comme ils l'avaient annoncée plusieurs fois, on n'y croyait plus du tout. La discipline dans le mensonge dont ils nous avaient donné tant de preuves portait ses fruits : même quand ils disaient la vérité, nous considérions leurs paroles comme des consignes qu'ils étaient chargés de nous répéter.

Rien, en effet, n'était plus fréquent. A certains jours, tous les soldats avec lesquels nous échangions quelques mots nous tenaient identiquement le même discours, vrai ou faux; cette uniformité si exacte que nous constations dans leurs mouvements militaires, nous la retrouvions avec non moins de surprise dans leurs pensées. Il est probable qu'à l'appel du soir ou du matin, dans les chambrées, les officiers, quand ils le jugeaient utile, donnaient à leurs compagnies comme le mot d'ordre moral de la journée, et, aussitôt, avec cette obéissance absolument passive à laquelle elle est dressée, toute l'armée se faisait un devoir de penser, parler et raisonner comme les chefs l'avaient ordonné. C'était là le triomphe, peut-être le plus curieux, à observer, de cette discipline prussienne qui anéantit l'homme et l'individu pour le transformer corps et âme en un rouage militaire. L'obéissance poussée jusqu'à l'observation d'un mensonge commun nous semblait une servilité répugnante ; mais elle ne blessait en rien le soldat prussien, et on voyait qu'il s'y assujettissait sans se douter qu'il y eût là pour lui une humiliation. On a su persuader à son patriotisme que l'obéissance doit être entière : il y plie tout son être sans souffrir et sans en être gêné. Ce qui est considéré comme l'intérêt de la patrie passe avant le respect de soi-même.

Une retraite aux flambeaux, accompagnée des hourras habituels, vint le soir apporter une confirmation trop certaine de la sinistre nouvelle donnée par le journal prussien. Le Roi parut deux fois au balcon de la Préfecture pour saluer les soldats réunis dans la cour; les salons illuminés regorgeaient de généraux et d'officiers; dans les casernes, dans les rues, les troupes chantaient et poussaient des cris de joie. On ne pouvait plus douter.

En entendant les échos de ces réjouissances, la tristesse des Versaillais se mêlait d'une espèce de honte personnelle : Bazaine est un enfant de la ville ; on avait, sous l'Empire, donné son nom à une de nos rues ; sa gloire espérée aurait été un peu la nôtre ; sa chute, soupçonnée d'un mélange de trahison, nous faisait cruellement souffrir dans notre petite patrie versaillaise comme dans la grande patrie française.

La journée semblait avoir eu sa large part d'événements pénibles à supporter. Il fallut encore y ajouter une violence qui faillit coûter la vie à un de nos concitoyens, M. Dax, commerçant du passage Saint-Pierre. Sous prétexte de perquisition, mais en réalité par suite de son état d'ivresse, un sous-officier de police, c'est-à-dire un de ceux qui étaient chargés de maintenir l'ordre, vint se faire ouvrir les portes de plusieurs logements, en menaçant et en gesticulant avec son sabre tiré. M. Dax, ayant voulu protéger son fils, reçut lui-même sur la tête, avec de nombreuses contusions, un coup de sabre qui lui ouvrit profondément la peau du crâne et l'étendit à terre sans connaissance, inondé de sang. Cette tentative de meurtre, commise au centre même de la ville, ne parut pas émouvoir autrement l'autorité allemande. Sur la plainte qui fut faite, une enquête fut « ouverte », et ce fut tout.

Si elle avait des indulgences infinies pour les crimes commis contre les Français les plus inoffensifs, la Prusse tenait en revanche à bien prouver sa sévérité contre les Français qu'elle surprenait violant ses lois militaires. C'est sans doute dans cette pensée que, sous prétexte d'enquête, l'assesseur de régence Forster, l'adjoint de M. de Brauchitsch, avait envoyé à la Mairie, dans cette même journée, le cadavre d'un inconnu nommé Lacarde, trouvé dans les bois de Chaville et tué, dit-on, comme espion.

Cet envoi d'un cadavre, servant d'avertissement, est un procédé nouveau d'intimidation dont M. Forster dut se réjouir et dont il faut lui laisser tout le mérite.

28 octobre. — M. de Brauchitsch continuait patiemment l'œuvre financière qu'il avait entreprise et qui avait pour but de tirer du département, par voie « civile », autant de millions qu'il serait possible. Ayant constaté que les rentrées des contributions directes, dont il avait frappé les communes, se faisaient fort mal, il prit le nouvel arrêté suivant, plus curieux encore que le premier :

Nous, Préfet de Seine-et-Oise,

Adjoignons les avis suivants en rapport à l'arrêté du 10 octobre (Recueil 1er), concernant l'ordre du recouvrement du douzième des contributions directes, foncière, personnelle, mobilière, des portes et fenêtres et des patentes pour le mois d'octobre;

En réponse à des lettres qui m'ont été adressées par un très grand nombre de communes du département et qui contiennent presque toutes les mêmes observations et les mêmes questions à l'égard des contributions;

Arrête :

ARTICLE 1er. — La publication de l'arrêté précédent étant parvenue trop tard aux communes à cause de l'état actuel, nous croyons devoir proroger le recouvrement desdites contributions imposées à chaque commune jusqu'au 5 novembre, époque d'exigibilité, et, en cas de non-versement, il sera donné suite à l'article 5 de l'arrêté du 10 octobre (1).

Un délai plus long ne peut être accordé, parce qu'alors le douzième du mois de novembre sera déjà échu et devra être payé également.

ART. 2. — Il ne peut être accordé de diminution sur le montant de l'impôt ci-dessus relaté, attendu que les sommes requises *ne sont pas un impôt de guerre* (!), mais bien le montant des rôles généraux pour l'année 1870, fixés d'après les lois françaises et approuvés par M. Cornuau, alors préfet du département de Seine-et-Oise.

Quant aux réquisitions que les communes ont fournies jusqu'alors pour les armées allemandes, la plupart d'elles ont été fournies en nature, et n'ont pas été payées en argent par les communes, et les bons devront être retrouvés après la paix par le Gouvernement français.

ART. 3. — Toutes les communes dont l'administration se fera *régulièrement*, c'est-à-dire comme par le passé, *pourront*, par la suite, *se voir alléger* dans le recouvrement des centimes affectés aux frais des communes.

ART. 4. — La répartition des contributions directes sur les contribuables sera laissée parfaitement aux soins des maires et des conseillers municipaux des communes respectives, toutefois, en ayant soin de toujours *forcer l'impôt sur les personnes qui se sont soustraites par l'absence aux calamités de la guerre*, au lieu de rester et de remplir leurs devoirs envers leurs communes; ceux-là pourront être frappés plus fort que ceux qui sont restés, en proportion de leur fortune ou de leurs revenus.

ART. 5. — Les maires, d'accord avec le Conseil municipal de chaque commune, sont *autorisés à contracter des emprunts* sur les revenus de leur commune; ce crédit suffira toujours pour assurer le paiement régulier des contributions directes pour chaque mois.

Outre les biens des communes respectives, *tous les biens fonciers, mobiliers et immobiliers des contribuables absents de leur commune pourront être donnés en gage* pour l'acquit des dettes que la commune aura contractées pour le remboursement desdites contributions.

ART. 6. — MM. les maires seront *tenus de m'indiquer les noms des personnes qui se refuseraient de verser le montant de leur douzième*, afin que j'y puisse aviser.

ART. 7. — Les contribuables qui auraient soldé par avance l'année 1870 devront néanmoins verser le douzième du mois d'octobre, et de

---

(1) Exécution militaire.

même pour les mois suivants, quitte à ces personnes à réclamer plus tard à l'administration française, quand ils devront payer les contributions pour l'année 1871.

Art. 8. — Les maires des chefs-lieux de canton sont tenus de faire parvenir le présent arrêté aux maires des communes composant leur canton, le plus tôt possible.

Versailles, le 28 octobre 1870.

Le Préfet de Seine-et-Oise,
De Brauchitsch.

Chaque article, chaque phrase de cet arrêté — où tant d'impudence se mêle à tant de ruse jésuitique — mériterait un commentaire ; nous laisserons au lecteur le soin de le faire. Mais il nous faut parler spécialement de l'article 5, qui était celui dont M. de Brauchitsch était sans doute le plus fier, car il appela le jour même le maire de Versailles à une entrevue, pour le lui expliquer. Par cet article, l'intendant prussien *autorisait les maires à contracter des emprunts*, afin de leur rendre facile le paiement régulier des contributions prussiennes. Cette *autorisation*, accordée gracieusement par M. de Brauchitsch, paraît burlesque, mais elle cachait toute une savante combinaison. M. de Brauchitsch « autorisait » les emprunts, parce qu'il avait déjà auprès de lui le prêteur.

Ce nouveau personnage venait s'ajouter à cette troupe civile déjà si nombreuse et qui avait pour mission, à côté et à l'aide de l'armée, d'épuiser consciencieusement notre pays. Il ne fallait pas seulement le ravager dans le présent, il fallait l'appauvrir dans l'avenir, et un syndicat de maisons de banque allemandes s'était formé dans cette intention. M. de Brauchitsch annonça au maire que le représentant de ce syndicat, M. Betzold, était à Versailles, et qu'il serait enchanté de prêter à la ville tout l'argent dont elle aurait besoin pour payer les réquisitions, contributions, impôts, et en général toutes les taxes que lèveraient M. de Brauchitsch ou ses collègues. M. Betzold, conformément à l'arrêté ci-dessus, prendrait en gage les biens de la commune, et même les biens des particuliers absents, qui « avaient manqué aux devoirs envers leur commune », c'est-à-dire, dans la pensée de M. de Brauchitsch, qui avaient oublié les égards dus aux soldats prussiens venus pour loger chez eux (1).

M. de Brauchitsch alla encore plus loin. Dans un langage plein de douceur, il exposa au maire que les communes rurales,

(1) On sait que les Prussiens, dans ce code de l'invasion qu'ils avaient rédigé à loisir, et dont nous apprenions à connaître peu à peu toutes les surprises, ont inscrit cet article : « Toute maison inhabitée *doit* être pillée, parce que les propriétaires ou locataires, par leur absence, se rendent gravement coupables envers l'armée prussienne, qu'ils devaient attendre pour la recevoir et la servir. »

pauvres petits villages sans propriétés, sans ressources, ne se trouvaient pas dans les conditions nécessaires pour user de cette autorisation d'emprunter qu'il avait bien voulu leur accorder. C'était aux grandes villes, telles que Versailles, qu'il appartenait de prendre sous une tutelle protectrice ces petites communes, en se portant fort pour elles vis-à-vis du prêteur.

L'organisation, on le voit, était complète. On avait un intendant prussien pour décréter des contributions, une armée pour en forcer le paiement par l'intimidation ou l'exécution militaire, et un banquier allemand pour fournir les fonds destinés à rentrer dans les caisses allemandes. C'était un circuit monétaire parfait et d'une invention très ingénieuse.

On avait même un journal pour lancer l'opération. *Le Nouvelliste* publia bientôt en gros caractère les entrefilets suivants, où l'on reconnaît la main même de M. de Brauchitsch.

Premier entrefilet :

Nous apprenons que des négociations financières *vont être entamées* entre plusieurs arrondissements et différentes communes du département de Seine-et-Oise, d'une part, et un syndicat de puissantes maisons de banque étrangères, d'autre part. *Nous ne pouvons que féliciter les maires de ces endroits d'avoir réussi dans leurs démarches, et nous souhaitons même vivement que leurs collègues suivent la même voie* pour arriver ainsi à un moyen efficace de subvenir *aux embarras financiers du pays*, qui ne sont que la conséquence inévitable de la situation actuelle.

Appeler les contributions exigées par M. de Brauchitsch des « embarras financiers », c'est là un euphémisme qui prouve que cet intendant prussien connaissait à l'occasion toutes les finesses de notre langue. Heureusement, nous la comprenions encore mieux qu'il ne la parlait, car nous savions rire entre les lignes des ruses transparentes de sa rédaction.

Le second entrefilet était un peu menaçant, ayant été publié le 7 novembre, une semaine après le premier :

Une dépêche particulière de Nancy nous apporte la nouvelle que la municipalité de la capitale de la Lorraine vient de négocier un emprunt de 4 *millions*, à l'aide d'une puissante maison de banque de l'étranger. Les conditions de cet emprunt sont tellement équitables que l'exemple donné par la ville de Nancy est de nature à *inviter d'autres villes* et d'autres départements de le suivre. C'est là la manière *la plus propice et certes la plus commode* aussi de pourvoir aux exigences de la situation actuelle, qui autrement *ne tarderaient pas à peser assez lourdement* sur les communes et sur les populations.

La dernière phrase montre que l'idée n'avait pas été accueillie avec l'enthousiasme que M. de Brauchitsch espérait. Mais le 28 octobre, dans son entrevue avec le maire de Versailles, il était encore dans les illusions de l'inventeur qui a foi dans son œuvre; aussi il se déclara plus que jamais animé des dispositions les plus conciliantes; il fut presque caressant; il avait l'espérance d'attirer ainsi le maire dans un piège préparé, mais le maire, qui devina les motifs intéressés de cette douceur féline, ne fut pas dupe des protestations de bienveillance de M. de Brauchitsch. Il se borna à réserver l'examen de la question qui lui était soumise, à éluder tout engagement, résolu déjà d'ailleurs à opposer le refus absolu, quand viendrait l'injonction expresse.

M. Betzold, dès le lendemain, se présentait à l'Hôtel-de-Ville et faisait ses offres de services; il insistait sur ce point qu'il fallait se hâter, car en ce moment il vendait son argent encore très bon marché; mais toutes les villes de France frappées de contributions de guerre par les Prussiens devant bientôt s'adresser à lui, il élèverait forcément le prix de ses millions. Il engageait donc le maire à profiter de l'heureuse occasion qui le mettait dès ce jour en relations avec lui. C'était un vrai bonheur pour Versailles qu'il s'y trouvât en ce moment (1). Cet Allemand, comme M. de Brauchitsch la veille, se montrait d'ailleurs d'une courtoisie poussée jusqu'à cet excès qui en démontre la fausseté. C'était ce qui arrivait à la plupart des Allemands qui cherchaient à nous prouver leur politesse. Leurs gentilshommes, même les plus accomplis, n'y réussissaient pas toujours; ils y mettaient une exagération et une gaucherie qui montraient clairement que rien n'est moins en harmonie avec leur nature. Et en effet, la politesse vraie n'est qu'une application particulière de la bonté et de la douceur aux relations quotidiennes de la vie sociale; elle restait donc forcément ignorée de ces hommes qui, presque tous, avaient un fond de rudesse et de dureté parfois sauvage, et qui, de plus, nourrissaient contre nous des sentiments de haine et de jalousie si profonds. Sous l'enveloppe artificielle de ces démonstrations respectueuses qu'ils aimaient parfois à nous prodiguer, on ne sentait rien de la sincérité et de la franchise à laquelle la politesse française sait rester fidèle, sans pour cela rien perdre de son charme conciliant. On voyait que, dans ces esprits, la politesse et la duplicité se confondaient, et ils ne savaient ni être polis sans être faux, ni sincères sans être grossiers. C'est qu'il leur manquait un certain adoucissement délicat de l'âme qui est la fleur même de la civilisation européenne, et cette fleur ne pousse pas dans leur rude et pédant pays. C'est chez les races qu'ils méprisent qu'on peut seulement la respirer.

(1) Il habitait tout près de la Préfecture, et nous savions qu'il avait des entrevues fréquentes avec M. de Bismarck.

Avec le financier Betzold, comme avec son associé M. de Brauchitsch, le maire usa de réponses évasives et renvoya sa décision à quelques jours. Le vendeur de millions se représenta à plusieurs reprises, toujours plus insinuant, plus pressant; mais il dut à la fin reconnaître que, décidément, le maire de Versailles n'était pas aisé à duper en affaires, et il l'abandonna comme client.

Nous avions échappé à ses services, ce qui n'était pas un mince bénéfice, au point de vue moral comme au point de vue financier.

29 octobre. — L'autorité militaire prussienne faisait de plus en plus le vide dans les villages occupés par ses avant-postes. Le 29, le général de Sandrart, commandant la 9e division du 5e corps de la 3e armée, envoya à ce sujet, à la préfecture prussienne, la dépêche suivante :

J'ai l'honneur de prévenir Monsieur le préfet prussien de Versailles que, sur l'ordre du commandant en chef de la 3e armée, les habitants de Saint-Cloud, résidant de ce côté-ci des avant-postes, sont sommés de vider cette ville dans le plus bref délai; il leur a été accordé la liberté de choisir Paris ou Versailles pour aller s'y fixer.

D'après la communication qui m'a été faite par la commune de Saint-Cloud, il y aurait encore en cette ville 600 habitants environ, tant hommes que femmes et enfants. Afin d'éviter à Versailles une trop grande agglomération d'émigrants, on a enjoint aux gens de Saint-Cloud de n'y présenter que 100 personnes au plus. Il semble d'ailleurs qu'ils ne feront de cette faculté qui leur a été laissée qu'un usage restreint. Le commandant des avant-postes de Saint-Cloud a reçu de ma part l'ordre de prévenir à l'avance la préfecture de chaque nouveau transport qui aura lieu.

Il sera utile de soumettre les gens internés à Versailles à une certaine surveillance.

De Sandrart,
Major général et commandant de division.

La préfecture prussienne communiqua cette lettre au maire en l'accompagnant de l'avis suivant :

Je dirigerai par la voie la plus rapide vers le pays auquel elles appartiennent :

1° Toutes personnes appartenant à l'étranger et qui ne pourraient justifier immédiatement d'un autre domicile; mais elles seront autorisées à séjourner sur le parcours qui leur aura été assigné ;

2° Les personnes qui ont des parents ou des amis dans les environs, et qui pourraient trouver là un abri, y seront dirigées, de telle sorte que :

3° Le peu de personnes qui seront autorisées à demeurer ici ne le soient qu'en considération de raisons toutes spéciales;

4° Le reste des habitants sera dirigé sur les communes situées derrière la ligne d'investissement et suffisamment peuplées pour permettre aux émigrants de s'y trouver un séjour facile.

Les personnes qui, conformément à cet ordre, seraient dirigées sur Versailles devront être soumises à une surveillance de votre part, mais il faudra, dans tous les cas, avant de les reléguer ailleurs, si cela devenait nécessaire, les faire comparaître devant moi.

Versailles, le 30 octobre 1870.

Pour le Préfet : FORSTER,
Assesseur de Régence.

L'administration municipale prit toutes les mesures nécessaires pour recevoir les malheureux émigrés; bientôt le séminaire ne suffit plus pour les loger : on les installa dans une vaste brasserie (1) où ils prenaient en commun les repas qui leur étaient préparés à l'aide des fourneaux économiques.

Plus l'hiver devenait dur, plus l'entrée dans la ville de ces convois d'émigrés était lamentable à voir. C'était, en général, le soir qu'ils arrivaient, par groupes plus ou moins nombreux. A peine vêtus, poussés durement par les soldats qui les amenaient, ils se traînaient jusqu'à la Mairie, où souvent ils tombaient épuisés, se couchant par terre avec leurs enfants, ne demandant rien et attendant en silence ce qu'on allait faire d'eux. On voyait qu'ils n'avaient plus même le courage d'implorer la pitié; ils avaient usé inutilement ce courage avec les Prussiens, et désormais ils se laissaient aller à la fatalité de malheur et de misère qui s'était abattue sur eux. Toute leur volonté, toute leur énergie avaient disparu, et parfois ils paraissaient accueillir le bienfait avec la même inertie que la brutalité.

Un grand nombre d'habitants de Versailles s'associèrent spontanément à la municipalité et à M. Raoult pour porter secours à ces malheureux; certains de nos concitoyens, contraints de loger des soldats allemands, cherchaient en quelque sorte une compensation à cette hospitalité si pénible en logeant aussi des émigrés. On se consolait de la présence du Prussien en donnant devant lui des soins affectueux à ses victimes.

Ces familles expulsées des villages voisins amenaient avec elles de nombreux enfants, qui trouvèrent dans un de nos concitoyens, M. Rimbault, le protecteur le plus dévoué et le plus paternel. Délégué communal, trésorier de la *Caisse des Écoles* récemment fondée sous les auspices de M. Charton, M. Rimbault voua tous ses soins aux enfants de l'émigration. Il les distribua dans les écoles, où ils reçurent l'enseignement gratuit donné par la ville; il les surveilla, les obligea, autant qu'il le put, à être assidus, les habilla et les secourut de toutes façons; grâce à lui et à la *Caisse des Écoles*, il y eut un soulagement de plus apporté par Versailles à la détresse des émigrés.

La chancellerie prussienne honorait *le Nouvelliste* de ses com-

(1) Rue Jean-Houdon.

munications ; M. de Brauchitsch lui donnait la primeur de ses
arrêtés ; ces hautes faveurs ne permettaient plus qu'on laissât
à cette feuille l'humble forme qu'elle avait prise d'abord. Le 29,
le *Nouvelliste*, se transformant en MONITEUR OFFICIEL *du département de Seine-et-Oise*, doubla son format ; quelque temps après,
il parut sur une feuille double. Il eut dès lors l'aspect d'un véritable journal : il eut son roman-feuilleton, des variétés, des annonces commerciales, etc. Son rédacteur vint à la Mairie relever
les actes de l'état civil et la mercuriale des marchés. Quant à
la rédaction, elle resta la même : en dehors des communications
de la Préfecture et de la Chancellerie, elle continua à se faire
presque exclusivement avec des découpures d'autres journaux.

Les annonces à insérer étaient fournies, non bien entendu
par les Versaillais, mais par la colonie d'industriels allemands
qui, depuis l'arrivée du roi Guillaume, s'était introduite à Versailles et avait loué çà et là, dans les rues les plus commerçantes,
des boutiques où se débitait toute espèce de produits germaniques. Les marchands de tabac avaient été les premiers à s'installer, puis étaient venus les marchands de comestibles, de
viande fumée, et enfin on avait vu se former des bazars où l'on
trouvait de tout, depuis des croix de fer jusqu'à des harengs
saurs et du caviar. Les boutiques de ces nouveaux commerçants,
juifs pour la plupart, étaient les seules de la ville dont
l'étalage fût luxueux et souvent renouvelé. Ils faisaient appel
aux consommateurs, non seulement par leurs annonces au
Moniteur officiel, mais par des affiches rédigées dans les deux
langues et placardées à tous les coins. La ville prenait ainsi
chaque jour une physionomie plus étrangère ; à mesure que la
population indigène, se dérobant à l'activité, sortant le moins
possible, diminuait et effaçait davantage son existence, la population envahissante s'étalait au contraire en tous sens, avec
plus de liberté et de hardiesse. Ce n'était plus une occupation,
c'était pour ainsi dire un commencement de colonisation. Les
juifs allemands, si alertes au gain, avaient compris que le
grand quartier général était un excellent théâtre d'opérations lucratives de toute nature, et ils s'étaient abattus sur
Versailles en nuées avides et rapaces. Ils avaient, eux aussi,
une campagne de France à faire, et, avec une promptitude égale
à celle de l'état-major prussien, ils avaient créé en quelques
jours dans notre ville toute une organisation commerciale qui
fonctionnait à merveille. Versailles, séjour du Roi et de tant de
princes, était vraiment pour eux un petit Berlin, et, sous la protection de la garnison, ils avaient l'air d'y être parfaitement à
l'aise. Assis bien tranquilles à leur nouveau comptoir ou
sur le devant de leur porte, ils avaient, aussitôt emménagés,

pris les allures de bons boutiquiers tout entiers à leur débit et à leurs pratiques. Leur attitude semblait dire : « Là où l'on vend, surtout là où l'on gagne, là est la patrie; » et instantanément ils s'étaient déclarés nos concitoyens. Nous avions ainsi sous nos yeux une preuve curieuse de cette facilité d'émigration et de cette aptitude commerciale qui caractérisent la race germanique et qui chaque jour la répandent en essaims plus nombreux dans le monde entier.

Certains de ces industriels, émules de M. Betzold, eurent l'idée de combiner le commerce avec la réquisition militaire, et ils vinrent à la Mairie, au nom du commandant de place, présenter des « réquisitions » pour s'installer dans les locaux dont ils avaient envie. Un d'eux, plus hardi, voulut un jour organiser une vaste brasserie, sans doute afin de restituer aux soldats allemands quelques souvenirs et quelque image de la patrie absente. Sans hésiter, et pénétré de l'idée prussienne que la réquisition est le droit et le moyen de tout se procurer en France sans bourse délier, il vint à la Mairie « requérir » tout le matériel qui lui était nécessaire. Ce ne fut pas sans peine et sans avoir eu à subir des menaces et des injures qu'on réussit enfin à le mettre à la porte.

30 octobre. — Le dimanche 30 octobre, à 9 heures du matin, le roi Guillaume, ayant à ses côtés le Prince Royal, le grand-duc de Mecklembourg-Schwerin, le prince Albert de Prusse, le prince amiral Adalbert et tout un brillant état-major, passait sur l'avenue de Paris une revue de plusieurs bataillons de la landwehr de la Garde, quand une berline, attelée de quatre chevaux, conduite par des postillons allemands, entra à Versailles par la rue des Chantiers.

Dans cette berline était M. Thiers, accompagné de MM. de Rémusat et Cochery, et d'un officier bavarois. Il venait de parcourir en six semaines toute l'Europe, allant de capitale en capitale, de souverain en souverain, pour tâcher de gagner quelques alliances à la France. Il n'avait obtenu des puissances neutres que des paroles vagues et la promesse d'une demande d'armistice, que M. de Bismarck avait bien voulu consentir à discuter de nouveau.

M. Thiers avait en conséquence reçu un sauf-conduit pour traverser les lignes prussiennes. A Orléans, le général Von der Thann lui avait donné pour l'accompagner un officier bavarois, M. le comte Drexel. Ce n'était pas sans difficulté qu'il avait pu atteindre Versailles; on se battait encore tout autour d'Orléans, nulle part on ne trouvait de relais; les chemins étaient défoncés; souvent on avait dû atteler à sa voiture des chevaux détachés de pièces d'artillerie prussienne. Il avait traversé des villages ruinés, incendiés ; il avait vu des paysans groupés devant des fermes à moitié détruites et qui, à son passage, devinant en lui un négociateur, lui criaient : « Vive Monsieur Thiers! Vive la paix! » C'était l'âme pleine de toutes ces scènes désolées qu'il entrait à Versailles.

Il descendit à l'hôtel des Réservoirs et, après avoir demandé l'adresse de M. de Bismarck, se rendit aussitôt à pied rue de Provence. Le maire, prévenu de son arrivée, le rejoignit sur l'avenue de Saint-Cloud, et avant qu'il n'entrât à l'hôtel Jessé, il eut le temps de lui donner quelques détails sur les entretiens qu'il avait eus récemment avec M. de Bismarck.

M. Thiers ne pouvait négocier un armistice sans recevoir des pouvoirs nouveaux du gouvernement de la Défense nationale. Introduit auprès de M. de Bismarck, il l'aborda par cette parole : « Je ne puis vous parler que pour vous dire que je ne peux pas vous parler. » Et il lui expliqua qu'il devait, avant tout, se rendre à Paris.

M. de Bismarck ne s'y opposa pas et dit :

« Je vous donne deux officiers qui vous précéderont. S'il vous arrive malheur (car chaque lettre me coûte un homme), vous ne mourrez pas de la main des Allemands... Ces messieurs seront à votre disposition. Je crois qu'il vous faudra bien des jours avant de persuader les hommes qui gouvernent; mais enfin les officiers qui sont chargés de vous accompagner seront là, et ils vous attendront jusqu'à ce que vous puissiez sortir et que vous leur donniez le signal de venir vous reprendre. »

M. de Bismarck, après ce rapide entretien, reconduisit M. Thiers avec beaucoup de courtoisie jusqu'à la voiture qui attendait, toujours attelée, devant sa porte. M. de Hatzfeld accompagna M. Thiers chez M. de Moltke, où devaient être réglés les détails militaires du passage des avant-postes.

Ce point fixé, M. Thiers revint à l'hôtel des Réservoirs, où il prit un repas, et, à midi, accompagné de deux officiers prussiens, il partait en voiture par la route de Sèvres.

Avant de partir, il avait pu voir passer devant l'hôtel des Réservoirs les régiments de landwehr de la Garde qui venaient de défiler en grande tenue de campagne, sur l'avenue de Paris, devant le roi Guillaume et qui, la revue terminée, allaient, musique en tête, prendre leurs cantonnements du côté de Saint-Germain. Ces régiments, composés d'hommes dans la force de l'âge, étaient parmi les plus beaux de l'armée prussienne, et il semblait que M. de Moltke les eût amenés immédiatement sous les yeux du négociateur français, comme pour lui montrer un échantillon des forces dont disposaient les assiégeants.

Lorsque M. Thiers fut arrivé à Sèvres, on agita, au bord de la Seine, un drapeau blanc pour indiquer aux avant-postes français qu'un parlementaire demandait à passer. Le drapeau ne fut pas aperçu tout de suite et ce ne fut pas sans peine que l'on put obtenir la cessation du feu des sentinelles françaises. Enfin un officier parut ; après avoir été mis au courant du désir de M. Thiers, il fit demander à l'état-major de Paris l'autorisation de laisser traverser l'eau. Toutes ces démarches prirent presque deux heures, que M. Thiers passa avec les officiers prussiens des avant-postes, causant de la guerre et racontant combien d'efforts il avait faits pour l'empêcher. Entre 3 et 4 heures, sur le débris de l'arche du pont de Sèvres du côté de Paris, on aperçut un capitaine d'état-major français et deux autres officiers. Ils détachèrent une barque et la dirigèrent vers la rive de Sèvres, qui était alors pour les Parisiens la rive ennemie. M. Thiers, en voyant s'approcher ces officiers français, en pensant à l'œuvre qu'il allait tenter, ne put dominer l'émotion qui agitait son cœur si patriote : des larmes coulèrent involontairement de ses yeux et, se tournant vers l'officier prussien qui était à son côté, il lui dit : « Monsieur, pardonnez-moi, mais je suis très ému de revoir ma patrie dans de telles circonstances... et dans un tel état !... Puissé-je lui être utile !... »

Et, ayant remercié l'officier des attentions qu'il lui avait témoignées, il monta dans la barque qui allait le conduire aux avant-postes français.

Quoique l'arrivée de M. Thiers au quartier général nous eût été annoncée par les Prussiens, elle avait répandu dans la ville une grande émotion. On sentait que, de nouveau, notre destinée allait passer par une crise décisive. Quelques jours plus tôt, on se serait peut-être laissé aller encore à de bruyantes démonstrations, comme on l'avait fait lors du passage du général Boyer, et cette fois les acclamations eussent été bien légitimes. Mais la déception du 21, et surtout la chute de Metz, avaient profondément abattu les esprits et momentanément lassé de l'espérance. D'ailleurs, nous ne pouvions plus nous abandonner à des élans de joie, car nous savions, par bien des indices, que la paix ne serait pas acceptée de la Prusse sans une cession de territoire, et *le Nouvelliste* lui-même s'était chargé de nous prédire l'inutilité des efforts que M. Thiers allait tenter. Une note, émanée de la Chancellerie et publiée le 27 octobre, était conçue dans les termes suivants, dont l'ironie hautaine était assez claire :

Une grande nouvelle parcourt la ville. On prétend que M. Thiers doit arriver sous peu à Versailles, venant de Tours. On croit savoir que « l'historien national » est chargé de la mission de négocier avec M. de Bismarck les conditions d'un armistice que l'Allemagne accorderait à la France. Ou nous nous trompons fort, ou M. Thiers n'a pas encore entièrement renoncé aux *illusions* qui, jusqu'à présent, l'ont empêché de regarder la situation actuelle sous son véritable jour. Il est vrai que le récent séjour du célèbre homme d'État français à Londres, à Saint-Pétersbourg, à Vienne et à Florence, doit avoir été de nature à le désabuser en quelque sorte sur la position réelle qui incombe, à l'heure qu'il est, à la France vis-à-vis de l'Allemagne. Quoi qu'il en soit, nous croyons prudent de conseiller à nos lecteurs *de ne pas attendre un résultat bien fécond de cette première démarche de M. Thiers* auprès du chef de la chancellerie allemande, les armistices appartenant ordinairement à cette sorte de traités que l'on ne signe guère sans signer en même temps les préliminaires de la paix définitive ou sans donner des *garanties* qui en forment l'équivalent.

Toute la négociation était d'avance résumée dans cette note du *Nouvelliste*. M. de Bismarck allait la conduire avec toutes les apparences de la bonne foi, comme s'il en eût sincèrement souhaité le succès, mais il en avait d'avance, dans son esprit, décidé l'avortement.

31 octobre. — Les dispositions du chancelier envers le gouvernement de la Défense nationale se manifestaient au même instant, sous une autre forme, dans une lettre écrite par M. de Brauchitsch, mais sous la dictée de M. de Bismarck. Cette lettre était une réponse au président du tribunal civil de Versailles, sur la formule exécutoire à donner aux jugements. Le président du tribunal, M. Guillemain, ayant été appelé par M. de Brauchitsch et invité par lui à reprendre ses fonctions, avait réuni les membres de son tribunal, qui, après en avoir délibéré, avaient chargé M. Guillemain d'écrire dans les termes suivants au préfet prussien :

Monsieur,

J'ai l'honneur de vous informer qu'un décret du Gouvernement de la Défense nationale, en date du 6 septembre dernier, inséré au *Journal officiel* du 7 du même mois, et immédiatement exécuté dans l'arrondissement avant l'occupation allemande, a déterminé en ces termes l'intitulé des jugements et mandats de justice :

« RÉPUBLIQUE FRANÇAISE

« Au nom du Peuple français,
« Le Tribunal de *** a rendu le jugement dont la teneur suit :
« En conséquence, la République mande et ordonne à tous huissiers sur ce requis de mettre ledit jugement à exécution, etc., etc... »

Aux termes des lois sur l'organisation judiciaire, c'est l'autorité législative française qui détermine seule l'intitulé des jugements et mandats de justice, sans que les tribunaux aient le droit de le contrôler ou de le modifier.

Si donc l'autorité que vous représentez n'admettait pas cette formule dans son intégrité, le tribunal se verrait dans l'impossibilité absolue de continuer ses fonctions.

Il en serait de même s'il ne lui était pas accordé l'entière indépendance qui est garantie à la magistrature française par son institution, si les officiers du ministère public et les juges d'instruction n'étaient pas laissés entièrement libres d'agir ou de ne pas agir, et si encore le tribunal n'avait plus auprès de lui les officiers de police judiciaire et les agents nationaux chargés de constater les délits, de mettre les prévenus sous la main de justice et d'exécuter les jugements (1).

M. de Brauchitsch, mis ainsi en demeure de se prononcer, avait répondu :

Versailles, le 31 octobre 1870.

Monsieur le Président,

J'ai le regret de vous annoncer qu'en réponse à votre lettre du 14 octobre courant, je ne puis vous autoriser à rendre la justice *au nom de la République française et du peuple français*, attendu que le Gouvernement de la Défense nationale, siégeant actuellement à Paris ou à Tours, n'a pu être reconnu par le suffrage universel de la France, ni par aucune des puissances de l'Europe.

L'autorité supérieure, que j'ai consultée à cet égard, ainsi qu'il en avait été convenu entre nous (2), n'admet pas la formule que vous avez choisie, et me charge de vous informer que les tribunaux ne sauraient rendre de jugements, en ce moment, qu'au nom du Gouvernement reconnu par votre pays, comme par toutes les puissances de l'Europe, au commencement de la guerre, c'est-à-dire *au nom de l'Empereur*.

Je regrette vivement, Monsieur le Président, de ne pouvoir accéder à vos désirs ; cependant je désire, dans l'intérêt de votre pays même, aussi vivement que je vous l'ai écrit dans une lettre, que les tribunaux veuillent bien reprendre leurs fonctions le 3 novembre prochain (3), de sorte que je crois devoir vous engager à bien vouloir considérer encore une fois s'il ne vaudrait pas mieux donner vos jugements au nom de l'Empereur que de laisser les habitants de l'arrondissement plus longtemps sans tribunal et surtout sans juges de paix.

Agréez, Monsieur le Président, l'assurance de ma considération la plus distinguée.

Le Préfet du département de Seine-et-Oise,
DE BRAUCHITSCH.

Cette lettre pouvait faire pressentir combien seraient difficiles les négociations tentées auprès de M. de Bismarck. Elle eut pour

---

(1) A cette délibération étaient présents : MM. Guillemain, président ; Dantouy, vice-président ; Durand, Lambinet, de la Ruelle-Luziers, Lamothe, juges ; Bohmer de Vallière, Doublet, de Villers, Colmet d'Ange, juges suppléants ; Ragon, procureur de la République ; de Roynal et Harel, substituts ; Texier, commis-greffier.

(2) M. de Brauchitsch avait dit : « Ceci est un point de politique générale, il faut que j'en réfère à M. de Bismarck. » Quant à lui, personnellement, il avait exprimé l'avis que le choix de la formule devait être laissé au tribunal.

(3) Jour de la rentrée habituelle.

résultat immédiat de suspendre dans l'arrondissement le cours de la justice. Le tribunal, réuni de nouveau, prit la délibération suivante :

Attendu que l'établissement du Gouvernement de la Défense nationale a été reconnu dans toute la France sans opposition, et que par suite le tribunal a dû, aux termes des lois françaises sur l'organisation judiciaire, exécuter immédiatement le décret en date du 6 septembre dernier, par lequel la formule exécutoire des jugements était déterminée;

Attendu qu'en d'autres temps, des lois (notamment une loi du 28 frimaire an VIII) ont annulé des jugements rendus pendant des invasions, parce que les tribunaux avaient enfreint la loi constitutionnelle du pays;

Attendu qu'en interdisant l'usage de la formule déterminée par le décret du 6 septembre 1870 précité, l'autorité allemande place le tribunal dans l'impossibilité légale de juger ;

Par ces motifs,

Le tribunal décide qu'il y a lieu pour lui, sans abdiquer ses fonctions, de provisoirement s'abstenir.

Dans l'après-midi du 31, à 5 h. 20, M. Thiers revint de Paris à Versailles. Il avait passé la nuit précédente à délibérer avec les membres du gouvernement de la Défense nationale, qui lui avaient donné les pouvoirs nécessaires pour traiter des conditions de l'armistice.

M. de Bismarck avait cru pouvoir annoncer la veille à M. Thiers qu'il aurait beaucoup de peine à franchir les avant-postes et à obtenir des pouvoirs de son gouvernement. Sa double prophétie se trouvait rapidement démentie. M. de Bismarck, en diplomate accompli, envoya un de ses officiers à l'hôtel des Réservoirs, pour *féliciter* M. Thiers de s'être tiré si vite et avec si peu de dangers des difficultés de son voyage.

Au moment même où M. Thiers rentrait à Versailles, le gouvernement de Paris, qu'il avait quelques heures auparavant laissé sans inquiétudes graves, était surpris par l'émeute et fait prisonnier à l'Hôtel-de-Ville. Un premier essai de Commune était tenté. Rien de ce mouvement, dont M. Thiers ne connut pas la gravité, ne transpira à Versailles. De 9 à 11 heures du soir, on entendit le canon du Mont-Valérien tonner avec violence, et bien loin de supposer que Paris était encore une fois en proie à un accès de guerre civile, on se répéta que Paris, peut-être pour réparer autant qu'il était en lui le désastre de Metz, s'occupait avec un redoublement d'énergie à détruire les travaux de l'assiégeant.

Pendant qu'à Paris, les chefs du gouvernement français se trouvaient exposés aux insultes de l'émeute, le quartier général prussien de Versailles était tout entier aux fêtes et aux fiertés du triomphe. Dans un ordre du jour solennel (publié en français en tête du Moniteur officiel *du département de Seine-et-Oise*), le roi Guillaume récapitulait toutes ses victoires, félicitait et remerciait chaleureusement ses soldats, et « pour les honorer tous » élevait à la dignité de *maréchaux* son fils, le Prince Royal, et le général prince Frédéric-Charles. Le baron de Moltke, de son côté, recevait le titre de *comte*. De joyeux dîners de gala étaient la suite naturelle de ces nominations, et dans ces dîners, où les vins français coulaient à flots, les toasts enthousiastes des nobles officiers prussiens étaient un commentaire perpétuel du mot de Frédéric-Charles : « Soyons désormais pleinement heureux, la puissance de la France est détruite *à jamais!...* »

1er novembre. — M. Thiers eut dans la journée une conférence de plusieurs heures avec M. de Bismarck.

Les habitants de Versailles guettaient avec anxiété toutes les allées et venues du négociateur ; on bâtissait mille suppositions, mais on ignorait absolument le résultat des conversations échangées. La rue de Provence était toujours aussi paisible, aussi déserte. M. Thiers, après avoir vu M. de Bismarck, se renfermait à l'hôtel des Réservoirs, où il n'était approché que d'un petit nombre d'amis, devant lesquels il ne laissait rien échapper qui pût faire deviner l'issue de sa tentative.

Le Mont-Valérien tonna encore pendant toute la nuit avec une extrême violence. On se dit dans la ville qu'il voulait sans doute témoigner de sa puissance avant la signature de l'armistice en délibération.

2 novembre. — Dans la matinée, le roi Guillaume convoqua à la Préfecture un conseil militaire auquel assista M. de Bismarck. Ce conseil fut suivi dans l'après-midi d'une longue conférence entre M. Thiers et M. de Bismarck.

M. de Brauchitsch envoya, le 2 novembre, à l'Hôtel-de-Ville le second numéro du *Recueil officiel de Seine-et-Oise*. Il était déjà moins intéressant que le premier. La verve administrative de l'auteur était tarie, et il avait dû composer sa brochure de morceaux pillés çà et là dans des publications officielles. Il nous annonçait par exemple que le roi Guillaume avait, le 15 août, aboli la conscription, et que la récolte de betteraves ne serait pas troublée par les troupes allemandes ; puis venait la répétition des édits déjà connus sur le cours des monnaies, sur les destructeurs de lignes télégraphiques et des chemins de fer, sur les détenteurs d'armes, sur les francs-tireurs, etc. Les sergents de ville et gardes champêtres étaient en revanche autorisés officiellement à garder leurs sabres.

Un seul avis méritait un peu plus d'attention; c'était le suivant :

AVIS

Le public est prévenu que j'ai adressé une demande à M. l'inspecteur de l'Académie, afin que toutes les écoles et institutions du département soient rouvertes le plus tôt possible, du moins autant que le permettra l'état actuel de la guerre.

M. l'inspecteur de l'Académie, en réponse à ma demande, m'a assuré qu'il ferait son possible pour y satisfaire.

Nous avions vu à Versailles, dès le premier jour, les écoles saccagées par les soldats, les livres et les cahiers brûlés ; plus tard, un de nos instituteurs avait réclamé inutilement contre la transformation de son école en poste ; il avait été poursuivi chez lui à coups de baïonnette par les soldats, qui se permettaient devant les enfants de tels actes, qu'on fut obligé de fermer l'école. Nous savions donc à quoi nous en tenir sur le zèle de M. de Brauchitsch pour la protection de l'instruction primaire. L'inspecteur d'Académie, M. Anquetil, qu'il avait cherché à associer publiquement à son œuvre administrative, se vengea avec beaucoup d'esprit des fatigants ennuis que lui avait fait subir M. de Brauchitsch par ses demandes perpétuelles relatives aux écoles. A la fin de l'année, il rédigea pour le recteur de Paris, et laissa à dessein surprendre et saisir par M. de Brauchitsch, son rapport annuel sur l'état de l'instruction primaire. Ce rapport se composait uniquement du récit des actes de dévastation commis par les Prussiens. M. de Brauchitsch avait longtemps demandé que M. Anquetil lui dît son opinion sur les écoles : il la connut ainsi plus qu'il ne l'aurait désiré.

Le 2 novembre, le *Moniteur officiel*, confirmant de la façon la plus authentique les renseignements donnés les jours précédents, publia le texte même de la capitulation de Metz et se railla des Versaillais (très nombreux, il faut l'avouer) qui la mettaient encore en doute. « C'est inimaginable, disait le journal prussien, et cependant cela est : la moitié, les trois quarts des habitants de Versailles ne veulent pas croire à la capitulation de Metz, de même qu'ils n'ont pas cru à la capitulation de Toul, à celles de Strasbourg, de Soissons et de Schelestadt, à l'occupation d'Orléans, de Chartres, de Saint-Quentin, de Vesoul, etc. Ils persistent à dire que le maréchal Bazaine ne s'est pas rendu... et que si les troupes allemandes sont entrées à Metz, c'est que le maréchal en était sorti d'un autre côté avec son armée, pour marcher sur Paris et le dégager. Plus probablement, ajoutent-ils, les dépêches de Metz sont fausses et le quartier général ne les publie que pour refaire « le moral abattu » des troupes allemandes. Il n'y a pas d'exemple au monde d'une malheureuse nation affolée comme celle-ci... »

Et après la moquerie venait la menace. Le *Moniteur* terminait son article par ces mots :

> Où en seraient les colporteurs de contes absurdes, si on leur appliquait seulement la loi française, dite « des fausses nouvelles », loi toujours vivante et que la *longanimité des autorités allemandes laisse encore sommeiller*... En tous cas, dans l'intérêt de la dignité des habitants de Versailles vis-à-vis des nombreux étrangers de toutes nations qui remplissent leur ville, nous les engageons à ne pas continuer à donner une idée fâcheuse de leur jugement. *Pour aujourd'hui*, nous nous bornerons à ce conseil aussi bien intentionné que mérité.

Le journal prussien oubliait même le bruit le plus extraordinaire : certains Versaillais avaient cru fermement et soutenu que le télégramme annonçant la prise de Metz était une *ruse de guerre*, qu'il était envoyé par Bazaine lui-même, vainqueur de Frédéric-Charles... Cette confiance si persistante, cette incrédulité devant la défaite ne paraissaient que risibles à nos ennemis ; pour des yeux moins prévenus, elles auraient pu peut-être avoir quelque chose de touchant : il n'y a rien de ridicule à ne pas vouloir ajouter foi à l'anéantissement de sa patrie.

Notre négation si tenace des triomphes allemands avait du moins un mérite involontaire : c'était d'irriter vivement nos ennemis, de gâter un peu l'ivresse de leurs succès, et de les amener à nous faire, dans leur colère, des menaces comme celle que leur *Moniteur* avait publiée.

Au milieu de ces angoisses de toute nature, il fallait continuer à subvenir aux réquisitions prussiennes, qui étaient toujours écrasantes. A la séance du Conseil, l'administration municipale fut obligée de demander encore un nouvel emprunt de 100,000 fr.

Après ce vote pénible et comme pour en effacer un peu l'amertume, le Conseil, sur la proposition de M. Bersot, vota un secours de 500 francs destinés à être distribués à de malheureux soldats français qui allaient quitter Versailles et partir comme prisonniers de guerre pour une forteresse d'Allemagne.

3 novembre. — Le jeudi 3 novembre, M. Thiers, en entrant à 11 heures chez M. de Bismarck, pour continuer les négociations entamées les jours précédents (et qui paraissaient avoir pris une tournure assez favorable pour la France), le trouva très agité :

« Avez-vous des nouvelles de Paris? »

Telle fut la première parole du chancelier.

M. Thiers répondit que non, puisque l'investissement empêchait tout passage.

« Il y a eu une révolution !... Un nouveau gouvernement est installé à l'Hôtel-de-Ville !... »

Et alors, avec une expression de regret, véritable ou calculé, il exposa à M. Thiers que toutes les concessions faites depuis deux jours à la France allaient être retirées, la guerre à outrance devant recommencer avec le gouvernement révolutionnaire qui venait de s'établir.

M. Thiers demanda alors qu'un de ses secrétaires se rendît à Paris pour s'assurer par lui-même de l'état des choses. M. de Bismarck s'opposa tant qu'il put à ce voyage, parlant toujours de dangers, d'impossibilités, etc. Il fallut cependant à la fin qu'il cédât. A 1 h. 1/2, M. Cochery partit de Versailles; il se rendit à l'état-major, installé à la villa Rothschild, et rentra à 8 h. 1/2 du soir, rapportant des journaux et des détails sur les événements des trois derniers jours. L'émeute du 31 octobre, au lieu d'être victorieuse, avait été au contraire complètement vaincue, et un vote allait consacrer sa défaite.

M. Thiers, après avoir reçu ces renseignements de M. Cochery, revint aussitôt chez M. de Bismarck et y passa la soirée, de 9 à 11 heures.

4 novembre. — Le lendemain 4, il y eut de même deux longues conférences, l'une de 11 heures du matin à 1 heure de l'après-midi, l'autre de 9 heures du soir à minuit (1).

Les incidents qui s'étaient produits dans la négociation avaient un peu transpiré dans la ville et l'anxiété avait redoublé. Ce qui étonnait beaucoup, c'est que M. de Bismarck eût annoncé le jeudi seulement à M. Thiers ce que des officiers prussiens avaient raconté à plusieurs personnes de la ville dès le mardi soir. Il semblait dès lors que le chancelier, sachant qu'il avait un prétexte de rompre, s'était donné le plaisir et l'avantage d'être conciliant pendant deux jours. Il n'y avait dans cette modération passagère aucun danger, et il trouvait là les éléments d'une circulaire diplomatique à l'Europe dans laquelle, comme toujours, il démontrerait avec tristesse qu'il était *contraint* de poursuivre la guerre.

---

(1) Pendant une de ces soirées, M. de Bismarck jugea à propos de faire reparaître devant M. Thiers les bouteilles garnies de bougies et servant de flambeaux qui avaient déjà figuré devant M. de Miranda.

5 novembre. — Le *Moniteur* de Versailles tenait régulièrement son public au courant des entrevues des deux négociateurs. Le numéro du 5 novembre, en tête de sa « partie non officielle », contenait l'entrefilet suivant :

VERSAILLES. — M. Thiers vient de quitter ce matin Versailles pour se rendre de nouveau à Paris, après avoir eu avec M. de Bismarck, à six différentes reprises, des entrevues prolongées.

Cette note était suivie d'une autre bien différente, et qui indiquait que M. de Bismarck conduisait à la fois et avec le même succès des négociations de plus d'un genre. Les conférences que les envoyés de la Bavière et du Wurtemberg étaient venus tenir au grand quartier général du roi Guillaume « le Victorieux », sous la direction de M. de Bismarck, et dans une maison toute voisine de la sienne, avaient eu l'issue qu'on devait en attendre. L'Empire allemand était fait. Versailles avait même été déjà choisi pour le lieu où serait annoncée solennellement à l'Allemagne la destinée nouvelle que les victoires prussiennes lui avaient faite, et M. de Bismarck, se servant de son petit journal versaillais pour annoncer cet événement, y faisait insérer ces lignes majestueusement mystérieuses :

Sans entrer dans des détails qui seraient à l'heure actuelle encore prématurés, *nous sommes autorisés* à prévenir le public que, sous peu, des événements *aussi importants qu'uniques* dans l'histoire se dérouleront probablement sous ses yeux. Les jours de splendeur semblent vouloir revenir en quelque sorte pour la ville de Versailles, et les *fastes de l'histoire* ne se fermeront plus pour elle à la grande époque de 1789.

Il est malheureux qu'un événement, en effet assez important, ait été annoncé par la chancellerie prussienne dans un style si ridicule.

Le 5, M. Thiers, à 9 h. 1/2 du matin, partit de nouveau pour Sèvres. Sans écouter les objections que lui avaient faites M. de Bismarck sur les dangers qu'il allait courir, il avait tenu à avoir une conférence avec des membres du gouvernement de la Défense. MM. Jules Favre et Ducrot purent seuls se trouver au rendez-vous, qui avait été préparé par M. Cochery, reparti la veille au soir pour Paris. La conférence eut lieu dans une maison isolée et ruinée située sur les bords du fleuve, et là, M. Thiers proposa non plus seulement de conclure un armistice, mais de signer la paix elle-même. Il avait acquis la certitude, dans ses entretiens de Versailles, que les conditions imposées par la Prusse iraient toujours en s'aggravant, et il croyait préférable d'accepter « une paix fâcheuse en novembre qu'une paix détestable en février ».

Il aurait désiré rapporter à Versailles l'autorisation de signer cette paix selon lui nécessaire ; mais il y avait à la conclusion de cette paix un obstacle dont il était impossible de ne pas tenir compte : il était certain que l'opinion parisienne n'était en aucune façon disposée à supporter l'idée d'une cession de territoire, et c'était là l'inévitable condition.

La réponse définitive du gouvernement de la Défense nationale fut promise pour le lendemain à M. Thiers, qui revint à Versailles à 5 heures du soir.

6 novembre. — M. Cochery rapporta cette réponse à Versailles dans la matinée du 6. M. Thiers alla à 2 heures chez M. de Bismarck et, dans cette entrevue, les négociations furent rompues. Ni l'armistice, ni la paix n'avaient pu être conclus. Le gouvernement prussien n'avait pas même voulu accorder le ravitaillement de Paris proportionnel à la durée de l'armistice, à moins qu'on ne lui donnât un fort, c'est-à-dire Paris lui-même, qui allait résister encore pendant presque trois mois.

La petite cour réunie autour du roi Guillaume fut augmentée ce jour-là d'un nouveau prince régnant : le grand-duc de Bade, un des plus fidèles soutiens de la politique prussienne, arriva à Versailles. Il venait saluer le vainqueur de Metz et collaborer à l'édification du futur Empire germanique. Il logea rue Satory. L'arrivée et le départ de tous ces grands personnages, qui de temps en temps passaient quelques jours au quartier général prussien, restaient à peu près ignorés de la population versaillaise. Aucun de ces petits princes n'avait d'ailleurs de célébrité personnelle. Ils ne laissaient de traces que dans les réquisitions nouvelles dont cette visite à leur maître était l'occasion pour la ville.

7—8 novembre. — Le 7, à 6 h. 1/2 du matin, M. Thiers quittait Versailles et repartait pour Tours.

M. Thiers et M. Jules Favre, dans deux pièces diplomatiques connues de tous, ont résumé pour l'Europe les négociations de Versailles. Mais ce que ces pièces n'ont pu retracer, et ce que M. Thiers retraçait à merveille dans ses conversations intimes, c'est la physionomie de ses entretiens avec M. de Bismarck (1). Ils étaient riches en digressions de toute sorte. M. de Bismarck, suivant son habitude, se plaisait à parler de mille choses étran-

---

(1) En repassant par Orléans, M. Thiers, ayant été reçu à l'évêché, donna pendant toute une soirée, sur ses relations avec M. de Bismarck, des détails qui ont été reproduits avec grand intérêt dans l'excellent ouvrage publié à Orléans par M. Boucher, sous le titre : *Récits de l'Invasion*.

gères à la question en discussion. Il semblait qu'il mit un soin particulier à exciter la verve de M. Thiers; il abordait sans cesse les sujets les plus variés, et écoutait son interlocuteur les traitant avec cette aisance spirituelle qui lui est familière. Un soir, comme les heures se passaient ainsi dans ces intéressantes digressions, M. Thiers rappela au chancelier les affaires plus sérieuses qu'ils avaient à agiter. Alors, avec un mouvement d'effusion singulière, M. de Bismarck lui prit la main en s'écriant : « Laissez-moi, je vous en supplie, laissez-moi; il est si bon de se trouver un peu avec la civilisation!... » Comme on l'a dit, le mot était flatteur pour M. Thiers, mais il ne l'était guère pour la cour de Prusse, au milieu de laquelle vivait le chancelier.

S'il était rempli d'amabilités pour M. Thiers, M. de Bismarck, en revanche, ne cachait nullement son mépris pour l'intelligence de Napoléon III. M. Thiers lui dit un jour à ce propos : « Le ciel vous a fait un joli cadeau en vous donnant votre esprit, mais convenez qu'il vous a fait un plus beau présent encore en vous donnant Napoléon III pour adversaire. » M. de Bismarck répondit par un sourire.

« C'est un sauvage plein de génie, » telle était la phrase expressive par laquelle M. Thiers, après ces huit jours de relations quotidiennes, résumait tout ce qu'il avait vu en M. de Bismarck d'originalité, d'astuce et de violence.

M. Thiers avait laissé à Versailles M. Cochery, avec la mission de rentrer dans Paris et de reporter au Gouvernement le récit des derniers résultats de la négociation. L'autorisation nécessaire pour franchir les avant-postes fut cette fois refusée absolument par M. de Bismarck. M. Cochery déclara alors qu'il allait repartir pour Tours. M. de Bismarck promit de le mettre le lendemain sous la conduite d'un officier allemand. Mais, dès le soir, le neveu du chancelier venait déclarer à M. Cochery qu'il ne lui serait permis de se rendre à Tours qu'en passant par Strasbourg et la Suisse. De plus, au nom de M. de Moltke, M. Cochery fut déclaré prisonnier, et deux gendarmes prussiens furent mis à la porte de son appartement. Toute communication avec l'extérieur fut absolument interdite. En vain M. Cochery invoqua le sauf-conduit qui lui avait été délivré par le général bavarois Von der Thann, et qui lui permettait de revenir par Étampes ou par Chartres, à son choix. M. de Moltke, par quelque raison militaire restée inconnue, exigea l'emprisonnement et la mise au secret. Ils furent maintenus quatre jours. C'est le 9 seulement que M. Cochery put quitter Versailles, escorté d'un officier wurtembergeois qui le conduisit hors des lignes allemandes en passant par Corbeil, Melun et Montereau.

Était-ce pour célébrer la rupture des négociations avec M. Thiers ou la confection récente du nouvel Empire allemand que, le jour même où M. Thiers quittait Versailles, l'état-major prussien fit insérer au *Moniteur officiel* l'avis suivant :

> Nous apprenons qu'à partir d'aujourd'hui lundi, chaque jour, de deux à trois heures de relevée, la musique du 80ᵉ de ligne, une des meilleures de l'armée allemande, exécutera des morceaux de concert, avenue de Sceaux, au pavillon de musique qui a servi autrefois pour les concerts donnés à Versailles par la musique des *turcos* en garnison dans cette ville.

Il n'y avait pas de turcos en garnison à Versailles avant la guerre, mais on sait que c'était une des tactiques ou une des niaiseries de la presse allemande de voir des turcos partout ; on voulait faire croire aux badauds qu'ils composaient la moitié de l'armée française ; M. de Bismarck lui-même n'avait pas négligé de se servir des turcos dans une de ses circulaires. Les turcos faits prisonniers étaient promenés et montrés en Allemagne de ville en ville, afin de multiplier pour l'imagination nationale le nombre de leurs faces noires et de bien prouver que les Welches corrompus avaient composé leur armée de bandes de monstres. Le rédacteur du *Moniteur*, même dans une simple annonce de concert, se laissait aller au lieu commun recommandé. Le « 80ᵉ de ligne », quoique sa musique fût « une des meilleures de l'armée allemande », fut sans doute blessé du peu de succès que ses « morceaux de concert » obtinrent, car bientôt il cessa de venir s'abriter sous le « pavillon de musique ».

Un autre avis, inséré dans ce même numéro du 7 novembre, affectait le style plaisant que les Prussiens voulaient parfois prendre, mais qui attestait trop bien que la légèreté de l'esprit n'est pas leur fait :

> VERSAILLES. — Avant-hier, un des ballons envoyés de Paris *en l'air* pour porter en province des nouvelles de la ville assiégée, a été capturé près de Chartres par des soldats du 14ᵉ hussards. Des soldats allemands avaient tiré sur le ballon et, en le perçant par leurs balles, l'ont fait descendre. On y a trouvé un large butin de lettres et de journaux, ainsi que deux officiers appartenant à *l'amirauté de la navigation aérienne*, corps, paraît-il, créé récemment par le commandant en chef de Paris. Ces deux officiers se trouvent en ce moment en route pour l'Allemagne, *où ils se rendent par voie terrestre* (1).

---

(1) Ce ballon était le *Galilée*, cubant 2,000 mètres. Il était surtout chargé de porter à Tours le vote des 556,996 *oui* qui avaient ratifié le gouvernement de la Défense nationale contre 62,638 *non*. Il emportait de plus 420 kilogrammes de lettres. Il était passé au-dessus de Versailles le 4, à trois heures. Les aéronautes, MM. Étienne et Husson, furent ramenés à la prison de la rue Saint-Pierre, d'où ils partirent pour la Prusse ; mais M. Étienne réussit à s'échapper en route, et put arriver à Tours, où il s'acquitta de sa mission. (Voir *les Ballons pendant le siège de Paris*, par G. de Clerval.)

Ces plaisanteries ont une allure lourde et gauche qui est leur moindre défaut; huit jours plus tard, le rédacteur, ayant à annoncer le même fait, retrouvait le véritable style prussien :

VERSAILLES. — Hier, deux ballons, contenant chacun trois personnes, ont encore été capturés par les troupes allemandes. Nous apprenons de source certaine que ces personnes ne seront pas traitées en prisonniers de guerre, mais qu'elles sont déjà en route pour l'Allemagne, où on les fera juger par un conseil de guerre, comme convaincues d'avoir *essayé à rompre les lignes d'avant-postes : la peine dictée en pareille circonstance, par le Code militaire, est la peine de mort.*

Ce n'était pas assez d'assimiler nos braves aéronautes aux francs-tireurs et de les menacer de mort après leur capture, on faisait à l'état-major l'usage le plus indigne des lettres de famille prises dans les ballons. Chaque nacelle en contenait des ballots énormes qui étaient envoyés au grand quartier général; on dépouillait, avec le plus grand soin, ces milliers de lettres, car les officiers placés sous les ordres de M. de Moltke ne reculaient devant aucun travail, quelque long et pénible qu'il fût; on faisait des extraits, d'où l'on tirait tous les renseignements utiles, puis on brûlait le reste. Mais parfois aussi, les jours de fête (et c'est ce qui se fit au commencement de novembre), on distribuait ces lettres comme objet de risée aux soldats de la garnison de Versailles, qui s'en amusaient et les envoyaient en Allemagne. Ce qui surtout les faisait beaucoup rire, c'était de surprendre les tendresses envoyées par les habitants de Paris aux femmes, aux familles restées en province. Cette distribution des lettres des assiégés, faite à dessein à des soldats grossiers en goguette, est un des actes les plus répugnants de l'état-major de Versailles.

On le voit, le séjour de M. Thiers à Versailles n'avait adouci en rien les allures des autorités prussiennes. Il semblait, bien au contraire, que leur mauvaise humeur et leur raideur eussent encore augmenté. Ainsi, M. de Brauchitsch choisit ce moment pour adresser au maire la « réquisition » la plus extraordinaire qu'il soit possible d'imaginer. Elle portait sur le titre dû à ce fonctionnaire. Le maire, chaque fois qu'il avait l'occasion de lui écrire, l'appelait : « M. le préfet pour les armées allemandes, » ce qui, certes, n'avait rien d'irrespectueux. Mais M. de Brauchitsch tenait à être traité exactement comme un préfet *français*; il avait pris le papier de la préfecture française, il s'était installé dans les bureaux français, il avait fait faire un cachet spécial; il était donc le préfet de Seine-et-Oise, et il adressa au maire le message suivant, qui atteste tout ce qu'il y avait de pédantisme gourmé dans ce médiocre esprit :

7—8 NOVEMBRE.

Monsieur le Maire,

..... La lettre que vous avez bien voulu m'envoyer aujourd'hui était adressée, comme toutes les autres que j'ai reçues de vous, *au préfet pour les armées allemandes*. D'abord, je croyais que je n'aurais pas besoin de remarquer cette résistance puérile, et que peu à peu vous cesseriez d'employer cette phrase, puisque vous savez très bien *que je suis nommé préfet du département de Seine-et-Oise*. Mais, maintenant, comme je sais que vous y tenez, et que vous refusez de reconnaître mon autorité, quoiqu'elle soit reconnue par tout le département et par tous les maires, je me verrai ensuite obligé, à mon grand regret, chaque fois qu'il me parviendra une lettre de vous ou d'un adjoint, ou d'un conseiller municipal, enfin de n'importe quel employé de la Mairie, quel qu'il soit, avec ladite phrase ou une semblable, de vous frapper *d'une amende de 500 francs*.

Le Préfet de Seine-et-Oise,
DE BRAUCHITSCH.

Le maire répondit à M. de Brauchitsch, avec un grand sérieux, qu'il n'avait jamais eu l'intention de contester « son autorité » et son « titre », mais que, selon lui, « il existait toujours *de droit* un préfet français, comme il existait *de fait* un préfet nommé par les autorités ou armées allemandes »; il y avait donc à distinguer « entre les deux préfets, par l'indication exacte de l'origine, l'autorité de chacun d'eux ». Il n'y avait là rien de « puéril ». Ayant ainsi expliqué l'appellation qu'il avait adoptée, le maire ajouta ces paroles gravement ironiques, et dont la finesse échappa sans doute à M. de Brauchitsch : « Puisque *je suis requis par vous*, j'emploierai la qualification qui vous convient. »

A partir de ce jour, M. de Brauchitsch eut la satisfaction de lire une lettre de plus portant en tête : « *Monsieur le Préfet,* » sans se douter qu'il venait de jouer le rôle d'un véritable personnage de comédie.

L'émule de M. de Brauchitsch, le lieutenant de landwehr Forster, voulut de son côté donner à la ville une preuve de l'exactitude que les Allemands, « bien supérieurs en cela comme en tout aux Français », apportent dans les affaires administratives. La Liste civile loue plusieurs maisons à la ville de Versailles; le loyer de ces maisons est très minime, mais M. Forster mettait aussi sa gloire à bien établir qu'il n'y avait pas de recettes mesquines pour la caisse prussienne, et il adressa la réclamation suivante à la municipalité, persuadé qu'il l'étonnerait par la connaissance approfondie des affaires du département que cette lettre voulait attester :

Monsieur le Maire,

En vertu d'un bail passé le 8 décembre 1863, la location de plusieurs maisons a été concédée à la ville, moyennant une somme totale de 1,700 francs, payable le 1ᵉʳ janvier et le 1ᵉʳ juillet.

Un premier paiement de 950 francs ayant été effectué le 16 janvier 1870, je vous prie de vouloir bien verser à la caisse de la préfecture la somme de 750 francs restant dus pour le deuxième paiement qui est déjà échu depuis le 1ᵉʳ juillet.

Je compte sur votre empressement pour vouloir bien verser cette somme dans le plus bref délai possible.

Le Préfet de Seine-et-Oise.
Par autorisation :
Forster,
Secrétaire général et conseiller
de préfecture.

M. Forster, par cette lettre, prouvait bien qu'il avait, depuis deux mois, fouillé avec un soin louable les cartons de la Préfecture, et qu'il avait des intentions de rapacité sans bornes ; mais il prouvait aussi que la science administrative d'un Allemand n'était pas à l'abri des bévues, car le maire put lui répondre comme il suit :

Monsieur le Préfet,

Vous réclamez à la ville de Versailles le paiement de divers prix de locations à elle consenties par la Liste civile.

J'ai l'honneur de vous répondre que *la ville ne doit rien*.

En ce qui touche les bureaux d'octroi de la grille Saint-Germain, de celle de Satory et de celle de l'Orangerie (1,500 fr. de loyers annuels), ces loyers sont payables moitié ou 750 francs le 1ᵉʳ juillet (qui ont été payés), et moitié le 1ᵉʳ janvier, lesquels ne sont pas échus.

En ce qui touche les terrains de Fausses-Reposes (dépôt des boues), moyennant 200 francs par an, payables le 1ᵉʳ juillet de chaque année, et qui ont été payés, il n'est plus rien dû.

A cette lettre très nette, M. Forster ne répliqua pas.

Son maître, M. de Brauchitsch, ne fut pas plus heureux dans une réclamation de même nature qu'il adressa aux marchands de bois de Versailles qui, en octobre 1869, avaient acheté des coupes à la Liste civile.

Le prix de ces coupes était payable par traites à ordre, à échéances successives. M. de Brauchitsch, « représentant de l'État français », prétendit avoir le droit de toucher le montant de la troisième traite, échue le 30 septembre 1870. Ici, la leçon pratique de droit administratif que le fonctionnaire prussien dut recevoir fut encore plus complète. Mᵉˢ Legrand et Moquet, avoués à Versailles, rédigèrent, au nom des adjudicataires des coupes, un excellent mémoire où, avec cette netteté française que nos voisins chercheraient en vain à nous ravir, il était démontré :

1º Que M. de Brauchitsch avait confondu l'État et la Liste civile, faute qu'un fonctionnaire si instruit n'aurait pas dû commettre ;

2º Que le prix des coupes était payé ; que la traite était due au tiers porteur, et devait être représentée, conformément aux lois commerciales du monde entier, que M. de Brauchitsch n'aurait pas dû ignorer;

3° Qu'en admettant que l'État allemand eût le droit de se substituer, dans le département de Seine-et-Oise, à l'État français, il ne pouvait avoir plus de droits que l'État auquel il se substituait, principe que M. de Brauchitsch ne pouvait pas nier;

4° Que des lois françaises avaient prorogé les délais d'échéance des traites, billets à ordre, etc. Or, M. de Brauchitsch avait promis solennellement de respecter les lois françaises, et aurait dû connaître celle-là;

5° Qu'en intentant, au nom de l'armée victorieuse, des poursuites civiles contre des particuliers, M. de Brauchitsch créait un article nouveau d'un droit international tout à fait inconnu jusqu'à présent.

Le mémoire fut remis à M. de Brauchitsch, qui répondit comme M. Forster avait répondu à la lettre du maire : il garda le silence le plus complet, et il ne fut plus question du paiement des traites.

M. de Brauchitsch dut sentir que son ardeur de recouvrements l'entraînait à des méprises compromettantes pour la réputation des fonctionnaires de la patrie allemande, et il devint dès lors un peu moins hardi dans ses manifestations administratives. Il était désagréable d'être « préfet », vainqueur et Prussien, et d'être aussi complètement battu.

Il conçut cependant encore l'idée et l'espérance de prendre, à propos même de cette question du bois, une large revanche, mais elle ne lui réussit pas davantage.

Il avait eu le bonheur de trouver, dans les bureaux de l'inspection des forêts, des tableaux tout préparés, indiquant les coupes qui devaient avoir lieu au mois d'octobre 1870, avec les cahiers des charges, les affiches de ventes, les estimations, etc. Fort de ces précieux renseignements, il convoqua à son cabinet, par lettres nominatives, les principaux marchands de bois de la ville, et montrant ses gros dossiers, il leur adressa le discours doucereux, déjà bien des fois employé, et qui, débité sur le ton le plus paisible, le plus bienveillant, avait toujours pour but d'obtenir de l'interlocuteur quelque consentement malhonnête.

Cette fois, M. de Brauchitsch déclara qu'il se préoccupait très vivement des souffrances que le froid de l'hiver allait apporter aux habitants de Versailles et aussi aux troupes allemandes; il était de son devoir de prendre toutes les précautions nécessaires pour remplir les chantiers; en conséquence, il invitait les marchands de bois à lui acheter et à lui payer les coupes que l'État français aurait mises en vente au mois d'octobre 1870. Et en même temps, s'adressant, suivant son habitude, aux passions mauvaises et à l'appât du gain, il dit aux marchands de bois qu'il leur ferait de très larges concessions, qu'il leur vendrait les coupes très bon marché, que, par conséquent, ils pourraient, en revendant au détail, réaliser de très beaux bénéfices ; il ajoutait qu'il prendrait toutes les précautions pour les mettre à l'abri de toute répétition ultérieure de l'État français. En un mot, il leur proposait de s'associer à lui pour dépouiller l'État français, et, en échange des secours qu'ils lui prêteraient en se faisant acheteurs des coupes, il leur assurait de larges bénéfices dans leurs opérations de commerce.

On n'est pas plus corrompu.

La ruse et l'immoralité de la combinaison furent aperçues immédiatement par les marchands de bois. Elles étaient d'autant plus faciles à apercevoir pour eux, que, dès le mois d'octobre, ils avaient signalé au maire la disette de bois qui allait bientôt se produire, et, pour l'éviter, ils avaient très sagement proposé de faire des abatages dans les environs immédiats de Versailles les plus accessibles pour les transports. Mais M. de Brauchitsch s'était opposé formellement à ces abatages, parce qu'ils auraient rendu moins probable l'achat, par les marchands de bois de Versailles, des coupes du département qu'il se proposait de vendre bientôt au nom de l'État. Il aimait donc mieux que le bois devînt plus rare et que l'on fût obligé d'acheter ses coupes. A la solution la plus naturelle d'une difficulté, il voulut ainsi substituer une solution extraordinaire et mauvaise, dont il était l'inventeur et à laquelle il tenait, parce qu'il avait cru pouvoir en tirer de l'argent. Il devait n'en rien tirer du tout, et le seul résultat de ces subtilités financières fut d'aggraver de beaucoup les embarras de la ville et les discussions quotidiennes avec les troupes d'occupation. Grâce à lui, la disette de bois fut bientôt plus sensible. Les souffrances et les difficultés auraient été beaucoup moindres s'il avait laissé la municipalité et les marchands de bois agir librement. Il devait du reste être amené là plus tard, bon gré mal gré, et par la force des choses. L'administration de M. de Brauchitsch eut constamment des inspirations aussi heureuses. Comme nous le verrons bientôt, cette manie d'arbitraire et de rapacité mal raisonnée devait se produire d'une façon plus grave encore à propos de l'approvisionnement général de la ville.

Dans leur conférence avec M. de Brauchitsch, les marchands de bois, connaissant le personnage, et ne voulant pas le heurter de front, se bornèrent à répondre que les estimations des coupes qu'il proposait seraient difficiles à faire par ce temps de guerre, que les routes étaient peu praticables, etc. M. de Brauchitsch eut des réponses à toutes les objections, mais il ne put cependant obtenir des marchands de bois une promesse d'achat. Il les renvoya d'un air assez dépité, en disant qu'il comptait les trouver mieux disposés dans une seconde entrevue, qui n'eut pas lieu.

Quelques jours plus tard, son *Moniteur officiel* publiait en gros caractères le tableau des coupes, et fixait le jour où devaient être remises à la Préfecture les offres d'achat.

Aucune soumission ne fut présentée ; l'adjudication ne trouva aucun adjudicataire.

M. de Brauchitsch avait donc encore échoué piteusement dans cette tentative : il n'avait pas trouvé de complices pour dépouiller l'État français des sommes considérables que représentaient ces coupes de bois. Sans chercher l'effet, sans aucune jactance, le patriotisme et le bon sens de quelques négociants versaillais avaient eu raison de la ruse et de la corruption prussiennes. La honte retombait tout entière sur le corrupteur, pris dans son propre piège. La vertueuse Allemagne avait publiquement reçu une nouvelle leçon d'honnêteté de ces Français que cent journaux d'outre-Rhin plaignaient chaque matin d'être si tristement inférieurs par la moralité à la race germanique.

En dehors de la négociation officielle que nous venons de raconter avait eu lieu une démarche officieuse non moins caractéristique. Plusieurs des marchands de bois de la ville avaient reçu la visite de deux espèces de courtiers, qui n'étaient rien autre chose que des ambassadeurs secrets de M. de Brauchitsch. Ils avaient proposé aux marchands de bois de leur avancer l'argent nécessaire pour faire l'achat des coupes ; ils prêtaient de plus leur nom pour conclure l'achat ; de cette façon, on éluderait la loi française et, bien entendu, on partagerait les bénéfices.

Aux marchands de bois, qui leur opposaient le respect que chacun doit aux lois de sa patrie, ces agents de M. de Brauchitsch répondirent qu'ils étaient juifs et ajoutèrent : « Ces scrupules que vous avez, nous ne pouvons les partager ; *nous n'avons pas de patrie.* » Mais, se prêtant cependant au préjugé patriotique, ils prétendaient attirer les marchands de bois dans leur affaire au nom même des intérêts français ; ils leur dirent, en effet, comme argument suprême : « Vous avez bien tort de refuser nos propositions, car deux compagnies, l'une belge, l'autre anglaise, se présentent pour traiter avec M. de Brauchitsch ; vous allez donc *laisser passer à l'étranger* une magnifique affaire ! » Cette manière de comprendre le patriotisme ne fut pas adoptée par les négociants versaillais, au grand étonnement des affidés de M. de Brauchitsch, qui en furent pour leur mensonge.

Dans ces négociateurs, on reconnaît les dignes confrères de

ce Betzold que nous avons déjà rencontré, et d'un certain Baron, que nous allons bientôt voir apparaître à son tour. Ces agents de bonne volonté, qui sortaient successivement des bureaux de M. de Brauchitsch pour l'aider dans ses combinaisons équivoques, se ressemblaient tous ; il les lançait de la même manière, ils avaient la même mine cauteleuse et les mêmes gestes caressants. Ces faiseurs de propositions suspectes formaient pour ainsi dire une section particulière de l'armée prussienne, section dont M. de Brauchitsch était le chef autorisé. De même que l'espionnage en temps de paix n'a rien qui déshonore l'officier prussien, de même les opérations étranges auxquelles M. de Brauchitsch se livrait contre nous, en société avec ces négociateurs, n'avaient rien, il paraît, qui fût honteux en Prusse.

En même temps que M. de Brauchitsch, par ses mesures administratives, augmentait la disette de bois, les soldats prussiens, de leur côté, pillaient tous les dépôts de coupes déjà faites qui se trouvaient dans les environs. L'autorité française ne pouvait empêcher ces enlèvements à main armée, mais un certain nombre d'habitants de la ville ayant suivi l'exemple que leur donnait l'ennemi, le maire exprima publiquement son opinion par l'affiche suivante, qui laissait deviner aux Prussiens comment leurs propres pillages devaient être appréciés :

AVIS

L'administration municipale voit avec le plus vif regret une partie de la population de la ville se livrer à la dévastation des bois qui environnent Versailles, et qui appartiennent, comme le Parc, à la nation.

A tous les points de vue, ces faits sont excessivement regrettables ; moralement, c'est la violation de la propriété d'autrui, c'est-à-dire un vol ; économiquement, c'est l'anéantissement de nos ressources forestières pour les hivers prochains. Il faut donc que cela cesse immédiatement.

L'administration municipale, qui comprend le trouble que peuvent jeter, dans les esprits peu éclairés, les faits de guerre et les révolutions politiques, et qui veut toujours agir paternellement, espère encore que ce rappel au respect des lois qui servent de base à toute société sera entendu et compris par tous, sinon elle serait obligée de faire poursuivre comme voleurs les auteurs de ces méfaits.

Dès à présent, l'ordre est donné aux barrières de saisir tout bois vert présenté à l'introduction, et de le déposer en fourrière, à l'Hôtel-de-Ville, pour les besoins des bureaux de charité.

On n'empêche pas l'introduction du *bois mort*, que les indigents vont ramasser à l'approche de la saison rigoureuse.

Le Maire de Versailles,
RAMEAU.

Au moment où le maire rappelait ainsi, avec un accent si

ferme, quelques principes d'honnêteté et de droit, les Prussiens rédigeaient une affiche inspirée par une morale bien différente. Une sentinelle allemande, en faction dans la cour de la gare du chemin de fer de l'Ouest, reçut pendant la nuit un coup de feu dans le mollet. D'où venait ce coup de feu ?

L'enquête faite par l'administration municipale et l'examen de la blessure par le docteur Godard ne purent l'établir clairement; certains indices firent supposer que la sentinelle s'était endormie et blessée elle-même, et, pour ne pas être punie, avait inventé cette attaque. Quoi qu'il en soit, le général de Voigts-Rhetz écrivit aussitôt à la municipalité une lettre menaçante. Il annonçait, en cas de récidive, « les représailles les plus énergiques » (1), et pour le cas présent, non seulement il condamnait la ville à payer au blessé une indemnité de 2,000 francs, mais il fit un appel public à la dénonciation par l'avis suivant :

Par ordre du commandant militaire de la place, la ville est obligée à payer la somme de 2,000 francs *à celui qui fera connaître l'auteur de la tentative de meurtre* commise sur une sentinelle allemande dans la nuit du 6 au 7 novembre.
À mander à la police allemande, avenue de Saint-Cloud, 69.

La provocation à la dénonciation, la promesse de récompense à un dénonciateur sont considérées depuis longtemps en France comme des actes honteux; les Prussiens nous montraient nettement par leur acte que, sur certains points, leur civilisation est bien au-dessous de la nôtre.

On essaya de leur faire comprendre qu'ils se déshonoraient par leur affiche; ce fut en vain : on vit encore une fois qu'il y avait certains raisonnements auxquels leur intelligence restait complètement fermée. Bien plus, le général exigea, sous peine d'exécution militaire, que le contre-seing d'un membre de la municipalité fût apposé sur l'avis; mais la rédaction, comme les idées de cette affiche, attestaient suffisamment à la population qu'elle était due tout entière à l'autorité allemande. Personne, du reste, ne pensa à gagner les 2,000 francs; l'appel à la dénonciation fut méprisé comme il devait l'être, et l'auteur du coup de feu, s'il existait, resta inconnu.

Un autre incident, très grave, qui se produisit également pendant le séjour de M. Thiers, montra sous un jour encore plus frappant les dispositions violentes dont l'état-major était alors animé. Sans aucun motif acceptable, deux magistrats de

(1) « Energischten Repressallien, » disait la lettre écrite par M. de Treskow, dans cette langue franco-internationale qui ne paraît pas choquer les Allemands.

notre ville et le directeur intérimaire des postes furent enlevés et subitement transportés dans une forteresse de Prusse.

Ce coup de force, un des plus odieux qui aient été commis à Versailles pendant l'occupation, doit être raconté avec quelques détails.

Dans la matinée du 2 novembre, M. de Raynal, substitut du tribunal de Versailles, était occupé à mettre au courant un journal intime où il avait l'habitude de se raconter pour lui-même l'emploi de chacune de ses journées. Séparé de sa femme et de son jeune enfant, il trouvait dans ce journal une consolation de sa solitude. Un de ses amis lui fit un jour observer qu'il y avait quelque danger à laisser ainsi une trace de ses impressions, quand on vivait au milieu d'ennemis tels que les Prussiens. M. de Raynal, sachant que son journal n'avait rien que d'absolument inoffensif, ne le détruisit pas, comme on le lui avait conseillé, mais, par un scrupule de conscience, il ratura tous les noms de personnes et de lieu qu'il avait eu l'occasion d'écrire. Il le fit surtout parce que, quelques jours auparavant, il avait reçu, par l'entremise d'un ami, des nouvelles de la santé de son père alors enfermé dans Paris. Ces nouvelles étaient écrites sur une carte de visite qui avait pu franchir les lignes d'investissement, ce qui n'était pas tout à fait impossible pour les billets où il n'était question que de détails de famille. Une fois par semaine, il y avait aux avant-postes, entre officiers d'état-major, un échange de lettres de ce genre (1). L'ami qui avait donné à M. de Raynal la lettre de son père lui offrit de faire passer à Paris sa réponse. M. de Raynal, naturellement, y consentit avec joie, et il écrivit un petit billet où il n'était absolument question que de la santé des siens. Quoiqu'il n'y eût là rien qu'un acte très innocent, et autorisé chaque semaine, M. de Raynal, par un excès de prudence, ratura sur son journal les noms des personnes auxquelles il devait cet échange de correspondances. Cette précaution devait lui porter malheur.

C'est au moment même où il écrivait sur ce journal intime qu'il vit entrer chez lui un officier prussien de l'état-major du général de Moltke, suivi de deux agents de police. Cet officier lui dit : « Vous entretenez des correspondances avec Paris; » et sans lui donner le temps de répondre, il lui montra une lettre de son père qui ne contenait que des nouvelles de santé, mais qui faisait allusion à la lettre reçue de Versailles. Puis l'officier procéda à une mise en état d'arrestation, suivie d'une perquisition minutieuse. La première chose que les agents saisirent,

(1) M. de Beust, aide de camp du grand-duc de Saxe-Weimar, m'a offert à moi-même, spontanément, de faire passer à Paris des lettres par cette voie, qui était considérée comme très régulière.

ce fut le journal intime. M. de Raynal fut conduit à M. Stieber, chef de la police, qui, après lui avoir lancé des injures et des menaces, l'envoya dans une des cellules de la prison de la rue Saint-Pierre.

Quelques heures plus tard, il était procédé à un interrogatoire, que nous résumons aussi brièvement que possible, en conservant les parties caractéristiques et en omettant toutes les insultes grossières dont il était entremêlé.

— Vous savez, dit M. Stieber à M. de Raynal, que les correspondances de l'ennemi envahi avec l'assiégé sont punies de mort, c'est affiché en français. Le Roi sait qu'il y a des correspondances entre Paris et le reste de la France, et pour les empêcher, il veut faire un exemple. Vous avez correspondu, vous serez fusillé.

— Mais, répondit M. de Raynal, je n'ai jamais dit un mot de la guerre, et je n'ai adressé à Paris qu'un seul billet où il n'était absolument question que de la santé des miens.

— Vous êtes un espion. Vous êtes logé dans un appartement situé au-dessus de celui de M. de Moltke; vous espionnez ses mouvements et ses secrets, et vous les adressez à votre père, qui est à la tête du gouvernement de Paris.

— Je vous assure que cela n'est pas. Je n'ai jamais écrit que le seul billet dont je viens de vous parler, et mon père n'est pas du tout à la tête du gouvernement de Paris; il est premier avocat général à la Cour de cassation.

— Vous mentez. La preuve que vous entretenez des intelligences secrètes, c'est que vous tenez des notes où les noms de lieux et de personnes sont raturés. Donc, vous avez quelque chose à cacher.

— Mais non, je vous assure.

— Si vous ne vous étiez pas attendu à une perquisition, vous n'auriez pas raturé ces noms... Quelle est la personne qui a fait passer votre lettre à Paris?

— Je ne puis la nommer. Elle a eu pour moi une obligeance, je ne puis la remercier par une dénonciation.

— Vous direz son nom, cependant, ou vous serez fusillé.

— Eh bien! vous me fusillerez... Vous ferez un acte odieux, barbare...

— Le droit de la guerre permet de fusiller ceux qui violent les défenses de correspondre avec l'assiégé... Voulez-vous dire ce nom?

— Je refuse.

— Si vous refusez, c'est que vous craignez de compromettre la vie d'un des vôtres. S'il n'y avait dans votre correspondance que des nouvelles de famille, vous ne refuseriez pas. Il y a donc une correspondance secrète organisée par un de vos compatriotes ; son nom, vous ne voulez pas le dire, mais nous le connaîtrons sans vous.

— Alors, pourquoi me le demander ?

— Pour vous donner le seul moyen de sauver votre tête !...

A trois jours différents, cet interrogatoire fut repris, et toujours avec les mêmes menaces de « fusillement ». M. de Raynal ne faiblit pas un seul instant. Avec la plus grande simplicité, il garda inflexiblement la ligne de conduite que sa conscience lui avait tracée. La personne à laquelle il avait remis sa lettre n'aurait couru certainement aucun danger, s'il avait déclaré son nom, mais il ne voulait pas se mettre à l'abri de cette considération ; il avait jugé qu'il était de son devoir de ne pas dire ce nom, et il consentait à recevoir la mort plutôt que de le dire. Il sacrifiait sa vie à un sentiment de délicatesse. Tenu au secret dans une cellule, abattu physiquement par une insomnie de plusieurs nuits, par le manque d'air, par le froid, il ne fit aucune concession à ses juges ; il demanda seulement qu'on lui permît de voir un prêtre et un ami.

Cette arrestation avait indigné toutes les personnes qui, à Versailles, connaissaient M. de Raynal et avaient pour lui la haute et profonde estime qu'il méritait si bien, comme on le voit. Ses collègues du tribunal, le maire, plusieurs conseillers municipaux, des membres de la Société de secours aux blessés firent, pendant plusieurs jours, les plus actives démarches, mais aucune n'avait de résultat. De tous côtés, on recevait les réponses les plus inquiétantes. M. de Voigts-Rhetz dit : « C'est une affaire très grave : M. de Raynal aura une balle au front. Nous voulons faire un exemple. » Un colonel d'état-major de M. de Moltke indiqua un des motifs vrais de cette arrestation, en disant : « Oui, M. de Raynal est un homme qui mérite beaucoup de considération ; j'ai la meilleure opinion de lui, je ne le crois pas coupable ; mais vous avez pris des capitaines de vaisseaux marchands : nous voulons, nous aussi, vous enlever *des hommes notables de fortune.* » Il n'était pas jusqu'au chef de police Stieber qui n'eût été frappé de tout ce qu'il y avait de noble et d'élevé dans le caractère de M. de Raynal ; et après avoir fait passer ce jeune homme si doux et si irréprochable par les angoisses du condamné à mort, il disait en ricanant : « Il me plaît beaucoup, M. de Raynal ; j'ai lu son journal : il est plein des sentiments les plus respectables ; je regrette beaucoup que ce monsieur soit marié récemment : je lui aurais volontiers donné une de mes filles... »

Voilà les créatures qui, au quartier général, vivaient en relations quotidiennes avec M. de Bismarck et les chefs d'armée ;

voilà l'esprit régnant dans l'état-major qui entourait immédiatement le roi Guillaume.

Ayant constaté que l'arrestation de M. de Raynal avait produit dans la ville un grand effet, les Prussiens, qui désiraient, à ce moment, jeter de la terreur dans la population, décidèrent qu'il fallait trouver un autre coupable de même nature. Ils n'allèrent pas loin le chercher; ils fixèrent leur choix sur un des collègues et amis de M. de Raynal, M. Albert Harel, également substitut au tribunal.

Le lieutenant de police Zernicki fut d'abord chargé d'une perquisition; accompagné des agents habituels, il vint fouiller les papiers de M. Harel. On ne put rien découvrir de suspect. Trois jours plus tard, Zernicki revint et pria M. Harel de se rendre chez son chef Stieber, « pour donner des éclaircissements dans l'intérêt de M. de Raynal ». M. Harel se rendit à 11 heures à la Préfecture, où ce Stieber avait des bureaux. Il n'y trouva que Zernicki, qui lui dit :

— Mon chef n'est pas encore venu; il aura été retenu chez M. de Bismarck; prenez donc un cigare et chauffez-vous.

M. Harel ne prit pas de cigare et s'assit. Zernicki se mit alors à lui tenir l'intéressante conversation qui suit :

— Savez-vous que votre maire est un homme insoumis?... L'autre jour, il a été grossier pour moi : il ira en Allemagne. On m'a grondé de ce que je ne l'avais pas arrêté... et je l'arrêterai.

— Mais ceci ne regarde en rien M. de Raynal, dit M. Harel; ce n'est pas son affaire...

— C'est l'affaire de tous les gens de Versailles qui se conduisent mal et sont très hostiles. Le Roi a été très mécontent de l'attitude de la population de Versailles, le 21 octobre; il faut que cela cesse !...

— Mais il n'y a rien là qui regarde M. de Raynal, qui n'a fait aucun acte hostile...

— Si !... il a correspondu avec Paris.

— Je vous affirme qu'il n'a absolument rien écrit qui touche à la guerre... il vous le dit et vous pouvez le croire; c'est un homme d'honneur et un magistrat : il sait ce que vaut un serment.

— Bah ! un magistrat !... Ils se conduisent très mal, les magistrats; ce sont de mauvais citoyens : ils refusent de juger; ils préfèrent laisser les voleurs en liberté; ils n'ont pas de sens moral; le Roi est très mécontent que votre tribunal ait refusé de rendre la justice, et il saura bien vous y forcer, si cela lui plaît.

— Je ne le pense pas, répondit M. Harel. Nous sommes magistrats français ; nous ne pouvons rendre la justice au nom et avec l'assistance et la tolérance du roi de Prusse.

— Eh bien ! c'est un acte d'opposition et il n'y a aucun égard à avoir pour les magistrats. M. de Raynal est magistrat ; il vaudrait mieux pour lui qu'il ne le fût pas... On est toujours à nous dire que c'est un magistrat que nous arrêtons ; nous le savons bien et nous ne le regrettons pas.

Sur ces entrefaites, le directeur Stieber arriva. Zernicki avait affecté la politesse ; Stieber, au contraire, se montra d'emblée très brutal et affecta la colère :

— C'est vous qui avez fait passer les lettres de M. de Raynal à Paris ?...

M. Harel affirma que non.

— Eh bien ! expliquez alors ce passage du journal de M. de Raynal : « J'ai rencontré hier dans le parc mon ami Harel, qui m'a dit que M. ▬▬▬(1) allait rejoindre sa femme au bord de la mer et qu'il pourrait sans doute donner de ses nouvelles à ma famille. » Quel est ce nom rayé (2) ?

— Ah ça ! entendons-nous bien, dit alors M. Harel fort tranquillement. Vous m'avez fait venir pour des éclaircissements dans l'intérêt de mon ami Raynal. Mais est-ce lui ou moi que vous incriminez ?

— C'est vous, et nous vous forcerons à parler !...

— Mais vous voyez bien qu'il s'agit du bord de la mer et non de Paris.

— Je ne discute pas avec vous... dites ce nom, où vous verrez !...

Et en parlant ainsi, Stieber saisit sa plume d'un air de menace.

M. Harel se leva et lui dit d'un ton très calme :

— Monsieur, c'est M. de Raynal qui a écrit ce passage ; il pouvait vous dire le nom qu'il a rayé ; s'il ne le fait pas, c'est qu'il juge que ce serait une lâcheté. N'espérez pas de moi plus que de lui une dénonciation.

— Ainsi, vous faites acte de résistance à l'autorité prussienne.

— Je vous assure que dans tout cela il n'y a rien de relatif à l'autorité prussienne. En France, nous méprisons les dénonciateurs, et je fais ce que tout autre ferait à ma place.

Stieber ne répondit rien ; il venait de tracer en grommelant quelques lignes sur un papier, il le signa, et avant de le tendre à Zernicki, il fit à M. Harel une dernière sommation.

---

(1) Passage raturé sur le manuscrit.
(2) C'était celui d'un avoué de Versailles.

Elle ne fut pas plus écoutée que les précédentes, et M. Harel fut emmené en prison par Zernicki.

M. de Raynal avait la cellule n° 33 ; M. Harel, son rival de délicatesse, fut placé dans la cellule n° 11. Un an auparavant, jour pour jour, M. Harel avait fait écrouer dans la prison de la rue Saint-Pierre un assassin assez fameux, nommé Aubel, et il retrouva son nom inscrit sur les murailles de sa cellule.

Il fut mis au secret, mais M. Hardy, pour lui comme pour M. de Raynal, sut corriger ce que le secret aurait eu de trop rigoureux.

Après trois jours d'emprisonnement, les deux jeunes substituts partaient à 7 heures du matin, pour Minden. M. Harel avait demandé qu'on lui permît d'embrasser son père, vieillard de 80 ans. Les Prussiens n'y consentirent pas. M. Harel père ne put que serrer rapidement la main de son fils au passage, au moment même où il montait dans la voiture qui le déportait en Prusse.

Dans cette même voiture, avec MM. de Raynal et Harel, se trouvait M. Thiroux, dont la condamnation se rattachait à un essai que l'autorité prussienne venait de tenter inutilement pour embrigader à son service les fonctionnaires de la poste française.

Les Prussiens avaient commencé par demander aux facteurs de reprendre leurs fonctions : ils avaient refusé (1); bien loin de servir la Prusse, plusieurs d'entre eux, au risque des plus grands dangers, continuaient à faire un service occulte qui, de temps en temps, nous apportait quelques nouvelles du dehors. Dans leurs ruses ingénieuses pour tromper l'ennemi, ils étaient aidés par des receveurs et des receveuses du département, qui, bravant courageusement toutes les défenses prussiennes, continuaient aussi à exercer en secret leurs fonctions. Les familles de Versailles doivent une grande reconnaissance à ces modestes et dévoués agents de l'administration des postes, qui, en nous envoyant de temps en temps quelques lettres, ont calmé tant d'inquiétudes et d'angoisses (2).

Au commencement de novembre, la circulaire suivante, qui avait été rédigée à Nancy dès la fin du mois d'août, fut communiquée officiellement aux fonctionnaires de la poste de Versailles :

(1) La distribution des lettres de la poste prussienne fut faite, aux frais de la ville et sur réquisition, par des réfugiés indigents des communes voisines.

(2) Une gratitude particulière est due à Mlle Thuillier, receveuse de Maule, qui a constamment fait preuve d'une habileté et d'un zèle exceptionnels.

CIRCULAIRE

Sa Majesté le Roi de Prusse ayant daigné ordonner que les postes établies dans les territoires français occupés par les troupes allemandes seront administrées, sous la direction supérieure de l'autorité centrale postale à Berlin, sur les lieux par un commissaire spécial, Son Excellence le Chancelier de la Confédération de l'Allemagne du Nord a nommé, par suite de cette ordonnance royale, le soussigné administrateur des postes territoriales dans les départements français se trouvant sous la domination allemande.

Le soussigné, en prenant l'administration à lui confiée, invite le personnel des établissements de poste existant dans l'étendue des territoires occupés à suivre, sous les circonstances actuelles, ses ordres sans opposition, et à éviter TOUT CE QUI POURRAIT PORTER ATTEINTE AUX INTÉRÊTS DES HAUTS ALLIÉS ALLEMANDS ET DE LEURS ARMÉES.

En reconnaissance de cet engagement, tout agent et tout sous-agent doit, de sa propre main et en énonçant son nom et son prénom, souscrire la formule ci-annexée, en apposant la date et en ajoutant la dénomination de son titre et de ses fonctions. La formule remplie sera renvoyée par le retour du courrier sous l'adresse de l'administrateur des postes à Nancy.

A cette invitation, le soussigné ajoute la communication que le refus de la déclaration susmentionnée amènerait comme conséquence nécessaire la *destitution* immédiate du fonctionnaire réfractaire, ainsi que la souscription de la formule une fois prêtée, l'agent qui dans la suite aurait fait infraction d'une manière ou d'autre à l'engagement pris par la souscription se serait exposé aux mesures rigoureuses nécessitées par un tel procédé.

Aux agents qui donnent la souscription exigée et qui remplissent l'engagement pris, par conséquent est assurée la protection des autorités et le *paiement de leurs traitements*.

Si les agents et les sous-agents se représentent qu'il s'agit de la fonction assurée des postes territoriales et de la garantie du commerce paisible dans l'intérêt de la prospérité de leurs compatriotes et des provinces qui ont déjà subi de si rudes épreuves, ils s'adonneront aussi à l'avenir à ces fonctions avec le dévouement que leur imposent les circonstances comme accomplissement d'un devoir spécial.

Au reste, l'administration des postes sera gérée, jusqu'à nouvel ordre et sauf les décisions ultérieures des autorités compétentes, sur la base des lois, ordonnances et règlements français. Les modifications qui auront été exigées par les circonstances, ainsi que les autres dispositions que le soussigné aura à faire, seront portées à la connaissance du personnel, suivant le cas, par des circulaires ou par des ordres spéciaux.

L'Administrateur des postes dans
les territoires occupés :
Rossmat,
Directeur supérieur des postes.

Je suis prêt à suivre sans opposition les ordres de l'administration des postes établies dans les territoires français occupés par les troupes allemandes, et je promets d'éviter *tout ce qui pourrait porter atteinte aux intérêts des hauts alliés allemands et de leurs armées.*

Cette nouvelle corruption du patriotisme, la Prusse, fidèle à son système d'hypocrisie, la présentait comme un acte de « dévouement » pour les provinces qui avaient déjà « subi de si rudes épreuves »; mais cependant, elle avait le soin d'ajouter à cette considération « morale » la promesse d'un traitement. Cette circulaire et la pièce qui l'accompagne exhalent le machiavélisme de bas étage commun à tous les documents prussiens du même genre. Il est inutile de dire que les fonctionnaires de l'administration des postes présents à Versailles refusèrent tous de signer l'engagement qui leur était présenté, avec force démonstration de politesse, au nom des « hauts alliés ». MM. Mamalet, Bouzigues, de Launay, Legrand, Bourgerie, Boulot, déclarèrent au contraire par écrit qu'ils refusaient tout concours à l'administration prussienne.

M. Thiroux, qui avait été, le 23 octobre, nommé directeur intérimaire par la délégation de Tours, fit plus. Il rédigea, le 3 novembre, un arrêté dans lequel il rappelait à tous les agents du département l'article 77 du Code pénal, qui défend, sous peine de mort, de prêter concours à l'ennemi. Il assumait en même temps la responsabilité du refus qu'il leur ordonnait d'opposer à toute demande de service faite par les agents prussiens.

Le jour même de son envoi, cette circulaire fut saisie par M. de Moog, directeur des postes prussiennes.

Le lendemain 4, M. Thiroux était arrêté chez lui et écroué dans une cellule de la maison d'arrêt, rue Saint-Pierre, où on le laissa deux jours à réfléchir. Puis il fut conduit devant M. de Brauchitsch qui, supposant son prisonnier affaibli par deux jours de cellule et de secret, lui proposa de nouveau de réorganiser le service des postes, en ajoutant que son consentement serait récompensé par des appointements deux fois plus élevés que ceux que la France lui accordait.

Le dégoût était le seul sentiment que cette conversation de M. de Brauchitsch pût inspirer. M. Thiroux fut reconduit en prison. Un instant remis en liberté, mais gardé à vue et soumis à des visites domiciliaires, il fut de nouveau emprisonné et enfin expédié en Allemagne avec MM. de Raynal et Harel.

D'abord traités par leurs gardiens avec assez de respect, comme prisonniers d'État, les trois otages furent bientôt jetés brutalement dans des wagons à bestiaux, où on ne trouvait pour s'asseoir et se coucher qu'une paille pourrie et infecte.

Arrivés à Minden, ils furent mis au cachot dans la forteresse, et ce n'est que plus tard, grâce à la persévérance des démarches poursuivies par leurs amis de Versailles, qu'ils purent obtenir d'être internés dans la ville. Pour obtenir cette « faveur », trois habitants de Versailles, MM. de Bussières, Grosjean et

Dietz, durent répondre, par un engagement écrit et signé, que les prisonniers ne s'évaderaient pas de Minden.

C'est ainsi que, sous les yeux même du roi Guillaume, avec son aveu, et par les ordres formels de M. de Bismarck, l'autorité prussienne pratiquait au grand quartier général « le respect des personnes ».

En même temps que ces enlèvements jetaient dans toute la ville la stupeur et l'indignation, une nouvelle plaie de réquisitions écrasantes tombait sur la municipalité. Ce n'était plus, comme le 27 octobre, 6,000 couvertures qu'il fallait livrer, c'était d'abord tout le matériel d'une ambulance de 150 lits. Le chirurgien Krause, qui s'installait dans le Petit Séminaire et dans l'hôtel du Grand-Contrôle, avait dressé une liste comprenant tous les objets qu'il jugeait nécessaires, et il l'avait envoyée à son collègue le chirurgien de la place, M. Grouseiller, qui s'était empressé de l'approuver en y ajoutant seulement la formule accoutumée : « A fournir immédiatement (*so fort*). » Cette pièce est assez curieuse et donne une idée de la précision avec laquelle les réquisitions étaient faites ; la voici :

Versailles, le 7 novembre 1870.

Je prie très respectueusement la Commandanture royale de vouloir bien faire livrer les objets suivants, nécessaires pour établir l'ambulance nouvelle. Ces objets sont :

200 matelas, 300 draps de lit, 50 couvertures de laine, 100 chemises, 40 oreillers, 150 pantalons pour malades, 150 robes de chambre, 170 paires de pantoufles, 60 paires de chaussons de coton, 40 paires de chaussons de laine, 40 paillasses, 2 puisoirs, 2 baignoires, 170 bois de lit, 2 grandes passoires, 2 seaux de fer-blanc à 20 litres, 140 cuillers en fer-blanc, 140 écuelles en fer-blanc, 2 écuelles en cuivre, 1 hache, 12 peignes larges, 24 peignes serrés, 2 grandes truelles de bois, 2 petites truelles de bois, 1 chaudron en cuivre de 150 litres, 5 couvercles en bois, 2 paniers, 200 tables pour malades, 10 chandeliers avec mouchettes, 2 grandes cuillers de bois, 140 paires de couteaux et de fourchettes, 2 mortiers en fer avec pilons, 10 pelles, 8 paquets de bois ou paniers, 4 seaux de nuit en étain avec couvercles, 4 chaises de nuit en bois, 300 pots de nuit en terre, 2 poêles en tôle, 4 poêles, 2 .... (*illisible*), 2 fûts pour écurage, 2 pelles de bois garnies en fer, 2 grands ciseaux, 2 petits ciseaux, 100 tabourets, 4 balais, 20 écuelles en terre de différente grandeur, 15 éponges à deux onces, 100 crachoirs, 10 verres à boire, 6 bassins d'étain avec couvercles, 10 théières à 3 tasses, en faïence, 2 chaudières pour thé, en cuivre, 10 tasses à thé, 2 grandes dessertes, 6 fourchettes pour porter les portions, 2 entonnoirs en fer-blanc pour huile, 140 gobelets en fer-blanc, 30 urinoirs, 2 cuviers, 2 cuvettes de grandeurs différentes, 20 lavoirs en terre, 4 grands baquets, 4 seaux en zinc, 2 couteaux à deux tranchants, 2 cordons de 40 toises.

Le moyen adopté pour obtenir les lits fut indiqué par la note suivante :

> La Mairie est invitée par la présente à donner à la Commandanture, d'ici à ce soir, un relevé des maisons et appartements dont les habitants ou propriétaires ont quitté Versailles. Le but est de procurer des lits aux ambulances nouvelles installées dans la ville.

Ce n'était là qu'un début ; deux jours après arrive à la Mairie ce nouveau message, signé du général lui-même :

> *A la Mairie de la ville de Versailles.*
>
> Un besoin inévitable me force d'imposer à la ville la réquisition de *six mille chemises* et de *deux mille paires de bottes.*
> Il n'est pas absolument nécessaire, et je ne m'attends pas du tout à ce qu'on livre des chemises, des bottes (ou même des souliers) exclusivement neufs et non encore portés ; dans la mesure où les provisions des magasins ne seront pas suffisantes pour cette fourniture, *il faut que les habitants eux-mêmes soient appelés à la compléter.*
> Je crois qu'il ne serait pas sans équité que les habitants absents fussent les premiers à contribuer aux livraisons demandées, et que l'on recherchât et prit chez eux les vêtements et chaussures que l'on peut trouver ; la commune livrerait ensuite le reste.
> Il faut que le dimanche 14 de ce mois, à 3 heures de l'après-midi, il soit délivré à la Commandanture un contingent d'au moins 2,000 chemises et de 1,000 paires de bottes.
> Les bottes en cuir de bœuf et à doubles semelles sont particulièrement utiles, et il en faut un certain nombre de cette espèce.
> Au cas où la livraison ne serait pas faite au terme indiqué, la Commandanture se verrait obligée de faire faire des recherches dans les maisons, par les troupes, pour donner satisfaction à leurs besoins inévitables.
> La livraison du tout devra être terminée au 18 de ce mois.
>
> De Voigts-Rhetz,
> Général-major et commandant.

Après les *chemises* et les *bottes*, ce fut, quelques jours plus tard encore, le tour des *guêtres*. Versailles devenait véritablement un magasin général d'habillement pour les troupes allemandes.

Le Conseil municipal considérait comme un de ses principaux devoirs d'éviter à la population les recherches dans les domiciles par les troupes ; en effet, permettre cette recherche, c'était évidemment donner à peu près l'autorisation du pillage ; sous le coup de la menace faite, on s'occupa donc de répondre autant qu'il était possible à ces nouvelles réquisitions. Une commission spéciale de conseillers fut nommée pour aviser sans retard aux voies et moyens. L'ambulance nouvelle fut organisée le mieux que l'on put, avec l'aide des Sociétés internationales française et anglaise et de l'Hôpital militaire. Deux anciens négociants, MM. Barbieux et Merlu, qui déjà avaient bien voulu offrir leur concours à la municipalité lors de la réquisition des 6,000 couvertures, furent chargés de veiller à la confection des 6,000 chemises. Un nombre égal de paillasses avait aussi été demandé pour les casernes. Les femmes réfugiées furent employées à ces travaux, et un appel fut fait à toutes les ouvrières. Les chaussures furent fournies autant que le permettaient les ressources très limitées de l'industrie de la ville.

Par toutes ces mesures, le Conseil réussit à empêcher encore une fois cet envahissement des domiciles, qui était une des pensées favorites du commandant de place.

Malgré ces réquisitions extraordinaires, le courant habituel des réquisitions quotidiennes continuait à être aussi épuisant. Le meilleur moyen de donner une idée claire de la réquisition, telle que l'entendent les Prussiens, c'est de reproduire textuellement un fragment du registre spécial tenu à la Mairie par les conseillers municipaux qui s'étaient chargés de ce service, et qui, pour beaucoup de ces demandes, avaient à soutenir une discussion avec des soldats ou des officiers la plupart du temps irrités et grossiers. Voici les réquisitions du 8 novembre, jour qui n'est ni plus ni moins chargé que les jours précédents ou suivants, et qui représente assez bien la moyenne conservée pendant les cinq mois de l'occupation :

RÉQUISITIONS DU 8 NOVEMBRE

11,000 kilos de bois à brûler.
125 grammes de cire à cacheter.
50 kilos de chandelles.
500 kilos de bois (au compte d'un habitant absent).
150 terrines en terre.
72 cruches moyennes.
200 kilos de bougie.
500 kilos de bois (au compte d'un absent).
500 kilos de bois (pour un poste).
150 kilos de charbon de terre pour le roi de Prusse.
100 margotins pour le roi de Prusse.
500 clous de 5 centimètres pour le Prince Royal.
12 manches à balais pour l'ambulance du Lycée.
2 kilos de pain bis pour les menus plaisirs de S. M. Prussienne.
Une portière, un casier et d'autres objets divers pour M. de Bismarck.
1,000 kilos de bois pour M. de Bismarck.
50 margotins pour M. de Bismarck.
250 kilos de bois pour les bureaux de la Chancellerie prussienne.
250 kilos de coke pour les bureaux de la Chancellerie.
60 margotins pour les bureaux de la Chancellerie.
500 kilos de bois (au compte d'un habitant absent).
200 kilos de charbon de terre pour M. de Moltke.
5 kilos d'huile pour la poste prussienne.
50 kilos de coke pour la poste prussienne.

6 kilos de chandelles pour le 58e régiment en détachement à Saint-Cloud.
1 bière au Château.
2 bières au Lycée.
3 fosses au cimetière.
20 kilos de chandelles (pour les casernes).
2 grandes soupières (pour une ambulance).
20 seaux en zinc.
40 bouteilles d'eau de Seltz.
1 brûloir à café.
46 caleçons.
3,000 kilos de bois.
20 kilos de sucre.
12 kilos 1 2 de savon.
1 ouvrier fumiste pour réparations.
1 stère de bois.
10 kilos de bougie.

Telle était la nature des demandes qui, chaque jour se représentaient inévitablement avec plus ou moins d'abondance, et auxquelles il fallait trouver le moyen de satisfaire « sur l'heure ».

Cette liste de fournitures si variées formait, dans les réquisitions directes imposées à la ville le 8 novembre, la part contributive des deux commissions de conseillers municipaux qui siégeaient en permanence à l'Hôtel-de-Ville ; une troisième commission s'occupait des réquisitions de voitures ; mais cependant ce n'était là qu'une très petite partie des réquisitions totales. En effet, en dehors du paiement par le Conseil municipal de la nourriture des officiers et de la paie d'ouvriers nombreux employés pour des travaux de toute nature commandés chaque jour, il faut ajouter les fournitures du Magasin central de la gare de la rive droite, placé sous la direction de MM. Barné-Perrault et Riché. Le 8 novembre, ce magasin donna 23 pièces de vin et 7,772 kilogrammes de pain. C'était une fourniture relativement peu considérable ; elle était très souvent bien plus lourde, et de temps en temps survenaient des demandes de suppléments extraordinaires ; le 18 octobre, par exemple, lors de la fête du Prince Royal, ce magasin avait dû livrer en un seul jour 125 pièces de vin. L'ambulance du Lycée, qui contint jusqu'à 900 et 1,000 malades, était également entretenue aux frais de la ville (1). Il y avait là encore une fourniture quotidienne qui était en moyenne de 200 kilos de pain, 50 kilos de farine, etc. Quant aux médicaments requis, les demandes étaient si abondantes que, dès le commencement de novembre, toutes les pharmacies étaient épuisées.

Le roi Guillaume lui-même ne dédaignait pas la réqui-

(1 A elle seule, cette ambulance exclusivement prussienne a coûté à la ville 92,000 francs.

sition, et, parfois, on en usait en son nom d'une façon assez ridicule, comme on le fit précisément le 8 novembre, où l'on vint de sa part, comme on a pu le remarquer plus haut, requérir à l'Hôtel-de-Ville « deux kilogrammes de pain bis ». On raconta que ce pain bis était destiné à amorcer les poissons du Parc, le roi Guillaume ayant voulu se livrer au plaisir de la pêche. Quelle que fût la cause de la réquisition, les 2 kilogrammes de pain bis furent fournis, et le bon de réquisition fut soigneusement conservé comme une curiosité par le boulanger qui l'avait reçu (1).

Cette fourniture de pain pour le Roi n'était, il faut le reconnaître, qu'une exception. Le roi Guillaume s'était placé à Versailles dans la classe des *officiers sans nourriture*; il ne réclamait, par conséquent, que « le logement, le feu et la chandelle ». Le logement, c'était la Préfecture; le feu, c'était 300 kilos de charbon de terre par jour; la chandelle, c'était une continuelle illumination *a giorno* de toute la résidence. La bougie, le gaz et l'huile, malgré leur rareté croissante, n'étaient pas plus ménagés que le bois ou le charbon, et la disette des moyens d'éclairage fut, comme la disette des moyens de chauffage, une des difficultés contre lesquelles la municipalité eut constamment à lutter et qui lui attirèrent le plus de menaces des autorités prussiennes, car la municipalité était toujours déclarée responsable des retards inévitables qui se produisaient dans la fourniture des réquisitions présentées.

Le Prince Royal, à l'exemple de son père, exigeait non seulement que le gaz fût largement et gratuitement allumé à la villa des Ombrages, mais un soldat venait de sa part, chaque jour, requérir de M. de Montfleury, à l'Hôtel-de-Ville, 25 paquets de bougies (ce qui représente 200 bougies). Il y avait là probablement quelque spéculation clandestine organisée par les intendants de sa maison; et, en effet, les vivandiers répandus dans la ville faisaient commerce de bougies, comme de tout ce que la ville fournissait. On constatait ainsi à chaque instant, entre les troupes d'occupation et les brocanteurs allemands, un vaste système de recel et de revente, qui était très visible, mais qui échappait naturellement à toute espèce de poursuite.

Les princes de second ordre, qui s'étaient installés à l'hôtel des Réservoirs, réussirent, malgré les réclamations de la municipalité, à se faire traiter comme le Roi et le Prince Royal. Quoi-

---

(1) On peut rapprocher de cette réquisition celle-ci, apportée gravement à l'Hôtel-de-Ville :

« La Mairie est requise de fournir *trois balais d'écurie* à Son Altesse Royale le grand-duc de Saxe-Weimar.

« Approuvé : Le Général commandant de place. DE VOIGTS-RHETZ. »

qu'ils ne prissent aucune part effective à la guerre, et qu'ils fussent venus en France jouer le rôle de touristes revêtus d'un costume militaire, ils furent inscrits dans la classe des « officiers sans nourriture », et, de cette façon, la ville dut payer pour eux à l'hôtel le logement, le chauffage et l'éclairage. Si l'état-major prussien consentit à leur faire cette concession, il n'en montrait pas moins pour eux un profond dédain, que, du reste, ils semblaient prendre à tâche de justifier à tous les points de vue par leur conduite. Le séjour de ces personnes dans notre ville a laissé toute une collection d'anecdotes scandaleuses, dont on pourrait composer un Décaméron; nous n'avons ni l'intention, ni le désir de l'écrire; nous dirons simplement que l'oisiveté, le jeu prolongé pendant des nuits entières, les excès de table étaient les moindres défauts de ces petits princes. Dans le logement de l'un d'entre eux, ils avaient créé une espèce de « casino » où personne ne devait pénétrer, ni jour ni nuit, et où ils recevaient les officiers de passage à Versailles auxquels ils voulaient faire fête. Dans ces agapes militaires, ils eurent bien vite épuisé les provisions de vin de Champagne que renfermaient les caves de l'hôtel; ils en firent alors venir directement d'Epernay (1). Ils se firent aussi envoyer de Bavière un baril de bière précieuse, qui resta dans un de leurs salons, posé sur un fauteuil, afin que chacun pût y puiser à son gré. L'existence vulgaire menée par ces princes eut pour excellent résultat de contribuer à nous guérir une fois de plus des illusions que nous aurions pu être portés à nous faire sur les supériorités morales de la civilisation allemande. Pendant que les proclamations officielles parlaient pour l'Europe de la moralité de la nation germanique, nous avions sous les yeux la preuve quotidienne que les victoires de l'Allemagne n'étaient nullement dues à une plus grande sévérité de mœurs, et l'exemple donné de haut, par les princes, témoignait suffisamment pour les sujets. Les princes n'étaient pas seuls du reste à nous donner des enseignements de ce genre. Dans la ville, plusieurs cafés, que les officiers de la garnison avaient spécialement choisis comme lieux de réunion, offraient le même spectacle que le casino des princes; les Allemands y montraient chaque jour, et surtout chaque nuit, des qualités de buveurs et de joueurs qui sont assez rares de ce côté du Rhin. Le commandant de place avait bien ordonné aux établissements publics d'être fermés à 10 heures du soir, mais les officiers savaient tourner la con-

---

(1) Il y a dans *Faust* un croquis de ces soirées:
 « Ein rechter deutscher Mann mag keinen Franzen leiden,
 Doch ihre Weine trinkt er gern...
 Uns ist kannibalisch wohl,
 Als wie fünfhundert Sauen... »

signe pour satisfaire à leurs goûts ; ils se faisaient enfermer, portes closes, à l'intérieur des cafés et continuaient à jouer et à boire jusqu'à 2 heures du matin. Si les propriétaires des cafés voulaient résister à ces abus, les officiers, usant de violences et de voies de fait, montraient bien vite qu'ils étaient les maîtres de la ville.

Au milieu de tous ces incidents, la canonnade continuait toujours, avec plus ou moins de violence ; le 8, un obus éclata dans les bois voisins de Versailles, entre la grille de Villeneuve-l'Étang et la ferme de Jardy. On ne put savoir s'il venait du Mont-Valérien ou des chaloupes-canonnières de la Seine.

9 novembre. — Le 9 novembre avait lieu la bataille de Coulmiers. Les détails exacts en restèrent assez longtemps ignorés des Versaillais, mais plusieurs mesures prises alors par l'autorité prussienne nous montrèrent les craintes qu'elle éprouvait. Le commandant de place fit savoir à la municipalité qu'il était obligé de détruire ou d'éloigner de Versailles les fusils des gardes nationaux qu'il gardait dans une des salles de la caserne des Grandes-Écuries, et qu'il avait promis de restituer à son départ. L'administration obtint, non sans peine, que les fusils seraient seulement mis hors d'usage par le dévissement du chien. De son côté, M. de Brauchitsch annonça qu'il ne délivrerait plus de passeports jusqu'au 1er décembre. Il y avait là des indices auxquels la population donna avec raison des interprétations favorables. D'ailleurs, depuis plusieurs jours, de très nombreuses voitures d'ambulance arrivaient pleines de blessés. Ce qui était encore plus significatif, on avait vu (avec quelle joie !) des cavaliers démontés rentrer en assez grand nombre à Versailles ; quelques-uns étaient des uhlans portant à la main des fragments brisés de leur lance. En même temps, des charrettes avaient rapporté des amas d'équipements militaires. Évidemment, il y avait eu au sud de Versailles des échecs pour les troupes allemandes. Malgré les précautions que l'état-major avait toujours le soin de prendre, nous avions pu apercevoir quelques traces de la déroute subie par nos ennemis. L'espérance, plus vive que jamais, rentra aussitôt dans bien des cœurs.

10 novembre. — Dans la matinée du 10, un jeune journaliste allemand, nommé Hoff, correspondant de la *Gazette d'Augsbourg*, fut trouvé mort dans la chambre qu'il occupait à l'hôtel de la Tête-Noire (rue Duplessis). Il s'était suicidé pendant la nuit avec de l'arsenic. La cause de ce suicide fut bientôt connue et montra que ce n'était pas seulement contre nous que s'exerçait l'impitoyable dureté de M. de Bismarck.

Ce jeune journaliste, dans une de ses lettres datées de Versailles, avait eu l'imprudence d'écrire, ce qui était vrai, que les correspondants de journaux anglais étaient, au grand quartier général, traités avec plus de faveur que les correspondants de journaux allemands. Cette assertion avait touché au vif M. de Bismarck, qui fit venir chez lui M. Hoff, et lui dit que le lendemain il partirait de Versailles avec un train de prisonniers français, pour être reconduit en Allemagne.

Ce châtiment parut sans doute à M. Hoff un de ces déshonneurs qui ne peuvent se supporter, et quelques heures après, il était mort.

M. Hoff était pourtant un type accompli de l'Allemand tel que pouvait le désirer la Prusse ; deux jours auparavant, nous avions eu l'occasion de causer assez longuement avec lui sur la guerre et sur la politique générale, et ce qui nous avait frappé, c'était l'admiration sans bornes, le fétichisme absolu qu'il nourrissait pour la personne, les idées et les actes de M. de Bismarck. C'était pour lui, on le voyait, une espèce de demi-dieu qui lui apparaissait infaillible et immaculé. Il dut être d'autant plus écrasé sous le coup de foudre si inattendu qui le frappait. Il est facile de deviner ce qui se passa dans son esprit : il avait déplu au comte, il n'avait plus qu'à mourir, et, comme l'Oriental, il procéda lui-même volontairement à son supplice. Grâce à M. de Bismarck, nous assistions ainsi à Versailles à un drame digne d'un empire asiatique. Au drame, il y eut un épilogue non moins caractéristique. La terreur que M. de Bismarck inspirait était telle que le malheureux Hoff ne put trouver dans l'armée prussienne un aumônier qui voulût célébrer son service funèbre ; il avait été frappé de réprobation par le chancelier, et cette réprobation poursuivait même son cadavre : personne n'osait en approcher. Les journalistes allemands, collègues de Hoff, furent obligés de s'adresser au pasteur français, M. Passa, pour que les derniers devoirs fussent rendus à leur ami.

Cet incident et l'enlèvement de M. Georges Lesourd, rapporté plus haut, nous paraissent mettre dans le jour qui lui convient la figure de M. de Bismarck.

11 novembre. — Dans la séance du Conseil municipal du 11, M. de Magny donna lecture d'un rapport sur les services rendus à la population de Versailles par les fourneaux économiques. Du 10 au 31 octobre, 13,727 portions de bouillon ou de viande avaient été distribuées. En présence des services rendus, le Conseil accorda les subventions nécessaires pour que l'œuvre continuât, et vota des remerciements à MM. Raoult et Rimbault.

12 novembre. — Des trains chargés de blessés allemands arrivaient sans cesse à la gare des Chantiers. Les conducteurs français des chevaux qui traînaient ces trains n'obtinrent pas, pendant plusieurs jours, la permission d'entrer en ville ; on craignait sans doute qu'ils ne donnassent des détails sur ce qu'ils avaient vu ; mais peu à peu, comme toujours, la vérité se répandit, mêlée, il est vrai, à beaucoup d'erreurs. Il fut du moins certain que les Allemands avaient dû évacuer Orléans. Pour la première fois, ils reculaient. L'attitude des officiers avait sensiblement changé. Ils ne caracolaient plus avec tant d'insolence sur les avenues. Les réjouissances nocturnes de l'hôtel des Réservoirs avaient cessé : à 9 heures, tous les princes étaient couchés. Dans la ville, on voyait de tous côtés des préparatifs de départ plus ou moins avoués. La plupart des malles d'officiers étaient prêtes, et plusieurs d'entre eux firent leurs adieux à leurs hôtes. Chez le roi Guillaume et chez M. de Moltke, les fourgons furent chargés, comme au 21 octobre, de l'argenterie et des archives.

Dans la journée du 12, les soldats qui occupaient le poste établi dans l'école de la rue d'Artois, après avoir brûlé des clôtures, firent sauter la gâche de la porte du magasin affecté au service de l'église Saint-Symphorien, et volèrent une partie du matériel qu'il renfermait. C'était leur manière de faire leurs adieux.

13 novembre. — Trois nouveaux aéronautes, MM. Pieron, ingénieur, Mobecour, employé des postes, et Jubert, matelot, furent amenés comme prisonniers à Versailles. Ils avaient été pris dans les environs de Ferrières (Eure-et-Loir). Comme tous les aéronautes, ils furent expédiés en Prusse. M. Pieron s'était recommandé du nom de M. Augustin Cochin auprès du comte Radzivill, aide de camp du Roi, mais celui-ci, dans une lettre d'ailleurs fort courtoise, écrivit au maire : « Dans la situation où est M. Pieron, je ne puis pas lui éviter l'internement pour quelque temps dans une forteresse allemande ; mes instances, sous ce rapport, resteraient sans résultat (1). »

14 novembre. — Chaque jour, des voitures de bois et de charbon étaient conduites à la villa occupée par le Prince Royal ;

---

(1) Les aéronautes pris étaient l'objet de violences, mais aucun ne paraît avoir été fusillé. La peine de mort édictée publiquement contre eux était un de ces moyens de terreur, un de ces mensonges menaçants, qui sont une partie essentielle de la stratégie prussienne.

le 7 novembre, le sergent de ville qui accompagnait ces voitures ayant eu une altercation avec l'officier du poste de la résidence, celui-ci le fit saisir et battre par ses soldats. Le maire pria M. Dietz, interprète de la Mairie, de porter à l'état-major prussien les protestations énergiques de la municipalité contre cet acte de violence, que nos mœurs ne peuvent jamais tolérer. Le 14, le colonel de Gottberg répondit à M. Dietz, au nom du Prince Royal, la lettre suivante :

> Par ordre supérieur, j'ai l'honneur de répondre à votre lettre du 8 que le châtiment infligé au sergent de ville dont il s'agit a eu lieu *à l'insu du commandement en chef* et par le fait seul de l'officier.
> Quoique la très grande inconvenance de la conduite du sergent de ville et son attitude irrespectueuse, et cela en présence de *tous les hommes du poste*, aient provoqué la punition dont il a été frappé, cependant la façon dont il a été puni a été désapprouvée par Son Altesse Royale.
>
> Pour le commandement en chef :
> Le Grand Quartier-maître,
> DE GOTTBERG,
> Colonel.

Quelques jours plus tard, un officier allemand, qui passait devant un groupe où il entendit des paroles énergiques qui flétrissaient la reddition de Metz, tira son sabre et en asséna un coup sur la tête d'une des personnes qui avaient parlé trop haut. Le commandant de place ne jugea pas même à propos d'écrire, comme le Prince Royal, quelques paroles exprimant un blâme de cet acte de férocité. L'officier l'avait justifié devant son général en affirmant qu'il avait été injurié, ce qui, aux yeux des Prussiens, rendait très légitime un coup de sabre sur le crâne.

15—17 novembre. — Le 15, le maire se rendit auprès de M. de Brauchitsch pour obtenir la mise en liberté du receveur de l'ancienne Liste civile, M. Ronnessient, à qui M. de Brauchitsch, agissant avec la qualité qu'il aimait à prendre de « représentant de l'État français », croyait très injustement avoir le droit de « réclamer » 9,000 francs. Cette affaire se termina à la satisfaction du maire, mais, dans cette même entrevue, M. de Brauchitsch traita avec beaucoup de chaleur une autre question à laquelle il attachait la plus grande importance : nous voulons parler de l'emmagasinement dans Versailles de quantités considérables de denrées. Depuis le commencement du mois de novembre, il demandait à ce sujet à la Mairie de nombreux renseignements; sur ses ordres, les principaux commerçants avaient été convoqués à deux reprises, et, d'après leurs indications, avait été dressé, sous la direction de

M. Barué-Perrault, des tableaux des diverses marchandises qui manquaient. Le maire avait envoyé à M. de Brauchitsch ces documents, en les accompagnant d'observations qui avaient pour but de mettre tout de suite obstacle à de vastes spéculations auxquelles des négociants allemands avaient l'intention de se livrer, en abusant de la situation dans laquelle se trouvait la ville de Versailles.

La lettre du maire avait fortement déplu à M. de Brauchitsch; son irritation se manifesta aussitôt par une missive plus sincère, dans laquelle, cette fois, les menaces prenaient la place des raisons. Il nous annonçait une amende de 50,000 fr. et une exécution militaire; mais, bien entendu, c'était uniquement *l'intérêt* qu'il portait à notre ville qui lui dictait ces mesures.

Voici cette pièce, préliminaire officiel de l'emprisonnement du maire et de trois conseillers :

Versailles, le 16 novembre 1870.

Monsieur le Maire,

Pour ne pas exposer la ville à un manque trop sensible de denrées alimentaires, je me vois obligé de vous requérir à réunir, du 1er au 5 décembre prochain, au plus tard, dans un *magasin* propre à ce sujet, une quantité suffisante de vivres et de denrées de toutes sortes pour approvisionner, pendant un mois au moins, la ville de Versailles.

Je vous rends donc, vous et le Conseil municipal, responsables des mesures sévères qui seront prises en cas de refus ou de continuation d'une résistance passive exercée par vous et sous votre influence par les négociants de la ville. Après ce délai, je frapperai la ville de Versailles *d'une amende de 50,000 francs*, qui sera levée immédiatement après par la force militaire.

Vous vous concerterez, pour cette affaire, si vous le jugez convenable, avec M. Baron (43, rue de la Paroisse, chez M. Biberon), qui, sur mon instance, veut bien se charger des approvisionnements de la ville.

J'espère enfin que vous ferez tout ce que vous pourrez et mettrez toute la bonne volonté possible pour que mon ordre, qui n'est donné que dans l'intérêt de la ville de Versailles, soit effectué dans le plus bref délai...

*Le Préfet du département
de Seine-et-Oise.*
DE BRAUCHITSCH.

Ce nommé Baron, que M. de Brauchitsch présentait ainsi officiellement, était un des fournisseurs de l'armée installés au grand quartier général. La disette de denrées à Versailles et surtout la pensée que bientôt Paris serait affamé et ouvrirait ses portes, avaient inspiré à ce spéculateur les plus beaux projets d'opérations commerciales. Il s'était plusieurs fois présenté à l'Hôtel-de-Ville, mais on avait bien vite deviné à quel individu on avait affaire, et il avait été éconduit. La municipalité avait d'autant plus de raisons pour l'écarter que, d'après les renseignements qu'elle avait recueillis, ce Baron, qui habitait Paris avant la guerre, n'était connu dans le monde commercial que par des opérations désastreuses. Mais il n'en demanda pas avec moins d'assurance l'appui de M. de Brauchitsch, qui le lui accorda aussitôt et accepta avec empressement son idée d'un *grand magasin*.

Sans chercher à pénétrer les motifs qui pouvaient engager M. de Brauchitsch à montrer tout à coup tant de sollicitude pour nos intérêts, le Conseil avait à se demander s'il y avait lieu de laisser l'autorité prussienne se substituer à l'administration municipale pour veiller à l'approvisionnement de la ville. L'administration municipale avait-elle négligé de prendre les mesures nécessaires pour ce service? Bien au contraire, c'était là, depuis plus d'un mois, une de ses grandes préoccupations. Elle reconnaissait comme un de ses premiers devoirs d'assurer à la population de Versailles, non une abondance exceptionnelle de vivres, mais une quantité de subsistances suffisante pour éviter toute agitation populaire et toute inquiétude de disette. Les meuniers des environs avaient été convoqués à l'Hôtel-de-Ville : ils se plaignaient de manquer, les uns de charbon, les autres d'eau, pour faire marcher leurs moulins ; aussitôt toutes les mesures utiles avaient été obtenues, soit du directeur des Eaux, soit des autorités militaires prussiennes, pour que les moulins fussent alimentés comme il convenait. De plus, le maire s'était mis en relations directes avec M. Darblay, et avait obtenu de lui la promesse des farines nécessaires à la population de Versailles. Le pain ne pouvait pas manquer. Il y avait encore bien moins de craintes à éprouver pour la viande. Des spéculateurs très actifs faisaient affluer les troupeaux vers le grand quartier général, et l'étal des bouchers était toujours bien garni. A la Halle, on constatait une affluence extrême de légumes ; les maraîchers de Seine-et-Oise, qui avaient pour débouché habituel les marchés de Paris, s'étaient rejetés sur Versailles, et certains légumes étaient vendus dans des conditions exceptionnelles de bon marché. Il n'en est pas moins vrai que quelques denrées indispensables, telles que le sel, le sucre, l'huile, étaient par instants très rares. Mais pour ramener l'abondance de ces quelques denrées, était-il nécessaire de donner un monopole général à un fournisseur et de créer un immense magasin de réserve? Évidemment non. Déjà les commerçants de Versailles, livrés à eux-mêmes et guidés par leur propre intérêt, avaient su s'ingénier et se réapprovisionner. Selon la municipalité, il suffisait de les laisser agir en liberté, et aucune souffrance insupportable ne pèserait sur la population. D'ailleurs, les habitants de Versailles ne désiraient nullement vivre au milieu de l'abondance, car ils pensaient sans cesse qu'à côté d'eux les Parisiens étaient déjà réduits au strict nécessaire, et, les craintes de famine une fois écartées, l'opinion publique était toute disposée à accepter des privations. Un seul motif aurait pu légitimer la création du magasin projeté par MM. B-ron et de Brauchitsch, c'eût été le désir de préparer des provisions de vivres pour la population parisienne le jour où le siège serait levé. Des agents de ces Sociétés de bienfaisance anglaises, qui répandaient en France, avec tant de dévouement, des secours de toute nature, avaient, pendant quelque temps, entretenu le maire d'un projet de ce genre, et le maire l'avait accueilli avec reconnaissance. Il avait même un instant espéré pouvoir combiner ce projet avec les propositions faites par Baron, mais il avait dû bientôt reconnaître que c'était là un vœu irréalisable; car pour que ce magasin devînt une ressource pour la population parisienne, il aurait fallu qu'il fût placé à l'abri de l'intendance prussienne et mis sous la protection d'un pavillon neutre. Or, bien au contraire, M. de Brauchitsch déclarait qu'il voulait « avoir dans sa poche la clef du magasin de Versailles ». Rien alors ne garantissait que les provisions ne seraient pas, à un certain jour, chargées sur des fourgons prussiens ou distribuées à l'armée d'occupation, et c'était dans un piège de ce genre que la municipalité tenait avant tout à ne pas tomber.

Elle décida donc simplement la formation d'un libre syndicat de négociants versaillais qui, laissant de côté Baron et ses pareils, s'occuperait de renouveler les approvisionnements pour la ville dans la mesure qu'il jugerait convenable, et par les moyens qui lui paraîtraient les plus opportuns et les plus conformes aux intérêts français. Il n'y avait plus rien là que de raisonnable et d'utile, car la pénurie de certaines denrées était parfois assez inquiétante; le 19, par exemple, l'hôpital militaire avait tout à fait manqué de sel, et c'était sur un bon accordé par le commandant de place que l'intendance prussienne en avait fourni, non sans avoir fait beaucoup de résistance. Il était donc urgent d'organiser l'approvisionnement de la ville, mais en prenant toutes les précautions pour que cet approvisionnement fût restreint au nécessaire et ne pût profiter à l'ennemi (1).

(1) M. de Brauchitsch, à plusieurs reprises, avait confié à son « Moniteur » ses pensées sur l'approvisionnement de Versailles. Dans le numéro du 4 novembre, on lisait cet avis : « Sur le désir de M. de Brauchitsch, préfet de Seine-et-Oise, M. Rameau, maire de Versailles, a dû ces jours

18 novembre. — A la séance du 18 novembre, le Conseil, qui avait dû déjà s'occuper longuement de MM. Baron et de Brauchitsch, fut encore obligé de prendre des mesures contre les menées d'un autre fournisseur d'armée, nommé Schottlænder, qui fraudait avec audace l'octroi et qui, malheureusement, il faut l'avouer, trouvait quelques imitateurs et complices parmi certains habitants de la ville. On introduisait, comme appartenant aux troupes allemandes, des denrées, des bestiaux, des spiritueux, qui étaient destinés à la consommation des Versaillais; pour mieux réussir dans cette fraude, on faisait accompagner les voitures de marchandises par des soldats allemands, payés pour se prêter à la fausse déclaration. La ville, déjà si épuisée par les réquisitions, perdait ainsi un des rares revenus qui lui fussent restés pour l'aider à subvenir à ses charges. Le maire signala au général commandant de place et à M. de Brauchitsch les actes de Schottlænder, mais aucune satisfaction ne fut donnée à ses plaintes.

La désorganisation générale amenée par l'état de guerre avait, chez nous comme chez les Allemands, porté dans certaines consciences un désarroi complet; la passion de gains alors faciles tendait souvent à étouffer tout autre sentiment, et il nous fallait assister à des spectacles d'autant plus pénibles que l'ennemi en était témoin comme nous et ne manquait pas de juger tout haut, comme le penchant ou l'habitude de tous, ce qui n'était que la honte de quelques-uns. Il y avait d'ailleurs, en ce moment, à Versailles, un certain nombre d'habitants

derniers réunir les épiciers et négociants de la ville, pour s'entendre avec eux sur les différentes denrées qui manquent à l'heure qu'il est au commerce comme à la consommation de la ville. La nature de ces marchandises une fois dûment établie, et la quantité fixée qu'il faudra au commerce pour être à l'abri de toute éventualité, *des convois immenses des denrées dont on a besoin arriveront incessamment de l'Allemagne*. De cette façon, la population versaillaise ne pourra plus être exploitée, comme elle l'est en ce moment, par des spéculateurs qui profitent ignominieusement des calamités publiques. »

C'est après avoir flétri les « spéculateurs » avec tant d'indignation que M. de Brauchitsch avait présenté et recommandé son compatriote Baron.

Le 21, M. de Brauchitsch disait encore dans sa feuille : « La question de l'approvisionnement de la ville de Versailles a dû occuper depuis quelque temps les autorités compétentes, vu le manque constaté d'initiative individuelle qui s'est fait sentir à ce sujet, soit de la part des négociants versaillais, soit même de la part de la municipalité de la ville... Aujourd'hui, nous croyons savoir qu'on est en train de traiter sérieusement cette question et il paraît qu'on a compris combien sera profitable pour la ville de Versailles, même dans le cas de la capitulation prochaine de Paris, l'existence de pareils magasins d'approvisionnements, parce que, dans cette dernière éventualité, *on trouverait amplement occasion de vendre ces provisions au commerce affamé de la capitale.* »

On voit jusqu'à quel point M. de Brauchitsch poussait l'affection pour ses administrés versaillais : il leur infligeait des amendes de 50,000 francs pour les décider à faire des opérations qui devaient les enrichir.

étrangers à la ville, et qui fournissaient des recrues pour toutes les opérations que l'opinion publique flétrissait. Lorsque Paris s'était fermé, il avait rejeté hors de ses barrières une partie de sa classe dangereuse; cette population s'était répandue au hasard de tous côtés, et Versailles en avait eu sa part. Ces exilés du vice et du crime vécurent parmi nous, en exerçant la profession de mendiants plus ou moins dangereux; on les voyait souvent en groupes, autour des casernes, attendant le pain que les Prussiens leur jetaient avec une joie méprisante; c'était là que la Chancellerie venait chercher des agents pour sa police secrète. Ces malandrins, couverts de guenilles étalées avec une sorte d'orgueil, avaient une allure à la fois humble et menaçante. La rupture d'une partie des liens sociaux leur avait rendu plus de liberté; le désordre était le bienvenu pour eux ; ils s'y trouvaient plus à l'aise; ils sentaient bien que la loi de leur pays n'était plus tout à fait la maîtresse, et ils défiaient le regard de l'autorité française, car ils étaient tout prêts à demander contre elle secours aux Prussiens. Ils avaient paru avec l'invasion et ils disparurent avec elle, le départ de l'ennemi les privant de leur protecteur naturel.

Beaucoup, pendant leur séjour, s'étaient faits braconniers, profession très lucrative dans une ville entourée d'anciennes chasses réservées, et quelques-uns vinrent ouvertement apporter au marché le produit abondant de leurs vols. Le maire veillait à ne laisser en aucune façon s'introduire dans la masse de la population l'idée que l'état de guerre autorise la violation des lois d'ordre public, et il enjoignit aux commissaires de police de saisir tout le gibier exposé à la vente et de le distribuer dans les ambulances. Un de ces braconniers, aussitôt, se rendit chez le commandant de place et demanda « justice ». A la suite de cette plainte, le commissaire de police qui avait fait la saisie fut arrêté par un gendarme prussien et amené aux bureaux de la place. Après une longue discussion, la mesure prise par la municipalité fut enfin approuvée par le général, mais il requit pour sa table une partie des chevreuils du braconnier.

Cette entente cordiale établie avec les Prussiens, dans un intérêt de spéculation et de gain, se montrait publiquement devant l'Hôtel-de-Ville même. Le poste assez nombreux qui y était placé avait attiré des marchandes d'eau-de-vie et de café, femmes pour la plupart d'allure suspecte, qui peu à peu s'étaient installées à demeure, avec l'autorisation prussienne. Des tables, des tréteaux portant des planches garnies de victuailles s'étaient rangés les uns à côté des autres; le nombre des marchandes avait augmenté; insensiblement, il s'était formé là une espèce de cabaret en plein air qui était horrible à voir, car souvent il s'établissait entre ces femmes et les lourds soldats prussiens une familiarité publique qui révoltait; de grossières plaisanteries étaient échangées dans un grossier langage; des rires odieux éclataient; comme dans la taverne d'Auerbach, on avait le spectacle de la bestialité dans toute son impudence.

C'étaient là des laideurs qui augmentaient encore les souffrances de l'occupation. On se sentait d'autant plus heureux quand se présentait quelque occasion de témoigner des sentiments patriotiques qui animaient la véritable population versaillaise. C'est ainsi qu'à sa séance du 18 novembre, le Conseil municipal écouta avec la plus grande sympathie la lecture de la proposition suivante, due à M. Rémont :

Messieurs et honorés collègues,

Les réquisitions qui nous sont journellement imposées par l'armée d'occupation prennent un caractère de plus en plus écrasant pour notre ville ; c'est le résultat de la faute du gouvernement qui nous a refusé les moyens d'une défense légitime en nous abandonnant comme ville ouverte. Ce reproche, en tous cas, ne peut atteindre le gouvernement de la Défense nationale, inauguré avec la République, le 4 septembre. De cette date à celle de l'investissement de Paris, il s'est passé quelques jours ; il y avait alors impossibilité matérielle d'organiser des moyens efficaces de résistance.

Je ne veux pas discuter le chiffre énorme auquel arrivent les réquisitions de toute nature, mais si nous devons trouver les moyens de pourvoir aux exigences de l'ennemi du pays, c'est une raison de faire des efforts afin d'offrir notre contingent à la défense nationale.

Nous apprenons, par un des rares journaux qu'il nous est possible de lire, qu'un décret du gouvernement de la République et de la Défense nationale ordonne qu'il soit créé dans tous les départements non occupés une batterie sur chaque centaine de milliers d'habitants.

Dans l'impuissance où nous nous trouvons par l'occupation d'obéir à cet ordre national, je renouvelle ma proposition de souscrire une somme de 200,000 francs devant être affectée à l'achat de canons et autres armes pour la défense de la Patrie.

Nous ferons connaître secrètement à la délégation du Gouvernement, à Tours, que cette somme est disponible à Paris. Nous aurons fait une action qui rassurera nos consciences de patriotes. Et croyez-le bien, chers collègues, pas une voix dans notre brave cité ne s'élèvera pour y contredire, et nous avons l'espoir d'être imités par les autres chefs-lieux d'arrondissement de Seine-et-Oise.

En conséquence, j'ai l'honneur de vous proposer la délibération suivante :

Le Conseil,

Vu le décret du gouvernement de la Défense nationale, qui enjoint aux départements non occupés d'établir une batterie de canons par chaque centaine de milliers d'habitants ;

Considérant que l'occupation de la ville de Versailles par l'armée ennemie la met dans l'impuissance absolue de s'associer à cet acte,

Délibère :

Il est mis à la disposition du gouvernement de la République et de la Défense nationale une somme de 200,000 francs pour être affectée à l'achat de canons et autres armes; ladite somme à prendre sur la somme plus forte déposée au Trésor.

Le Conseil nomma aussitôt une commission, composée de MM. Bersot, Barbu et Rémont, pour étudier la proposition et lui faire un rapport. Le rapport lui fut présenté dès la séance du lendemain par M. Bersot. Les conclusions en furent adoptées à l'unanimité. Ce rapport était ainsi conçu :

Messieurs,

Lorsque notre collègue a lu sa proposition et les considérations élevées par lesquelles il la motive, on a clairement distingué les sentiments qui agitaient le Conseil : la conscience de son devoir envers le pays, la conscience aussi de son devoir particulier envers la ville qui lui a confié ses intérêts. Votre commission a pensé que vous l'aviez choisie pour vous indiquer les moyens d'accorder ces deux devoirs.

L'ennemi est ici depuis plus de deux mois ; depuis ce temps, nous avons la douleur de le voir, et il nous faut chaque jour, à chaque heure, au Conseil, dans nos maisons, partout, nous débattre contre les volontés d'un maître qui est dur. Quand même Versailles n'aurait pas le patriotisme qu'il a, notre population est une de celles qui ont le mieux compris la réalité de l'invasion et qui désirent le plus ardemment la délivrance. Le Conseil a disputé à l'ennemi tout ce qu'il a pu lui disputer et lui a refusé formellement tout ce qui risquait d'être pris comme munitions de guerre ; quand il compte les sommes énormes qu'il lui a déjà fallu donner, il ne regrette rien que de ne pas les avoir données à la défense nationale ; aussi, votre commission accepte avec empressement la proposition d'y contribuer en donnant l'argent nécessaire pour fondre des canons. Bien que le décret du Gouvernement ne s'adresse pas à nous, puisque nous sommes occupés, il nous a semblé que nous tiendrions à honneur de le prendre pour nous, et, nous réduisant, bien malgré nous, en considération du triste état de nos finances, à la somme de 100,000 francs, qui satisfait au décret, nous proposons au Conseil de voter cette somme.

Mais il n'est aucun de nous qui ne se représente les dangers que la publicité de cet acte attirerait sur notre ville ; aussi, quoiqu'il nous soit très pénible de cacher le peu que nous pouvons faire pour la cause commune, nous ne pensons pas avoir le droit de le divulguer.

En conséquence, votre commission vous soumet le projet de délibération suivant :

Le Conseil,

Vu le décret du gouvernement de la Défense nationale qui enjoint aux départements non occupés d'établir une batterie de canons par chaque centaine de milliers d'habitants ;

Considérant que, si notre territoire est envahi, nous sommes libres de cœur et jaloux de concourir à la défense nationale ;

Considérant, d'un autre côté, qu'il ne lui est pas permis de compromettre gravement les intérêts de la ville qu'il représente par la publicité donnée à cet acte,

Délibère :

1º Il est mis à la disposition du gouvernement de la République française et de la Défense nationale une somme de 100,000 francs pour être affectée à l'achat de canons et autres armes; ladite somme à prendre sur la somme plus forte déposée au Trésor;

2° L'administration est chargée d'exécuter cette délibération dans un absolu secret.

Messieurs, ce secret sera rompu quand l'invasion cessera; puisse-t-il l'être bientôt! A ce moment, lorsque se fera la grande enquête sur la conduite que chacun a tenue dans ces terribles circonstances, nous serons, Dieu merci! sans crainte. Nous n'étions pas maîtres de servir la France comme nous l'aurions voulu : nous l'avons servie dans les conditions que la fortune nous a imposées. Il y a plus d'une manière de défendre son pays. On le défend, ceux-là sont les heureux, les armes à la main; on le défend de son argent, comme nous tentons aujourd'hui de le faire; on le défend par sa sagesse, quand on préserve une ville des violences qui la menacent : nous y avons réussi peut-être; nous y avons du moins beaucoup travaillé; enfin, et nous espérons qu'on rendra un jour ce témoignage à nous et aux citoyens qui nous ont choisis parmi eux, c'est encore défendre son pays que de garder sa dignité personnelle entière devant l'ennemi.

Il était assez difficile de communiquer au Gouvernement la résolution prise par le Conseil; on n'y parvint pas tout de suite; enfin, M. Barbu, conseiller municipal, s'étant rendu à Tours, put faire passer à M. Charton un rapport étendu sur la situation de Versailles et sur les actes de son administration municipale. M. Charton informa alors M. Gambetta, ministre de la Guerre, du vote du Conseil, et l'autorisa, sur sa garantie, à disposer de 100,000 francs, au nom de la ville de Versailles, pour la défense nationale. Le ministre fut très touché de l'offre qui était faite si spontanément, et pria M. Charton de faire savoir au Conseil municipal de Versailles que la somme votée par lui était acceptée avec reconnaissance. La capitulation de Paris devait malheureusement survenir avant que cette ressource ne fût employée. Si ces 100,000 francs n'ont pu servir à prolonger la défense, ils ont du moins servi à témoigner du patriotisme de notre ville.

Les officiers de l'état-major, qui avaient eu la mine fort triste après la bataille de Coulmiers, avaient repris depuis deux jours toute leur sérénité; d'excellentes nouvelles étaient arrivées au grand quartier général; elles furent aussitôt communiquées aux soldats qui les répandirent dans la ville : l'armée de Frédéric-Charles, rendue libre par la capitulation de Metz, et dirigée à marches forcées du côté d'Orléans, était entrée en ligne et pouvait désormais s'opposer à toute tentative de notre armée de la Loire sur Paris. « Il y a quelques jours, vous pouviez facilement nous rejeter de Versailles; une attaque combinée de l'armée de Paris et de l'armée d'Aurelle de Paladines nous aurait forcés à lever le siège... » tel fut l'aveu qui nous fut répété par un grand nombre d'officiers; ils faisaient cet aveu sans peine et d'un ton fort joyeux, car ils ajoutaient : « Maintenant, toute chance est perdue pour vous. » Et, en effet, tous les préparatifs de départ cessèrent et furent remplacés par des mesures qui annonçaient une installation plus complète. Les travaux du siège furent repris avec une vigueur nouvelle; chaque jour, de grandes voitures surchargées de fascines et de gabions faits à Versailles s'en allèrent par la rue des Chantiers du côté de Paris.

Le 18 novembre, la dépêche suivante fut adressée au maire par M. de Brauchitsch :

PRÉFECTURE
DE SEINE-ET-OISE

Monsieur le Maire,

Par le *Recueil officiel* n° 3, les maires des chefs-lieux de canton ont été appelés à prendre un abonnement de trois mois au *Moniteur officiel du gouvernement général à Reims*, qu'ils ont à considérer comme l'organe officiel. En conséquence, je vous invite à verser sans délai à la caisse départementale, à la Préfecture, le montant de l'abonnement trimestriel, qui est de 18 francs.

Le Caissier,
LE BATTEUX.

La somme fut encaissée, et c'est à peine si le *Moniteur officiel* de Reims arriva à la Mairie une dizaine de fois; mais les 18 francs étaient touchés : c'était là le but essentiel de la lettre.

19 novembre. — La délibération du Conseil en faveur de la défense nationale avait-elle transpiré et s'était-elle transformée en se répandant? C'est assez probable, car, à ce moment, les précautions de la police prussienne contre la population versaillaise augmentèrent sensiblement, et il courut parmi les Prussiens ce bruit très singulier : dans la nuit du 19 au 20 novembre aurait lieu une espèce de renouvellement des Vêpres siciliennes; toute la garnison allemande, à minuit sonnant, serait massacrée. « Les postes n'avaient pas été renforcés, écrivait à ce sujet un correspondant de la *National Zeitung* (1); mais cependant, en présence de la précision avec laquelle l'annonce du massacre avait été donnée de divers côtés, on jugea nécessaire d'avertir les troupes de redoubler de surveillance pendant cette nuit. Les patrouilles qui pénétrèrent çà et là à minuit dans les maisons suspectes trouvèrent des gens rassemblés qui semblaient attendre avec un mélange de joie et de cu-

(1) Numéro du 26 novembre.

riosité le signal de la tuerie. » — Le signal, comme on le pense bien, ne fut pas donné. Nous ne sommes plus au temps où l'on organise des massacres de ce genre ; mais comme les Prussiens nous faisaient la guerre avec des sentiments d'un autre âge, ils nous prêtaient à chaque instant leurs propres dispositions. C'est ainsi que très souvent ils exigeaient, avant de boire, que leur hôte goûtât devant eux le vin qui leur était servi ; on avait su leur persuader que les Français étaient tous animés contre les Allemands d'une haine qui ne reculerait pas devant l'empoisonnement ; beaucoup d'entre eux paraissaient naïvement tout étonnés de trouver en somme si doux et animés de sentiments si humains les habitants d'un pays où ils ne croyaient rencontrer que des créatures au-dessous de l'humanité, car c'est sous de semblables couleurs que la France est dépeinte au peuple allemand par bon nombre de patriotes tudesques. Dans cette circonstance particulière, il fallait bien peu se rendre compte du caractère de la population versaillaise pour lui attribuer ces dramatiques projets de massacre, qui, d'ailleurs, auraient été d'une exécution parfaitement impossible ; cependant, presque tous les soldats prussiens ajoutèrent une foi entière aux bruits sinistres répandus dans la garnison, et ils prirent leurs précautions en conséquence. Dans les maisons où ils couchaient séparés les uns des autres, ils se réunirent, cette nuit-là, tous ensemble dans une même chambre, et ils se gardèrent avec ce luxe savant de prudence qui leur est recommandé et auquel ils restent constamment fidèles.

Ces alarmes exagérées étaient assez fréquentes. La police de la Chancellerie, toujours aux aguets, croyait chaque jour découvrir quelque commencement de complot contre le Roi ou contre M. de Bismarck. Une nuit, par exemple, deux négociants de la rue Saint-Pierre, MM. Magnier-Lambinet, conseiller municipal, et Luce, furent réveillés par le commandant de place lui-même, qui venait, escorté de soldats, leur faire subir brutalement un interrogatoire, parce que, sur la dénonciation d'un des nombreux espions dont la ville était pleine, ils avaient été signalés comme des conspirateurs occupés à ourdir un attentat contre la vie du roi Guillaume. Il en était de cette conspiration comme de la Saint-Barthélemy du 19 novembre ; elle reposait sur quelques paroles mal entendues par un espion. Une autre nuit, c'était le maire lui-même qui était réveillé par un officier de l'état-major et sommé de donner des renseignements sur un habitant suspect qu'il ne connaissait pas même de nom. Ou bien c'était un honnête commerçant de la ville qui était arrêté et malmené, parce qu'on le prenait pour un déserteur polonais. L'autorité prussienne ne paraissait pas autrement troublée par les erreurs qu'elle commettait dans ses arrestations ; elle jugeait qu'il ne pouvait jamais y avoir de sa part excès de précautions, et elle préférait toujours frapper dix innocents que risquer de laisser échapper un coupable. De là, ces vexations si inexplicables, ces perquisitions en apparence si inutiles que la police de la Chancellerie prodiguait comme au hasard, dans tous les sens, à travers toute la ville. C'est l'honneur de la population versaillaise d'avoir ainsi constamment tenu en éveil et dans l'inquiétude les autorités prussiennes. Elles se sentaient menacées par cette haine sourde qui, à chaque instant, faisait explosion d'une façon ou d'une autre, et qui, le 31 octobre, s'était manifestée avec un élan très significatif. Plus la population semblait calme dans ses allures, plus les Prussiens la jugeaient dangereuse, car ils avaient constaté ce jour-là que, sous ce calme, couvait une colère qui n'attendait qu'une occasion favorable pour se changer en attaque de vive force. Malgré toute la perfection de leurs moyens de police, ils sentaient qu'il y avait entre les habitants une communication constante de pensées qui leur échappaient et qu'ils chercheraient en vain à pénétrer. A la tête de cette population tranquillement haineuse, ils étaient irrités d'être obligés, dans leur propre intérêt, de supporter et de maintenir cette municipalité qui, chaque jour, luttait pied à pied avec tant d'entêtement contre leurs tentatives d'exactions. Que faisait ce Conseil municipal, qui se réunissait si souvent, prolongeait ses séances si longtemps et refusait de faire connaître ses procès-verbaux? Que méditait ce maire, qui restait presque invisible dans sa mairie, et ne communiquait avec les Prussiens que par des lettres sèches et amères. Dans ces faits et dans beaucoup d'autres analogues, il y avait pour les troupes d'occupation des motifs d'inquiétude et de malaise qui expliquent la naissance des bruits plus ou moins fantastiques, tels que celui dont la craintive imagination prussienne s'était si fort effrayée le 19 novembre.

20 novembre. — Le 20 novembre, le maire reçut, par la poste prussienne, une pièce en allemand assez curieuse, qui lui était envoyée de Saxe. C'était une espèce de proclamation adressée « aux habitants de la France » par un négociant de Leipzig, nommé Heinrich Dietz, et qui montrait sous une forme très naïve l'état d'exaltation dans lequel les victoires prussiennes avaient mis les esprits germaniques. Ce brave homme, fabricant de laque, avait trouvé une combinaison politique qui l'avait enthousiasmé et qu'il avait aussitôt tirée à un grand nombre d'exemplaires pour la populariser chez nous. Son idée consistait tout simplement à proposer aux Français de choisir comme nouvel empereur Guillaume Ier de Prusse (1); c'était, disait-il, le moyen le plus « pratique » de mettre fin à la guerre et d'assurer une paix éternelle entre les deux peuples, puisqu'ils n'en feraient plus qu'un. De plus, la France, par un rare privilège, éviterait ainsi, malgré ses défaites, de céder des provinces, et les indemnités de guerre qu'elle aurait à solder, c'est à elle-même qu'elle les payerait. Grâce à cette réunion des deux pays sous un seul sceptre, on verrait reparaître les temps de Charlemagne, car le roi Guillaume Ier, souverain de premier ordre, rendrait ce nouvel empire, dirigé par lui, le plus puissant de l'univers. L'auteur priait donc les rédacteurs de journaux français, les maires des villes et tous les notables auxquels il expédiait son plan, de le prendre en « sérieuse considération » et de le répandre le plus possible.

Le message de ce bourgeois saxon exhalait la quintessence de la plus parfaite *philisterei*; cependant, il n'était que l'expression burlesque des sentiments qui alors s'agitaient vaguement au fond des cœurs de presque tous les Allemands. Nous les voyions, surtout depuis la chute de Metz, dans un état d'enivrement et d'outrecuidance naïve qui ne leur permettait plus de rêver pour l'avenir de leur patrie que des destinées merveilleuses. Ce que le fabricant de laque disait avec solennité, la plupart de ses compatriotes, dans leurs discours d'une vanité comique, nous le laissaient plus ou moins clairement entendre : la France, désormais, ne pouvait plus être qu'une humble vassale de la Germanie, devenue reine et maîtresse du monde. Les Allemands retournaient ainsi contre nous le rêve de monarchie universelle de Napoléon Ier, et croyaient avoir une idée originale et « pratique ».

A cette incroyable exaltation des Allemands, la population versaillaise répondait alors par la plus parfaite indifférence ou par une incrédulité moqueuse. Notre victoire de Coulmiers avait un instant donné raison aux optimistes, et pendant cette partie du mois de novembre, c'étaient eux qui entraînaient l'opinion ; beaucoup d'esprits furent alors persuadés que le moment était tout proche où l'armée de la Loire forcerait les Allemands à lever précipitamment le siège de Paris. Le canon de nos forts ne retentissait plus depuis plusieurs jours : ce silence inusité était considéré comme l'annonce de préparatifs pour une grande sortie qui, cette fois, serait décisive, car nos troupes, disait-on, étaient aux environs de Corbeil. La beauté extraordinaire du

---

(1) « ... Ich rathe die Herren Franzosen in Erwägung zu ziehen ob sie es nicht praktisch finden würden Kœnig Wilhelm von Preussen die Krone Frankreichs anzutragen und denselben zum Kaiser von Frankreich und Deutschland auszurufen... »

temps contribuait à ramener la sérénité dans les cœurs. Après deux mois d'accablement, on avait besoin d'espérance, et on saisissait en hâte celle qui se présentait. Le dimanche 20 novembre, cette disposition nouvelle de la population se montra à tous les yeux. Une affluence de promeneurs relativement assez considérable se répandit sur les avenues ; on s'entretenait avec joie des bonnes nouvelles ; on niait l'exactitude des mauvaises ; on voulait que ce jour de soleil fût un jour de bonheur sans réserve. Dans cet accès de joie passagère auquel on s'abandonnait avec une certaine affectation, il y avait aussi, comme arrière-pensée, une bravade lancée à ces Prussiens dont on était entouré, et qui ouvraient de grands yeux en voyant les Versaillais si peu inquiets ; on semblait leur dire qu'en dépit de tout, on avait pleine confiance dans leur départ prochain, et qu'ils avaient beau être en possession de la ville, leur défaite définitive n'en était pas moins certaine. La façon dont les Prussiens avaient conçu le siège de Paris contribuait à augmenter le dédain qu'on se sentait alors porté à leur témoigner ; aucune opération hardie n'était tentée ; cette immense armée se bornait en définitive à monter la garde autour d'un mur et à attendre la famine. C'était là une stratégie peut-être très habile, mais qui n'avait rien d'héroïque, et nous ne nous sentions nullement forcés à l'admiration pour ces soldats si prudemment conduits.

Quelle que fût la valeur de cette tactique, elle devait réussir, et bientôt la tristesse devait retomber sur les âmes d'un poids d'autant plus lourd qu'il s'était soulevé un instant.

21 novembre. — Le 21 novembre était le jour anniversaire de la naissance de la princesse royale de Prusse. Conformément aux usages monarchiques suivis depuis l'entrée des Prussiens à Versailles, cet anniversaire royal fut l'occasion d'une fête officielle pour toute la garnison. A 8 heures du matin, toutes les musiques de régiments donnèrent une aubade au Prince Royal ; dans la journée, princes et officiers vinrent lui faire visite ; dans l'après-midi, les grandes eaux jouèrent de nouveau ; le Roi, son fils et tous les princes de sa cour se promenèrent à cheval dans le Parc. A 5 heures, il y eut à la Préfecture un dîner de gala, et à 8 h. 1/2, une retraite aux flambeaux.

Pendant que résonnaient devant la Préfecture les hourras des soldats, le Conseil municipal presque tout entier était réuni dans une salle d'école, rue Saint-Simon, pour l'inauguration des cours d'adultes de l'hiver. Malgré l'occupation, et malgré les objections qui lui avaient été faites, la municipalité avait tenu à rouvrir ces cours comme d'habitude. Les programmes avaient été affichés à l'époque ordinaire, et les Prussiens, qui lisaient avec une grande attention toutes les affiches émanées de la mairie française, avaient pu ainsi constater que l'enseignement populaire était donné à Versailles dans des conditions au moins aussi satisfaisantes qu'en Prusse. En effet, des professeurs bénévoles, MM. Colomb, Pigeonneau, Girardin, Lenoir, avaient bien voulu, avec un grand dévouement, s'associer aux instituteurs communaux pour organiser un cours primaire supérieur, qui fut, pendant tout l'hiver, suivi chaque soir par une grande affluence d'élèves de tout âge. Pour les professeurs, cette salle d'école était, après les souffrances du jour, comme un refuge où la pensée venait, en s'occupant de l'éducation et de l'enfance, se consoler avec des espérances d'avenir. Aux professeurs chargés des cours réguliers s'adjoignirent des conférenciers qui, une fois par semaine, traitaient de sujets variés. M. Anquetil, inspecteur de l'Académie, MM. Bersot, Scherer, Hermann Dietz, Texte, Delerot, se succédèrent à cette chaire bien humble, mais où cependant chacun éprouvait une joie secrète à s'asseoir ; car, dans ces entretiens, il y avait, comme lien entre professeurs et élèves, une idée toujours présente à tous, quoiqu'elle ne fût jamais exprimée : c'était que la France pouvait bien subir un instant une défaite matérielle, mais que son esprit ingénieux, son âme généreuse, qui avaient dans le passé donné tant de preuves de fécondité et de puissance, se relèveraient dans un avenir prochain, fortifiés et purifiés par le malheur. Sous l'influence de cette pensée, tout, dans ces leçons, devenait une source d'émotion : les récits de l'histoire, la description de la France, le simple énoncé de noms de villes ou de provinces, telles que l'Alsace et la Lorraine, faisaient battre les cœurs et prenaient un intérêt saisissant. Il y eut là, tous les soirs, au centre même de l'occupation et tout près de la demeure du roi Guillaume, une protestation paisible, mais irréfutable, contre les arrêts méprisants que la Prusse prononçait sur notre impuissance et notre indifférence pour l'enseignement populaire.

Nous avons raconté plus haut que, le 7 novembre, la ville avait été frappée d'une réquisition considérable de guêtres. Cette réquisition n'ayant pas été fournie, le général envoya le 21 novembre à la Mairie le billet suivant qui, par le ton et la rédaction, est un échantillon assez exact des dépêches qui étaient sans cesse adressées par la « commandanture » à la municipalité :

Selon la convention faite entre le général commandant de la ville et entre la mairie de Versailles, celle-ci devait délivrer jusqu'au 18 de

ce mois, pour la quantité des souliers conventionnée, le nombre conformant des guêtres. Cependant aucune paire de guêtres n'est délivrée jusqu'à présent. Si la Mairie veut éviter des mesures désagréables, la délivraison des guêtres doit être finie jusqu'à la fin de cette semaine.
Versailles, 21/11 1870.

Le Général commandant,
V. VOIGTS-RHETZ.

23—24 novembre. — Depuis que le grand quartier général était installé à Versailles, chaque jour partaient de notre ville des correspondances destinées à tous les journaux d'outre-Rhin, car Versailles était le point de mire central de toutes les imaginations allemandes. Nous devons reproduire ici au moins quelques fragments de ces lettres, qui étaient lues avec tant d'avidité. Nous choisissons une de celles qui furent écrites pour l'un des journaux illustrés alors les plus répandus, *le Foyer* (1). Elle nous montre Versailles observé par un ennemi, et touche à plusieurs points intéressants sur lesquels elle donne des détails précis. Le caractère national allemand s'y montre d'ailleurs assez bien ; des souvenirs érudits, des témoignages de respect profond pour les princes, des appréciations attentives de la bière et du saucisson, s'y trouvent associés dans un mélange bizarre, qui est bien en harmonie avec la tournure d'esprit particulière de nos voisins. La lecture de ce fragment ne peut être pour nous que très pénible, très amère, mais il faut savoir la supporter : c'est en conservant bien présente au souvenir l'humiliation subie que nous saurons l'effacer un jour. Chercher à oublier, ce serait justifier encore le reproche de « légèreté » que nos ennemis se plaisent tant à nous lancer.

Voici cette correspondance du *Foyer* :

. . . .

« 23 novembre.

« Je pris un logement à l'hôtel de la Croix-Blanche. Après m'être reposé un peu, je fis une promenade dans la ville. J'étais souvent venu à Versailles pendant la paix, dans des temps où c'était une ville essentiellement française, j'entends par là une des villes où, sur le plus petit espace, on peut voir le plus de Français réunis. Qu'on pense en effet à ces beaux dimanches d'été, où, de tous les environs, des milliers de visiteurs viennent pour assister aux Grandes Eaux, parcourir les galeries et, le soir, dévorer des pâtés dans le Parc, jusqu'à ce que résonne le fameux roulement de tambour qui annonce la fermeture des grilles... Dans ces jours-là, la foule se pressait de tous côtés ; c'était une

---

(1) *Daheim*, 1871, pages 249 et suivantes.

vraie fourmilière; et au milieu de cette foule on apercevait les zouaves, les guides, les artilleurs et toutes ces troupes qui ont leurs casernes dans la ville... Mais aujourd'hui !... Comme toutes les villes où l'intérêt se concentre sur un certain point déterminé, et qui n'ont pas par elles-mêmes de vie propre, Versailles a un aspect d'ennui ; ici, le point autour duquel tout tourne, c'est l'immense château avec ses galeries et son parc. La ville a gardé encore maintenant cet aspect triste ; elle ne doit un peu d'animation qu'à nos soldats, à la vie militaire qui se manifeste de tous côtés et qui donne aux longues avenues et à la vaste place d'Armes une activité qui çà et là va jusqu'au tumulte.

« On éprouve un sentiment étrange, et qui élève intérieurement, quand on se promène, entouré des enfants de notre sol, dans cette ville où autrefois Louis XIV a tressé les mailles du filet gigantesque qu'il avait jeté sur l'Europe. Partout on croit apercevoir des visages amis ; de tous côtés retentissent des accents familiers à notre oreille, des plaisanteries de notre pays. Les restaurants sont pleins de soldats ; ce sont nos cavaliers qui trottent sur les places. Les casernes, avec leurs inscriptions : « Garde impériale, » « Artillerie impériale, » sont pleines de nos dragons, de nos chasseurs ou de nos fantassins. Les employés de notre télégraphe se sont installés et logés dans les plus belles de ces casernes, et sur l'avenue de Paris nous revoyons nos malles-postes peintes en jaune que nous connaissons si bien. Ajoutons que nos compatriotes se sont mis parfaitement au courant des différentes parties de la ville et qu'ils s'y retrouvent aussi bien que s'ils étaient à Berlin.

« Je me dirigeai par l'avenue de Paris vers la demeure du prince Charles de Prusse, qui loge dans la petite, mais très élégante villa de la princesse d'Elchingen, parente du maréchal Ney. Après un moment d'attente, je fus introduit. Je trouvai le prince occupé à lire une brochure militaire ; il était assis devant une table couverte de papiers et de manuscrits. Cette chambre, pour le dire en passant, est la seule qu'il se soit réservée. Comme toujours, sa réception fut bienveillante et amicale... M. le comte Dœnhof, maréchal de la Cour, à qui je fis ensuite ma visite, habite la chambre en face de celle du prince. Cette chambre, comme toutes celles du petit hôtel, est remplie des objets les plus intéressants : curiosités, pendules, objets d'art, tableaux, etc. Je remarquai surtout un magnifique buste du célèbre et infortuné maréchal Ney. Dans la chambre habitée par le prince Charles, on voit beaucoup d'images de saints en argent, provenant de l'Église grecque et d'une haute antiquité. Le rez-de-chaussée a été décoré tout récemment dans un style moitié de fantaisie, moitié Renaissance. Ces jours derniers, des boulets français, venant des forts de Paris, sont tombés jusque dans le voisinage de l'hôtel.

« Les maîtres actuels du logis ne mènent pas ici une vie extrêmement agréable. Ce qui épuise surtout, c'est la tension qui résulte d'une attente continuelle, c'est l'obligation d'être constamment aux aguets. Il semble qu'il y ait là une exagération, et cependant rien n'est plus exact. L'incertitude, l'attente succédant toujours à l'attente, la monotonie d'une existence que vient tout au plus interrompre de temps à autre le bruit du canon de Paris, tout se réunit pour rendre le séjour pesant. Ajoutez à cela l'arrivée fréquente de nouvelles annonçant les pertes pénibles subies par l'armée, et la certitude de se trouver au milieu d'une population qui déjà, dans différentes occasions, a donné des preuves de sentiments très hostiles et de dispositions menaçantes.

« Sur l'avenue de Paris, qui, dans ses autres parties, reste assez obscure (est-ce à dessein?) (1), se détache, comme un point lumineux et brillant, l'hôtel de la Préfecture, habité par notre roi Wilhelm. Là, tout est vivant et animé. Dès qu'on a franchi la grille de la cour, on se croirait dans le palais de l'avenue des Tilleuls, à Berlin. Sur l'escalier d'entrée de la porte principale passent rapidement et se rencontrent des officiers de tout grade, des ordonnances, des courriers, des groupes de généraux que le hasard rapproche et qui causent un instant. Les ailes de l'édifice sont occupées par des postes nombreux. Les soldats de garde ont formé les faisceaux et se promènent de long en large en bavardant. Parfois, au milieu de tous ces uniformes, paraît un habit noir, qui disparaît bien vite dans le petit vestibule où l'on est annoncé.

« Tout près de la Préfecture, n° 1 de l'avenue, demeure le conseiller intime Louis Schneider (lecteur du Roi). Vous savez dans quels termes nous sommes et pouvez penser quel accueil me fut fait. Il a énormément à faire. Il est considéré comme le protecteur de tous les lettrés, de tous les correspondants, de tous les solliciteurs qui se trouvent au quartier général. Avec cela, il a beaucoup d'autres obligations à remplir; aussi chaque jour lui apporte une masse d'occupations... Je l'accompagnai à la Préfecture. Il s'agissait d'examiner la bibliothèque de Saint-Cloud, qui a été sauvée (2) et qui a été rangée par lui dans une des salles de l'édifice. Il y a parmi ces livres beaucoup de raretés et d'ouvrages précieux. Un grand nombre de

---

(1) L'avenue était obscure parce que le gaz manquait.
(2) Il serait mieux de dire : « qui s'est sauvée. » Voir plus haut.

volumes porte les armes de Napoléon III. Le feu, qui a été allumé dans le splendide château par les boulets français (1), a anéanti, avec une foule d'objets précieux, des trésors littéraires et des chefs-d'œuvre de typographie. Sans les secours portés par l'armée prussienne (!), tout aurait été dévoré par les flammes. J'ai remarqué une très intéressante collection du *Moniteur*, depuis sa fondation ; un album rempli de belles illustrations renfermait les plantes vénéneuses et les champignons des environs de Versailles. D'après une note écrite sur le titre, ce volume a servi au précepteur de l'infortuné Dauphin (fils de Louis XVI), pour l'éducation du prince.

« Je déjeunai à dessein dans un restaurant très modeste, pour me rendre compte de ce que j'avais entendu raconter de tous côtés sur le manque de subsistances (2), sur la maigreur des menus et sur la privation systématique de tel ou tel article. Pendant tout mon séjour à Versailles, je me suis convaincu, ainsi que mes compagnons de voyage, de la fausseté de ces bruits. Non seulement, j'ai trouvé les tables abondamment fournies, mais je dois dire que les plats étaient servis comme d'habitude, avec leur élégance appétissante et à des prix extrêmement modérés. Une tasse de bouillon, un beefsteak aux haricots, beurre, pain, fromage et vin : 2 fr. 50. Ailleurs : soupe à la jardinière, côtelette aux épinards, filet de bœuf aux pommes de terre frites, salade, beurre, pain, fromage, vin : 3 fr. 50. Ce n'est pas là un menu maigre et ce ne sont pas là des prix extraordinaires. Dans une brasserie de l'avenue de Sceaux, je payai, avec un de mes amis, une canette de très bonne bière 50 centimes. Les boutiques sont abondamment fournies ; dans les montres des pâtissiers, on voit des pyramides de gâteaux. A mon départ, j'achetai du saucisson ; le charcutier m'en présenta cinq ou six espèces. Une très grosse et excellente langue me coûta 3 francs ; on ne trouverait certainement rien de meilleur ni de meilleur marché à Berlin. A l'hôtel de la Croix-Blanche, hôtel très modeste, j'avais chaque matin en abondance du bon café, du sucre, du pain et du beurre. Le lait seul est rare. Je fis deux visites à deux familles de ma connaissance, et je trouvai la table comme toujours ; les hôtes de la Croix-Blanche se nourrissaient aussi très bien. J'ai causé avec beaucoup de soldats ; aucun ne m'a adressé la plus petite plainte sur sa nourriture. Quant au menu de l'hôtel des Réservoirs, je n'ai pas même à en parler. Il est possible que, de temps à autre,

---

(1) Avec cette sincérité qui les caractérise, les Prussiens ne perdent jamais une occasion de *déplorer* l'incendie du château de Saint-Cloud.

(2) Ce bruit résultait des notes insérées par M. de Brauchitsch dans son *Moniteur officiel*.

avant mon arrivée, il y ait eu pénurie, mais ce cas ne se présenta pas pendant mon séjour; j'insiste sur ce détail en apparence peu important, pour donner, moi aussi, mon renseignement sur cette question d'alimentation, qui, chaque jour, prend plus d'importance et occupe davantage (1).

« J'ai trouvé l'opinion publique très excitée et peu disposée à plus de calme. Les Français sont, comme on dit, hors de leur assiette. Ils accordent bien que, depuis la capitulation de Metz, tout espoir de se rejeter avec succès sur les armées allemandes est évanoui, mais ils veulent que, par tous les moyens praticables, la guerre soit prolongée, de façon à ce qu'en fin de compte, les Allemands l'aient payée cher. Ils sont fermement convaincus que les armées sortiront de terre et que, à la voix de M. Gambetta, trois millions de Français seront prêts à se faire casser les os. »

« 24 novembre.

« Pendant la nuit, on a entendu une forte canonnade. A dix heures, je flânais sur l'avenue de Paris, je vis beaucoup de monde à la grille de la Préfecture. M. Odo Russel (2) venait d'arriver en voiture et de monter chez le Roi.

« Je voulus aller au moins une fois visiter les galeries du Château.

« Dans les cours, nos soldats faisaient l'exercice; les Versaillais regardaient avec beaucoup d'étonnement des mouvements dont la précision (3) leur paraît étrange. Des détachements de toute arme exécutaient des marches en tous sens, et une cinquantaine de cavaliers environ faisaient manœuvrer leurs chevaux.

« En haut de la cour, la statue en bronze de Louis XIV, avec son beau visage, mais d'une expression si méchante, regardait d'un air sombre ce spectacle. La main étendue du cavalier de métal semblait, par son geste impérieux, vouloir, comme autrefois l'original l'a fait et pouvait le faire, chasser au loin tous ces hôtes réunis à ses pieds ; mais quand même le bras serait de chair et de sang, et serait celui d'un Louis XIV, cette expulsion offrirait aujourd'hui quelques difficultés. On ne saurait décrire la mine avec laquelle quelques-uns de nos fantassins et de nos cavaliers jettent la cendre de leurs cigares auprès du piédestal de Louis XIV; chaque jour, la fumée des pipes de bois de nos soldats s'élève jusque vers le fier visage de bronze.

(1) Les notes inquiétantes publiées sur ce sujet par M. de Brauchitsch, dans le *Moniteur*, avaient été, comme toujours, reproduites par les journaux allemands.

(2) Chargé d'affaires de l'Angleterre.

(3) *Accuratesse*. On pourrait traduire *raideur*.

« J'éprouvai une impression encore plus étrange, lorsque, errant dans le Parc désert, j'arrivai au bosquet où, d'après la tradition, Louis XIV, caché derrière une charmille, aurait entendu La Vallière déclarant à de jeunes dames de la Cour qu'elle aimait le Roi pour lui-même; conversation qui décida du bonheur (ou du malheur) de la favorite. A cette même place, sur un banc de pierre richement sculpté, où s'étaient peut-être assises autrefois ces femmes frivoles et voluptueuses, je vis trois fantassins, wurtembergeois et bavarois, qui n'étaient en rien préoccupés de réminiscences historiques, mais qui, en causant gaiement, exhalaient la fumée d'un horrible tabac, au milieu des satyres ricaneurs et des nymphes souriantes...

« Le promeneur qui parcourt ainsi le Parc se sent pris de frissons, dus non au froid, mais à la solitude qui l'entoure et aux émotions pénibles qui l'oppressent.

« Puissance des souvenirs! On les retrouve non moins abondants à Trianon, aux bains d'Apollon, à la pièce d'eau des Suisses, sur le bord de laquelle le jeune chevalier de Thélot, le Vendéen, fut fusillé d'après l'ordre de Bonaparte. Ce triste épisode est ignoré même de beaucoup de Parisiens et de Versaillais; ils ne savent pas que, trois heures encore après l'exécution, le cadavre du malheureux jeune homme surnageait dans la pièce d'eau. De pareilles scènes de cruauté attirent sur leurs auteurs de terribles jugements, qui sont subis par leurs descendants : péchés des pères punis jusqu'à la troisième et quatrième génération.....

« Les galeries du Musée étaient remplies de nos soldats, qui regardaient les tableaux; tous les surveillants étaient à leur poste; ils montraient, comme d'habitude, les petits appartements et la salle de spectacle, d'où sortirent tant de malheurs pour la famille royale. En compagnie de quelques officiers, je visitai les appartements. Au moment où nous entrions dans le salon de l'Œil-de-Bœuf, un violent coup de canon retentit. Je me rappelai qu'en 1840, un vieux Parisien, M. Mesnard, qui habitait Versailles en 1789, et avec qui je faisais la même promenade, m'avait raconté certains incidents curieux du 6 octobre. Par une fenêtre de l'Œil-de-Bœuf donnant sur la cour de Marbre, Louis XVI avait aperçu tout à coup les reflets d'une grande flamme. « Au nom du ciel, ce n'est pas un incendie! s'était-il écrié. — Non, Sire, répondit un officier de la garde nationale, ce sont les *dames* de Paris et leurs compagnons qui préparent leur dîner. » — Le Roi regarda par la fenêtre et vit avec horreur les mégères qui, ayant allumé un grand feu dans la cour, étaient en train de faire rôtir un cheval appartenant à un des gardes du château qui avaient été tués. Elles détachaient des morceaux à moitié cuits et les dévoraient. « Oh!... dit le Roi avec émotion, le peuple souffre vraiment de la faim!... — Peut-être, Sire, répondit M. de Miromesnil; mais de la viande de cheval! fi! les Parisiens vont bien loin, s'ils mangent de la viande de cheval!... »

« Et aujourd'hui?... Aujourd'hui, c'est par quantités considérables qu'on se nourrit de cette viande. Que dirait donc M. de Miromesnil, s'il pouvait lire le menu de tant de pauvres diables de Paris?...

« Je quittai le Château, et je me dirigeais vers la rue des Réservoirs, quand j'entendis une musique funèbre. Un soldat prussien mort de ses blessures était conduit au cimetière avec tous les honneurs militaires. — Les hasards sont parfois singuliers, et dans des temps comme ceux-ci, on remarque tout. A peine ce cortège était-il passé que, de... rues plus loin, je rencontrai un autre convoi triste et muet. C'était l'enterrement d'un Français mort également de ses blessures. En avant du cercueil marchaient des prêtres portant le crucifix et l'encensoir; puis venait un capucin, revêtu par-dessus son froc d'un riche surplis. Sur le cercueil, porté par quatre ambulanciers, étaient placés les épaulettes et le képi rouge du mort. Une foule considérable suivait ce cercueil.

« Je revenais vers l'avenue de Paris pour faire une seconde visite à Schneider, quand tout à coup je vois, à trois pas devant moi, le Prince Royal. « Tiens, vous voilà donc ici? » me dit le Prince en me tendant la main avec son amabilité ordinaire. Il se rendait chez le Roi, accompagné d'un seul aide de camp. J'eus la joie de pouvoir m'entretenir longtemps avec lui. Le Prince Royal est une physionomie vraiment poétique : grâce, force, solidité, ce sont là des qualités bien rarement réunies dans un seul être... (Etc., etc.)

« Chez le conseiller intime Schneider, j'appris qu'il était très difficile de se procurer une voiture et des chevaux pour voyager. A Versailles comme partout, il est malaisé d'obtenir quelque chose quand on n'appartient pas à l'armée. J'allai faire mes adieux au prince Charles, sans trop savoir comment je partirais. Quand je revins à la Croix-Blanche, j'étais convaincu de la rareté des chevaux, car autrement la bienveillance du Prince m'en aurait fait obtenir... « Un cheval! un cheval! un royaume pour un cheval! » Enfin, je sortis d'inquiétude. Invité à prendre un verre de bière avec un de mes amis et son sergent-major, j'appris de ce dernier que je pourrais sans doute obtenir ce que je désirais d'un officier des télégraphes; par lui, en effet, et par quelques amis de l'armée, j'obtins de la Mairie une voiture pour quatre jours à un prix sans doute élevé, mais qui n'avait rien d'exagéré dans les circonstances actuelles. On me donna un guide de la division des télégraphes, et nous quittâmes Versailles... »

Le nouvel Empire allemand se construisait et se perfectionnait chaque jour sous les yeux de M. de Bismarck. Les hommes d'État venus de toutes les parties de l'Allemagne, qu'il avait convoqués et réunis dans la rue de Provence, travaillaient docilement sous son inspiration, et l'œuvre qu'il avait résolu d'accomplir « par le sang et le fer » ayant fait un nouveau pas, et décisif, il inséra dans son *Moniteur officiel* de Versailles l'avis suivant, qui fit le tour de la presse européenne :

C'est mercredi, le 23 novembre, à 10 heures du soir, que l'unité allemande a reçu une nouvelle consécration ici même, à Versailles. Les plénipotentiaires bavarois, MM. le comte de Bray, ministre des Affaires étrangères, de Lutz, ministre de la Justice, et de Pranck, ministre de la Guerre, ont signé dans cette soirée, *à jamais mémorable*, l'acte d'adhésion du cabinet de Munich à la Confédération de l'Allemagne du Nord. Cette convention, qui avait été précédée, à la date du 15 novembre, par un acte analogue signé par les représentants de Bade et de Hesse-Darmstadt, est pour l'Allemagne tout entière un des résultats les plus heureux d'une guerre meurtrière qui a coûté tant de sacrifices.

L'unité allemande, l'aspiration de toute la nation depuis près d'un siècle, vient de devenir ainsi une réalité, et le SAINT-EMPIRE paraît enfin vouloir revivre sous une forme plus pratique et, partant, plus heureuse.

Le 24, vers 3 heures de l'après-midi, toute la ville fut mise en émoi par l'annonce d'un incendie qui, disaient les Prussiens, avait été mis au Lycée par un Français *pour brûler les malades renfermés dans l'ambulance prussienne*. L'auteur du crime, ajoutait-on, avait été immédiatement arrêté. — A l'examen, tout se réduisit à deux planches d'une des armoires du cabinet de physique qui avaient été légèrement carbonisées. L'origine du fait était fort simple. Un professeur de physique avait laissé un bâton de phosphore dans un flacon d'eau ; l'eau s'étant évaporée peu à peu, le phosphore, exposé à l'air, avait fait charbonner une planche. Mais les Prussiens, dont l'imagination était toujours prête à supposer chez les Versaillais les plus noirs projets, avaient aussitôt été en proie à une ridicule panique, dès qu'ils avaient su qu'il y avait eu quelque part dans le Lycée un commencement d'incendie, et toutes les autorités avaient été en mouvement. Un des employés du Lycée, considéré comme le coupable, fut brutalement jeté en prison, et une enquête fut ouverte. Il n'en sortit rien, à moins que les Prussiens, ce qui est probable, ne considérassent comme un résultat satisfaisant d'avoir proféré emphatiquement de terribles menaces contre les habitants de Versailles, au cas où le moindre fait analogue se produirait.

25 novembre. — Des plaintes nombreuses adressées à la municipalité exprimaient le regret que le cours de la justice fût suspendu. Le maire, très préoccupé de ce grave intérêt d'ordre public, avait, dès le 5 novembre, écrit la lettre suivante à M. Bailly, juge de paix de service pour la présidence du tribunal de simple police :

> Monsieur le Juge de paix,
>
> J'apprends que, pendant le mois d'octobre, il n'a été tenu aucune audience du tribunal de simple police. Le cours de la justice ne doit cependant être interrompu qu'autant qu'un obstacle matériel vous empêcherait de siéger.
>
> Veuillez bien, Monsieur le Juge de paix, me faire connaître les motifs de cette cessation de vos audiences, et recevoir l'assurance de mon respect.

M. Bailly répondit le même jour :

> Monsieur le Maire,
>
> Comme vous, je pense que le cours de la justice ne doit être interrompu que par un obstacle matériel et insurmontable. Aussi, en ce qui concerne mes fonctions en matière civile, je n'ai pas cessé de les remplir : apposant les scellés, recevant mes justiciables et tenant audience dans mon cabinet, parce que le prétoire ordinaire a été occupé par l'autorité allemande.
>
> A l'égard de mes fonctions comme juge de paix, je suis tout prêt à les exercer... Je pense qu'il est urgent que cette reprise d'audience ait lieu le plus tôt possible, car il n'est pas possible que de nombreuses contraventions ne soient pas commises, et il est dangereux de laisser croire aux populations, par l'impunité, que les lois et règlements doivent demeurer sans application.....

Le maire chercha alors à rendre libre le prétoire de la justice de paix, qui avait été envahi d'autorité par les intendants; il eût été d'autant plus agréable de les mettre dehors qu'ils se trouvaient occuper ainsi une partie de l'Hôtel-de-Ville, à laquelle ils avaient donné l'aspect de l'arrière-boutique d'une épicerie; toute la journée, il fallait voir circuler, au milieu des barriques et des sacs, ces agents d'intendance, mélange répugnant du spéculateur, du réquisitionnaire et du soudard. Un sabre au côté, la plume à l'oreille, le carnet à la main, les manches recouvertes de lustrine, le reste de l'uniforme souillé de graisse, l'œil caché le plus souvent derrière des lunettes et jetant de côté un regard faux et cupide, ils inspiraient un sentiment d'indéfinissable dégoût. Leur présence dans la cour de l'Hôtel-de-Ville était très pénible à supporter, et le maire profita de l'occasion qui s'offrait pour écrire aussitôt à M. de Brauchitsch la lettre suivante :

> Monsieur le Préfet,
>
> J'ai besoin, pour le service de la justice de paix, du local dans lequel elle doit être rendue. Ce local est le prétoire situé dans la cour même de l'Hôtel-de-Ville.

Or, depuis quelque temps déjà, ce local, après avoir été occupé par un dépôt de denrées pour les troupes allemandes, leur sert maintenant de *bureau pour l'intendance*, bureau dans lequel se font des distributions de denrées ou du moins les écritures concernant ces distributions.

Comme le service de la justice de paix vous paraîtra, je suppose, d'un ordre plus élevé et plus urgent, je pense qu'il vous conviendra d'obtenir de l'intendance générale les ordres nécessaires pour que ce local soit rendu au service de la justice. Il serait moins difficile sans doute de trouver un bureau pour l'intendance qu'un prétoire pour la justice.

L'autorité prussienne jugea que l'intendance était au contraire d'un ordre plus élevé que la justice, et elle maintint ses agents là où ils avaient jugé à propos de s'installer. Il fallut chercher ailleurs. Le tribunal de commerce voulut bien prêter son prétoire, et c'est là que, le 25 novembre, le maire eut la satisfaction de voir, grâce à ses soins, reprendre les audiences d'un des tribunaux. Il avait obtenu du commandant de place les sauf-conduits nécessaires pour que les huissiers pussent délivrer sans empêchement leurs citations.

Le maire aurait aussi vivement désiré que les audiences du tribunal de première instance fussent rouvertes de même, mais on a vu plus haut que les membres de ce tribunal avaient, au contraire, par une délibération spéciale, résolu de ne pas siéger. En temps de guerre, et lorsqu'un territoire est occupé par l'ennemi, la justice doit-elle être ou non suspendue? Est-ce là un de ces services d'ordre public qui doivent se maintenir en dehors et au-dessus de tous les incidents militaires? Le magistrat doit-il, ainsi que le médecin, se considérer comme protégé par son mandat et revêtu, dans l'exercice de ses fonctions, d'une espèce d'inviolabilité? Comment les décisions rendues seront-elles exécutées? Ce sont là des questions de droit international qui n'ont pas encore reçu de solution précise, et il serait utile qu'une convention analogue à la Convention de Genève empêchât le doute sur ce point si important et si délicat. En l'absence de règles reconnues, une divergence complète d'opinions peut se produire, selon le point de vue auquel on se place. Cette divergence se produisit à Versailles entre la municipalité, plus préoccupée de l'intérêt public à sauvegarder, et la magistrature, plus préoccupée de sa dignité à conserver entière devant l'ennemi. De part et d'autre, on pouvait invoquer d'excellents arguments. Cette difficulté ne sera tranchée que le jour où le droit des gens aura déterminé avec exactitude le mode d'action de la justice dans un pays occupé.

Le 25 novembre, un billet de logement fort extraordinaire fut demandé au nom de l'autorité militaire; il s'agissait non de soldats ou d'officiers, mais bien de « deux dames » arrivées récemment d'Allemagne, et dont le langage, les allures et les habitudes étaient telles que la personne chargée de les loger se refusa à les garder. Il fallut cependant qu'elle s'y résignât, un ordre exprès étant venu des bureaux du commandant de place.

Ce n'était pas le premier fait de ce genre qui se produisait. Déjà plusieurs fois des officiers avaient émis la prétention de faire partager à des femmes les logements qu'ils occupaient. Un d'eux, devant les observations sévères qui lui avaient été présentées par le propriétaire de la maison, avait paru céder. Mais le lendemain, il déclara qu'il voulait loger avec lui son ordonnance. Il l'installa sans aucune opposition : c'était son droit. Or, son ordonnance était la femme allemande qu'il avait en vain tenté d'introduire. Elle s'était déguisée en chasseur. Rien ne manquait à l'uniforme, et la ruse n'aurait été soupçonnée de personne si certaines armoires de l'appartement n'avaient renfermé de jolies robes de soie. Le sexe reparut devant cette tentation, et le chasseur se fit voleuse. Le propriétaire adressa aussitôt une plainte en règle, et fit si bien, que le chasseur dut comparaître devant le directeur de la police Stieber, et après l'interrogatoire, on ne le revit plus, du moins sous sa forme militaire. Cet incident vint s'ajouter à l'actif déjà si riche des preuves de « vertu » de « la chaste Germanie ».

26 novembre. — Les autorités prussiennes avaient été contraintes de respecter l'existence dans la ville d'un certain nombre d'ambulances privées placées sous la tutelle de la *Société internationale de secours aux blessés ;* ces ambulances renfermaient des soldats français qui se trouvaient ainsi soustraits à la surveillance directe du commandant de place. Le 26 novembre, le médecin en chef exigea qu'un tableau détaillé des blessés et malades de toutes ces ambulances lui fût exactement fourni chaque semaine, afin qu'il lui fût plus facile d'expédier en Allemagne tout soldat qui entrerait en convalescence.

Ces ambulances particulières de la ville furent, pendant l'occupation, au nombre de seize, ainsi qu'il suit :

Ambulances : de Mme André, rue des Chantiers, 85 (Dr Velten).
Du couvent des Dames Augustines, rue Saint-Martin (Drs Leroy et Godefroy).
Du couvent des Capucins, boulevard de la Reine (Dr Jacquemot).
De M. Denevers, boulevard de la Reine 5 (Dr Godefroy).
De M. Delaroche, rue des Chantiers (Dr Godard).
De Mme Lamare (Dr Liébault).
Du couvent de la Sainte-Enfance, rue Saint-Honoré, 14 (Dr Liébault).

De M⁽ᵐᵉ⁾ la marquise Duprat, rue Satory, 47 (Dʳ Liébault).
De MM. Legrand et Paris, boulevard de la Reine (Dʳ Jacquemot).
De MM. d'Amphernet et Mamalet, rue Saint-Julien (hôtel de la poste) (Dʳ Remilly).
De M. Soldini, rue de Noailles, 20 (Dʳ Godard).
De M⁽ᵐᵉ⁾ Orson, avenue de Paris, 64 (Dʳ Maurice).
De l'Ecole normale, rue de Montreuil (Dʳ Bataille).
Des Dames de la Retraite, rue de la Vieille-Eglise, 2 (Dʳ Maurice).
De M. Morillot, rue de Mademoiselle (Dʳ Godard).
Des Sœurs Polonaises (Dʳ Jacquemot).

27 novembre. — Le *Moniteur officiel* prussien du 27 novembre publia le morceau suivant, rédigé peut-être par quelque arabisant d'une université germanique, qui, charmé de la révolte de certaines de nos tribus algériennes, avait dû trouver un double plaisir à résumer à cette occasion, dans une langue orientale, les jugements que les journaux allemands portaient chaque jour sur nous. M. de Bismarck, dont la politique ne dédaigne aucun moyen, ne crut pas inutile de faire publier par son journal cette composition littéraire. Elle avait le mérite d'opposer une fois de plus la piété du Germain au manque de foi du Français, dans un idiome qui autorise l'emphase, et elle présentait cette originalité de faire féliciter le roi Guillaume de ses sentiments religieux par les disciples de Mahomet, ce qui était, en effet, assez piquant :

S. M. le roi Guillaume a reçu l'adresse suivante (en langue arabe) :

« Le peuple de l'Algérie adresse la pétition suivante à S. M. le roi de Prusse :

Votre Majesté n'ignore point que notre pays fut autrefois un pays de l'Islam, et que les souverains furent de longue date toujours des Moslems qui ne songeaient jamais à empêcher le libre exercice de la religion des infidèles.

Mais un grand nombre parmi nous commença à enfreindre notre sainte loi, et, pour nous en punir, Allah nous imposa les Français comme dominateurs, car c'est ainsi que le Tout-Puissant punit les esclaves.

Et ce peuple gorgé de violences se posa en ennemi de notre sainte foi, de nos biens et de nos enfants, nous empêcha dans l'exercice de pieux usages, causa la mort de beaucoup des nôtres dans ses guerres nombreuses, dont la dernière est celle faite contre Vous, et dans laquelle elle mit, comme dans les précédentes, nos fils dans les premiers rangs, pour les vouer les premiers à la mort.

En vérité, ce peuple n'a point de religion ni de foi.

Est-ce que son empereur Napoléon n'a point abandonné la religion de ses pères et aïeux et introduit en France un nouvel ordre de choses ? Il devint le dominateur de la France et chercha à y extirper toutes les religions.

Mais la sainte colère du Tout-Puissant se déchargea sur lui et son peuple plein d'orgueil. Et par sa sublime volonté, Vous fûtes élu pour les punir et pour les corriger. Telle est la loi des vainqueurs.

C'est en vain que cette nation Vous opposa une armée nombreuse et bien exercée, elle ne put Vous résister ; son prince orgueilleux devint votre captif, et aucun des Français ne se leva pour lui, car leur parole est traître, et elle a séduit bon nombre du peuple des fidèles.

Mais depuis qu'Allah, le Tout-Puissant, Vous a donné cette grande victoire qui remplit d'admiration le cœur de tous les hommes, et dont se réjouissent surtout les peuples des fidèles, Vous nous voyez prier pour Vous pour qu'Allah vous aide à vaincre et à dompter ce peuple orgueilleux.

Nous lisons dans les feuilles publiques que Votre Majesté ne manque jamais de remercier le Tout-Puissant des succès éclatants obtenus sur ce peuple ambitieux, et que c'est le Tout-Puissant que Votre Majesté reconnaît l'auteur de sa gloire et de celle de Votre nation. La grâce du Seigneur s'accroîtra avec Votre reconnaissance.

Accordez-nous, comme gage de cette reconnaissance, Votre bienveillance notoire, en délivrant nous et notre pays du joug de l'esclavage où nous sommes tenus par ce peuple, et ramenez-nous au gouvernement du pays auquel nous avons appartenu avant que cette nation s'emparât de nous et de notre pays d'une main criminelle.

Voyez, les rênes de ce peuple orgueilleux sont maintenant dans Vos mains par la grâce d'Allah. Protégez-nous donc comme le Seigneur Vous a protégé, pour que tous nous puissions prier pour la durée de Votre règne, prier pour que Vous gagniez en gloire chez toutes les autres puissances et pour que Votre position s'affermisse de plus en plus chez toutes les nations des fidèles. Mais, malgré tout, nous nous soumettrons à la volonté du Tout-Puissant.

Le peuple d'Algérie suppliant. »

Le même numéro du *Moniteur* publiait l'avis suivant, d'un intérêt beaucoup plus immédiat et d'un style plus précis :

Le préfet de Seine-et-Oise rappelle aux maires des communes du département l'arrêté en date du 10 novembre, inséré le 11 dans le *Moniteur officiel*, concernant l'ordre de recouvrement des contributions directes.

Beaucoup de communes du département ne se sont pas rendues à l'appel qui leur a été fait pour effectuer le versement des contributions, ou sont restées en retard en ne versant qu'une partie des sommes fixées.

Il est donc de toute urgence absolue que les versements soient faits régulièrement et *sans délai*.

Par conséquent, ces maires de communes sont *requis* de verser ou faire verser *immédiatement*, à la caisse générale du département, l'arriéré des contributions directes pour les mois d'octobre et de novembre.

Sinon, la force militaire allemande *procédera sans aucun retard à une* EXÉCUTION afin d'obtenir le recouvrement ordonné.

Le Préfet de Seine-et-Oise,
De Brauchitsch.

28 novembre. — La municipalité avait reçu, au commencement du mois de novembre, une plainte très vive des employés du palais de Trianon contre le régisseur. A la suite d'une enquête, le maire avait dû prendre un arrêté par lequel, usant des pouvoirs extraordinaires résultant pour lui de l'état de guerre et de la rupture de toute communication avec Paris, il suspendait le régisseur de Trianon de ses fonctions pour la direction du personnel, tout en lui laissant la régie du mobilier. M. Briot, jardinier en chef du Palais, avait été chargé par intérim des fonctions enlevées au régisseur. Il n'y avait là qu'un acte d'administration intérieure très peu important, et jamais on n'aurait pu penser que le gouvernement prussien eût à intervenir dans une affaire de ce genre. Mais nous ignorions encore jusqu'à quel degré de ridicule pouvait s'élever M. de Brauchitsch. L'arrêté de suspension du régisseur de Trianon lui ayant été communiqué, voici la lettre sans pareille qu'il écrivit au maire :

Versailles, 28 novembre 1870.

Monsieur le Maire,

Après avoir pris connaissance de votre arrêté du 17 novembre, concernant la révocation du régisseur du Palais de Trianon, j'ai l'honneur de vous informer que je n'entends pas que vous vous arrogiez *des droits qui n'appartiennent qu'à Sa Majesté le Roi de Prusse*, car, en l'absence de toutes les autorités qui régissent habituellement les palais nationaux, *c'est à nous seuls qu'il appartient de nommer ou de révoquer les agents de ces palais.*

En conséquence, je vous préviens que j'annule d'abord, sauf les décisions que je pourrais prendre plus tard, votre arrêté, et que je vous requiers d'avoir à laisser chacun dans ses fonctions respectives ; en même temps, je vous engage de bien éviter par la suite toutes sortes d'arrêtés de cette espèce sans avoir demandé mes ordres, sous peine d'une amende de *3,000 francs*.

Le Préfet de Seine-et-Oise,

BRAUCHITSCH.

Cette lettre avait été précédée, deux jours auparavant, de la double arrestation de M. Briot et de M. Dutru, l'un des concierges de Trianon. Conduits aux bureaux de la *Commandanture*, le commandant de place leur avait expliqué très sommairement leur arrestation par ces simples mots, lancés avec colère : « Vous êtes des républicains, vous irez en Prusse ! » Puis ils avaient été écroués dans deux cellules de la prison Saint-Pierre. Grâce à l'influence du prince de Hohenzollern, avec lequel il avait eu quelques relations, M. Briot fut mis en liberté le soir même. Mais M. Dutru partit dès le lendemain matin, à 7 heures, pour une forteresse prussienne, avec un train de prisonniers (parmi lesquels se trouvaient, comme souvent, de malheureux soldats à peine convalescents). D'après des rapports d'espions, M. Dutru avait été présenté à l'autorité allemande, non seulement comme un républicain, mais comme un patriote très capable, dans l'intérêt de la France, de tirer un coup de feu sur le roi Guillaume pendant une de ses promenades à Trianon. Sur cet ondit, le commandant de place avait, sans autre forme de procès, expédié M. Dutru en Prusse et il avait hâté son départ, « afin, dit M. de Treskow, de ne laisser à personne le temps d'intercéder en sa faveur ». Heureusement, M. Dutru, arrivé à Corbeil, réussit à s'évader, et, après bien des aventures et des dangers, il revint secrètement à Versailles, où il vécut à Trianon même, caché dans le grenier d'une des dépendances du palais.

29 novembre. — Le silence qui avait régné pendant assez longtemps du côté de Paris était rompu depuis quarante-huit heures par une canonnade qui se prolongeait une partie de la nuit. Dans la matinée du 29, les détonations redoublèrent, et comme au 21 octobre, une agitation extraordinaire se manifesta dans toute la garnison prussienne. Des troupes partirent en hâte dans diverses directions, du côté de Paris; des réserves se massèrent sur la place d'Armes; le poste de la Préfecture, qui gardait le roi Guillaume, fut renforcé, et, de nouveau, on vit charger dans des fourgons et dans de nombreux chariots les bagages et les malles du grand état-major. Toutes les consignes devinrent plus sévères, et les communications avec Sèvres furent rigoureusement interdites. Une des femmes qui avaient l'habitude d'aller du côté des avant-postes vendre de l'eau-de-vie aux soldats, revint à Versailles en racontant qu'elle avait fui, après avoir reçu une balle prussienne qui avait traversé son châle; elle ajouta qu'elle avait aperçu les troupes françaises et entendu nos clairons du côté de Meudon et de Bellevue.

Encore une fois, les habitants de Versailles crurent à la délivrance, et avec d'autant plus de confiance que, depuis quelques jours, les bruits les plus favorables étaient répandus; dans la ville, on avait parlé d'une « grande victoire » à Châtillon-sur-Loing, victoire que l'arrivée nouvelle de cavaliers démontés en assez grand nombre avait semblé confirmer. On racontait aussi que, dans un des combats heureux livrés tout récemment, le fils de M. de Bismarck, officier dans les cuirassiers blancs, avait eu la cuisse cassée. Des Bavarois avaient dit que les Parisiens, dans plusieurs sorties, avaient « abîmé » les assiégeants. Il avait été aussi fait mention d'un détachement de Prussiens surpris et massacrés dans le tunnel de Saint-Cloud. Ces récits vagues et changeants, qui se succédaient et se détruisaient sans cesse, et dont les imaginations se nourrissaient à défaut de nouvelles certaines, étaient alors plus abondants que jamais, et lorsque le canon et la mitrailleuse recommencèrent à tonner avec énergie, lorsqu'on entendit jusqu'à la fusillade, la ville tout entière crut encore une fois que bientôt elle allait apercevoir les Parisiens arriver sur Versailles en culbutant l'ennemi.

Le quartier de Montreuil surtout était dans une agitation extrême. Des habitants, montés sur les toits, avaient entendu distinctement une sonnerie de clairons qui, apportée par le vent, paraissait si rapprochée, qu'on aurait juré que nos troupes étaient aux portes de la ville. Les soldats blessés, soignés à l'ambulance des Dames de la Retraite, avaient, de leurs lits, reconnu les deux sonneries: *cessez le feu* et *ralliement*, et ces braves gens, malgré leurs blessures, voulaient à toute force se lever pour courir au-devant de leurs camarades. Pour tout le monde, dans ce quartier, il était évident que nos troupes se dirigeaient sur Versailles; elles avançaient, nous allions les voir...

Parmi tous les détails qu'on recueillait et discutait pour se confirmer dans ses espérances, et pour mieux deviner ce qui se passait au delà des lignes qu'il était impossible de franchir, on citait comme preuve manifeste de la défaite des Prussiens le contre-ordre qui avait été donné au Comité versaillais de la Société Internationale. Dès que le canon avait retenti, le Comité, suivant son usage, avait organisé ses ambulances volantes, convoqué les médecins, réuni des voitures, des brancards, etc. Mais, avant de se mettre en route, il fallait toujours obtenir l'autorisation des chefs de corps prussiens. Pendant toute la journée, il avait été impossible d'obtenir cette autorisation indispensable, et, à 4 heures du soir, un officier était venu déclarer que les voitures qui stationnaient depuis le matin pouvaient être renvoyées, « attendu que les secours de la Société de secours n'étaient pas nécessaires ». C'était le prétexte que les Prussiens invoquaient toutes les fois qu'ils ne voulaient pas que des Français vinssent sur le champ de bataille constater les résultats d'une lutte qui ne leur avait pas été favorable. Plus d'une fois, ils paralysèrent ainsi les secours qui auraient été portés immédiatement aux blessés par les médecins de la ville. Ils sacrifiaient sans hésitation le salut de ces blessés à l'intérêt de leur orgueil.

30 novembre. — Pendant la nuit du 29 au 30, on continua à entendre sans interruption le canon des forts qui résonnait en détonations formidables. Non seulement on entendait le combat, mais on le voyait pour ainsi dire, car, dès que l'obscurité tombait, toute la ligne de l'horizon du côté de Paris était constamment illuminée par les lueurs, semblables à des éclairs, que projetaient vers le ciel les batteries les plus rapprochées.

Le 30, entre midi et une heure, les canons du Mont-Valérien et des canonnières de la Seine (dont on avait appris à distinguer les détonations) commencèrent à ralentir leur feu, qui bientôt cessa complètement. Une demi-heure s'était à peine écoulée que l'on voyait revenir par la rue Duplessis et par l'avenue de Saint-Cloud de nombreuses troupes qui paraissaient n'avoir été envoyées que comme réserves. On supposa qu'elles venaient de tenter inutilement une première attaque du Mont-Valérien, combinée avec une attaque des forts de Vanves et d'Issy, car, de ce côté, le feu continuait avec acharnement. Nous ignorions encore complètement que la vaste opération militaire commencée la veille par les troupes de Paris avait pour but le passage de la Marne et la traversée des lignes ennemies sur le point le plus opposé à notre ville.

Dans la soirée, il y eut chez le roi Guillaume une grande réunion d'officiers. Le *Moniteur* prussien, qui paraissait à 5 heures, ne disait pas un mot de la lutte engagée depuis deux jours, mais il publiait entre autres dépêches un rapport de Frédéric-Charles, annonçant qu'il s'était « concentré » près de Beaune-la-Rolande, après avoir été attaqué par « des forces considérablement supérieures ». C'était la première fois que le journal prussien donnait une nouvelle de ce genre ; elle prouvait pour les plus pessimistes l'existence de cette armée de la Loire, sur laquelle tant de bruits contradictoires avaient couru. De toutes les observations faites semblait résulter une impression générale qui autorisait les plus belles espérances.

1—2 décembre. — Ces espérances commencèrent à tomber dans la journée du 1er décembre. On apprit de diverses sources que l'affaire la plus sérieuse des deux jours précédents s'était passée du côté de Champigny, que les Wurtembergeois avaient perdu beaucoup de monde, mais que, comme toujours, après une lutte héroïque, nos troupes débordées n'avaient pu profiter de leur premier succès, et que cette sortie n'avait pas eu de résultat marqué. Les officiers prussiens, qui jusque-là avaient gardé le silence, commencèrent à parler du combat et à en raconter les détails, de façon à nous ôter toute illusion sur notre délivrance prochaine.

Cependant, elle avait été un instant plus près de se réaliser qu'ils ne le pensaient. Dans son récit des opérations du siège de Paris, le général Vinoy, chef du 3e corps, raconte que dans la soirée du 2 décembre il se rendit au Louvre pour soumettre au général Trochu une proposition qui répondait à nos vœux de chaque jour, et qui aurait pu, si elle avait été écoutée, changer toute la physionomie et peut-être l'issue du siège. Cette proposition est exposée par son auteur dans les termes suivants [1] :

---

[1] *Siège de Paris*, par le général Vinoy, 1872, in-8°, p. 278.

L'offensive aussi vive qu'imprévue que l'ennemi venait d'avoir à subir l'avait obligé à concentrer sur le point attaqué toutes les forces qu'il avait pu enlever à ses lignes d'investissement. Les observatoires des forts, et notamment celui de Villejuif, avaient signalé à diverses reprises la force et le nombre des renforts dirigés pendant ces deux jours sur le champ de bataille de Champigny. Le succès obtenu jusqu'alors par nos troupes était demeuré incomplet et indécis : il nous faudrait reprendre la lutte dans des conditions évidemment plus désavantageuses et avec des chances de réussite bien diminuées. N'y aurait-il pas lieu de profiter immédiatement de l'affaiblissement que l'ennemi avait dû donner à ses lignes en les désorganisant momentanément, pour diriger une attaque aussi rapide qu'inattendue sur l'extrémité du diamètre occupé par lui, c'est-à-dire contre Versailles même, qui était à la fois le lieu de la résidence du roi de Prusse et du comte de Bismarck, ainsi que le siège principal de la direction des opérations militaires ? L'occasion semblait tout particulièrement propice et favorable. Le général de Beaufort, qui venait de faire une reconnaissance sur les hauteurs situées à l'ouest du Mont-Valérien, n'avait rencontré qu'un nombre très restreint d'ennemis. Le moment ne serait-il pas admirablement choisi pour faire repasser la Marne à la deuxième armée, en laissant une seule division sous le canon des forts, afin de maintenir ou de tromper l'ennemi, et de diriger alors toutes les troupes disponibles par toutes les voies parallèles, la Seine, les quais, les boulevards, la rue de Rivoli, etc., sur la plus importante position occupée par les Prussiens, et qu'ils avaient dû provisoirement dégarnir du plus grand nombre de ses défenseurs? L'ennemi, pour nous poursuivre et nous rejoindre, en admettant qu'il pût se mettre en marche aussitôt que nous, aurait un chemin beaucoup plus considérable à faire, obligé qu'il serait d'aller jusqu'à Villeneuve-Saint-Georges pour y passer la Seine, le gros de ses forces se trouvant en bataille à Villiers-sur-Marne, et ne pouvant arriver à Versailles qu'après un détour des plus longs qui devait nous donner sur lui une avance décisive. *Quelques heures pouvaient suffire à toute l'armée française pour quitter ses positions, traverser Paris et arriver à Versailles*, puisqu'elle suivrait la ligne la plus directe et par conséquent la plus courte. Toutes les chances semblaient donc devoir être pour nous dans une semblable entreprise, qui était certes d'une grande hardiesse, mais que la situation grave dans laquelle nous nous trouvions rendait parfaitement concevable, les décisions suprêmes devant surtout être prises dans des circonstances désespérées.

Malheureusement, le général Trochu, tout en faisant beaucoup de compliments au général Vinoy sur son projet, se refusa à le mettre à exécution, et Versailles dut se résigner, encore une fois, à rester, pour un temps indéterminé, prisonnier dans les lignes allemandes.

A la date funeste du 2 décembre, dans la soirée, après trois jours de vif espoir, d'agitation, de fièvre patriotique, les nouvelles décidément mauvaises devinrent certaines, et on retomba dans un nouvel accablement. La ville, en reprenant son aspect habituel, paraissait plus triste encore que par le passé, car depuis la nuit même qui avait suivi la grande sortie sur la Marne, par une de ces fatalités qui devaient si souvent se renouveler pendant cette lutte, le froid, devenu tout à coup extrêmement rigoureux, avait cette âpreté exceptionnelle qui allait ajouter tant de souffrances aux maux ordinaires de la guerre (1). Une neige serrée, que le vent chassait en tourbillons glacés, recouvrait la terre d'une couche épaisse ; rien ne saurait peindre la physionomie lugubre que prenaient, dès que le soir approchait, les vastes rues et les longues avenues désertes de cette grande ville blanche et froide. Si l'on excepte les cafés fréquentés par les officiers, toutes les boutiques se fermaient de très bonne heure ; les passants disparaissaient ; les troupes rentraient dans leurs casernes ; avec le silence venait la nuit presque absolue, car c'est à peine si çà et là étaient allumés quelques becs de gaz, dont le nombre diminuait chaque jour faute de charbon. On n'entendait plus que les détonations intermittentes du canon, le passage des patrouilles ou l'écho prolongé des clairons prussiens qui sonnaient les notes lentes et tristes de leur couvre-feu. Versailles, qui n'était pour ses habitants qu'une espèce de grand préau de prison, avait de plus en plus un aspect sinistre, en harmonie avec sa destinée.

La détresse financière augmentait en même temps. Aux emprunts déjà votés depuis le 19 septembre, et s'élevant à 500,000 francs, le Conseil municipal dut, dans sa séance du 2 décembre, ajouter encore un emprunt de 200,000 francs, destinés à former un fonds disponible pour satisfaire au paiement de nombreuses charges communales, et en particulier pour faire des paiements en l'acquit de l'État et accorder des subsides aux établissements de bienfaisance, dont les ressources étaient épuisées.

3—4 décembre. — Le *Moniteur* prussien du 2 décembre contenait la note suivante :

Nous apprenons à l'instant que M. de Brauchitsch, préfet de Seine-et-Oise, quitte aujourd'hui Versailles pour se rendre, pendant quelques jours, à Berlin, où il est appelé par ses devoirs parlementaires, en sa qualité de membre du Reichstag de la Confédération de l'Allemagne du Nord.

En son absence, M. Forster, sous-préfet et conseiller de préfecture, est chargé de le remplacer *ad interim*.

(1) Extrait du journal météorologique de M. le Dr Révigny (observation de 10 heures du soir) :

1er décembre		— 2°,7
2 —		— 6°,0
3 —		— 4°,9
4 —		— 4°,7
5 —		— 7°,1
6 —		— 4°,6
10 —		— 6°,0

On aurait pu espérer que le départ de M. de Brauchitsch donnerait quelque répit à la municipalité; mais, bien au contraire, son remplaçant, comme il arrive presque toujours aux subalternes, crut nécessaire de se signaler par des excès de zèle qui firent presque regretter son maître. M. Forster était un type accompli du Teuton *franzosenfresser*, et il mettait au service de sa gallophagie un tempérament sanguin beaucoup plus violent que celui de M. de Brauchitsch. La lettre suivante, écrite dès le premier jour de son entrée en fonctions, montre qu'il trouvait M. de Brauchitsch beaucoup trop patient :

Versailles, 3 décembre 1870.

Monsieur le Maire,

Le mode de versement des contributions dues par la ville de Versailles est on ne peut plus irrégulier et lent, et dont je ne saurais pas tolérer la continuation (*sic*).

Vous voudrez donc vous hâter que le versement de solde du mois de novembre soit effectué jusqu'au six du mois courant au plus tard, pour m'éviter d'avoir recours à *des mesures extrêmes*, que je me verrais, à mon grand regret, forcé d'employer à votre égard, si, contre mon attente, vous n'auriez pas dans le délai fixé ci-dessus obtempéré à ma demande.

Le Préfet de Seine-et-Oise,

E. R.

FORSTER,

Conseiller de préfecture et sous-préfet.

En fait, M. Forster avait raison; la caisse municipale avait pour habitude de ne payer les contributions imposées par l'ennemi qu'à la dernière extrémité, et par fractions aussi peu considérables que possible, parce que chaque jour on espérait que le lendemain les Prussiens seraient obligés de quitter la ville. Malgré l'injonction de M. Forster, la municipalité, fidèle à son système de temporisation, ne fit pas le versement demandé; mais le lendemain du 6 arrivait cette nouvelle missive de M. Forster, devant laquelle il fallut enfin s'exécuter :

Monsieur le Maire,

Le versement du solde des contributions directes pour le mois de novembre de la ville de Versailles n'ayant pas eu lieu dans le délai fixé par ma lettre du 3 courant, vous serez personnellement frappé d'une *amende de cinq cents francs*, si, d'ici demain au soir, la somme entière restant due n'est versée à la Caisse générale du département.

Les sommes versées ainsi par la ville pour contributions directes devaient, à la fin de l'occupation, s'élever à 294,584 fr. 80 centimes.

Soixante infirmiers, appartenant à notre hôpital militaire, furent expédiés le 3, par l'autorité allemande, à Metz et à Strasbourg, « pour y soigner les blessés français qui s'y trouvaient en grand nombre », fut-il dit. En réalité, c'était pour permettre aux Prussiens de s'installer dans notre hôpital, qu'ils avaient évacué aussi rapidement qu'il leur était possible, en forçant nos soldats convalescents, comme nous l'avons raconté plus haut (1), à partir comme prisonniers pour la Prusse. Grâce à ce procédé, l'hôpital militaire français de Versailles put être, le lendemain 4 décembre, déclaré presque tout entier ambulance prussienne.

5—6 décembre. — Une nouvelle désastreuse vint, dans la matinée du 5, mettre le comble aux tristesses sous lesquelles on était accablé : on apprit qu'Orléans était rentré en possession des Allemands. C'était la démonstration la plus évidente de l'impuissance de l'armée de la Loire à arrêter Frédéric-Charles ; c'était notre dernière chance de salut qui nous échappait. On ne pouvait s'empêcher de pressentir dès lors que les armées allemandes allaient pénétrer au cœur même de la France. Rouen également était occupé. Versailles était plus noyé que jamais au milieu des ennemis ; jusque-là, les combats dont on avait sans cesse entendu parler se livraient dans un rayon assez rapproché, et, sans voir les troupes françaises, on sentait qu'on vivait dans leur voisinage. Par la reprise d'Orléans, nos lignes de défense se trouvaient reculées à une distance qui nous enlevait définitivement tout espoir de voir se réaliser une attaque combinée des troupes de Paris et des armées de secours. Aussi, cette nouvelle fut peut-être plus douloureuse encore que celle de la capitulation de Metz. En revanche, elle fut, pour la garnison prussienne, l'occasion de démonstrations de joie d'autant plus bruyantes qu'au même instant ils jouissaient d'un double succès : le jour où ils apprenaient cet avantage si important sur l'armée de la Loire, les batteries d'artillerie de réserve, qui, pendant plusieurs nuits, et surtout dans la nuit du 3 décembre, avaient traversé Versailles pour aller prendre part aux combats livrés autour de Paris, repassaient par nos rues sans même avoir combattu ; en rejoignant leurs cantonnements, elles racontaient que l'armée assiégée venait encore de tenter un immense effort qui avait été absolument stérile.

Dans tous les hôtels et les cafés fréquentés par les officiers, il y eut, pendant plusieurs soirées, des fêtes et des chants ; on traîna à travers la ville des canons français pris à Orléans ; on les fit entrer dans la cour de la Préfecture pour les présenter

---

(1) Page 128.

au roi Guillaume; les troupes l'acclamèrent, en chantant des hymnes patriotiques, et entre autres le fameux chant de Arndt, qui promet à « la patrie allemande » l'empire du monde entier.

Cependant, pour la cour de Prusse, ces triomphes furent obscurcis par un deuil privé. Dans la nuit du 6 décembre, un télégramme apporta à Versailles la nouvelle de la mort de la princesse Frédéric de Hollande, sœur du roi Guillaume. Cette mort, dirent les officiers, affecta très vivement le roi de Prusse, et, en effet, pendant quelques jours, le Roi, autant qu'on pouvait l'observer, parut mener une vie beaucoup plus retirée que celle qu'il menait d'habitude.

Bien des bruits divers couraient dans la ville sur les détails de cette existence; d'après les rapports les plus dignes de foi, la journée du roi Guillaume, à son quartier général, était surtout une journée de travail. Il n'est pas sans intérêt de dire ici, en un mot, quelle était cette journée, réglée par l'étiquette avec un soin minutieux.

Suivant en cela la tradition de Frédéric le Grand, le roi Guillaume, dès qu'il est levé, à 7 heures du matin, revêt l'uniforme pour ne plus le quitter jusqu'au soir; c'est le seul vêtement qu'aime à porter ce chef d'une nation qui n'est qu'une armée. Après un déjeuner rapide commence le dépouillement de sa correspondance; toutes les lettres adressées au Roi ne sont ouvertes que *par lui-même;* c'est là encore une tradition de famille qui est scrupuleusement respectée; même en cas de maladie, ces lettres sont ouvertes, sinon par le Roi, du moins devant lui. Il classe et annote cette correspondance, et la renvoie aux administrations compétentes avec l'indication des réponses à faire. — A 9 heures, l'aide de camp de service entre et vient prendre des ordres. Cet aide de camp, qui se tient toujours dans la chambre voisine, est chargé de rédiger un journal où est relaté tout le détail de la vie du Roi : réceptions, promenades, incidents de toute nature. Après cette entrevue avec l'aide de camp, le Roi prend connaissance d'une analyse de tous les journaux du matin, faite pour lui par un secrétaire spécial. Cette analyse renferme, avec les nouvelles les plus intéressantes, des extraits des principaux articles publiés par la presse du monde entier. — Le grand maréchal de la Cour est ensuite introduit; c'est à lui que sont donnés tous les ordres relatifs à l'emploi de la journée, aux invitations à dîner, etc. Viennent alors les réceptions des différents chefs de service, réceptions dans lesquelles sont traitées les affaires de l'État. A Versailles, les affaires militaires l'emportaient naturellement sur toutes les autres. Les généraux et le Prince Royal étaient reçus tous les jours, d'habitude vers 10 heures, et dans cette conférence, à laquelle M. de Bismarck assistait quand il le jugeait utile, étaient prises toutes les résolutions sur la conduite de la campagne. M. de Bismarck, de plus, était reçu seul très souvent. A 3 heures, après un second repas, avait lieu une promenade en voiture. A 4 heures ou à 7 heures, suivant les circonstances, dîner; après dîner, travail pendant une heure ou deux; le soir, réception et « thé » jusqu'à 11 heures; de 11 heures à minuit, travail.

A ces réceptions du soir, qui étaient le véritable rendez-vous de « la Cour », assistaient régulièrement tous les petits princes qui avaient suivi l'état-major; pour les aider à passer le temps pendant ces soirées, on avait emprunté à la bibliothèque de la ville des ouvrages à gravures. Grâce aux soins attentifs de M. Le Roi, conservateur de la Bibliothèque, qui resta toujours à son poste et veilla avec autant d'intelligence que de dévouement sur le dépôt qui lui était confié, ces ouvrages furent restitués très régulièrement (1). Ils avaient du reste été demandés avec beaucoup de courtoisie par le conseiller intime Schneider, qui venait les chercher. Ce conseiller, qui était un homme d'esprit, eut un assez joli mot sur les princes de la Cour. La première fois qu'il s'était présenté pour emprunter les livres destinés au « thé », on l'avait prié d'indiquer de quel genre devaient être ces ouvrages; à quoi il répondit :

« C'est pour des princes : il ne faut pas du tout d'ouvrages savants! qu'il y ait de belles gravures, ce sera très bien! »

Et sur ce, on lui avait donné *le Tour du Monde* et *la Gazette des Beaux-Arts*, qui le satisfirent complètement, car il vint de temps en temps prendre d'autres volumes des mêmes ouvrages.

Les détails que nous venons de donner sur l'existence intérieure du roi de Prusse restèrent tout à fait inconnus aux habitants de Versailles; l'étiquette monarchique mettait autour de lui des barrières qui le cachaient complètement aux regards; chaque jour seulement, vers 3 heures, on le voyait sortir en voiture, ayant avec lui un seul aide de camp, et la plupart du temps sans escorte. Il se dirigeait tantôt du côté de Paris, tantôt du côté de Saint-Germain, et rentrait après deux ou trois heures de promenade.

C'était là tout ce qu'on connaissait de sa vie.

Depuis son départ, une trouvaille faite dans le tiroir d'un des meubles de la chambre où il couchait nous a permis de

(1) Un certain nombre d'officiers venait travailler à la Bibliothèque, et ils s'y conduisirent toujours avec la plus grande convenance; le Prince Royal et le grand-duc de Saxe-Weimar, ainsi que d'autres princes, la visitèrent; tous furent dans cette visite extrêmement polis. Le Prince Royal examina longuement, monté sur une échelle, un panneau de Van Blarenberg représentant une revue dans les environs de Berlin, au XVIIIe siècle.

devenir les confidents de quelques-unes de ses pensées intimes. Cette trouvaille consiste en une soixantaine de lettres adressées directement au roi de Prusse par la poste et qui, suivant l'usage, lui furent en effet remises très fidèlement. Sauf une seule, écrite en allemand, toutes sont écrites en français et toutes contiennent les malédictions les plus énergiques qu'il soit possible d'imaginer contre les armées prussiennes et contre leur chef. Elles viennent de tous les points de l'horizon : de Paris, de Metz, de Nancy, de Valenciennes, de Strasbourg, d'Algérie, d'Italie, de Suisse, de Belgique, de Hollande, d'Angleterre, etc. La plupart sont anonymes ; quelques-unes sont accompagnées de dessins satiriques ou d'emblèmes menaçants. En général, elles sont très médiocres de pensée, de style et d'orthographe ; beaucoup ne sont rien autre chose qu'une litanie d'injures ; plusieurs, dues à des femmes, sont touchantes ; mais ce qui attire vivement l'attention sur ces lettres, c'est que le roi Guillaume a annoté au crayon certaines d'entre elles. Tout en les lisant, il leur répondait en marge. Voici quelques passages de ces lettres, avec les annotations royales :

> Sire,
>
> ... Aujourd'hui, au moment de m'approcher de la Sainte Table, une main invisible m'en a empêchée. Il m'a semblé entendre la voix du Christ me dire : « Si tu as quelque chose contre ton frère, laisse là ton offrande... » Bientôt peut-être, vous et moi, nous nous rencontrerons devant cet auguste tribunal où l'égalité est parfaite... Cette question : Qu'as-tu fait de ton frère? vous ne pourrez l'éluder. Et moi je vous redemanderai compte du sang de mon fils. — Vous comprendrez alors, Sire, que la possession de tous les royaumes du monde ne vaut pas la vie d'un seul homme, et n'y eût-il que le sang d'un seul homme versé injustement, ce sang vous sera redemandé. Et cependant des torrents en ont été versés déjà! Tellement, que le sol de notre malheureuse France en est abreuvé, et que des milliers de familles en Allemagne sont plongées dans le deuil... *Vous n'avez plus le droit, depuis Sedan, de vous attribuer le rôle de la Providence.* Vous êtes aveuglé par le triomphe ; vous ne connaissez pas la France, vous ne l'avez jamais connue... Sous le bouillonnement d'écume et de fange qui en a couvert la surface pendant nombre d'années, il y a un terrain solide, fécond, admirablement propre aux idées généreuses... Vous n'avez pas su reconnaître ce sol généreux... Vous n'avez pas su profiter de ce beau rôle de roi chrétien qui vous était départi. Quelle responsabilité! Hâtez-vous, Sire, il en est temps encore... il est toujours temps d'épargner le sang. *Le gouvernement de la République vous est, dit-on, odieux; vous voulez le briser?* Descendez dans votre conscience, vous trouverez la véritable raison, qui est celle-ci : C'est que la République est l'avènement de la fraternité des peuples, l'extinction des guerres et de l'ambition des rois... Que vous lisiez ou non ma lettre, Sire, j'aurai fait mon devoir. Veuille le Seigneur vous assurer des dispositions de l'Évangile de paix! « Heureux ceux qui procurent la paix, car ils seront appelés enfants de Dieu! »
>
> *Une protestante franc-comtoise.*

25 décembre 1870.

En marge de cette phrase : « Vous n'avez plus le droit, depuis Sedan, de vous attribuer le rôle de la Providence, » le roi Guillaume avait écrit :

« Est-ce que le Gouvernement de la Défense du 4 septembre a
« demandé de faire la paix ? Au contraire, il a débuté par déclarer la
« défense à outrance. Ce n'était donc point à la Prusse de demander
« la paix ! »

Et ailleurs :

« A qui donc la faute que la guerre continua ?... »

Cette même réponse, sur une autre lettre, est faite dans un langage plus humoristique, en ces termes :

« Comme en mariage, il faut deux, de même pour conclure une
« paix, il faut deux. Moi je suis l'un, où est l'autre ? »

Le roi Guillaume voulait bien oublier les démarches faites à Ferrières, par M. Jules Favre, et à Versailles même, par M. Thiers.

En marge de la phrase : « *Le Gouvernement de la République vous est odieux*, » le même crayon royal avait tracé cette réponse :

« Il m'est tout à fait égal quel gouvernement la France voudra se donner. »

Une autre lettre, écrite par une Alsacienne, contient ce passage :

Sire, écoutez : A cette heure suprême, deux routes sont ouvertes : l'une conduit à l'éternelle gloire, l'autre à l'exécration universelle. En suivant la première, vous serez fidèle à la parole d'un roi ; « Je n'en veux pas à la nation française, avez-vous dit, *mais à Napoléon et à sa dynastie.* » Vous avez atteint votre but, vous possédez cet homme qui sera l'éternelle honte des souverains de la terre ; Sire, vous êtes arrivé au faîte de la grandeur ; croyez-moi, ne le salissez pas en arrachant à cette France l'Alsace, son enfant le plus dévoué... Sire, vous pouvez nous écraser, nous mitrailler, mais vous ne saurez jamais nous conquérir.

En marge de ces mots : « *A Napoléon et à sa dynastie*, » le Roi a écrit :

« Cela n'a jamais été dit. »

Ce reproche d'avoir manqué à sa parole, reproche qui revient souvent dans ces lettres, paraît avoir été particulièrement sensible au roi Guillaume, car, toutes les fois qu'il l'avait rencontré, il avait mis en marge une réponse, renvoyant au texte même de son manifeste qui, en effet, interprété littéralement et non dans son esprit, permet de nier la distinction que l'on avait prêtée au roi Guillaume.

A une autre lettre, où il était dit que l'on ne doit pas « *bombarder les capitales* », le Roi a répondu :

« Quand elles ne sont pas fortifiées ! »

Parfois, la note est ironique. Une lettre contient ces phrases :

Infâme scélérat, c'est avec un profond mépris que je t'écris... Maintenant que tes hordes barbares ont partout répandu le pillage, l'incendie et le brigandage, que tes mains sont souillées de sang et d'infamies, ta cruauté n'est-elle pas assouvie ?...

Cette lettre est signée : *Un Français qui ne t'aime pas*.

Le roi Guillaume a écrit au-dessous de cette signature :

« Il me semble ! »

Voici encore d'autres fragments qui portent des signes attestant que les lettres ont été lues :

... Croyez-en un homme de bien, Sire, offrez la paix à des conditions acceptables ; renoncez à ces deux provinces qui ne seront jamais allemandes de cœur et qui ne peuvent pas augmenter votre puissance. Tendez la main à la France, et faites-en une voisine amie... l'Allemagne vous bénira, tandis qu'elle vous maudira, si vous continuez à faire immoler ses enfants...

Old rascal... N'as-tu pas de honte de dire que tu es envoyé de Dieu pour unir l'Allemagne ! Ne crois peut-être pas que la personne qui t'écrit fait partie de la nation française. Pas du tout, la France n'est pas ma patrie, mais les Français ne sont pas les seuls qui te haïssent... l'univers entier te déteste et te méprise, car tu n'es pas un roi..., la noblesse et la gratitude te sont inconnues, etc...

Roi chrétien, arrête cette guerre abominable où s'entre-déchirent deux peuples faits pour s'aimer et s'estimer. Tu as vu les ruisseaux de sang, l'agonie des mourants et des blessés, et toutes les horreurs de cette guerre causée par les fautes de notre lâche empereur ; vois aujourd'hui les villes et les villages incendiés... les populations décimées, affamées... L'Éternel a dit qu'il punirait jusqu'à la quatrième génération ; le bras vengeur qui nous punit aujourd'hui des gloires du grand Napoléon et des bassesses de son vil successeur peut s'appesantir aussi sur toi, sur les tiens, sur les peuples qui te sont confiés ; écoute la voix de l'humanité qui te crie : la paix ! la voix de ta conscience qui te crie : la paix ! Signe une paix généreuse, digne du grand peuple vainqueur et du grand peuple vaincu !

Une mère désolée.

Nous reproduisons enfin tout entière cette lettre d'un habitant de Strasbourg ; tout ce qui vient de l'Alsace a pour nous aujourd'hui un prix particulier :

Strasbourg, le 12 novembre 1870 (1).

Sire,

Les peuples civilisés, tant Allemands que Français, sont honteux pour vous de ce que vous voulez profiter de la pitoyable position dans laquelle se trouve la pauvre France pour satisfaire la triste ambition que vous avez d'humilier notre patrie et surtout celle d'agrandir la Prusse d'une province qui n'a nullement le caractère prussien et qui ne veut pas de vous. Notre province est annexée à la France depuis près de deux siècles, elle a fourni à la patrie ses plus vaillants et ses

(1) Cette lettre est signée.

plus illustres enfants; nous sommes tous attachés de cœur à la France, nous sommes prêts à faire tous les sacrifices qu'elle exigera de nous plutôt que de devenir Prussiens.

Le bombardement auquel vous avez soumis la capitale de l'Alsace a achevé de faire prendre en horreur profonde non pas vos différents peuples, dont vous avez fait des mercenaires, mais bien vous, Roi bombardeur, et votre machiavélique Bismarck. Le massacre que vous avez exercé ici, non pas contre une fortification et les soldats qui l'ont défendue, mais contre des monuments, chefs-d'œuvre de l'art et de l'intelligence, contre des femmes, des vieillards et des enfants, sera une honte éternelle pour vous et tous ceux qui l'ont conseillé.

Ce Dieu, que vous invoquez dans cette honteuse affaire, est également le Dieu de la France, qui ne voudra pas qu'elle succombe; la France sortira de cet état de somnolence amené par tous les vices dans lesquels son gouvernement pourri l'a plongée. Ce peuple si intelligent va se régénérer et se réveiller de sa torpeur. Mais croyez-le bien, ô Roi bombardeur, ce réveil sera terrible pour vous et les vôtres.

Cessez donc une guerre qui n'a plus de raison d'être; épargnez le sang de votre peuple ainsi que celui des nôtres; voyez dans quelle désolation vous jetez les familles des deux pays, dont les populations ont tout à perdre et rien à gagner à cette misérable guerre, qui n'est plus de notre époque et dont l'on ne veut pas. Faites la guerre aux mauvaises passions, à la bonne heure! — et dans ce cas vous pourrez commencer par vous-même.

Réfléchissez au contenu de la présente et tâchez de rentrer en vous-même pendant qu'il est temps encore.

C'est ce que désire, Sire bombardeur, un citoyen de Strasbourg qui aime sa patrie comme tous les vrais Strasbourgeois.

Le grand mérite de ces lettres, c'est d'avoir transmis sans intermédiaire au roi de Prusse l'expression exaltée ou naïve de la pensée populaire de la France. Quant aux annotations ajoutées par le Roi, elles sont curieuses matériellement, mais, comme le lecteur a pu le reconnaître, elles ne constituent au fond que des redites très peu originales d'idées captieuses déjà exprimées tout au long dans les circulaires de M. de Bismarck. Ces notes n'attestent chez le roi Guillaume qu'un goût consciencieux pour le travail, une étude attentive des œuvres de son chancelier et un flegme patient qui ne recule devant aucune lecture, quelque peu agréable qu'elle soit. Pour nous, il y a une espèce de consolation à penser que, dans son quartier général de Versailles, le chef des armées allemandes a lu, et en très grand nombre, des réflexions semblables à celles que nous avons citées, et auxquelles nous ajoutons encore ces deux cris de douleur :

... Sire, vous avez tué mon frère, assassiné mes parents, vous m'avez ruinée... vous voulez ruiner la France; soyez maudits, vous et Bismarck... soyez maudits!...

... Honte à toi, ô roi Guillaume, tu as cru qu'il fallait écraser le vaincu : honte à toi!... Nous croyions que tu étais un chrétien et tu n'es qu'un bourreau!...

7 décembre. — Le troisième numéro du *Recueil officiel du département de Seine-et-Oise* avait paru à la fin de novembre. Comme le précédent, il contenait fort peu d'arrêtés dus à l'initiative de M. de Brauchitsch. Des règlements, rédigés à Reims et relatifs à la peste bovine ou à l'organisation des postes allemandes, le remplissaient presque tout entier.

On n'avait donc donné qu'une attention fort médiocre à cette publication. Mais M. Forster, qui tenait à ne perdre aucune occasion de se montrer rigoureux, eut soin, dans une lettre spéciale, imprimée au *Moniteur officiel* du 7 décembre, de remettre sous nos yeux, avec commentaires, la pièce suivante, la plus intéressante, en effet, de sa livraison :

Versailles, le 5 décembre 1870.

A MM. les Maires du département.

Le gouvernement général à Reims vous a adressé (1), sous la date du 27 octobre, l'ordonnance suivante concernant la conscription, qui a été reproduite dans le *Recueil officiel du département de Seine-et-Oise* :

ORDONNANCE CONCERNANT LA CONSCRIPTION

Nous, Gouverneur général des départements occupés par les troupes alliées et qui ne sont pas placés sous l'autorité des gouvernements généraux de Lorraine et d'Alsace,
Avons ordonné et ordonnons ce qui suit :

1º *Les maires dresseront immédiatement la liste des personnes appartenant à leurs communes, et qui, y étant présentes, sont, d'après les lois françaises, sujettes à la conscription, tant pour l'armée que pour la garde mobile ;*

2º *Les maires dresseront en même temps une liste des hommes de la commune qui n'ont pas dépassé leur quarante-sixième année, qu'ils aient été ou non sujets à la conscription ;*

3º *Les maires présenteront une copie de ces listes, d'aujourd'hui en huit jours, à MM. les préfets, sous-préfets ou aux fonctionnaires suppléants (militaires ou civils) ;*

4º *En cas de départ clandestin ou d'absence non motivée d'un individu porté sur les listes ci-dessus, les parents et tuteurs, ou les familles, seront frappés d'une amende de 50 francs pour chaque individu absent et pour chaque jour d'absence ;*

5º *Nos autorités civiles et militaires seront chargées de faire des perquisitions domiciliaires chez les individus inscrits sur les listes, afin de s'assurer de la stricte exécution des ordres ci-dessus publiés.*

Reims, le 27 octobre 1870.

E. R.

Le Gouverneur général,
De Rosenberg-Gruszynski,
Lieutenant général.

(1) Les maires ne l'avaient pas reçue, mais les Prussiens mettaient largement en pratique l'adage : « Nul n'est censé ignorer la loi, » et ils avaient déclaré que, dès qu'ils entraient dans un département, *toutes* les communes de ce département devaient aussitôt obéir (sans doute d'instinct) à leurs arrêtés. L'affichage d'une prescription dans *une seule* commune du département rendait officiellement cette prescription obligatoire dans *toutes*.

J'ai constaté que dans le département de Seine-et-Oise cette ordonnance est en grande partie sans résultat.

Je préviens par conséquent MM. les maires qui sont en retard que si ces listes n'étaient dressées dans le plus bref délai, et si les copies ne m'étaient adressées immédiatement (et dans l'arrondissement de Corbeil à M. le sous-préfet), je me verrais *obligé* d'employer *des mesures sévères*, dont la responsabilité retomberait entièrement sur eux.

Le Préfet de Seine-et-Oise,

E. R.

FORSTER,
Conseiller de préfecture et secrétaire général (1).

Dès la première lecture de cet arrêté scandaleux, l'administration municipale prit la résolution de se refuser absolument à l'exécuter. Le Conseil municipal, consulté, jugea de même que c'était là une de ces exigences auxquelles il fallait résister, sans se laisser aller à aucune espèce de transaction ou de concession. Les quatre membres de l'administration s'étant rendus chez M. Forster, lui exposèrent que l'autorité allemande pouvait bien, en vertu des droits du vainqueur, et en se renfermant dans certaines limites, exiger de la ville qu'elle occupait tout ce qui se résout en argent, mais qu'elle n'était jamais autorisée à donner à son ennemi vaincu des ordres auxquels l'honneur ne permet pas d'obéir; par conséquent, la municipalité, quelle que pût être la sévérité de la peine prononcée contre la désobéissance, se refuserait toujours à tout acte ressemblant à une trahison ou à une lâcheté et c'était là le caractère incontestable de l'injonction qui venait de lui être faite.

M. Forster s'efforça d'établir que l'arrêté n'avait pas le sens qu'on lui attribuait, et l'entretien se termina sans qu'il eût été pris en apparence de décision définitive; mais jamais les listes demandées ne furent fournies par la municipalité, et ni M. Forster, ni M. de Brauchitsch ne les redemandèrent. Comme il arrivait très souvent dans des circonstances analogues, les Prussiens, sachant fort bien qu'ils avaient été au delà du droit tel que l'Europe contemporaine le reconnaît, et rencontrant en face d'eux une résistance bien ferme, avaient reculé. Ils avaient assez d'impudence pour faire sans vergogne des tentatives semblables à celle que nous venons de raconter, mais lorsqu'on osait leur montrer à haute voix, avec un accent sincère d'honnêteté, combien leur acte était honteux, ils n'étaient pas toujours incapables de comprendre et de revenir à des procédés plus dignes d'un ennemi qui se respecte.

(1) On peut remarquer la variété changeante de titres dont M. Forster accostait sa signature pendant l'absence de M. de Brauchitsch. — On reconnaît là une des habitudes d'un pays où le goût pour les titres et les fonctions officielles est encore plus prononcé que chez nous.

Dans la journée, vers une heure, les Prussiens amenèrent encore à Versailles six pièces de canons, suivies de quatre caissons. Elles arrivèrent par la route du Pont-Colbert. On les fit passer devant le roi Guillaume, qui, pendant qu'elles défilaient, se tint sur l'avenue de Paris, au coin de la rue des Chantiers.

Lorsque ces pièces étaient entrées à Versailles, elles étaient accompagnées de six affûts de l'artillerie allemande complètement démontés; mais les Prussiens avaient eu soin d'emmener ces affûts par la rue de Noailles, afin de les soustraire le plus tôt possible à la vue des habitants et de leur souverain.

Le même jour, à 4 heures de l'après-midi, deux détachements de prisonniers français passèrent par la ville : c'était là un fait assez fréquent; il attira davantage l'attention parce que ces soldats, au nombre de soixante environ, venaient, les uns d'Artenay, les autres d'Evreux. Ils excitaient plus de sympathie que d'habitude, car on savait qu'ils étaient de ceux qui avaient livré ces derniers combats où le succès avait été si chèrement disputé. Selon l'usage, on fit arrêter ces prisonniers un certain temps place d'Armes, devant l'hôtel de France, où logeait le commandant de place, chef de l'étape. Pendant cette station réglementaire, les prisonniers français se trouvaient toujours bien vite entourés d'une foule d'habitants qui cherchaient à approcher d'eux, leur tendant la main, la leur serrant quand ils le pouvaient, leur glissant en même temps des pièces blanches pour qu'ils pussent s'acheter du tabac ou des vêtements. Ce jour-là, ces démonstrations si naturelles furent empêchées par les soldats allemands avec une brutalité révoltante; ils se jetèrent sur les prisonniers et sur les habitants qui s'étaient approchés, et les frappèrent à coups de crosse, à coups de pieds, à coups de poings, « avec la furie et la rage de véritables bêtes féroces », suivant l'expression d'un témoin. Plusieurs prisonniers et plusieurs personnes furent ainsi frappés jusqu'à être blessés.

On devine quels sentiments de pareilles scènes inspiraient. Le bruit s'en répandait aussitôt dans toute la ville et les âmes les plus calmes ne pouvaient s'empêcher d'éprouver, avec un profond mépris pour de pareils ennemis, un avide besoin de vengeance.

En dépit de tout, la municipalité ne se laissait pas abattre, et, ce jour-là même, le maire adressa au colonel de la garde nationale la lettre suivante, qui témoigne de l'espoir qui survivait toujours et quand même au fond des cœurs patriotes :

Colonel,

Vous savez que l'administration municipale est très préoccupée de la nécessité de réorganiser notre garde nationale pour la pouvoir appeler sous les armes le jour même où l'occupation allemande cessera. Ce jour-là, — plaise à Dieu qu'il soit très prochain! — il faudra que le poste de la Mairie soit de suite occupé par la moitié de la compagnie de pompiers faisant le service en uniforme, avec les sabres, si les fusils n'étaient pas rendus.

Le lendemain, la seconde moitié de la compagnie de pompiers relèverait la première, et pour le surlendemain nous aurions le temps de commander le service des autres compagnies. Quant aux fusils de la garde nationale qui sont conservés dans les salles du rez-de-chaussée des Grandes-Écuries, ils devront nous être rendus, et des hommes de corvée devront être commandés dans chaque compagnie pour en effectuer le transport à l'Hôtel-de-Ville. Seulement, il faudrait, dès le premier jour, y installer un atelier d'armuriers chargés de remplacer dans la batterie de chaque fusil à percussion, le marteau (ou chien) qui en a été enlevé. Je vous prie, Colonel, de vouloir bien, dès à présent, faire faire les recherches nécessaires pour former, à l'aide d'armuriers et même de serruriers, l'atelier dont il s'agit, lesquels seront commandés de service obligatoire à la Mairie dès le premier jour, pour le travail ci-dessus.

Je vous renouvelle, Colonel, la demande instante de reformer, vérifier et maintenir les cadres de bataillons de notre garde nationale sur les rôles comme si elle devait être appelée à marcher d'un jour à l'autre.

Ces ordres furent exécutés, mais plus de quatre mois devaient encore s'écouler avant la fin de l'occupation allemande.

Un militaire allemand, nommé Weiss, avait remis entre les mains de ses chefs deux obligations trouvées par lui dans un jardin de Montretout. Ces valeurs furent transmises à la Mairie par M. le général de Voigts-Rhetz. Le Conseil, qui aurait vivement désiré avoir souvent l'occasion de constater dans l'armée allemande des dispositions de ce genre, s'empressa, dans sa séance du 7 décembre, de voter au soldat Weiss une gratification de 50 francs, espérant que l'exemple donné par cet honnête homme serait suivi; mais la Mairie ne reçut plus de pareil dépôt.

Au contraire, et pour ainsi dire comme compensation, au même instant, un autre soldat fit passer chez un commerçant de la ville un billet faux de 25 thalers.

Dès le 4 novembre 1870, M. de Voigts-Rhetz avait enjoint à la municipalité de payer les frais de son séjour à l'hôtel de France. Cette injonction avait été faite dans les termes suivants :

A la Mairie de la ville de Versailles.

C'est mon désir et ma volonté qu'un accord intervienne entre le commandant de place et la commune pour régler la question de ma nourriture pendant mon séjour à Versailles. En conséquence, l'hôtelier de l'hôtel de France est invité à présenter son compte à la Mairie; une partie de ce compte devra être payée et le reste garanti par un bon.

M. Raffali devra, à l'avenir, présenter son compte à la Mairie les 1er et 15 de chaque mois, et le faire reconnaître.

De Voigts-Rhetz,
Général-major et commandant.

Cette note s'élevait, pour quarante jours, à 7,406 fr. 90.

Le Conseil, après avoir discuté pendant plus d'un mois, dut, le 7 décembre, sous le coup de menaces nouvelles, se résigner à payer un premier acompte sur cette note invraisemblable. Elle devait continuer à s'élever chaque jour dans les mêmes proportions, et, au départ du général, elle montait au chiffre de 24,894 fr. 40 (1).

M. de Voigts-Rhetz était, en vertu de ses fonctions, chargé spécialement d'empêcher tout abus de la victoire par les troupes d'occupation, et il était sincèrement convaincu qu'il donnait l'exemple d'une modération souvent même excessive. On peut juger par le chiffre de sa note comment on entend en Prusse la discrétion du vainqueur.

8 décembre. — Un spéculateur allemand avait eu l'idée d'organiser un service d'omnibus entre Versailles et Lagny, point où l'on retrouvait le chemin de fer pour se rendre en Allemagne. Il avait parlé de ce projet au commandant de place, qui l'avait approuvé, beaucoup d'officiers ayant à chaque instant l'occasion de se rendre dans cette direction. Mais il fallait des omnibus. Comment se les procurer? Par le moyen ordinaire : la réquisition n'était-elle pas là pour donner gratuitement aux Allemands civils et militaires tout ce qui pouvait leur être agréable. On requit donc de la ville des omnibus. Trouver ces omnibus n'était pas chose facile; on s'en occupa, mais MM. Jeandel, Rémont et Verlhac, conseillers municipaux chargés de ce service, et M. Bernay, employé de la Mairie placé sous leurs ordres, ne mirent pas à cette recherche un empressement proportionné à l'impatience du spéculateur qui attendait ses voitures, et tout à coup, sans doute sur une plainte adressée par lui au commandant de place, l'administration municipale ressentit les coups de verge de l'autorité prussienne.

Le 7, M. Bernay était arrêté et emprisonné.

Le 8, la lettre suivante était adressée à la Mairie :

Les réparations d'omnibus ordonnées depuis plus de huit jours n'étant pas terminées, le général commandant la ville prévient la municipalité que, si ces voitures ne sont pas prêtes aujourd'hui même, à 4 heures après midi, la ville aura à payer une amende de 1,000 francs.

(1) La note payée par la ville à l'*hôtel des Réservoirs*, pour la dépense des princes et officiers allemands, s'éleva de son côté à 62,218 francs. — Total pour deux hôtels seulement : 87,112 francs.

A 4 heures, les réparations aux omnibus n'étaient pas terminées. Sans doute, pour éviter les discussions et les résistances que la municipalité aurait opposées comme d'habitude, l'amende de 1,000 francs ne fut pas demandée, mais onze garnisaires vinrent, à 4 h. 1/2, s'installer chez le maire et chez MM. Rémont et Verlhac. Ces garnisaires étant envoyés comme châtiment, ils avaient reçu la consigne de se montrer, pour la nourriture et le logement, aussi exigeants, aussi intraitables que possible, et la plupart s'acquittèrent en conscience de cette partie de leur mandat. Chez le maire, ils jugèrent à propos de se livrer à cette plaisanterie essentiellement prussienne, qui restera un trait célèbre de l'histoire de la seconde campagne de France, et témoignera dans l'avenir de la délicatesse des mœurs germaniques : ils souillèrent à dessein de leurs ordures l'appartement et l'escalier.

Le châtiment dura jusqu'au 12 au matin, c'est-à-dire jusqu'au moment où les omnibus requis furent livrés.

Afin de pouvoir frapper plus facilement à l'avenir, le commandant de place avait, le 9, écrit au maire :

Les irrégularités répétées qui se sont produites dans le service des voitures et les inconvénients sensibles qui résultent pour les troupes de ce manque d'ordre m'amènent à déclarer expressément que, pour tout retard et toute négligence, je rendrai désormais *personnellement* responsables les employés de ce service et spécialement le président de la Commission. Il m'est impossible de tolérer que de pareils retards se produisent dans les rapports entre la Commandanture royale et les autorités de la ville.

Une si grande sévérité sur ce chapitre convenait-elle à « la Commandanture royale » ? On en jugera par deux incidents qui datent de cette même époque.

Dans la soirée du 8 décembre, un cocher, nommé Legrand, revenait de Lagny avec sa voiture. Il rencontra sur la place Hoche deux officiers prussiens. L'un deux, qui était complétement ivre, s'approcha du cocher en lui ordonnant de le conduire au café du Globe. Le cocher répondit que son cheval, ayant fait le voyage de Lagny, pouvait à peine se tenir sur ses jambes, tant il était fatigué, et que, d'ailleurs, la voiture était déjà occupée par deux personnes. L'officier tira alors son sabre, força les voyageurs à descendre, monta sur le siège et, prenant le fouet, il en frappa le cocher qui s'était placé auprès de son cheval, le tenant par la bride pour l'empêcher de tomber. On arriva ainsi rue Mademoiselle où était la remise de la voiture. Là, l'officier tira de nouveau son sabre et en frappa le cocher, qui, voyant son sang couler, s'arma d'une fourche et se disposa à se défendre vigoureusement. Une femme, présente à la lutte, s'élança pour séparer les combattants; l'officier se jeta sur elle à coups de poing, puis il alla chercher des soldats allemands pour arrêter le cocher. L'intervention d'autres officiers logés dans le voisinage mit enfin un terme à ces violences. Le cocher avait la tête, la joue et la nuque couturées de coups de sabre et deux doigts de la main gauche coupés. Le pavé de la cour était couvert de sang. Le camarade de l'officier ivre avait assisté à toute la scène comme simple témoin, sans rien faire pour s'y opposer.

Plainte fut déposée chez le commandant de place. Qu'en résulta-t-il pour le coupable? On n'en dit jamais rien ni à la municipalité, ni à la victime, ce qui permet de supposer que cette plainte eut le sort de toutes les autres. On était d'autant plus porté à le penser, que l'officier ivre était, dit-on, un prince.

Quelques jours auparavant, le maire avait reçu d'un des loueurs de voitures de la ville la lettre suivante, qui racontait un fait analogue et que nous reproduisons sans commentaire, à titre d'échantillon assez complet des plaintes de même genre qui étaient adressées à tout moment à la municipalité :

Monsieur le Maire,

Hier, à 11 heures du matin, deux militaires du 38ᵉ de ligne sont montés dans la voiture à deux chevaux de mon cocher Girard. Ils l'ont fait aller au n° 2 de la Petite-Place, prendre une femme qu'ils ont fait monter avec eux. Il les a conduits à Villône, où la femme, ayant eu peur, est descendue de voiture pour revenir à Versailles. Les militaires ont dit alors au cocher de courir après elle; il est descendu de son siège pour la faire remonter et, pendant ce temps, les militaires sont partis avec la voiture. Le cocher a été obligé de revenir à pied à Versailles. La voiture n'est pas revenue.

Je m'adresse à vous, Monsieur le Maire, pour me faire rendre justice, vous disant que j'aime mieux tuer mes chevaux que de continuer.

MENESSE,
Loueur de voitures.

Le maire avait transmis cette plainte de vol au commandant de place, qui l'avait jointe à la collection déjà très riche des lettres auxquelles il ne répondait pas.

9 décembre. — Dans ces premiers jours de décembre, on remarqua qu'une partie des émigrés et surtout des émigrées qui avaient quitté Versailles avant le 19 septembre, commençait à revenir: la sécurité n'était pourtant pas très grande, car rien ne pouvait garantir que la ville ne deviendrait pas un jour ou l'autre le théâtre d'un combat, ou qu'elle ne serait pas, par un incident quelconque, exposée aux vengeances prussiennes;

cependant une expérience de plus de deux mois avait démontré que, parmi les pays occupés, le grand quartier général prussien était encore un des endroits où l'on était le plus à l'abri des excès de la soldatesque, et Versailles vit reparaître en assez grand nombre les personnes qui avaient surtout redouté les désordres de l'entrée des troupes. Par ces personnes, on eut des nouvelles de l'intérieur de la France ; mais, là aussi, on trouva les contradictions qu'on rencontrait partout. Selon les uns, nos ressources militaires étaient immenses et ne faisaient qu'augmenter de jour en jour ; l'enthousiasme patriotique était presque partout admirable ; les défaites essuyées jusqu'à présent n'avaient donc rien compromis ; plus les armées prussiennes s'avançaient au cœur de la France, plus le danger augmentait pour elles ; déjà le découragement, la maladie, la fatigue les décimaient, et le jour approchait où elles pourraient être coupées et dispersées… Selon d'autres, rien n'était plus lamentable que le spectacle de nos armées en formation, et les improvisations les plus audacieuses, les efforts les plus persévérants, quelque honorables qu'ils fussent, ne pourraient absolument rien contre l'invasion d'un million d'hommes si merveilleusement organisés. Tiraillée ainsi en sens contraires, l'opinion publique restait dans une ignorance inquiète, mêlant à ses anxiétés un fond indéracinable de vagues espérances. Les noms d'Aurelle de Paladines, puis de Chanzy, la veille complètement ignorés et devenus tout à coup célèbres, faisaient croire à l'apparition prochaine d'un de ces hommes de génie que suscitent parfois les grands désastres. Bien des imaginations excitées attendaient quelque chose de semblable à l'apparition de Jeanne d'Arc, et plus les noms des généraux nouveaux étaient inconnus, plus ils inspiraient de confiance à des âmes qui ne pouvaient plus compter pour le salut que sur une espèce de miracle. A Versailles, où les canons parisiens faisaient sans cesse retentir leurs détonations amies, où l'on voyait chaque jour un si grand nombre de blessés et de malades s'entasser dans les ambulances prussiennes (1), on ne pouvait pas se résigner longtemps au désespoir, et, dans les nouvelles qui vinrent alors de la province, on ne voulut guère donner d'autorité qu'à celles qui faisaient envisager comme heureuse l'issue finale de la lutte. D'ailleurs, les officiers prussiens eux-mêmes, dans leurs moments d'abandon, nous avouaient que si toutes les chances semblaient bien être pour eux, rien cependant n'était encore définitif. En face d'une ville immense comme Paris, énergiquement résolue à se défendre, en face de généraux habiles et actifs comme parais-

---

(1) Il arrivait tous les matins, par la gare des Chantiers, de 80 à 100 blessés.

saient l'être les nouveaux généraux, on ne pouvait rien affirmer de certain, et un seul revers de l'armée allemande pouvait compromettre tous les succès passés. — Ces aveux recueillis avec joie contribuaient à raffermir les courages.

10 décembre. — Le 10, le maire reçut de son collègue de Ville-d'Avray l'avis que le cadavre d'un enfant, qui sans doute était de Versailles, et qui paraissait avoir de 12 à 14 ans, avait été trouvé dans les bois de Ville-d'Avray. La mort était due à un coup de fusil. On découvrit bientôt que cet enfant était un petit maraîcher de Viroflay. Comment avait-il été tué? Évidemment par quelque sentinelle prussienne qui n'avait pas hésité à faire feu sur un enfant, et qui, le meurtre accompli, avait laissé là le cadavre sans oser rien dire de ce qui s'était passé.

12—15 décembre. — Une des plus grandes souffrances de l'occupation, c'était d'être livré aux fausses nouvelles. Constamment, il courait dans la ville des copies manuscrites de prétendues dépêches télégraphiques, parfois peut-être d'origine prussienne, et auxquelles une partie de la population n'était pas sans ajouter foi, pendant quelques heures au moins. Bientôt la vérité se faisait jour, mais le résultat de ces déceptions continuelles, c'était d'ôter toute espèce d'autorité à tous les récits, même quand ils étaient exacts. Le combat de Champigny avait été annoncé un jour par une affiche qu'une main inconnue avait posée sur la place du Marché et qui portait ces mots:

PARIS DÉBLOQUÉ!

Grande victoire sous Paris... Le général Trochu a battu complètement les Prussiens et s'est avancé jusqu'à Bry-sur-Marne. Amiens a été évacué par les forces prussiennes, qui de tous côtés se replient sur Paris... etc.

Deux jours plus tard, une dépêche prétendue officielle, encore plus mensongère, passait de mains en mains. Il faut la citer pour donner une idée du vertige d'esprit au milieu duquel devait vivre la foule, incapable de discerner du premier coup d'œil la fausseté de ces pièces:

DÉPÊCHE OFFICIELLE.

9 décembre, 6 heures du matin.

Reçue de source officielle à Chartres. Copiée sur un original imprimé.

Près Paris. — Combat dure 16 heures. Le général Trochu et Garibaldi se sont donné la main. Le fort Mont-Valérien, Vincennes, Montrouge, Bicêtre, Issy ont pris part à l'action. Français vainqueurs; tués, blessés: 4 à 5,000 Prussiens; hors de combat: 10,000 environ. Ceux-ci ont demandé 2 heures pour enterrer leurs morts; cette demande leur a été refusée et la bataille a duré jusqu'au lendemain matin.

Orgères. — Environ 3,000 Prussiens tués ou blessés, 3,200 prisonniers prussiens. Français vainqueurs. Combat à l'arme blanche.

Environs de Versailles. — Mardi, combat sanglant près de Bellevue. Demande d'arrangement de Bismarck. Refus du général Trochu qui dit qu'il ne traite pas avec son prisonnier.

Versailles. — Etait cerné mercredi. Grand combat à Choisy, Longjumeau, Chaville. 140 canons capturés. Jeudi, évacuation des Prussiens. Jonction de l'armée de la Loire et du général Ducrot à Essonnes et Dourdan. Prise de 600 sacs d'avoine. 1,700 Bavarois ont abandonné 40 canons.

Garibaldi et Trochu occupent Corbeil.

Dans les environs du Mans, grande victoire : 20,000 Prussiens prisonniers.

Si les esprits plus réfléchis échappaient en partie aux illusions que ces pièces fausses pouvaient faire naître, il y avait pour eux d'autres douleurs, parmi lesquelles il faut compter la lecture des extraits de la presse étrangère que nous donnait le *Moniteur* de M. de Bismarck. Depuis le commencement de décembre, *l'Indépendance belge* arrivait assez régulièrement à Versailles par la poste prussienne, et là nous trouvions l'expression de sentiments sympathiques pour lesquels, dans notre abandon, nous éprouvions une bien vive reconnaissance ; mais les renseignements que nous donnait ce journal lui-même nous apprenaient que ces sentiments sympathiques étaient bien rares en Europe, et il nous fallait reconnaître l'authenticité d'articles semblables à cet extrait du *Times*, publié le 13 décembre, par le *Moniteur officiel* de Versailles, et que nous reproduirons en entier : il montre mieux que tout autre l'esprit de la rédaction du journal de la chancellerie prussienne, et atteste en même temps quelles alliances puissantes, perfides et haineuses M. de Bismarck avait su s'attacher.

Voici cet extrait, que le rédacteur du *Moniteur officiel* signalait comme méritant « une attention spéciale (1) » :

La compassion gratuite et les lamentations de la presse anglaise sur les épreuves que subit la France, et sur la cession de l'Alsace et de la Lorraine aux Allemands victorieux, sont moins, à ce que je crois, dictées par compassion et humanité que par un sentiment erroné qui trahit, de la part de l'Angleterre, la plus profonde ignorance en ce qui concerne l'histoire de ces deux peuples et en la manière dont l'Allemagne a été inquiétée et tracassée par la France depuis des siècles.

Il ne s'agit pour les Allemands, dans la crise actuelle, ni de faire de la générosité ou de la compassion, ni d'offrir un pardon magnanime à

---

(1) *Moniteur officiel* du 13 décembre 1870.

l'ennemi vaincu, mais bien plutôt d'un simple acte de prévoyance et de considération pratique sur la question de savoir ce que fera l'ennemi après la guerre, alors qu'il aura recouvré ses forces.

L'Angleterre n'a gardé qu'un faible souvenir des dures et nombreuses leçons que l'Allemagne a tirées pendant quatre siècles des procédés de la France à son égard. Depuis quatre cents ans, aucune nation n'a eu des voisins aussi malveillants que l'étaient pour l'Allemagne les *Français, insolents, rapaces, insatiables, implacables et toujours prêts à prendre l'offensive*. L'Allemagne a supporté pendant tout ce temps *ces outrages de la France*; mais aujourd'hui, vainqueur de sa voisine, elle serait, à mon avis, bien folle si elle ne profitait pas de l'occasion pour s'assurer une frontière qui soit pour elle une garantie de paix.

A ce que je sache, il n'existe aucune loi dans le monde en vertu de laquelle la France pourrait être autorisée à garder des biens détournés par elle, *une fois que les propriétaires volés ont mis la main sur le voleur*. Les Français se plaignent amèrement, à ceux qui les écoutent, de pertes menaçant leur honneur, et ils prient sérieusement qu'on ne déshonore pas la pauvre France, qu'on laisse son honneur immaculé. Cependant, l'honneur sera-t-il sauvegardé si la France refuse de payer les carreaux cassés par elle chez son voisin? Mais c'est justement le fait d'avoir voulu briser les carreaux de son voisin qui entache son honneur, et cet honneur ne peut être rétabli que par le plus profond repentir et la sincère résolution de ne plus recommencer.

Pour le moment, je le dis franchement, jamais la France ne m'a paru aussi insensée, aussi pitoyable, aussi digne de blâme et de mépris, en s'obstinant à ne pas voir les faits sous leur véritable jour et en refusant de ne s'en prendre qu'à elle des malheurs qu'elle s'est attirés. Une France désorganisée par une anarchie complète, sans chef généralement reconnu; des ministres qui s'envolent en ballon, emportant avec eux, comme lest, d'indignes mensonges publics et des proclamations de victoires fantastiques; un gouvernement qui ne vit que de faussetés et qui aime mieux prolonger et augmenter encore l'effusion du sang plutôt que de perdre, avec cette admirable utopie républicaine, sa propre dictature, tel est le spectacle que nous offre ce pays. En vérité, je ne sais si jamais nation s'est couverte d'un pareil déshonneur.

Le nombre total des mensonges que, depuis le mois de juillet, la France officielle et non officielle a mis sciemment au jour est inouï et effrayant. Mais peut-être, hélas! n'est-ce rien en comparaison de l'incommensurable quantité de mensonges inconscients et d'illusions qui ont cours depuis si longtemps parmi les Français. Les hommes de génie, reconnus comme tels dans tous les domaines de la littérature, partagent évidemment l'opinion qu'une sagesse surhumaine rayonnait de la France sur les autres nations, que la France était la nouvelle Sion de l'univers, et que toutes les productions littéraires françaises depuis cinquante ans, tant malsaines, sales et souvent diaboliques qu'elles fussent, forment le véritable Évangile riche en bénédiction pour tous les enfants des hommes.

..... Il y a un siècle, l'Angleterre désirait très vivement voir l'Alsace et la Lorraine retranchées de la France. Pendant un moment même, elle a fait de réels efforts pour arriver à ce but. Je ne puis donc point être surpris si, dans les circonstances favorables actuelles, Bismarck, et l'Allemagne avec lui, émettent le même désir et la même prétention. Après avoir été provoqués comme ils l'ont été, et après avoir remporté de telles victoires, cette demande des Allemands me paraît raisonnable, juste et *même modérée*.

Il est évident que Bismarck espère que le siège de Paris, qui semble être la plus monstrueuse, la plus effroyable tragédie qu'on puisse jouer sous le soleil, n'ira pas jusqu'au bombardement, jusqu'à la mort de millions d'êtres par la faim, jusqu'à l'embrasement de la ville par les bombes.

Je crois que Bismarck prendra l'Alsace et autant de la Lorraine qu'il lui plaira, que ce sera tant mieux pour lui, tant mieux pour nous, tant mieux pour le monde entier, et, avec le temps, pour la France elle-même.

Par des mesures *tranquilles, grandioses*, M. de Bismarck poursuit, à mon avis, avec ses capacités éminentes, un seul but : le bien-être de l'Allemagne et du monde entier. Que le peuple allemand, *généreux*, pacifique, éclairé et sérieux, s'unisse donc, *que l'Allemagne devienne la reine du continent, aux lieu et place de la France légère, ambitieuse, querelleuse et par trop susceptible ; tel est le plus grand événement des temps actuels, dont l'accomplissement doit être espéré par tout le monde.*

Lire de pareils articles placardés en affiches sur tous les murs de la ville, et ne pouvoir en réfuter publiquement les sophismes méprisants ; assister devant le Château à des scènes comme celle que nous avons racontée, où des soldats français, désarmés, prisonniers, portant des traces de blessures, étaient grossièrement injuriés, frappés de coups par leurs vainqueurs, et ne pas pouvoir les protéger et les défendre : voilà quelques-unes des humiliantes douleurs qu'il fallait presque chaque jour dévorer en silence et qui faisaient trop bien comprendre l'état d'abaissement où l'occupation étrangère réduit un peuple.

Le 13 décembre, la veille même du jour où devaient cesser ses fonctions intérimaires par le retour de son chef M. de Brauchitsch, M. Forster tint à donner un dernier et éclatant témoignage de sa vigilance par trois arrestations à grand effet. Des gendarmes prussiens vinrent en son nom à l'Hôtel-de-Ville et emmenèrent comme prisonnier M. Deroisin, adjoint. Son collègue, M. Laurent-Hanin, qui se trouvait là, voulant se rendre compte du motif de son arrestation, le suivit à la Préfecture. M. Forster avait fait saisir aussi tous les papiers de M. Deroisin et de M. Fouquet, employé de la Mairie, chargé de la délivrance des passeports, qui avait été arrêté en même temps. M. Laurent-Hanin ayant demandé à M. Forster la cause de l'arrestation de son collègue, celui-ci, du ton brutal qu'il affectait vis-à-vis des Français, répondit : « La cause ?... c'est qu'il a signé des passeports : ce droit n'appartient qu'à l'autorité prussienne ! » M. Laurent-Hanin déclara alors qu'il était aussi coupable que son collègue, car, lui aussi, à l'occasion, avait donné des signatures de ce genre, et il croyait en cela n'avoir fait qu'user d'un droit incontestable, que personne d'ailleurs ne lui avait jamais retiré officiellement. Des passeports avaient été ainsi délivrés ouvertement depuis le commencement de l'occupation : 1° aux gens dangereux et aux anciens détenus qu'il y avait intérêt à éloigner de la ville ; 2° aux commerçants qui allaient acheter des marchandises ; 3° aux habitants qui allaient chercher leur famille en province. L'autorité prussienne pouvait ne reconnaître aucune espèce de valeur aux passeports délivrés par une autorité française, mais elle ne pouvait avoir la prétention de détruire la valeur de ces passeports aux yeux de nos compatriotes ; par conséquent, il y avait toujours lieu de délivrer ces pièces destinées à servir dans les rapports entre Français. M. Forster n'admit pas ces raisons et ajourna les deux adjoints à un second interrogatoire, en les constituant prisonniers sur parole. Après un second interrogatoire et un examen des papiers saisis, ils furent enfin reconnus libres, à 4 heures du soir, non sans avoir été avertis qu'ils seraient l'objet des plus grandes rigueurs, s'ils retombaient dans « la faute » qu'ils avaient commise. — Quant à l'employé, M. Fouquet, il avait, dès le matin, été conduit en prison, et il n'en sortit que le soir. Il avait dû aussi subir un interrogatoire menaçant, dans le cours duquel il avait fait à M. Forster une réponse adroitement naïve, qui démontrait d'un mot tout ce qu'il y avait d'absurde et d'inique dans les coups d'autorité du sous-préfet prussien. A cette question : « Qui vous a donné l'ordre de dresser les passeports ? » M. Fouquet avait répondu : « Monsieur, cet ordre m'a été donné, il y a au moins quinze ans, le jour où j'ai pris possession de mon service, et depuis ce jour-là, je n'ai pas cessé de dresser mes passeports, sans avoir besoin d'ordre nouveau pour cela. »

A cette réponse inattendue, M. Forster n'avait rien trouvé à répliquer. En cette circonstance comme en tant d'autres, cet agent, trop ardent dans son zèle, avait fait preuve d'autant de maladresse que de brutalité.

Le même jour, dans la matinée, l'autorité prussienne avait ordonné une perquisition générale dans le quartier Montreuil. Des agents de police, des gendarmes, des pelotons de soldats d'infanterie occupèrent militairement les rues et fouillèrent les maisons, de la cave au grenier, sondant même les murailles. Ce que l'on cherchait, c'était des armes. La police prussienne savait qu'elles n'avaient pas été toutes déposées, lorsque l'ordre en avait été donné, et deux coups de feu ayant été tirés dans les bois de Ville-d'Avray, une perquisition avait été ordonnée.

Dès le lendemain, 14, au matin, l'ordre suivant était affiché :

ORDRE

du Commandant de la place de Versailles.

A la suite de deux tentatives de meurtre commises dans les bois de Meudon, de Ville-d'Avray et de Marnes, ces bois et ceux qui sont situés de ce côté, ainsi que les routes qui les traversent, sont interdits à la circulation à partir de *trois heures après midi* jusqu'à *neuf heures du matin.*

Les patrouilles ont reçu l'ordre de *faire feu* sur *toutes* les personnes en état de contravention.

Versailles, le 14 décembre 1870.

De Voigts-Rhetz,
Général-major commandant.

Le meurtre de l'enfant de Viroflay devenait ainsi régulier et conforme aux prescriptions légales.

Cet ordre du commandant de place fut justifié ainsi qu'il suit par le correspondant de la *Kœlnische Zeitung* (1) :

Le fanatisme politique a amené encore à Versailles et dans ses environs quelques excès qui ont nécessité de notre part des mesures plus sévères. Avant-hier, dans le prolongement de l'avenue de Saint-Cloud, il a été tiré un coup de feu sur un de nos officiers ; le soir du même jour, un de nos soldats a été blessé d'une balle de pistolet par un civil. Les auteurs de ces actes s'enfuient d'habitude dans les taillis et dans les bois, et s'échappent. En conséquence, il a été donné l'ordre aux postes de tirer sans autre information (*ohne Weiteres zu erschiessen*) sur quiconque sera rencontré dans les bois après trois heures de l'après-midi, c'est-à-dire dès que l'obscurité commence à venir. Depuis que les Parisiens ont réussi une fois à obtenir un succès momentané sur nos lignes d'investissement du côté Est, l'espérance que les Prussiens seront chassés de Versailles s'est ranimée chez les habitants de cette bonne ville. On sait qu'ils avaient déjà une fois préparé une nuit de la Saint-Barthélemy pour le grand quartier général du Roi, lorsque la bataille de Houdan devait faciliter la jonction de l'armée de l'Est par Versailles. Les francs-tireurs de ce côté de Houdan seraient en même temps tombés sur Versailles et auraient massacré tous les Prussiens. Rien ne se fit alors, mais depuis le commencement de décembre, on a de nouveau conçu l'espérance d'une tuerie des étrangers à Versailles, car pourquoi ce qui a été alors, pensent-ils, près de réussir, ne réussirait-il pas tout à fait à un second essai ? Si Paris tient jusqu'à Noël, et ce n'est guère douteux, on cherchera certainement à donner de l'occupation à nos troupes pendant cette fête, et surtout le soir même de Noël. Les Parisiens savent combien cette fête est solennelle pour les Allemands ; ils ont eu souvent l'occasion de voir, dans les familles allemandes de Paris, la joie qui entoure l'*arbre de Noël*, et ils chercheront à assaisonner cette joie pour les Allemands qui sont autour de Paris, parce qu'ils supposeront que ce jour-là nos troupes veilleront moins que d'habitude. Il y aura donc sans doute bien des illuminations de Noël allumées pour nous par les forts, et pendant que, là-bas, chez nous, les enfants des hommes de la landwehr joueront à l'ombre de l'arbre de Noël avec des soldats

(1) Correspondance reproduite dans la *Zweite Beilage der Kœnigl. privilegirten Berlinischen Zeitung* (n° 319), 20 décembre.

français en plomb, les pères pourront bien avoir affaire avec les soldats français de chair et d'os. — Quoi qu'il en soit, on se prépare déjà ici aux cadeaux, et on fera des arbres de Noël au moins à l'ambulance du Château. Chaque salle aura son arbre, afin que l'armée ne soit pas privée totalement des joies de ce jour-là.

Aux événements si douloureux au milieu desquels on vivait venaient se mêler, comme il arrive toujours, des incidents d'un caractère plus ou moins comique. A cette catégorie appartient la correspondance que Son Excellence M. de Roon, ministre de la Guerre, entretint avec la municipalité à propos de sa cuisinière.

Le 27 novembre, le maire avait reçu du ministère de la Guerre prussien une grande lettre officielle qui rappelait la municipalité à ses devoirs envers un ancien soldat français, nommé Hiard, concierge de l'hôtel occupé par « S. E. M. de Roon ». D'après la lettre, ce soldat, malgré les longs services rendus à son pays, était laissé dans la misère et ne touchait pas même sa pension de retraite, ce qui scandalisait les autorités prussiennes. Le maire avait été très étonné de cette sollicitude, et il avait fait venir à son cabinet cet ancien soldat pour lui demander des renseignements sur sa situation et savoir de lui pourquoi elle avait attiré l'attention des Prussiens. M. Hiard avait été aussi surpris que le maire de la lettre écrite à son sujet, et il avait déclaré qu'il ne demandait absolument rien, n'accepterait rien, et surtout ne voudrait rien devoir à des démarches faites en sa faveur par l'ennemi. L'affaire en était restée là, quand, le 14 décembre, la Mairie reçut ce second message :

Versailles, le 14 décembre 1870.

Monsieur le Maire,

Le 27 novembre dernier, le chef d'état-major de Son Excellence Monsieur le ministre de la Guerre vous a adressé une demande relativement à la pension militaire et particulière du sieur Hiard, concierge de la maison sise rue des Hôtels, n° 7, et habitée par S. E. M. le ministre de Roon.

Comme vous ne m'avez pas répondu à cette demande, je vous requiers d'avoir à me fournir, dans un délai de trois jours au plus tard, un rapport dans lequel vous m'indiquerez les mesures nécessaires que vous aurez prises à ce sujet.

Agréez, Monsieur le Maire, l'assurance de ma considération distinguée.

Le Préfet de Seine-et-Oise,
E. R.
FORSTER,
Conseiller de préfecture et sous-préfet.

Le maire fit de nouveau venir M. Hiard, qui, de nouveau, et pour ainsi dire en colère, refusa tout secours. Enfin, à force de questions, on devina le mot de l'énigme. La femme de M. Hiard avait été choisie par M. de Roon comme cuisinière ; M. de Roon ne lui payant aucune espèce de gages, avait trouvé un moyen de s'acquitter envers elle sans bourse délier; il s'était chargé de faire solder la pension de son mari par réquisition adressée à la municipalité. M. de Roon est très célèbre en Prusse pour son rare talent d'administrateur; ce trait montre qu'en effet aucun détail d'économie n'échappe à ce talent : *maximus in minimis*.

A la séance du Conseil du 14 décembre, il dut être voté un nouvel emprunt de 300,000 francs pour satisfaire aux dépenses des réquisitions et contributions de guerre. Ces 300,000 francs complétaient le million que la ville, depuis trois mois d'occupation, avait dû se procurer par voie d'emprunt.

Le froid qui sévissait depuis le 1er décembre avait porté à des proportions inouïes la consommation du bois faite par les officiers et les troupes allemandes. Les chantiers étaient vides; il fallait aviser, car plus le bois était rare, plus la municipalité était assiégée de réquisitions et de menaces. Le maire, d'accord avec les marchands de bois, résolut de prendre une mesure analogue à celle qui avait été adoptée pour l'approvisionnement en denrées : un syndicat fut formé et, le 6 décembre, un traité avait été conclu entre la municipalité et ce syndicat. Les bois des environs furent exploités et, le 14 décembre, les arrivages de bois nouveau commencèrent. A partir de ce moment, la cour de l'Hôtel-de-Ville, qui était déjà un bureau général de distribution pour le matériel du casernement et un dépôt de denrées pour l'intendance, devint de plus un chantier. Les coupes faites dans les environs par les soins du syndicat ne fournissaient naturellement que du bois vert, très peu propre au chauffage; de là des plaintes très vives de toute la garnison et des colères violentes d'officiers qui venaient déclarer à la Mairie que si on continuait à les enfumer, si du bois sec ne leur était pas donné, ils sauraient en trouver sans se déranger en brûlant les chaises, les volets et les parquets. C'est ce que faisaient, du reste, les soldats qui occupaient les maisons abandonnées. Pour avoir du bois sec, il fallut promptement se mettre en possession des dépôts déjà vendus existant aux Essarts, au Perray et dans la forêt de Marly. Malgré l'activité déployée dans ces approvisionnements par le syndicat, la ville n'eut jamais de bois d'avance que pour deux ou trois jours au plus; on était donc toujours sous le coup de l'exécution des menaces que répétaient à tout moment les autorités prussiennes. Jusqu'à la fin, il y eut à ce sujet des luttes quotidiennes à soutenir, et cependant, en deux mois et avec les plus médiocres moyens de transport, le syndicat avait fait transporter et délivrer près de 7,000 stères de bois sec dans la cour de l'Hôtel-de-Ville et avait exploité près de 9,000 stères de bois vert.

16 décembre. — Le 16, à 8 heures du soir, arriva à Versailles une députation de trente membres du Parlement de l'Allemagne du Nord, chargés de présenter au roi Guillaume l'adresse qui le suppliait d'accepter le titre d'empereur d'Allemagne. — Depuis plusieurs jours, M. de Bismarck et, par ses ordres, M. de Voigts-Rhetz se préoccupaient de faire à ces envoyés une réception digne du message qu'ils apportaient si docilement. Les logements qu'ils devaient occuper avaient été requis dès la veille et choisis avec un soin tout particulier dans un beau quartier, boulevards du Roi et de la Reine, non loin du directeur de la police et de M. Zernicki. Ce dernier, dans les fonctions de fourrier, avait déployé le plus grand zèle. Tout le long du boulevard du Roi, on voyait sur les portes des plus belles maisons les noms de ces députés tracés à la craie (1).

Ce n'est pas seulement à de bons logements que l'on avait pensé ; M. de Bismarck, qui, en cette circonstance, jouait très gravement le rôle de Bertrand avec Raton, poussa plus loin encore les devoirs de l'hospitalité. Il voulut que ces excellents députés trouvassent en abondance à Versailles les vins de la conquête, et surtout celui que les Allemands considèrent comme le vin de France par excellence : le vin de Champagne. M. le général de Voigts-Rhetz, en sa qualité de commandant de place, veilla à ce détail important. Il fit venir M. Grosseuvre, propriétaire de l'hôtel des Réservoirs, afin d'avoir avec lui une conférence sur ce sujet. Il lui annonça en termes vagues l'arrivée des députés et le prévint qu'il lui fallait, pour une solennité prochaine, se procurer de nombreuses bouteilles de ce vin qui devait maintenir les députés du Parlement dans l'enthousiasme approprié au rôle qu'ils venaient jouer. M. Grosseuvre répondit que, dès les premiers temps de leur séjour, les princes allemands qui logeaient à son hôtel avaient complètement épuisé toutes ses provisions, et qu'il ne pouvait en faire venir de nouvelles, n'étant

---

(1) Ces noms étaient les suivants : MM. de Sybel, le comte de Hompesch, le duc d'Ujest, Augapurg, Sombart, de Puttkamer, le comte Pfeil Russel, Prosth, Poggé, le prince de Pless, de Grœvenetz, Dr Wesgel, d'Arnim, Kræchlendorf, Dr Oppenhoff, de Diest, Nebethau, de Hagemeister, d'Unruh, de Salza Lichtenau, le baron de Rothschild, le comte de Bochholz, de Schapper, d'Arnim-Henrichsdorf, Ubuch, le baron de Romberg, de Cranach, Steltzer, Dr Schleiden, le baron Nordeck de Rabenau. — Si l'on en excepte deux ou trois noms, ce n'est qu'en Prusse qu'on connaît ces illustres ambassadeurs chargés de réaliser ce que l'illusion prussienne appelait naïvement « le plus grand événement des temps modernes ».

pas maître des communications avec Epernay. M. de Voigts-Rhetz offrit aussitôt des sauf-conduits spéciaux pour cet achat; ils furent refusés par M. Grosseuvre. M. de Voigts-Rhetz montra alors une grande irritation, et menaça M. Grosseuvre, s'il ne fournissait pas le vin demandé, de laisser désormais toute liberté aux princes et aux officiers qui logeaient dans son hôtel. C'était là une menace très grave, car l'autorité seule du général empêchait que chaque jour il n'y eût, à l'hôtel des Réservoirs, des désordres semblables à ceux qui s'étaient produits le premier jour, où un officier s'était promené à cheval dans la grande salle à manger, au milieu des tables chargées de verrerie et de vaisselle. M. Grosseuvre, pour calmer le général, l'engagea à imiter les princes qui se faisaient expédier directement à Versailles les quantités très considérables de vin de Champagne qui leur étaient nécessaires pour leurs repas quotidiens. Ce moyen put être en effet employé, grâce à un négociant allemand, installé à Versailles, qui se chargea d'aller à Epernay avec les sauf-conduits du général et qui créa, rue de la Paroisse, un dépôt spécial de vin de Champagne.

17 décembre. — Pendant que l'état-major prussien était tout entier aux préparatifs de la fête du couronnement, les habitants de Versailles s'apprêtaient à une solennité bien différente. Depuis deux jours, on avait reçu la nouvelle de la mort de M. Olivier Godard, lieutenant au 32e de ligne, fils d'un chirurgien de la ville, connu et honoré de tous. M. Olivier Godard avait reçu un coup de feu à travers le corps, dans la sortie du 2 décembre; il était resté couché sur le champ de bataille de Champigny pendant toute la nuit si cruellement froide du 2 au 3 décembre, pendant toute la journée du 3, et encore pendant la nuit du 3 au 4. On peut difficilement se faire une idée des terribles souffrances physiques et morales qu'il avait endurées pendant cet abandon sur un sol glacé couvert de neige. Après trois jours d'agonie, relevé enfin encore vivant, il avait été transporté dans une ambulance prussienne, à la Queue-en-Brie. Sa sœur et son beau-frère, M. le docteur Delaunay, s'y étaient rendus pour le soigner. Ils avaient couché sur la paille, à côté de lui, jusqu'au 14 décembre, jour où il avait succombé, âgé de 29 ans.

Le corps fut rapporté à Versailles, et l'enterrement eut lieu le 17 décembre. Par un mouvement spontané, la population de Versailles presque tout entière y assista. L'église Notre-Dame fut trop étroite; une partie de la foule resta en dehors; les femmes, revêtues de deuil, étaient en très grand nombre. Une d'elles, appartenant à la classe populaire, dit à un assistant des paroles qui résumaient bien la pensée de cette foule : « Ce n'est pas seulement pour ce brave jeune homme que nous venons ici, Monsieur; nous saisissons avidement cette occasion, en face d'un cadavre français, de bien montrer à l'ennemi que, s'il nous tient et nous emprisonne, nous restons toutes de cœur avec nos soldats de là-bas, et que nous voulons toutes prier pour nos enfants qui le combattent... » Et, en parlant ainsi, la digne femme sanglotait.

Le corps devait être enterré au cimetière Notre-Dame. La veille du service, le Conseil municipal avait pris la délibération suivante :

Le Conseil,

Sur la nouvelle qui vient de lui être donnée, que le jeune officier Godard (Olivier), de Versailles, est glorieusement mort en défendant son pays dans la guerre actuelle, prie M. le Maire d'être auprès de la famille du défunt l'interprète de sa sympathie à l'occasion de la douloureuse perte qu'elle vient de faire;

Et attendu que l'inhumation doit avoir lieu demain au cimetière Notre-Dame de cette ville;

Considérant que M. Godard père, docteur en médecine à Versailles, président de la Commission d'hygiène, rend depuis longtemps des services dévoués et gratuits à la ville de Versailles;

Voulant en même temps honorer la mémoire du fils et reconnaître les services du père;

Vu l'ordonnance du 10 juillet 1816;

Vote la concession gratuite et perpétuelle du terrain où sera inhumé demain, audit cimetière, le lieutenant Godard;

Et en ce qui concerne l'exécution du présent vote : vu une délibération municipale du 2 octobre 1870, prise en présence des circonstances actuelles d'occupation étrangère, aux termes de laquelle, provisoirement et jusqu'à nouvel ordre, les délibérations du Conseil municipal sont immédiatement exécutoires; attendu qu'en temps normal, un vote de la nature du présent est soumis à l'approbation d'un décret; mais attendu qu'en l'état d'invasion et de blocus où elle est réduite, la ville de Versailles est sans relations possibles avec toute autorité française supérieure à celle de son conseil municipal, notamment avec les membres du Gouvernement;

Déclare la présente délibération exécutoire sans qu'il soit besoin de l'appuyer d'aucune approbation supérieure, d'ailleurs impossible à obtenir.

Le Comité versaillais de la Société Internationale de secours aux blessés s'associa de son côté à cet acte de la municipalité en se chargeant de tous les frais des obsèques.

La cérémonie eut un grand et admirable caractère de recueillement patriotique. Les cœurs étaient d'autant plus serrés que, par un acte de déférence auquel il faut d'ailleurs rendre hommage, le général de Voigts-Rhetz, accompagné de ses aides de camp, assistait au service religieux. Par ses ordres, un détachement de soldats prussiens et une musique militaire prussienne escortèrent le cercueil jusqu'au cimetière. Cette présence de l'ennemi à une pareille solennité en augmentait encore la tristesse poignante.

Le cercueil était enveloppé dans les plis d'un drapeau tricolore ; les cordons en étaient tenus par M. Rameau, maire ; M. Michel, colonel de la garde nationale ; M. de Nansouty, lieutenant-colonel ; M. le docteur Fropo, chirurgien en chef de l'hôpital militaire. En tête du cortège, formé par une foule immense et silencieuse, marchaient les membres du Conseil municipal, portant leurs insignes tricolores.

Au cimetière, après un touchant adieu adressé par M. le docteur Fropo, M. Rameau, s'approchant de la tombe, prononça d'une voix vibrante les paroles suivantes :

> Messieurs,
>
> Avant de terminer cette triste, mais glorieuse cérémonie, permettez-moi d'en tirer deux enseignements :
>
> Le premier, c'est qu'il est beau de mourir pour la défense de la Patrie, car l'ennemi lui-même rend hommage à une pareille mort...
>
> Le second, c'est que la guerre de conquête est chose impie, oui, impie !... Quand une nation se jette sur une autre nation, par qui est-elle conduite ?... Par ces grands enfants, qu'on a tort d'appeler des hommes, puisqu'ils brisent leurs jouets et pleurent ensuite de ce qu'ils les ont brisés !...
>
> Espérons qu'avant peu les Etats-Unis d'Europe proclameront et soutiendront le principe du respect de la vie humaine !... Les hommes ne sont pas en effet sur la terre pour s'entre-tuer, mais pour s'aimer, se secourir, se rapprocher et s'unir !...

Ces quelques paroles, dites avec une émotion profonde, eurent un effet moral immense. La foule qui les avait entendues n'avait pu retenir comme une acclamation, dont les troupes prussiennes présentes ne saisirent pas le sens. Le soir, toute la ville répétait ce discours ; cent mains l'avaient copié et répandu, et quelques jours après, il était reproduit avec des éloges par le *Times* et la plupart des journaux anglais. Tous félicitaient le maire de Versailles de son ferme langage, qui attestait aux étrangers que, malgré tous les malheurs sous lesquels la France était accablée, des âmes élevées et courageuses savaient encore, sous les yeux mêmes de l'ennemi, témoigner avec énergie en faveur de l'humanité et du droit, et garder intacte toute leur foi dans l'avenir.

A tous les points de vue, l'effet du discours du maire fut excellent sur la population de Versailles ; l'écrasement qu'elle avait à subir sous un ennemi toujours victorieux risquait à la longue de lui enlever peu à peu sa force de résistance ; s'il est vrai que l'esclavage ôte aux hommes la moitié de leur valeur, l'occupation étrangère peut n'être pas moins désastreuse ; il était donc utile que de temps en temps quelque acte de vigueur vînt empêcher tout affaissement de se produire. Maintenir la population dans une attitude digne et noble, c'était là un des devoirs les plus impérieux et les plus délicats de la municipalité; le discours public du 17 décembre fut un des actes par lesquels le maire sut montrer le plus efficacement à ses concitoyens la conduite, les pensées et le langage dans lesquels il nous fallait tous persévérer.

Le lendemain du service, M. le docteur Godard écrivait au maire :

> Monsieur le Maire,
>
> Soyez, je vous prie, mon interprète auprès du Conseil municipal... Merci, Monsieur le Maire, merci mille fois des honneurs rendus à mon fils. Il est tombé sur le sol sacré de la Patrie, qu'il défendait tous les jours pied à pied depuis deux mois. Sa vie a été courte, mais bien et honnêtement remplie.
>
> Ce concours immense de citoyens, cette manifestation sympathique ont été un allégement à mes douleurs, hélas! trop répétées (1).
>
> Merci encore, et comme père et comme citoyen, de vos paroles si patriotiques!...

Le jour même de cette cérémonie, en rentrant à l'Hôtel-de-Ville, le maire trouva la réquisition suivante, que le général de Voigts-Rhetz avait dû signer avant de se rendre au service religieux du lieutenant Godard :

> Versailles, 17/12 1870.
>
> La Mairie est requise à fournir à S. A. le Prince Royal, maréchal de camp, douze jeunes sapins.
>
> (L. S.)
>
> Le Commandant-général,
> V. VOIGTS-RHETZ.

C'était la fête de Noël qui se préparait; l'état-major avait trouvé de bon goût de faire fournir par la ville les arbres nécessaires à cette fête. Il y avait là une de ces plaisanteries familières à nos ennemis, et le jour où ils la faisaient était choisi avec un tact parfait.

Le même messager avait apporté une seconde dépêche, relative au même objet. Ce n'était pas assez d'avoir de « jeunes sapins », il fallait les illuminer richement; le billet suivant était destiné à prévenir la disette de bougies :

> Versailles, 17/12 1870.
>
> Ayant entendu que les bougies vont manquer dans les prochains jours ici, j'invite par la présente la Mairie de Versailles à prendre sans délai des mesures que ledit manque n'arrivera pas.
>
> Le Général-commandant,
> V. VOIGTS-RHETZ.

---

(1) M. le docteur Godard avait eu la douleur de perdre, quelques mois auparavant, une fille de vingt-neuf ans.

Ces réquisitions étaient écrites de la main de ce juif nommé Ursell, que M. de Voigts-Rhetz employait tout en le méprisant, et qui chaque jour le compromettait en lui faisant signer des pièces d'une tournure grotesque.

Il est bon de rappeler ici que, dans leurs proclamations, le Roi et le Prince Royal avaient solennellement répété sous toutes les formes : les réquisitions ne porteront et ne pourront porter que sur les fournitures *jugées indispensables à l'entretien des troupes* (1). Ces arbres de Noël et tant d'autres objets, que la Mairie devait fournir sur des bons de réquisitions, n'étaient pas évidemment « indispensables à l'entretien des troupes ». Le Roi et le Prince son fils avaient donc signé des promesses qu'ils ne voulaient pas tenir, même au grand quartier général. Il eût été bien facile et bien peu coûteux à l'état-major de se procurer ces arbres sans recourir à la réquisition, mais l'habitude était prise, et puis c'était double plaisir de dresser des arbres de Noël et de savoir qu'on les devait à une réquisition sur l'ennemi, ainsi humilié une fois de plus. C'était toujours en ricanant que les agents du général venaient présenter ce genre de sommations. Ils savaient bien qu'il y avait là un abus, mais, si on le leur faisait remarquer, n'avaient-ils pas leurs réponses prêtes : « C'est la guerre ! » ou bien : « C'est vous qui nous avez attaqués ! » En vertu de ces deux arguments, tout excès et toute insulte étaient de droit.

18 décembre. — Le *Moniteur* du 18 annonçait officiellement le retour à Versailles de M. de Brauchitsch. Comme bienvenue, M. de Brauchitsch s'empressa de publier, dans le même numéro de son journal, un avis où il rappelait que les contributions du mois de décembre avaient dû être versées le 10, et il ajoutait : « Je préviens ceux de MM. les maires qui n'ont pas encore effectué le paiement complet pour les mois précédents que *j'ai requis la force militaire pour que l'exécution ait lieu dans toutes les communes qui persisteraient à rester en retard*... J'ose espérer que les communes en retard éviteront, par le paiement exact de leurs contributions, les *suites fâcheuses de l'exécution militaire*. »

Le dimanche 18 décembre était le jour fixé par le roi Guillaume pour la présentation de l'adresse qui le faisait empereur (2).

---

(1) Voir plus haut, page 56.

(2) Les historiens prussiens ont remarqué modestement que c'était ce même dimanche que Charlemagne, à peu près mille ans auparavant, avait choisi pour se faire donner, à Rome, la couronne impériale et fonder l'empire que le roi Guillaume ressuscitait. — Ils avaient déjà fait une autre

Un service solennel, auquel assistèrent les députés, eut lieu le matin à la chapelle du Château ; la cérémonie elle-même fut célébrée à 2 heures de l'après-midi, à la Préfecture, et entourée de tout l'appareil qu'on put lui donner avec les faibles moyens dont on disposait en campagne.

C'est au *Moniteur officiel* (1) de M. de Bismarck qu'il convient de rendre compte de cette fête ; son récit mérite d'ailleurs d'être reproduit, comme donnant une idée exacte des cérémonies monarchiques qui furent à plusieurs reprises célébrées à Versailles par la Cour prussienne :

La députation du Parlement de la Confédération de l'Allemagne du Nord, chargée de présenter à S. M. le roi de Prusse l'adresse dans laquelle la représentation nationale, « unie aux princes de l'Allemagne, exprime le vœu qu'il plaise à Sa Majesté de sanctionner l'œuvre de l'unité par l'acceptation de la couronne impériale de l'Allemagne », est arrivée à Versailles dans la journée du vendredi 16 décembre. Le Roi a daigné recevoir la députation le dimanche 18, à 2 heures de l'après-midi.

Quelque temps avant cette heure, les princes de l'Allemagne avec leurs suites, ainsi que les membres de la députation, se sont rendus en voiture à l'hôtel de la Préfecture du département de Seine-et-Oise, résidence actuelle du Roi.

Des gardes du corps avaient été placés aux portes des appartements de réception.

Les princes se sont assemblés dans une des salles, pendant que S. M. le Roi était resté dans ses appartements.

Le Roi a d'abord reçu S. A. le Prince Royal et le chancelier de la Confédération de l'Allemagne du Nord, comte de Bismarck-Schœnhausen.

Les princes se sont ensuite rendus dans les appartements du Roi, et, à 2 heures précises, Sa Majesté est entrée dans la grande salle de réception. Le Roi, précédé du grand maréchal de sa Maison et de sa Cour, comte Pueckler, et accompagné par tous les princes, s'est mis debout devant la cheminée faisant face à la cour d'honneur. Il avait derrière lui son aide de camp de service, M. le comte de Lehndorff. Le Prince Royal et LL. AA. RR. les princes Charles et Adalbert se mirent à droite du Roi. Du même côté prirent place les princes héréditaires et les autres membres des maisons royale et princière. Derrière ce groupe, on vit les généraux-commandants et

remarque du même genre, à propos de l'entrée du roi Guillaume à Versailles. Cette entrée avait eu lieu le 5 octobre, anniversaire du jour où des bandes d'émeutiers vinrent arracher Louis XVI de son palais. Les Prussiens tirèrent de là ce rapprochement : de même que le 5 octobre 1789 a marqué la fin de la France comme monarchie, de même le 5 octobre 1870, jour de l'entrée vengeresse de « Guillaume le Victorieux » dans la ville de Louis XIV, marque la fin de la France comme grande puissance européenne. — Si on devait lutter à ce jeu des rapprochements symboliques, on pourrait peut-être dire avec plus de raison que les masses aveugles et grossières qui se sont jetées le 5 octobre 1789 sur l'Assemblée et sur le palais de Versailles ressemblent assez à ces masses innombrables de Germains qui sont venues avec le roi Guillaume pour tenter de détruire un peuple auquel l'Allemagne doit, quoi qu'elle en dise, une partie de sa civilisation.

(1) N° du 20 décembre.

les généraux de division, ainsi que tous les autres généraux présents à Versailles.

Derrière Sa Majesté, à gauche, s'est tenu S. Exc. le comte de Bismarck-Schœnhausen, et à côté du Roi, à gauche, S. A. R. le grand-duc régnant de Bade, S. A. R. le grand-duc régnant de Saxe-Weimar, S. A. R. le grand-duc régnant d'Oldenbourg, S. A. le duc régnant de Cobourg et de Gotha, et S. A. le duc régnant de Saxe-Meiningen. Parmi les princes héréditaires, on voyait le prince héréditaire de Mecklembourg-Schwerin, le prince héréditaire de Mecklembourg-Strélitz, le prince héréditaire de Saxe-Weimar, le prince héréditaire d'Oldenbourg, ainsi que le prince Guillaume de Wurtemberg, le duc Eugène de Wurtemberg, le prince héréditaire Léopold de Hohenzollern, etc.

Toute la Cour du Roi, c'est-à-dire la maison militaire et civile de Sa Majesté, était aussi présente. S. Exc. le grand maréchal comte Pueckler et M. le maréchal comte Perponcher reçurent successivement tous les personnages assistant à cette solennité.

Les princes n'étaient suivis que d'une seule personne de leur suite militaire. Tout le monde portait le petit uniforme, sans décorations.

Dans l'intervalle, les membres de la députation furent introduits dans la salle de réception et prirent place en face du Roi, des princes et de toute la Cour assemblée.

Les membres du Parlement ne faisant pas partie de la députation, mais présents à Versailles pour affaires de service, se sont joints au corps de la députation. Parmi ces membres, on a remarqué S. Exc. M. le comte de Moltke, chef d'état-major général, M. de Brauchitsch, préfet de Seine-et-Oise, M. Simson Georgenburg et le comte de Frankenberg.

M. le président Simson, qui avait à côté de lui le duc d'Ujest, prince de Hohenlohe, l'un des vice-présidents du Parlement, s'avança alors et prononça le discours suivant :

« Très illustre et très puissant Roi,

« Très gracieux Roi et maître,

« Votre Majesté royale a gracieusement permis que l'Adresse votée le 10 de ce mois par le Parlement de la Confédération de l'Allemagne du Nord Vous fût présentée dans Votre quartier général de Versailles.

« Le vote de l'Adresse avait été précédé de l'approbation des traités conclus avec les États du Sud et de deux changements dans la Constitution garantissant au futur État allemand et à son auguste Chef des titres entourés de la vénération de longs siècles, et dont les aspirations de la Nation allemande n'ont jamais cessé de réclamer le rétablissement.

« Votre Majesté reçoit des députés du Parlement dans *une ville où plus d'une désastreuse campagne contre notre patrie a été conçue et mise à exécution*. Près de cette ville, et sous la pression de la violence étrangère, les traités ayant pour conséquence immédiate la chute de l'Empire germanique ont été conclus. Aujourd'hui, cependant, il est permis à la nation de recueillir à la même place l'assurance que l'Empereur et l'Empire viennent de ressusciter, transformés par l'esprit vivifié du temps présent, et si Dieu continue à nous aider et à nous accorder sa bénédiction, cette régénération lui donne la garantie de l'unité et de la puissance, du droit et de la légalité, de la liberté et de la paix. Daigne Votre Majesté donner des ordres pour que le texte de l'Adresse soit lu et pour qu'il soit, comme document authentique, déposé entre les mains de Votre Majesté. »

L'Adresse fut alors lue par le président Simson. Le Roi la reçut, écrite sur parchemin, la remit au maréchal comte de Lehndorff. Sa Majesté prit ensuite des mains du chancelier de la Confédération, comte de Bismarck, le discours royal suivant, qu'il prononça d'une voix ferme (1) :

« Honorés Messieurs,

« En vous recevant ici sur le territoire étranger, éloigné de la frontière allemande, J'éprouve avant tout le besoin d'exprimer ma gratitude à la divine Providence, dont le dessein merveilleux nous a réunis dans *l'antique cité royale de la France*. Dieu nous a accordé la victoire dans des proportions que Je n'avais osé ni espérer ni solliciter, lorsque, l'été dernier, J'ai commencé à vous demander votre concours pour cette guerre redoutable. Ce concours M'a été pleinement donné, et Je vous en remercie, en mon nom, au nom de l'armée, au nom de la Patrie... L'allocation des moyens que les gouvernements de la Confédération de l'Allemagne du Nord ont encore demandés, afin de continuer la guerre, M'a donné une nouvelle preuve que la nation est décidée à employer toute sa force pour que les grands et douloureux sacrifices qui émeuvent profondément Mon cœur comme le vôtre n'aient pas été faits inutilement et pour qu'on ne mette pas bas les armes *avant que la frontière de l'Allemagne ne se trouve garantie contre des attaques ultérieures* (2).

« La demande qui M'a été adressée par S. M. le roi de Bavière de rétablir la dignité impériale de l'ancien Empire d'Allemagne M'a rempli d'une émotion profonde. Vous, Messieurs, M'apportez, au nom du Parlement de l'Allemagne du Nord, la prière de ne pas Me soustraire à l'appel qui vient de M'être fait. J'aime à trouver dans vos paroles l'expression de la confiance et des vœux du Parlement de l'Allemagne du Nord. Cependant, vous savez que dans cette question touchant à de si hauts intérêts et à de si grands souvenirs de la nation allemande, ni Mon propre sentiment, ni Mon propre jugement ne sauraient déterminer Ma résolution. Je ne reconnaîtrai l'appel de la Providence, que Je pourrai suivre en me confiant à la bénédiction divine, que dans la voix unanime des princes allemands et des villes libres, ainsi que dans les vœux de la nation allemande et de ses représentants qui s'y accordent. Vous apprendrez comme Moi avec satisfaction que J'ai reçu de S. M. le roi de Bavière la nouvelle que cette entente de tous les princes allemands et des villes libres est assurée, et que la publication officielle en est attendue... »

Le Roi, après avoir prononcé ce discours, s'avança vers le président et lui adressa, ainsi qu'aux autres membres de la députation, des paroles gracieuses (3).

(1) Nous n'en reproduisons que les passages les plus saillants, ou qui font allusion au séjour du Roi.

(2) L'Adresse, de son côté, disait : « La nation ne déposera pas les armes *tant que la paix ne sera pas garantie par des frontières inexpugnables contre les attaques de voisins jaloux.* » Ce mot *garantie de paix* devait revenir sans cesse dans toutes les pièces, dans toutes les conversations qui cherchaient à justifier la conquête de l'Alsace et de la Lorraine. Or, si cette conquête violente « garantit » quelque chose, c'est la guerre.

(3) Accompagnées de rubans et de décorations. C'était bien le moins qu'on pût faire pour des messagers aussi complaisants.

L'Assemblée se sépara au cri de : « Vive le Roi, généralissime des armées allemandes. »

La députation a été ensuite reçue par S. A. le Prince Royal à la villa des Ombrages.

A 5 heures, un dîner de 80 couverts, auquel ont été invités tous les membres de la députation, ainsi que les princes et autres illustrations présentes à Versailles, a eu lieu chez S. M. le Roi.

Cette cérémonie « à jamais mémorable (1) » ne fut remarquée de la population versaillaise qu'à cause du passage à travers la ville de la file de voitures de poste qui avaient été transformées pour la circonstance en voitures de gala, et qui transportèrent bruyamment à la Préfecture les trente députés. Ce défilé offrit le plus étrange spectacle. Pour faire honneur aux députés, sur le siège de ces voitures (ou plutôt de ces fourgons, salis et crottés par le service qu'ils avaient fait depuis le commencement de la campagne) on avait placé en guise d'heiduque un de ces gardes du corps dont le casque d'acier poli, dessiné par le roi Frédéric-Guillaume, cherche à rappeler les casques des chevaliers de la féodalité. Les députés eux-mêmes étaient revêtus de costumes et d'uniformes d'un aspect suranné ; affublés ainsi d'une façon extraordinaire, ces Allemands solennels, entassés dans des voitures de forme bizarre, semblaient des revenants d'un autre âge historique qui surgissaient tout à coup pour figurer dans quelque solennité de théâtre. Et, en effet, ces hommes du XIXe siècle, qui venaient à Versailles du fond de la Germanie, pour tenter une résurrection du *Saint-Empire*, étaient bien des espèces de spectres en train de jouer tant bien que mal une pièce renouvelée du moyen âge.

Pendant la cérémonie, on vit flotter pour la première fois sur la Préfecture le drapeau adopté par le roi Guillaume devenu empereur. Ce n'était pas le célèbre drapeau (*schwarz-roth-gold*) qui a joué un si grand rôle en 1817 et en 1848, et que le libéralisme allemand avait choisi depuis longtemps comme le symbole de ses légitimes aspirations unitaires. Le roi Guillaume avait fait l'oriflamme de la Germanie nouvelle à son image : il lui avait donné, avec les couleurs de la Prusse, une physionomie toute féodale ; les armoiries dont il l'avait chamarrée rappelaient avec art les enseignes historiées qui se déployaient dans les tournois, à ces époques si chères à ce parti prussien dont les efforts persévérants ont su amener une guerre avec nous. Au centre, l'écusson héréditaire des Hohenzollern marquait comme de son timbre l'empire nouveau ; de cet écusson s'élançaient les

---

(1) *Moniteur officiel* du 21 décembre.

quatre bras noirs et blancs de la *Croix de fer*, créée en 1813 et ressuscitée en 1870 pour récompenser les vainqueurs de la France. Le symbole que le journal des hobereaux, *la Gazette de la Croix*, présentait chaque matin à ses lecteurs était devenu une pièce essentielle du drapeau impérial ; on rappelait ainsi les deux sentiments intimement unis qui dominent l'aristocratie prussienne : la haine de l'esprit moderne confondue dans la haine de la France. Né au milieu d'une guerre contre nous, l'étendard de Guillaume Ier rappelait la lutte éternelle contre l'*Erbfeind*, « l'ennemi que les générations se transmettent », et dont l'anéantissement complet avait été déclaré nécessaire à l'agrandissement indéfini de l'Allemagne prussifiée.

A la grille de l'hôtel occupé par M. de Bismarck fut suspendu aussi le nouveau drapeau, mais sans les ornements héraldiques prussiens. Il était réduit aux trois couleurs noire, blanche et rouge, rangées comme nos trois couleurs bleue, blanche et rouge. Lorsqu'il était vu de loin, ce drapeau tricolore ressemblait d'une façon étrange au drapeau français. On était presque tenté de croire qu'il y avait eu là quelque calcul, et que la Prusse, qui a le dessein avoué de nous succéder et de nous supplanter partout, n'avait pas jugé maladroit de confisquer même notre pavillon au moment où elle se flattait d'avoir enfin détruit « à jamais » notre rôle et notre influence dans le monde. Puisque tant d'officiers nous annonçaient très sérieusement qu'ils allaient nous enlever non seulement plusieurs provinces, mais notre marine, et l'Algérie, et nos colonies d'Orient, afin de faire définitivement de la France un Etat de troisième ordre, il pouvait sembler naturel à certains Teutons que le peuple qui se déclarait, de par ses victoires, l'héritier universel de notre ancienne puissance, nous dérobât aussi le pavillon qui flotte sur nos possessions.

19 décembre. — Pour le lendemain de la présentation de l'Adresse, M. de Bismarck avait invité les députés à une grande promenade du côté de Paris ; il leur fit faire les honneurs du siège de cette ville maudite que Berlin, maintenant en possession d'un empereur, était évidemment destiné à remplacer bientôt. Par suite des pluies de novembre et des froids de décembre, qui avaient retardé l'arrivée et l'installation des pièces de siège à longue portée, on n'avait pas pu donner aux députés le spectacle du bombardement, dont on aurait vivement souhaité leur offrir les prémices ; mais on put leur assurer du moins que cette opération décisive allait certainement commencer avant peu : dans un conseil militaire tenu l'avant-veille chez le Roi, les dernières mesures avaient été prises, d'accord avec le général de Hindersin, commandant général de l'artillerie. Cette bonne nouvelle s'était aussitôt répandue : c'était le don de joyeux avènement que l'empereur Guillaume Ier accordait à ses peuples.

Pour tenir lieu autant qu'il était possible du bombardement si malheureusement retardé, on montra avec soin aux députés les dévastations et les incendies qui faisaient à Paris une ceinture de ruines, et ces représentants du peuple allemand, qui devaient partir le lendemain matin, eurent la satisfaction de pouvoir reporter en Prusse un témoignage certain du glorieux travail accompli par « les armées alliées » pour inaugurer les annales de l'Allemagne nouvelle, devenue enfin empire prussien, « ainsi que l'exigeait le développement historique de la nation », assurait-on à Berlin.

C'était le 19 septembre que les Prussiens, au nombre de plus de 40,000, avaient tout à coup pénétré dans la ville comme une inondation. On croyait alors qu'ils y passeraient à peine quelques jours; on comptait pour les chasser sur des sorties des Parisiens, sur des combats continuels, sur l'arrivée d'une armée de secours... Trois mois s'étaient écoulés, et les Prussiens étaient toujours là. S'il pouvait y avoir quelque consolation de leur présence, c'était la pensée que, pour eux-mêmes, ces trois mois de séjour dans notre ville constituaient la seule défaite qu'ils eussent éprouvée. Depuis le commencement de décembre surtout, leur déception était profonde. Il suffit, pour en être convaincu, de lire ce passage d'une correspondance de journal en date du 29 novembre (1) : « Tous les jours, écrivait alors un journaliste du grand quartier général, on entend dans les lieux publics parier de grosses sommes sur ces deux questions : « Paris a-t-il encore à manger jusqu'au 6, au 8 ou au 12 dé- « cembre? » et « Quand aura lieu la capitulation? » D'après des informations sûres, je peux affirmer que la capitulation de Paris est attendue réellement pour *les premiers jours de décembre*. Déjà on travaille jour et nuit à l'intendance générale pour préparer l'approvisionnement, etc..... »

Si la date du 19 décembre était triste pour nous, elle ne l'était pas moins, on le voit, pour les troupes allemandes. De part et d'autre, les espérances ne s'étaient pas réalisées.

Ces espérances étaient pour nous ravivées à chaque instant, à tort ou à raison, par des nouvelles que nous recevions et qui persistaient à être favorables. Dans la matinée du 19 décembre,

(1) *Berliner Fremden und Anzeigeblatt* (n° 293).

le train de wagons qui, presque chaque jour, arrivait à la gare de la rue des Chantiers, traîné par des chevaux et chargé de blessés allemands, contenait quelques soldats français. L'un d'eux, en traversant la rue des Chantiers, dit à des habitants qui passaient :

« Prenez courage, nous venons d'Orléans; les Prussiens sont repoussés sur toute la ligne !... »

Ne devait-on pas croire exacts des faits rapportés par des soldats qui venaient du champ de bataille? Cependant, s'il y avait bien lutte énergique de Chanzy, les Prussiens n'étaient pas « repoussés ». Nos illusions étaient ainsi entretenues par ceux-là mêmes qui semblaient devoir le mieux connaître la réalité, mais qui, comme nous, puisaient leurs renseignements dans leurs espérances patriotiques bien plus que dans ce qu'ils avaient vu.

20 décembre. — Le 20 décembre, vers 4 heures de l'après-midi, on vit entrer dans la ville, par la rue des Chantiers, un détachement d'environ 150 marins prussiens. Leur uniforme était si semblable à celui de notre marine que l'on crut d'abord que ces marins étaient des Français. On raconta bientôt qu'ils traversaient le grand quartier général pour être dirigés sur Orléans, afin d'armer les canonnières qui avaient été prises. Ils ne restèrent, en effet, que deux jours à Versailles; après avoir été passés en revue par le roi Guillaume et le prince Adalbert, grand amiral, ils prirent la route de Saint-Cyr, et on ne les revit plus.

21 décembre. — Depuis quelques jours, le canon tonnait de nouveau, ce qui rendait de l'animation aux esprits. Le 21, les détonations étaient plus énergiques encore que d'habitude. A 2 heures, le Conseil municipal était en séance, lorsqu'on lui annonça que toutes les rues de la ville venaient tout à coup de se remplir de détachements de troupes. On crut d'abord, comme toujours, à une attaque de Versailles par les Parisiens, mais on apprit bientôt que ces détachements s'étaient répandus dans la ville uniquement pour pénétrer dans chaque maison et la fouiller. La séance fut suspendue, et plusieurs conseillers étant sortis pour surveiller la perquisition de leur demeure, revinrent bientôt en racontant qu'il leur avait été impossible de rentrer chez eux. En effet, l'issue des rues était barrée par des cordons de soldats qui empêchaient de passer; surtout dans le quartier Saint-Louis, toute circulation était interdite. La plus grande partie de la ville était ainsi occupée militairement;

personne ne pouvait plus ni circuler, ni rentrer dans les maisons, ni en sortir. En même temps, des patrouilles nombreuses de dragons à cheval parcouraient les rues, le pistolet au poing, l'air menaçant, faisant mine de vouloir décharger leurs armes sur les passants. Pendant cette espèce de mise en arrestation subite de toute la population, des pelotons de gendarmes, de soldats et d'agents de police, dirigés par des officiers ou des sous-officiers, entraient successivement dans chaque appartement, le visitaient, faisaient ouvrir les meubles, sondaient les caves et emmenaient avec eux un certain nombre d'habitants jugés suspects.

Cette prise d'armes subite de la garnison prussienne contre la paisible population civile de Versailles dura environ deux heures. Il en résulta une centaine d'arrestations et la saisie d'un certain nombre d'armes. Presque toutes les personnes arrêtées durent être remises en liberté le lendemain; parmi celles qui furent maintenues prisonnières ou envoyées en Prusse se trouvaient MM. Listray et Armand, arquebusiers (1); M. Krœmer, peintre; M. Tillard, propriétaire, tous habitants de la ville, chez qui l'on avait trouvé des armes; M. Vanbatten, chez qui l'on avait trouvé des uniformes français; enfin, quelques jeunes gens des environs de Versailles qui ne purent justifier de leur domicile, et qui, immédiatement, furent considérés comme des *francs-tireurs*. En somme, la police, à notre connaissance, ne trouva rien qui pût justifier ce vaste déploiement militaire qu'elle avait organisé du reste avec beaucoup d'habileté. Il était bien facile de soupçonner l'existence des armes qui avaient été découvertes, et, le 21, ces armes ne menaçaient pas plus directement que d'habitude la garnison prussienne. Mais l'imagination si craintive des Prussiens et les inquiétudes qui les tourmentaient sans cesse leur faisaient voir, à propos du moindre renseignement douteux, de vastes combinaisons contre lesquelles ils se gardaient aussitôt, car ils étaient dans les villes occupées ce qu'ils sont sur le champ de bataille, où leur supériorité tient en partie à l'art et au soin avec lesquels ils s'entendent à prendre de savantes précautions contre tout danger, petit ou grand.

Les correspondances des journaux d'Allemagne nous ont appris ce que les Prussiens avaient redouté. Voici un de ces récits qui nous montre les folles terreurs éprouvées le 21 décembre au grand quartier général (2) :

Les forts d'Issy et du Mont-Valérien avaient entretenu une violente canonnade dans la nuit du 20 au 21, et le 21 devait être choisi pour

(1) Ils réussirent à s'échapper à Corbeil.
(2) *Frankfurter Journal*. Dienstag 27 december (n° 358).

une nouvelle sortie de l'ennemi. Notre garde aperçut en effet, dans la matinée, aux forts de Saint-Denis, d'Aubervilliers, de l'Est et de Rosny, une forte concentration des régiments de ligne nouvellement formés à Paris par Trochu. Puis l'ennemi sortit et chercha à faire une percée dans nos lignes. Le combat fut surtout vif au Bourget, où une rencontre sanglante a déjà eu lieu le 30 octobre. Quoique l'ennemi fût quatre fois plus nombreux, après un combat d'environ quatre heures, il fut glorieusement repoussé. C'est surtout à l'artillerie de la Garde qu'est dû ce succès; favorisée par le terrain, elle a pu déployer toute sa puissance, et c'est elle qui a fait subir à l'ennemi les pertes les plus sensibles. En même temps, plusieurs bataillons de la garde mobile attaquaient à Bougival et à Saint-Cloud cinq bataillons du 7e et du 47e régiment. Toute cette manœuvre devait aboutir à une démonstration ridicule. La garde mobile tira quelques salves de coups de fusil, puis se retira dans les forts au milieu des rires de nos troupes. Mais un fait frappant, c'est que les habitants de Versailles, le 20 au soir, avaient connaissance de ce plan de sortie du 21; d'après des avertissements qui nous avaient été donnés, on voulait ici, au cas où le combat aurait été favorable pour les Parisiens, organiser une révolte en règle. Cette nuit de la Saint-Barthélemy devait commencer par un attentat contre le quartier général et spécialement contre la personne du chancelier le comte de Bismarck. Par suite de ces renseignements, hier, à deux heures de l'après-midi, l'alarme fut donnée à la garnison; trois bataillons des 58e et 59e régiments et deux escadrons de cavalerie furent réunis sur la place d'Armes, et là ils reçurent du général de Voigts-Rhetz et du conseiller intime docteur Stieber l'ordre d'occuper les rues et les places de la ville, de demander à chacun à justifier de son identité, et de fouiller minutieusement les maisons de la ville, une à une, en cherchant, de la cave au grenier, les armes qu'elles pouvaient renfermer. Au même instant, les portes de la ville furent fermées, et on disposa sur la place d'Armes trois pièces de canon, dont les bouches étaient dirigées dans le sens des trois avenues de Paris, de Saint-Cloud et de Sceaux. Les habitants étaient dans un état d'agitation extrême: on voyait dans les rues des femmes qui criaient avec angoisse après leurs maris. Pendant cette perquisition, les avenues, qui d'habitude, dans l'après-midi, sont très populeuses, étaient comme mortes. Le succès des recherches a été surprenant: on a trouvé 160 fusils, sans compter des sabres, des pistolets, des revolvers chargés et des uniformes neufs. Rien que chez un sellier, on a découvert 43 fusils; c'est chez un prêtre de la rue Royale qu'on a découvert les uniformes neufs. Sur une personne qui, dans le cours de l'interrogatoire, a été reconnue comme un émissaire du gouvernement français de Bordeaux, on a saisi des papiers très importants du gouvernement provisoire. La police, qui a été augmentée d'une compagnie de chasseurs (1), recommencera ces perquisitions. Cette journée a fait sur la population de Versailles une impression qui sera durable; dans ces dernières semaines, cette population avait souvent répondu par le mépris à l'indulgence de nos autorités.

(1) Cette compagnie fut logée autour de l'hôtel de M. de Bismarck, rue de Provence, 9, et boulevard de la Reine, 109 et 119. — Déjà la rue de Provence était remplie d'agents de la Chancellerie et d'agents de police, mais M. de Bismarck ne se sentait pas encore assez en sûreté, et cette garde lui fut donnée pour le défendre spécialement contre les « francs-tireurs » dont les rapports de police avaient signalé la présence à Versailles.

Les perquisitions n'avaient pas été prises par tous les officiers de la garnison aussi au sérieux que le croit le correspondant que nous venons de citer, plusieurs ne les avaient faites que pour la forme; ils entraient poliment dans les appartements, faisaient quelques questions, saluaient les maîtres du logis et s'en allaient. Comme on le pense bien, cette louable manière d'agir fut loin d'être générale; très souvent des habitants absolument paisibles eurent à subir d'odieuses vexations; l'officier *franzosenfresser* avait là une occasion de donner carrière à ses sentiments haineux et méprisants, et il ne la négligea pas; il se montra ce qu'il est: d'une niaiserie égale à sa méchanceté. Par exemple, de pauvres vieillards, couchés, malades, furent obligés de se lever pour que l'on sondât leurs matelas; des commodes, des armoires à glace, dont on ne trouvait pas tout de suite la clef, furent défoncées à coups de crosse de fusil; des enfants au maillot durent être déshabillés (!), les gens les plus inoffensifs du monde furent bousculés, maltraités et emmenés en prison, etc. De leur côté, les soldats, en fouillant dans les meubles et en se promenant à leur gré dans les appartements, ne se privèrent pas, en beaucoup d'endroits, d'emporter des montres et des porte-monnaie, et une foule de petits objets que les propriétaires ne retrouvèrent plus après leur départ.

Quelques soldats allèrent même plus loin; excités par les ordres qui leur avaient été donnés, ils se servirent de leurs armes contre les habitants, ainsi que le constate le procès-verbal suivant, adressé au maire le lendemain, par M. Ruelle, agent voyer d'arrondissement :

> Le cantonnier-chef Maugain a été arrêté, vers deux heures et demie, dans la rue de l'Orangerie, près de la barrière d'octroi, par deux soldats de l'armée allemande qui se sont jetés sur lui en l'interpellant comme *franc-tireur*, et, malgré ses dénégations et la production de divers papiers de service dont il était porteur, il a été bientôt entouré par un grand nombre de soldats qui le menaçaient de leurs baïonnettes; l'un d'eux lui a porté un coup violent qu'il est parvenu à parer en partie, mais *qui lui a traversé la cuisse droite*. Malgré cette blessure si grave, il a été entraîné, au milieu des baïonnettes, vers la caserne Satory, et n'a dû sa mise en liberté qu'à l'intervention de M. Dujardin, commissaire de police.

Une des perquisitions qu'il convient de signaler est celle de l'hôtel des Réservoirs, dont une partie était occupée par le Comité versaillais de la Société Internationale.

Le Comité de la Société Internationale, depuis longtemps déjà, préoccupait la police prussienne. Il s'était formé là, en effet, une espèce de cercle permanent, exclusivement français, et qui servait de centre aux nouvelles qui pénétraient dans la ville. Ce salon et la salle des réquisitions à la Mairie étaient les deux endroits de Versailles où l'on savait le mieux ce qui se passait et où l'on était sûr de trouver les renseignements les plus certains sur la marche de la guerre ; chacun y apportait les journaux et les documents français ou étrangers qu'il avait pu se procurer ; on les lisait tout haut, on les commentait avec passion, sauf à se taire subitement dès qu'un Prussien entrait, ce qui arrivait à chaque instant. La police ne pouvait pas supprimer ces deux foyers de nouvelles, qui étaient aussi des centres de résistance contre ses abus d'autorité, mais elle ne les supportait qu'avec une colère sourde et aurait été heureuse de trouver un prétexte pour les détruire. Déjà Zernicki avait un jour, par un mouvement plus ridicule que majestueux, jugé à propos de tirer son sabre dans la salle des réquisitions contre les conseillers municipaux présents, afin de les intimider et de leur faire redouter son autorité ; il voulut de même jeter la terreur dans le Comité de la Société Internationale, mais, dans cette seconde tentative, il ne suivit pas une marche plus heureuse que dans la première.

Le 21 décembre, il se présenta à l'hôtel des Réservoirs de son air le plus menaçant, à la tête d'un détachement de soldats et d'agents de police, mit des sentinelles aux issues du local occupé par le Comité, et déclara avec insolence que toutes les personnes présentes avaient à justifier devant lui de leur identité ; il demanda en même temps la liste des membres du Comité pour faire des confrontations. Pendant qu'il procédait à son interrogatoire et fouillait les tiroirs du bureau du Comité, les soldats qu'il avait amenés avec lui exploraient les caves ; ayant trouvé une porte fermée, ils l'enfoncèrent sans avoir voulu attendre la clef et y volèrent une quinzaine de bouteilles de vin d'Espagne destiné aux blessés des ambulances.

Quant à Zernicki, ses recherches bruyantes terminées, il se retira en emportant le registre contenant la liste des membres du Comité.

M. Horace Delaroche, président du Comité, se rendit aussitôt chez le prince de Putbus, représentant de la Société Internationale allemande, pour lui exposer les faits qui venaient de se passer, et qui constituaient un outrage si grossier à une Société qui, depuis trois mois, tout entière à son œuvre de bienfaisance et fidèle à son caractère international, s'était mise indistinctement aussi bien au service des ambulances allemandes que des ambulances françaises. M. Delaroche ne contesta pas à l'autorité militaire prussienne le droit de faire des perquisitions, mais il tint à constater devant le prince de Putbus que ces perquisitions, telles qu'elles avaient été faites, n'étaient rien autre chose qu'une agression contre la Société Internationale et une violation de sa neutralité.

Le lendemain, Zernicki revint au siège du Comité. Il rapportait la liste des membres, qu'il avait sans doute dépouillée avec soin. Il n'était plus insolent et brutal comme la veille ; au contraire, il affectait de prendre le ton obséquieux et mielleux qui alternait chez lui avec les allures furieuses. Il déclara d'une voix douce que Sa Majesté le Roi avait appris qu'il y avait, du côté de la Loire, des milliers de blessés français restés sans secours, et que, par conséquent, il engageait le Comité versaillais de la Société Internationale à se transporter de ce côté, où il serait bien mieux placé pour rendre service.

M. Delaroche sentit bien que ce n'était là qu'un prétexte imaginé pour détruire et disperser le Comité, et il répondit :
« J'ai été placé par mes chefs à Versailles ; mon intention bien arrêtée est d'y rester pendant toute la durée de la guerre. Personne ne peut affirmer que notre présence ici ne sera pas, un jour ou l'autre, très utile (on pensait toujours aux sorties des Parisiens). Quant à ce que vous me dites au nom du Roi, est-ce un conseil, une invitation ou un ordre ?

— C'est un ordre.

— Eh bien, si c'est un ordre, donnez-le-moi par écrit. »

Zernicki écrivit alors un ordre ainsi conçu :

Par ordre supérieur, les ambulances de la Société Internationale française de Versailles sont dissoutes. Les membres des ambulances non natifs de Versailles devront partir pour les départements voisins dans l'espace de deux jours.

Une fois en possession de cet ordre, M. Delaroche fit enlever de l'hôtel des Réservoirs les pavillons portant la croix protectrice de Genève, avertit les directeurs des ambulances françaises de la dissolution du Comité international par les autorités prussiennes, et se rendit chez le prince de Putbus pour lui faire part de ce nouvel et très grave incident.

Déjà, la veille, le prince de Putbus avait paru assez embarrassé ; cette fois, il se montra franchement indigné de la conduite tenue par une autorité toute-puissante, et qui cependant restait assez inconnue. Par quel ordre Zernicki avait-il agi ? Obéissait-il à M. de Bismarck ou à M. Stieber, le directeur de la police, ou à M. de Moltke ? On ne savait trop ; mais ce qu'il y avait de certain, c'est qu'un pareil acte, commis au grand quartier général, au rendez-vous de tous les correspondants de journaux anglais, allait être raconté de tous côtés, commenté et hautement condamné par toute la presse indépendante. Il y avait là bien plus qu'une violation de la loi et de l'équité ; il y avait une faute : on trahissait inutilement les dispositions dont était animé l'état-major prussien de Versailles. Le prince de Putbus réussit sans doute à faire comprendre à ses collègues le mauvais effet que produirait cette violence injustifiable, et on se décida à revenir sur les premiers ordres donnés. Dans une entrevue que M. Delaroche eut avec le commandant de place, M. de Voigts-Rhetz, celui-ci, après bien des hésitations, lui dit enfin :

« Consentiriez-vous à reprendre vos fonctions, si l'on désavouait l'acte commis contre la Société Internationale ? »

M. Delaroche répondit :

« Je n'aurais fait aucune démarche pour vous faire revenir sur votre décision, qui prononçait de votre propre autorité la dissolution de la Société Internationale française; mais en présence de votre proposition faite spontanément, comme, pour moi, il s'agit avant tout d'un intérêt d'humanité, j'accepte. »

Zernicki, toujours docile, reparut alors au Comité, et là, après avoir dit qu'il regrettait beaucoup tout ce qui s'était passé, qu'il y avait eu malentendu, etc., il dut laisser entre les mains de M. Delaroche une pièce écrite et signée de sa main, et ainsi conçue :

Par ordre supérieur, il a été déclaré au président de la Société de secours aux blessés pour la France, M. Delaroche, que l'ordre du 22 dudit mois (d'après lequel les ambulances de la Société de secours pour Versailles devaient être dissoutes) est annulé (*annullirt*), et qu'aucun obstacle n'est apporté à l'activité de la Société. Les autorités avec lesquelles les membres de la Société de secours auront à se mettre en relations pour leurs fonctions, et dont ils auront à recevoir des instructions, sont M. le commandant de place et S. A. le prince Pless.

DE ZERNICKI,
Lieutenant de police de campagne.

C'était un véritable soufflet que M. le lieutenant de police se donnait à lui-même par acte authentique, mais il ne parut nullement en souffrir. Il obéissait : c'était assez pour le rendre heureux.

A partir de ce jour, le Comité de la Société Internationale, qui avait reconquis son indépendance par sa fermeté, bien loin d'être inquiété, fut souvent l'objet des plus grands égards de la part des autorités prussiennes.

22 décembre. — Comme complément des perquisitions faites le 21, le commandant de place fit placarder, le 22, l'affiche suivante :

AVIS

La responsabilité concernant la sûreté de la ville et l'observation du fait que des individus vagabonds ou sans travail, et par là même plus ou moins dangereux, se trouvent en grand nombre à Versailles, m'obligent à ordonner ce qui suit:

1º Toute personne du sexe masculin, âgée de plus de *seize ans* et étrangère à la ville de Versailles, est tenue, si elle ne veut pas s'exposer à être immédiatement arrêtée et sévèrement punie, de posséder et de porter sur elle *une carte de permis de séjour*, délivrée par la Commandanture royale.

2º A partir du 25 de ce mois, il est établi à la Mairie un bureau où les demandes de permis de séjour devront être présentées personnellement, de 9 heures du matin à midi et de 2 heures à 5 heures. Pour toute personne qui fera une demande, deux habitants recommandables de Versailles devront fournir une garantie en signant une caution.

3º A partir du 26 de ce mois, la présente ordonnance sera mise en vigueur, dans toutes ses dispositions.

Versailles, le 22 décembre 1870.

VOIGTS-RHETZ,
Général-major et commandant.

On avait annoncé pour le 22 une seconde série de perquisitions; elles n'eurent pas lieu, mais la journée eut cependant sa surprise : ce fut la lettre suivante de M. de Brauchitsch :

Versailles, ce 21 décembre 1870.

Monsieur le Maire,

En vertu de l'ordre du 16 novembre dernier, je vous avais requis à réunir, dans un magasin, une quantité suffisante de vivres et de denrées alimentaires de toutes sortes, pour approvisionner la ville de Versailles pendant un mois ou six semaines au moins. En fixant le 5 décembre comme dernier délai pour l'exécution dudit ordre, je vous ai rendu vous et le Conseil municipal responsables des mesures sévères qui seraient prises en cas de non-exécution, et j'ai menacé ladite ville de Versailles d'une amende de 50,000 francs.

Le terme fixé étant non seulement dépassé, mais encore quinze jours depuis écoulés, par suite de votre rapport incomplet du 13 décembre, malgré ce retard, ce qui a nécessité de ma part la nouvelle demande du 15 décembre, votre rapport du 18 décembre dernier m'a convaincu que, jusqu'à ce jour, ni le magasin n'existe, ni les denrées ne sont à la disposition pour l'approvisionnement de la ville.

Par conséquent, et par suite de l'intention manifestée de vous soustraire à mon ordre, *je frappe par la présente la ville de Versailles de l'amende de 50,000 francs dont elle a été menacée, et je vous rends vous et le Conseil municipal personnellement responsables pour le prompt paiement de cette amende jusqu'au 27 décembre courant au soir.*

En outre, je vous avertis que j'attends néanmoins l'exécution immédiate de mon ordre du 16 novembre, et que je frapperai la ville de Versailles d'une nouvelle amende de 75,000 francs, si l'ordre n'était pas entièrement exécuté, et si les quantités de denrées indiquées dans le rapport de M. Barué-Perrault du 17 décembre dont vous m'avez donné copie n'étaient pas réunies dans ce magasin, jusqu'au 5 janvier prochain.

Le Préfet de Seine-et-Oise,
DE BRAUCHITSCH.

Cette lettre avait été écrite la veille, au moment où la ville était occupée militairement et soumise à une perquisition générale ; elle était une nouvelle preuve de la colère que les autorités prussiennes éprouvaient à ce moment contre Versailles ; on voulait la frapper de tous côtés, et le préfet s'était associé au commandant de place, dans la mesure de son action. M. de Brauchitsch s'était avant tout préoccupé de frapper fort ; mais il était impossible de frapper d'une façon plus absurdement inique.

La municipalité, désireuse d'éliminer le spéculateur Baron, avait dès la fin de novembre suscité la création d'un libre syndicat de négociants versaillais. Tout en écartant le danger de famine pour les habitants et les ambulances de Versailles, le syndicat devait veiller à n'enlever au pays aucune des ressources qui pouvaient servir aux armées de la défense nationale. En conséquence, il avait décidé qu'il ferait des achats là où il était impossible qu'ils pussent nuire à l'armée française, c'est-à-dire en Allemagne même. De cette façon, Versailles, enfermé dans les lignes allemandes, se ravitaillait comme l'armée allemande, et le syndicat n'apportait indirectement à celle-ci aucun secours qui lui vînt des pays restés dans les lignes françaises. Conformément à cette résolution, un marché avait été conclu avec un négociant allemand, nommé Hirschler.

Les marchandises achetées et expédiées en France n'avaient pu encore, le 22 décembre, obtenir de l'autorité militaire les wagons nécessaires à leur transport.

Vouloir rendre le maire et le Conseil municipal de Versailles responsables d'un retard dû à des motifs placés aussi évidemment en dehors de leur volonté, c'était certainement chercher à déguiser, sous le prétexte le plus sottement choisi, une extorsion d'argent à laquelle la municipalité ne devait pas se prêter. Le Conseil, à l'unanimité, engagea le maire à porter la question devant les plus hautes autorités prussiennes. Il pensait qu'il était impossible qu'un pareil abus, une fois rendu public, pût être soutenu. Nous ignorions encore jusqu'à quels excès le gouvernement prussien pouvait pousser ce système d'exactions qu'il avait organisé en constituant des « préfets » à côté des commandants militaires.

Une première plainte fut d'abord adressée au commandant de place. Après avoir exposé les faits à M. de Voigts-Rhetz en les accompagnant de pièces à l'appui, le maire termina la lettre qu'il lui adressa par ces mots :

... Je ne puis pas, et le Conseil municipal non plus, satisfaire à cette injuste condamnation et me borne à vous demander de vouloir bien me faire connaître quelle est l'autorité supérieure de qui dépend la Commission des lignes, pour que je puisse lui demander et obtenir le moyen de faire presser notre convoi.

Dans tous les cas, je désire que la réclamation de la ville soit connue en haut lieu, et qu'un système de persécutions contre les administrateurs de ladite ville cesse, sans quoi ils se retireront immédiatement.

Le général de Voigts-Rhetz fut assez embarrassé sans doute de la question qui lui était posée et de l'espèce de contrôle qu'on lui demandait d'exercer sur la conduite de son collègue M. de Brauchitsch. Il répondit par une lettre de pure politesse, qui ne le compromettait pas, mais qui laissait cependant voir très clairement sa pensée :

Après mûre réflexion, j'ai l'honneur de retourner à la Mairie les pièces ci-jointes.

A mon avis, ce qu'il y a de plus convenable et de plus désirable dans l'intérêt de la ville et de l'affaire même, c'est que quelques délégués de la Mairie se présentent devant le préfet royal pour appeler de vive voix sur l'ensemble de l'affaire un examen nouveau et pressant.

Aussitôt qu'il aura été donné à M. le préfet une preuve démonstrative que le retard apporté à l'approvisionnement est dû exclusivement à des circonstances extérieures dont on ne pouvait calculer les conséquences, et que ce retard ne peut être mis à la charge de la ville, ni à un manque de bonne volonté et de diligence, ni à un manque de recherches, il n'est guère douteux qu'on ne renonce à faire rentrer la somme de 50,000 francs imposée comme amende.

VOIGTS-RHETZ,
Général-major et commandant.

Une lettre fut de même adressée par le maire à M. de Bismarck. Elle était ainsi conçue :

Monsieur le Comte,

J'ai l'honneur de vous adresser copie de quatre pièces, qui prouvent :

La première (à la date du 12 décembre), que la ville de Versailles avait fait les acquisitions de denrées nécessaires au besoin de ses habitants pendant un mois; mais que les trains de chemins de fer chargés de ces denrées ont été arrêtés par la *commission des lignes allemandes* qui n'avait pas encore délivré le permis de circulation;

La deuxième, quelle est la composition, par nature et quantité, des denrées acquises, avec les prix;

La troisième reproduit l'avis par moi donné le 18 décembre, à M. le préfet de Seine-et-Oise, de tout ce qui précède;

Enfin, la quatrième indique la manière dont ces faits ont été appréciés par M. le préfet de Seine-et-Oise, qui a cru pouvoir condamner la ville de Versailles, en la personne de son maire et de son Conseil municipal, à 50,000 francs pour n'avoir pas formé le magasin à la date du 5 décembre dernier, et à une autre amende de 75,000 fr. si ce magasin n'était pas formé avant la date du 5 janvier prochain.

Or, il est certain que le 5 janvier les choses seront dans le même état, *si la commission des lignes allemandes* n'a pas délivré le permis de circulation pour le train chargé de nos marchandises.

C'est donc une somme de 125,000 francs *que l'autorité civile allemande* veut exiger de la ville de Versailles, parce que *l'autorité militaire allemande* ne permet pas à la ville de faire ce que l'autorité civile exige dans des délais d'ailleurs impossibles.

Si c'est une contribution de guerre déguisée que l'on veut ainsi se procurer, il est bien inutile de prendre un pareil détour ; il faut la demander sous son nom, malgré les remises motivées que nous ont déjà faites S. M. le roi de Prusse et le Prince Royal, en présence des charges écrasantes que nous avons supportées depuis plus de trois mois, et malgré *les douzièmes d'impôts directs* qui ont été payés par la ville et représentant plus de 150,000 francs ; mais il n'est pas possible d'admettre, sous la forme de punition, l'amende pour non-accomplissement d'un fait empêché par celui-là même qui punit.

J'espère, Monsieur le Comte, que vous voudrez bien mettre cette affaire sous les yeux du Prince Royal, même du Roi, si cela est nécessaire, pour que la ville puisse obtenir de *la commission des lignes* l'autorisation nécessaire pour faire circuler les trains qui amènent ses approvisionnements, et que, dans tous les cas, elle soit déchargée de *l'injuste condamnation* à l'amende que M. le préfet de Seine-et-Oise avait ou n'avait pas le droit de lui infliger.

Je serais heureux que la circonstance de cette grave affaire me permît de vous entretenir de tous les détails qu'elle comporte, et, à cet effet, je sollicite quelques instants d'entretien pour aujourd'hui ou demain, à l'heure qu'il vous conviendra de fixer.

M. de Bismarck, avec son flair si fin, sentit qu'il y avait là une affaire désagréable à traiter, et il se déroba. Il ne refusa pas l'audience qui lui était demandée, ce qui eût été trop clair et peu conforme au caractère de modérateur suprême qu'il avait pris, et qu'il tenait à garder en face du maire de Versailles, mais il délégua son secrétaire et confident, M. le comte de Hatzfeld. Celui-ci, digne disciple de son maître, fut dans l'entrevue avec le maire de la plus ingénieuse mauvaise foi. Après avoir longtemps discuté sur la réalité des obstacles que le convoi avait rencontrés, il conclut en disant au maire, avec une sécheresse et une ironie pleines de désinvolture : « Tout cela est de votre faute, Monsieur ! Pourquoi avez-vous pris ce chemin de fer ? *Il fallait en prendre un autre !...* »

A de pareils arguments, il n'y avait évidemment rien à répondre. Cette réponse signifiait simplement que M. de Bismarck ne voulait pas s'occuper de cette question.

Le maire comprit et se retira.

Il s'adressa, en dernière instance, au Prince Royal ; mais le Prince Royal agit comme M. de Bismarck et comme le général de Voigts-Rhetz. Après avoir gardé le dossier qui lui était envoyé jusqu'au jour où la question avait été tranchée par l'emprisonnement du maire et de trois conseillers municipaux, il devait répondre, le 2 janvier, par la lettre suivante :

« Monsieur le Maire,

En réponse à votre lettre du 27 décembre 1870, S. A. R. le prince royal de Prusse m'a chargé de vous dire qu'il se trouve, à son grand regret, dans l'impossibilité de donner suite à votre demande, l'objet de cette demande *faisant partie du ressort administratif*.

« Pour le Commandant en chef :

« GOTTBERG,
Colonel, grand quartier-maître. »

Même avant d'avoir reçu cette réponse, la municipalité se doutait bien que tous ses appels en recours contre le préfet prussien seraient peu écoutés ; mais elle tenait à ne rien négliger pour éviter l'apparence d'une résistance précipitée. Une fois ces démarches faites, elle attendit paisiblement — sans payer l'amende injuste qui lui avait été imposée — les mesures que l'autorité allemande croirait devoir adopter. Ces mesures devaient venir bientôt, et aussi conformes à la justice et au bon sens que par le passé.

Dans la journée du 22 décembre, un logeur, demeurant avenue de Saint-Cloud, 35, vint au bureau de police déposer une plainte qui n'avait rien que de très ordinaire : il s'agissait d'un vol commis par un soldat allemand dans le logement qu'il avait occupé. Mais cette plainte fut alors remarquée, et on en parla plus que d'une autre, parce que le vol portait sur ce qui paraît, pendant toute l'invasion, avoir excité particulièrement la cupidité du soldat prussien : le corps du délit était une *pendule à sujet* en zinc doré. On peut se demander pourquoi les Prussiens ont jeté si souvent leur dévolu sur cet objet, qui n'est pas des plus faciles à expédier ; mais on comprend qu'il ait vivement éveillé leurs désirs, quand on se rappelle qu'il est bien plus rare chez eux que chez nous. En France, il n'est guère de petit ménage qui ne possède une pendule, et l'on en fabrique à tout prix pour toutes les bourses. Au contraire, en Allemagne, la cheminée étant inconnue, on est bien moins amené à se procurer ce qui en est le décor naturel. La pendule est donc restée un objet de luxe, et, par suite, elle convenait tout à fait comme cadeau et comme souvenir de la campagne de France. De là, très probablement, cette faveur qui lui fut accordée par l'armée prussienne.

Ce même jour, 22 décembre, dans la soirée, un commerçant de la ville, M. Goisier, layetier, demeurant rue Saint-Simon, rentrait chez lui, lorsqu'il fut accosté par un groupe de quatre soldats prussiens qui lui demandaient des adresses de filles de mauvaise vie. M. Goisier ayant répondu qu'il n'en connaissait pas, un des soldats, tirant son sabre, lui en asséna plusieurs coups sur le crâne. Quoique grièvement blessé, M. Goisier parvint à arracher l'arme des mains du soldat qui l'avait frappé, et se mit en mesure de se défendre. Les soldats prussiens, suivant une habitude souvent constatée chez eux, ne cherchèrent nullement à entrer en lutte dès qu'ils virent qu'il y avait chez leur adversaire une disposition très ferme à résister, et ils s'éloignèrent rapidement. Le lendemain, un gendarme et des officiers allemands vinrent soumettre à un interrogatoire M. Goisier, qui était au lit, où sa blessure devait le retenir trois semaines. On s'efforça de lui faire avouer que le soldat qui l'avait attaqué était un Bavarois. Les officiers furent à la fin obligés de reconnaître que le coupable était bien un Prussien, et il fut, dit-on, condamné à quinze jours de consigne « pour s'être laissé désarmer ».

24 décembre. — Le 24 décembre, après le départ d'un officier et de son ordonnance qui avaient logé dans une maison de la rue Sainte-Victoire (n° 22), non seulement on constata des vols, ce qui depuis longtemps ne surprenait plus, mais on trouva *un trousseau de huit fausses clefs* oublié par les deux militaires, et qui fut déposé aussitôt à la Mairie par le locataire volé.

Ce détail indique les dispositions qui animaient certains soldats prussiens dans le cours de leur campagne de France.

Dans l'après-midi du même jour, on apprit à la Mairie que quatre-vingt-quatre charretiers, requis par les Prussiens dans les environs de Rambouillet, pour apporter des denrées, étaient renfermés dans l'intérieur de l'arsenal du plateau Satory, avec leurs chevaux et leurs voitures. Ils étaient gardés sévèrement et privés de toutes communications avec le dehors, afin qu'il leur fût impossible de raconter à aucun des habitants de Versailles les incidents militaires qui s'étaient passés récemment dans les villages d'où ils venaient. Le lendemain, ils devaient se remettre en route tous ensemble, lorsque l'ordre en serait donné. Ils devaient donc passer la nuit dans cette cour du plateau Satory, par une température glaciale, sans feu, sans nourriture pour eux-mêmes, sans fourrages pour leurs chevaux. Les Prussiens ne s'inquiétaient en rien des souffrances et de la famine qu'ils allaient faire endurer à ces malheureux et inoffensifs paysans, déjà exténués de fatigues. Par un heureux hasard, leur détresse fut connue à l'Hôtel-de-Ville, et aussitôt, quelques conseillers municipaux, aidés par des habitants charitables, s'empressèrent de porter à l'arsenal Satory de la soupe, de la viande, du pain, du bois, etc.

Encore une fois, les Prussiens nous avaient donné là une preuve de cette absence totale d'humanité et de bonté, de cette cruauté froide qui leur était habituelle, et qui rendait si ridicules leurs orgueilleuses et hypocrites prétentions à être « le peuple moral et religieux » par excellence.

25 décembre. — Le jour de Noël n'aurait apporté aux habitants de Versailles quelque sujet de se réjouir que s'il avait été marqué, comme on l'avait annoncé, par une grande sortie des Parisiens sur le quartier général. Mais cette espérance ne se réalisa pas, et les Prussiens purent célébrer tranquillement les fêtes qu'ils avaient préparées à Versailles.

Pour les raconter, je laisserai de nouveau la parole à un narrateur allemand. Il faut, je le répète, savoir supporter froidement les récits tels que celui que je vais traduire : ils nous apportent sur nos ennemis, sur leurs mœurs, sur les pensées qu'ils ont et sur celles qu'ils affectent, des renseignements que, pour plus d'un motif, il est très utile de recueillir.

Voici cet extrait, que je n'abrégerai presque pas (1) :

La Noël de l'année 1870 restera ineffaçable dans l'histoire allemande. Ceux qui l'ont fêtée sur la terre étrangère en feront des récits tant qu'ils vivront, et leurs enfants et petits-enfants la raconteront à leur tour de génération en génération. Elle ne sera pas moins ineffaçable pour ceux qui l'ont célébrée dans la patrie, sans que le père, sans que les frères fussent présents, soit parce qu'ils étaient à se battre, soit parce qu'ils étaient déjà tombés victimes de cette sanglante guerre. Et cependant, jamais la parole de l'ange : « Gloire à Dieu dans les cieux et paix sur la terre aux hommes de bonne volonté, » n'avait, au dehors et au dedans de l'Allemagne, couru de bouche en bouche et de cœur en cœur avec autant d'émotion que le jour de Noël de cette grande année de 1870. Si Dieu, dans sa sagesse, ne nous avait pas encore accordé la paix, nous devions cependant lui rendre hommage et lui témoigner toute notre reconnaissance pour tout ce qu'il avait déjà fait en faveur de l'Allemagne ; une disposition toute particulière aux sentiments profonds animait toutes les classes de la nation, et des milliers de cœurs battaient avec plus d'élan que jamais vers le Sauveur, lorsque revint le jour de sa naissance.

Si un sombre voile de deuil était répandu sur bien des maisons et des chaumières de notre patrie, il ne fallait pas pourtant que l'arbre de Noël manquât, ni en Allemagne, ni sur le sol ennemi. Depuis des semaines, on s'occupait de tous côtés à donner aux soldats qui combattaient quelque image des fêtes du pays. Les femmes, les fiancées, les parents, les frères, les sœurs, les amis, ainsi qu'une quantité infinie d'associations travaillaient sans relâche pour profiter de la franchise de port que la bonté du Roi avait accordée ; des paquets sans nombre, renfermant des envois excellents et pour le corps et pour l'âme, se dirigeaient vers la France.

Tous les envois, à la vérité, ne purent parvenir à leur adresse. Les combats meurtriers de décembre avaient enseveli plus d'un des soldats pour lesquels les présents du pays étaient déjà en route. Très peu de temps avant le saint jour, et ce jour-là même, la guerre avait fait

(1) *Der grosse Krieg gegen Frankreich*, von R. Kœnig. 1872.

de nombreuses victimes... Mais si le brave soldat n'a pas honte des larmes qu'il verse en rendant les derniers devoirs à son camarade, tombé jeune et plein de vie, il n'a pas beaucoup de temps pour ces larmes ; il sait d'ailleurs que ce n'est là qu'une courte séparation, — qui sait ce qu'elle durera! — aussi il quitte rapidement cette tombe pour s'élancer de nouveau résolument en avant, et, le soir même, il peut célébrer joyeusement la Noël.

Elle a donc été célébrée partout, la vieille fête allemande, partout où il y avait des soldats allemands sur la terre des Français : dans les salons du Roi, dans les ambulances, aux feux des bivouacs!...

Le soir du 24 décembre, tout Versailles resplendissait de l'illumination des arbres de Noël, projetant leur éclat à travers la plupart des fenêtres. Les Français purent s'étonner à loisir de ce trait de mœurs si pacifique de nos guerriers, qu'ils se plaisent tant à appeler des *barbares*. Ils pouvaient railler et traiter notre belle fête de puérilité, comme je l'ai entendue autrefois juger par une bouche française. Qu'ils raillent (1)! Pour nous, nous nous réjouissons de voir à nos braves guerriers ces dispositions ingénues : le royaume du ciel appartient aux enfants, — même quand ces enfants sont revêtus de la tunique militaire!

A ces enfants, le bon exemple fut donné par... notre cher et vieux roi Wilhelm. Déjà, quelques jours auparavant, étaient arrivés du pays au grand quartier général beaucoup de caisses, de tonneaux et d'autres envois, et l'intendant s'était occupé de décorer avec art plusieurs grands sapins.

Beaucoup de princes allemands se réunirent pour cette fête autour du Roi; le grand-duc de Mecklembourg était venu des bords de la Loire, ainsi que d'autres princes et d'autres généraux exerçant des commandements sur des points éloignés de la ligne d'investissement. — A 5 heures commença un grand dîner, où vinrent s'asseoir autour du Roi trente-deux invités. Pendant ce dîner, une heureuse surprise fut faite au Roi. L'aide de camp de service annonça deux hussards qui apportaient deux drapeaux pris sur l'ennemi; le prince Frédéric-Charles les envoyait comme cadeaux de Noël faits par la seconde armée à son généralissime. Le Roi montra une grande joie de cette surprise et se leva de table pour aller voir les trophées placés dans la galerie voisine. Le soir, à 9 heures, cette haute assemblée se réunissait de nouveau pour le thé, pendant que, dans un salon voisin, le Roi rangeait de ses propres mains les cadeaux et disposait sur chacun d'eux les étiquettes portant les noms des personnes auxquelles ils étaient destinés ; ces étiquettes avaient été tracées par lui-même ou

---

(1) L'opinion en France était, au contraire, sur ce point comme sur tant d'autres, si disposée en faveur de l'Allemagne et de ses mœurs, que, depuis plusieurs années déjà, beaucoup de familles, à Paris et dans les grandes villes, avaient introduit dans leurs habitudes l'arbre de Noël. On avait vu là une occasion nouvelle de faire plaisir aux enfants, et on l'avait saisie avec empressement. Mais ce qui est vrai, c'est qu'on célébrait cette fête à la française, c'est-à-dire en souriant et sans pédantisme, ce qui la distinguait tout de suite de la fête d'outre-Rhin. Que les Allemands attachent à l'arbre de Noël plus d'importance que nous, c'est tout naturel, puisque c'est là pour eux une coutume nationale qui leur rappelle bien des souvenirs; mais ce qui devient lourde exagération et trait de caractère déplaisant, c'est, à propos de cet arbre, de faire des tirades sentimentales et d'en tirer parti pour prouver au monde la tendresse d'âme toute particulière et la piété des soldats allemands. L'arbre de Noël perd alors tout son charme et devient sincère comme une circulaire de M. de Bismarck.

par une auguste main dans la patrie même. A 9 heures et demie, le Roi donna le signal en sonnant une cloche; les battants des portes s'ouvrirent, et les invités pénétrèrent dans le salon illuminé par deux arbres de Noël. Semblable à un père qui distribue des jouets à ses enfants, le Roi allait d'un de ses hôtes à un autre, se réjouissant de la joie que donnaient ses cadeaux. Peu de jours auparavant, il avait reçu de Berlin un gâteau de Noël autour duquel on avait figuré en chocolat des boulets portant chacun le nom d'une bataille et d'un combat. On avait donc aussi ce gâteau traditionnel qui, depuis Frédéric-Guillaume III, ne doit jamais manquer sur la table de Noël de la famille royale prussienne. Les boulets furent distribués par le Roi aux invités. Le Prince Royal reçut le boulet sur lequel était écrit *Wœrth;* le jeune grand-duc héréditaire d'Oldenbourg, qui s'était trouvé avec les corps d'Oldenbourg à beaucoup de batailles et de combats livrés par la seconde armée, reçut le boulet de *Speichern.*

Pour le Roi, il y avait aussi sur la longue table une place avec une assiette où les pommes d'api et les noix dorées ne manquaient pas non plus. Tout auprès étaient rangés les cadeaux qui lui étaient offerts : la Reine avait envoyé son portrait, le Prince Royal le portrait du sous-officier Forster, du régiment des grenadiers du Roi, portant le drapeau du régiment, criblé de balles, qu'il avait sauvé au péril de sa vie pendant la bataille de Wœrth; puis un modèle du *Frédéric le Grand* d'Alberti, le tableau *la Garde du Rhin* (*Die Wacht am Rhein*) de Scheuerlein; enfin un drapeau aux couleurs noire, blanche, rouge, tissé pour le Roi par un vieillard de quatre-vingts ans, etc.

L'aide de camp, comte Waldersee, qui était de service ce jour-là, et qui se tenait dans le salon, le casque à la main, fut surpris de la façon la plus agréable par le Roi, qui, en passant, lui mit dans la main une petite boîte : elle contenait la *croix de fer* de première classe.

Au rez-de-chaussée de la Préfecture, on avait dressé aussi un arbre de Noël pour la domesticité. C'était sans doute le seul arbre au grand quartier général qui eût été disposé et orné par une main de femme. Là avaient travaillé les mains si actives de Mlle Zumbrunner, connue de tout le monde sous le nom de « la royale Café-mamselle (1) », et qui, depuis le commencement de la guerre, fait partie de la suite du Roi.

Dans l'aile gauche de la Préfecture brillait également un autre arbre; il était destiné aux soldats du corps de garde royal; ils se tenaient tout autour, très heureux. Pas tous, cependant; quelques-uns étaient assis dans un coin de la salle, la tête entre les mains et plongés dans leurs pensées. Peut-être avaient-ils une femme aimée, une chère petite fille dont ils ressentaient plus douloureusement l'absence en ce jour de fête.

Le Prince Royal avait célébré la Noël à sa villa des Ombrages, dès 7 heures du soir.

Un chœur de chanteurs, tous de Berlin, était venu saluer le chef de la 3e armée. L'exécution par eux du morceau de Mendelssohn, *Paisible nuit* (*Stille Nacht*), avait attesté que cinq mois de campagne et de campement n'avaient exercé aucune influence fâcheuse sur les

(1) « *Kœnigliche Kaffeemamsell.* » — Voilà une désignation qui étonnera bien les lecteurs peu au courant des habitudes de la langue allemande. Nos voisins, en nous empruntant le mot *demoiselle*, l'ont changé élégamment en « mamselle », et ils disent une « mamselle » sans se douter de l'effet que produit cette étrange transformation. Il y a une foule d'exemples d'emprunts de ce genre faits à notre langue.

voix de nos « sociétés chantantes »; mais les habitudes du moment trouvèrent une satisfaction plus appropriée dans l'exécution d'un des « Chants pour la jeunesse », de Taubert, chants si pleins d'entrain et d'élan.

Tous les officiers du quartier général du Prince Royal et quelques invités, formant en tout une cinquantaine de personnes, étaient réunis aux Ombrages.

Là aussi, le centre de la fête, c'était un grand arbre de Noël dont la cime touchait le plafond. Sur une petite table étaient placés les présents de la princesse héréditaire, simples comme il convenait à la gravité des événements au milieu desquels la fête se célébrait : un pistolet de poche et un nécessaire assez petit pour être mis dans les fontes de la selle. A côté était un présent de la Société de secours berlinoise; il consistait en une boîte renfermant la photographie d'un soldat prussien et d'un zouave, surmontée de cette devise : « Pour ceux auxquels nous devons de ne pas avoir été mis au pillage par les zouaves. » Dans la même boîte se trouvait une pipe de bois sculpté, avec le portrait du Roi en ivoire (1).

Au n° 12 de la rue de Provence, dans cette maison qui est le *lieu de naissance de l'unité allemande*, brillait aussi un arbre de Noël, et jamais le comte de Bismarck n'avait été aussi heureux que ce soir-là. Il avait réuni autour de lui tous ses conseillers de légation et tous ses serviteurs, depuis le premier jusqu'au dernier; le portier lui-même et ses enfants durent venir. Chacun eut ses présents, parmi lesquels les cigares jouaient le plus grand rôle; le comte, pour sa part, avait reçu ce soir-là la *croix de fer* de première classe.

Cette fête cordiale, vraiment allemande, fut de même célébrée partout : au ministère de la guerre par M. de Roon, à l'intendance générale par M. de Stosch, à l'administration supérieure des vivres par M. Bœrner; en un mot, par tous les chefs des divers services et aussi par les officiers et par les soldats entre eux.

Pour les blessés, l'arbre de Noël fut dressé dans le vieux château royal de Versailles. Personne ne fut oublié. Dans dix salles, qui renfermaient environ cent soldats atteints de blessures graves, les arbres furent allumés devant les lits, afin que personne ne fût privé.

Pour les soldats blessés légèrement et les convalescents, on avait organisé une fête qu'ils célébrèrent tous ensemble.

La partie centrale du rez-de-chaussée du vaste château est la *salle Louis XIII*. C'est là que devait avoir lieu la distribution aux blessés qui pouvaient marcher. L'entrée était décorée de guirlandes; le vestibule, supporté par des colonnes de marbre brun, avait été transformé en jardin d'hiver à l'aide d'orangers et d'autres plantes; on avait disposé en avant une chapelle militaire.

Dans la salle elle-même (dont les parois étaient couvertes de tableaux où figuraient aussi des blessés, mais qui, ceux-là, ne pouvaient bouger) se dressaient sur une longue table trois grands arbres, entourés d'une quantité d'objets destinés à servir de cadeaux. Des guirlandes, formées de branches de sapins, reliaient entre eux les piliers et s'étendaient le long des hautes fenêtres et des portes en glace qui donnent sur le jardin.

---

(1) Le Prince Royal doit une partie de sa popularité à son habitude de fumer la pipe, même en public.

Les blessés « mobiles » entrèrent dans les salles, les uns marchant sans appui, les autres soutenus par leurs camarades; une musique militaire, à leur entrée, joua l'hymne : « Grâces soient rendues à Dieu, » paroles qui trouvaient un écho dans tous les cœurs, et qui furent répétées aussi par bien des lèvres.

L'aumônier Wernicke les reçut par un discours plein de chaleur, puis les cadeaux furent tirés au sort, mais de façon à ce que tout le monde eût une part égale.

Après qu'ils eurent bien joui de l'illumination, et après que la distribution des cadeaux eût été faite, vint un repas où ne manquaient ni la salade nationale au hareng, ni les bols de punch...

Toutes les ambulances eurent la même fête dans toutes les parties de la France occupées par nos troupes.

Si les arbres de Noël brillaient au milieu des blessés et des malades, ils ne manquaient pas non plus pour les soldats bien portants qui tenaient la campagne. Les compagnies de la garnison s'offrirent mutuellement des cadeaux dans des salles publiques (1); les officiers firent de même dans leurs chambres. Dans leurs bureaux respectifs, les employés de la poste de campagne firent des cadeaux aux postillons; les commandants d'étapes, à leurs employés. En ce temps terrible, au milieu des douleurs de luttes continuelles, partout on vit des fêtes joyeuses. C'est qu'à Noël nous célébrons la naissance de Celui qui est notre paix au sein de la guerre, et qui, dans nos tristesses, nous maintient toujours l'âme sereine.

Aux avant-postes et dans les cantonnements les plus écartés, Noël ne fut pas davantage oublié. Tout autour de Paris, les arbres de Noël étincelèrent dans la nuit claire et glacée, — il y avait 13 degrés au-dessous de zéro. Là où l'on n'avait pas d'arbres, on disposait les fusils en pyramides et on y attachait des bougies... La fantaisie eut aussi sa part pendant cette belle soirée. Un soldat se mit dans la tête que « l'oncle Balderjahn » devait avoir, comme tout le monde, son arbre de Noël, et, pour réaliser cette idée, il planta au pied du Mont-Valérien un arbre qu'il illumina. Le Mont-Valérien sut estimer à sa valeur la surprise qu'on lui faisait et il y répondit par une volée de violents coups de canon, qui lancèrent des boulets tout autour de l'arbre éclairé.

Trochu voulait-il troubler les joies de la Noël pour nos braves

---

(1) Depuis plusieurs jours, les marchands allemands installés à Versailles annonçaient les *cadeaux de Noël* en vente chez eux.

On lisait, par exemple, dans le *Moniteur officiel*, cet avis dans les deux langues :

Cadeaux de Noël. Le soussigné a l'honneur de prévenir le public que son stock en *marchandises de laine* consiste environ en :

1,000 paires de bas;
400 paires de caleçons;
1,000 paires de *gants tricotés et moufles;*
Ainsi qu'en 500 à 600 *couvertures de laine*; et il le recommande sérieusement à l'attention de MM. les présidents de sociétés qui désirent faire un cadeau de Noël utile.

Le soussigné se permet de rappeler à cette occasion : son dépôt de tabacs et cigares, son vrai kümmel de Gilka, diverses liqueurs, chocolats.

En plus, son assortiment complet en : gants de peau fourrés, gants de Buxking, et finalement son assortiment en *pipes allemandes*.

Gustave DE HULSEN,
65, rue de la Paroisse, en face les n°s 80 et 82.

soldats? Peut-être; mais le grondement sourd du canon qui résonna dans cette soirée ne les inquiéta pas, soit parce qu'ils y étaient déjà habitués, soit parce que leurs pensées, ce jour-là, étaient toutes bien loin de Paris.

Ce qui rendit surtout la fête de Noël complète, et ce qui remplit d'une joie pure les cœurs de ces chrétiens si « ingénus », c'est que, par ordre supérieur, les officiers annoncèrent dans tous les cantonnements à leurs troupes que « le bombardement de Paris commencerait le lendemain matin »! Cette nouvelle, si pleine de douces promesses, était le « cadeau de Noël » que le pieux roi Guillaume avait résolu d'offrir à ses armées. Il avait jugé sans doute qu'il était impossible de fêter la naissance du Christ d'une manière plus conforme aux préceptes de l'Evangile. Donner cet ordre de bombardement le jour de la grande fête chrétienne, c'était bien montrer aux Français si impies la supériorité éclatante des Prussiens dans la pratique des vertus religieuses.

Cette nouvelle fut accueillie par les Prussiens avec d'autant plus de bonheur que depuis bien longtemps déjà elle était attendue avec la plus vive impatience. Les bons patriotes trouvaient même et disaient tout haut que l'état-major montrait sur ce point une timidité et une lenteur très répréhensibles, et, pour stimuler son activité, de tous les points de la Prusse, on envoyait à Versailles des pétitions, des adresses demandant avec véhémence que l'on ne tardât pas davantage à bombarder, à incendier et à détruire de fond en comble, s'il était possible, cette Babylone odieuse dont les habitants montraient tant « d'entêtement » (*hartnæckigkeit*) à ne pas se rendre. La résistance si obstinée des Parisiens était déclarée par les Allemands tout à fait coupable et criminelle : puisqu'il était certain que la ville devait tôt ou tard se rendre, il y avait une bien grande « frivolité », une « légèreté », une « méchanceté » tout à fait dignes de la race française à ne pas comprendre que, dans l'intérêt de l'humanité, et pour éviter une effusion de sang qui attristait profondément les cœurs allemands, les Parisiens devaient considérer comme un devoir d'ouvrir leurs portes et d'accepter les « conditions généreuses » que leur vainqueur était prêt à leur accorder.

Les femmes s'associaient à ce mouvement et ne se montraient pas moins passionnées pour la destruction rapide de ce Paris qui retenait sous ses murs tant de fiancés. C'était un concert unanime de toutes les âmes tendres de la Germanie, pour supplier le roi Guillaume d'ordonner enfin ce bombardement solennel, ce foudroiement définitif dont la Prusse, jouant le rôle d'archange, avait été officiellement et historiquement chargée, ainsi que l'affirmaient, avec leur incontestable autorité, les professeurs d'Université et les ministres du saint Evangile de Prusse.

En face de ces pétitions, l'état-major de Versailles se défendait de son mieux et excusait son retard par d'assez bonnes raisons. D'abord, il n'avait pas été aussi aisé qu'on l'avait cru de réunir et de mettre en position les pièces de siège; de plus, il n'était pas démontré qu'il fût habile de trop précipiter le bombardement. En effet, l'histoire démontre que lorsqu'il a lieu à un moment mal choisi, au lieu de rendre la prise d'une ville plus prompte, il peut, au contraire, la retarder, parce qu'il exalte les courages au lieu de les abattre. Le bombardement ne produit d'habitude tout son effet sur une population que lorsqu'il coïncide avec cette autre cause d'affaiblissement qui résulte de la rareté déjà inquiétante des vivres. Alors les deux motifs, se combinant au même instant, ont des chances de produire un découragement qui amène la prompte reddition de la place. C'est là ce qu'un journaliste, qui comptait aussi sur l'émeute comme troisième élément, avait si justement appelé « le moment psychologique », et ces considérations étaient pesées et discutées par l'état-major prussien avec une attention et une science profondes. D'un autre côté, pour que la prise de Paris décidât la France à traiter aux conditions posées par la Prusse, il fallait que cette prise coïncidât avec l'écrasement des armées de province. Il était nécessaire d'agir de telle sorte que les Parisiens, en ouvrant leurs portes, en recevant des nouvelles de l'intérieur de la France, apprissent les défaites des armées de secours. Avant de bombarder, il était d'abord essentiel de réduire à l'impuissance l'armée de la Loire et l'armée de l'Est. Prendre Paris trop tôt, avant d'avoir battu Chanzy et Bourbaki, c'était perdre une chance d'obtenir la conclusion de la paix comme conséquence immédiate de la reddition de la capitale.

Le sentiment populaire n'entrait pas dans ces raisonnements trop subtils, et il se contentait de demander le bombardement le plus tôt possible : la nation allemande fut d'autant plus touchée de la gracieuse attention que le roi Guillaume avait eue en faisant de ce bombardement si souhaité la surprise du jour de Noël.

26—27 décembre. — Cependant, le brouillard qui couvrait Paris le 26 décembre retarda encore pendant vingt-quatre heures l'ouverture du feu ; on entendit bien pendant toute la journée une violente canonnade, mais elle venait des forts parisiens. Enfin, le lendemain 27, à 7 h. 1/2, quoiqu'il y eût toujours beaucoup de brume, l'ordre si attendu fut donné, et aussitôt, soixante-seize pièces de canon, se démasquant, lancèrent ensemble une pluie d'obus sur le mont Avron et le fort de Rosny, désignés pour être les premiers points d'attaque. Un télégramme du grand quartier général annonça à l'Allemagne et à l'armée cette heureuse nouvelle, qui fut accueillie de tous les soldats avec des transports d'enthousiasme.

De tout autres soins, des pensées bien différentes occupaient alors la population et l'administration municipale de Versailles. A ce moment même où les Allemands ne songeaient, et avec tant de passion, qu'à organiser le massacre aveugle du bombardement, les habitants de Versailles complétaient l'organisation d'un système varié de secours destinés à soulager les misères et les souffrances de toute espèce que la guerre avait amenées, et qui étaient signalées à l'attention publique. Le 27 décembre, le jour même du bombardement, la circulaire suivante était répandue dans la ville :

Versailles, le 27 décembre 1870.

COMMISSION DES SECOURS ET DES RÉFUGIÉS

Ville de Versailles.

Dans un moment où l'hiver sévit avec tant de rigueur, chacun se sent ému à la pensée qu'il y a des malheureux qui sont à peine vêtus. Eh bien ! ces malheureux nous entourent, nous pressent, sont à nos portes ; c'est une partie de nos propres concitoyens, ce sont des réfugiés à qui nous devons l'hospitalité. Nous avons reçu la mission de venir au secours de tous les nécessiteux, de veiller à ce qu'il soit pourvu à leurs besoins les plus pressants. Il s'agit, aujourd'hui, de leur donner des vêtements, mais les ressources dont nous disposions sont à peu près épuisées. Il est donc urgent de suppléer à leur insuffisance. Pour cela, nous devons avec confiance faire un nouvel appel à la bienfaisance publique.

Il sera entendu, nous n'en doutons pas : la charité, à Versailles, n'est-elle pas inépuisable ?

Que chacun veuille bien mettre à notre disposition *les hardes de toute nature* (1), pour *homme*, pour *femme*, pour *enfant*, qui ont été mises au rebut. Ce seront autant de richesses dont nous saurons faire le meilleur emploi. Nous espérons donc que toutes les personnes qui sont encore en possession de vêtements et de chaussures dont elles ne comptent plus faire usage voudront bien les faire déposer à la Mairie, où ils seront reçus, de midi à 4 heures, par M. Saint-Aignan, attaché au bureau du Secrétariat.

Le Président de la Commission des Secours,
DENOISIN.

Le Président de la Commission des Réfugiés,
DE MAGNY.

Prière d'aider à la publicité du présent appel.

(1) *Chapeau, casquette, bonnet, chemise, cravate, jupon, pantalon, robe, paletot, bas, chaussettes, chaussons, souliers, sabots, etc.*

A cet appel, la population de Versailles répondit avec plus d'élan encore qu'on avait cru pouvoir l'espérer. A peine la circulaire était-elle connue, que des monceaux de vêtements de toute espèce furent apportés à l'Hôtel-de-Ville et s'accumulèrent dans la Galerie municipale. Déjà cette galerie avait dû servir de dépôt aux 6,000 couvertures requises, avec menaces de violences, par l'autorité prussienne ; on la transforma alors, et cette fois avec plaisir, en un vaste bazar de charité où toutes les classes de la population, riches et pauvres, vinrent apporter des quantités incroyables d'objets d'habillement. Sous la direction de quelques conseillers et de personnes dévouées, au premier rang desquels on retrouvait encore l'excellent M. Rimbault, ces vêtements furent triés, mis en ordre, retaillés, recousus et classés de façon à pouvoir satisfaire immédiatement aux demandes qui se produisaient. Pendant que les uns apportaient, d'autres venaient pour obtenir leur part dans la distribution de ces vêtements, et pendant plusieurs semaines, il y eut là un bureau de charité d'une espèce toute nouvelle, qui rendit aux classes pauvres les plus grands services.

29 décembre. — La circulaire que nous venons de citer était à peine publiée qu'un autre comité, non moins dévoué, adressait à son tour à la population de Versailles l'appel suivant :

DONS EN NATURE

Pour les blessés de la Loire.

A la suite des terribles combats qui ont eu lieu autour de la Loire, seize mille blessés, après être restés de longues heures abandonnés sur les champs de bataille ou entassés dans des villages, ont été concentrés à Orléans, à Chartres et dans quelques autres localités. Au premier moment, tout a manqué : vivres, lits, vêtements, médicaments et médecins, et bien des vides se sont faits dans les rangs de ces pauvres victimes. Avec le temps, des ambulances ont été organisées. Mais les ressources sont restées partout fort au-dessous des besoins. Ainsi, des personnes dignes de foi, qui viennent de visiter ces ambulances, attestent que la plupart de nos malheureux blessés ont à peine de quoi se couvrir, et que bon nombre n'ont pas même de chemise. Quant aux couvertures, elles manquent généralement, et le pain lui-même a fait défaut plus d'une fois. Le plus pressé, ce sont les vivres, les vins, les conserves ; puis les couvertures, lainages et chaussons ; enfin, les médicaments et les instruments de chirurgie.

A cette époque de l'année où l'on aime à donner, dans cette saison rigoureuse où les cœurs s'ouvrent aux souffrances des pauvres, la ville de Versailles ne voudra-t-elle pas envoyer ses étrennes à ces chers blessés ? Ce n'est point ici l'œuvre d'un parti politique ou religieux ; c'est un cri d'appel de la charité chrétienne sorti du fond de quelques cœurs pour trouver dans les autres un écho ! Mgr l'évêque a pris cet appel sous sa protection spéciale et veut bien le recommander aux fidèles. Le maire de Versailles, toujours prêt à secourir toutes les infortunes, l'autorise et l'appuie de tout son crédit. Enfin, la Société Internationale de Versailles, qui a déjà pris les devants en envoyant, à plusieurs reprises, aux blessés de la Loire les secours les plus urgents, s'est empressée de donner les renseignements nécessaires sur la nature des secours et sur les points qui les réclament le plus impérieusement.

On dira sans doute qu'on a déjà beaucoup donné à Versailles, mais en voyant les efforts si dévoués, si infatigables de la charité étrangère (jusque de l'autre côté de l'Atlantique) pour atténuer les affreuses conséquences de la guerre, ne serons-nous pas jaloux de suivre un si bel exemple? Si nous avons déjà fait quelque chose, ne voudrons-nous pas faire encore davantage? On peut se figurer tout ce qu'il faut pour coucher, soigner et nourrir seize mille blessés, et sans des prodiges de dévouement et de charité, comment pourrait-on soulager de si grandes souffrances?

Les dons que nous sollicitons peuvent se faire, au gré des donateurs, en argent ou en nature, et ces derniers sont de beaucoup préférables ; car l'argent lui-même devra être immédiatement converti en matériel de secours et en subsistances. Les couvertures et vêtements n'ont nullement besoin d'être neufs. Les dons de vieux linge et de charpie seront également reçus avec empressement.

En terminant, nous croyons pouvoir faire un appel tout spécial aux sentiments de bienveillance et de charité bien connus de MM. les commerçants de Versailles, pour les dons en nature qu'ils sont, mieux que personne, en état de fournir.

Le départ du premier convoi, chargé de porter des secours en nature aux blessés de la Loire, doit avoir lieu dans les premiers jours de janvier.

Les blessés de la Loire excitaient encore plus de sympathie que les réfugiés, et quoique venant si près du premier, ce second appel trouva un accueil tout aussi empressé. Des collecteurs se répandirent dans tous les quartiers de la ville, et en peu de jours ils avaient recueilli une immense quantité de dons en nature, ainsi qu'une somme de plus de 16,000 francs (1). Le Conseil municipal avait voulu s'associer à l'œuvre en votant un secours spécial de 2,000 francs. M. le baron Léon de Bussière et M. Rosseuw Saint-Hilaire, qui étaient les principaux organisateurs de cette collecte, adressèrent à cette occasion au Conseil municipal la lettre suivante :

Messieurs et chers concitoyens,

Au milieu de vos douloureuses préoccupations, sous le poids de l'immense responsabilité que vous avez acceptée, et que vous portez avec tant de courage, vous avez trouvé le temps de penser à nous. Vous avez voulu encourager notre œuvre de charité et envoyer aussi à nos pauvres blessés l'offrande sympathique de la ville de Versailles. Cette fois, comme toutes les autres, elle a trouvé sa fidèle mairie en tête de tous les dévouements et de tous les sacrifices. C'est du fond du cœur, Messieurs et chers concitoyens, que nous nous unissons à

---

(1) Voir le *Compte rendu de la collecte en faveur des blessés de l'armée de la Loire et des victimes de la guerre.* (Versailles, 1871, in-8°.)

nos nombreux souscripteurs pour vous remercier de cette marque de sympathie dont nous sommes d'autant plus touchés que nous n'aurions pas même osé songer à vous la demander. Votre conscience vous en a déjà payés, nous le savons, et nous prions le Seigneur d'acquitter notre dette envers vous, puisque nous ne pouvons pas l'acquitter nous-mêmes.

Puisse-t-il donner à notre malheureux pays la paix après laquelle il soupire ; mais en attendant, croyez, Messieurs et chers concitoyens, que ni nous, ni la ville de Versailles, nous n'oublierons jamais tout ce que nous vous devons, tout ce que vous avez fait pour elle, dans ces temps douloureux où se dévouer au bien public est un devoir périlleux que vous avez toujours su remplir.

Agréez, Messieurs et chers concitoyens, l'expression de notre profonde gratitude et de notre sincère et respectueuse affection.

Au nom de tous ceux qui s'occupent de la collecte en faveur des blessés de l'armée de la Loire,

Baron Léon DE BUSSIÈRE.
ROSSEUW SAINT-HILAIRE.

L'élan était si général, que plusieurs pauvres ménages portèrent au dépôt central de la Collecte des miches de pain qui leur étaient pourtant bien nécessaires pour leur propre subsistance. Ces dons étaient faits dans le plus pur esprit de charité. Une pauvre femme du quartier Notre-Dame l'attesta par un mot touchant qui mérite d'être conservé. Elle apportait une ample récolte de linge et de vêtements qui avaient certainement laissé bien des vides dans ses armoires. On l'invita à donner son nom afin de l'inscrire sur la liste des donateurs ; elle s'y refusa en disant : « Mon nom ?... à quoi bon : Dieu le connaît !... » Et cet exemple ne fut pas le seul : une grande partie des bienfaiteurs de l'œuvre resta anonyme. Chacun avait à cœur de porter sa contribution, et l'on se serait cru mauvais citoyen en y restant étranger. Des indigents, réunis au nombre de 130 à 140 dans une des maisons de charité de Versailles, pour y recevoir des secours alimentaires, proposèrent spontanément une interruption de huit jours dans les distributions qui leur étaient faites, afin d'en affecter le montant au soulagement des blessés de la Loire. Ce sacrifice n'ayant pas été accepté, ils firent entre eux une collecte dont le montant dépassa 40 francs. — Il y avait alors, dans les cœurs généreux, comme un besoin de sacrifice qui se développait par la souffrance même. La population de Versailles, faite prisonnière de guerre, enfermée dans les lignes ennemies et ne pouvant porter secours au pays par les armes, se sentait instinctivement entraînée et obligée d'honneur à déployer d'autant plus d'activité dans les œuvres de bienfaisance. De tous temps, elle s'était distinguée par la facilité de son élan vers ces œuvres ; elle resta fidèle à ses traditions, et, si elle fut le quartier général de l'invasion, elle fut aussi, en même temps, le quartier général de la charité et le foyer le plus actif des secours qui se répandaient de tous côtés sur les blessés. C'est là, dans l'histoire si triste de ce temps, un trait consolant qui ne doit pas être oublié. De notre ville partirent sans cesse des convois de linge, de médicaments, de denrées alimentaires, de dons de toute nature qui allaient porter aux victimes de la guerre des soulagements efficaces.

Parmi les personnes qui se vouèrent à ces œuvres, il convient de citer au premier rang M. Léon de Bussière, ancien conseiller d'État. M. de Bussière, au début de la lutte contre la Prusse, avait ses deux fils sous les drapeaux : tous deux furent tués. Bien loin de céder à l'immense douleur qui le frappait, son âme profondément religieuse chercha une consolation dans un dévouement de tous les instants aux blessés et aux victimes de la guerre. Déjà, à la fin du mois de septembre, il s'était rendu à Londres, non sans courir de graves dangers, afin de recueillir des secours en argent pour la Société Internationale. Il avait rapporté en France 60,180 francs, auxquels il faut ajouter de nombreux dons en nature, propres à être utilisés dans les ambulances. A la fin de décembre, toujours préoccupé de la même pensée, M. de Bussière, d'accord avec M. Rosseeuw Saint-Hilaire, professeur à la Faculté des Lettres de Paris, suscita la souscription en faveur des blessés de la Loire. La population de Versailles devra garder toujours une vive reconnaissance à ces deux hommes de bien. Grâce à leur excellente initiative, les sentiments qui se cachaient au fond des cœurs trouvèrent une occasion favorable pour se manifester avec une touchante unanimité.

Une partie des dons recueillis par MM. de Bussière et Rosseeuw Saint-Hilaire fut distribuée par eux-mêmes pendant le cours d'un voyage pénible qu'ils firent au mois de janvier, à travers les départements envahis, du côté de la Loire. D'autres convois partirent également de Versailles sous la direction de M. de Romanet, de M. de Banneville, de M. le docteur Reuilly, accompagnés de membres de la Société Internationale. Ces expéditions, conduites avec le plus grand dévouement, firent bénir au loin par des compatriotes la charité et la générosité de la population versaillaise.

Cette générosité était d'autant plus méritoire que les communications avec les grandes caisses publiques et privées étant absolument suspendues, l'heure de la gêne était venue peu à peu pour presque tout le monde, et les personnes les plus favorisées de la fortune n'y échappaient pas ; sauf pour les commerçants et les restaurateurs, les sources habituelles de revenus étaient taries, et chacun souffrait plus ou moins d'embarras pécuniaires. Le point d'honneur qui, chez nous, au grand étonnement des Prussiens, joue toujours un rôle prépondérant, contribuait à augmenter ces détresses. Plus d'un habitant, écrasé de logements militaires, ne voulait pas accepter d'un ennemi les 6 francs que tout officier de la garnison devait rembourser à l'hôte qui le nourrissait. Bien des privations étaient ainsi supportées en silence, par un sentiment de dignité. Mais il venait pour presque tous un jour où, bon gré mal gré, il fallait chercher à puiser momentanément dans une autre bourse. La municipalité, dès le début de l'occupation, avait déjà payé en l'acquit de l'État bien des services publics ; elle vit progressivement se tourner vers elle un plus grand nombre de fonctionnaires, qui, étant privés de leurs traitements, avaient épuisé leurs ressources en réserve. Le Lycée, l'École normale, le greffe du Tribunal vinrent ainsi s'ajouter à la liste déjà longue des débiteurs de l'Hôtel-de-Ville. Le Conseil municipal, continuant à passer hardiment par-dessus les principes habituels, considéra jusqu'à la fin comme un devoir de satisfaire de son mieux à toutes les légitimes demandes de ce genre qui lui étaient adressées.

Il voulut faire plus. Sur la proposition de M. Laurent-Hanin, adjoint, il organisa une société civile qui prit le nom de *Caisse des avances et prêts*. Elle était destinée à offrir des ressources aux habitants qui, n'étant pas fonctionnaires, vivaient habituellement de revenus dont la guerre les privait. La création de cette société civile n'était pas sans offrir de très grandes difficultés, car il fallait, pour appeler les capitaux, leur offrir des garanties sérieuses, sans cependant trop engager la responsabilité de la ville. Il fallait aussi ne prêter que sur des cautions solides et cependant ne pas se montrer envers les emprunteurs d'une sévérité qui aurait rendu les prêts trop difficiles, et, par suite, aurait empêché la Caisse d'être aussi utile qu'elle avait le désir et le devoir de l'être.

Pour donner une idée des services que la *Société des prêts et avances* devait rendre, il suffit de citer la lettre suivante, adressée au maire dans le courant de décembre. Lue au Conseil municipal, cette lettre fut écoutée avec une profonde émotion ; elle permettait de jeter un coup d'œil sur une de ces souffrances inconnues, sans doute si nombreuses, que l'occupation avait amenées. Celle qui était révélée dans les circonstances actuelles paraissait d'autant plus digne de sympathie qu'elle était supportée avec le plus fier stoïcisme.

Voici cette lettre :

29 DÉCEMBRE.

Versailles, le 17 décembre 1870.

Monsieur le Maire,

J'ai l'honneur de vous soumettre une demande que je regrette de ne pouvoir formuler en moins de mots dans ces douloureuses circonstances où tant de préoccupations importantes vous assiègent.

Militaire retraité, j'habite Versailles depuis 1863; je viens d'entrer dans ma 86ᵉ année, et une maladie chronique me retient presque constamment au lit; ma seule fortune est la pension rémunérative de mes longs services; enfin le total de mes contributions (21 francs et quelques centimes) atteste suffisamment le peu d'importance de mon logement et de mon mobilier. Je ne saurais, en effet, disposer ni du moindre emplacement, ni même d'un seul matelas pour héberger une personne étrangère; c'est pourquoi j'ai été forcé jusqu'à présent de placer chez un logeur, — *au prix de 4 francs par jour et par homme*, — les soldats prussiens qu'on m'a envoyés, en mesure peut-être un peu forte; telle est ma situation. Toutefois, je n'ai jamais eu l'idée qu'elle dût me dispenser de partager les charges imposées à mes concitoyens par l'état de guerre, aussi continuerais-je à les supporter sans me plaindre si je le pouvais; mais cela m'est devenu impossible, par la raison que deux trimestres de ma pension me seront dus au 1ᵉʳ janvier, et que mes faibles économies sont à la veille d'être épuisées. — Je viens donc, Monsieur le Maire, vous prier *de me considérer désormais comme absent, c'est-à-dire de faire porter à mon compte les frais de ma part de logement de guerre, jusqu'au moment où, payé de ma pension, je serai à même de m'acquitter envers la caisse municipale*.

Pour peu que l'état de choses actuel se prolonge, je me trouverai de nouveau dans le cas d'avoir recours à votre bienveillance, afin d'obtenir des bons *d'alimentation économique*, non, bien entendu, à titre gratuit, mais *à crédit* ; ce sera ma dernière ressource ; — je me trompe, il m'en restera encore une ; l'hôpital militaire où ma qualité de vieux soldat et mes infirmités ne me donnent que trop le droit d'occuper un lit.

Tout ce que je viens de dire peut, à quelques nuances près, s'appliquer à la majeure partie de mes anciens compagnons d'armes retirés à Versailles, et c'est principalement pour attirer sur leurs besoins l'attention du Conseil municipal que je suis déterminé à faire aujourd'hui une démarche d'autant plus pénible qu'elle se rattache aux désastres inouïs de notre chère patrie.

Veuillez agréer, Monsieur le Maire, l'hommage de ma haute considération.

***

Chef d'escadron-major en retraite.

Le maire répondit :

Versailles, le 24 décembre 1870.

Monsieur le Commandant,

J'ai donné lecture au Conseil municipal, dans sa séance du 19 courant, de la lettre du 17 que vous m'avez fait l'honneur de m'adresser.

Le Conseil a été on ne peut plus touché des faits que cette lettre lui a révélés, et surtout de la dignité et de la délicatesse de votre conduite. Il espère bien que le poids énorme des charges de la guerre ne l'obligera plus à vous envoyer des militaires à loger, et il a donné des instructions à cet égard dans les bureaux; de plus, il vient d'approuver et de subventionner l'œuvre bien utile de la *Caisse des prêts et avances aux créanciers de l'État*, notamment aux anciens militaires. Dès que cette caisse fonctionnera, nous ne doutons pas qu'elle ne soit en mesure de vous avancer une bonne partie des sommes que vous doit l'État, et nous serons heureux doublement du service rendu à l'un de nos plus estimables concitoyens.

Recevez, Monsieur le Commandant, l'assurance de mes sentiments les plus distingués et dévoués.

Le Maire,
RAMEAU.

En même temps que se développaient et s'organisaient ces œuvres nouvelles pour les réfugiés, pour les blessés de la Loire, pour les rentiers placés dans une situation temporaire de dénûment, le Conseil municipal accordait de larges subventions aux bureaux de bienfaisance, à l'hôpital civil, à l'hôpital militaire (1), aux fourneaux alimentaires, et il entretenait de divers côtés des travaux publics destinés à fournir de l'ouvrage aux ouvriers sans occupation. Il parvint ainsi, grâce à ces moyens combinés, à écarter de l'Hôtel-de-Ville une foule d'indigents qui, dans les premiers temps de l'occupation, venaient régulièrement recevoir de petits secours en argent. Les secours ainsi accordés soulageaient le plus souvent des misères réelles, mais ils avaient l'inconvénient de créer des habitudes auxquelles le Conseil jugea utile de mettre un terme en employant des procédés plus réguliers.

A côté des œuvres créées par la municipalité, la société organisée au début de la guerre, sous le titre de *Société de secours aux blessés militaires*, rendait aussi des services quotidiens. Au milieu de janvier, elle avait distribué environ 14,000 francs de secours. Elle s'appliquait spécialement à soulager les familles des militaires au service.

La charité ne s'exerçait pas seulement à Versailles par des mains françaises : notre ville renfermait plusieurs agents de ces sociétés anglaises qui ont répandu dans notre pays tant de bienfaits; les noms de MM. Furley, Bullock, Marschall resteront gravés dans le souvenir de tous ceux de nos concitoyens qui ont pu constater avec quel infatigable dévouement ces excellents cœurs s'acquittaient de la mission qui leur avait été confiée. L'un d'eux, M. John Furley, dans un livre très intéressant (2), a tracé de rapides et pittoresques esquisses de son séjour en France. Nous voudrions donner ici quelques frag-

(1) La Société Internationale, à partir du mois de décembre, ne se chargea plus de son entretien.
(2) *Struggles and experiences of a neutral volunteer*. London, Chapman and Hall, 1872, 2 v. in-12.

ments de cet ouvrage, qui, entre autres mérites, peint très bien la vie menée à Versailles par cette colonie anglaise que le hasard de la guerre avait installée parmi nous. Outre les agents des sociétés internationales de bienfaisance, des dessinateurs, des journalistes, voire même des diplomates, avaient choisi le grand quartier général comme leur séjour de prédilection. L'existence de ces « neutres », tout en étant très utile, très occupée, parfois même assez périlleuse, ne manquait ni d'entrain, ni de gaieté. Jeunes pour la plupart, vigoureux, bien portants, familiers avec les courses à cheval, ces « neutres » avaient toutes les vives émotions de la guerre sans avoir les préoccupations et les soucis patriotiques éprouvés par les adversaires en lutte. En toute sécurité, et avec ce sentiment personnel qui caractérise les Anglais, ils goûtaient le plaisir d'assister à un combat gigantesque auquel l'Angleterre ne prenait aucune part, sinon pour en atténuer les maux par d'opulentes offrandes. Il y avait là pour leur patriotisme des jouissances très intimes qu'ils ne dissimulaient pas : *Suave, mari magno...* Ils avaient soin de se maintenir en relations aussi cordiales avec les Prussiens qu'avec les Français, et, de cette façon, ils étaient de tous côtés bien vus et bien accueillis (1). La campagne de France a été, en somme, pour eux une espèce de voyage d'exploration, qu'ils racontent d'autant plus volontiers qu'ils y ont joué individuellement un rôle dont personne ne peut contester l'extrême honorabilité. De là le ton tout particulier des récits, dont je donnerai ici quelques extraits, spécialement relatifs à Versailles.

Lorsque M. Furley vint pour la première fois à Versailles, il avait un grand désir de pénétrer dans Paris. Mais il était alors impossible d'obtenir cette autorisation.

Condamné par ce refus à l'inaction, dit M. Furley, je me rendis dans les jardins du Château; je flânai dans les allées et autour du bassin de Neptune. Des cavaliers galopaient dans tous les sens pour voir les parterres, les bassins et les statues de ce parc dont ils avaient si souvent entendu parler et qu'ils pouvaient maintenant comparer à Sans-Souci et à Potsdam. Les jardiniers regardaient avec une muette tristesse les traces des sabots des chevaux sur les allées si soignées et sur les moelleux gazons qui jamais n'avaient été ainsi profanés. Et quelle transformation pour ce palais dédié « à toutes les gloires de la France »! La plus grande partie était convertie en hôpital, et sur la terrasse qui domine les parterres, on avait transporté sur leurs lits quelques blessés qui jouissaient ainsi des chauds rayons du soleil. Dans les galeries si somptueusement décorées, les Allemands blessés trouvaient quelques compensations aux souffrances que leurs pères avaient endurées sous Napoléon Ier, en se voyant

---

(1) M. de Bismarck, qui avait besoin d'endormir l'Angleterre, était très prévenant pour eux (voir l'incident Hoff, cité plus

soignés par les sœurs de charité de la nation rivale, tandis que les maréchaux de France les regardaient du haut de leurs cadres dorés.

M. Furley revint plus tard avec le colonel Loyd Lindsay; au nom du comité anglais de la Société internationale de secours aux blessés, ils apportaient 20,000 livres sterling au Prince Royal pour les Allemands, et une somme égale au général Trochu pour les Français.

A ce passage, M. Furley fut invité à une de ces soirées intimes que les princes donnaient à l'hôtel des Réservoirs, et il trace de cette soirée le croquis suivant :

Après dîner, j'accompagnai le colonel Lindsay et M. Russel au *Casino*. C'est ainsi qu'on appelait le petit club où, chaque soir, le duc de Saxe-Cobourg recevait dans ses appartements de l'hôtel des Réservoirs. J'aurais eu besoin de l'*Almanach de Gotha* pour donner la liste de toutes les personnes qui étaient là présentes et avec la figure desquelles je n'étais pas aussi familier que je le fus plus tard. La compagnie était presque entièrement composée de princes et de leurs aides de camp : le prince héréditaire de Wurtemberg, le duc de Schleswig-Holstein-Augustembourg, le duc héréditaire de Mecklembourg, le duc Max de Wurtemberg, le prince Léopold de Hohenzollern de *casus belli*, comme on l'appelait, etc. Le comte Solms se mit au piano, et bientôt après presque tout le monde fut installé et occupé à des tables de jeu. Pendant le cours de la soirée, les Français nous régalaient de musique en tirant des coups de canon avec leurs puissantes pièces.

Peu après, M. Furley devint à Versailles le représentant officiel de la Société internationale anglaise :

Ayant été revêtu de cette fonction, je passai les premiers jours à visiter les principales personnes avec lesquelles je devais me trouver en relations; je visitai aussi les ambulances, et j'étudiai la topographie des environs. Les cartes les plus récentes et les mieux faites ne pouvaient me rendre que très peu de services; ici les ponts étaient rompus, là les routes coupées, et de plus il y avait eu un abatage général des arbres qui ne facilitait pas les tournées. Un général américain me dit un jour à ce propos :

« Je suppose que les Français ont lu dans quelque traité que ce qu'il y a d'essentiel à la guerre, c'est de couper les arbres, et alors ils se sont mis à couper... »

Son Altesse Sérénissime le prince Maximilien de Thurn et Taxis, vice-président de la Société internationale bavaroise, m'apprit que les ambulances bavaroises étaient dans un état très misérable, et que beaucoup de blessés manquaient de couvertures. J'accompagnai le comte Butler à la caserne de l'infanterie (1), et là, je trouvai 400 Bavarois, quelques-uns blessés, la plupart fiévreux ou dysentériques. Les salles étaient sombres, insuffisamment ventilées; on manquait des choses les plus nécessaires et on ne saurait donner une

---

(1) Rue Satory.

idée de l'odeur et de l'air suffocant qu'on respirait. Une grande partie de ces hommes avait été transportée, la veille, des vastes et rantes galeries de peinture du Château, — je ne peux comprendre pourquoi (1).

Les magasins bavarois étaient alors presque entièrement à sec, et comme je ne pouvais fournir qu'un secours limité, je m'adressai à M. Delaroche, président de la *Société internationale* de Versailles. En réalité, je peux dire que M. Delaroche était alors président de la Société française. Car, quoique le comte de Flavigny (fils du président) et le colonel Huber-Saladin représentassent la Société à Bruxelles, à Tours et ensuite à Bordeaux, le Comité central était alors enfermé dans Paris. M. Delaroche et moi nous convînmes de ce qui était le plus nécessaire, et deux heures après, tout était à l'ambulance.

Ce fut la première fois — et ce ne fut pas la dernière — que M. Delaroche et son Comité international s'associèrent cordialement à moi pour des œuvres exclusivement destinées à des Allemands. Pendant la guerre, comme je me trouvais dans les lignes allemandes, c'est surtout à des Allemands que j'eus à rendre service, et je peux affirmer avec la plus grande satisfaction que, pendant les cinq mois que j'eus mon quartier général à Versailles, jamais l'assistance des Français ne me fut refusée; — au contraire, tous les membres du Comité français agissaient avec moi comme si j'eusse été leur collègue, et je fus autorisé à disposer des hommes et du matériel de la Société autant que j'en avais besoin (2)...

A partir du 10 octobre, je me considérai comme installé à Versailles. Mon premier dépôt fut dans une remise de la rue des Réservoirs, mais les envois qui arrivaient d'Angleterre devinrent si considérables que je dus chercher un local plus grand. Aidé par M. Reichel (d'abord représentant de la Société des dames de Londres, qui s'était fondue dans la nôtre), je m'installai avec lui au petit séminaire, rue de la Bibliothèque, établissement qui avait été mis à ma disposition par l'évêque de Versailles, pour que j'en fisse une ambulance ou un dépôt; on nous pria seulement de ne rien faire, s'il était possible, qui pût amener des émanations dangereuses dans un établissement d'éducation où l'on espérait bientôt revoir des élèves. Ce vaste édifice a été construit par le célèbre Mansart pour lui-même. Le réfectoire était admirablement approprié à notre but. Au centre, sur la table élevée des maîtres, nous disposions les instruments de chirurgie, les médicaments, les boîtes alimentaires; trois longues tables étaient couvertes de chemises de flanelle, trois autres de chemises de toile; les vêtements, les chaussons, les pantoufles et la charpie

---

(1) M. Farley affecte là une ignorance pleine de discrétion; nous n'avons pas les mêmes raisons que lui pour être si réservé, et nous pouvons dire le pourquoi de ce renvoi. L'explication est très simple : les Prussiens ne voulaient plus s'occuper des Bavarois; ils avaient pris possession de l'ambulance la meilleure et ils se souciaient fort peu de veiller aux intérêts de leurs compatriotes du Sud, beaucoup moins bien outillés qu'eux-mêmes pour tous les services sanitaires. Les Bavarois souffraient? Pourquoi n'avaient-ils pas l'admirable organisation prussienne? ou plutôt pourquoi étaient-ils Bavarois, au lieu d'être déjà devenus Prussiens? Ils avaient voulu conserver leur indépendance ; ils devaient en subir les conséquences, et les Prussiens étaient très satisfaits de pouvoir leur démontrer par un exemple bien sensible combien il y aurait d'avantages pour la Bavière à s'annexer à la puissante et riche monarchie prussienne.

(2) Ce témoignage rendu par un « neutre » a une valeur que les Allemands, ne, pourront contester.

occupaient le reste de l'espace. Il y avait aussi une chambre remplie des tentes appartenant à l'ambulance de Woolwich (1)...

Comme auxiliaires, je me servis de personnes anglaises que je trouvai à Versailles et que j'aidai ainsi à traverser une période extrêmement pénible... Les premiers auxiliaires volontaires furent M. Johnson et sa famille, qui me rendirent les plus grands services... Leur récompense fut dans le sentiment du bien fait par eux aux pauvres garçons qui, pendant tant de mois, remplirent les hôpitaux et tant de maisons particulières de Versailles. Deux autres dames anglaises, la vicomtesse de Houllée et M%me% Inglefield, furent des visiteuses constantes du dépôt (2) ; pendant toute la durée de la guerre, elles ne parurent jamais se lasser de faire le bien. Elles étaient toutes deux membres du Comité de dames de la Société Internationale, comité dont M%me% Delaroche était présidente et M%me% la marquise Du Prat trésorière...

M. Furley, après avoir passé quelque temps à Port-Marly, revint à Versailles, et, cédant à une invitation de M. Van de Velde, directeur de l'ambulance hollandaise, il prit un logement au Palais. A ce propos, il raconte ainsi qu'il suit ses visites de nuit dans les salles du Château, transformées en ambulance :

On éprouvait d'étranges sensations quand on errait la nuit dans les salles du Palais, et l'imagination avait toute liberté pour se laisser aller aux rêves les plus bizarres.

... En entrant, la scène, au premier abord, rappelait dans son ensemble comme la vague ébauche d'un peintre. Les regards n'apercevaient que des ombres épaisses, traversées par des lueurs dont on ne devinait pas la cause ; on ne distinguait que de brillantes touches de rouge et de jaune jetées au milieu de larges espaces noirs...

---

(1) Ce dépôt fut plus tard transporté cour de la Suala, le petit séminaire étant devenu ambulance prussienne.

(2) Ce n'est pas seulement au dépôt anglais que ces deux dames faisaient des visites quotidiennes, mais c'était aussi dans les ambulances où elles prodiguaient leurs bienfaits avec un dévouement auquel on ne saurait trop rendre hommage. Non contentes de distribuer chaque jour aux blessés des aliments de choix, elles se faisaient patiemment leurs secrétaires ; elles leur portaient même parfois quelques fleurs pour mettre auprès de leur lit, sachant que pour un malade abandonné, loin de sa famille, une attention délicate, une prévenance affectueuse est souvent le plus efficace des traitements. M%me% Inglefield, née Thébault, est devenue Anglaise par son mariage, mais nous tenons à rappeler qu'elle est d'origine française ; nous la revendiquons même comme Versaillaise et non sans orgueil, car c'est M%me% Inglefield qui a, la première, créé un genre tout nouveau de quêtes auquel on doit déjà d'avoir recueilli pour bien des misères des sommes considérables. M%me% Inglefield, puisant dans sa charité une intelligente initiative, a osé aller tendre sa bourse de quêteuse sur les ruines de Saint-Cloud, à la grille du château dont on venait chaque dimanche visiter les décombres. Puis, d'autres fois, aux jours de grandes eaux, à Versailles, c'est à la grille du Parc qu'elle est venue demander ainsi aux passants leur aumône pour les victimes de la guerre. L'exemple a été suivi à Paris dans plusieurs circonstances, et cet usage mérite d'entrer et de rester dans nos mœurs. Partout où la foule se rassemble pour un plaisir, l'aumône a le droit de venir lever son tribut : la charité ne peut jamais gâter aucune fête et elle peut donner à toutes un prix tout nouveau.

Peu à peu, l'idée de l'artiste, s'il m'est permis de prolonger cette comparaison, devient sensible : les lignes perpendiculaires dorées, qui çà et là accrochent un faible éclat de lumière, indiquent les cadres des tableaux du Musée, et les lignes horizontales blanches représentent les lits sur chacun desquels est étendu un blessé... Tout est calme et silencieux, sauf lorsque vient à retentir quelque cri de souffrance d'un malheureux agonisant auquel la nuit n'apporte pas de repos et pour lequel le jour doit se lever sans apporter d'espérance... Par intervalles, dans ces longues et obscures perspectives, brille la lueur tremblante d'une veilleuse qui jette un rayon sur les parquets polis, ou bien la flamme rougeâtre de la bouche d'un des poêles qui répandent la chaleur dans ces immenses galeries. Quelques sœurs de charité, les unes en blanc, les autres en noir, glissent dans l'ombre comme des anges venant apporter des consolations à un monde de sombres douleurs. Tout à coup, ce silence presque absolu est rompu par des chuchotements étouffés : le chirurgien qui est de garde pour veiller vient d'être appelé près d'un malade dont l'oreiller taché de sang atteste que la blessure vient de se rouvrir. Puis le silence se rétablit, interrompu seulement par le sifflement du vent d'hiver et par la détonation brusque d'un canon qui retentit au loin... Au milieu de ce silence, plus d'une fois, un pauvre blessé a été chercher la paix dans un autre monde !...

Voici maintenant un autre souvenir du palais de Versailles, d'un genre bien différent :

... Parmi les volontaires, il y en avait un qui ne doit pas être oublié. Je veux parler d'un intelligent bouledogue, aimé de tout le monde, qui honorait de sa présence le repas en commun de l'ambulance hollandaise. Cet animal populaire et sagace avait reçu comme nom *Bismarck*. Deux raisons justifiaient ce baptême. D'abord, il était de cette couleur brune particulière qui s'appelle « couleur Bismarck », et de plus il avait un goût extrêmement développé pour s'annexer tout ce qu'il convoitait. Il apportait une grande distraction aux soldats, et souvent Bismarck était trouvé près du lit des blessés, auxquels il accordait son patronage, sans acception de nationalité.

Un soir, quelques-uns d'entre nous allaient, à la nuit, franchir une grille gardée par une sentinelle, et l'un de nous prononça, pour appeler le chien, le nom de Bismarck. Ce nom, dit si familièrement dans l'obscurité, imposa aussitôt le respect à la sentinelle, qui s'empressa de présenter les armes !...

Ces courts fragments suffisent pour montrer que les « neutres », tout en faisant beaucoup de bien, avaient à Versailles une existence tout à fait dépourvue de tristesse. — M. Furley raconte que, tous les soirs, la colonie anglaise se réunissait ; M. Furley avait loué un piano, et on faisait de la musique pendant de longues heures de la nuit, après avoir visité et pourvu richement les ambulances pendant toute la journée.

Comme exemple des distributions faites par lui, M. Furley donne la liste suivante, qui correspond à la première semaine de novembre. Cette liste est plus éloquente que tous les éloges :

Chemises de calicot.	1,020	Vareuses.	18
— de flanelle.	289	Mouchoirs de poche.	90
Chaussettes et bas.	1,410	Coussins en caoutchouc.	60
Ceintures de flanelle.	180	Boîtes de taffetas gommé.	13
Pantoufles.	437	Paquets de charpie.	3
Cache-nez.	36	Boîtes de plâtre de Paris.	18
Couvertures.	155	Chloroforme (flacons).	75
Draps.	80	Chlorodyne.	6
Oreillers.	47	Chloral.	1
Toiles imperméables.	13	Acide carbonique.	1
Caleçons.	81	Pilules de quinquina.	11
Pantalons.	44	Pilules de morphine.	12

De plus : 2,000 cigares ; quantités considérables d'extrait de viande de Liebig, sucre, chocolat, sel, conserves, sirops, farine, lait concentré, arrowroot, thé, café, etc. Livres, dominos, cartes et autres jeux divers, etc.

Versailles avait été choisi de même par la branche allemande de la *Société internationale* de secours aux blessés pour servir de dépôt à une grande partie de ses envois. Cet autre dépôt considérable avait été installé dans l'Hôtel du Gouvernement (rue du Gouvernement). Il y avait là encore un côté assez curieux de la nouvelle vie qui avait été imposée à Versailles. Un correspondant de la *Weiser-Zeitung* a écrit un jour, à propos de cet établissement, une lettre assez vive de ton, dont la reproduction complétera le tableau des institutions de bienfaisance que renfermait Versailles pendant l'occupation allemande (1) :

Tout à coup ont retenti les fouets des charretiers français : trois percherons attelés à la file amènent devant le dépôt, presque entièrement vide, une charrette à deux roues. Toute la maison est en joie. Le maître du dépôt passe en revue les caisses, dont les suscriptions montrent les lieux de provenance :

  Berlin.
  Francfort.
  Brême.
  Hambourg, etc.

Nous avons donc de nouveau et des gilets et des bas, et des quantités de sherry ! « Ah ! voilà un fabricant qui a eu l'ingénieuse idée de nous envoyer une caisse tout entière pleine de pipes d'une longueur exceptionnelle ; elles serviront à nos blessés atteints de blessures graves, et dont la pipe doit reposer par terre. Ces dessins sur les pipes leur feront grand plaisir, car déjà on a immortalisé Wœrth, Metz, Sedan ; voilà même ici Wilhemshœhe avec le prisonnier de Sedan. » Ainsi parle le gardien du dépôt ; sa femme s'écrie de son côté : « Cinq, six, huit, dix barriques de beurre ! elles arrivent bien, car ici il coûte en ce moment 5 francs la livre. Ah ! voilà aussi un tonneau de harengs saurs ! quel bonheur ! que de fois déjà on en avait demandé ! A Versailles, on n'a ni harengs, ni sardines !... »

(1) Correspondance reproduite dans le n° 296 du *Berliner Fremden und Anzeigeblatt*.

Bientôt la nouvelle de cet envoi part de la rue du Gouvernement et parcourt toutes les ambulances, et aussitôt tous les infirmiers arrivent au galop avec des bons des Johannites, ou même sans bons.

Les salles, les caves, tous les réduits de ce bâtiment sont pleins. A l'angle de l'édifice, au dehors, une grande planche noire porte l'inscription : *Dépôt général du Comité central des Sociétés allemandes de secours aux blessés et aux malades de la guerre*. Au-dessus de l'inscription est tracée la croix protectrice de la convention de Genève. Là, surtout le matin et le soir, se déploie la plus grande activité, et dès qu'on l'a observée un instant, on se plaît à envoyer en Allemagne l'assurance que tous les donateurs auraient du plaisir à jouir de ce coup d'œil et à être témoins de la répartition de leurs bienfaits. Devant le dépôt s'arrêtent de longues files de voitures, venant de Saint-Germain, de Saint-Cyr, d'Antony, de Bicêtre, de Bièvres et de Versailles même ; elles attendent qu'on les charge de tout ce qui peut être utile aux ambulances.

Nous nous sommes fait conduire dans toutes les parties du dépôt par son gardien, M. Stangen. Au rez-de-chaussée se trouve une grande salle ; elle sert à la réception de tous les objets qui sont les plus demandés, par exemple les couvertures et les vêtements de laine, et les objets de consommation de toute nature. Le classement en est indiqué par des inscriptions tracées en grosses lettres sur les piliers. Nous lisons : Vin, Liqueurs, Rhum, Cognac, Café, Sucre, Thé, Sagou, Orge, Riz, Semoule, Farine, Sel, Lait, Extrait de viande, Suif, Chandelles, Allumettes ; et en face : Couvertures, Gilets, Caleçons, Cachenez, Bas, Pantoufles. A l'extrémité de la pièce est une grande table qui sert à classer. Au centre se font les distributions : là se groupent les médecins, les officiers et les porteurs. Cette salle, qui contient les objets les plus demandés, se remplit de nouveau environ tous les six jours ; c'est le temps nécessaire pour le transport de Château-Thierry, point d'où l'on envoie sur les différents dépôts de l'Ouest.

Dans une pièce à côté, nous voyons du jambon, des saucissons, des harengs, du fromage, de l'eau de Seltz, du chocolat, des œufs, des gâteaux secs, etc. Cette pièce est à dessein un peu à l'écart, parce que les demandes vont bien au delà de ce qu'il est possible de livrer, et ces objets sont réservés pour les soldats atteints de blessures graves. Cependant le dépôt, depuis son installation ici, le 13 octobre, a livré 500 jambons et 600 saucissons.

Le rez-de-chaussée contient encore une grande cuisine où sont déposées des barriques d'eau-de-vie, de vin et de bière ; ces liquides sont débités en bouteilles, afin de pouvoir faire la répartition entre plus de demandes.

Une autre cuisine contient des désinfectants (tels que chlorure de chaux, sulfate de fer) et le plâtre nécessaire pour les pansements. En montant au premier étage, nous trouvons de nouveau une grande salle ; là est la pharmacie, puis une bibliothèque, où je n'ai remarqué que des Bibles ; à côté, un casier rempli de chemises de toile, de linge de toute espèce, des oreillers, des coussins, des appareils en gutta-percha. A côté est une table : si tous les objets qui la couvrent ne réveillaient pas des idées si tristes, en les voyant si bien rangés, si variés, si soignés, si brillants même, on penserait à la table du salon qui, le soir de Noël, est chargée des cadeaux de famille. Mais c'est là que sont déposés tous les appareils de chirurgie : trousses à amputation, éclisses, seringues de toutes dimensions, sondes, appareils à chloroformer, sondes œsophagiennes, pinces, etc., etc.

Écartons-nous de cette table et des nombreuses béquilles qui l'avoisinent ; allons dans cette autre salle, où sont entassées des montagnes de charpie et de bandages de toute nature, de matelas et de paillasses. Enfin, une dernière pièce est l'atelier : là, on confectionne les matelas et tout ce qui est nécessaire aux malades.

Si on donne beaucoup à ce dépôt, il faut penser aussi que les demandes qu'on y fait chaque jour sont immenses...

Du 13 octobre au 12 décembre, on a distribué : 5,000 chemises, 4,000 caleçons, 5,000 gilets de laine, 1,000 paires de bas, 3,000 couvertures de laine, 3,000 serviettes, 2,000 draps de lit, 1,000 matelas et paillasses, 500 manteaux de caoutchouc, 10,000 livres de riz et d'orge, 8,000 bouteilles de vin, 6,000 bouteilles de cognac, 40 tonneaux de bière, 4,000 livres de café, 3,000 livres de sucre, 12,000 boîtes de lait concentré et d'extrait de viande, et des quantités proportionnelles de thé, de chocolat, de sel, 30,000 livres de tabac, 300,000 cigares, etc.

Toute cette administration est placée sous la haute direction du prince de Pless et du comte Maltzan.

Malgré tous ces envois d'Angleterre et d'Allemagne pour les ambulances de Versailles, les blessés étaient si nombreux que l'on manquait constamment même des objets les plus nécessaires. C'était surtout la pénurie des médicaments qui était parfois extrêmement sensible. Plusieurs pharmaciens firent en dehors de Versailles des excursions plus ou moins longues destinées à procurer à la ville ce genre spécial de ravitaillement. M. Rabot, au nom de la Société Internationale, parcourut une grande partie de la Normandie, en faisant des conférences, en organisant des collectes, et il revint avec un approvisionnement considérable. Plus tard, MM. Oudinet et Leclerc furent chargés par leurs collègues d'une expédition ayant le même but. Ces voyages n'étaient pas sans offrir des dangers assez sérieux, car, malgré tous les sauf-conduits dont on avait soin de se pourvoir, il y avait toujours des aventures et des périls à courir pour ceux qui se risquaient ainsi à traverser les lignes ennemies. Les embarras les plus grands venaient parfois des troupes françaises elles-mêmes et surtout des francs-tireurs. Près de Chartres, MM. Oudinet et Leclerc eurent à subir une décharge de coups de fusil tirés par des francs-tireurs cachés dans les bois qui avoisinaient la route. Plus loin, ils tombèrent dans une avant-garde prussienne et furent emprisonnés pendant six heures. Après avoir été fouillés et maltraités, ils furent mis enfin en liberté, non sans avoir subi des interrogatoires menaçants où l'on avait essayé en vain de leur faire donner des renseignements sur l'état et la situation des troupes françaises qu'ils avaient traversées. Un autre voyage à Londres, fait postérieurement par MM. Leclerc et Cizos, ne fut pas non plus sans difficultés, mais elles furent compensées par l'accueil parfait que les délégués versaillais trouvèrent auprès des sociétés an-

...laises, aussi cordiales dans leur hospitalité que généreuses dans leurs dons.

Non contente de donner par elle-même, l'Angleterre se faisait l'intermédiaire entre la France et d'autres nations. C'est ainsi que parvinrent à Versailles des fonds envoyés par la Hongrie, par les habitants de Boston, par les nègres de la Barbade, etc.

Ces témoignages de sympathie étaient à ce moment d'autant plus précieux que la Prusse était dans une disposition plus violente que jamais. Les autorités municipales de Versailles allaient l'éprouver.

31 décembre. — Des négociations avaient été continuées avec M. de Brauchitsch pour tâcher de le faire revenir sur sa menace d'amende de 50,000 francs, mais aucune démarche n'avait réussi.

D'après les renseignements qui parvenaient à la Mairie, M. de Brauchitsch était disposé à ne plus rien écouter, et son irritation croissait au lieu de diminuer ; le Conseil s'attendait donc à chaque instant à quelque mesure coercitive. Quelle serait-elle ? On ne pouvait le deviner. D'après les précédents connus, le moindre châtiment auquel on pouvait s'attendre, c'était de recevoir des garnisaires. Les conseillers se préparèrent à cette réception. Les garnisaires coûtant fort cher à nourrir, et la plupart des conseillers étant, comme presque tout le monde, à peu près au bout de leurs ressources, le Conseil, sur la proposition de M. Bersot, prit, le 28 décembre, la délibération suivante :

Dans le cas où un conseiller municipal serait frappé de quelque contribution personnelle à l'occasion de ses fonctions, il aura le droit d'emprunter à la Caisse de la ville, pour fournir aux dépenses que les circonstances ne lui permettraient pas de faire.

Cette précaution une fois prise, on attendit ce que M. de Brauchitsch allait décider.

Le 31 décembre, une dernière sommation d'avoir à ouvrir le magasin ou à payer l'amende ayant été adressée à la municipalité par M. de Brauchitsch, le Conseil prit à l'unanimité la résolution suivante, qu'il expédia immédiatement aux bureaux de la préfecture prussienne et du commandant de place :

EXTRAIT DU PROCÈS-VERBAL DU 31 DÉCEMBRE 1870.

RÉSOLUTION

M. le préfet de Brauchitsch a requis la municipalité de Versailles d'approvisionner la ville, pour six semaines ou un mois au moins, des principales denrées nécessaires aux habitants.

L'administration municipale et le Conseil ont pris toutes les mesures praticables pour cet approvisionnement. Un syndicat de commerçants a été constitué, un capital a été formé. Le syndicat a conclu avec M. Hirschler, négociant allemand, un marché aux termes duquel M. Hirschler s'est engagé à livrer des marchandises diverses pour une somme de près de 300,000 francs. M. le sous-préfet Forster, qui a eu connaissance de ce marché, a donné au syndicat, à la date du 8 décembre 1870, une réquisition régulière pour que les marchandises puissent être transportées par les voies ferrées à travers les provinces occupées.

Ces marchandises étaient en route sur Versailles, quand leur arrivée a été entravée et empêchée uniquement par le fait des autorités militaires allemandes, la « Commission des lignes » ayant retardé leur expédition.

Par conséquent, la ville de Versailles n'est en aucune façon responsable du retard qui s'est produit; il est dû uniquement aux autorités allemandes. L'amende prononcée par M. le préfet de Brauchitsch contre la ville de Versailles constitue un pur abus de la force.

Cette amende est aujourd'hui de 50,000 francs; elle sera, le 5 janvier, de 125,000 francs, si les autorités militaires allemandes continuent à arrêter les marchandises achetées, ce qui est possible, et ce que la ville de Versailles ne peut empêcher.

Le Conseil municipal ne pourrait, sans manquer à ses devoirs, autoriser par un vote le versement d'une pareille amende.

Cette décision de l'autorité civile allemande est d'ailleurs en contradiction absolue avec les promesses solennelles qui ont été faites le 20 septembre, au Conseil municipal, par le général parlant au nom de son souverain, le roi de Prusse.

Forts de leur conscience et convaincus que, même en temps de guerre, il y a des règles évidentes de justice qui ne sauraient être méconnues par le vainqueur, l'administration et le Conseil municipal de Versailles, ne pouvant faire un tel usage des deniers des habitants, refusent à l'unanimité d'autoriser le paiement d'une « amende » prononcée contre toute justice.

Les membres du Conseil prennent cette résolution, sachant que leurs concitoyens, en les choisissant comme leurs représentants et comme les protecteurs de leurs intérêts, leur ont imposé, avant tout, le devoir de ne consentir à aucun acte qui serait contraire à l'honneur.

Aussitôt après la réception de cette délibération, M. de Brauchitsch envoya la lettre suivante au maire :

Versailles, 31 décembre 1870.

Monsieur le Maire,

Mes ordres réitérés pour l'approvisionnement de la ville de Versailles ayant été jusqu'à ce jour restés infructueux, l'amende de 50,000 francs, dont la ville a été frappée, vous met, vous, les trois membres du Conseil municipal, MM. Barué-Perrault, Mainguet, Lefebvre, et M. Lefèvre, président du syndicat (1), en état d'arrestation ; vous serez provisoirement internés dans la prison de la ville jusqu'au complet paiement de l'amende fixée.

Le Préfet de Seine-et-Oise,
BRAUCHITSCH.

(1) M. Lefèvre était absent.

Le maire ne lut pas cette lettre. Avant qu'il ne l'eût reçue, un gendarme s'était présenté à son cabinet et l'avait prié de le suivre à la Préfecture, « pour conférer avec M. le préfet ». Le maire sortit de l'Hôtel-de-Ville avec le gendarme; mais, en route, celui-ci lui fit savoir que ce n'était pas à la Préfecture, mais à la prison de la rue Saint-Pierre qu'il le conduisait. Arrivé au greffe de la prison, le maire fut, sans autre explication, enfermé par le geôlier dans une des cellules du rez-de-chaussée, réservée aux condamnés à mort, et où une célébrité du crime, l'assassin Poncet, avait été incarcérée. Cette cellule, semblable du reste à toutes celles de cette prison, avait environ 1 m. 50 de large sur 2 m. 50 de long; le mobilier en était naturellement très sommaire, mais son plus grand défaut était d'être infecte et glaciale. Au bout de très peu de temps, le maire fut réduit à marcher, autant qu'on le pouvait dans cet étroit espace, pour échapper au froid qui l'envahissait de plus en plus.

Les gendarmes, presque au même instant, arrêtaient M. Barné-Perrault chez lui, et M. Mainguet sur l'avenue de Saint-Cloud. Tous deux furent également mis en cellule. Quant à M. Lefebvre, ayant appris que des gendarmes l'attendaient chez lui pour l'arrêter, il se donna le plaisir de les faire attendre et fit dans la ville une petite promenade avant de regagner son logis. A ce retard, il dut d'échapper à la cellule. Quand il entra en prison, vers 6 heures, M. Franchet d'Espérey venait d'obtenir que les prisonniers fussent tirés du cachot où ils avaient été jetés et conduits dans deux petites pièces qui avaient servi de logement à un gardien. Là, ils eurent déjà plus d'espace, et bientôt, grâce aux excellents soins de M. Hardy, qui avait vu avec un grand étonnement ces nouveaux clients lui arriver, ils eurent du feu, des matelas, des couvertures convenables. Sauf les traces d'un long abandon, que les prisonniers firent disparaître en balayant eux-mêmes leurs nouvelles chambres, le séjour était matériellement tolérable. L'inactivité forcée, succédant à une vie si remplie, pouvait seule le rendre très dur à supporter. Pour échapper à tout désir prématuré de sortir, les prisonniers firent apporter, de la Mairie, les dossiers des réquisitions prussiennes, afin de les classer et de les résumer en tableaux: il y avait là assez de travail pour les occuper pendant très longtemps.

On imagine facilement l'émotion que répandit dans la ville la nouvelle de l'emprisonnement du maire et de trois conseillers; la population, qui était au courant de l'histoire de la formation du magasin, apprécia comme il convenait la conduite de M. de Brauchitsch, et se sentit pour lui encore un peu plus de haine et de mépris que par le passé ; mais, de toutes parts, on approuva et on loua hautement la municipalité de sa ferme résistance. Le sentiment public était tout à fait d'accord avec la résolution prise par le Conseil, et l'avis général fut qu'il valait mieux s'exposer à souffrir toutes les brutalités prussiennes plutôt que de s'incliner avec une docilité honteuse devant une fantaisie aussi inique. On ne savait trop ce qui allait survenir, mais à l'émotion qui agitait les esprits se mêlait pour tous une certaine satisfaction virile d'avoir fait ce que le devoir ordonnait.

Ainsi se termina l'année 1870.

1er janvier 1871. — Dans la matinée du 1er janvier, si l'Hôtel-de-Ville était triste, si la population versaillaise était anxieuse, la cour de Prusse, en revanche, était tout entière aux félicitations et aux joies du jour de l'an. Des groupes d'officiers, revêtus de leurs plus brillants uniformes, passaient et repassaient à travers la ville, et se rendaient vers les résidences princières. Déjà, la veille, il y avait eu chez le roi Guillaume une grande soirée à laquelle avait été invités « tous les princes souverains et non souverains de l'Allemagne, ainsi que beaucoup d'autres personnages illustres présents à Versailles », et dans cette soirée, le célèbre poète « M. le conseiller de légation Meyer » avait lu une ode qui fut reproduite tout au long par le *Moniteur officiel* (1). Cette ode célébrait « les événements extraordinaires qui rendaient doublement solennelle la nuit de la Saint-Sylvestre ». Le rédacteur du *Moniteur* prit la peine d'expliquer que si le poète roturier Meyer avait été admis à la Cour, Sa Majesté avait suivi en cela les « traditions de sa Maison », attendu que « les lettres et les arts ont trouvé à toutes les époques une haute et bienveillante protection à la cour de Prusse ». En effet, ajoutait le journaliste officiel, « le roi Frédéric-Guillaume a appelé jadis à sa cour le célèbre peintre français *Pesne*, dont les ouvrages sont encore justement admirés dans

(1) Voici pour les amateurs quelques vers de cette ode :

O Jahr, von deinen Gipfel bis
Zum Licht dem frisch erwachten,
Von Wœrth, bis Sedan, bis Paris,
Welch goldner Kranz von Schlachten !...
Zieh hin, zieh hin, du grosses Jahr
Des neuen heil'gen Krieges !
O Jahr, das gross von hinnen fahrt
An des Jahrzehndes Wende,
So hilf dass unserer Todten werth
Sich unser Sieg vollende !
Verjüngt entsteigt Borussia's Aar
Dem Horst des alten Ruhmes :
Steig auf, steig auf, du neues Jahr
Des deutschen Kaiserthumes !

les palais de Potsdam, etc., etc. ». Cette prose courtisanesque, si elle avait un sens et une intention, semble indiquer que le roi Guillaume, se trouvant dans la ville de Louis XIV, avait la faiblesse de vouloir faire établir par les écrivains qui étaient à ses gages que, lui aussi, il était non seulement vainqueur et conquérant, mais « protecteur des lettres », et que, si jadis

> Un coup d'œil de Louis enfantait des Corneilles,

aujourd'hui, dans la même ville,

> Un coup d'œil de Guillaume enfantait des Meyers.

Cette fête, si bien commencée le 31 décembre, se continua le 1ᵉʳ janvier. Ici nous devons céder complètement la parole au *Moniteur officiel* :

Le 1ᵉʳ janvier, Sa Majesté le roi de Prusse a reçu, entre 9 et 10 heures du matin, S. Exc. M. le comte Pückler, grand maréchal de la Cour, M. le comte Perponcher, maréchal, ainsi que les autres membres de sa maison civile et militaire, qui ont présenté à Sa Majesté leurs félicitations du jour de l'an. Le Roi est ensuite entré dans la grande salle de la Préfecture, où les princes de la maison royale, les princes souverains et non souverains de l'Allemagne, accompagnés de leurs aides de camp, se sont trouvés réunis. Sa Majesté, après avoir reçu les félicitations de cette illustre assemblée, s'est rendue, suivie du cortège princier, à l'église du Château, où a eu lieu le service divin. Après la cérémonie religieuse, le Roi et tous les princes sont montés par l'escalier de marbre dans les grands appartements de Louis XIV, remplis déjà par les officiers de tous grades, ainsi que par les hauts fonctionnaires présents à Versailles.

Cette nombreuse assemblée a presque entièrement rempli la galerie des Glaces, qui présentait alors un aspect extraordinaire et grandiose. Sa Majesté le Roi est entrée et s'est avancée jusque vers le milieu de la galerie. Leurs Altesses Royales le Prince Royal, le prince Charles, frère du Roi, et le prince Adalbert, grand amiral, se sont tenus à quelque distance. Le Roi a prononcé, au milieu d'un silence religieux, l'allocution suivante :

« De grands événements ont dû s'accomplir pour nous réunir à cette place et à pareil jour. C'est à votre héroïsme, à votre persévérance et à la vaillance des troupes que vous avez conduites que je dois ces succès.

« Cependant nous ne sommes pas encore arrivés au but, nous avons encore de grandes tâches devant nous, avant que nous puissions arriver à une paix honorable et qui présente des chances de durée (*ehrenvollen und dauerhaften Frieden*). Une telle paix nous est assurée si vous continuez à accomplir des actions comme celles qui nous ont conduits jusqu'ici. C'est ainsi que nous pouvons envisager l'avenir avec confiance et attendre ce que Dieu, dans sa clémente volonté, a décidé de nous. »

Cette allocution a produit sur tous les assistants la plus profonde impression. Tout le monde sembla méditer sur les enseignements de l'histoire et sur ce fait unique que ce Palais, justement consacré à *toutes les gloires de la France*, était devenu, pour un moment du moins, et au commencement de l'année 1871, le rendez-vous de toutes les gloires militaires de l'Allemagne.

A 5 heures du soir, un dîner de 90 couverts a eu lieu à la résidence du Roi. Tous les princes et les sommités militaires et civiles y étaient invités.

A ce dîner, le Roi porta le toast suivant :

« J'élève mon verre pour saluer la nouvelle année. Nous jetons nos regards avec gratitude sur l'an passé, avec des espérances sur celui qui débute. Des remerciements sont dus à l'armée qui a marché de victoire en victoire. Mes remerciements aux princes allemands présents ici, qui, en partie, ont conduit cette armée, en partie y ont servi. Les espérances se tournent vers le couronnement de l'édifice, vers une paix honorable. »

Le grand-duc de Bade répondit :

« Qu'il plaise à Votre Majesté Royale de permettre qu'au nom des princes allemands ici présents, je La remercie sincèrement des sentiments bienveillants manifestés par Elle. Qu'il me soit permis d'exprimer en même temps la joie que nous éprouvons de nous trouver, au commencement de cette année, si riche d'espérances, autour du chef royal et victorieux des Allemands. L'armée allemande a, sous le commandement glorieux de Votre Majesté Royale, conquis l'unité de la nation allemande contre l'ennemi *extérieur*.

« D'accord avec les princes allemands et les villes libres, Votre Majesté Royale a bien compris la valeur inestimable de cette lutte héroïque, et dans cette lutte Votre Majesté s'est efforcée d'élever à une grandeur durable l'unité *intérieure* de la nation, comme la plus belle récompense de nos immenses sacrifices. Ce jour est destiné à voir ressusciter, avec une vigueur nouvelle, le vénérable empire d'Allemagne. — Votre Majesté Royale cependant ne veut accepter la couronne offerte de l'Empire que si elle peut embrasser *tous* les membres dans une protection commune. Néanmoins, nous voyons aujourd'hui déjà dans Votre Majesté le chef suprême de l'Empire allemand, et dans Sa couronne la garantie d'une unité irrévocable.

« Le roi Frédéric-Guillaume IV a dit, il y a vingt-un ans : « Une cou-
« ronne impériale ne saurait être conquise que sur le champ de ba-
« taille. » Aujourd'hui que cette parole royale a trouvé un accomplissement si brillant, il nous est permis à tous d'exprimer ce vœu que, par la grâce divine, il soit donné à Votre Majesté Royale de porter en paix, pendant longtemps et pendant des années bénies, le symbole sacré de la concorde et de la puissance allemande.

« Pour manifester énergiquement ce vœu sincère, je prononce les paroles auxquelles le roi de Bavière, le haut allié de Votre Majesté, a donné une sanction historique :

« Vive Sa Majesté le roi Guillaume le Victorieux ! »

Tel fut le 1er janvier pour la cour prussienne à Versailles.

Le 20 décembre, dans un avis imprimé, le maire avait fait savoir aux habitants de Versailles « qu'en présence des malheurs de la Patrie, l'administration municipale croyait que toutes réceptions et visites officielles seraient en contresens avec les préoccupations de chacun et l'état de l'opinion publique ».

Comme le maire se trouvait en prison le 1er janvier, il avait plus de raisons encore pour croire qu'il n'y aurait pour lui aucune de ces « visites officielles » qu'il avait voulu suspendre. Il en eut cependant une, et des plus inattendues. Le général-major commandant de place de Voigts-Rhetz vint en grand uniforme, accompagné de son aide de camp, rendre visite à M. le maire dans son cachot même. Il y avait là non seulement un acte de courtoisie d'un officier qui tenait à garder toujours les allures d'un gentilhomme, mais aussi une protestation très nette contre la brutalité de M. de Brauchitsch. Le général, nous l'avons dit, ne montrait pour son demi-collègue l'intendant civil qu'une considération assez restreinte; il le trouvait plus gênant qu'utile et il ne laissa pas échapper cette occasion de lui être désagréable.

2—3 janvier. — Le 3 janvier eut lieu une de ces cérémonies qui avaient toujours pour effet de donner une nouvelle ardeur aux sentiments patriotiques : les derniers honneurs furent rendus, aux frais de la ville, à un capitaine français mort de ses blessures à l'hôpital militaire. Comme au jour de l'enterrement du lieutenant Godard, une foule immense accompagna le cercueil au cimetière. Le général de Voigts-Rhetz et un de ses aides de camp assistèrent à l'église au service : la musique d'un régiment prussien et un détachement de soldats avaient été commandés pour le convoi.

Cette cérémonie était d'autant plus touchante que ce soldat qui venait de mourir pour la défense de notre pays était un Alsacien ; il y avait là une raison de plus pour être douloureusement ému, et nous reproduisons avec une double sympathie les discours prononcés sur la tombe de ce compatriote, qui venait de prouver par le sacrifice de son existence combien nous était attachée la province qu'un ennemi menteur osait déclarer allemande.

M. le docteur Fropo prit d'abord la parole en ces termes :

Messieurs,

Il n'est point dans nos usages que le médecin accompagne jusqu'à sa dernière demeure le blessé auquel il a donné ses soins; mais dans les circonstances actuelles, le médecin s'efface devant l'ami, et c'est à ce titre que je viens rendre un dernier hommage, dire un dernier adieu à un soldat qui a succombé aux suites de ses blessures.

C'est une vie simple et honorée que je vais retracer en quelques mots, une vie d'abnégation et de dévouement, existence qui a eu cependant ses beaux jours.

Intelligent, rempli de zèle et d'activité, de mœurs douces, d'un caractère facile, bienveillant, le capitaine Stoffer avait su se concilier l'affection de ses chefs et de ses camarades, et mériter l'estime de tous ceux qui le connaissaient. C'était une nature nerveuse, délicate, qui vivait surtout par le cœur, et chez laquelle l'énergie morale suppléait souvent à la faiblesse de l'organisme. C'était un de ces braves enfants de l'Alsace qui a fourni tant d'illustrations à la France, tant de héros à nos armées, et qui n'a jamais faibli dans nos jours de revers.

Il était entré au service comme engagé volontaire; il était promptement arrivé au grade de sous-officier; il était sergent-major au siège de Sébastopol, où il se distingua dans le service des tranchées et où il fut grièvement blessé. Transporté à Constantinople, il souffrit longtemps de sa blessure qui n'arriva à guérison qu'en laissant une grande gêne dans les mouvements du genou. Il reçut à son retour en France la croix du Medjidié, et ne tarda pas à atteindre le but de ses espérances : l'épaulette de sous-lieutenant. Quelques années plus tard, nous le trouvons en Italie, où il se distingua à la bataille de Solferino et reçut à la suite de cette journée la médaille de la Valeur militaire de Sardaigne. Il était lieutenant quand il fut décoré de la croix de chevalier de la Légion d'honneur, récompense de ses bons services. Au début de cette guerre, il resta au dépôt pour instruire les recrues et en faire rapidement des soldats. Nommé capitaine au 18ᵉ régiment de marche, il était le 19 septembre au combat de Châtillon, à la tête de sa compagnie qu'il dirigeait avec l'expérience et l'habileté d'un officier qui a fait ses preuves, lorsqu'il fut grièvement blessé à la jambe et tomba au pouvoir de ceux qu'il combattait.

Transporté à l'hôpital de Versailles, il subit avec un grand courage une opération douloureuse, et lorsqu'il était étendu sur son lit de souffrance, il reportait sa pensée vers ses compagnons d'armes, dont il ignorait le sort, et il regrettait amèrement de n'être plus debout pour soutenir la fortune de nos armées. Plus tard, quand il sentit ses forces faiblir, ce n'était point sans un certain sentiment d'inquiétude pour l'avenir qu'il songeait à sa jeune femme et à ses deux petits enfants dont le plus jeune n'aura jamais vu son père, et à l'heure où l'âme se détache des liens terrestres, il demanda et reçut les secours de la religion avec cette douce résignation qui est le reflet des âmes pures. Il avait vécu en soldat, il mourut en chrétien.

Nos regrets, Messieurs, les éloges donnés à la mémoire de celui dont la mort prématurée prive nos rangs d'un brave soldat ne sauraient apaiser la douleur de la famille qui n'a pas pu assister à ses derniers moments et adoucir l'affreux déchirement de la séparation suprême. Ce sont des pensées plus hautes qui lui porteront la résignation, l'espérance que donne la foi; ce sont des sentiments que d'autres que nous ont mission d'invoquer.

Adieu, capitaine Stoffer! au nom de vos compagnons d'armes, adieu! Votre souvenir vivra dans le cœur de tous ceux qui vous ont connu; le digne prêtre qui vous a donné les dernières consolations dira aux cœurs auxquels votre cœur appartenait que votre dernière pensée a été pour eux, et qu'une autre vie attend ceux qui, comme vous, meurent avec la conscience d'avoir toujours noblement fait leur devoir!... Adieu!

Après le discours de M. le docteur Fropo, M. Laurent-Hanin, adjoint, prononça les paroles suivantes :

Mes chers Concitoyens,

Il y a quelques jours à peine, la plupart d'entre nous accompagnaient, dans une autre enceinte, un jeune officier qui, comme le capitaine Stoffer, avait succombé à la suite de blessures reçues au champ d'honneur. Il s'était trouvé là des voix éloquentes pour rappeler ses mérites et ses titres à nos regrets, et, au son de ces voix, les cœurs, déjà vivement émus, se sont sentis plus profondément émus encore. Une de ces voix est dans ce moment étouffée, mais non éteinte ; il nous sera donné bientôt, je l'espère, de l'entendre de nouveau. Je n'ai pas besoin de vous dire qui l'a réduite au silence. Si elle n'était captive, ce ne serait pas à moi qu'il appartiendrait de parler ici au nom de notre chère cité de Versailles, naguère si glorieuse, et aujourd'hui...

Mais je dois m'arrêter là ! Les honneurs que l'ennemi lui-même vient de rendre à cette tombe et la sainteté du lieu me commandent de contenir, au moins pour un moment, tout sentiment de haine et de vengeance...

Pourquoi une affluence si grande ? Ce n'est pas seulement au brave capitaine, qui vient de descendre dans ce tombeau, que tant de personnes sont venues dire un dernier adieu : c'est un hommage qu'elles entendent rendre en même temps à tous ceux de nos vaillants soldats qui tombent au loin sur de nombreux champs de bataille en défendant notre chère patrie.

Ici, Messieurs, autour de cette tombe, nous sommes tous d'un commun sentiment : c'est l'union dans la mort. Unissons-nous donc aussi dans la vie, et nous conjurerons les orages sanglants qui éclatent sur les nations, les couvrent de deuil, de regrets amers et de haine.

Brave capitaine Stoffer, les états de service qui viennent d'être rappelés attestent que tu as fait brillamment ton devoir. Adieu !... Nul de ta famille ne t'accompagne à ta dernière demeure. La France, quand elle sera relevée de la lamentable situation où elle est tombée, prendra soin de ta veuve et de tes deux enfants : que cette expression de nos espérances et de nos vœux traverse l'espace et porte quelque consolation à tes pauvres délaissés sur les bords de l'Océan..... Adieu !

Dans la soirée de ce jour, un officier bavarois tomba ivre-mort sur le trottoir de la rue des Chantiers, en face de la maison de M. Paumié, pharmacien. On avait cru d'abord que la cause de son évanouissement était quelque blessure. M. Paumié l'ayant fait transporter dans sa pharmacie, reconnut l'origine moins noble de sa chute. On étendit cet officier sur le lit d'un soldat allemand logé dans la maison, et le lendemain il se réveilla guéri. Si, par un sentiment d'humanité, les passants n'avaient relevé cet ivrogne, le froid si vif de la nuit, le saisissant, lui aurait très probablement donné la mort, et le lendemain matin l'autorité prussienne n'aurait pas manqué de crier au guet-apens et à l'assassinat.

Dans cette même nuit si froide, 110 habitants de Meudon, parmi lesquels il y avait beaucoup de vieillards, de femmes et d'enfants, furent amenés à Versailles entre deux rangées de soldats et déposés à la prison. Ils gênaient les assiégeants pour le bombardement, et ils avaient été enlevés subitement de leurs demeures ; suivant l'usage prussien, il leur avait été interdit d'enlever et de faire transporter un seul de leurs meubles. Parmi les vieillards, il s'en trouvait un qui était dans l'impossibilité de marcher; on l'avait placé dans une brouette, et c'est ainsi qu'il avait été voituré à Versailles. La municipalité accorda immédiatement des secours abondants à ces malheureux et la Commission des réfugiés leur trouva des asiles.

4 janvier. — M. de Brauchitsch commençait à trouver le temps long, plus peut-être que ses prisonniers; il avait cru obtenir, par l'arrestation du maire et de trois conseillers, le paiement immédiat des 50,000 francs, et il ne voyait personne se disposer à les lui apporter.

Les prisonniers ne demandaient grâce en aucune façon, et, au contraire, ils s'acclimataient fort bien dans leur nouveau séjour. Ils y recevaient des visites de félicitations et de reconnaissance; ils y travaillaient avec beaucoup de calme et ne parlaient nullement de payer rançon. Se tournant d'un autre côté, M. de Brauchitsch convoqua alors les trois adjoints et les membres du syndicat, pour leur faire, directement, toutes les menaces qui pouvaient à leur tour les amener à composition. Le 4 janvier, il les reçut dans son cabinet et recommença pour eux ce long discours qu'il avait déjà prononcé tant de fois. Prenant toutes les pièces du dossier relatif à son cher magasin, il les analysa dans l'ordre chronologique, s'efforçant de montrer combien l'idée conçue par lui, dès son arrivée, était juste et même paternelle. Cette idée, dit-il, de réunir à Versailles des approvisionnements dans une large mesure, lui avait été inspirée par le sentiment des devoirs que lui imposaient ses fonctions de préfet; chargé de veiller au bien-être et à la conservation des habitants, il avait dû se préoccuper des moyens d'alimentation; il n'avait fait en cela que répondre aux plaintes qui lui parvenaient de toutes parts sur les vides qui se produisaient chaque jour dans les magasins de vente. Il avait donc prescrit à l'autorité municipale de pourvoir dans le plus bref délai possible à combler ces vides. Or, malgré les invitations répétées, adressées par lui à la ville pour qu'elle le secondât dans l'exécution des mesures qui témoignaient de sa sollicitude, rien de sérieux n'avait été fait; le marché Hirschler n'était qu'une comédie destinée à couvrir un mauvais vouloir incontestable, attendu qu'il n'était pas nécessaire d'aller chercher en Allemagne des denrées consistant en haricots, lentilles, fromage, etc., denrées qu'il était si facile de trouver aux environs de Versailles. En tout cas, ces marchandises, à la fin de décembre, non seulement n'étaient pas en magasin, mais on ne savait même pas quand elles arriveraient à Versailles; pourtant, par toutes les autorisations qu'il avait données, il s'était prêté à tout ce qui pouvait en faciliter le transport par chemin de fer. Quant à cette prétendue circonstance que les mouvements des troupes allemandes et les transports du matériel pour l'armée n'avaient pas permis de se servir des voies ferrées, cela ne le regardait pas. D'ailleurs, c'était là un obstacle à prévoir et facile à surmonter : il fallait faire suivre aux marchandises les grandes routes ordinaires, si ces voies étaient les seules ouvertes. C'est donc sciemment, volontairement, par son refus de comprendre ses bonnes intentions et en contrevenant à ses ordres formels, que la ville s'était attirée une amende de 50,000 francs, et ces 50,000 francs, M. de Brauchitsch déclara, en terminant et comme dernier mot, qu'il saurait bien en exiger le paiement.

Ce discours n'avait pas été prononcé sans être l'objet de fréquentes dénégations de la part des auditeurs ; et quand il fut terminé, M. Laurent-Hanin prenant la parole, le réfuta avec énergie. Il expliqua toute la conduite de la municipalité en cette affaire. Il ne s'était agi nullement de résistance systématique ; il s'était agi simplement pour le Conseil de ne se laisser aller imprudemment à aucun acte qui fût contraire à ses devoirs envers le pays. Dans l'ordre de M. de Brauchitsch, il n'avait aucune raison de voir un acte de sollicitude de l'ennemi envers le vaincu : rien, dans tout ce qui s'était passé jusqu'alors, ne pouvant l'engager à s'attendre à un acte de ce genre. Il y avait donc vu simplement un acte d'autorité qui devait, comme tous les autres, avoir quelque but utile aux Prussiens ; à ce titre, il s'en était défié. Il n'hésitait pas à le reconnaître et à l'avouer, il avait longtemps cherché à deviner quelle pouvait être l'intention secrète de M. de Brauchitsch, et il avait étudié les moyens de faire l'approvisionnement demandé sans courir le risque d'être dupe de quelque subterfuge qui l'aurait rendu coupable, au moins par manque de prévoyance. En constituant un syndicat, en faisant des achats en Allemagne, il avait cru trouver le moyen terme qu'il cherchait : la volonté de M. de Brauchitsch était ainsi satisfaite, et la municipalité ne se mettait pas en faute vis-à-vis de la loi et du pays. Le Conseil avait d'ailleurs été amené à attacher bientôt d'autant moins d'importance à cette question que, dans l'intervalle, le commerce versaillais s'était spontanément réapprovisionné, et la disette passagère qui s'était manifestée avait disparu ; les raisons tirées de cette disette, que M. de Brauchitsch avaient invoquées à l'origine pour ordonner la formation d'un magasin, n'existaient donc plus (1). Aussi c'est avec la plus grande surprise que le Conseil

---

(1) Au moment où le syndicat avait été chargé de faire les achats, le Conseil était convaincu que les marchandises, à leur arrivée, seraient réparties dans les divers magasins de la ville, et que M. de Brauchitsch ne parlerait plus alors d'un magasin unique, servant de dépôt.

avait constaté cette insistance si particulière, si prolongée, pour l'exécution d'un ordre qui n'avait plus de motif saisissable. Il y avait là, de la part de l'autorité prussienne, quelque chose d'incompréhensible. Ce qui était encore plus étrange, ce qui attestait une volonté bien arrêtée de ne pas vouloir entendre raison, c'était de ne pas accepter aujourd'hui comme valable l'explication du retard qui s'était produit dans les arrivages des marchandises achetées en Allemagne. Les conseillers ne pouvaient donc pas admettre que la ville eût manqué à ses engagements ou agi déloyalement; ils ne pouvaient pas davantage voter le paiement de l'amende. En présence des mesures prises par M. de Brauchitsch, il ne leur restait, ils le savaient bien, que le droit des faibles, c'est-à-dire la protestation. Ce droit, ils continueraient à en user.

M. Lasne, premier adjoint, dit simplement à M. de Brauchitsch : « Monsieur, je suis sans doute désigné pour être l'objet de votre premier choix ; je m'attends donc à être prochainement votre hôte. »

M. de Brauchitsch ne répondit rien à M. Lasne. Il avait paru un instant frappé des raisons invoquées par M. Laurent-Hanin, mais bientôt, comme revenant à une volonté arrêtée d'avance, il déclara avec une nouvelle vivacité que l'amende était maintenue et serait payée. Après avoir été très patelin, il reprit toute sa dureté insultante, et avant de mettre fin à l'entrevue, il déclara :

1° Qu'il rendait les membres du syndicat personnellement responsables d'un plus long retard dans la formation d'un magasin, et que si cette affaire ne se terminait pas rapidement, il formerait lui-même ce magasin en s'emparant des marchandises qu'ils possédaient aujourd'hui chez eux (1);

2° Que, le lendemain, les quatre prisonniers qu'il avait sous la main prendraient le chemin de l'Allemagne;

3° Qu'à défaut de paiement, le 5 janvier avant midi, de l'amende de 50,000 francs, la seconde amende de 75,000 francs deviendrait exigible;

4° Que la série des rigueurs exercées par lui serait graduée en proportion de la résistance et que l'usage de la force serait poussé aussi loin que l'exigerait la satisfaction à donner à ces mesures.

Cette conférence fut communiquée au Conseil municipal dans sa séance du 4 janvier. D'après l'attitude et les paroles de M. de Brauchitsch, on pouvait s'attendre à de nouvelles arres-

(1) Ce qui prouve que M. de Brauchitsch savait fort bien que le réapprovisionnement de la ville était chose faite.

tations de conseillers, et, par suite, à la désorganisation plus ou moins complète de l'administration. Le Conseil décida qu'il ne donnerait en aucune circonstance sa démission et qu'il continuerait à rester en fonction tant que ses délibérations seraient légalement possibles; quant au paiement de l'amende et à la formation du magasin, il décida qu'il n'y avait rien à changer à ses résolutions antérieures, et, pour bien marquer sur ce point sa pensée et ses intentions, il confirma par un vote nouveau la résolution qu'il avait adoptée dans la séance du 31 décembre, et qu'il avait expédiée à M. de Brauchitsch. En agissant ainsi, le Conseil savait, et d'une façon certaine, qu'il était tout à fait en conformité de pensées avec les quatre prisonniers retenus comme otages.

Les membres du syndicat étaient alors réunis dans une des salles de l'Hôtel-de-Ville; le vote par lequel le Conseil décidait qu'il persévérait dans sa ligne de conduite leur fut communiqué, et ils déclarèrent que, pour ce qui les regardait, ils s'associaient aux pensées du Conseil.

5 janvier. — Tout en partageant les pensées du Conseil, les membres du syndicat ne voyaient pas la situation tout à fait au même point de vue, et ils croyaient que si l'on continuait à braver les ordres de M. de Brauchitsch, sa vengeance amènerait certainement pour la ville des dommages dont la valeur serait bien supérieure à l'amende de 50,000 francs; par suite de cette considération, ils étaient moins disposés que le Conseil municipal à une résistance absolue. De plus, dès le premier moment de l'arrestation du maire et des trois conseillers municipaux, on avait parlé dans la ville de réunir, par une cotisation volontaire, les fonds nécessaires au paiement de l'amende et au rachat des prisonniers. Le syndicat avait décidé que c'était à lui qu'il appartenait de prendre cette mesure, mais qu'il fallait, avant de le faire, attendre le dernier moment de la résistance possible. Ces résolutions, prises dans la nuit du 4 au 5 janvier, ne furent pas communiquées au Conseil municipal.

M. de Brauchitsch, le 5, commença « l'exécution militaire » qu'il avait fait pressentir la veille, en envoyant des garnisaires chez les membres du syndicat. Ceux-ci pensèrent que le moment était venu de payer l'amende et demandèrent à M. de Brauchitsch, en échange, la cessation de toutes les mesures coercitives et la mise en liberté du maire et des trois conseillers. M. de Brauchitsch y consentit, non sans avoir jusqu'au dernier moment fait preuve, dans ses entretiens avec les membres du syndicat, de la plus grossière insolence. Comme ils avaient demandé l'élargissement immédiat des prisonniers, promettant sur l'honneur d'avoir réuni les 50,000 francs pour le lendemain matin, M. de Brauchitsch, usant de son succès avec le bon goût prussien, se refusa à ajouter foi à leur promesse, et dit qu'un engagement sur l'honneur, pris par des Français, n'avait pas de valeur à ses yeux.

Le lendemain seulement, à une heure de l'après-midi, après que M. de Brauchitsch eut vu, touché et encaissé la somme qu'il venait d'extorquer avec tant d'impudence, le maire et ses trois compagnons de prison furent mis en liberté.

Ils sortaient de prison comme ils y étaient entrés, sans que leur dignité eût subi la plus petite atteinte, et après avoir donné un exemple de fermeté qui honorait la ville entière.

Ainsi se termina cette interminable affaire du magasin. Quant aux marchandises achetées par le syndicat, elles arrivèrent peu à peu ; elles furent entassées dans les salles de l'administration des lits militaires et M. de Brauchitsch, qui avait un instant manifesté la volonté de garder entre ses mains la clef de ces salles, envoya chaque jour un de ses agents pour s'assurer qu'il n'avait été rien enlevé et distribué chez les négociants de la ville. C'est à peine s'il autorisa, sur des bons spéciaux délivrés par lui, quelques rares prélèvements de petites quantités de sel, de boîtes d'allumettes ou de bouteilles de cirage ! Qu'arriva-t-il ? Le 12 mars, au départ des Prussiens, quand on rentra en possession des marchandises, on les trouva pour la plupart gâtées, et le syndicat eut la plus grande peine à les vendre, quoiqu'il consentît à faire une perte considérable sur le prix d'achat. Telle était la conclusion définitive des savantes et paternelles combinaisons économiques de M. de Brauchitsch. Pour résumer d'un mot notre impression, quoiqu'il y ait eu dans toute cette affaire, de la part de M. de Brauchitsch, bien de la brutalité et de la cupidité, il y eut, nous croyons, encore plus d'étroitesse d'esprit (1) et de sot amour-propre. Ayant donné un jour un ordre, il s'était entêté à le faire exécuter au prix des plus flagrantes absurdités, plutôt que de paraître revenir sur ses pas. Conformément à un principe administratif qui est de tous les pays, il était convaincu qu'il est avant tout nécessaire de prouver que l'autorité n'a jamais tort, et pour ne pas amoindrir son prestige aux yeux d'un vaincu, il s'était résigné aux actes à la fois niais et révoltants que nous avons racontés.

Le bombardement des forts du Sud, que l'expulsion des habitants de Meudon avait fait pressentir, commença le 5 janvier, à 8 h. 1/2 du matin. Toutes les batteries prussiennes placées dans le voisinage de Versailles, de Saint-Cloud à Châtillon,

(1) Ce que les Allemands appellent familièrement *Bornirtheit*.

ouvrirent le feu en même temps. Avant que le premier obus ne fût lancé, les troupes avaient poussé un hourra en l'honneur de leur généralissime. « Vive le roi Guillaume! » tel fut le cri, destiné à être recueilli par l'histoire, qui retentit tout autour de Paris au moment où, par un retour à des procédés aujourd'hui oubliés, l'armée de siège prussienne allait jeter la mort non plus au milieu de troupes ennemies, mais au milieu de la population civile d'une grande capitale (1).

On était, à Versailles, tellement accoutumé au fracas de la canonnade, qu'on n'attacha pas d'abord une importance exceptionnelle à ces détonations, mais on s'aperçut bientôt qu'elles étaient plus violentes et plus régulières que d'habitude. Les soldats prussiens s'empressèrent, du reste, d'annoncer que le bombardement de Paris venait de faire un nouveau progrès, et que, d'ici à très peu de jours, d'heures même, le fort d'Issy ou de Vanves allait être pris. Les prophéties de ce genre avaient été déjà faites tant de fois qu'elles n'inquiétaient plus ; mais on se sentait malgré soi plus d'angoisse au cœur, en pensant que c'était maintenant sur Paris lui-même que l'ennemi lançait ces obus dont l'écho arrivait si sonore jusqu'à nos oreilles. Jusqu'au 26 janvier, à minuit, ces détonations ne devaient presque plus cesser, ni jour ni nuit.

On cherchait à échapper aux tristes pensées que faisait naître le bombardement en recueillant avec avidité les nouvelles, alors assez satisfaisantes, qui arrivaient de la province. On affirmait que Frédéric-Charles avait demandé tout à coup des renforts, et, en effet, de grands mouvements de troupes avaient eu lieu. Pendant plusieurs jours, on avait vu passer, à Versailles et dans les environs, des régiments nouveaux se dirigeant vers Chartres. Cette concentration avait pour but, disait-on, de s'opposer autant que possible aux progrès de Chanzy, qui avait réuni au Mans une armée de 200,000 hommes, bien organisée et bien armée, et qui allait marcher vers Paris. Au nord, c'était Faidherbe qui arrêtait Manteuffel; à l'est, on parlait avec les plus vives espérances d'une manœuvre de Bourbaki, qui pouvait couper la ligne de retraite aux Allemands. Dans la ville, on avait entendu des officiers discuter comme possible la levée du siège, et dire que si Paris n'était pas pris avant quinze jours, l'armée prussienne se retirerait en Alsace et s'y fortifierait. Malgré les télégrammes célèbres que le roi Guillaume adressait à la reine de Prusse, le bombardement ne produisait pas, disait-on, les effets que les assiégeants avaient espérés, et les troupes qui

---

(1) La batterie de Saint-Cloud, qui portait le n° 1, était spécialement chargée de battre le Point-du-Jour.

devaient, le 1er janvier, offrir au Roi deux forts pour ses étrennes, l'étonnaient que rien ne parût indiquer une reddition prochaine.

La lassitude gagnait de plus en plus les Allemands, tandis qu'au contraire la résolution d'opposer une persévérante résistance devenait universelle dans nos provinces. Une phrase qui courait la France et qui pénétra alors à Versailles peignait bien la situation des esprits: « La guerre, disait-on, est à peine à son début ; *elle ne commencera vraiment qu'au mois de mars*. Jusque-là, il n'y a qu'à user le temps en créant des obstacles à l'ennemi, sans s'effrayer de ses progrès. Plus il se répand sur la surface de la France, plus il rend sa situation difficile, plus il sera aisé, à un moment donné, de le faire reculer; et une fois qu'il aura reculé, la victoire reviendra aux armées françaises, et la victoire, à son tour, nous ramènera des alliés... »

En attendant la réalisation de ces espérances patriotiques, l'ennemi continuait à user de ses droits de vainqueur : le Conseil, dans la séance du 5, dut voter un nouvel emprunt de 300,000 francs pour subvenir aux réquisitions.

6 janvier. — Le *Moniteur officiel* du 6 janvier publiait la note suivante :

Son Excellence M. le lieutenant général de Fabrice, ministre de la Guerre de Sa Majesté le roi de Saxe, nommé gouverneur général des départements de Seine-et-Oise, de l'Oise, de la Somme, de la Seine-Inférieure, du Loiret et d'Eure-et-Loir, est arrivé à Versailles pour prendre possession de son poste.

Pourquoi Versailles, qui déjà avait un préfet, recevait-il aujourd'hui un gouverneur? On le sut le lendemain, le *Moniteur* ayant publié le « décret royal » suivant, rendu dès le 16 décembre, mais qui était resté ignoré :

DÉCRET ROYAL.

Au Chancelier fédéral et au Ministre de la Guerre :

Vu votre rapport du 15 courant, je veux autoriser la formation d'un nouveau gouvernement général, en réunissant les pays occupés situés au nord de la France.

Le département de Seine-et-Oise, faisant jusqu'alors partie de la division territoriale de Reims, sera réuni au gouvernement général nouvellement formé, dont je délègue l'administration au ministre de la Guerre de Saxe royale, le lieutenant général de Fabrice, en lui assignant Versailles comme résidence provisoire.

Versailles, le 16 décembre 1870.

Contresigné :   GUILLAUME.
BISMARCK. — ROON.

M. de Fabrice se crut obligé d'adresser à ses nouveaux administrés la proclamation suivante, qui n'était qu'une variation banale sur un thème déjà trop connu :

PROCLAMATION

Sa Majesté le roi de Prusse, général en chef des armées allemandes, du consentement de Sa Majesté le roi de Saxe, mon auguste maître, a daigné me nommer gouverneur général du département de Seine-et-Oise, ainsi que des départements du nord de la France occupés récemment par les troupes alliées et ne faisant pas partie du gouvernement général de Reims.

En portant cette nomination royale à la connaissance des départements susnommés, *je suis en droit d'attendre* de la part de leurs populations, ce qui est d'ailleurs de leur propre intérêt, *une conduite calme et prévenante* (!). J'ai aussi le ferme espoir que chacun s'abstiendra, soit directement, soit indirectement, de tout acte hostile ou contraire aux intérêts des armées allemandes.

J'ordonne principalement aux autorités gouvernementales et municipales de suivre strictement les ordres que le gouvernement général leur fera parvenir par ses organes, et les invite à me prêter leur concours pour subvenir, sans trop de difficultés, aux exigences de la situation actuelle.

Résolu de maintenir et de protéger, autant que possible, chacun dans sa propriété, de répartir équitablement les charges et de veiller à la sécurité publique, j'espère que je ne serai pas contraint d'user des sévérités résultant des droits de la guerre.

Versailles, le 6 janvier 1871.

Le Gouverneur général en résidence à Versailles,
Lieutenant général,

DE FABRICE,
Ministre d'État.

A partir du même jour, le *Moniteur officiel du département de Seine-et-Oise* prit le titre de : *Moniteur officiel du gouvernement général du nord de la France et de la Préfecture de Seine-et-Oise.*

On ne se rendit jamais un compte bien exact des fonctions que remplissait ce gouverneur général, mais ce que l'on constata tout de suite, c'est qu'il avait l'intention de tenir table ouverte : le maire reçut une réquisition considérable de vaisselle, d'argenterie, de service de table, etc. Le gouverneur s'installa boulevard de la Reine, n° 57, et la ville dut monter sa maison avec un luxe proportionné à la dignité du nouveau fonctionnaire. M. de Fabrice et ses officiers affectaient d'être très polis, mais de cette politesse particulière et très peu sûre, qui sous-entend que le vaincu la reconnaîtra et y répondra par plus de docilité et de « prévenance », selon l'heureuse expression employée par M. de Fabrice. Voici, par exemple, une lettre fort courtoise, mais très précise, que le baron de Hausen, aide de camp de M. de Fabrice, écrivait à l'occasion de son installation à Versailles ; elle montre comment les officiers prussiens envisageaient les fonctions d'un maire, et à quel genre de réquisitions il fallait que l'administration municipale répondît constamment, sous peine d'amendes ou de violences :

> Monsieur le Maire,
>
> Après avoir vu les écuries indiquées dans votre aimable lettre d'hier, j'ai trouvé ce que je cherchais, seulement il faudrait :
> 1° Dans l'écurie rue Duplessis, n° 56 : 2 *mangeoires*, idem 2 *râteliers;*
> 2° Dans la maison boulevard de la Reine, 73, dans la remise qu'on pourrait arranger en écurie, idem 2 *mangeoires* et 2 *râteliers;*
> 3° Dans la maison boulevard de la Reine, 30, que je prendrai pour moi, 1 *lit complet pour ma personne*, 2 idem *pour mes domestiques*, 1 *secrétaire* et *quelques petites tables* (si possible).
> En vous demandant pardon des tracas que je vous fais et en espérant que vous serez bientôt dans l'état de satisfaire à ces besoins indispensables, je suis, Monsieur, votre dévoué serviteur.
>
> Baron DE HAUSEN,
> Aide de camp (1).

M. de Brauchitsch, peu de temps après l'arrivée de M. de Fabrice, changea de domicile et vint s'installer tout auprès de son gouverneur, dans une autre maison du boulevard de la Reine (n° 67). On raconta qu'il quittait la Préfecture parce qu'on trouvait imprudent d'établir si près de la résidence du Roi des bureaux où, à chaque instant de la journée, pénétraient des inconnus. Parmi ces inconnus pouvait se glisser un de ces « francs-tireurs » que la police soupçonnait de vouloir attenter aux jours du roi Guillaume. A mesure que la guerre se prolongeait, les précautions pour assurer sa sécurité et celle de M. de Bismarck augmentaient visiblement.

7 janvier. — Dans la matinée du 7, on vit arriver par la rue des Chantiers un détachement formé de soldats allemands appartenant à des corps différents. On crut voir là les débris de régiments décimés dans les engagements qui avaient lieu autour des forts. Quelques jours auparavant, le même fait avait été observé à la barrière de la rue de l'Orangerie. Malgré les évacuations presque quotidiennes sur l'Allemagne, les ambulances regorgeaient de blessés qui arrivaient par centaines. A mesure que des voitures chargées de conva-

---

(1) Voici une autre réquisition de la chancellerie prussienne elle-même, envoyée au maire vers la même époque (30 décembre). Je ne peux guère la citer que dans son texte original :
« Fur das Bundeskanzler-Amt sind zu liefern :
« Zwœlf Handtucher (fur soldaten).
« *Ein Kloset* fur das Haus rue de Provence, 6.
« *Ein Kloset* fur das Haus boulevard de la Reine, 101, rez-de-chaussée *(Excellenz Del'rück).*
« Versailles, 30 décembre 1870.
  « Von ZERNICKI,
  « Feld-Polizei Lieutenant. »

lescents partaient vers l'Est, d'autres voitures chargées de blessés et de malades arrivaient de l'Ouest. Autant de petits détails qui, observés avec grande attention, commentés tout bas, confirmaient les nouvelles favorables reçues récemment de province.

8 janvier. — Soit que le vent eût tourné, soit que le brouillard eût suspendu en partie le feu, le bombardement paraissait faiblir; cependant, il avait chaque matin les honneurs du *Moniteur officiel*, annonçant invariablement que le feu avait continué « avec succès » et que, du côté des Allemands, les pertes en hommes étaient nulles ou insignifiantes. Dans la matinée du 8, une batterie prussienne complètement démontée était entrée dans Versailles par la rue des Chantiers, ce qui ne semblait pas d'accord avec ces récits officiels.

Quoi qu'il en fût, le Roi et le Prince Royal avaient rendu visite aux batteries de siège les plus voisines. Ce fut pour eux la distraction du mois de janvier. Dès que le soleil brillait, le roi Guillaume allait à Meudon ou à Ville-d'Avray (à la villa Stern), s'installer à un observatoire d'où il lui était commode de voir bombarder la ville où il avait accepté, si peu de temps auparavant, une somptueuse hospitalité. Le Prince Royal se dirigeait de préférence vers Bellevue. Les officiers supérieurs de son état-major se donnaient rendez-vous à la capsulerie, et de là toute la compagnie se portait sur un point élevé et découvert où elle goûtait un vif plaisir à suivre la marche des obus qui allaient tomber et éclater dans Paris, sur des femmes, des enfants, des hôpitaux et des écoles (1).

9 janvier. — Il y avait une grande habileté, pour la cour de Prusse, à célébrer à Versailles, et avec un certain éclat, toutes les fêtes qu'elle aurait célébrées à Berlin. C'était montrer, au milieu même de la lutte, une quiétude qui devait avoir le meilleur effet sur le moral des soldats. Le 9 janvier ramenait un anniversaire militaire qui ne fut pas oublié. Ecoutons le *Moniteur officiel* :

Son Excellence M. le général de Roon, ministre de la Guerre de Sa Majesté le roi de Prusse, célèbre aujourd'hui même, à Versailles, le 50ᵉ anniversaire de son entrée au service de l'Etat. Le général de Roon est une des plus grandes gloires militaires de l'Allemagne, et son nom s'étend beaucoup au delà des frontières de l'Europe. Collaborateur savant et persévérant de la transformation de l'armée prussienne, devenue le modèle de l'armée allemande tout entière, il a eu

---

(1) Dans la nuit du 8 janvier, il y eut dans l'intérieur de Paris 59 victimes (22 morts, 37 blessés). Dans la nuit du 9 : 48 victimes (12 morts, 36 blessés); à l'hôpital de la Pitié, on fut obligé de descendre les malades dans les caves.

le bonheur de diriger en personne le merveilleux mécanisme de l'organisation militaire de la Prusse pendant trois guerres glorieuses.

Dès le matin, la musique de quatre régiments présents à Versailles est allée porter une sérénade à l'illustre général, dont la résidence avait été décorée, par des mains pieuses et dévouées, de nombreuses guirlandes de chêne et de laurier.

A 9 heures du matin, Sa Majesté le roi de Prusse est venu en personne féliciter avec effusion le ministre qui a si fidèlement et si glorieusement servi le Roi et sa patrie. Son Altesse Royale le Prince Royal est venu presque immédiatement après, dans le même but, et, pendant toute la journée, les princes et les officiers et fonctionnaires de tout grade sont allés rendre hommage à cette gloire militaire si pure et si justement admirée.

Par une fortune singulière, et comme si un jour de fête pour les Prussiens ne pouvait être complet sans une exaction contre les Français, M. l'intendant général de l'armée choisit le « jubilé » de son ministre pour frapper la ville de Versailles d'une amende, non pas de 100 francs, comme M. de Bismarck, mais de *cent mille francs*. Voici la note que M. l'intendant général expédia, à ce sujet, à M. de Voigts-Rhetz :

INTENDANCE GÉNÉRALE DE L'ARMÉE

9 janvier 1871.

A la Commandanture de Versailles.

D'après les renseignements qui nous ont été donnés, le maire de cette ville et la Commandanture ont élevé souvent des difficultés à propos des réquisitions faites pour moi-même, pour les fonctionnaires et les bureaux de l'intendance générale, etc., réquisitions relatives au chauffage et à l'éclairage. On diminue les quantités indiquées comme nécessaires, et les objets demandés sont fournis, non seulement en quantité moindre, mais fort médiocres de qualité. Les frais d'éclairage ont été, par suite, à notre charge pendant longtemps.

Comme cet état de choses frappe, selon toute vraisemblance, un grand nombre d'officiers, en même temps que nous, et que la livraison des objets nécessaires au logement est la plus nécessaire de toutes les contributions de guerre imposées aux communes ennemies, j'ai l'honneur de demander à la Commandanture d'imposer à la ville une réquisition extraordinaire de *cent mille francs*, à payer en deux jours, au plus tard.

Cette réquisition sera appliquée à payer les objets manquants que nous nous procurerons, et à indemniser les officiers et fonctionnaires des dépenses *qu'ils ont dû faire* pour l'éclairage et le chauffage.

Cette contribution devra être payée à la caisse de l'administration des vivres de l'armée.

Prière de communiquer cette décision.

M. l'intendant général trouvait, non sans raison, que le bois fourni par la Mairie fumait ; mais il ne pouvait en être autrement, les Prussiens ayant brûlé en trois mois tout le bois sec que la ville possédait. Il n'avait pas tort non plus en affirmant que la Mairie employait toutes sortes de procédés, et même de ruses, pour être aussi ménagère que possible de l'huile à brûler et des bougies, qui étaient demandées en quantités incroyables, évidemment exagérées; mais si le bois vert fumait dans la cheminée de M. l'intendant, ou si l'huile de sa lampe ne donnait pas une lumière aussi nette qu'à Berlin, y avait-il là un motif suffisant pour introduire subitement 100,000 francs dans la « caisse de l'administration des vivres », c'est-à-dire dans la caisse particulière de M. l'intendant? M. de Voigts-Rhetz, raisonnant moins commercialement que son collègue, ne le pensa pas; dans cette circonstance, où il était un peu lui-même pris à partie, il se fit spontanément le protecteur de la municipalité, et grâce à ses démarches, Versailles échappa à « l'amende » dont elle avait été frappée d'un ton si leste par M. l'intendant général.

Si M. l'intendant général trouvait que, « selon toute vraisemblance », la Mairie mesurait aux officiers le bois de chauffage avec trop de parcimonie, elle en fournissait cependant encore assez pour que les officiers missent à peu près tous les jours le feu dans quelque cheminée. Plusieurs de ces incendies faillirent avoir de graves conséquences. Précisément, quelques jours avant que M. l'intendant écrivît sa lettre, la maison rue Satory, n° 1, avait été menacée par un de ces feux de cheminée qui risqua de prendre de grandes proportions. On réussit à l'éteindre. Le propriétaire de la maison ayant exprimé son mécontentement à l'officier prussien qui avait été la cause de cet incendie, celui-ci s'excusa en répondant et en répétant avec le ricanement sec et insolemment ironique familier au Prussien :
« *Construction française! construction française!!!* »

Après enquête, on constata qu'il avait voulu dire par ces mots que cet incendie était un service rendu, puisqu'il donnerait l'occasion à un Français de faire une construction. Tels étaient les « mots spirituels » des Prussiens, quand ils voulaient se signaler par des « saillies » et nous prouver que, sur ce chapitre comme sur tous les autres, ils nous avaient complètement dépassés.

10 janvier. — Il n'est pas de bonne fête sans lendemain. Le 9, avait été célébré, par des banquets et par des libations de vin de France, le *jubilé* du ministre de la guerre de Sadowa et de Sedan; le 10, il y eut à l'hôtel occupé par *la Commandanture*, tout voisin de l'hôtel occupé par M. de Roon, une « soirée musicale et dramatique », que le *Moniteur officiel* avait annoncée et à laquelle assista, avec l'état-major du général M. de Voigts-Rhetz, un certain nombre d'officiers. Pendant que les obus, résonnant jusqu'à Versailles avec une intensité extraordinaire, tombaient à Paris sur l'ambulance du Val-de-Grâce, sur l'hospice de la Salpêtrière et allumaient huit incendies dans le quartier du Luxembourg, un groupe de nobles prussiens applaudissait à Versailles *les Jurons de Cadillac* et *les Noces de Jeannette*.

11 janvier. — Toute cette nuit, le bombardement fut mené avec une vigueur tout à fait exceptionnelle; les détonations se suivaient avec une telle continuité, que l'on n'entendait plus qu'un roulement ininterrompu; l'horizon du côté de Paris était en feu comme pendant les soirées orageuses d'été. Le matin, on aperçut des nuages épais de fumée du côté de Meudon; le château venait de brûler. Pendant toute la journée, la lutte entre les canons des forts et les pièces des assiégeants se maintint aussi vive. Vers une heure, le Mont-Valérien tonna à son tour avec une grande énergie. Jamais le duel d'artillerie n'avait été aussi formidable.

12 janvier. — Le 12, dans la matinée, de nombreuses troupes partirent dans la direction de Paris; les postes furent relevés avant l'heure habituelle par la landwehr. On en conclut que les Prussiens avaient subi des pertes en résistant à une des sorties faites par les défenseurs des forts. On épiait alors avec plus d'attention que jamais le retour des troupes, qui avait lieu d'habitude dans la soirée; on se plaçait dans l'ombre, le long des arbres des avenues, et on comptait les hommes de chaque bataillon, pour tâcher de deviner les pertes; si on avait pu constater des éclaircies sensibles, on se réjouissait et on courait répandre la nouvelle de tous côtés. Les Prussiens, qui n'étaient pas sans se douter de la surveillance qui s'exerçait sur eux, cherchaient de leur côté à la tromper. Les officiers ne faisaient rentrer leurs détachements dans la ville que lorsque la nuit était déjà très sombre; ils leur faisaient faire des marches et des contre-marches pour déguiser leurs mouvements et leur nombre, mais toutes ces précautions étaient inutiles; quand la journée avait été mauvaise, quand il y avait eu beaucoup de morts, les malédictions lancées contre Bismarck ou Guillaume par quelques soldats trop sincères nous donnaient les renseignements que nous désirions. Dans une chambre où couchaient plusieurs fantassins, l'un d'eux avait collé au mur un portrait de M. de Bismarck, détaché d'un journal illustré. Au retour d'un de ces combats du mois de janvier, combats très meurtriers, et qui se renouvelaient alors constamment autour des forts, un soldat, en rentrant dans cette chambre, se jeta avec fureur sur l'image maudite, la déchira et la jeta dans le feu. Un de ses camarades l'ayant blâmé, il s'ensuivit une querelle violente qui dura pendant toute la soirée. Dans ces petits faits, qui se reproduisaient chaque jour sous des formes différentes, il y avait pour nous une preuve, constatée avec bonheur, de la désorganisation morale qui peu à peu se faisait dans les troupes allemandes. Les simples soldats étaient et se disaient ouvertement exténués par cette guerre sans fin qu'ils avaient commencée avec enthousiasme, mais que, depuis Sedan, ils ne continuaient plus que par discipline, et pour obéir à des calculs et à des ambitions politiques qu'ils ne pouvaient partager. Parmi les officiers, s'il en était beaucoup qui ne respiraient toujours que la destruction totale de la France, d'autres qui, il est vrai, n'exprimaient leurs pensées qu'à la dérobée, déploraient en termes émus et élevés le prolongement d'une lutte qui envenimait chaque jour davantage la haine entre deux peuples, dont l'union et l'affection mutuelle avaient été et pouvaient être encore si utiles au progrès général de l'humanité.

En même temps que l'autorité militaire rétrécissait sa ligne de feu autour de Paris, l'autorité administrative resserrait l'étau dans lequel elle avait enfermé la population civile de Seine-et-Oise. M. de Brauchitsch avait sans doute été froissé de voir que certains maires, à commencer par le maire de Versailles, se permettaient de prendre, de temps en temps, des arrêtés d'intérêt local sur lesquels ils avaient complètement oublié de le consulter; il voulut leur rappeler par une décision bien nette qu'ils vivaient, non pas en France, comme ils continuaient à le croire, mais bien en Prusse, dans une province prussienne, et que, par conséquent, tous leurs actes devaient recevoir la consécration de leur préfet légitime, M. de Brauchitsch.

Le 12 janvier, il inséra à son *Moniteur* l'arrêté suivant, qui réglait l'activité des maires, et qui, de plus, suivant l'usage, ouvrait par une nouvelle amende une nouvelle source de revenus pour sa préfecture :

Nous, Préfet de Seine-et-Oise,

Arrêtons :

1º Tous les actes officiels des maires du département devront être soumis, avant leur publication, à l'approbation du préfet et MM. les sous-préfets;

2º MM. les maires des communes des arrondissements de Versailles, de Rambouillet et de Mantes devront faire approuver leurs actes officiels à la préfecture de Versailles;

3º MM. les maires des communes des arrondissements de Corbeil et Étampes soumettront leurs actes à l'approbation de M. le sous-préfet baron de Fellizsch, à Corbeil, tandis que ceux de l'arrondissement de Pontoise s'adresseront à M. l'assesseur de régence Schmidt, sous-préfet à Pontoise;

4° Après l'approbation de chaque acte officiel, publié dans les communes du département, MM. les maires des communes respectives voudront en envoyer deux exemplaires à la Préfecture;

5° Chaque publication faite sans l'approbation prescrite ci-dessus sera punie d'une amende de 200 francs.

Le Préfet de Seine-et-Oise,
BRAUCHITSCH.

M. de Brauchitsch, à Versailles, en fut pour sa peine : il partit sans avoir jamais reçu le plus petit arrêté à « approuver ».

13 janvier. — Le 13, il eut une autre idée. Comme le maire n'avait jamais obéi à l'arrêté prussien qui ordonnait de dresser la liste des habitants de la ville, au-dessous de 46 ans, pouvant être appelés sous les drapeaux, M. de Brauchitsch imagina un moyen, du reste très ingénieux, pour posséder instantanément cette liste. Il fit lithographier à un très grand nombre d'exemplaires et distribuer dans chaque maison de la ville des tableaux de recensement sur lesquels les habitants devaient indiquer leurs nom, adresse, âge, lieu de naissance, profession, etc., le tout sous peine d'amende et de prison. Dans les trois jours, les tableaux devaient être remplis et remis à la Préfecture. M. de Brauchitsch réussit ainsi à avoir à sa disposition une liste sans doute assez complète des habitants de Versailles, ce qui, croyons-nous, ne lui rendit pas de bien grands services. Rien n'indique qu'il ait tiré parti de ce recensement, dont le seul effet fut d'inquiéter la population et de lui faire, une fois de plus, sentir et maudire le joug prussien (1).

Cette petite vexation disparut au milieu des événements bien plus graves qui préoccupèrent alors l'opinion. Au moment même où certains nouvellistes affirmaient que des troupes françaises avaient été vues dans les environs de Dreux, on apprenait, à ne pouvoir en douter, que l'armée de Chanzy, sur laquelle on avait fondé tant d'espérances, venait d'essuyer au Mans une défaite décisive, dans laquelle 12 à 15,000 prisonniers français étaient restés entre les mains de Frédéric-Charles. Le Mans, après cette défaite, était réoccupé comme l'avait été Orléans, un mois auparavant. Un nombre considérable de canons avait été pris, la déroute avait été complète...

L'annonce de ce désastre qui, les jours suivants, se confirma en s'aggravant, jeta un nouveau découragement dans les

(1) Le nom très germanique, très guttural, de M. de Brauchitsch, qui fut alors tant de fois prononcé, avait reçu à Versailles, dans la prononciation populaire, une simplification assez pittoresque : on l'appelait *le préfet Bronchite*. Le nom de M. le général de Voigts-Rhetz, qui n'était pas moins rebelle aux lèvres françaises, avait été francisé de même ; on disait : *le général Forteresse*, nom qui se trouvait convenir assez bien à l'officier chargé d'expédier tous nos prisonniers en Allemagne.

esprits. Encore une fois, on retomba du haut des rêves de délivrance auxquels on s'était laissé aller. Beaucoup d'entre nous, ranimés par les succès de Chanzy et de Faidherbe, avaient retrouvé leur confiance presque entière, et à un tel point que l'état-major, irrité de voir les Versaillais si incrédules sur les progrès prussiens, avait un instant pensé à faire passer 20,000 prisonniers français par Versailles, afin de convaincre une bonne fois les habitants du grand quartier général, « par un spectacle à la Sedan », de la réalité des défaites qu'ils persistaient à mettre en doute. On renonça à ce projet. « C'est dommage, disait ironiquement un journaliste allemand, qu'on ne donne pas ce coup d'œil à la population versaillaise, car elle tient tout ce que nous disons pour des hâbleries, et quand même elle verrait 20,000 prisonniers, elle soutiendrait qu'il n'y en a que 500 (1). » On amena du moins, en guise de trophées indiscutables, quelques pièces de canon et deux mitrailleuses, qui furent exposées sur la place d'Armes. Elles étaient toute la journée entourées de soldats prussiens, qui les examinaient avec curiosité. Pour nous, elles étaient, en effet, des témoignages trop péniblement certains des revers subis par l'armée de la Loire.

Cette semaine fut une des plus lugubres de l'occupation. Trop de catastrophes arrivaient coup sur coup. Ce n'était pas assez de savoir que, jour et nuit, des obus éclataient dans Paris, où chacun avait des parents, des amis ; il fallait encore, au même instant, apprendre des désastres tels que celui du Mans. L'âme était comme surmenée de déceptions et de désespoir ; on avait beau chercher à se raidir pour conserver de l'énergie, on se sentait à la fin inondé d'une tristesse invincible, insurmontable. Tout, d'ailleurs, conspirait à abattre et à assombrir ; la saison était brutale comme la destinée ; l'hiver continuait à se montrer d'une rigueur inconnue à notre climat. Quand le soir venait, on aurait voulu se réfugier dans le sommeil ; mais pouvait-on s'endormir quand, à chaque minute, l'air retentissait et vibrait de ces détonations violentes qui allaient porter tant de morts dans Paris ? On se levait, on allait aux écoutes à sa fenêtre ; on y guettait les lueurs saccadées qui se projetaient à l'horizon ; chaque coup qui frappait l'oreille était précédé d'une rapide illumination du ciel, que l'on suivait comme si on avait pu y apercevoir l'effet de l'obus dont elle annonçait le départ ; on en interrogeait la direction, on voulait à toute force lui faire dire quelque secret du siège ; mais, bientôt, le froid glacial de la nuit obligeait le veilleur à s'écarter de sa fenêtre, et il regagnait

(1) « Man will der hiesigen Bevœlkerung, und mit Recht, ein Schauspiel à la Sedan bereiten, etc. » Wachenhusen, *Tagebuch vom franzosischen Kriegsschauplatz*, 2ᵉ vol., p. 103-104.

son lit où le poursuivait encore en rêve l'écho de ce canon éternel. — Le matin, au réveil, il fallait, n'eût-on qu'à traverser la rue, passer à travers ce fourmillement de soldats prussiens qui, désormais acclimatés dans notre ville, étaient si bien installés, que nous avions plutôt l'air d'être chez eux qu'ils ne semblaient être chez nous. Ils avaient fait peu à peu Versailles à leur image ; après trois mois et plus d'occupation, la ville n'était plus qu'une caserne prussienne, soumise au mécanisme minutieux d'une inflexible discipline. Tous les aspects auxquels nos yeux étaient accoutumés avaient changé, et partout les regards rencontraient une transformation qui rappelait l'envahissement chaque jour plus complet de l'ennemi. Il n'était pas un seul édifice qui ne fût devenu le siège de quelqu'une de leurs administrations militaires ou civiles ; il n'était pas une maison qui, sur sa porte même, couverte d'inscriptions à la craie, ne portât l'empreinte et la preuve de la présence de soldats et d'officiers. Leurs canons étaient sur nos places, leurs chariots sur nos avenues, leurs régiments dans nos casernes, leurs malades partout où ils avaient pu en mettre, leur souverain à la Préfecture, leurs généraux dans les grands hôtels, leurs magasins d'approvisionnements dans les gares : il était impossible de faire un pas sans se heurter à eux. Sortait-on de la ville pour leur échapper, et allait-on du côté du Parc, après avoir franchi des barrières garnies de leurs postes, on apercevait leurs officiers caracolant au Tapis-Vert ou patinant sur le Canal. Vers Trianon, c'était M. de Bismarck lui-même qu'on risquait de rencontrer, faisant sa course quotidienne à cheval ; revenait-on par le boulevard de la Reine, on pouvait apercevoir M. de Moltke, à pied, enveloppé dans un grand manteau, faisant, lui aussi, une promenade dans les environs de son hôtel, se reposant, par cette paisible distraction, des méditations et des calculs dans lesquels il passait ses laborieuses journées (1).

M. de Brauchitsch avait raison : nous n'étions plus en France, puisque la vie prussienne s'était substituée partout à la vie française. Le réseau de fer jeté sur nous s'était chaque jour resserré un peu, et au mois de janvier il ne nous laissait plus en liberté un seul mouvement, une seule pensée.

Et cependant, malgré cet étouffement sous lequel nous vivions, et qui paraissait surtout intolérable les jours où les mauvaises nouvelles se succédaient sans relâche, nous étions obligés de

(1) Parfois aussi, nous a raconté un témoin de sa vie, quand il avait l'esprit trop fatigué des travaux militaires, il aimait à prendre dans la bibliothèque de son hôte quelque bon roman français, et ce cerveau puissant savait mettre de côté, pendant une heure, toutes ses préoccupations, pour se complaire aux fictions poétiques de George Sand.

reconnaître que notre sort, dans une grande ville comme Versailles, était matériellement très doux, comparé à celui des habitants des villages occupés. Nous en eûmes encore une preuve le 13 janvier, car nous dûmes encore une fois assister à une de ces scènes d'expulsion auxquelles les Prussiens procédaient avec le sang-froid le plus persévérant. Dans la soirée, un nouveau groupe d'habitants de Meudon arriva par l'avenue de Paris, entre deux haies de soldats qui les poussaient de temps en temps avec leurs baïonnettes pour les faire avancer plus vite. Tous étaient de pauvres gens très mal vêtus; plusieurs étaient très âgés, et ils marchaient, sous la conduite de leurs guides, avec une résignation muette qui attestait combien ils avaient déjà été dressés à la souffrance par leur vainqueur. Ils furent conduits à la brasserie Reinert, transformée en une auberge gratuite par la Commission des Réfugiés.

Ce qui était encore plus lamentable à voir que ces expulsés, c'étaient les paysans qui de temps en temps arrivaient à Versailles, venant parfois d'un village éloigné de 30 ou 40 lieues, où ils avaient été requis avec leurs voitures et leurs chevaux pour faire quelque transport utile à l'armée allemande. Pendant plusieurs jours, parfois pendant des semaines entières, un régiment gardait ces paysans à son service, en leur faisant endurer, avec une impitoyable cruauté, des souffrances, des humiliations dont il est impossible de se faire une idée. Constamment injuriés, roués de coups de crosse, de coups de pied, de coups de poing, souffletés, ne recevant aucune nourriture, ni pour eux ni pour leurs chevaux, obligés de mendier çà et là les aliments qui les soutenaient, dormant où ils pouvaient, ils étaient enfin renvoyés avec des insultes quand les soldats n'avaient plus besoin d'eux. On les voyait alors arriver à l'Hôtel-de-Ville, leurs vêtements en lambeaux, couverts de boue, se traînant à peine, dans un état de maigreur effrayant, réduits par la douleur et les privations à une espèce d'état d'abrutissement et d'hallucination qui leur avait ôté l'usage de la parole. Ils savaient à peine dire d'où ils venaient, ce qui leur était arrivé : ils ne pouvaient guère exprimer qu'une pensée : « Nous voudrions manger un peu et partir vite pour sauver nos chevaux. » — On leur donnait à manger et ils partaient, pour être parfois repris en route par un autre régiment, qui les rejetait dans l'horrible existence à laquelle ils avaient cru échapper.

15 janvier. — Le 15, le maire reçut la pièce officielle suivante, par laquelle le nouveau gouverneur se mettait en règle envers la municipalité, pour user du droit le plus recherché de tout administrateur prussien :

GÉNÉRAL-GOUVERNEMENT
DE VERSAILLES.

Versailles, 15 janvier 1871.

Monsieur le Maire,

J'ai l'honneur de vous annoncer que, dès à présent, vous serez tenu de satisfaire à toute réquisition faite directement de la part du gouvernement général résidant à Versailles.

Ces réquisitions porteront la signature :

1° De S. E. le Gouverneur, ou
2° Du major Konig von Midda, chef d'état-major, ou
3° Du soussigné.

Par l'ordre du Gouverneur :
Baron DE HAUSEN,
Aide de camp.

16 janvier. — Le 16, on apprit que ce gouverneur ne formait pas encore la liste des fonctionnaires imposés à la ville. A M. de Fabrice vint s'adjoindre M. de Nostiz-Wallwitz, nommé « commissaire de l'administration civile du gouvernement général ».

Ce « commissaire » publia aussi, le 16 janvier, sa proclamation, rédigée selon la formule habituelle :

Sa Majesté le roi de Prusse, commandant en chef des armées allemandes, ayant daigné me nommer commissaire civil auprès du gouvernement général du nord de la France, je viens de prendre possession de mon poste.

Appelé à diriger l'administration civile des départements de Seine-et-Oise, de l'Oise, de la Somme, de la Seine-Inférieure, d'Eure-et-Loir et du Loiret, en tant qu'ils sont et seront occupés par les troupes allemandes, je prendrai à tâche de rétablir l'ordre troublé par les événements des derniers mois, et de répartir d'une manière équitable les charges imposées aux habitants par l'entretien des troupes et le rétablissement du matériel de guerre.

J'espère que les autorités communales, dans l'intérêt de leurs communes, *me seconderont dans mes efforts*, en se soumettant de bonne volonté aux mesures que prendra le gouvernement général pour arriver au but proposé.

J'ai le ferme espoir que mes ordres seront respectés et dûment exécutés, autant de la part des autorités que des habitants des contrées dont l'administration m'est confiée, et que, pour sauvegarder mon autorité, *je ne me verrai point forcé de recourir à des moyens que je n'emploierais qu'à regret.*

Versailles, le 16 janvier 1871.

Le Commissaire civil,
DR NOSTIZ-WALLWITZ,
Conseiller intime des finances
de Sa Majesté le roi de Saxe.

Comme le commandant de place, comme le préfet, comme le gouverneur, le commissaire civil avait le droit personnel de réquisition. Il en usa avec une modération que l'on peut apprécier par la lettre suivante, écrite (en français) au maire, quelques jours après son installation :

> Monsieur le Maire,
>
> J'avais la bonne intention d'épargner à la ville le prix d'une remise pour toute la journée, mais ayant attendu en vain depuis deux jours la voiture que j'avais requise pour quelques heures seulement, je vous demande de mettre à ma disposition, dès demain, une calèche à deux bons chevaux, dont je pourrai me servir à toute heure, pour des courses en ville et en dehors de la ville. Si l'équipage convenable à ma position ne se trouve pas à Versailles, je vous prie de *vous le procurer à Saint-Germain ou ailleurs*. Mais je vous préviens que si le cocher ne vient pas prendre mes ordres *demain matin, à huit heures*, je saurais bien trouver les moyens pour faire savoir aux autorités municipales les égards qu'elles doivent au chef de l'administration civile du gouvernement général.
>
> Agréez, Monsieur le Maire, l'assurance de ma haute considération.
>
> De Nostiz-Wallwitz,
> Gouverneur civil.

Le titre officiel de M. de Nostiz-Wallwitz était : *commissaire civil auprès du gouvernement général*; mais la sinécure dont il avait été honoré avait si peu d'utilité que lui-même n'en connaissait pas bien le nom. Son chef, M. de Fabrice, montra combien il lui était difficile de trouver quelque chose à faire : jaloux de M. de Brauchitsch, et voulant comme lui publier au *Moniteur officiel* des documents signés de son nom, il fut obligé de réimprimer un décret du roi Guillaume, en date du 13 août, prescrivant « l'abolition de la conscription », et une autre ordonnance non moins connue, sur la responsabilité des communes en cas d'attaque des soldats, etc. Il réédita aussi l'ordonnance prescrivant aux maires de dresser, dans les huit jours, la liste des habitants au-dessous de 46 ans. Mais la municipalité de Versailles n'obéit pas plus à cette sommation du « gouverneur » qu'elle n'avait obéi à celle du « préfet ».

18 janvier. — Dans la soirée du 17 janvier étaient arrivés à Versailles un grand nombre d'officiers, venant des divers régiments cantonnés autour de Paris. Ils avaient été appelés au grand quartier général par une convocation qu'ils avaient dû garder secrète, afin que les assiégés ne pussent apprendre que, dans la journée du 18 janvier, beaucoup de corps seraient privés de leurs chefs. En même temps, on avait fait venir aussi les drapeaux d'un grand nombre de régiments. Les chevaliers de la *Croix de fer* de première classe avaient été également appelés.

La solennité pour laquelle on avait fait toutes ces invitations était celle que la Prusse attendait depuis si longtemps déjà : la transformation de son roi en empereur.

A midi sonnant, le roi Guillaume quittait la Préfecture et se dirigeait vers le Château. Les détails de cette fête, qui, du reste, ne fut pas favorisée par le temps, restèrent inconnus des Versaillais; ils virent seulement la voiture du Roi, précédée d'une escorte de gendarmes, traverser la place d'Armes, à un moment où elle était remplie de troupeaux de moutons et de bœufs, et de files de chariots d'approvisionnement, qui servirent de haie improvisée au cortège royal. Ce prologue de la solennité n'avait rien d'imposant. Quant à la solennité elle-même, on avait cherché à la rendre aussi éclatante que possible, et surtout à lui donner le caractère d'une revanche historique définitive contre Louis XIV. Je laisse, comme d'habitude, le *Moniteur officiel* de M. de Bismarck raconter à sa manière cette fête prussienne :

Versailles a été aujourd'hui le théâtre historique d'un des événements les plus considérables des temps modernes. Dans une cérémonie qui a eu lieu dans la galerie des Glaces du Château, S. M. le roi de Prusse a solennellement accepté la couronne de l'empire d'Allemagne.

Le 18 janvier est l'anniversaire du couronnement du premier roi de Prusse, et pour perpétuer le souvenir du jour mémorable où, il y a cent soixante-dix ans, Frédéric Ier a ceint la couronne royale, *la fête des Ordres* est célébrée chaque année au château royal de Berlin (1).

Dès 10 heures du matin, les députations des différents corps de troupes, ainsi que les illustrations militaires et civiles à Versailles et des environs, se sont assemblées dans les grands appartements de Louis XIV. Au centre de la galerie et adossé aux fenêtres qui donnent sur le Parc, un autel avait été dressé. Le fond de la galerie des Glaces, du côté du salon de la Guerre, était orné d'une estrade sur laquelle se trouvèrent les porte-drapeaux avec les drapeaux et les étendards de tous les régiments de la 3e armée.

S. M. le Roi, précédé de S. Exc. M. le comte de Pückler, grand maréchal de la Maison et de la Cour, et de M. le comte de Perponcher, maréchal de la Cour, et suivi des princes de la Maison royale, des princes souverains et non souverains de l'Allemagne, ainsi que des princes héréditaires, est entré à midi et a pris place en face de l'autel. Aussitôt le service divin commencé, M. le prédicateur de division Rogge a fait une allocution dans laquelle il a, avec une éloquence remarquable, relevé le caractère à la fois religieux et historique de la cérémonie. Après le service divin, S. M. le Roi s'est avancé jusqu'au fond de la galerie et a pris place sur l'estrade.

On remarqua alors à côté du Roi S. A. R. le Prince Royal, S. A. R. le prince Charles de Prusse, frère du Roi, grand maître de l'ordre de Saint-Jean-de-Jérusalem, *feldzeugmester* général et chef de l'artille-

(1) Il est singulier que M. de Bismarck n'ait pas senti qu'il y avait une espèce d'insulte pour l'Allemagne à rattacher la fondation de l'Empire germanique à un anniversaire personnel de la maison de Hohenzollern. C'était vraiment dire avec trop de franchise que la proclamation de l'Empire n'était qu'un nouvel agrandissement de la Prusse. Il y avait là plus d'enivrement que de politique. M. de Bismarck, du reste, ne faisait que montrer cette hardiesse d'arrogance que les Allemands du Midi reprochent tant au caractère prussien, et qui le font tant détester en Allemagne.

rie, S. A. R. le prince Adalbert, amiral, S. A. R. le grand-duc de Saxe-Weimar, S. A. R. le grand-duc d'Oldenbourg, S. A. R. le grand-duc de Bade, S. A. le duc de Koburg, S. A. le duc de Saxe-Meiningen, S. A. le duc de Saxe-Altenbourg, LL. AA. RR. les princes Luitpold et Othon de Bavière, LL. AA. RR. le prince Guillaume de Wurtemberg et le duc Eugène de Wurtemberg, LL. AA. RR. les grands-ducs héréditaires, S. A. le prince héréditaire Léopold de Hohenzollern, S. A. le duc de Holstein, etc., etc.

Les princes de la Maison royale, les grands-ducs, les ducs et les autres princes se sont tenus à droite et à gauche de Sa Majesté.

M. le comte de Bismarck, chancelier, a pris place à droite de l'estrade; le chef d'état-major général, comte de Moltke, le chef de l'état-major général de la 3ᵉ armée, général de Blumenthal, ainsi que les généraux commandants, les membres de l'état-major, les officiers de tous grades, les conseillers du ministère des Affaires étrangères et une foule de personnages illustres se sont trouvés du même côté de l'estrade, sur toute la longueur de la galerie. S. Exc. M. le baron de Schleinitz, ministre de la Maison du Roi, S. Exc. M. Delbrück, président de la Chancellerie fédérale, S. Exc. M. de Fabrice, gouverneur général des départements du nord de la France, M. le général de Voigts-Rhetz, commandant de Versailles, M. de Nostiz-Wallwitz, commissaire civil, M. de Brauchitsch, préfet de Seine-et-Oise, étaient également au nombre des assistants.

S. M. le Roi, entouré, par ses ordres, des drapeaux du 1ᵉʳ régiment de la Garde, s'est adressé aux princes en prononçant l'allocution suivante :

« Illustres Princes et Alliés,

« D'accord avec tous les princes allemands et les villes libres, vous vous êtes associés à la demande qui M'a été adressée par S. M. le roi de Bavière de rattacher à la couronne de Prusse, en rétablissant l'empire d'Allemagne, la dignité impériale allemande pour Moi et Mes successeurs. Je vous ai déjà, illustres Princes, ainsi qu'à Mes hauts alliés, exprimé par écrit Mes remerciements pour la confiance que vous M'avez manifestée et Je vous ai fait part de Ma résolution de donner suite à votre demande. J'ai pris cette résolution dans l'espoir qu'avec l'aide de Dieu, Je réussirai à remplir, pour le bonheur de l'Allemagne, les devoirs attachés à la dignité impériale. Je fais part de Ma résolution au peuple allemand, par une proclamation en date d'aujourd'hui, que J'ordonne à mon chancelier de lire. »

S. Exc. M. le comte de Bismarck, chancelier, a ensuite lu (1) la proclamation adressée par Sa Majesté au peuple allemand :

« Au Peuple allemand,

« Nous, Guillaume, par la grâce de Dieu roi de Prusse, savoir faisons :

« Après que les princes allemands et les villes libres Nous ont adressé l'appel unanime de renouveler l'empire d'Allemagne, la dignité impériale allemande qui n'a pas été exercée depuis soixante ans, et après que dans la constitution de la Confédération allemande des dispositions y relatives ont été prévues, Nous avons considéré comme un devoir envers la Patrie de donner suite à cet appel des princes et des villes alliées, et d'accepter la dignité impériale allemande.

« Conformément à ces dispositions, Nous et Nos successeurs porte-

---

(1) « D'une voix vibrante et pleine de joie, » dit ailleurs un témoin oculaire allemand.

rons désormais, rattaché à la couronne de Prusse, le titre impérial dans toutes Nos relations et affaires de l'Empire allemand, et Nous espérons en Dieu qu'il sera donné à la nation allemande de mener la Patrie, sous l'enseigne de son antique puissance, vers un avenir heureux.

« Nous acceptons la dignité impériale dans la conscience de Notre devoir de protéger, avec la fidélité allemande, les droits de l'Empire et de ses membres, de sauvegarder la paix, de défendre l'indépendance de l'Allemagne appuyée sur la force réunie de son peuple. Nous l'acceptons dans l'espoir qu'il sera permis au peuple allemand de jouir de la récompense de ses luttes ardentes et héroïques dans une paix durable, *et protégée par des frontières capables d'assurer à la Patrie des garanties contre de nouvelles attaques de la France et dont elle a été privée depuis des siècles.*

« Quant à Nous et à Nos successeurs de la couronne impériale, puisse la divine Providence Nous accorder d'être le « toujours Auguste (1) » de l'Empire, non pas en conquérant, mais en prodiguant les dons et les richesses de la paix sur le terrain du bien-être, et de la liberté et de la morale !

« GUILLAUME. »

S. A. R. le grand-duc de Bade, après avoir salué le Roi, a alors acclamé Sa Majesté comme empereur d'Allemagne. L'assemblée entière a répété trois fois l'acclamation. A ce moment, l'émotion était à son comble. Tout près du Roi se trouvait le drapeau du bataillon des fusiliers du régiment des grenadiers du Roi, traversé par les balles de Wissembourg. L'empereur d'Allemagne a embrassé le Prince Royal et les autres membres de la famille royale, et a donné cordialement la main aux princes. Sa Majesté Impériale, du haut de l'estrade, a ensuite reçu les hommages de toute l'assemblée. Précédée des grandes charges de sa Cour et suivie de tous les princes, Elle a passé devant le front des différentes députations en adressant les paroles les plus gracieuses et les plus engageantes aux personnes de mérite et jusqu'au simple soldat. La musique militaire a exécuté l'hymne national et des marches triomphales, pendant que l'assemblée s'est séparée sous l'impression d'avoir assisté *au plus grand événement du siècle.*

Au repas que l'Empereur offrit aux officiers délégués, on porta des toasts nombreux à l'Empereur, à la Maison royale prussienne, etc., et les troupes reçurent un thaler par homme pour se joindre à ces toasts. Ce présent encourageait officiellement des réjouissances qui, le soir, remplirent les chambrées et les cabarets de cris et de chants enthousiastes.

Pendant que le roi Guillaume et son chancelier jouissaient ainsi de l'accomplissement de leurs rêves, le maire de Versailles rendait compte au Conseil municipal d'une grande réunion de charité, provoquée par les délégués de l'Angleterre, qui s'était tenue la veille à l'Evêché. Dans cette réunion, on avait nommé un comité international, chargé de répandre les fonds considé-

---

(1) *Allzeit mehrer.* Cette traduction est celle du *Moniteur officiel.* Littéralement : *le perpétuel augmentateur.*

rables que l'Angleterre, émue par les récits de ses journaux, venait de souscrire spontanément pour réparer quelques-unes des ruines qui servaient de berceau au nouvel Empire.

19 janvier. — L'Empire allemand était fait. Pour célébrer la naissance de cet enfant de la campagne de France, la fête la plus naturelle était une bataille. C'était là le véritable baptême qui convenait au nouveau-né. La grande sortie du 19 janvier sembla venir à souhait pour répondre à la pensée célèbre de M. de Bismarck : Ma politique doit s'accomplir par « le sang et le fer ».

Dès le matin du 19, on s'aperçut à Versailles que l'alarme venait d'être donnée aux troupes prussiennes. Les soldats étaient encore engourdis des réjouissances et des abondantes libations de la veille au soir, lorsqu'il leur fallut marcher au feu en toute hâte. Des batteries d'artillerie partirent au grand galop par l'avenue de Picardie; les batteries de réserve, qui restaient d'habitude sur la place d'Armes, furent attelées. Toute la garnison était en mouvement; des aides de camp arrivaient à tout moment, emportant des ordres ou en rapportant aux officiers supérieurs groupés sur la place d'Armes. Versailles, pour la troisième fois, se trouvait à l'arrière-plan d'un combat qui, peu à peu, paraissait prendre plus d'importance et qui se rapprochait rapidement. La direction du vent avait, pendant la matinée, rendu peu perceptibles les détonations du canon, mais vers 11 heures, on commença à les entendre très distinctes, très nourries, et elles devinrent bientôt continuelles; on distinguait même la fusillade. Les Parisiens, évidemment, avaient avancé. « Vers midi parurent quelques prisonniers français, noirs de poudre, les vêtements déchirés, mais l'attitude fière et résolue. L'un d'eux, trompant la surveillance peu sévère de son escorte, s'arrêta un instant près d'un de ces groupes qui saluaient nos soldats avec émotion et qui cherchaient le moyen d'échanger avec eux quelques mots rapides. Il annonça que le combat durait depuis 6 heures du matin, que les Prussiens se repliaient de tous côtés, que nous marchions sur le parc de Saint-Cloud et sur les bois de la Malmaison. En même temps, un officier de l'état-major prussien lançait en passant, à un de ses camarades, ces mots qui parvinrent à d'autres oreilles : *Nous avons perdu Montretout !* (1). »

Mais, en présence de cette attaque, M. de Moltke avait tout de suite tiré parti de la merveilleuse organisation donnée à son système de communications télégraphiques, et à 1 heure, par

---

(1) Pigeonneau, *l. c.*

toutes les barrières de la ville, on voyait arriver des masses énormes de troupes venues à marches forcées de tous les environs et qui avaient reçu l'ordre, aussitôt exécuté, de se concentrer à Versailles. Ce fut un nouvel envahissement qui rappelait celui du 19 septembre. Les bataillons épais défilaient en rangs serrés les uns après les autres, obéissant avec un ensemble et un calme parfaits à des ordres donnés sans bruit et presque à demi-voix. Cette nouvelle garnison, qui instantanément avait remplacé celle que « l'alarme » venait de conduire au feu, se rangea, l'arme au pied, sur l'avenue de Paris. Tout l'espace compris entre la place d'Armes et la Mairie était noir de troupes, qui n'attendaient qu'un signal pour marcher au secours de leurs camarades, si Montretout tardait à être repris. Au moment même où nous pouvions concevoir quelques espérances, cette immense quantité de troupes fraîches, concentrée si rapidement, nous démontrait combien il serait difficile aux Parisiens d'atteindre le quartier général. Il fallait d'abord anéantir ces régiments de réserve, formés presque tous de landwehr, c'est-à-dire composés d'hommes d'une solidité exceptionnelle, qui frappait d'autant plus qu'à côté d'eux s'étaient rangées des réserves de la Bavière. C'était la première fois que des régiments bavarois pénétraient dans la ville, et leur vue faisait d'autant plus apprécier l'armée prussienne. Autant d'un côté la tenue, l'attitude, la discipline étaient parfaites, autant de l'autre tout semblait livré à une espèce d'abandon. Ces troupes se traînaient péniblement au lieu de marcher de ce pas prussien, si ferme et si bien rythmé ; l'uniforme, qui, chez les hommes de la landwehr, était aussi correct qu'au début de la campagne, avait perdu chez les Bavarois toute régularité ; ce désordre et ce laisser aller autorisaient l'orgueil des officiers prussiens et le dédain qu'ils ne se faisaient pas faute de manifester pour leurs alliés.

Pendant que tous ces mouvements s'exécutaient, pendant que, par les grilles des Chantiers, de l'Orangerie, de Saint-Germain, arrivaient à chaque instant des régiments nouveaux, la population civile de Versailles, comme au 21 octobre, s'était groupée sur les avenues, épiant avec anxiété les incidents qui pouvaient lui faire deviner les péripéties de la lutte. Selon l'usage, les barrières avaient été rigoureusement fermées, et des patrouilles à cheval parcouraient les rues, prêtes à réprimer toute apparence de démonstration hostile. Noyés ainsi au milieu de ces masses de troupes ennemies, les habitants de Versailles étaient bien peu à craindre ; cependant l'état-major ne négligeait contre eux aucune précaution. Certains officiers semblaient comme irrités d'être obligés, au moment même d'un combat, de respecter la vie de ces Français qu'ils avaient sous les yeux, et dont l'attitude semblait souvent les braver. Une petite scène, qui se passa avenue de Paris, témoigne bien de cet état d'esprit. Sur la passerelle pavée qui joint la place d'Armes à l'avenue de la Mairie s'était, vers 1 heure, établie une de ces marchandes ambulantes qui vendaient des liqueurs aux troupes prussiennes. Elle avait été bien vite entourée de soldats qui accouraient à elle, en quittant leur rang, pour lui faire des achats. Au moment où elle était toute à sa vente, un officier supérieur venant de la place d'Armes se dirigeait rapidement vers la Mairie en suivant la passerelle. Il marchait avec l'allure prussienne, raide, renversé en arrière, l'air rogue. Cette vieille femme se trouvait sur la ligne inflexiblement droite qu'il suivait. Elle lui tournait le dos, à demi agenouillée auprès de son panier pour y prendre des liqueurs. En arrivant à elle, sans s'arrêter, il lui lança au passage un violent coup de poing qui l'envoya rouler à terre, et il continua sa route, le visage immobile, mais animé de cette sauvage expression de fureur que prenaient tant d'officiers prussiens dès qu'un Français semblait leur faire ombre de résistance.

Le roi Guillaume, après avoir passé en revue, sur la place d'Armes, une partie de sa landwehr, était parti dans la matinée du côté de Saint-Germain, accompagné d'une nombreuse escorte. Vers 4 heures de l'après-midi, on le vit revenir et rentrer à la Préfecture. Ce retour était de mauvais augure, et, en effet, on apprit bientôt que l'effort sur Montretout n'avait réussi qu'un instant. Par l'avenue de Picardie arrivèrent de nouveaux groupes de prisonniers, l'uniforme déchiré, souillé de boue, la figure hâve, l'air désespéré. Dans un de ces groupes, on remarqua un vieux sergent, sans képi, courbant la tête, semblant tout honteux de paraître ainsi devant des compatriotes. La vue de ces braves soldats, si abattus par leur défaite, excita plus que jamais la sympathie et l'élan des habitants de Versailles. Malgré les coups de crosse et les menaces rauques des soldats prussiens qui gardaient ces prisonniers, on voulait à toute force leur donner du pain, du tabac, de l'argent. M. Moreau, marchand de couleurs, lança à un soldat son porte-monnaie; il reçut un coup de crosse dans la poitrine; il se récria, on l'arrêta brutalement et on l'emmena aussitôt en prison, où il resta jusqu'au lendemain. M. Gastey, pour avoir fait une tentative du même genre, vit s'élancer sur lui, comme un furieux, un soldat qui lui asséna un coup de poing (1). Du reste, pendant toute la journée, les patrouilles à cheval s'étaient de même signalées par des brutalités.

(1) M. Gastey a tenu pendant toute l'occupation un *journal* très intéressant, qu'il a bien voulu nous communiquer et qui nous a maintes fois fourni des détails dont nous avons profité dans notre récit. J'ai également tiré beaucoup d'utiles renseignements du *journal* de M. Laurent-Hanin.

Tout cela n'était cependant que peu de chose à côté de ce qui allait se passer dans la soirée.

Les régiments massés sur l'avenue de Paris étaient partis peu à peu dans différentes directions, mais les troupes de la landwehr reçurent l'ordre de passer la nuit à Versailles, sans doute pour être toutes prêtes à prendre part au combat qui recommencerait le lendemain matin. Vers 9 heures, ces troupes se répandirent à leur fantaisie et sans billets de logement dans le quartier du boulevard de la Reine, de Clagny et de Montreuil. Les soldats, guidés par leurs officiers, envahirent de force les maisons et s'y installèrent en se signalant par des excès qui étaient encore inconnus dans notre ville. Lorsque la porte d'une maison ne s'ouvrait pas par suite de l'absence de l'habitant, ils la forçaient ou la fendaient à coups de hache. Ils pénétrèrent ainsi dans un grand nombre de maisons inhabitées qui furent livrées à un pillage complet. « Toutes les fois que M. Trochu fera une sortie, nous viendrons tout casser à Versailles, » disait un de ces soldats, résumant d'un mot les résolutions et la conduite de ses camarades. Clagny surtout fut saccagé. Toute la nuit se passa à faire des perquisitions dans les caves et les armoires, et le lendemain matin, les soldats, en partant, pliaient sous les fardeaux qu'ils emportaient. Une partie des objets fut chargée sur des voitures. Les officiers assistaient à ce pillage du grand quartier général sans faire aucune observation. Tout parut bon à être pris. Il serait impossible de dresser la liste des objets volés dans cette seule nuit. Couvertures de laine, draps, nappes, serviettes, pommes de terre, viande, savon, confitures, bière, vin, bois, casseroles, vêtements de toute sorte, caleçons, bas, chaussettes, robes et linge de femme, montres et bijoux, châles de dentelle, argent, couverts, foulards, rasoirs, vaisselle, tels sont quelques-uns des vols que constatèrent, le lendemain, les plaintes et les rapports de police; mais ce qu'il y a de curieux, c'est que là même où les soldats ne volaient pas, ils avaient soin de tout culbuter, de tout briser. Par exemple, dans la maison de M. Girardet, le graveur suisse, non seulement la cave fut pillée, mais les objets d'art, dont la maison était remplie, furent jetés et dispersés dans le jardin; les tableaux furent crevés, les gravures déchirées, et tout mis dans un état de bouleversement inexprimable. En entrant dans cette demeure, on n'aurait jamais pu croire que le désordre qu'on y trouvait était l'œuvre d'une seule nuit; les soldats s'étaient, de la cave au grenier, livrés à une espèce d'orgie de dévastation (1).

On constata ainsi, dans cette circonstance, de quel esprit

---

(1) A Montreuil, le Fourneau économique fut pillé.

étaient animés les régiments de la landwehr de la Garde, composés en général d'hommes mariés, qui représentaient assez exactement la moyenne de la bourgeoisie allemande. Chez les paysans qui formaient la masse de l'armée régulière, il y avait certes bien souvent de la grossièreté, de la colère aveugle, mais assez rarement de la froide méchanceté. Plus d'un, logé dans une famille pauvre, se mettait au ménage avec une certaine bonhomie, et cherchait à gêner le moins possible. « Je suis ici parce que je suis soldat, parce que Bismarck l'a voulu, mais je n'ai pas de haine contre les Français, » telle était la parole qu'on entendait assez souvent. Ces aveux confidentiels étaient plus rares dans les régiments de la landwehr. Là on retrouvait davantage les idées et les manières d'agir de l'officier noble du parti féodal. Ce qui semblait de règle dans ces troupes, c'était la haine âpre et comme maladive de la France, c'était le besoin de la détruire. Le 19 janvier, on les vit, à Versailles, se réjouir d'avoir trouvé, pour leur part, l'occasion de saccager une ville de ce pays maudit, qu'on leur avait appris, dès l'école, à détester. Il n'y avait plus là seulement un acte d'obéissance passive ; il y avait comme la satisfaction d'une passion personnelle et une initiative réfléchie mise au service d'une pensée de haine. Déjà, dans le combat du 21 octobre, ils avaient donné des preuves de cet esprit de vengeance. « *Es gab keinen Pardon*; (1) » « ils ne faisaient pas de merci, » avoue un historien allemand, en racontant ce combat. — « La landwehr veut être comme les turcos, » dit à un Versaillais un autre Allemand du grand quartier général. La journée du 19 janvier attesta, en effet, que, si les turcos sont considérés en Allemagne comme des pillards, les bourgeois composant la landwehr de la Garde ont les titres les plus légitimes à la même renommée.

20 janvier. — Dans l'après-midi du 20 janvier, les batteries de réserve de la garnison allemande rentrèrent dans Versailles et reprirent leur position accoutumée sur la place d'Armes.

Peu après arrivèrent de très nombreux soldats français, faits prisonniers à Saint-Cloud et à Montretout. La prison de la rue Saint-Pierre était trop étroite pour eux, car ils étaient plus de 350 (2) ; ils furent conduits à la caserne de la rue de Noailles où

---

(1) Zehlicke, *Von Weissemburg bis Paris*, p. 269.
(2) Le directeur des prisons de Seine-et-Oise, M. Coussol, avait fait tout ses efforts pour empêcher l'envahissement de cette prison par les Allemands ; après avoir longtemps résisté, il avait dû céder à la force. Dans le cours des négociations qui eurent lieu à ce sujet, il avait indiqué, comme pouvant servir aux Allemands pour leurs prisonniers, la caserne du génie, contiguë à l'Hôtel-de-Ville ; mais le général et le préfet avaient

ils restèrent jusqu'à leur départ pour la Prusse. La façon dont ils furent traités est retracée dans une lettre du casernier Pidancier, adressée au protecteur habituel des prisonniers, M. Hardy :

> Arrivés vers 6 heures du soir, les prisonniers se trouvaient dans le dénûment le plus complet et manquaient de tout. Vous allâtes à la Mairie pour leur faire envoyer de suite de la paille pour se coucher et quelques aliments. Par suite de vos démarches, une voiture de paille arriva vers 7 heures, mais les cavaliers prussiens qui occupaient la caserne voulurent prendre la paille pour leurs chevaux, et ce n'est qu'en déployant une grande fermeté et une grande énergie, et en leur reprochant amèrement leur cruauté, que ma femme parvint à faire entrer une partie de cette paille dans le manège, pour le coucher des prisonniers. Vers 9 heures du soir, pendant votre absence, nos nombreux compatriotes demandèrent de l'eau ; j'allai en chercher avec ma femme et mon voisin, M. Vitter ; nous fûmes les seuls qui, à ce moment, osèrent entrer dans la caserne ; mais à peine étions-nous arrivés que les soldats de la landwehr chargés de garder ces prisonniers, furieux de la terreur que les Français leur avaient inspirée la veille, et n'osant maltraiter publiquement les prisonniers, se jetèrent sur nous, cassèrent nos cruches et nous maltraitèrent cruellement, ma femme et moi, à coups de crosses de fusil. Ma femme reçut une blessure à la joue et une très forte contusion au côté ; je fus jeté dans la boue, où on continua à me frapper, malgré l'intervention de ma femme, qui cherchait à me protéger, oubliant ses propres blessures. Mon voisin, M. Vitter, avait pu s'échapper et était allé chercher du secours ; il vous rencontra dans la première cour de la caserne et vous mit en quelques mots au courant de ce qui se passait ; indigné, vous saisîtes la lanterne, et, guidé par nos cris, vous arrivâtes à notre secours. Je n'oublierai jamais l'émotion que je ressentis en ce moment, seul et abandonné au milieu de ces barbares ; je me croyais perdu, votre arrivée me ranima ; votre présence fit sur nos cruels ennemis l'effet d'un coup de foudre ; vous les forçâtes à cesser leurs mauvais traitements en les menaçant de vous plaindre à leurs chefs et en leur adressant les plus violents reproches sur leur indigne conduite ; puis vous vîntes me relever, car je ne pouvais me relever seul, et, appuyé sur vous et sur ma femme, je pus rentrer chez moi.
>
> Vous vous occupâtes alors de vos prisonniers. J'avais grand'peur pour vous en vous sachant seul au milieu de ces misérables, que je voyais vous lancer des regards furieux ; mais votre attitude calme et ferme leur en imposa, et aucun d'eux n'osa vous rien faire (1).

Les officiers français faits prisonniers en même temps que ces 350 soldats furent autorisés à prendre leur repas à l'*hôtel de France*, où logeait le commandant de place. On essaya par eux de savoir quelques détails sur la sortie de la veille, mais ils ne

---

repoussé cette proposition, « parce que ce bâtiment, disaient-ils, ne contenait aucune cellule propre à isoler les *hommes de distinction* qu'ils pouvaient avoir à enfermer, et parce que la prison se trouvant placée ainsi en face de la Préfecture, occupée par le Roi, *le cœur si sensible de Sa Majesté serait affligé* de voir constamment sous ses yeux passer des prisonniers ».

(1) Voir l'intéressante brochure publiée sous le titre : *Lettres et rapports constatant les services rendus par M. Hardy aux prisonniers français*.

purent donner que de très vagues éclaircissements ; ils se plaignaient d'avoir été abandonnés et de s'être trouvés ainsi tout d'un coup entourés par l'ennemi, mais ils ignoraient le résultat définitif de l'affaire.

Ce qu'il y avait de certain, c'est que le combat avait été sanglant. Les ambulances regorgeaient. Pendant toute la nuit, on avait entendu rouler les voitures qui amenaient des blessés. Déjà beaucoup d'entre eux avaient succombé. Les soldats allemands, quoique victorieux, avaient l'air consterné. Les pertes éprouvées, la persistance de la lutte, le peu de progrès apparent du siège ne leur permettaient pas de ressentir une joie bien grande de leur victoire. Ils étaient exténués de ces combats sans cesse renaissants, qui n'amenaient aucun résultat visible, puisque aucun fort n'était pris.

21 janvier. — Pendant toute la journée du 21, malgré le départ de la landwehr, les mouvements de troupe continuèrent ; on remarqua que, renouvelant une tactique connue, plusieurs régiments, musique en tête, repassaient à diverses reprises dans les mêmes rues. Le soir, douze nouvelles voitures d'ambulance entrèrent dans la ville ; depuis le 19, cent soixante-sept voitures surchargées de blessés allemands avaient été ainsi comptées aux diverses barrières du côté de Paris. Cependant le *Moniteur* prussien n'accusa qu'une perte de 400 hommes. On remarqua aussi une voiture pleine de fusils à aiguille.

Les blessés français avaient été recueillis à l'Hôpital militaire. Parmi eux se trouvaient plusieurs gardes nationaux. L'un d'eux, qui mourut le 21, était un volontaire de soixante-quatre ans, chevalier de la Légion d'honneur. Plus de deux mille personnes escortèrent ses restes au cimetière. Dans la semaine qui suivit le 19 janvier, les enterrements de gardes nationaux ou de soldats français se succédèrent presque chaque jour. Tous furent l'occasion de manifestations, qui, pour être silencieuses, n'en étaient pas moins émouvantes. Par un commun accord, il s'était formé dans la ville une sorte de confrérie patriotique qui s'était imposée pour devoir de rendre les derniers hommages à tous les soldats et officiers français qui succombaient dans une de nos ambulances. Des couronnes de feuillages verts et des écharpes tricolores étaient déposées sur le cercueil et sur la croix de la fosse. A un moment où le drapeau prussien flottait sur tous les édifices, c'était avec une profonde émotion qu'on voyait reparaître les couleurs nationales pour honorer les restes des soldats morts en défendant Paris. Peu à peu, on avait appris à Versailles à montrer sa haine pour l'étranger par des signes qu'il ne pouvait ni méconnaître, ni punir.

Irritée de ces témoignages de reconnaissance rendus par la population versaillaise aux gardes nationaux tués le 19 janvier, l'autorité prussienne répondit par cet article de son *Moniteur*, où elle insultait son ennemi :

> Parmi les victimes françaises de la sortie du 19 de ce mois, on a trouvé des gardes nationaux revêtus de cottes de mailles destinées à protéger leurs corps sur toutes les faces. Cette introduction d'armes défensives du moyen âge dans les rangs d'une armée de notre époque prouve, d'une part, la pusillanimité de certains bourgeois de Paris, et, d'autre part, un défaut grave dans l'organisation de l'inspection militaire. Malheureusement, les cottes de mailles n'ont pas résisté aux balles allemandes, dont la force était telle que les corps des victimes, malgré la protection dont ils avaient cru devoir se munir, ont été traversés de part en part. Nous ne parlerons pas de ceux des gardes nationaux qui avaient protégé leur poitrine et leur dos de lambeaux de couvertures de laine. Le comique d'un tel équipement a un côté trop triste, car nous voyons les pauvres ménagères bourrant leurs maris, au moment de l'adieu suprême, de ce talisman qui ne les a pas empêchés de devenir la proie d'une guerre scandaleusement prolongée par les fautes d'un gouvernement entêté.

Quelques jours plus tôt, le même *Moniteur* avait également tourné en ridicule les articles trop véridiques que publiait *le Journal des Débats* et dans lesquels il racontait les effets des obus que lançaient dans Paris les batteries prussiennes. Il faut reproduire ces ironies, application du principe cher à M. de Bismarck que tout mauvais cas est niable :

> Quiconque a lu le rapport du *Journal des Débats* sur les effets produits par le bombardement de Paris doit supposer que nos obus, au lieu d'être chargés de poudre, sont chargés de matière intelligente et particulièrement cruelle. Qu'est-ce à dire? Dans la rue Gay-Lussac, c'est une ambulance qui a été atteinte; dans la rue d'Enfer, c'est un pauvre jardinier qui laisse une veuve de 40 ans avec deux enfants; dans la même rue, une pauvre dame malade; sur l'avenue de l'Observatoire, deux femmes, la mère et la fille; sur le boulevard de Port-Royal, deux nourrissons ont failli être atteints, attendu que le coup a passé entre leurs berceaux; dans la rue de Vanves, encore une femme avec deux jeunes filles; telles sont les victimes choisies par ces boulets *malintentionnés*, *sans égards*, et néanmoins *peu dangereux*.
>
> La composition de ce tableau ne manque pas de couleur, mais de vérité : deux berceaux, des vieilles dames malades, des mères et des filles innocentes, des ambulances que l'imagination doit peupler de blessés et de malades; évidemment, le peintre a voulu toucher le spectateur, mais l'artifice est trop évident pour qu'il ait pu remplir son but.

De son côté, et pour répondre à sa manière au *Journal des Débats*, M. de Bismarck publiait dans son *Moniteur* une circulaire de six colonnes, avec tableaux à l'appui et dans laquelle il affirmait avec indignation devant l'Europe que l'armée française avait, pendant la guerre, donné l'exemple de toutes les cruautés les plus révoltantes. C'est au moment où paraissait cette éloquente dépêche, que M. de Moltke écrivait au général Trochu qu'il rectifierait le tir de ses batteries, de manière à ne plus lancer d'obus sur les ambulances, « dès que le brouillard aurait cessé ».

A toutes les angoisses du siège se mêlait alors pour les Versaillais une autre cause de tristesse; depuis quelque temps, la poste prussienne distribuait, gratuitement et à profusion, le *Drapeau*, journal où la cause bonapartiste était défendue avec passion; d'un autre côté, on avait répandu une *Proclamation* de Henri V aux Français, datée « des frontières de France »; ces publications nous faisaient entrevoir de bien douloureuses perspectives pour notre avenir, car il était déjà trop certain que dès que la guerre avec l'étranger serait terminée, elle serait remplacée par des discordes civiles.

22 janvier. — Un pillage assez considérable eut lieu le 22 janvier dans la caserne de la Guerre, rue de la Bibliothèque. Le régiment français qui occupait cette caserne avait, à son départ de Versailles, caché une grande quantité de caisses et de malles dans une chambre dont on avait muré l'entrée. Les Prussiens ayant découvert la cachette, s'emparèrent de tous les objets qui y étaient renfermés; soldats et officiers avaient mis là tout ce qu'ils possédaient de plus précieux; tout fut enlevé. Comme d'habitude, on chercha à empêcher ces vols en rappelant aux Prussiens que le roi Guillaume et le Prince Royal, à leur entrée, avait solennellement promis le respect des propriétés privées; mais, comme d'habitude, ces observations ne furent accueillies que par un sourire ironique, et les Prussiens procédèrent ouvertement au partage de l'argent et des bijoux qu'ils avaient découverts.

La municipalité recevait chaque jour des plaintes de plus en plus vives sur les exigences que beaucoup d'officiers prussiens montraient pour leur nourriture; exigences d'autant plus injustes que la caisse municipale, comme nous l'avons dit, versait très exactement à la caisse militaire allemande autant de fois 6 francs par jour que la ville contenait d'officiers. M. Lasne, premier adjoint, résolut de tenter une nouvelle démarche pour faire cesser ce mode particulier de pillage. Il se rendit chez le général commandant de place, et lui soumit la rédaction d'une affiche en deux langues, que l'administration municipale se proposait de faire placarder dans la ville, afin de porter à la connaissance de tous que les habitants n'étaient nullement tenus de fournir la nourriture aux officiers allemands, puisque la Mairie faisait, pour solder cette nourriture, un versement quotidien considérable entre les mains du général prussien. M. de Voigts-Rhetz, naturellement loyal, ne put d'abord que donner son approbation à cet avis, et il en avait autorisé l'affichage, quand, tout à coup, il revint sur sa première décision et déclara que cet avis ne pouvait pas être affiché dans la ville; il ne fallait l'afficher que dans l'intérieur de la Mairie, parce que, dit-il, « posée dans la ville, cette affiche causerait peut-être à quelques officiers un mouvement d'irritation qui pourrait avoir des conséquences fâcheuses pour la Mairie ». Quant à contresigner l'avis, il s'y refusa nettement.

Ainsi, chose curieuse, le général commandant de place ne se croyait pas assez fort pour empêcher les officiers placés sous ses ordres de se livrer à un abus qu'il était le premier à regretter. Il aurait craint de paraître, aux yeux de ses compatriotes, trop favoriser les Français, s'il avait pris des mesures efficaces pour assurer l'exécution des conventions conclues avec nous. Il fallait que le droit de la guerre restât, au moins pour l'officier, pour le noble, le droit de malmener le vaincu à sa fantaisie.

Le Conseil municipal prit acte des déclarations du général, et fit poser l'affiche dans la salle de la Commission des logements; mais n'étant pas contresignée par les autorités prussiennes, cette affiche n'avait naturellement aucune valeur pour les Allemands.

Dans la même séance, le Conseil vota de nombreux crédits pour continuer à payer, aux lieu et place de l'État, les traitements des fonctionnaires et employés des châteaux de Versailles, de Trianon, de Saint-Cloud, de Villeneuve-l'Étang, de la Malmaison. Un crédit aussi régulier, mais non moins utile, fut également voté pour avances au parquet du Tribunal; en l'absence de la gendarmerie, le procureur de la République avait à solder des frais inusités pour la poursuite des crimes et délits; il s'adressa au maire qui, sans tenir compte des divergences de vues qui s'étaient produites entre lui et le président du Tribunal, proposa et obtint le crédit extraordinaire demandé par le parquet.

Dans une des boîtes à lettres de la ville, on avait trouvé et apporté à la Mairie une trentaine de lettres mises par mégarde dans cette boîte par des soldats allemands. Le maire jugea que l'état de guerre n'autorisait pas pour lui la violation du secret des lettres privées, et il remit scrupuleusement ces correspondances au commandant de place. Il y avait là une leçon indirecte donnée aux autorités qui, encore à ce moment, faisaient un si indigne usage des lettres des habitants de Paris, saisies dans les ballons. Les Allemands n'apprécièrent pas sans doute la différence des procédés, car ils s'abstinrent de toute espèce de remerciements.

23 janvier. — A la séance du Conseil du 23, M. de Magny, pour la troisième fois, rendit compte à ses collègues de l'administration des fourneaux économiques, œuvre excellente, qui rendait plus de services à la population pauvre à mesure que l'occupation, se prolongeant, amenait plus de misères. Des aliments étaient également fournis soit aux paysans amenés à Versailles comme convoyeurs par les troupes allemandes et que celles-ci se refusaient à nourrir, soit aux prisonniers de guerre français, de passage dans la ville.

Le Conseil vota, à l'unanimité, une nouvelle subvention de 9,000 francs, qui s'ajoutait à un secours inespéré de 5,000 francs donné par diverses sociétés anglaises pour soulager les misères causées en France par la guerre.

Le maire avait été extrêmement ému des preuves de sympathie qui lui avaient été données par les représentants de ces sociétés anglaises, avec lesquels il avait été en rapport; il aurait voulu que l'Angleterre reçût de nous un témoignage de reconnaissance digne de sa charité si délicate et si ardente; trouver un moyen d'exprimer avec éclat cette reconnaissance de la France, ce n'était pas chose facile dans les circonstances où nous nous trouvions; il lui vint l'idée très heureuse de prier un poète connu et respecté de tous, Emile Deschamps, de parler au nom de la Patrie.

Emile Deschamps, malgré ses 80 ans, malgré sa cécité presque complète, n'avait pas voulu déserter Versailles, où cependant son âge, ses infirmités l'exposaient à plus d'un péril; car si Alexandre de Humboldt avait, en 1814 et 1815, fait envoyer par Blücher une sauvegarde au vieux poète Ducis, habitant alors aussi Versailles et âgé aussi de 80 ans, il ne s'était trouvé, dans l'état-major prussien de 1870, aucun de ces protecteurs pour le vénérable Emile Deschamps. Heureusement, le maire veillait avec sollicitude sur le poète et il l'exempta, autant qu'il fut en lui, de toutes les charges de la guerre. Mais Emile Deschamps n'en ressentait pas moins vivement toutes les souffrances que l'occupation faisait peser sur nous, et il le prouva par le poème touchant qu'il écrivit à la fin de janvier et auquel il donna pour titre: *Versailles et les Anglais*. Nous croyons pouvoir le publier dans ce recueil de documents; c'est ici que trouve sa place la plus naturelle cette œuvre inédite de notre excellent et regretté concitoyen, œuvre qui est peut-être la dernière qu'il ait écrite, car il devait mourir bien peu de temps après.

VERSAILLES ET LES ANGLAIS

(Janvier 1871.)

Noble sans vanité, simple et jamais vulgaire,
Versailles, poétique et si fleuri naguère,
Près du grand mouvement, calme et libre séjour,
Te voilà chargé d'ombre au souffle de la guerre,
Et la nuit sans étoile a remplacé le jour !...

    Déjà, dans tes quatre paroisses
    A doublé, comme leurs angoisses,
    Le chiffre de tes indigents !...
    Hélas !... et, vieillards, enfants, femmes,
    Chassés de leurs logis en flammes,
    Combien déjà de pauvres gens,
    Par les rafales et la neige
    Et quelques vaches pour cortège,
    Tout haletants et presque nus,
    Dans ton hospitalière enceinte,
    Invoquant la charité sainte,
    Des cantons voisins sont venus !...

Manne du ciel, féconde oasis dans le sable,
La Charité, — si douce à tous les fronts pliés, —
C'est le miracle encore des pains multipliés,
La flamme inextinguible, et l'onde intarissable !
Chaque fois que ses mains viennent à s'entr'ouvrir,
Elle en laisse tomber les plus célestes choses;
Comme un jeune rosier qui, sûr de refleurir,
    Prodigue à tous les vents ses roses!
De la Tamise en vient un exemple nouveau,
    Qui de tous ses rayons inonde
    Le soleil, ce grand œil du monde!
Merci, répond Versaille, — et l'Europe : Bravo !...

Quel baume à tant de maux ?... où chercher le secours ?...
Eh! mon Dieu! par des lois secrètes et certaines
Les fleuves entraînés de leurs sources lointaines
Vers le sombre océan précipitent leur cours :
Ainsi le peuple anglais, sous la moire ou le chaume,
L'usine ou le castel, des deux bouts du royaume,
Vers nos abîmes, pleins d'amertume sans nom,
Envoie à larges flots ces secours et ce baume,
Inespéré contraste aux fureurs du canon !...
La France — à toute page ouvrez sa grande histoire —
Porte sur son drapeau : « la Mort ou la Victoire! »
Mais de tendre pitié son cœur fut toujours pris
A l'aspect des vieillards, des orphelins, des veuves,
Et de tous les souffrants dénués ou meurtris
Que déchirent la guerre et ses rudes épreuves. —
C'est pourquoi notre ville est émue aujourd'hui,
Bien émue, en songeant au cordial appui

Qu'à travers l'égoïsme étroit des politiques
Et l'hostile tiédeur des cours, ce peuple anglais,
Fort de l'esprit moderne avec les mœurs antiques,
Apporte à tous nos deuils, plus noirs près des palais!...

Et puis, la flamme au cœur, comme au front la lumière,
Par leur zèle, savant ensemble et courageux,
Nos édiles si chers, sous le ciel orageux,
A Versaille, en ce temps leur famille première,
    Si dignes des prédécesseurs
Qui, depuis bien des ans de troubles ou de calme,
Du David glorieux ont remporté la palme;
    — Lourd travail fécond en douceurs —
Nos édiles, afin que les longues batailles
Du Bien contre le Mal obtinssent, dans nos murs,
Des triomphes encor plus nombreux et plus sûrs,
Ont conjuré le saint évêque de Versailles
    De présider — pour la bénir! —
    Cette œuvre multiple et grande,
    Où vont dans un vague avenir
    Lutter le besoin et l'offrande!...
    Ah! que ne peut la charité!...
    Et, chez nous, que ne pourra-t-elle,
    Placée ainsi sous la tutelle
    Du guide le plus respecté!...

Schiller, Gœthe, Uhland, rois des grandes harmonies,
Maîtres du haut savoir, de l'idée et de l'art,
Egaux — si différents — de nos propres génies,
Et de qui, par l'étude ou quelque beau hasard,
Mon heureuse jeunesse en sa fleur s'est nourrie;
Chefs de cette idéale et suprême patrie
Qui n'a point de frontière et s'en trouve si bien,
Dont je rêvais l'honneur d'être obscur citoyen,
Que n'ai-je votre lyre... ou celle de l'Homère
D'Albion, glorieux parmi les glorieux!...
(D'autres en ont la voix... hélas! j'en ai les yeux)
Comme je chanterais — impossible chimère —
Les généreux tributs, les élans fraternels,
Partis de ces Anglais, nos rivaux éternels,
Mais qui dans les périls des luttes légitimes,
Ayant vu, par les faits, nos bons vouloirs intimes,
Ne rivalisent plus avec nous ardemment
Que de mâles travaux et de saint dévoûment!

Donc, j'ai nommé Schiller — Schiller le sympathique,
Noble et tendre poète, âme patriotique,
Génie humanitaire!... aux jours où les Français
Conquéraient l'Allemagne, il lança son poème
« La Cloche » que le vent rapide du succès
Porta sous tous les cieux, et dont j'osai moi-même,
D'un combat inégal oubliant le danger,
Reproduire un écho dans mon rythme étranger...;
Et faut-il que mon cœur en ces moments éprouve
Ce qu'éprouvait le tien, Schiller; or, je retrouve

Dans mon cerveau de tant de vapeurs obscurci
— Telle, hélas ! que mes vers à leur taille l'ont faite —
La strophe dont, pour nous, sa lyre de prophète
A clos et couronné son œuvre... la voici :

. . . .

« Que le peuple attentif pieusement s'approche ;
« Venez tous, pour donner le baptême à la cloche :
« Trouvons-lui quelque nom propice et gracieux...
« Concordia !... Soyez son doux nom sous les cieux ! —
« Balancée au-dessus de la verte campagne,
« Que sa voix argentine ou sa plainte accompagne
« Les scènes de la vie, en leurs jeux inconstants ;
« Qu'elle soit dans les airs comme une voix du temps !
« Que le temps, mesuré dans sa haute demeure,
« De son aile, en fuyant, la touche heure par heure,
« Aux voluptés du crime apportant le remords ;
« Qu'elle enseigne aux puissants qu'ils sont nés pour la mort,
« Et que tout, ici-bas, s'évanouit et passe
« Comme sa voix qui roule et s'éteint dans l'espace !
« Plongez, câbles noueux ! — De son lit souterrain
« Arrachez lentement la cloche aux flancs d'airain...
« Oh ! qu'elle monte en reine à la voûte immortelle !...
« Elle monte, elle plane, amis !... et puisse-t-elle,
« Dissipant dans nos cœurs les nuages épais,
« De son premier accent nous proclamer LA PAIX !...

LA PAIX !... et dans un but ignoré du vulgaire,
Pour ses desseins cachés, le Dieu clément et doux
Soudain, juge vengeur, tonne et permet la guerre,
Ce fléau des fléaux, car il les contient tous !... —
Puis, sur les mêmes champs où mourait la semence,
Las d'exemples sanglants et de punitions,
Le Très-Haut, reprenant et douceur et clémence,
Ramène cette paix, santé des nations !...
Mais la paix honorable à tous... que l'âme aspire,
Et qu'on puisse fêter sans que l'honneur soupire :
Sinon, c'est une halte à peine, où sourdement
Gronde la guerre, prompte au moindre événement !... —
Cette fois, la terrible épreuve se prolonge !...
Espérons qu'au sortir de l'effroyable songe,
Purifié par tant de maux, le genre humain,
Tous les peuples, instruits enfin à se connaître,
Vers le progrès réel, côte à côte, en chemin,
Sans spirales, sauront longtemps... toujours peut-être,
Marcher d'un pas égal et la main dans la main ! —

En attendant ces jours de grande délivrance,
Frères de tous pays... et nous, fils de la France
Dont la contagion salutaire est la loi,
Faisons le Bien avec Espoir, Amour et Foi !...
C'est ainsi que du fond d'un gouffre de souffrance,
On désarme la force... et qu'on a Dieu pour soi !...

24 janvier. — A 2 heures de l'après-midi, le feu prit rue des Bourdonnais, n° 2, dans une cheminée remplie de bois selon le mode prussien. Il fallut la démolir pour éviter de nouveaux accidents. L'officier qui commandait dans cette maison, convertie en ambulance, ayant été averti de l'incendie, répondit simplement : « C'est le droit de la guerre. » Aphorisme qu'il compléta avec un grand calme par cette réflexion pittoresque et philosophique : « La fumée au premier étage, le feu au deuxième, la flamme au troisième!... »

Dans une des nuits qui suivirent, deux soldats allemands du 47ᵉ de ligne se présentèrent à la brasserie Reinert (placée en face de la Préfecture, habitée par le Roi). Ils demandèrent à boire; on leur fit remarquer que la brasserie ne servait plus qu'à loger des réfugiés. Sur ce, les soldats furieux frappèrent à coups de sabre et blessèrent à la tête et aux bras trois de ces réfugiés. Les faits de ce genre étaient si fréquents qu'on ne relèverait pas celui-là, s'il n'offrait cet intérêt particulier de s'être passé aussi près que possible de la résidence du roi Guillaume, qui avait garanti, en entrant à Versailles, le *respect des personnes*, et qui cependant tolérait que ses soldats, aux portes mêmes de sa demeure, donnassent des coups de sabre à des habitants inoffensifs. Une plainte fut portée, une enquête fut commencée par l'autorité allemande; mais on savait par expérience qu'ordonner une enquête, c'était, le plus souvent, donner le temps à la plainte d'être oubliée, et il en fut de celle-là comme des autres (1).

Dans la matinée du 24, une nouvelle très inattendue s'était répandue dans la ville et y avait excité une grande émotion. On affirmait que M. Jules Favre était à Versailles.

La nouvelle était exacte. M. Jules Favre était arrivé le 23, au soir. La veille, il avait fait demander une entrevue à M. de Bismarck; l'entrevue ayant été consentie, le 23, à 6 heures et demie, M. Jules Favre, venant des avant-postes de Sèvres, avait été conduit directement rue de Provence, chez M. de Bismarck, où il était arrivé vers 8 heures. Là, dans le salon désormais historique où M. de Bismarck avait déjà reçu M. Thiers, il eut dès le soir même, avec M. Jules Favre, une conversation qui débuta par une de ces affirmations hardies que M. de Bismarck excelle à lancer pour désarçonner son interlocuteur. A M. Jules Favre disant : « Je viens pour savoir s'il est possible de faire cesser l'effusion du sang, » M. de Bismarck répondit :

« Il est trop tard, j'ai traité avec la famille impériale... »

(1) Comme faits de ce genre, nous devons encore mentionner « un capitaine blessé et prisonnier, M. Ritouret, roué de coups à deux pas d'un poste, et M. Roche, chef d'ambulance de Versailles, qui, attaqué par toute une escouade, frappé par derrière et *sans provocation*, jeté sanglant sur le pavé, a vu les autorités militaires lui refuser justice et nier l'agression dont il porte encore les traces ». (Pigeonneau, *l. c.*)

Ce n'était là qu'une des « fictions » qui paraissent légitimes à la diplomatie de M. de Bismarck. M. Jules Favre ne se découragea pas, et, jusqu'à 11 heures du soir, il chercha à obtenir ce qu'il était venu chercher à Versailles : des conditions honorables pour traiter d'un *armistice*. A la fin de la conversation, M. de Bismarck, se démentant lui-même, pria M. Jules Favre d'indiquer ses conditions par écrit. Se rappelant ce qui était arrivé à M. Benedetti, M. Jules Favre hésitait un peu ; M. de Bismarck insista en disant : « Sur ma foi de gentilhomme, ce n'est que pour montrer ces conditions au Roi et pour lui faire connaître les bases de notre conversation. »

M. Jules Favre écrivit au crayon les conditions proposées et prit congé de M. de Bismarck. Il se rendit au logement que le chancelier lui avait fait préparer, boulevard du Roi, n° 1, c'est-à-dire dans la maison même occupée par M. Stieber, directeur de la police secrète. En réalité, M. Jules Favre, négociateur, fut traité comme un prisonnier. Tandis que M. Thiers avait reçu librement toutes les personnes de Versailles qu'il désirait voir, M. Jules Favre fut tenu au secret le plus rigoureux, non seulement ce jour-là, mais pendant toute la durée de ses négociations. Les domestiques mis à son service étaient, sans qu'il s'en doutât, des agents de police déguisés, qui eurent recours, pour exercer leur métier d'espions, aux ruses les plus ignobles.

Le 24, de 1 heure à 5 heures de l'après-midi, eut lieu une nouvelle conversation entre les deux négociateurs (1) et, le soir, M. Jules Favre repartit pour Paris.

Les allées et venues de M. Jules Favre à travers la ville avaient été observées avec une attention passionnée par la population de Versailles ; on avait même réussi à lui adresser quelques signes de sympathie, auxquels il avait répondu (2). Mais il avait été impossible de lui parler. Que venait-il faire à Versailles ? On avait cherché à le deviner en épiant ses gestes, sa physionomie ; mais sur les traits vieillis et attristés du négociateur, il n'était possible de lire que l'expression d'un profond accablement, auquel on ne voulait pas donner de sens funeste et qu'on attribuait aux fatigues du siège. La version qui paraissait la plus vraisemblable, c'est que le voyage de M. Jules Favre se ratta-

---

(1) Voir, pour le détail de ces entrevues : *l'Enquête parlementaire, le Gouvernement de la Défense nationale*, par J. Favre, et les *Mémoires de Stieber*, dont un fragment a été publié dans la *Revue de l'Histoire de Versailles* (août 1899).

(2) « Je n'oublierai jamais les témoignages touchants de sympathie « recueillis à la dérobée, de la part de tous ceux qui pouvaient me les faire « comprendre. » Jules Favre, *le Gouvernement de la Défense nationale*, 2e vol., p. 407.

chait aux négociations alors ouvertes à Londres, et auxquelles le gouvernement français avait intérêt à prendre part.

25—26 janvier. — C'était là encore une illusion, la dernière et la plus décevante. Dans la soirée du 25 janvier, en présence de plusieurs officiers qui désiraient vivement avoir quelques renseignements sur l'état de la défense de Paris, M. de Bismarck se mit à siffler gaiement l'air de chasse du cerf aux abois. Cette petite scène significative fut aussitôt racontée dans les cercles militaires et, de là, elle se répandit dans tout Versailles; on pressentit alors le véritable sens des voyages de M. Jules Favre.

Il était revenu à Versailles le 25 au soir, et avait passé la journée entière du 26 en conférences avec MM. de Bismarck et de Moltke; mais, pas plus ce jour-là que les précédents, il ne fut permis de l'aborder. Seul, M. Rameau avait pu l'approcher un instant. M. Jules Favre a raconté lui-même cette rapide entrevue: « J'étais surveillé, a-t-il dit dans *l'Enquête parlementaire*, autant qu'un prisonnier d'État. M. Rameau m'a parlé, je ne dirai pas au péril de sa vie, mais de sa liberté. M. de Bismarck m'envoyait une voiture à Sèvres, dix cavaliers accompagnaient la voiture et deux officiers montaient avec moi. La voiture nous conduisait dans la cour de l'hôtel de M. de Bismarck et venait me reprendre. Il m'était impossible de communiquer avec qui que ce fût. Un jour, en remontant en voiture, il était assez tard, je vis une ombre se glisser près de ma voiture; c'était M. Rameau, qui est assez mince et qui avait pu venir jusqu'à moi. « Je vous « en conjure, me dit-il, pas un mot... je veux seulement vous « serrer la main. » — C'est la seule personne avec laquelle j'aie pu communiquer (1). »

On restait donc réduit aux conjectures sur le but de ces conférences, et les suppositions les moins raisonnables étaient souvent celles qui étaient soutenues avec le plus de vivacité. On affirmait, par exemple, que les officiers qui accompagnaient M. Jules Favre étaient des ambassadeurs américains qui venaient pour intercéder énergiquement en faveur de la France.

Les négociations n'empêchaient pas la cour de Prusse de se livrer à ses fêtes habituelles; le 26, nous apprenait le *Moniteur officiel*, « à l'occasion de l'anniversaire du mariage de S. A. le Prince Impérial avec S. A. I. la princesse Victoria, princesse royale de Grande-Bretagne et d'Irlande, duchesse de Saxe, S. A. le duc de Saxe-Cobourg et Gotha a donné dans sa résidence actuelle, à *l'hôtel des Réservoirs*, un dîner de famille auquel ont

---

(1) *L'Enquête parlementaire*, tome Ier, p. 359.

assisté S. M. l'Empereur, les membres de la famille royale, ainsi que les princes souverains présents à Versailles ».

Quelques heures après ce dîner, à minuit, le canon, qui avait retenti pendant toute la soirée avec plus de violence que jamais, cessa tout à coup.

Le siège de Paris était terminé.

Dans la journée, M. de Bismarck avait dit à M. Jules Favre : « Je ne crois pas qu'au point où nous en sommes, une rupture soit possible ; si vous y consentez, nous ferons cesser le feu ce soir. »

Et, d'un accord commun, le feu avait cessé à minuit sonnant. Mais cette interruption ne fut pas remarquée à Versailles, car déjà, bien des fois, un silence complet avait succédé à de violentes détonations.

27—28 janvier. — La journée du 27 se passa sans incidents qui pussent apporter à l'opinion publique les éclaircissements dont elle était si avide.

Le 28, M. Jules Favre revint à Versailles, accompagné, suivant son habitude, de personnes qu'on ne connaissait pas (1), et à 10 heures du soir, à l'hôtel Jessé, rue de Provence, sans qu'aucun habitant de Versailles s'en doutât, il apposait sa signature à la capitulation de Paris.

29 janvier. — Dans la soirée du 28, de longues colonnes de soldats prussiens avaient défilé par l'avenue de Picardie, se dirigeant sur Saint-Cloud. Ce mouvement de troupes fut observé de nouveau pendant toute la journée du 29 et, cette fois, dans des proportions tout à fait inusitées. L'optimisme patriotique qui dominait à Versailles dut alors s'évanouir pour faire place tout à coup à la réalité la plus désastreuse ; il fallut croire enfin ce que les Prussiens annonçaient déjà depuis vingt-quatre heures : Paris ouvrait ses portes et ces régiments prussiens qui défilaient en grande tenue par l'avenue de Picardie étaient ceux qui allaient occuper le Mont-Valérien !...

Malgré tout ce qui s'était passé depuis le commencement de janvier, il semblait que rien n'eût préparé à une semblable nouvelle. Ce dénouement paraissait impossible, et même, en l'acceptant comme vrai, on n'y pouvait croire complètement. Il y avait trop loin de ce désastre aux espérances sans limites que la veille

---

(1) Ces personnes furent successivement M. Martinez del Rio, gendre de M. Jules Favre ; le capitaine d'Hérisson, officier d'état-major du général Trochu ; le général de Beaufort, le général de Valdan, le capitaine Calvel ; puis, plus tard, les administrateurs de chemins de fer, pour traiter de l'organisation du ravitaillement de Paris.

encore on se croyait en droit de concevoir. La stupeur fit bientôt place à la colère, et Jules Favre, auquel on aurait été si heureux de serrer la main quelques jours plus tôt, fut attaqué et injurié avec violence. Quelques patriotes s'obstinaient à nier cette capitulation, inadmissible pour eux. Ils tiraient un argument en apparence assez plausible du peu d'enthousiasme que montraient les Prussiens. Et, en effet, les vainqueurs paraissaient presque aussi mornes que les vaincus. Soit que les conditions de l'armistice n'eussent pas paru satisfaisantes à l'armée, soit que cette conclusion diplomatique du siège manquât trop de prestige, il n'y eut dans la garnison allemande aucun de ces bruyants accès de joie qui avaient éclaté pour de moindres avantages. Il n'y eut ni guirlandes aux casernes, ni retraite aux flambeaux, ni acclamations devant la résidence du Roi. Les régiments prussiens qui défilaient pour aller occuper les forts ne marchaient pas avec plus d'entrain que lorsqu'ils allaient aux tranchées. Il était évident que la victoire des Allemands était mêlée d'une forte déception.

Il n'y avait plus dans cette armée qu'un seul sentiment qui fût énergique : c'était le désir de s'en retourner en Allemagne. Mais, puisque le triomphe de Sedan n'avait pas amené la fin de la lutte, rien ne pouvait assurer qu'elle suivrait la prise de Paris, accomplie dans des conditions aussi modestes. De part et d'autre, tout finissait mal pour tout le monde. Les vaincus croyaient n'avoir pas usé de toutes les ressources possibles pour la défense, et les vainqueurs avaient conscience du peu de gloire que leur donnait un siège si long, conduit et terminé avec un héroïsme si médiocre.

30 janvier. — Le 30, les derniers doutes des Versaillais les plus rétifs durent disparaître : des journaux de Paris, qui circulèrent dans la ville, portaient le texte de la convention signée le 28 à Versailles même.

A la séance du Conseil, le maire, qui la veille avait pu voir un instant M. Jules Favre et prendre ses instructions, invita les conseillers à procéder, selon l'usage, à l'élection de deux membres pour former avec lui le bureau « chargé de statuer sur les réclamations des électeurs omis ou non inscrits sur les listes électorales », des élections pour une assemblée chargée de traiter de la paix devant avoir lieu le 8 février.

Des préoccupations toutes différentes venaient donc s'imposer à la population : désormais, ce n'étaient plus les alternatives des mouvements militaires qui allaient être le sujet de toutes les pensées, de toutes les conversations. On sentit alors profondément le vide immense que laissait dans le cœur l'espérance détruite d'une sortie heureuse des Parisiens ou d'une victoire décisive de Chanzy, de Bourbaki ou de Faidherbe. Tout était silencieux du côté de Paris. Les canons des forts ne résonnaient plus ; on s'aperçut avec étonnement que leurs détonations, qui s'écoutaient avec tant d'angoisses, étaient un élément nécessaire de notre existence, et, en effet, elles nous maintenaient pour ainsi dire en relations constantes avec les Parisiens ; à leurs échos lugubres se mêlait une pensée confiante dans l'œuvre de défense qu'elles accomplissaient ; nous savions que c'étaient des mains amies qui avaient mis le feu à ces pièces vaillantes, dont la voix venait si sonore jusqu'à nos oreilles ; c'était comme un tocsin d'espérance que sans cesse les Parisiens faisaient retentir pour nous ; le silence si morne qui régna à partir du 26 janvier attestait au contraire que tout était bien fini et que nous étions complètement et plus que jamais entre les mains des Prussiens ; en face d'eux, nous ne pouvions plus prendre le rôle de combattants, rôle toujours honorable, même dans la défaite ; nous n'étions plus que des vaincus asservis.

Le jour même où fut connue la convention, le préfet Brauchitsch signifia à la municipalité l'arrêté suivant, qui montrait trop combien nous étions sous le joug, et venait mettre le comble aux exactions financières de nos ennemis :

Nous, Préfet de Seine-et-Oise,

Considérant que l'état de guerre ne permet pas de faire une répartition des contributions directes pour l'année 1871, et que la continuation de la perception des droits d'enregistrement, du timbre et des contributions indirectes, d'après les institutions en vigueur, est rendue plus difficile ;

Avons arrêté et arrêtons ce qui suit :

Art. 1er. — Pour les contributions directes, les rôles généraux de l'exercice 1870 seront appliqués également à l'exercice 1871, tous nos arrêtés réglant le recouvrement de ces contributions restent en vigueur.

Art. 2. — Les droits d'enregistrement et du timbre, et les contributions indirectes, en tant qu'ils sont perçus au profit de l'État et du département, sont et demeurent suspendus, en vertu d'un ordre du commissaire civil ; ils seront remplacés par un impôt dont le montant est fixé à *cent cinquante pour cent de la somme des contributions directes*. Cet impôt est payable par douzièmes ; le recouvrement en sera poursuivi de la même manière et en même temps que celui des contributions directes, et chaque commune restera entièrement responsable pour la rentrée de sa quote-part.

C'est pourquoi, et pour rappeler le contenu de l'arrêté du 10 octobre dernier (Recueil I, p. 8-10), le montant de la cote mensuelle doit être versé, le 10 de chaque mois, au maire du chef-lieu de canton, qui doit en faire le versement, au plus tard le 15 du même mois, à la caisse générale du département. Cependant, pour le mois de janvier courant et seulement pour le recouvrement de l'impôt ci-dessus fixé, il sera exceptionnellement accordé un délai jusqu'à la fin du mois.

Art. 3. — Les communes qui resteront en retard auront à payer une amende de cinq pour cent en sus de la somme due par la commune pour chaque jour de retard. Si le versement a été retardé au delà de huit jours, des troupes seront cantonnées dans les communes retardataires, qui auront l'obligation de les loger et nourrir sans indemnité, et de payer en outre journellement 6 francs à chaque officier et 2 francs à chaque soldat, jusqu'à ce que les sommes dues soient entièrement acquittées. Le commandant des troupes sera autorisé à exercer la contrainte par corps vis-à-vis des représentants de la commune et des contribuables récalcitrants, et d'employer, pour opérer la rentrée des sommes dues, tous les moyens légaux qu'il jugera convenable.

Art. 4. — La remise de trois pour cent et d'un pour cent, affectée aux maires respectifs, cessera d'être accordée dans le cas de l'exécution.

Art. 5. — MM. les maires des chefs-lieux de canton sont invités, conformément à l'arrêté ci-dessus mentionné, ainsi qu'à ceux des 28 octobre, 10 et 15 novembre dernier (Recueils III, p. 36-39, et IV, p. 90), de faire verser promptement le montant de leurs contributions.

Ceux de MM. les maires qui n'ont pas encore complété le paiement des mois précédents sont prévenus que, conformément à l'article 3 de l'arrêté du Recueil III, p. 33, *j'ai requis la force militaire pour que l'exécution ait lieu* dans toutes les communes qui persisteront à rester en retard pour le paiement desdites contributions.

Le Préfet de Seine-et-Oise,
DE BRAUCHITSCH.

Des démarches furent faites immédiatement par la municipalité auprès de M. de Brauchitsch et de M. de Voigts-Rhetz pour obtenir le retrait de cet arrêté. M. de Voigts-Rhetz se montra tout prêt à aider la municipalité dans ses réclamations ; il engagea le maire à adresser une lettre au roi Guillaume, promettant de l'appuyer.

Le maire, suivant le conseil qui lui était donné par le général, écrivit au roi Guillaume la lettre suivante :

Sire,

Le journal intitulé *Moniteur officiel du gouvernement général du nord de la France* contient, dans la partie officielle de son numéro du 26 janvier courant, un arrêté de M. le préfet de Seine-et-Oise, qui applique à l'année 1871 la continuation de la perception des *contributions directes*; et trouvant la perception des *contributions indirectes* trop difficile, remplace ces dernières par un impôt dont le montant serait fixé à *cent cinquante pour cent* de la somme des contributions directes, en rendant chaque commune responsable de sa quote-part.

Le résultat, pour la ville de Versailles, serait celui-ci :

Elle paie, *chaque mois*, du chef de la *contribution directe*, la somme de . . . . 71,146 fr. 20

Elle *a payé* les 3 derniers douzièmes de l'année 1870, et soldera demain le 1ᵉʳ douzième de 1871, ce qui représente un total de ce chef de 284,584 fr. 80.

Et elle aurait de plus à payer, chaque mois, du chef des *contributions indirectes*, une fois et demie autant, soit 106,669   30

Total de ces deux chefs pour chaque mois. . . . . 177,815 fr. 50

La ville de Versailles serait absolument hors d'état de supporter un pareil poids, surtout lorsqu'on sait qu'elle paie la *contribution directe* à la décharge de ses habitants, qui, accablés par le poids des logements militaires depuis plus de quatre mois, ne pourraient pas payer ladite contribution.

Si l'on ajoute à cette contribution de	71,000 fr. »
la nourriture de 7 ou 800 officiers payée par abonnement de 6 francs par jour et par tête, soit pour un mois	150,000 »
La fourniture du pain au magasin général pour l'armée d'occupation	110,000 »
Total par mois.	331,000 fr. »
Sans y comprendre les réquisitions en nature (vivres, bois, vêtements, voitures, journées d'ouvriers), représentant en moyenne par mois.	44,000 »
Les secours aux *réfugiés* des campagnes voisines et aux pauvres de la ville.	15,000 »
L'on arrive au chiffre mensuel de.	390,000 fr. »

Vous voyez, Sire, que s'il fallait y ajouter près de 110,000 francs pour la prétendue recette des contributions indirectes, la ville devrait payer 500,000 francs par mois, soit 6,000,000 de francs par an, alors que les recettes budgétaires annuelles sont d'environ 800,000 francs, pour faire face à une somme égale de dépenses.

Que si l'on oppose que les habitants profiteraient de la non-perception des contributions indirectes par les armées allemandes, je réponds : que jamais la ville n'a voulu ni pu s'opposer à cette perception, qui avait eu lieu jusqu'à présent ; et que c'est uniquement parce que cette nature de contributions forcées ne donne rien, en temps de guerre, que les armées allemandes veulent cesser de la percevoir, et la remplacer par une *évaluation arbitraire* qui constituerait une véritable contribution de guerre. En effet, faire dire par le vainqueur aux vaincus : avant la guerre, l'impôt indirect produit tel chiffre ; depuis la guerre, il ne produit presque plus rien, mais j'exige que vous me payiez ce que cet impôt aurait pu produire s'il n'y avait pas eu guerre, n'est-ce pas frapper le vaincu d'une *contribution de guerre*, ou à l'occasion des faits de guerre ?

D'ailleurs, si les droits de timbre et d'enregistrement ne donnent plus rien, par suite de la suppression des journaux, de la cessation du cours de la justice, et de l'absence de toutes les ventes mobilières ou immobilières, d'autres raisons suppriment les causes des *contributions indirectes* proprement dites, telles que la vente des poudres à feu, des *tabacs*, l'interruption des arrivages pour *les sucres* et *les sels* ; si les droits d'octroi ont été perçus pour une partie des boissons, la partie de ce droit revenant au Trésor public a été perçue par les armées allemandes ;

Or, ce qui est incontestable pour la ville de Versailles — à savoir que l'on ne saurait lui faire payer les contributions indirectes sur une échelle d'appréciation imaginaire, substituée à la perception réelle — est peut-être encore plus clairement démontré pour toutes les autres communes du département de Seine-et-Oise, car, outre les motifs généraux qui viennent d'être exposés, la plupart de ces communes ont, de plus, la meilleure, c'est-à-dire la plus douloureuse de toutes les raisons, celle *de la ruine de leurs propriétés et de la dispersion de leurs habitants*.

Vous me permettrez, Sire, comme maire du chef-lieu du département, de vous présenter leur supplique en même temps que la nôtre, et nous ne pouvons pas croire que cet appel fait à votre justice ne soit pas entendu.

C'est dans cet espoir que je vous prie, Sire, de recevoir l'assurance de mon respect.

Le Maire de Versailles,
RAMEAU.

A cette lettre, le gouverneur général, au nom du Roi, fit quelques jours plus tard la réponse suivante, pure ironie dont le lecteur pourra apprécier la convenance :

A Monsieur Rameau, maire de Versailles.

La supplique que vous avez adressée à Sa Majesté l'empereur d'Allemagne au nom de la commune de Versailles et de celui des autres communes du département de Seine-et-Oise, relativement à l'impôt établi par l'article 2 du décret du 26 janvier, a été remise à moi. Je ne peux me conformer aux vues que vous y avez émises. L'imposition en question est dictée par les lois de la guerre, et la commune de Versailles ne pourra en être exemptée, vu, surtout, que par l'établissement du quartier général de Sa Majesté l'Empereur dans la ville et par la transformation de cette dernière en centre de grand mouvement militaire, les revenus perçus par l'octroi ont été considérablement augmentés.

Des actes officiels et maints discours des membres du gouvernement de la Défense nationale ayant déclaré les ressources de la France inépuisables, je ne puis douter que la ville de Versailles et le département de Seine-et-Oise trouveront aisément les moyens pour subvenir aux demandes pécuniaires imposées par la situation.

Le Commissaire civil du gouvernement général du nord de la France,
DE NOSTIZ-WALLWITZ.

Par cette réponse comme par l'ensemble des mesures prises alors par l'autorité prussienne, on s'aperçut que, depuis l'armistice, les dispositions de l'état-major et des fonctionnaires civils étaient plus malveillantes que jamais. De même que les artilleurs prussiens, dans les dernières heures du bombardement, et quand ils savaient que le feu devait s'arrêter à minuit, avaient redoublé d'activité et avaient tiré sur Paris avec une espèce de fureur pour tuer encore quelques Français avant de s'arrêter, de même les agents financiers de la Prusse, voyant la fin de l'occupation s'approcher, mettaient en œuvre tous les moyens dont ils pouvaient disposer pour rançonner et dépouiller les populations françaises. Ils n'avaient plus que quelques semaines pour abuser du droit de la guerre et pour épuiser notre pays, ils s'ingéniaient à inventer de nouveaux procédés d'exaction et rédigeaient leurs arrêtés avec une rigueur plus menaçante que jamais. Ils étaient d'ailleurs arrivés, pour la levée de la contribution militaire, à une espèce d'expérience et de *maëstria* qui leur était profitable, et ils éprouvaient quelque chagrin de voir cesser leur administration au moment même où, grâce à leurs efforts, elle fonctionnait avec une régularité très lucrative. Un autre motif, plus politique, les engageait à se montrer plus durs encore que pendant la guerre. Ils tenaient beaucoup à ce que l'Assemblée qui allait se réunir à Bordeaux acceptât la paix imposée par la Prusse ; cependant, les conditions de cette paix étaient si lourdes qu'ils pressentaient bien que beaucoup de députés hésiteraient à la voter ; le parti de la guerre à outrance pouvait l'emporter ; pour affaiblir les chances de ce parti, il fallait, par ces actes odieux, montrer que la lutte, en se prolongeant, amènerait pour les pays occupés des ruines et des calamités sans nom. Le sous-préfet Forster avait confessé lui-même cette stratégie dans un entretien qu'il eut à Versailles avec des délégués de La Ferté-Alais, chargés de lui demander un dégrèvement de contributions : il leur refusa et ajouta que *si la guerre continuait*, le gouvernement prussien *écraserait les Français d'impôts pour les forcer à demander la paix* (1).

Il n'y a donc pas à s'étonner si le maire n'obtint pas du Roi la diminution qu'il avait déjà obtenue dans une circonstance analogue ; il ne fut guère plus heureux dans une autre demande qu'il adressa alors au commandant de place pour tâcher d'obtenir que les logements militaires fussent moins nombreux. Les plaintes des habitants étaient incessantes et chaque jour de plus en plus vives ; la Commission des logements et les employés qu'elle occupait étaient assiégés de réclamations qui, très souvent, prenaient la forme d'attaques directes contre l'administration municipale ; c'était elle qu'on rendait responsable de l'immense quantité de soldats et d'officiers qu'il fallait loger ; c'était elle qu'on accusait, quand les soldats envoyés commettaient quelque méfait ; chacun trouvait qu'il était plus chargé que son voisin, et les irrégularités, qui ne pouvaient manquer de se produire dans un service si compliqué, devenaient le prétexte de discussions parfois violentes. La Commission, qui avait été obligée, le jour même de l'occupation, d'improviser un système de répartition des hommes à loger, faisait tous ses efforts pour rendre cette

---

(1) Voir *les Allemands à La Ferté-Alais*, par Milliard, page 17. On avait remarqué que, pendant toutes les négociations de la fin de janvier, le Prince Royal, dont on redoutait sans doute dans l'état-major prussien l'influence conciliante, avait été tenu à l'écart. Il assistait aux conseils de guerre officiels, mais il ignorait ce que savaient des correspondants de journaux anglais. Le Prince Royal avait été un instant partisan d'un traité de paix qui aurait fait de l'Alsace un État indépendant, placé sous la garantie de l'Europe, comme la Belgique. C'était là une solution qui paraissait une trahison aux yeux des Teutomanes.

répartition aussi équitable que possible; des inspecteurs spéciaux avaient été désignés pour contrôler le service par une surveillance quotidienne; mais, malgré toutes les précautions pour alléger et égaliser le fardeau, il restait toujours écrasant. Il devint plus lourd encore à partir du 28 janvier; l'armistice donnait une liberté relative à une foule d'officiers de l'armée d'invasion, qui aussitôt accoururent de tous les côtés au grand quartier général, pour voir Paris. Dès qu'ils arrivaient, leur premier soin était de se rendre à la Mairie et de demander immédiatement un logement « vaste, commode, bien situé, etc. », logement qu'il était souvent impossible de leur fournir tel qu'ils l'exigeaient. Les troupes elles-mêmes avaient reçu des ordres de mouvements qui avaient pour conséquence d'augmenter les passages de régiments à travers Versailles; l'armistice, qui semblait devoir être un temps de repos, devenait ainsi, à tous les points de vue, pour la population de Versailles, une époque plus pénible (1).

Sur les observations qui lui furent présentées par les conseillers municipaux, membres de la Commission des logements, le maire écrivit au commandant de place la lettre suivante:

Général,

Je viens de recevoir, des membres de la Commission chargée de procéder aux logements militaires pour les troupes allemandes, la déclaration qu'il va leur être, ces jours-ci, impossible de répondre aux demandes toujours de plus en plus nombreuses *de logements militaires avec nourriture.*

Déjà plus de la moitié des habitants (qui en sont à leur dixième et onzième tour) n'a plus aucune ressource, soit en aliments, soit en

---

(1) En 1815, les plaintes pour les logements militaires avaient été exactement les mêmes; les habitants d'une part, les troupes prussiennes de l'autre, s'étaient réunis pour accuser l'administration municipale. Voici, par exemple, la note que Blücher faisait passer à la Mairie, le 5 octobre 1815:

« Le logement où a demeuré M. le général de Thielemann ayant été donné à M. le général Jugas et à un major de la garnison, et le désordre étant si grand dans le bureau de la Mairie, qu'on n'a pas honte de faire des quiproquos pareils, la Commandanture du quartier général de S. A. le prince Blücher de Wahlstadt ordonne à la Mairie de remédier le plus vite que possible à cette faute et de donner, *sous peine de l'exécution la plus sévère,* dans l'espace de deux heures, un appartement de quatre chambres à M. le général, et en outre un logement convenable pour sa suite et 19 chevaux. La Commandanture prévient en outre que, dans un second cas, *il sera procédé avec la plus grande sévérité contre la Mairie.*

« Pour le Commandant,
(L. S.) « Le comte DE RANTZAU. »

Voici une autre note de la même époque:

« Les officiers chargés du logement reviennent dire que le général Bulow ne veut pas du logement des Pages et déclarent qu'ils ont ordre, si l'on ne le fournit sur-le-champ, *d'aller avec vingt soldats expulser un propriétaire...* »

On voit que les Prussiens de 1815 étaient bien les ancêtres légitimes des Prussiens de 1870.

argent, et comme la charge va se trouver reportée sur l'autre moitié, celle-ci ne la pourra certainement pas soutenir longtemps.

La ville paie indirectement, comme contribution de guerre, de 360 à 380,000 francs par mois.

Dans ce chiffre, la nourriture des officiers seule atteint 150,000 fr. par mois et la boulangerie 110,000 francs.

Si les réquisitions de logement continuent à augmenter et surtout si elles ont lieu *avec nourriture*, la Commission municipale sera impuissante à continuer son œuvre et n'aura plus qu'à se retirer.

J'espère, Général, que vous voudrez bien prendre ces observations si graves en considération et diminuer, si cela dépend de vous, une charge qui dépasse la mesure des forces de notre ville, depuis quelques mois si éprouvée.

Le général répondit qu'il ferait ce qu'il pourrait ; mais comme il ne pouvait rien sur les mouvements de troupes et qu'il s'abstenait de contrarier les officiers, tout resta comme devant, et jusqu'à la fin de l'occupation et en particulier au commencement du mois de février, la charge des logements militaires subit une aggravation constante.

31 janvier. — Le 31 janvier, la *Convention* réglant les conditions de l'armistice et de la capitulation de Paris fut affichée à Versailles. Cet acte était la consécration officielle et publique de notre écrasement, et l'autorité prussienne ne nous épargna pas la honte de le voir affiché sur nos murs.

A toutes les douleurs de cette lamentable semaine de la fin de janvier, l'armistice n'avait apporté qu'un seul allégement : c'était le rétablissement du service de la poste. On commençait à sortir de la prison où les Prussiens nous avaient tenus si étroitement renfermés depuis le 19 septembre. Les lettres de famille arrivaient par paquets arriérés ; on avait enfin des nouvelles des parents, des amis enfermés dans Paris ou exilés en province. Pour beaucoup, malheureusement, ces nouvelles étaient des deuils, qui venaient aggraver encore les tristesses de la guerre.

On commença aussi alors à voir quelques Parisiens privilégiés qui, munis de sauf-conduits, très difficiles à obtenir, avaient pu franchir les lignes d'avant-postes et pénétrer dans Versailles. Avec quelle émotion on regardait ces visages, la plupart altérés et pâlis par les privations du siège ! Avec quelle curiosité on examinait cette espèce de terre glaise séchée qui avait servi de pain pendant les dernières semaines ! Tout le monde voulait en posséder, en conserver un morceau ; et après avoir vu de ses yeux ce pain des assiégés, après avoir écouté le récit de l'hiver qu'ils avaient passé dans Paris, on se répétait avec d'autant plus de tristesse et d'amertume : Hélas ! était-ce donc à une capitulation que devaient aboutir tant de souffrances si courageusement supportées !...

1er février. — Le 1er février, le maire reçut la lettre suivante :

Monsieur le Maire,

J'ai la douleur de vous signaler un acte de vandalisme honteux, abominable, commis à Saint-Cloud sur les propriétés qui, épargnées par la guerre, étaient restées intactes.

J'étais propriétaire à Saint-Cloud, sur la place Royale, d'une maison de produit, laquelle me permettait de vivre modestement, après 40 années de labeur; cette maison était une de celles épargnées. Eh bien, Monsieur le Maire, avant-hier, *lundi 30 janvier*, avant neuf heures du matin, je devais croire que le morceau de pain que je m'étais assuré pour mes vieux jours et ceux de ma femme était sauvé! Hélas! je comptais pour rien la barbarie des esclaves d'un empereur, car à neuf heures et demie, *malgré la garantie qui nous était donnée par l'armistice*, une horde de bandits allemands, armés de bouchons de paille, enduisait les murs et les portes d'un liquide incendiaire, et aujourd'hui, un monceau de ruines me dit que je dois recommencer à 67 ans comme lorsque j'en avais 15. Ce que je vous dis pour moi, nombre d'autres pourront vous le répéter et vous affirmer ce que j'affirme, après m'être convaincu par moi-même, et les larmes dans les yeux qui ont vu.

Mes salutations respectueuses.

LUCE,
15, rue Saint-Pierre.

A cette lettre succéda, quelques jours plus tard, cette autre :

Versailles, 10 février 1871.

Monsieur le Maire,

Permettez-moi de m'adresser à vous, à défaut de préfet, aussi bien que du maire de Saint-Cloud, commune sur laquelle vient d'avoir lieu pour moi et ma famille le désastre le plus affreux qui puisse frapper un chef de famille.

J'ai 66 ans, j'ai mis 50 ans, par un travail assidu, à me réserver un morceau de pain que je considérais assuré pour ce qu'il me reste de temps à vivre; lorsque, d'une heure à l'autre, j'ai vu s'écrouler mon espoir et ma ruine s'accomplir par l'incendie de ma maison, mon unique moyen d'existence, en même temps que les mobiliers, linge et effets d'habillements de ma fille et de ma bru, toutes deux veuves, ayant à leurs charges des enfants et par cela privées de leurs moyens pour les élever et les nourrir.

Ce fait de la barbarie, j'en ai les preuves écrites par témoin, n'eut lieu que le lundi après la signature de l'armistice ; ma maison était de celles échappées aux bombes et boulets, et sur lesquelles, contrairement au droit des nations, s'assouvit l'inqualifiable fureur d'une nation à tout jamais maudite.

Recevez, Monsieur le Maire, l'assurance de ma sincère considération, avec ma prière de prendre note de ce fait, autant pour mes réserves que pour l'historique de nos contrées.

HAZARD.
Rue Royale, 76.

Les détails donnés par ces lettres sur l'incendie de Saint-Cloud furent confirmés par les personnes de Versailles, très nombreuses, qui l'avaient visité les jours précédents et qui y retournèrent après le 29 janvier. Ce qui paraissait incroyable était certain : l'armistice étant signé, des détachements de soldats prussiens avaient été formés en corps d'incendiaires et avaient été envoyés à Saint-Cloud pour y mettre le feu régulièrement, systématiquement.

Cet ordre inouï était évidemment une application nouvelle du système de terrorisme que les Prussiens avaient adopté pour exercer une pression morale sur la future Assemblée de Bordeaux. Brûler Saint-Cloud après l'armistice, c'était dire encore une fois aux députés : Signez la paix, signez l'abandon de l'Alsace et de la Lorraine, signez le paiement de 5 milliards, sinon nous traiterons le pays tout entier comme vous venez de nous voir traiter les villages voisins de Paris. — Saint-Cloud avait été sans doute choisi comme étant le village le plus en vue des Parisiens. C'était d'ailleurs le point d'où était partie la déclaration de la guerre : puisque Saint-Cloud n'avait pas été incendié pendant le siège, il fallait, pendant l'armistice, réparer les lacunes de la campagne (1).

L'incendie au pétrole de ce village, si connu des habitants de Versailles, frappa toute la population de stupeur; il semblait que nos ennemis n'eussent plus rien à nous apprendre sur la haine qu'ils nous portaient, et ils venaient de commettre un outrage au droit qui dépassait tout ce qu'ils avaient déjà imaginé. On ne put s'empêcher d'éprouver de nouveau un sentiment de mépris pour ces vainqueurs qui réussissaient si bien à salir leur victoire. Par un calcul d'hypocrisie bien maladroit, le *Moniteur*, qui n'osa pas dire un seul mot des incendies de Saint-Cloud, jugea à propos de s'apitoyer sur l'incendie du château de Meudon, accompli au même instant. La feuille officielle de M. de Bismarck, dans le numéro du 1er février, publiait le petit article suivant :

Nous avons à signaler *un événement des plus regrettables* : le château de Meudon vient de devenir la proie des flammes. Une *destinée particulière* paraît régner sur les dernières résidences impériales. Saint-Cloud, le château favori de Napoléon III, a été incendié au mois d'octobre déjà par le feu du Mont-Valérien. Le château de la Malmaison a subi le même sort, et voici celui de Meudon, l'ancienne résidence du prince Napoléon, devenant une ruine par l'action de cette même artillerie avec laquelle on a espéré arrêter l'armée allemande.

(1) Un écrivain allemand que nous avons déjà cité, M. Hassel, historiographe attaché au prince royal de Prusse, a osé dire que « Saint-Cloud a été totalement réduit en cendres *le 19 janvier* ». (Ein furchtbares Bild der Werwüstung bat die Stadt Saint-Cloud, *die am 19 januar* in einem Aschenhausen verwandelt worden.) Et il fait semblant d'ignorer absolument l'incendie du 29. Voilà comment s'écrirait l'histoire, si la Prusse pouvait supprimer nos témoignages.

1er FÉVRIER.

Nous sommes à même de publier sur les causes de l'incendie les renseignements authentiques suivants. Pendant le siège, le château a été souvent exposé au feu des forts. Dans la dernière journée du bombardement, un obus français a été lancé dans l'intérieur du château et y a causé un incendie qui tout d'abord n'a pas pu être remarqué, parce que le château s'est trouvé dégarni de troupes. Hier seulement, la fumée sortant des appartements a divulgué le désastre. Les troupes allemandes ont immédiatement été envoyées dans le but d'éteindre l'incendie et *de sauver cette ancienne résidence*. Malheureusement, les efforts pour se rendre maîtres du feu sont restés inutiles.

Pendant que les soldats brûlaient Saint-Cloud, leurs chefs, pour se donner à la fois toutes les jouissances, cherchaient très gaiement à organiser sur le théâtre de Versailles la représentation d'une petite pièce comique de leur composition, pièce qu'ils avaient l'intention de jouer devant l'empereur Guillaume, pour fêter son couronnement et la prise de Paris.

Déjà plusieurs tentatives de ce genre avaient été faites. Dès la fin de septembre, des officiers étaient allés trouver M. Ludovic, directeur, et l'avaient prié de rouvrir son théâtre, offrant de fournir les musiciens de l'orchestre et de payer tout ce qu'il faudrait. M. Ludovic avait refusé très nettement. Quelques semaines après, c'était M. de Brauchitsch lui-même qui avait fait venir M. Ludovic à son cabinet et qui avait insisté de nouveau pour que le théâtre de Versailles reprît le cours de ses représentations. Il y avait là un assez grand intérêt politique : il aurait été très agréable aux Prussiens de répéter dans tous leurs journaux que l'invasion allemande était chose si douce qu'elle n'avait pas même suspendu le spectacle au grand quartier général.

« Il faut absolument, dit M. de Brauchitsch à M. Ludovic, ou nous livrer votre théâtre ou y faire jouer d'une façon quelconque.

— En dehors de toute autre raison, répondit M. Ludovic, il y a une cause d'empêchement absolu : je n'ai pas d'acteurs.

— Vous vous trompez, répliqua M. de Brauchitsch; vous en avez. Voici la liste des acteurs présents à Versailles. »

Et, en effet, M. de Brauchitsch montra à M. Ludovic une liste, avec noms et adresses, de ses anciens acteurs; il y en avait même sur cette liste dont M. Ludovic lui-même ignorait la présence à Versailles. M. de Brauchitsch avait mis sa police au service de la réorganisation du théâtre, et aidé par les nombreux espions qui pullulaient dans la ville, il avait pu reconstituer toute une troupe. M. Ludovic fut aussi embarrassé que surpris de la présentation si inattendue de cette liste; il répondit cependant :

« Oui, c'est vrai, voilà à peu près une troupe, mais ces acteurs ne voudront pas jouer.

— Mais si! beaucoup sont depuis la guerre dans la plus grande misère, et il y aura pour eux un moyen d'en sortir. Nous les paierons très bien ; quant à vous, nous vous garantirons une recette bien supérieure à vos frais, et vous apprécierez vos frais ce que vous voudrez.

— Monsieur, dit alors M. Ludovic, si les Français étaient à Berlin, est-ce que vous estimeriez ceux de vos compatriotes qui consentiraient à distraire votre ennemi?

— Vous n'êtes pas à Berlin et nous sommes à Versailles. D'ailleurs, s'il ne vous est pas possible, à vous, de faire ce que nous vous proposons, cela ne nous embarrasse pas : nous donnerons vos fonctions de directeur à une autre personne qui dirigera à votre place.

— Ce directeur étranger ne pourra rien faire; on ne sait pas manier les décors d'un théâtre du jour au lendemain; de plus, cette troupe que vous lui proposez sera tout à fait insuffisante.

— Eh bien! je vous donne un sauf-conduit; allez composer une troupe où vous voudrez, nous vous donnerons de l'argent.

— Pourrais-je aller à Paris?... dit M. Ludovic, essayant à son tour de profiter de l'occasion qui semblait s'offrir.

— Non! vous iriez partout, excepté à Paris.

— Eh bien! alors, je ne peux rien faire; on ne trouve d'acteurs qu'à Paris; c'est la pépinière...

— C'est donc décidément de la haine que vous avez pour nous?

— Vous ne prétendez pas que nous ayons de l'amour?...

— Mais vous gagneriez beaucoup d'argent.

— Je ne veux pas.

— Allons! je vois que c'est une affaire de sentiment. Nous reparlerons de cela plus tard... »

M. de Brauchitsch n'en reparla jamais. N'ayant pu en venir à ses fins dans cette entrevue, il renonça sans doute à son projet. On avait même eu l'intention de faire du théâtre une ambulance, puis un magasin de vivres, lorsque, vers la fin de janvier, les plans de représentation dramatique reparurent. Des officiers vinrent de nouveau trouver M. Ludovic; cette fois, ils ne lui proposaient plus d'organiser la représentation; ils se chargeaient eux-mêmes de ce soin. Ils priaient seulement M. Ludovic de veiller à la location. M. Ludovic refusa encore. Les officiers parurent fort irrités et dirent : « C'est fort bien : nous agirons en conséquence. » Trois ou quatre jours après, le concierge du théâtre venait tout effrayé prévenir son directeur :

« Monsieur! il y a des Prussiens sur la scène! » M. Ludovic s'y rendit, et trouva des officiers qui s'étaient en effet installés sur la scène et qui, tout en buvant du vin de Madère et du vin de Champagne, étaient en train de répéter une pièce de leur composition, en allemand, qui avait pour titre : *Une chaumière à Vaucresson et une chambre au palais de Versailles.*

Lorsque le directeur se fut fait connaître, ils vinrent tous le saluer d'un air ironique, et, avec ce ricanement du noble Prussien, le plus insolent qui soit au monde, ils lui offrirent du vin de Champagne. M. Ludovic leur demanda d'un ton glacial à quel titre ils se trouvaient sur son théâtre.

« A quel titre! Est-ce que vous n'avez pas reçu de réquisition?

— Nullement.

— Ah! bien, ce ne sera pas long! »

Et en effet, au bout d'une demi-heure, la pièce suivante était apportée au directeur :

Versailles, le 1er février 1871.

RÉQUISITION

A l'occasion d'une représentation théâtrale au profit des blessés, qui doit être donnée au théâtre de la ville :

1° Le théâtre, ses locaux, les coulisses, décorations sont requis à partir d'aujourd'hui jusqu'au jour de la représentation, qui est fixée au 5 février;

2° Le théâtre sera tous les jours éclairé au gaz;

3° Pendant les répétitions et le jour de la représentation, un pompier devra veiller de façon à empêcher tout danger d'incendie (!). Les répétitions commenceront tous les jours à 4 heures de l'après-midi.

De R..., (*illisible*).
Lieutenant-colonel.
De Voigts-Ruetz.

En présence de cette pièce, le directeur ne pouvait plus faire de résistance; cependant, il essaya de persuader aux officiers que les décorations d'un théâtre étaient une de ces propriétés privées qui ne pouvaient être *requises*, n'étant pas de première nécessité. « Vos proclamations, dit-il aux officiers, ont déclaré que les réquisitions se borneraient aux objets indispensables à l'armée; or, il serait difficile de soutenir qu'un théâtre et ses décorations ont ce caractère.

— Vous ne serez pas dépouillé, répondirent les officiers; nous vous paierons : c'est une *location* que nous vous faisons.

— Mais vous risquez de faire sauter la maison. Il y a de tous côtés des conduites de gaz, des robinets, qu'il ne faut toucher qu'avec les plus grandes précautions.

— Oui, c'est vrai, mais les personnes qui connaissent ce maniement sont vos employés ; nous les prendrons à notre service.

— Alors vous chercherez ces personnes vous-mêmes, mais si vous les trouvez, je doute qu'elles vous obéissent et qu'elles fassent ce que je leur défends de faire. »

M. Ludovic, après cette conversation, dans laquelle il ne pouvait pas avoir le dessus, alla trouver M. de Brauchitsch, pour lui exposer les dangers de la représentation. Encore une fois, il fut possible de tirer parti de la rivalité jalouse qui existait entre les autorités civiles et les autorités militaires. Comme l'idée de cette représentation venait d'officiers, M. de Brauchitsch était porté à la désapprouver. Il se fit le défenseur des intérêts du directeur, et déclara que, pour lui, il n'autorisait pas cette représentation. L'officier, après une discussion assez vive, se sépara de M. de Brauchitsch en disant :

« Eh bien! j'irai à l'Empereur. »

Il y alla en effet, mais il fut loin d'obtenir le succès qu'il espérait. L'empereur Guillaume paraît, en cette occasion, avoir senti combien serait inconvenante une représentation théâtrale succédant aux massacres du mois de janvier; il refusa, et sans doute sévèrement, la fête qui lui était offerte. Le lendemain, l'officier revint voir M. Ludovic, se montrant aussi poli, aussi humble qu'il avait été insolent, et il raconta ce qui s'était passé en demandant à solder les dépenses que son projet avait pu amener.

M. Ludovic n'accepta rien ; il avait obtenu ce que son patriotisme désirait : le théâtre de la ville était resté fermé.

A sa séance du 1er février, le Conseil dut voter un nouvel emprunt de 300,000 francs. Le chiffre des sommes empruntées depuis l'occupation s'élevait à ce jour à 1,600,000 francs.

2 février. — Dès que Paris avait été ouvert, la grande préoccupation avait été son ravitaillement. Le maire avait prié MM. les conseillers municipaux Rémont et Riché de s'adjoindre aux membres du Syndicat des vivres pour prendre toutes les mesures propres à aider les envois de denrées. Les représentants des sociétés de secours anglaises, qui montrèrent alors de nouveau leur admirable zèle, vinrent de leur côté trouver le maire pour obtenir l'entrée dans Paris. Le maire ne pouvait que s'adresser au ministre des Affaires étrangères ; il écrivit à M. Jules Favre, qui répondit par la lettre suivante, témoignage curieux de l'état de Paris à ce moment :

    Monsieur le Maire,

Ce serait avec la plus grande satisfaction que le Gouvernement accéderait à la demande que vous me faites l'honneur de m'adresser pour MM. Herbert et Marschall. Je leur conseille cependant d'attendre encore quelques jours. Nous sommes dans une telle pénurie de subsistances qu'ils auraient de la peine à vivre. J'espère que la semaine prochaine cet état de choses sera amélioré et qu'il n'y aura aucune difficulté à recevoir ces messieurs.

Je vous prie, Monsieur le Maire, d'agréer l'expression de mes sentiments très distingués.

Jules FAVRE.

Mercredi 1er février 1871.

Le 2 février sortit de la prison de la rue Saint-Pierre M. Gustave d'Alaux, qui était incarcéré depuis le 28 décembre. M. Gustave d'Alaux est un écrivain distingué, connu surtout par les nombreux et excellents travaux qu'il a publiés dans la *Revue des Deux-Mondes*. Au début de la guerre, il avait été choisi comme correspondant par le *Journal des Débats*. Ces titres attestent suffisamment que M. d'Alaux appartenait à cette catégorie que les autorités prussiennes avaient appelée elles-mêmes « les prisonniers de distinction ». Le récit suivant va nous montrer avec quels égards et quelle humanité la Prusse, au grand quartier général, et sous les yeux du Roi, traitait ces prisonniers.

M. d'Alaux ayant bien voulu nous adresser quelques notes sur sa captivité, nous croyons n'avoir rien de mieux à faire que de les reproduire dans leur intégrité ; notre recueil de documents s'enrichit ainsi d'un témoignage authentique qui, selon nous, a le plus grand intérêt. Par l'existence de « privilégié » que nous retrace M. d'Alaux, on jugera des tortures qui ont été endurées par les prisonniers de tout âge, de tout sexe, et surtout par les soldats blessés qui, pendant tout ce long hiver si rude, arrivèrent nuit et jour dans les cellules glacées, où souvent on les jetait à coups de poing et à coups de crosse sur la figure.

Voici la lettre de M. d'Alaux :

« Vous me demandez mes souvenirs de prison et de conseil de guerre. Les voici, aussi complets que ma mémoire peut me les fournir après bientôt trois ans :

« Le 27 décembre 1870, je passais la soirée avec vous et M. Bersot, chez notre ami M. Scherer ; vous m'avertîtes de me mettre en règle avec certain arrêté récent de la police allemande, qui enjoignait aux personnes étrangères à la ville de se procurer une carte de séjour, qui était délivrée par un officier prussien. Il était convenu que deux d'entre vous, le lendemain, me serviriez de répondants à la Mairie.

« Le lendemain, en m'éveillant, je maudissais et cherchais les moyens d'éluder la nécessité de cette sortie, souffrant que j'étais de douleurs rhumatismales aiguës, compliquées d'une angine, quand un bruit de pas et de crosses de fusils retentit dans mon escalier et s'arrêta à ma porte. On frappa. J'ouvris. Une espèce d'argousin, dans le costume râpé traditionnel, me demanda mes papiers. Cet argousin n'était rien moins que le lieutenant de police Zernicki, qui pour la circonstance avait pris le costume de l'emploi. Je lui remis mon passeport, et comme je n'étais pas habillé, j'allais me recoucher, quand il m'invita à le suivre; le mot « correspondant des *Débats* », qu'il avait lu sur mon passeport, paraissait l'avoir surexcité singulièrement. Il ouvrit les tiroirs d'une commode, à peu près seul meuble de ma chambre, et prit tous les papiers qu'il y trouva, y compris quelques feuillets pelotonnés de papier pelure qui avaient servi d'enveloppe à de menus objets. Il y découvrit aussi un numéro du *Gaulois*, sur lequel notre ami Arnold Scherer avait un jour tracé plusieurs fois son nom. J'avais gardé ce numéro parce qu'il contenait le premier récit qui me fût parvenu sur la révolution du 4 septembre. La vue du *Gaulois* provoqua sur la physionomie de l'agent un mélange de colère et de triomphe. Il me dit :

« — Vous connaissez M. Angel de Miranda?

« — Non!

« — Oh! oui, vous le connaissez!... Habillez-vous vite!

« Je n'appris que plus tard, qu'à propos d'articles du *Gaulois*, cet écrivain avait eu maille à partir avec la police prussienne. Arrêté à Versailles, il avait été interné en Prusse, d'où il avait réussi à s'évader; et le récit qu'il avait publié de son aventure n'était rien moins que flatteur pour la police prussienne.

« Zernicki sortit un instant, mais revint précipitamment, comme s'il avait oublié un détail essentiel dans ses perquisitions : il souleva mes couvertures, mes draps et mon matelas, qu'il jeta par terre. Or, entre le sommier et le matelas, j'avais l'habitude de mettre, en me couchant, à portée de ma main, les livres ou papiers que je voulais lire dans mon lit, et ce matin-là il s'y trouvait un calepin contenant un fouillis de notes de toute nature où j'avais inscrit, entre autres choses, différentes mentions de mon passage à travers l'armée allemande, de Rethel à Sedan et en Belgique. L'argousin faillit pousser un cri de joie et me dit d'un air de satisfaction visible :

« — Allons! marchons!...

« Je lui demandai, vu mes douleurs rhumatismales, de donner l'ordre à ses hommes de ne pas me faire marcher trop vite.

« — Soyez tranquille, on va vous mettre au chaud.

« — Monsieur a le mot pour rire, lui dis-je sans daigner insister sur ma prière.

« Et comme je descendais assez bien les premières marches :
« Tenez ! reprit-il, voilà que cette petite promenade vous fait déjà
« du bien ! »

« Il resta chez moi pour continuer ses fouilles, mais du haut de l'escalier il avait donné en allemand une recommandation au chef de l'escorte. Je n'en compris le sens qu'à l'arrivée à la prison. Sur l'aveu que j'avais fait de ma difficulté à marcher, il avait jugé piquant de donner l'ordre qu'on me fît faire un trajet au moins quadruple en longueur, car de la rue des Tournelles où je demeurais, au lieu de me faire descendre vers la rue Saint-Pierre, on me fit préalablement remonter jusqu'à la grille Satory. Je dois dire que mon escorte se modelait sur mon pas très lent avec un air de patience ennuyée. La ville était à cette heure à peu près déserte. Ce surcroît de trajet m'était d'autant plus pénible que la rue était couverte de verglas et de neige fondue. Au débouché de la place d'Armes, un jeune aumônier catholique de l'armée allemande, au costume coquet et à l'air délibéré, en me voyant prisonnier, demanda au chef de l'escorte :

« — *Was ist das ?* (Qu'est-ce que c'est que cela ?)

« — *Zeitunger* (journaliste), lui fut-il répondu d'un air indifférent.

« Le jeune aumônier tourna le dos en pirouettant.

« Arrivé à la prison Saint-Pierre, on me conduisit sans grandes formalités préliminaires à la cellule n° 8 (1). Je ne sais pas si cela tient au besoin de repos que j'éprouvais après cette promenade si inopportune, mais la première vue de ma cellule ne me fut pas déplaisante. Une haute fenêtre y laissait passer abondamment la lumière. Ma satisfaction ne résista pas cependant à un examen détaillé. L'une des quatre parois, celle à laquelle était rivée *ma table*, était odieusement souillée du haut en bas. Quant aux trois autres parois, elles n'étaient heureusement barbouillées que d'inscriptions et de croquis de toutes manières et de toute nature. Tous mes devanciers avaient cru devoir y laisser un souvenir de leurs impressions ou de leurs condamnations ; au milieu de réflexions, les unes prud'hommesques, les autres amusantes ou insignifiantes, se dégageaient ces deux mots d'une concision superbe :

GOUVIGNON
Perpétuité.

« L'inscription était au pied de mon lit. Cet aimable souvenir de Gouvignon salua donc pendant trente-six jours mon réveil.

(1) C'est celle où devait plus tard être enfermé Rossel.

Quand je sus, ce qui ne devait pas tarder, que j'étais sous le coup d'une fusillade sommaire, je me surpris plus d'une fois à m'avouer que Gouvignon avait sur moi un incontestable avantage : on lui laissait le temps de se retourner.

« J'ai parlé du lit. C'est là que recommençaient mes dégoûts. Une paillasse zébrée et vernie de tous les genres de souillures le composait à peu près en entier ; la paille, en miettes, s'était comme pétrifiée sous l'action de ces souillures. Je ne parle que pour mémoire du complément en couvertures : un lambeau de je ne sais quel tissu entièrement chauve et la moitié d'une capote râpée qui portait l'étiquette de l'hôpital du Val-de-Grâce. Forcé de m'allonger, seule position que tolérât ma jambe endolorie, j'hésitai longtemps à affronter le dégoût que me causait cette vue, quand je découvris fort heureusement, dans la poche de mon pardessus, une collection de cinq à six numéros du journal *le Nord*. Ce journal avait seul trouvé grâce devant les perquisitions auxquelles Zernicki avait soumis mes vêtements. Je me trompe ; ayant trouvé dans mon gilet un louis, il n'hésita que quelques secondes à me le rendre, et me le rendit d'un air magnanime, visiblement fier de l'acte qu'il accomplissait.

« Je couvris autant que possible la couchette, je me couchai sur ces journaux étendus, et je pelotonnai sur mes pieds glacés les débris qui devaient me servir de couverture. Je restai tout le jour dans cette position qui, plus tard, lors des horribles froids qui suivirent (et n'ayant pas, comme mes voisins, la ressource de battre désespérément la semelle), fut encore pour moi la plus supportable.

« Vers le soir, un soldat déposa sur la tablette de mon guichet une écuelle, dont j'avalai le contenu avec un très grand appétit. C'était le fameux saucisson aux pois prussien. Comme ma cellule était encore vide le matin, au moment de la distribution du pain, je dus m'en tenir pour les premières vingt-quatre heures à cette réfection sommaire.

« J'ajouterai, pour n'y plus revenir, que les autres jours les vivres ne m'ont nullement manqué, et j'obtins même bientôt, par l'intermédiaire si dévoué de M. Hardy, que je n'ai pas à vous faire connaître, de me faire apporter du restaurant un supplément quotidien. Le 1ᵉʳ janvier seulement, l'envoi du restaurant et les distributions de la prison me firent à la fois défaut. J'ai cru longtemps que Zernicki avait trouvé plaisant de m'infliger ce jeûne en guise d'étrennes ; il n'y avait eu que malentendu, à ce que m'a assuré plus tard M. Hardy. Mais n'anticipons pas.

« Le 28 au matin, le sergent prussien qui servait de geôlier ouvre la porte brusquement et me dit de le suivre. On me conduit au greffe. J'y trouve Zernicki et un homme d'un certain âge, très galonné, dont la physionomie était empreinte de je ne sais quelle bonhomie grognonne. C'était M. Stieber, directeur de la police. Après un interrogatoire sommaire, il exhiba les malheureuses feuilles de papier pelure qui avaient été prises avec mes autres papiers, et qui avaient été soigneusement dépelotonnées et classées. C'étaient les fragments d'une lettre que j'écrivais de Rethel au *Journal des Débats*. Ce qui parut scandaliser et irriter d'abord M. Stieber, c'était la mention que j'y faisais d'un viol commis, avec des circonstances abominables, par un officier prussien, sur la route d'Attigny à Vouziers.

« — Vous ne pourriez prouver le fait, et si par hasard vous le pouviez, c'est moi-même qui ordonnerais les poursuites!...

« Je m'arrêtai prudemment au moment où j'allai lui citer mes autorités : les membres du parquet de Rethel, qui avaient reçu la plainte du mari. Ma déclaration n'aurait servi qu'à faire inquiéter ces messieurs. Je croyais mon affaire terminée, lorsque Stieber exhiba deux ou trois autres feuillets, où je prêchais le devoir pour tous les citoyens de se considérer, dans une guerre d'invasion, comme les défenseurs-nés du pays, et de courir sus à l'ennemi, sans attendre d'ordre. Sur l'interpellation de Stieber, « si j'avais osé penser et écrire cela », je dis qu'en effet j'acceptais en 1870, comme Français, la doctrine préconisée contre nous par les Prussiens en 1813 (*mouvement d'impatience*); mais que d'ailleurs la lettre était écrite de Rethel avant l'arrivée des Prussiens, et que je n'étais nullement justiciable de l'autorité allemande pour ce que j'avais pu penser, dire ou faire en plein camp français et en ma qualité de Français.

« — Vous prenez la chose bien légèrement : vous ne comprenez pas sans doute que vous êtes dans un cas où je puis et je dois vous faire fusiller.

« — Non assurément, ce n'est pas le cas, d'autant plus qu'en fait, la lettre, vous pouvez le vérifier par sa date et sa forme, qui n'est pas celle d'un brouillon, n'a pas été envoyée à destination, le chemin de fer étant coupé et les Prussiens étant arrivés le lendemain même à Rethel.

« — Que nous importe, si c'était là votre pensée.

« Je persistai à soutenir qu'il ne pouvait venir à l'idée d'un conseil de guerre allemand de me demander compte d'une pensée que j'avais eue comme Français et, qui plus est, sur un territoire non occupé par l'ennemi.

« — Encore une fois, il s'agit bien de conseil de guerre! Nous en avons fait fusiller sommairement pour beaucoup moins!...

« — Si c'est un parti pris, répondis-je avec quelque irritation, faites ce que bon vous semblera. Puis-je me retirer?...

« Silence.

« Je renouvelle ma question : « Puis-je me retirer? »

« Zernicki prend la parole et dit d'une voix caverneuse, qu'il essayait de rendre tragique :

« — Oui ! au cachot ! ! !...

« Le Zernicki était au moins pour les trois quarts dans le mouvement d'irritation par lequel j'avais eu le tort de terminer ce dialogue ; sa vue me rappelait la promenade forcée de la veille, et il avait pris lui-même part, d'un ton doucereux d'abord, d'un ton insolent ensuite, à ce premier interrogatoire. Ce qui l'intriguait personnellement, c'était de connaître l'auteur d'un certain manuscrit contenant un journal versaillais de l'occupation, qu'il avait saisi chez moi et où Zernicki figurait d'une façon peu avantageuse. On y racontait entre autres son aventure avec le Conseil municipal. Il s'y trouvait aussi un certain nombre de détails précis sur les rivalités secrètes qui existaient entre les diverses autorités prussiennes, et Zernicki se demandait comment un étranger pouvait être si bien au courant.

« Il insista vivement pour que je lui nommasse l'auteur de ce manuscrit, qui n'était autre que notre pauvre ami si regretté Arnold Scherer. Vous savez avec quelle passion patriotique il suivait heure par heure les incidents de la captivité de Versailles ; il en avait tenu un journal que vous connaissez (1), et qui garde l'empreinte de cette sagacité d'observation qui s'alliait si bien chez lui aux enthousiasmes et aux grâces de la première jeunesse. Je l'avais prié un jour d'écrire pour moi, sous ma dictée, quelques extraits de ce journal. Je refusai naturellement de le nommer, ce qui exaspéra le Zernicki et me valut une petite paraphrase de la menace de fusillade immédiate que venait de m'adresser son chef Stieber.

« Je quittai le greffe et repris le chemin de ma cellule, fort étonné dès les premiers pas qu'on ne courût pas après moi pour me faire changer de direction et me conduire au cachot annoncé. Ma cellule était restée ouverte, je m'y glissai comme en fraude et j'éprouvai une véritable satisfaction en entendant, un moment après, fermer la porte derrière moi. Ce mot de *cachot*, sous l'impression de l'horrible sensation de froid que j'avais éprouvée toute la nuit, me causait, je l'avoue, une véritable frayeur. Que serait-ce si j'allais être pis que dans mon domicile présent !... J'ai su plus tard que M. Hardy avait fait disparaître les clefs

---

(1) Ce journal m'a été très souvent d'un grand secours. Arnold Scherer, qui avait été pour moi un compagnon si affectueux dans les tristes jours de l'occupation, est devenu, après sa mort, comme mon collaborateur, et c'est avec un sentiment bien douloureux que j'en témoigne ici ma gratitude à sa mémoire.

dudit cachot, ce qui me valut sans doute d'être oublié dans ma cellule.

« Oublié, ce fut bien en apparence le mot, car on sembla ne pas s'occuper de moi pendant une douzaine de jours. En réalité, on s'en occupait beaucoup. Par quelques circonstances que j'ai connues plus tard, j'ai compris que la police avait vu dans mon cas plus qu'un journaliste à fusiller, et que Stieber et Zernicki avaient cru flairer là certaine grosse affaire dont ils auraient tiré bon parti.

« En attendant, j'étais au secret. Pendant les premiers jours, je remarquai un détail dont je crois pouvoir faire honneur à l'imagination mélodramatique de Zernicki. A différentes reprises, des piquets de soldats s'arrêtèrent et posèrent bruyamment leurs crosses de fusil à la porte de ma cellule. Les clefs étaient introduites avec fracas dans la serrure et deux ou trois casques à pointes se pressaient, avec une curiosité que je finis par trouver comique, à l'étroite embrasure du guichet. On voulait étudier sans doute ma contenance, mais comme je pouvais m'attendre à tout, j'eus la satisfaction de n'être jamais pris au dépourvu. Enfin cette comédie cessa et, bientôt après, c'est vous-même, mon cher Monsieur Delerot, qui, un jour où vous veniez visiter M. Rameau, alors en prison, m'avez appris, par un mot rapide glissé en passant, que je n'étais plus au secret.

« Le second dimanche après mon emprisonnement, le guichetier vint en effet me dire que j'avais le droit (permission qui fut renouvelée les dimanches suivants) de descendre pour une demi-heure au préau avec les autres prisonniers. Le froid intense et l'immobilité que je subissais depuis une douzaine de jours avaient tellement engourdi mes jambes, que je pus à peine arriver à l'extrémité d'un couloir à ciel ouvert occupé par une guérite vide où je me réfugiai pour me mettre à l'abri de la neige qui tombait à gros flocons. L'impression de l'air extérieur me causa un singulier mélange de bien-être et de malaise; j'étais en quelque sorte acclimaté à l'air méphitique de ma cellule; on se fera une idée de cet air si je dis que j'avais fini par ne plus démêler l'horrible infection produite dans ce milieu si confiné par la fosse d'aisance, placée à l'un des angles de la cellule et dont les conduits étaient obstrués.

« En rentrant, une demi-heure après, dans mon réduit, j'éprouvai tous les inconvénients d'un contraste en sens opposé, et ce fut à partir de ce moment une longue torture; l'air n'était littéralement pas respirable, ce qui, joint à mes vives souffrances de gorge et de poumon, me causait, la nuit surtout, des suffocations désespérantes. Une nuit, n'en pouvant plus, je m'emparai d'un balai qui était dans ma cellule, et debout sur ma couchette placée au-dessous de ma fenêtre, je me tins prêt à briser la vitre au moment où la suffocation serait intolérable. Par crainte du cachot, j'hésitais toujours devant cette ressource extrême, mais pendant mes hésitations, je m'aperçus que ma respiration devenait possible ; à la hauteur où se trouvait alors ma tête, je dominais probablement la couche irrespirable ; le fait est que j'ai recouru bien souvent à cet expédient avec le même succès.

« Dès le troisième ou quatrième jour, M. Hardy était parvenu à me faire passer un paquet de couvertures auquel je dois probablement d'avoir échappé à la congélation. La protection de M. Hardy, qui a été, comme vous le savez, l'homme-providence de la prison, me ménageait une autre surprise ; un jour que je revenais de mon deuxième ou troisième interrogatoire, il m'avertit au passage qu'il avait renouvelé ma literie, envahie par la vermine, et, en effet, j'avais non seulement un excellent matelas, mais même des draps et un monceau de tapis de feutre neufs pour me couvrir ! Je dois ajouter qu'au bout de dix-huit jours après mon entrée en prison, je pus, toujours grâce à M. Hardy, changer de linge. Sa sollicitude ne s'arrêtait pas là : il m'a constamment pourvu de livres, que la *Bibliothèque populaire* avait mis à sa disposition. Ce bien-être inattendu me fit des envieux : un jour ou plutôt une nuit qu'un village entier (c'était ou Sèvres ou le Bas-Meudon) fut transféré, à titre de refuge provisoire, à la prison de la rue Saint-Pierre, il y eut pendant la moitié de la nuit un véritable attroupement devant l'étroit guichet de ma cellule ; j'entendis force propos comme celui-ci :

« — On voit bien que c'est un Prussien ! Voyez, il a un matelas !

« Ce qui me désobligeait pour le moment le plus dans cette manifestation peu sympathique, c'est que les nouveaux venus, en interceptant les quelques atomes d'air respirable qui m'arrivaient quelquefois par le guichet, augmentaient terriblement mon malaise.

« Je dus aussi à M. Hardy de sortir d'une inquiétude très vive au sujet de MM. Scherer, dont le nom et l'écriture figuraient, je l'ai dit, sur quelques-uns des papiers saisis. J'appris qu'une perquisition avait été faite à leur domicile, mais qu'à la suite de cette formalité, ils avaient été laissés en repos. Je sus plus tard que cette perquisition avait été faite très insolemment par Zernicki ; il avait ouvert et fouillé les tiroirs du bureau de travail de M. Scherer, mais il n'avait pas même eu le talent de trouver ce qui était pour ainsi dire sous ses yeux : l'écriture d'Arnold Scherer, écriture très facile à reconnaître et qui lui aurait appris quel était l'auteur du manuscrit trouvé chez moi.

« Au bout de douze ou quinze jours, un matin, au moment où

j'allais déjeuner, le sergent prussien ouvrit ma porte et m'invita brusquement à sortir en toute hâte, sans me laisser le temps de réparer le désordre bien explicable de mon costume. Deux soldats me conduisirent jusqu'au fond du corridor, où je trouvai un officier de bonne mine qui m'informa très poliment qu'il était chargé de procéder à mon interrogatoire. Je le suivis au tribunal, jusqu'au cabinet du juge d'instruction. C'était un auditeur de guerre, appelé M. Budde. Je dois beaucoup à la courtoisie dont il n'a cessé de faire preuve, même aux moments où il se préoccupait le plus du succès de l'accusation. Si j'avais eu affaire à un nouveau Zernicki, l'impatience m'eût probablement gagné dès les premières questions, ce qui eut achevé de gâter les choses. M. Budde était assisté à cet interrogatoire par un officier d'artillerie qui était aussi d'excellentes manières et qui parlait français comme lui. M. Budde me questionna d'abord sur les notes que j'avais prises dans les premières quarante-huit heures de mon arrivée à Versailles; j'y parlais naturellement un peu de tout, et même et surtout de l'armée prussienne. L'officier d'artillerie parut insister sur certains passages qui constituaient selon lui le fait d'espionnage. J'objectai que ce qui constitue l'espionnage, c'est la dissimulation de l'identité, la transmission de renseignements à l'ennemi, enfin, l'exactitude et la précision de ces renseignements. Or, mes notes, écrites pour me servir plus tard d'aide-mémoire, et où je reproduisais, sans contrôle aucun, les bruits du jour, étaient contradictoires ou notoirement erronées sur beaucoup de points; je ne les avais pas transmises, puisque le manuscrit était là; enfin, je n'avais pas hésité un seul moment à déclarer mes nom et qualités. J'établis au surplus que c'était tout à fait contre ma volonté que je m'étais trouvé enfermé à Versailles (1). L'officier insista de nouveau, mais M. Budde se borna à dicter au greffier mes réponses. Vers la fin de cet interrogatoire, qui dura trois ou quatre heures, M. Budde me questionna sur le journal manuscrit que je tenais d'Arnold Scherer. Je me bornai à lui dire que je n'avais à nommer personne et que je devais être considéré comme le seul auteur de notes écrites sous ma dictée. M. Budde n'insista pas et je dois lui rendre cette justice qu'il n'en fut plus question.

« Huit jours après, second interrogatoire, où M. Budde était assisté par un autre officier d'artillerie. Les questions por-

(1) Après Sedan, M. d'Alaux était revenu sur ses pas pour rentrer à Paris, mais il était arrivé le 19 septembre, c'est-à-dire un jour trop tard; après plusieurs essais infructueux, il avait dû renoncer à franchir les lignes prussiennes et s'était vu contraint de rester à Versailles, séjour moralement bien plus pénible que le séjour de Paris.

tèrent notamment sur les fragments de la lettre que je destinais aux *Débats*.

« A ce que j'avais dit lors de ma comparution devant le directeur de la police, j'ajoutai cet argument décisif, que non seulement je n'avais pas pu envoyer ma lettre, faute de moyens de communication, mais que, les événements lui ayant enlevé toute actualité, je l'avais supprimée de mon propre mouvement. Ce qui prouvait cette suppression, c'est que je n'avais pas profité, à mon passage en Belgique, des facilités que j'avais pour faire parvenir ladite lettre, bien que le 10 septembre, c'est-à-dire à une date postérieure de dix ou douze jours, j'eusse adressé de Bouillon, comme on pouvait le vérifier, une correspondance aux *Débats*.

« Ce second interrogatoire dura *sept heures;* M. Budde, avec une persistance toujours calme et courtoise, mais qui décelait le grand désir de me prendre en défaut, revenait *ex abrupto* sur tels ou tels points que j'avais pu croire définitivement vidés. Par une sorte de grâce d'état et malgré ma fatigue et mes souffrances, ma mémoire ne s'égara pas un seul instant dans les innombrables minuties de faits et de dates dont l'accusation voulait ainsi contre-vérifier la concordance. J'avais d'ailleurs adopté, dès le début, le procédé le plus sûr pour ne pas me contredire : celui de dire en tout la vérité.

« Le troisième interrogatoire n'eut lieu qu'après un intervalle de plusieurs semaines, au moment du bombardement de Paris. Ce ne fut en somme que la reprise des interrogatoires précédents; mais le hasard me fournit un moyen de défense auquel je n'avais pas pensé.

« Sur la couverture du calepin qui figurait parmi les pièces de conviction, et que M. Budde feuilletait sous mes yeux, étaient inscrites, ce que je remarquai tout à coup, les dates des différentes lettres que j'avais adressées aux *Débats*, et, à côté de la date de la lettre sur laquelle se basait le principal chef d'accusation, était écrit le mot : *Supprimé*. Je crus m'apercevoir que cette preuve inopinée de mes dires précédents faisait impression sur M. Budde, qui me demanda de lui donner les moyens de découvrir à Versailles une collection du *Journal des Débats*. Je lui indiquai celle d'un des rédacteurs de ce journal, M. Ernest Bersot. Elle fut remise à M. Budde. Aussi, quand celui-ci, vers le 27 janvier, se fit ouvrir ma cellule, je m'attendais à l'annonce de ma mise en liberté. Mais il m'annonça, au contraire, que j'aurais à comparaître devant le conseil de guerre du 5e corps d'armée.

« Ainsi, au bout de cette minutieuse enquête de plus de quatre semaines, qui avait confirmé tous mes moyens de défense, je n'étais pas plus avancé que le premier jour. On persistait à m'appliquer cette étrange jurisprudence qui ne distingue pas entre l'intention et le fait, et rend un Français justiciable des Prussiens pour ce qu'il aurait pu dire ou simplement penser en dehors des lignes prussiennes! Je ne dissimulai ni mon étonnement ni une certaine irritation, et M. Budde, m'ayant offert de remettre ma comparution à quatre ou cinq jours de là, je lui dis que j'aimais mieux en finir tout de suite. « Je crois, au « contraire, » me dit-il (en faisant sans doute allusion aux bruits de paix prochaine que j'ignorais encore), « que vous auriez « tout intérêt à gagner du temps. »

« Il me quitta sur ce bon avis, et, comme pour le corroborer, il revint, une ou deux heures après, me donner connaissance des ordonnances militaires applicables à mon cas. Aux termes de ces ordonnances, le conseil de guerre devant lequel j'étais renvoyé ne différait pas en fait d'une simple *cour martiale*. Il devait me juger *sommairement* et sans même m'accorder l'assistance d'un défenseur, à moins qu'au moment de l'audience quelqu'un se présentât accidentellement pour me défendre. Je relevai vivement ce qu'il y avait de contradictoire et d'inique à me dénier les garanties de la procédure ordinaire, après m'en avoir fait si longuement subir les inconvénients. M. Budde me répondit, avec une pointe d'embarras, qu'on avait voulu écarter ainsi les *finasseries* d'avocat. Je me récriai à ce mot de *finasseries* appliqué au plus élémentaire des droits, — le droit de défendre sa peau. M. Budde parut lui-même comprendre que l'expression était malencontreuse et, après quelques hésitations, il finit par m'offrir presque formellement de devenir mon intermédiaire auprès du défenseur que je lui désignerais. Je pensai à M. Scherer, mais je n'osai le nommer, sachant qu'on l'avait déjà un peu impliqué dans mon affaire. Je pris acte de l'offre de M. Budde et lui dis que j'y penserais.

« Un moment après, j'eus la bonne chance d'apercevoir par mon guichet M. Hardy, à qui j'expliquai en deux mots ce qui se passait et demandai du papier pelure, qu'il me fit passer très promptement. Il s'était précédemment *laissé voler* par moi un bout de crayon. J'écrivis à M. Bersot. En traçant ce billet, je feignais de lire. Chaque fois que des bruits de pas, dont j'avais appris à connaître la signification, m'annonçaient l'approche d'un Prussien, j'avais soin de dissimuler le papier sous un feuillet de mon livre. Une ou deux heures après, je glissai ma missive à M. Hardy, après l'avoir cachée dans une boîte d'allumettes, ce qui devait d'autant moins appeler l'attention que c'était l'heure où il distribuait des allumettes aux prisonniers fumeurs. Du reste, M. Hardy avait su endormir un peu la vigilance du geôlier en cultivant à grands frais son faible germanique pour la pommade et un certain vin blanc. Bientôt après, M. Hardy me transmit, de la même façon, la réponse de M. Bersot, qui avait parfaitement compris le but de mon billet, bien que je n'eusse pas cette fois encore mentionné le nom de M. Scherer.

« Deux jours après, le samedi 28, je fus mandé au cabinet de M. Budde où j'eus la joie bien vive de trouver M. Scherer. Ce n'était pas seulement un auxiliaire précieux qui m'arrivait, c'était un vrai ami. Aux ressources que lui indiquerait pour moi sa haute intelligence allaient s'ajouter celles que le cœur seul sait trouver. Il avait déjà pris connaissance du volumineux dossier de l'instruction, et je pus avoir un entretien d'un quart d'heure avec lui, en présence de M. Budde et de deux factionnaires. M. Budde nous laissa même une ou deux minutes seuls, ce qui me permit d'apprendre les nouvelles désastreuses de la capitulation de Paris.

« Dans le cours de cette entrevue, M. Scherer demanda s'il ne serait pas possible, vu l'état assez grave de ma santé, de me faire transférer sous caution et sous bonne garde à l'hôpital.

« M. Budde répondit qu'étant donnée l'accusation qui pesait sur moi, il était impossible de m'accorder cette faveur. Nous n'avions pas à insister.

« C'est le mardi 31 que je comparus devant le conseil de guerre, composé, outre M. Budde, de sept officiers et sous-officiers, les uns parlant très bien, les autres comprenant plus ou moins le français ; aux termes des ordonnances et vu ma religion, trois étaient catholiques. La cérémonie du serment se fit avec plus de solennité que dans nos tribunaux, et les formules variaient selon que les juges appartenaient à l'une ou à l'autre communion. M. Budde lut, cette fois en langue allemande, son acte d'accusation. Je m'assurai, en questionnant M. Scherer (ce qui parut blesser un peu M. Budde), qu'on n'y avait omis aucun des points essentiels de ma réponse. Pour plus de sûreté, je crus même devoir les résumer verbalement, ce qui faillit me porter malheur. Quand je rappelai, sur le chef d'espionnage, que je n'avais pas hésité à décliner mes nom et qualités, ce mot *décliner* provoqua un mouvement de stupeur chez M. Budde. Il me le fit répéter, évidemment mortifié, plus encore pour lui-même que pour moi, d'une déclaration qui lui semblait contredire la partie la plus favorable de son rapport. Le conseil partageait visiblement les impressions du rapporteur. M. Scherer devina et expliqua, à la satisfaction générale, le malentendu. M. Budde et mes juges avaient pris le mot *décliner* dans sa vieille acception d'*éviter*, *éluder*, *refuser* ; ce qui était, en effet, on ne peut plus compromettant pour moi.

« On introduisit ensuite l'unique témoin, qui n'était autre que Zernicki, devenu, en présence du conseil, aussi plat et aussi obséquieux qu'il s'était jusque-là montré arrogant ou ironique. M. Scherer me traduisit brièvement sa déposition, puis il prit en français la parole. Dans un plaidoyer qui dura à peine une demi-heure, M. Scherer discuta avec une merveilleuse sagacité les deux ou trois questions de fait et de droit sur lesquelles roulait ma défense. Sa parole ferme et simple, où la logique la plus rigoureuse prenait les formes les plus conciliantes, impressionna visiblement le conseil, et quand nous nous retirâmes pour laisser délibérer les juges, M. Budde me dit que le jugement, pour être exécuté, devrait être approuvé par le commandant supérieur, en ce moment au Mont-Valérien, mais que, vu les circonstances, il ne s'agissait probablement plus ici que d'une simple formalité.

« Je n'ai jamais connu la teneur exacte du jugement, mais l'essentiel, c'est que M. Budde me fit appeler, le 2 février au matin, au greffe et me dit : « Tout est terminé avec Paris, et je « vous annonce qu'il n'est pas donné de suite à votre affaire. « On vous épargne même le transfèrement en Allemagne, que la « haute police s'était réservé dans le cas de votre acquittement. »

« Tel est le récit fidèle de mon procès, qui, à défaut d'autres genres d'intérêt, a celui de donner un spécimen exact de la jurisprudence allemande.

« Agréez, mon cher Monsieur Delerot, mes sentiments de dévouement affectueux.

« G. D'ALAUX. »

Il est clair que si l'armistice n'était survenu au cours du procès, le prisonnier eût été au moins transféré en Allemagne. Dans l'état si misérable de santé où se trouvait M. d'Alaux, on peut presque affirmer que ce voyage, accompli en plein hiver dans les conditions où il se faisait toujours, eût été un équivalent hypocrite de la peine de mort.

3 février. — Le 3 février, les habitants de Meudon expulsés de leurs demeures, qui s'étaient réfugiés à Versailles, retournèrent chez eux. En partant, ils adressèrent au maire la lettre suivante :

A M. le Maire de la ville de Versailles.

Monsieur le Maire,

Nous sommes tous bien heureux de la bienveillante hospitalité que vous avez donnée aux malheureux réfugiés de la commune de Meudon à la brasserie Reinert. La bonne ville de Versailles a mis en pratique les paroles de notre divin Maître : « Aidez-vous les uns les autres. »

Aussi, Monsieur le Maire, c'est avec un sentiment de sincère reconnaissance que nous venons vous remercier de tous les bienfaits qui ont été répandus sur nous par votre sollicitude et au nom de la ville de Versailles.

Nous avons aussi à remercier tout particulièrement le bon et honorable trésorier de la Société des Réfugiés, M. Raoult, ainsi que MM. les administrateurs, qui ont fait preuve de zèle et de dévouement à notre égard.

Nous prions Dieu pour qu'il répande ses bénédictions sur l'hospitalière Versailles, et que ses habitants soient toujours heureux.

Dans la soirée, un détachement de plus de 700 hommes se répandit dans le quartier Montreuil, et, sans billets de logement, envahit les maisons que désignaient les officiers. Les scènes violentes qui avaient eu lieu le 19 septembre, le jour de l'entrée des troupes, se renouvelèrent. La fin de l'occupation ressemblait au commencement. Une jeune femme de trente ans, alitée par une légère indisposition, effrayée de l'obstination d'un soldat qui voulait s'installer chez elle, fut frappée de mort subite. Plusieurs habitants, à cette même époque, à bout de forces et ne pouvant plus résister à l'état d'exaltation et d'irritation continuelles où les mettaient la présence et les brutalités des Prussiens, devinrent fous ou imbéciles. M. de Bismarck avait dit un jour à M. Rameau : « Il est singulier de voir combien peu les habitants de votre ville ont le sentiment de l'état de guerre. » Il aurait pu dire de même alors que les Versaillais n'avaient pas le sentiment de l'armistice, car, dans nos idées, l'armistice supposait une détente dans les relations d'hostilité, et depuis le 28 janvier, les Prussiens montraient encore plus de dureté et de violence (1).

4 février. — Depuis que les portes de Paris étaient rou-

---

(1) Il faut avouer que, sans s'en rendre compte et sans afficher de révolte ouverte, la population de Versailles, au moins dans son élite, avait avec les Prussiens des habitudes froidement méprisantes, qui les irritaient profondément. Un Alsacien, M. Edmond Neukomm, dans un travail intéressant, intitulé : *le Siège de Paris raconté par les Prussiens*, a dit à ce sujet :

... « Nous avons déjà eu occasion de signaler l'attitude pleine de dignité des habitants de Versailles. Ils n'ont pas peu contribué à rendre le séjour de leur ville insupportable aux Prussiens, et pour cette raison ils ont droit aux félicitations de tous. M. Wachenhusen, correspondant de la *Gazette de Cologne*, s'est d'ailleurs chargé de leur donner un brevet louangeur, en écrivant cette phrase, où perce un profond dépit :

« *Cette population de Versailles*, dit-il, *parade devant nous aussi fièrement que Louis XIV sur son cheval.* »

Et, en effet, nous avions vu si souvent les Prussiens se laisser aller devant nous à des mesquineries de conduite ou de caractère que, malgré leurs brillants succès, nous ne pouvions croire à leur supériorité, et ce sentiment intime perçait involontairement dans nos rapports avec eux.

vertes, les autorités civiles et militaires, chargées de veiller sur le Roi et sur M. de Bismarck, étaient très préoccupées de ne laisser entrer dans Versailles aucune personne suspecte. Jamais les portes de la ville n'avaient été si rigoureusement surveillées. Les Versaillais sortaient en assez grand nombre pour visiter les environs du côté de Paris et constater les ruines dues à la lutte qui durait depuis quatre mois; on se rendait aussi dans les bois où se voyaient encore les travaux de défense si considérables et si variés exécutés par les Prussiens; mais au retour, pour rentrer dans la ville, il fallait subir un interrogatoire et prouver qu'on était bien un des habitants de Versailles. Les Parisiens qui venaient à pied de Paris étaient repoussés ou bien réunis par groupes entre des soldats, et on les conduisait ainsi, à travers les rues, comme des prisonniers, de la grille d'entrée de l'avenue de Paris à la grille de sortie de la rue de l'Orangerie. Là, ils étaient remis en liberté, avec défense expresse, sous peine d'emprisonnement, d'essayer de pénétrer dans Versailles. Pendant toute la première semaine du mois de février, la ville resta ainsi hermétiquement fermée.

Ce n'était pas seulement le désir d'assurer la sécurité du Roi et de M. de Bismarck qui avait fait prendre cette mesure, c'était la crainte de voir les vivres devenir rares sur le marché où se fournissait l'état-major du grand quartier général. Déjà les prix avaient doublé; les Parisiens, habitués pendant le siège à payer la viande et les légumes à des prix si exagérés, venaient faire leurs provisions à Versailles; la police prussienne, avertie, exigea qu'aucune denrée ne sortît de la ville, et des consignes furent données en conséquence aux barrières. Il fallut recourir à la ruse, si l'on voulait porter un peu de nourriture fraîche à des parents ou à des amis de Paris, réduits encore aux aliments du siège, car les wagons de ravitaillement commençaient à peine à arriver (1).

Sur ce point-là encore, l'armistice, bien loin de donner plus de liberté, avait été l'occasion de sévérités nouvelles.

Dans l'après-midi du 4 eut lieu l'enterrement d'un sous-lieutenant de la garde nationale de Paris, mort, à l'hôpital militaire, des blessures reçues au combat du 19 janvier. Ce fut le dernier officier auquel les honneurs funèbres furent rendus pendant l'occupation. Comme c'était l'usage pour les officiers, d'après les ordres du commandant de place, une musique militaire prussienne escorta le cercueil au cimetière, où M. Franchet d'Espéray prononça quelques touchantes paroles d'adieu.

(1) Le premier train de farine arriva à Paris le 3 février, à 3 heures. Un des premiers troupeaux de moutons qui entrèrent fut amené par un de nos concitoyens, M. Mannet.

6 février. — Les mesures de précaution contre les personnes étrangères à la ville augmentèrent encore. Le commandant de place fit placarder l'avis suivant :

AVIS

Tous les propriétaires, les concierges et les personnes qui sont chargées de la surveillance des maisons abandonnées sont obligés d'annoncer à la police l'arrivée d'étrangers. En cas de contravention, ces personnes seront frappées d'une *amende de 100 francs* ou de la peine *d'emprisonnement.*

Seront frappés des mêmes peines les étrangers qui restent un temps plus long que ne le porte leur laissez-passer.

Les laissez-passer qui ne fixent pas de temps déterminé ne sont valables que pour un jour.

Le Général-major et commandant,

Von Voigts-Rhetz.

6 février 1871.

7 février. — Presque chaque soir, chez les marchands de vin et les petits logeurs, et en particulier rue des Récollets, des soldats plus ou moins ivres dégainaient et faisaient quelque scandale. Le 7 février, rue des Chantiers, un de ces soldats ivres alla plus loin; non content de gesticuler et de menacer avec injures, selon l'habitude de ses camarades, il enfonça son sabre dans l'aine d'une vieille femme qui passait. Il fallut la transporter à l'hospice.

8 février. — Le dimanche 8 février eurent lieu les élections pour l'Assemblée nationale. Pendant toute la semaine précédente, le maire, chargé des fonctions de préfet, avait dû organiser les opérations électorales du département; jamais ce travail n'avait été plus difficile, car les communications étaient à peine rétablies; il avait heureusement été aidé, avec l'activité et le zèle le plus dévoués, par MM. Arnoult, chef de division de la Préfecture, et Desjardins, archiviste du département; grâce à leur intelligente direction, toutes les mesures nécessaires à l'exécution régulière de la loi avaient pu être prises.

Quant aux comités électoraux, ils n'avaient pu que correspondre bien imparfaitement; pour un vote au scrutin de liste, il aurait été indispensable qu'une entente commune s'établît entre toutes les parties du département, mais la circulation étant encore très difficile, certaines localités furent réduites à composer des listes de candidats pour ainsi dire individuelles, listes qui, naturellement, ne pouvaient avoir aucune chance de succès.

Les candidats élus furent :

MM. Barthélemy-Saint-Hilaire.	43.595	suffrages.
Rameau	39.528	—
Lefèvre-Pontalis.	25.070	—
Feray	24.064	—
Léon Say.	22.984	—
Picard.	20.531	—
Carnot.	19.819	—
Thiers.	19.695	—
Journault.	19.444	—
Jules Favre.	18.449	—
Gambetta.	18.282	—

Les candidats qui eurent le plus de voix après les élus furent : MM. de Pourtalès, 16.313; Hély-d'Oissel, 14.964; Touchard, 14.688; Labélonye, 14.368; Scherer, 14.223; Marquis, 13.705 (1).

A Versailles, les suffrages étaient répartis ainsi qu'il suit :

MM. Rameau	5.864	suffrages.
Barthélemy-Saint-Hilaire.	5.248	—
Lefèvre-Pontalis.	3.961	—
Journault.	3.626	—
Picard.	3.181	—
Jules Favre.	2.850	—
Thiers.	2.790	—
Carnot.	2.619	—
Gambetta.	2.520	—
Scherer.	2.446	—
Marquis.	2.433	—

Les opérations électorales s'accomplirent avec le plus grand calme. Les Prussiens ne les gênèrent en rien. A Versailles, les officiers s'arrêtaient devant les professions de foi et les lisaient avec une certaine curiosité. Ils ne manifestaient d'opinion que sur M. Gambetta, qu'ils considéraient comme leur ennemi le plus redoutable, parce qu'ils voyaient en lui le chef du parti qui voulait entraîner la France à la continuation de la guerre.

Si M. Gambetta était l'objet principal des malédictions des Prussiens, M. Thiers, de son côté, n'échappa pas à leurs insultes. Le *Moniteur officiel* de Versailles, qui continuait à recueillir soigneusement les articles propres à vilipender tour à tour tous les partis et tous les hommes de la France, extrayait du *Mot d'Ordre* le passage suivant :

M. Thiers continue ses intrigues en province; il essaie de faire adopter par M. de Bismarck une combinaison digne de son grand âge, celle

(1) MM. de Pourtalès, Labélonye et Scherer furent élus aux élections complémentaires du 8 juillet.

d'offrir la couronne de France au roi des Belges, qui, pour obtenir cet agrandissement de territoire, signerait volontiers des deux mains l'abandon de l'Alsace et de la Lorraine, voire même de la Champagne. Cette idée grotesque n'est pas nouvelle d'ailleurs. M. Thiers l'avait déjà mise en avant il y a quatre ou cinq mois, à Vienne ou à Saint-Pétersbourg, quand le gouvernement de la Défense l'avait, malgré les énergiques protestations de Rochefort et de Gambetta, envoyé solliciter, au nom de la République, l'intervention des empereurs d'Autriche et de Russie.

C'est ainsi qu'en même temps que la France se levait pour repousser l'envahisseur, M. Thiers trahissait effrontément la République et achevait de déshonorer ses cheveux blancs.

Tels sont les articles que se plaisait à reproduire, pendant l'armistice, le journal inspiré par M. de Bismarck.

9 février. — C'est seulement le 9 février que M. Horace Delaroche obtint, comme président de la Société internationale de secours aux blessés, l'autorisation de porter des denrées fraîches aux hôpitaux de Paris.

Cette autorisation lui fut donnée dans la pièce suivante, qui prouve combien les autorités prussiennes avaient peur que les vivres ne diminuassent trop à Versailles, et quelles précautions minutieuses étaient prises pour la délivrance des sauf-conduits :

La Société de secours aux blessés à Paris, représentée par son président M. le comte de Flavigny, a la permission de se ravitailler, pour ses hôpitaux à Paris, dans la ville de Versailles pendant dix jours, à partir du 9 de ce mois. L'achat des provisions n'ose dépasser journellement le prix de 500 francs. Les provisions seront achetées à Versailles par l'entremise de M. Delaroche, qui prend la garantie que le chiffre permis de 500 ne soye dépassé.

Deux voitures de la Société de secours ont la permission de passer les lignes allemandes sur la route de Neuilly et Saint-Cloud journellement et de rentrer à Paris avec les provisions achetées par M. Delaroche. Le convoi journalier sera accompagné par un délégué de la Société de secours.

Les Messieurs Denevers et Pigeonneau ont accepté ce mandat et seront pourvus de sauf-conduit. Le sauf-conduit doit être cherché de la part du délégué personnellement et journellement à la Commandanture de Versailles.

Versailles, le 9 février 1871.
Horace DELAROCHE.   Prince DE PLESS.

10 février. — Le 10 février eut lieu la dernière séance du Conseil municipal présidée par M. Rameau. Il partait le 11 au matin pour Bordeaux, où l'appelaient ses nouvelles fonctions de député. Avant de quitter Versailles, il avait fait un dernier effort pour tâcher d'obtenir que la ville ne fût pas écrasée, comme elle continuait à l'être, par les logements militaires et les contributions. N'obtenant rien du commandant de place, qui faisait la sourde oreille, il s'était adressé au ministre des Affaires étrangères de France, M. Jules Favre, et lui avait écrit la lettre suivante :

> Monsieur le Ministre,
>
> ....., Depuis cinq à six jours, la ville est soumise à un tel passage de troupes à loger et à nourrir (jusqu'à 6,000 hommes par jour (1), qu'elle va être dans la nécessité de résister et de se faire saccager. Elle est de plus, *pendant l'armistice*, toujours écrasée de *nouveaux* impôts, et lorsqu'elle réclame, on lui répond ironiquement que les discours du gouvernement français soutenant que les ressources de la France sont inépuisables, elle trouvera bien le moyen de payer. Il me semble qu'il importe que de tels faits et de tels écrits soient connus de tous.

Dans la journée du 10, le chemin de fer de la rive droite commença à reprendre le service entre Paris et Versailles. Il y eut deux trains par jour, mais il fallait pour les prendre une autorisation spéciale du commandant de place. Le départ et l'arrivée des voyageurs étaient l'objet de la surveillance la plus attentive. Les billets n'étaient délivrés que sur le vu d'un sauf-conduit parfaitement en règle, aussi le nombre des voyageurs était-il très réduit. Les laissez-passer étaient examinés par des officiers supérieurs, et souvent c'était un général qui regardait lui-même les pièces produites. Une fonction fastidieuse, que nous aurions confiée tout au plus à un sous-officier, était remplie par les chefs de l'armée prussienne. C'est qu'il s'agissait de la sûreté du Roi, et dès lors les généraux ne jugeaient au-dessous d'eux aucun service. Ils donnaient par là en même temps à leurs soldats un de ces exemples qui ont tant d'influence sur l'exact et consciencieux accomplissement du devoir à tous les rangs.

12 février. — Le dimanche 12, M. de Bismarck fit de nouveau arrêter et mettre en prison un habitant fort inoffensif et qui n'avait aucun projet homicide, mais qui avait eu le tort de suivre le chancelier de trop près dans la rue. Quelques jours plus tard, c'était M. Grosseuvre, propriétaire de *l'hôtel des Réservoirs*, puis M. Alcindor, loueur de voitures, qui, pour les motifs les plus futiles, étaient conduits aux cellules de la prison de la rue Saint-Pierre et incarcérés pour vingt-quatre heures. Jusqu'au dernier moment, la Prusse voulait se montrer fidèle à elle-même, et conserver l'attitude brutale qu'elle avait cru devoir adopter.

13 février. — La Mairie reçut, le 13 février, des bureaux du commandant de place, la note suivante, nouvel échantillon du ton que les autorités prussiennes continuaient à garder avec les Français :

---

(1) En dehors de la garnison habituelle.

La Mairie est requise de faire immédiatement enlever les ordures et le fumier dans tous les locaux et communications des casernes de la ville occupées par les troupes. Le nettoyage doit commencer aujourd'hui, à deux heures, dans la caserne de Limoges, pour éviter une *punition sévère*. De plus, la Mairie doit avoir soin de fournir de la toile pour 200 paillasses, sous peine de 1,000 *francs d'amende*. Les paillasses doivent être livrées confectionnées mercredi prochain, à deux heures de l'après-midi.

Le Général-major commandant,
Von Voigts-Rhetz.

Il serait impossible de se figurer ce qu'était ce nettoyage des casernes occupées par les troupes prussiennes. Si les demeures de particuliers, où nos ennemis ont logé, furent souillées à dessein d'ordures, au milieu desquelles les Prussiens, doués sans doute de sens moins délicats, semblaient vivre sans aucune espèce de gêne et de trouble, on peut penser quels ignobles amas ils se plurent à entasser dans les casernes, où ils furent maîtres absolus pendant cinq mois. Dès les premiers jours de l'occupation, la provision de désinfectants que renfermait la ville avait été épuisée, et après le départ des soldats allemands, il fallut de longs mois pour faire disparaître les traces de leur séjour, sans compter les dégâts de toute espèce qu'il fallut réparer. Avant de quitter ces casernes, ils avaient eu à cœur de tout y briser.

14 février. — Le 14, les communications entre Paris et Versailles reçurent une organisation régulière, déterminée dans la lettre suivante, qui fut communiquée au général de Voigts-Rhetz par M. Pierard, directeur des chemins de fer de l'Ouest :

SECRÉTARIAT PARTICULIER DU PRÉFET DE POLICE

Paris, le 14 février 1871.

A M. le Directeur du chemin de fer de l'Ouest.

Monsieur le Directeur,

Dans la réunion de la commission mixte pour l'exécution de l'armistice, qui a eu lieu aujourd'hui à Versailles, les représentants du gouvernement allemand nous ont concédé la faculté d'autoriser le transport à Versailles par le chemin de fer (rive droite) : 1º des personnes ayant à remplir une mission d'ordre administratif, politique ou diplomatique ; 2º de celles qui avaient leur domicile à Versailles; 3º de celles dont les père, mère, époux ou enfants seraient établis dans cette ville. Mais ils ont expressément stipulé que nul ne pourrait obtenir l'accès de la ville de Versailles, s'ils ne rentraient dans l'une de ces trois catégories. Dans ces circonstances, et afin d'éviter tout conflit avec les autorités allemandes, la préfecture de police croit devoir vous inviter à n'admettre dans les trains du chemin de fer (rive droite) que les personnes auxquelles elle aura, après examen, délivré une carte conforme au type joint à cette lettre.

Veuillez agréer, Monsieur le Directeur, l'assurance de mes sentiments de haute considération.

Pour le Préfet de police :
Le Secrétaire général,
L. RENAULT.

18 février. — Le 18 février, le Conseil municipal fut convoqué extraordinairement, et M. Lasne, faisant fonctions de maire en l'absence de M. Rameau, lut la dépêche suivante de M. de Brauchitsch, par laquelle la ville de Versailles et les trois cantons étaient frappés d'une nouvelle contribution de guerre de *un million cinquante-quatre mille cinq cent soixante-sept francs :*

Préfecture du département de Seine-et-Oise.

Monsieur le Maire,

En vertu d'un ordre du gouvernement général du nord de la France, chacun des départements composant son ressort est imposé pour une contribution de guerre en proportion avec ses ressources pécuniaires. Pour le département de Seine-et-Oise, cette contribution est fixée à la somme de *dix millions* de francs.

Les conseillers généraux de Seine-et-Oise, convoqués à une séance extraordinaire d'hier pour statuer sur le mode de distribution et de paiement de cette contribution de guerre, ne se trouvaient qu'au nombre de neuf, qui ont fait observer qu'ils ne se croyaient en aucune façon le droit d'engager le département pour un emprunt.

D'après la répartition de ladite contribution de guerre sur les cantons du département, le canton de Versailles (Nord, Sud, Ouest) doit payer la somme de un million cinquante-quatre mille cinq cent soixante-sept francs (1,054,567 fr.).

J'ajoute que cette contribution doit être versée immédiatement en une seule fois, et indépendamment des contributions directes et indirectes ordinaires, à la caisse générale du département (et je vous engage de vous mettre en relation avec les maires des communes de votre canton sur le mode de recouvrement. Pour l'information des maires de chaque commune, j'ai ajouté les exemplaires nécessaires de la présente lettre).

En outre, je vous préviens qu'une réclamation pour obtenir une diminution de votre cote ne pourra pas suspendre l'exécution militaire pour le paiement immédiat.

Le Préfet de Seine-et-Oise,
DE BRAUCHITSCH.

Cette imposition de *dix millions* était répartie ainsi qu'il suit entre les divers cantons du département :

Versailles (N., O. et S.)	1,054,567 fr.
Argenteuil	344,415
Marly	358,700
Meulan	221,564
A reporter. . . .	1,979,246 fr.

Report.	1,979,246 fr.
Palaiseau.	228,262
Poissy.	283,829
Saint-Germain-en-Laye.	587,386
Sèvres.	522,009
Corbeil.	425,233
Arpajon.	266,212
Boissy-Saint-Léger.	390,963
Longjumeau.	358,190
Etampes.	277,787
La Ferté-Alais.	143,508
Méréville.	137,746
Milly.	121,235
Mantes.	257,365
Bonnières.	139,156
Houdan.	196,400
Limay.	121,456
Magny.	192,503
Pontoise.	298,878
Ecouen.	291,219
Gonesse.	425,680
L'Isle-Adam.	301,250
Luzarches.	224,202
Marines.	254,081
Montmorency.	403,836
Rambouillet.	163,168
Chevreuse.	184,368
Dourdan (Nord).	210,271
Id. (Sud).	223,631
Montfort-l'Amaury.	242,014
Limours.	145,019
	10,000,000 fr.

Ainsi, en quelques jours et *depuis l'armistice*, sous forme de contributions indirectes ou de contributions de guerre, M. de Brauchitsch avait imposé à la ville de Versailles plus de 1,200,000 francs d'impôts.

Le Conseil décida qu'une lettre serait adressée au roi Guillaume, pour lui exposer simplement l'état des finances de la ville, et lui rappeler qu'en considération des charges écrasantes dues au séjour du grand quartier général, la ville de Versailles avait déjà obtenu la remise de toute contribution de guerre.

Dans la matinée du 21, un officier allemand se présenta à la Mairie de la part de M. de Brauchitsch, et demanda à quelle heure serait payée la contribution d'un million, ajoutant que dans le cas où cette somme ne serait pas versée avant 5 heures du soir, les conseillers municipaux seraient retenus tous à la Mairie, comme prisonniers.

L'administration municipale se rendit alors chez M. de Nostitz-Wallwitz, commissaire civil, chargé spécialement de cette question, et après une longue discussion, M. de Nostitz-Wallwitz notifia l'ultimatum suivant, qu'il remit à M. Lasne :

A la condition que la ville de Versailles, sur la contribution de 1,054,567 francs qui lui est imposée, paiera — pour elle et les communes faisant partie de ses cantons — la somme de 100,000 francs aujourd'hui, et d'aujourd'hui à samedi prochain la somme de 230,000 fr., il lui sera accordé, pour le paiement du reste de la contribution, un délai jusqu'au 15 mars prochain.

Versailles, le 21 février 1871.

Le Commissaire civil,
De Nostitz-Wallwitz.

Le Conseil municipal se réunit dans la journée. Des discussions extrêmement vives s'élevèrent sur l'opportunité du paiement des 100,000 francs, qui fut enfin approuvé.

23 février. — Le 23 février, le Conseil fut saisi de nouveau de la question, pour qu'il décidât si le paiement des 230,000 fr. aurait lieu le samedi suivant. Il décida que ce second versement n'aurait pas lieu, le versement des 100,000 francs ayant épuisé absolument les ressources.

Cependant les événements marchaient; l'Assemblée s'était réunie à Bordeaux, la paix devenait de plus en plus probable ; la contribution de guerre, levée sur les départements envahis, avait soulevé de tous côtés les plus grandes résistances; M. de Nostitz-Wallwitz dut renoncer à la perception des 230,000 fr., qui devaient être payés le samedi 25 février.

24 février. — Si les Prussiens renonçaient au paiement des contributions non touchées, il leur fallait du moins justifier de la légitimité des perceptions déjà faites. C'est ce qu'ils essayèrent de faire dans leur *Moniteur officiel* du 24 février. Suivant un procédé déjà bien des fois employé, ils voulaient prouver qu'ils ne faisaient rien autre chose qu'agir avec les Français comme les Français avaient agi avec les Allemands dans les guerres d'autrefois. C'était là une manière de poser la question qui la déplaçait; il ne s'agissait pas, en effet, de savoir si la conduite des Prussiens avait des précédents dans le passé : il s'agissait de savoir si elle était équitable. Qu'il y eût eu des abus, des violences, des crimes dans les guerres des siècles antérieurs, cela était très certain, surtout quand on allait chercher des exemples dans les guerres du temps de Louis XIV; à ce compte, on aurait pu remonter jusqu'aux luttes du moyen âge. Mais ce qu'il aurait fallu établir, c'était que la conscience contemporaine ne repoussait pas comme odieux les actes dont les Prussiens étaient les auteurs en 1871. Cette démonstration, ils prétendirent la donner en citant deux passages d'une étude sur M. de Barante, publiée par M. Guizot dans la *Revue des Deux-Mondes*. Par malheur, leur citation prouvait contre eux-mêmes, bien loin d'être un argument en leur faveur.

Voici l'article tel qu'il parut dans le journal officiel de M. de Bismarck :

On s'étonne beaucoup de ce que les autorités allemandes continuent à exiger des réquisitions en nature et de frapper des contributions *pendant la durée de la suspension d'armes*. A entendre les récriminations, il n'y aurait dans l'histoire d'aucune guerre des exemples de semblables exactions, et *jamais les Français surtout* ne se seraient permis de pareilles choses.

Consultons l'histoire et invoquons le témoignage de deux Français également éminents.

M. de Barante, l'auteur célèbre de l'*Histoire des ducs de Bourgogne* et de l'*Histoire du Parlement de Paris*, avant d'être un écrivain hors ligne, avait occupé les fonctions d'auditeur au Conseil d'Etat, pendant le premier Empire, et en cette qualité avait été détaché en Allemagne et en Pologne, pour y aider à administrer, sous le feu de la guerre, les provinces occupées par l'armée française.

A la mort de M. de Barante, survenue en 1866, M. Guizot publia dans la *Revue des Deux-Mondes* (t. LXX, p. 5) une étude sur le défunt, résumant sa carrière et appréciant ses travaux. Comment procédait-on, non pas pendant les armistices et les suspensions d'armes, mais *après la conclusion de la paix?* Transcrivons, à titre de réponse, la page 23 du travail susdit de M. Guizot :

« En juillet 1807, la paix était faite à Tilsitt avec la Prusse comme avec la Russie; intendant en Silésie, M. de Barante se croyait au terme de ses travaux : « Nous nous hâtâmes, dit-il, de mettre nos comptes en bon ordre pour les présenter à M. Daru, afin de ne pas retarder d'un jour notre rentrée en France; il nous tardait de quitter des fonctions qui nous avaient été si déplaisantes, *l'idée ne nous venant pas que la paix n'eût apporté aucun changement à l'état de la Prusse et qu'elle ne dût cesser d'être administrée en pays conquis*. C'est cependant ce qu'il me fallut reconnaître en arrivant à Berlin; je trouvai toutes choses sur le même pied que huit mois auparavant : une administration française, nos collègues à la tête des administrations financières et M. Daru gouvernant la Prusse. J'avais été chargé de lui apporter nos comptes de Silésie; je les lui remis en lui demandant à quelle heure je pourrais, le lendemain, les soumettre à son examen, et lui donner les explications qui seraient nécessaires. — Ah çà! me dit-il, vous nous donnerez beaucoup d'argent? — Fort peu, lui répondis-je, 2 ou 3 millions seulement; la contribution a été acquittée en grande partie par des réquisitions. — Il y aura à débattre sur cela; je n'ai pas approuvé toutes ces imputations. — Il n'y en a pas une qui ne soit appuyée d'un décret de l'Empereur ou d'une décision de vous. — Je ne m'explique pas toujours clairement, on pourra chicaner. Ecoutez, me dit-il en prenant un ton plus sérieux, je n'ai pas envie de vous donner de mauvaises raisons; l'Empereur m'a laissé l'autre jour à Kœnigsberg; au moment où il montait en voiture, il m'a dit : « Vous resterez avec l'armée, vous la nourrirez et vous me rapporterez 200 millions. » Je me suis récrié. « Va pour 150, » a-t-il repris. On a fermé la portière et il est parti sans attendre une réponse. *Vous voyez bien qu'il faut que la Prusse doive encore 150 mil-*

lions et que mes comptes le prouveront. Nous saurons bien trouver des arguments et des calculs pour le démontrer. »

Les Français ont-ils raison de se plaindre des contributions que l'on lève, non pas après la paix, mais pendant une simple suspension d'armes ?

Il faut d'abord compléter la citation ; le passage se termine ainsi :

Je répondis à M. Daru :
« Ce n'est pas moi qui aurai à les discuter avec les gens de Silésie ; je n'éprouverai pas *l'embarras de leur entendre dire que nous manquons aux promesses qui leur avaient été faites* : l'Empereur vient de me nommer sous-préfet. Ce n'est certes pas de l'avancement, mais *je ne m'en plains pas, cela me tire d'ici* et je vais me rendre à mon nouveau poste.
— A la bonne heure, me dit M. Daru, je conçois que vous preniez la chose ainsi. »

Quel était le sentiment qui animait M. de Barante, quand il écrivait ce récit, et M. Guizot, quand il le reproduisait ? C'était évidemment un sentiment de blâme énergique contre les procédés employés par Napoléon. Un peu plus haut, du reste, M. de Barante, racontant d'autres excès, écrivait expressément : « Ces façons étaient nouvelles pour moi, et me faisaient *une impression de tristesse et de dégoût;* je songeais à ce que nous *laisserions de haine et de rancune parmi les populations* allemandes. »

Ce que se plaisait si maladroitement à citer le *Moniteur officiel*, c'était le verdict de l'histoire, et ce verdict était justement une condamnation complète. Oui, sous Napoléon Ier, les Français en Allemagne ont commis des exactions analogues, sinon comparables, à celles que les Prussiens ont commises en France sous Guillaume. Mais que dit l'histoire aujourd'hui de ces exactions ? L'histoire, s'exprimant *par la bouche des Français eux-mêmes*, a flétri hautement ces excès ; elle flétrira de même les actes des Prussiens ; et quand elle les racontera, ce qu'elle éprouvera, ce sera aussi une *impression de tristesse et de dégoût*. Napoléon Ier est maudit encore aujourd'hui par les Allemands ; bien des générations passeront donc de même avant que les noms de Guillaume Ier et de Bismarck cessent d'être maudits en France. Etait-ce là ce que le *Moniteur officiel* prussien voulait démontrer ?... Moitié par affaiblissement du sens moral, moitié par niaiserie, le rédacteur de la feuille de M. de Bismarck n'avait pas vu qu'il apportait lui-même la condamnation et la flétrissure des actes qu'il prétendait justifier.

26 février. — Dans sa séance du 19 février, l'Assemblée de Bordeaux avait nommé, comme négociateurs des préliminaires de paix, M. Thiers et M. Jules Favre, assistés d'une commiss. . de députés composée de quinze membres (parmi lesquels se trouvait notre représentant M. Barthélemy Saint-Hilaire). Ces négociateurs s'étaient rendus à Versailles, et après de longues et pénibles discussions avec M. de Bismarck, les préliminaires de paix furent signés dans notre ville le 26 février.

Ces préliminaires comprenaient dans leurs stipulations la perte pour la France de deux provinces et le paiement de 5 milliards.

La connaissance de ces conditions, qui déchiraient le cœur, rendait plus insupportable que jamais la vue des odieux ennemis qui venaient de les imposer. Il fallait continuer à les avoir chez soi; il fallait les nourrir, il fallait assister à leurs ricanements insultants. Depuis une dizaine de jours, les officiers, ayant des loisirs, ne cherchaient qu'à inventer des divertissements. Favorisés comme toujours par le temps qui, le siège terminé, s'était tout à coup remis au beau, ils faisaient des excursions au bois de Boulogne, ils caracolaient toute la journée dans le Parc et sur les avenues. Ils organisaient des cavalcades, et ils donnèrent des courses de chevaux sur l'hippodrome de Porchefontaine. Ils s'étaient revêtus déjà, pour ces réjouissances, des uniformes neufs confectionnés pour l'entrée triomphale qu'ils espéraient faire à Paris, et qui fut si peu brillante. Les simples soldats avaient aussi reçu de nouveaux uniformes; les artilleurs avaient repeint à neuf, en couleur bleue, les canons et les caissons de la place d'Armes. Ces préparatifs et ces plaisirs n'empêchaient pas les études militaires; dès que le siège avait été interrompu, les soldats avaient repris leurs heures habituelles d'exercice, comme s'ils eussent été dans leur garnison; toute la journée, nos avenues servaient à ces manœuvres; on voyait même un bon nombre de recrues, car les envois de nouveaux soldats n'avaient pas cessé (1); Versailles était une des villes où se reformaient et se complétaient les régiments décimés par la guerre, et nous avions ainsi sous nos yeux la preuve que les forces de l'Allemagne étaient bien loin d'être épuisées. Elle avait encore, et en abondance, des troupes fraîches et déjà instruites.

Si la ville recevait des soldats nouveaux, en revanche elle se vidait rapidement de l'immonde colonie de mercandiers qui l'avait envahie à la suite du 5ᵉ corps. Les marchands juifs vendaient au rabais les provisions de toute nature accumulées dans leurs bazars; le *Moniteur officiel* publiait leurs annonces de liquidation; l'intendance vendait aux enchères ses chevaux réformés, ses tonneaux et ses caisses de riz détérioré, etc. Tout se préparait pour un départ général; on emballait sur-

---

(1) Parmi ces soldats nouveaux venus, un certain nombre avaient été spécialement expédiés d'Allemagne, bien portants et bien habillés, pour figurer à l'entrée solennelle dans Paris.

tout avec soin les souvenirs de France qu'on emportait dans
« la patrie allemande ». On y joignait de petits objets venant de
Paris, que nos marchands recevaient l'ordre d'aller acheter,
puisque les portes de la ville prise étaient encore fermées. Parmi
les objets de ce genre dont les officiers faisaient l'acquisition, il
faut signaler deux photographies bien connues qui se montraient
dès lors dans toutes les vitrines de papetiers et qui représentaient,
l'une : le roi Guillaume, M. de Bismarck et la Mort galopant à
travers les campagnes comme les trois cavaliers de l'Apocalypse
et semant sur leur passage l'incendie et le carnage; l'autre, un
pilori auquel étaient attachés le roi Guillaume, M. de Bismarck
et Napoléon III. Ces deux dessins avaient une certaine valeur
pittoresque à laquelle les officiers prussiens paraissaient sensibles, et faisant preuve de ce don « d'objectivité » dont ils se
vantent, ils considéraient curieusement et même achetaient pour
les emporter en Allemagne ces témoignages tout récents de
l'art français.

28 février. — Le 28 février, les régiments désignés pour
occuper Paris traversèrent la ville, se dirigeant vers Longchamps.
Ils portaient des vivres pour trois jours. Au bout de ce temps,
ils devaient être remplacés par d'autres régiments, dont le séjour
dans Paris serait également de trois jours, et ainsi de suite, de
telle façon que toute l'armée d'investissement pût, en retournant
dans ses foyers, se réjouir d'avoir campé dans la « Babylone
moderne ». On sait que la rapidité avec laquelle le traité de paix
fut ratifié par l'Assemblée de Bordeaux fit échouer toutes ces
combinaisons.

1er—3 mars. — Dans la matinée du 1er mars, l'état-major
du grand quartier général, en grand uniforme, défila par
l'avenue de Saint-Cloud, se dirigeant vers Paris. A midi devait
avoir lieu à Longchamps une grande revue passée par l'empereur-
roi Guillaume [1].

Cette entrée des troupes dans Paris avait de nouveau jeté la
population de Versailles, comme toute la France, dans la plus
grande anxiété. Qu'allait-il se passer? Quelque incident, impossible à prévoir, n'allait-il pas amener de nouvelles tristesses? On

---

[1] A cette revue, l'empereur Guillaume avait à ses côtés, comme escorte,
le roi de Wurtemberg, le prince royal de Prusse, les grands-ducs de Bade,
de Saxe-Weimar, d'Oldenbourg, de Mecklembourg-Schwerin, le duc Ernest
de Saxe-Cobourg-Gotha, les princes Luitpold et Othon de Bavière, le prince
Guillaume de Wurtemberg, les deux ducs Eugène de Wurtemberg, le duc
Guillaume de Wurtemberg, les ducs d'Altenbourg et de Meiningen, le
prince héréditaire de Saxe-Weimar, de Mecklembourg-Schwerin, de Strelitz,
d'Oldenbourg, de Hohenzollern, le prince Hermann de Weimar, le prince de
Lippe, sans compter les officiers de l'état-major habituel.

écoutait avec angoisse du côté de Paris, croyant sans cesse entendre l'écho du canon...

Les troupes revinrent le 3 mars; elles étaient parties sans éclat, elles revinrent sans bruit. La conclusion de ce siège semblait décidément mélancolique pour elles; les soldats, même après la signature du traité, n'exprimaient que cette pensée : « Nous allons donc enfin nous en retourner en Allemagne!... » La presse allemande avait pourtant fait tous ses efforts depuis six mois pour établir que le progrès de la civilisation européenne exigeait que la France, « ce ferment de révolutions et de guerres », disparût du rang des grandes puissances, et, en apparence, au 1er mars 1871, l'œuvre semblait accomplie; l'armée aurait dû être joyeuse d'avoir rendu ce service à l'humanité; il n'en était rien; sans doute l'orgueil militaire des soldats était satisfait et ils étaient fiers d'avoir donné la victoire à l'Allemagne, mais le sentiment qui effaçait tous les autres, et qu'ils laissaient naïvement percer, c'était la lassitude profonde de cette lutte. Nous parlons, bien entendu, des simples soldats, de la masse populaire, qui s'épanchait sincèrement. La noblesse, formant le corps des officiers, était plus préoccupée des conséquences politiques, et affirmait avec hauteur que désormais la France ne compterait plus dans le monde; elle ne serait plus, nous disaient-ils, qu'un de ces États sans importance dont les calculs de la diplomatie n'ont pas à s'occuper. Aussi les résistances si énergiques rencontrées au dernier moment à propos de l'entrée solennelle dans Paris, résistances dont il avait fallu tenir compte, les froissèrent profondément. L'empereur Napoléon Ier était entré solennellement à Berlin et l'empereur Guillaume n'entrait pas à Paris! La revanche n'était pas complète, et toute cette campagne si merveilleuse semblait se résumer dans un acte d'impuissance. Même réduite à traiter au gré de la Prusse, la France témoignait devant l'Europe qu'elle n'était pas complètement sous le joug, et, gisant à terre, elle avait encore la force ou l'adresse de maintenir son vainqueur à distance. Il y avait dans ce dénouement inattendu une espèce de recul que les officiers n'osaient pas blâmer tout haut, mais qui leur était extrêmement pénible et qui empoisonna leur triomphe.

Ayant dû renoncer à l'entrée solennelle comme vainqueur à la tête de ses troupes, le roi Guillaume voulut du moins faire à Paris une visite de curieux. Dans la matinée du 3 mars, il quitta Versailles en voiture et se rendit dans les Champs-Élysées où il fit une courte promenade.

Puisque la paix était signée, — et à quel prix! — il sembla au Conseil municipal que les réquisitions devaient cesser. Rien cependant n'était moins sûr, puisque l'armistice n'avait suspendu ni les incendies de villages, ni les contributions nouvelles. La lettre suivante fut, en tout état de cause, adressée au général commandant de place :

Général,

Le Conseil municipal a reçu communication du *Journal officiel* de ce jour où est annoncée la ratification des préliminaires de paix. Cette ratification crée une situation toute nouvelle et doit évidemment modifier les rapports établis entre la ville de Versailles et les troupes d'occupation. Nous estimons que toute réquisition proprement dite cesse de droit, que les objets fournis aux troupes devront être à l'avenir payés par l'intendance allemande, et enfin que la ville ne devra plus payer d'abonnement pour la nourriture des officiers.

Quant aux logements militaires, il nous semble qu'ils devraient, autant que possible, être limités aux casernes et aux établissements publics. Nous croyons pouvoir compter, en même temps, que le passage des troupes par la ville de Versailles sera calculé de manière à ménager une population déjà bien éprouvée par l'obligation de loger pendant un si long espace de temps les troupes d'occupation. Notre désir est de nous entendre avec vous sur l'interprétation de la convention de paix et de conclure avec l'autorité un *modus vivendi* qui concilie tous les intérêts.

Le général de Voigts-Rhetz, visiblement embarrassé, répondit par des ordres assez contradictoires, jusqu'à ce qu'enfin il communiquât à la Mairie la note suivante, qui lui avait été envoyée par le Prince Royal :

Quartier général du 5ᵉ corps.

A la Commandanture,

Par suite d'une communication de l'intendance générale des armées, il a été décidé que jusqu'à ce que la convention qui doit régler la nourriture des troupes en France soit conclue, les réquisitions des aliments *doivent continuer comme auparavant*. Ces réquisitions se feront sur des bons au compte du gouvernement français.

En conséquence, la circulaire télégraphique du 1ᵉʳ mars est rapportée, et les ordres du 8 octobre et du 7 novembre 1870 sont remis en vigueur.

Le Quartier-maître,
DE GOTTBERG.

Les réquisitions de voitures continuèrent également et, jusqu'à la fin, furent l'occasion de démêlés entre la Mairie et la Commandanture, ainsi que le montre la lettre suivante, une des dernières et des plus irritées que le commandant de place ait envoyées à la municipalité :

A la Mairie de Versailles.

Par ordre du général de Voigts-Rhetz, commandant de Versailles, je fais savoir à la municipalité que par suite de la réponse suivante, faite à une ordonnance de la Commandanture : « La Mairie ne se considère plus comme obligée à fournir des voitures aux troupes de la garnison, » les 4,000 fusils de la garde nationale partiront demain pour l'Allemagne; quant à la remise des 300 qui avaient été promis, il n'en peut plus être naturellement question.

Si les voitures requises pour le gouvernement général impérial ne se trouvent pas demain, à 5 h. 1/2 au lieu indiqué, la Commandanture se verra obligée de les prendre où elle les trouvera.

De (*illisible*),
Premier lieutenant.

En présence de cette menace officielle de vol, les voitures requises furent fournies. On voit que jusqu'au dernier moment de leur séjour, et *la paix étant signée et ratifiée*, les vainqueurs entendaient agir en maîtres et vivre aux dépens du vaincu. Il y avait là un mépris absolu des principes les plus élémentaires du droit des gens, mais nous savions depuis longtemps que lorsqu'on parlait des droits des vaincus aux Prussiens, ils répondaient le plus souvent par un sourire ironique qui disait très clairement : « Est-ce que vous vous moquez?... Il n'y a à la guerre qu'une règle de droit, c'est l'intérêt et la volonté du vainqueur. » C'est encore d'après ce principe qu'ils agirent après le traité de paix.

5—7 mars. — Quelles que fussent les décisions de l'autorité prussienne sur les réquisitions, elles étaient forcément moins lourdes, car les départs devenaient d'heure en heure plus nombreux. Les petits princes qui avaient fait leurs cinq mois de campagne à l'*hôtel des Réservoirs* et au « Casino » du prince de Cobourg étaient allés recevoir les félicitations de leurs sujets ; ils avaient disparu en laissant à la charge de la ville une note d'une trentaine de mille francs. Le ministère de la Guerre, la chancellerie, l'état-major de l'intendance avaient quitté également les vastes logements qu'ils occupaient.

M. de Bismarck partit dans la matinée du lundi 6 mars. On a fait bien des récits sur les incidents qui signalèrent son départ. Il y a entre autres un certain récit d'enlèvement de pendule qui a été reproduit partout. Il convient de rétablir les faits tels qu'ils se sont passés ; on me pardonnera donc d'entrer ici dans quelques détails (1).

Mme Jessé, propriétaire de l'hôtel habité par M. de Bismarck, rentra à Versailles le dimanche matin 5 mars; elle fut reçue chez elle par M. de Bismarck lui-même. Comme s'il eût été très fier de l'état dans lequel il laissait la maison occupée par lui, il conduisit Mme Jessé dans les principales pièces du rez-de-

(1) Tels que Mme Jessé a bien voulu nous les donner, d'après les notes prises le jour même.

chaussée et du premier étage. Elles étaient toutes d'une telle malpropreté, qu'il fallut plus tard faire gratter les parquets; néanmoins, M. de Bismarck en admira devant Mme Jessé la belle conservation. Dans le cours de cet entretien, pendant lequel il affectait de se montrer extrêmement poli, il lui dit : « Vous voyez, Madame, combien j'ai tenu à faire respecter votre hôtel; j'ai respecté jusqu'à vos pintades!... elles m'ennuyaient pourtant bien!... J'aurais voulu au moins manger de leurs œufs et elles n'ont pas même voulu m'en donner!... Eh bien! malgré tout cela, elles sont là, venez les voir... »

Et en parlant ainsi, M. de Bismarck se dirigea vers la basse-cour. A son grand étonnement, les pintades ne s'y trouvaient pas.

« Où sont donc les pintades? dit-il à haute voix en s'adressant à la jardinière.

— Mais vous les avez mangées il y a huit jours!..., » répondit la jardinière.

Et, en effet, M. de Bismarck avait été peu heureux dans l'exemple qu'il avait choisi pour démontrer à Mme Jessé la délicatesse de ses procédés. Un de ses secrétaires avait donné l'ordre, la semaine précédente, d'égorger les volatiles sur le témoignage desquels M. de Bismarck avait compté si imprudemment. Ce document authentique lui échappait au moment même où il croyait le saisir.

Comme tout cet entretien avec Mme Jessé n'était sans doute au fond qu'une ironie, il ne se troubla pas pour si peu. Il continua à être à la fois obséquieux et familier, mêlant les paroles oiseuses à des questions de toute sorte. Dans une des pièces du rez-de-chaussée, Mme Jessé avait signalé l'absence d'une pendule en marbre ornée d'une statuette en bronze, représentant Satan enveloppé de ses ailes et méditant. Cette pendule avait été transportée dans le cabinet de travail de M. de Bismarck.

Lorsqu'il fut dans cette pièce, M. de Bismarck dit à Mme Jessé :

« Voilà, Madame, cette pendule dont vous parliez tout à l'heure... Vous voyez qu'elle existe toujours. Ah! Thiers la détestait bien... Nous avons longtemps discuté devant elle... il ne pouvait la voir et répétait toujours : « Le diable! le maudit « diable!! » La paix a été signée devant elle... Thiers ne l'aime pas!...

— Et vous, Monsieur le Comte?

— Jolie! très artistique!... Y tenez-vous beaucoup?...

— Oui, Monsieur le Comte. »

Et l'entretien sur ce sujet n'alla pas plus loin. Lorsque Mme Jessé quitta son hôtel, pour retourner à Paris, M. de Bismarck la reconduisit jusqu'au boulevard de la Reine, tête nue, et affectant toujours les démonstrations les plus polies.

Mme Jessé était à peu près devant le Lycée, quand deux cavaliers la rejoignirent ; l'un d'eux descendit de cheval et lui dit :

« Madame, cette pendule dont vous avez parlé avec M. de Bismarck, ce serait pour nous un grand bonheur de la lui offrir. Son Excellence tiendrait beaucoup à l'emporter chez lui comme souvenir. Voulez-vous nous la céder?... Quel que soit le prix (pourvu que ce ne soit pas un million, ajoutèrent-ils en souriant), nous le paierons... »

Mme Jessé refusa, et se rendit au chemin de fer.

Le lendemain matin, préoccupée des intentions de ces officiers, Mme Jessé, qui devait rester à Paris, revint à Versailles ; elle fut très étonnée de trouver dans la cour des voitures chargées prêtes à partir. On avait passé la nuit à emballer. Cependant, la veille, M. de Bismarck avait affirmé à Mme Jessé qu'il ne partirait que le mardi ou le jeudi. Pourquoi cette hâte, dès que Mme Jessé avait reparu?...

De nouvelles tentatives furent faites auprès d'elle, par les secrétaires du comte, pour la décider à céder la pendule historique. Mme Jessé refusa avec plus d'énergie encore que la veille et termina en disant :

« Non, je suis Française, je ne veux ni la donner ni la vendre. »

M. de Bismarck, vers 9 heures, parut sur le perron de l'hôtel, pour monter dans sa voiture de voyage. Mme Jessé était à peu de distance, mais il affecta de ne pas la regarder. Il fit ses adieux au jardinier en lui donnant une poignée de main et 50 francs. Il lui remit de plus 40 francs, en disant :

« C'est pour les réparations de l'hôtel... Mme de Jessé doit être contente... »

Les personnes présentes n'étaient pas assez diplomates pour dissimuler le soulagement qu'elles éprouvaient en assistant à son départ, et M. de Bismarck, regardant autour de lui, fit d'un ton moitié irrité, moitié ironique :

« Comme tout le monde, ici, est content de me voir les talons!... »

Quant à la pendule, elle était toujours à sa place ; mais elle préoccupait M. de Bismarck, car au moment même de ce départ, il remit à la jardinière une feuille de papier sur laquelle était écrite son adresse à Berlin (*Wilhelmstrasse*), en disant :

« Si Mme de Jessé change d'idée, voici mon adresse... »

Et il partit.

Quelques instants après son départ, Mme Jessé constatait que dans un secrétaire, placé dans le cabinet particulier de M. de

Bismarck, où n'entraient que des officiers supérieurs et où fut signé l'armistice, on avait dérobé un rouleau de 400 francs en or, des bijoux et une collection de monnaies rares. Plus tard, on s'aperçut que si la pendule était restée à sa place, le balancier en avait été enlevé. C'était sans doute un officier de la suite de M. de Bismarck qui l'avait détaché au dernier moment; ne pouvant offrir à son maître la pendule, il avait peut-être tenu à lui donner au moins le balancier qui avait marqué ces secondes que M. Thiers avait si justement maudites.

Encore aujourd'hui, la pendule, qui est restée privée du balancier enlevé le 6 mars, marque l'heure à laquelle M. de Bismarck a quitté Versailles.

A mesure qu'on prit possession de la maison, on constata plus de dégâts. La vaisselle avait été mise en miettes; les serrures des armoires avaient été forcées ou faussées; les clefs qui les ouvraient avaient été jetées ou cachées. La cuisine, où continua cependant à manger pendant quelques jours un familier de M. de Bismarck, était un bouge d'une odeur infecte; les bouteilles vides ou brisées, ou garnies de bouts de bougies, étaient dispersées de tous côtés... tel était l'hôtel dont M. de Bismarck avait feint de faire les honneurs à sa propriétaire avec une espèce de coquetterie indéfinissable. Agissait-il sérieusement, ou se moquait-il? Cet homme est si étrange, parfois si sincère, parfois si audacieusement humoristique, qu'il est bien difficile de deviner quel était le fond de sa pensée.

Il faut noter encore une autre disparition aussi peu flatteuse pour M. de Bismarck ou son entourage. M. de Bismarck, ayant, dans le courant du mois de janvier, à donner un dîner diplomatique, avait *requis* de la ville un magnifique service de table en linge damassé. Quand M. de Bismarck fut parti, c'est en vain qu'on réclama le service : il avait disparu avec les malles de la chancellerie.

En fait de vols de la dernière heure, le plus curieux est celui qui fut commis par le directeur même de la police du grand quartier général, M. le conseiller intime Stieber, que nous avons eu l'occasion de rencontrer plusieurs fois dans ce récit. Il logeait, comme nous l'avons dit, dans la maison située boulevard du Roi, n° 1. Il y occupait le second étage. Son collègue et subordonné Zernicki occupait le premier. Le 7 mars, ces deux fonctionnaires, qui avaient été chargés pendant toute la durée de l'occupation de surveiller et d'arrêter les voleurs, emballèrent dans leurs malles les pendules, les objets d'art, les porcelaines que renfermaient les deux logements qu'ils abandonnaient. Indigné de ces enlèvements, le domestique, nommé Dunon, qui avait été chargé de veiller sur l'un de ces logements, alla se plaindre chez le commandant de place. Il y trouva M. de Treskow, qui, tout en riant beaucoup du fait, engagea le plaignant à s'opposer avec énergie à cet emballage. Fort d'un encouragement qui ressemblait à une promesse d'appui, Dunou voulut empêcher avec plus d'autorité les vols dont il était le témoin. Mais M. Stieber fit aussitôt venir deux gendarmes prussiens qui, après avoir roué de coups Dunou et lui avoir donné deux coups de sabre sur le crâne et un sur l'épaule, le conduisirent tout couvert de sang à la prison de la rue Saint-Pierre, d'où il sortit le dernier de tous les prisonniers, et quand le chef de la police était déjà bien loin de Versailles.

Cet enlèvement des meubles du logement qu'il occupait était, paraît-il, dans les principes de ce conseiller intime, car déjà, une première fois, il avait fallu s'opposer à une tentative de ce genre faite par lui. Au début de son séjour à Versailles, il avait logé avenue de Saint-Cloud, n° 69; quand il vint s'installer au boulevard du Roi, il mit dans ses malles tout ce que renfermait de précieux l'appartement qu'il quittait; le gérant de la maison, M. Doublet, protesta, mais en vain, et sans l'intervention inattendue d'un intendant général bavarois, qui fut appelé très à propos, M. Stieber était aussi heureux dans son premier déménagement qu'il le fut dans le second.

Un autre incident, non moins curieux, peut servir à caractériser la manière d'agir de ce chef de la police du grand quartier général.

Un habitant de Versailles, qui avait été absent pendant les premiers temps de l'occupation, constata à son retour qu'un vol de diamants, de vêtements et de fourrures, s'élevant à la valeur de plus de 10,000 francs, avait été commis dans l'appartement qu'il occupait avec sa sœur (avenue de Saint-Cloud, 85). Il se rendit aussitôt chez le commandant de place, accompagné de M. Mainguet, conseiller municipal. M. de Treskow dit aux plaignants : « Ce que vous avez de mieux à faire, c'est de vous adresser au directeur de la police, M. Stieber... Soyez large avec ces gens-là, c'est le seul moyen d'en tirer quelque chose. »

M. Stieber reçut très gravement la plainte, et sur l'offre qui lui était faite de rétribuer ceux de ses agents qui aideraient à découvrir les voleurs, il répondit avec une grande dignité : « Monsieur, la police prussienne ne reçoit jamais d'argent!... »

Le logement où le vol avait été commis avait été occupé pendant quelque temps par M. le comte de Hatzfeld, qui l'avait quitté pour se rapprocher de son maître, M. de Bismarck. Les soupçons s'étant portés sur un domestique qui avait été au service de M. de Hatzfeld, une perquisition eut lieu, sous les auspices de Zernicki, dans la chambre que ce domestique occupait au nouveau domicile de M. de Hatzfeld (rue de Provence, n° 5). Malheureusement, le matin même de la perquisition et comme s'il eût été prévenu, ce domestique était sorti en emportant un gros paquet. On trouva cependant encore dans sa paillasse beaucoup de petits objets qui furent reconnus comme faisant partie des objets disparus. Quelques jours plus tard, la femme de chambre de la personne volée, confrontée avec un Allemand enfermé à la prison de la rue Saint-Pierre, le trouvait vêtu des pieds à la tête des habits de son mari. Cet homme se jetait à ses pieds et s'écriait : « Oh! Madame, ne me perdez pas! »

L'aveu était clair; il était évident qu'on avait mis la main sur les voleurs. La police prussienne, tenant entre ses mains les coupables, était évidemment en état de faire rendre les diamants et le reste. Le plaignant, cependant, ne voyait rien revenir. Au bout de huit jours, il se rendit de nouveau chez Stieber, mais, cette fois, il trouva un accueil bien différent : Stieber, en le voyant, prit un air presque indigné :

« Monsieur, dit-il, de quel droit venez-vous soutenir une réclamation qui n'a aucun fondement et qui attaque l'honneur d'un sujet de Sa Majesté?

— Mais vous savez bien ce qu'on a trouvé dans sa paillasse.

— Qu'est-ce que cela fait! A la guerre, ces choses s'expliquent parfaitement; et d'ailleurs, comment me ferez-vous croire que cette dame, en quittant Versailles, y avait laissé une montre enrichie de brillants, un collier et des diamants!

— Rien n'est plus naturel, puisque cette dame allait aux bains de mer; on n'a pas l'habitude d'y porter des diamants...

— Monsieur, votre plainte est injustifiable, et vous devriez vous trouver très heureux que la justice de Sa Majesté *ne s'exerce pas contre vous!...* »

Ce mot termina l'enquête. Elle avait servi à la police prussienne à découvrir entre quelles mains se trouvaient les diamants, mais elle n'avait pas servi à les faire revenir entre les mains du propriétaire, et elle avait pour épilogue l'étrange menace adressée par M. Stieber, menace qui n'étonne plus, quand on sait que ce fonctionnaire, à l'occasion, avait pour règle de faire mettre en prison les volés et non les voleurs.

Le Roi et son fils partirent le 7 mars.

Fidèle à ses habitudes de simplicité, le Prince Royal quitta Versailles à 6 heures du matin, sans aucun apparat. Il eût été à souhaiter que tous nos ennemis eussent possédé les instincts de modération et l'esprit élevé du Prince héritier; la guerre eût conservé un caractère tout autre, et les désirs de vengeance qu'elle laissera n'auraient pas la même âpreté. Nous avons relevé à leur jour les exactions et les brutalités des Prussiens; disons aussi, avec la même sincérité, que, grâce au Prince Royal, le Musée consacré « à toutes les gloires de la France » était le 7 mars 1871, à très peu de chose près, tel qu'il était le 19 septembre 1870 (1). Il y avait pourtant, dans ces galeries historiques, bien des toiles faites pour froisser l'orgueil germanique; elles avaient été protégées et respectées à l'égal de toutes les autres. C'est là un acte de modération et de sagesse qui, dans l'histoire de cette guerre, restera un légitime titre d'honneur pour le Prince Royal. Il s'est montré, en cette circonstance, pleinement animé de cet esprit moderne de civilisation dont l'Empire allemand prétend être en Europe le vrai représentant, et qui pourtant est resté ignoré de tant d'officiers prussiens, véritables reîtres faisant la guerre comme du temps de Wallenstein.

Le roi Guillaume partit trois heures après son fils, en voiture découverte; il reprit exactement le chemin par lequel il était venu le 5 octobre. Les troupes, comme au jour de son arrivée, étaient rangées en haie dans la rue des Chantiers. Les acclamations qui saluèrent le Roi-Empereur paraissaient lancées avec bien moins d'élan qu'au 5 octobre; et cependant c'était « Guillaume le Victorieux » qu'elles saluaient. Là encore se trahissait de la fatigue. Les soldats avaient goûté les jouissances de la victoire, mais ces jouissances, d'ailleurs bien tardives et bien chèrement achetées, ne pouvaient être complètes que s'il s'y était mêlé la conscience d'avoir accompli une œuvre juste et durable. C'était ce sentiment, seul capable d'ennoblir la victoire, qui manquait aux soldats allemands. Depuis plusieurs mois, instruments dociles de pensées politiques qui leur restaient étrangères, ils étaient tristes de mourir en si grand nombre pour une idée qu'ils ne comprenaient plus. De là le peu d'entrain des régiments prussiens pendant les derniers temps de leur séjour à Versailles. Il n'y avait d'ardeur vraie que pour charger les fourgons qui emportaient en Allemagne le butin fait en France. Cette fin de campagne n'avait que l'enthousiasme peu noble qu'on peut mettre dans un déménagement.

Aussitôt après le départ de l'empereur Guillaume, M. le baron Normand, conseiller de préfecture, reprit possession de l'hôtel devenu libre, et dressa de sa visite un procès-verbal curieux dont voici un extrait abrégé :

(1) Le rapport officiel sur l'histoire du Musée pendant l'occupation, rédigé par M. Soulié, a été publié par son successeur, M. de Nolhac, dans la *Revue de l'Histoire de Versailles* (numéro de Mai 1899).

L'an 1871, le mardi 7 mars, Nous, baron Normand, conseiller de préfecture, nous avons procédé à la récapitulation du mobilier de la Préfecture, immédiatement après le départ de l'Empereur et de son état-major...

Nous avons visité tous les appartements occupés, qui étaient dans un *état de désordre et de malpropreté incroyables.*

Après avoir constaté qu'il manquait un certain nombre d'objets mobiliers mentionnés au dernier inventaire, nous avons pris les mesures nécessaires, en faisant fermer les portes des appartements par les concierges, afin d'éviter de nouvelles déprédations, les Prussiens ne devant partir de Versailles que le 12 mars, ce qui rend la reprise de possession très difficile.

Le temps nous manquant pour pouvoir faire un inventaire, à cause des travaux d'appropriation indispensables pour recevoir M. Thiers, président du conseil des ministres et chef du pouvoir exécutif, ainsi que M. Barthélemy-Saint-Hilaire, député de Seine-et-Oise, M. Picard, ministre de l'Intérieur, et M. Calmon, sous-secrétaire d'État, nous avons été obligé de remettre à une époque autre l'accomplissement de cette formalité, et après une contre-vérification, en présence du tapissier de la Préfecture, nous avons constaté ce qui suit :

Il manquait :

Un guéridon. Un flambeau en bronze doré (1). Un meuble-secrétaire en marqueterie. Un bougeoir doré. Une pelle ciselée de cheminée de salon. Quatre rideaux. Une chaise dorée cannée. Un grand rideau (brûlé). L'encrier en bronze du cabinet du préfet. Un bougeoir en bronze. Une carte du département. Un oreiller. Deux bras en bronze doré. Une garniture de toilette. Onze couvertures en laine (2).

Plusieurs cartes départementales ont été également prises dans les archives et dans les bureaux.

Objets mobiliers brisés :

Une jardinière. Trois chaises maroquin. Une grande glace dans la salle des Commissions, un marbre de console.

Plusieurs tables et fauteuils sont cassés et dégradés. Une belle pendule, démontée pour être emballée, a été sauvée par la concierge de la grille.

Trois malles, contenant des robes, linge, effets mobiliers et bijoux, laissées en dépôt dans une mansarde, par une femme de chambre de Mme Cornuau, femme de l'ancien préfet, ont été pillées...

Après avoir visité l'hôtel, M. le baron Normand, sur une question qui lui fut posée par M. Angé, tapissier de la Préfecture, donna l'autorisation de replacer le drapeau tricolore qui flottait d'habitude sur le pavillon central de l'édifice. Rien ne paraissait plus naturel. Le roi Guillaume était parti pour l'Allemagne ; la Préfecture n'était plus et ne pouvait plus être une résidence

---

(1) L'empereur Guillaume a fait dire en partant, à la concierge, par un de ses officiers, qu'il emportait ce flambeau comme souvenir de la Préfecture. Ses aides de camp et officiers ont pris également différentes choses comme souvenirs.

(2) Le maître d'hôtel du roi de Prusse a emporté les ustensiles en cuivre les plus importants de la cuisine.

prussienne; le drapeau prussien venait d'être enlevé; il devait être remplacé évidemment par le drapeau français, puisque l'hôtel reprenait son ancienne destination.

Le drapeau tricolore fut donc replacé; mais à peine se déployait-il, que l'officier qui commandait le poste installé dans une des ailes de la Préfecture ordonnait à M. Angé de l'enlever immédiatement. Cet officier était sans doute de la race de ceux qui, encore aujourd'hui, regrettent que le traité de paix n'ait pas partagé la France en quatre; à la vue des couleurs de notre pays, il eut un accès de cette épilepsie teutonne dont nous avions eu trop d'exemples, et sur le refus de M. Angé de lui obéir, il envoya deux de ses soldats qui enlevèrent le drapeau. Apporté dans la cour de la Préfecture, il fut déchiré et foulé aux pieds.

L'incident fut aussitôt rapporté à l'administration municipale, qui convoqua d'urgence le Conseil pour le soir même.

De son côté, l'officier alla trouver le commandant de place, et transforma sa grossièreté en une insulte adressée par les Français à l'armée prussienne, de telle sorte que M. de Voigts-Rhetz envoya dans la journée à l'Hôtel-de-Ville un aide de camp, chargé de remettre au maire une défense absolue d'arborer aucun drapeau français. « Il ne faut pas, ajouta cet envoyé parlant au nom du général, qu'un pareil fait se renouvelle... J'ai encore six bataillons à ma disposition et j'enverrais les soldats tenir garnison chez l'habitant... Sachez bien que l'état de siège existe à Versailles jusqu'au départ du dernier soldat prussien! »

Sans tenir compte de ces menaces, faites sous le coup d'un récit qui dénaturait l'incident, le Conseil rédigea une protestation qu'il chargea l'administration municipale de remettre d'abord entre les mains du général; mais avant qu'elle ne fût remise, le général, mieux informé, adressa à la municipalité l'expression de ses regrets pour les faits qui s'étaient produits, et promit de punir les auteurs de l'insulte.

11 mars. — M. le général de Voigts-Rhetz, on le voit, alliait tour à tour de la rigueur aux procédés de conciliation; il était de ceux qui, dans ces derniers jours, auraient souhaité qu'il y eût entre la Prusse et la France une espèce d'adieu sans haine : c'était là un désir chimérique; deux adversaires, après le combat, peuvent se donner la main quand il y a eu de part et d'autre loyauté parfaite et lutte courtoise; mais après les incendies d'Ablis et de Saint-Cloud, après toutes les brutalités odieuses dont nous avions été témoins ou victimes, notre vainqueur n'avait droit de compter que sur une haine sans mélange; aussi ce n'est qu'avec timidité, mais non cependant sans insister, que le général offrit à quelques personnes, qui s'étaient distinguées par leur humanité, les croix spéciales qui récompensent en Prusse ce genre de services. Ces propositions furent accueillies par un refus qui, du reste, ne parut pas beaucoup étonner le général.

Le 11 mars, le bruit se répandit que des détachements de Français avaient été vus à Viroflay. C'était la preuve certaine que le départ des Prussiens ne pouvait plus tarder. On l'avait annoncé pour le 12, puis démenti; on savait que des correspondances étaient échangées à ce sujet entre les états-majors. Le jour restait pourtant encore douteux; il ne pouvait tarder, car sans cesse défilaient à travers la ville des régiments et des équipages; on avait revu entre autres cet équipage de pont qui était passé le 19 septembre, à la suite du 5ᵉ corps.

12 mars. — Enfin le jour de la délivrance parut. C'était un dimanche. Dès le matin, les derniers régiments logés dans les casernes se disposèrent à se mettre en route, et bientôt ils défilèrent par l'avenue de Picardie; les postes furent successivement abandonnés; les batteries installées sur la place d'Armes furent attelées et disparurent; l'état-major quitta l'hôtel de France; à 9 h. 1/2, le dernier soldat de l'arrière-garde franchissait la grille.

Pour la première fois depuis six mois, on respirait librement.

A peine les soldats prussiens avaient-ils abandonné le poste de la Mairie qu'un détachement de gardes nationaux du corps des pompiers, commandé depuis plusieurs jours, en reprenait possession. On avait appris que des troupes françaises feraient leur entrée dans la journée par la grille de l'avenue de Paris. Déjà un détachement était campé dans les environs de la barrière. Dès midi, une foule nombreuse attendait sur l'avenue de Paris. La foule augmenta sans cesse et, vers 4 heures, c'était la ville entière qui était réunie en groupes joyeux, pour saluer, avec le retour de nos troupes, la réapparition de la Patrie. Enfin, à 4 h. 1/2, on entendit le bruit de nos tambours. Jamais nous n'aurions cru que ce roulement, en retentissant de nouveau, pouvait exciter en nous une émotion si profonde. Le maire, qui était revenu le matin même de Bordeaux, s'était placé à la grille et, en quelques paroles émues, il exprima les sentiments qui remplissaient les cœurs, à l'aspect de ces braves soldats pour lesquels on éprouvait une sympathie d'autant plus fraternelle qu'ils avaient été plus malheureux. Dès que les quelques bataillons qui avaient reçu l'ordre d'entrer ce jour-là eurent franchi la grille, ce ne fut plus qu'un long cri d'enthousiasme qui accompagna les soldats à travers toute la ville. Le lendemain, le même accueil était fait au « bataillon d'honneur » de la garde nationale, qui rentrait à Versailles après avoir participé avec dévouement à la défense de Paris. Il y eut là, pendant deux jours, un vif élan auquel on s'abandonna avec transport. Dans cette reprise de possession de soi-même, on avait voulu oublier un instant toutes les douleurs du passé, toutes les craintes pour l'avenir.

Cette émotion de bonheur, si incomplète, et malgré tout si troublée, ne devait avoir qu'une durée bien passagère. A peine quelques jours s'étaient-ils écoulés que le 18 mars éclatait !...

Aux humiliations et aux souffrances de l'occupation étrangère succédaient les angoisses plus poignantes encore d'une horrible guerre civile. Le second siège commençait : Versailles devenait quartier général de troupes françaises réduites à la cruelle nécessité d'attaquer Paris. De nouveau, le canon résonnait, plus lugubre que jamais. C'était le commencement d'une autre période d'émotions tragiques, plus navrantes encore que toutes celles que j'ai rappelées. J'arrête ici ce fragment d'annales versaillaises, en me félicitant que les limites de mon travail me permettent d'épargner au lecteur un récit que je n'aurais pas le courage de poursuivre.

TABLE

FRONTISPICE. — Portrait de M. Rameau, maire (1).
AVERTISSEMENT. v

Septembre.

Nouvelle du désastre de Sedan. — Réunion de conseillers municipaux chez M. Edouard Charton. — Séance du Conseil municipal. . . . 1
Adresse au Corps législatif. — Election d'une nouvelle administration municipale. — M. Rameau élu maire. — Proclamation aux habitants de Versailles 2
Proclamation de M. Charton, nommé préfet de Seine-et-Oise. 3
Premières mesures prises par la nouvelle administration municipale. — Conférence avec le général de la subdivision. 4
Formation d'une garde nationale. 5
Question des subsistances. — Départ de tous les chefs d'administration qui remettent leurs pouvoirs au maire 6
Organisation de moyens de défense 7
Formation d'un corps de volontaires 8
Départ d'une partie des habitants 9
Ordre de brûler les récoltes. — Résistances. — Passage par Versailles de familles de paysans fuyant l'ennemi 10
Revue de la garde nationale par le maire. — Allocution du maire. — Formation du bataillon d'honneur de Versailles, envoyé à Paris. . . 11
Formation de la *Société internationale de Secours aux blessés* 12
Organisation d'ambulances 13
Ordre de l'autorité supérieure d'envoyer les poudres à Paris. — Départ de volontaires versaillais pour Paris 14
Approche de l'ennemi. — Proclamation du préfet. 15
Ordre de l'autorité supérieure d'envoyer les chevaux à Paris. — Départ des dernières troupes de la garnison. 16
Nouvelle visite des barrières par le maire. 17
Arrivée de trois parlementaires ennemis à la barrière de la Porte-de-Buc. — Conférence avec le maire à l'Hôtel-de-Ville. — Combat de Châtillon 18
L'ennemi est dans les environs de la ville et l'investit complètement des côtés est et sud. — Un officier parlementaire est conduit à l'Hôtel-de-Ville 19
Discussion d'une capitulation. — Entrevue du maire avec un aide de camp du général commandant les troupes qui doivent occuper la ville. 21
Arrivée dans la ville d'une ambulance prussienne, qui s'installe au Château 23
Entrée de 40,000 hommes du 5e corps. 24
Premières réquisitions. — Bivouacs sur les avenues. 26
Les chariots de transports militaires. — Campement sur la place d'Armes. 28
Pillages et dévastations. 28
Premier emprunt de 100,000 francs. — Conférence du Conseil avec le général commandant le 5e corps d'armée 29
Prise de possession par l'ennemi des établissements de l'État. . . . 31

(1) Ce portrait a été dessiné par M. Didier pour l'*Association artistique et littéraire de Versailles*, qui a bien voulu nous autoriser à le reproduire dans notre *Recueil de Documents*.

Visite de la Préfecture par les fourriers du prince royal de Prusse. — Dernière proclamation du préfet. 32
Perquisition chez le préfet. — Arrivée du prince royal 33
Plainte des habitants contre les pillages et les violences. — Lettre du maire au commandant de place 35
Canonnade du côté du Mont-Valérien. — Mouvements de troupes pour compléter l'investissement. 36
Désordres et pillages. — Abattoirs en plein vent. 37
Exigences et menaces des autorités prussiennes. — Difficultés de l'administration communale 38
Précautions de toute espèce prises par l'ennemi pour son installation. — Réquisitions écrasantes. 40
Efforts du maire pour diminuer les réquisitions. — Entrevue avec le colonel de Gottberg. 41
Promesses favorables. — Réglementation de la fourniture du pain et du vin. — Etablissement d'un magasin central 42
Le *visa* du commandant de place. — Inefficacité de ce prétendu moyen de contrôle 43
Réquisition pour le casernement. — Le factotum Ursell. — Répartition des conseillers en commissions spéciales pour chaque classe de réquisitions. 44
Théories des officiers féodaux sur le droit des gens. — M. de Voigts-Rhetz. — Etablissement d'une poste prussienne. — Délibération du Conseil sur les logements abandonnés. 46
Réquisitions de 180,000 chemises de flanelle. 47
Texte de plaintes diverses adressées à la municipalité 48
Théories prussiennes sur le droit de réquisition 50
Réclamations inacceptables de l'intendance 51
Ligne de conduite adoptée par le Conseil 52
Attitude des autorités prussiennes. — Mot de M. de Bismarck. 53
Les logements militaires. — Caractère de la politesse prussienne. ... 54
Proclamation du prince royal. 55
Extraits de rapports de police 57
Vols et violences. — Dévastation dans les casernes. — Le poste prussien de l'Hôtel-de-Ville. — Passage d'un ballon. 58
Lecture de quelques journaux 59
Faux bruits. — Le premier dimanche de l'occupation. — Service religieux au Parc. — Visite du prince royal à l'ambulance du Château. . 60
Elections du Conseil municipal. 61
Enlèvement des armes de toute nature. 62
Déclaration du Conseil relative aux armes. — Panique ridicule des Prussiens à propos d'un réservoir. 63
Revue passée par le prince royal dans la cour du Château. — M. Passa et le pasteur prussien. 65
M. Hardy et les prisonniers 66
Amende de 2,000 francs à propos d'une selle. — Lettre du maire au prince royal 67
Réponse du prince royal. 68
Notifications relatives à la presse. — Cours forcé de l'argent allemand. 69
Rétablissement de la circulation sur les routes autour de Versailles. — M. Franchet d'Espéray. 71
Pillage des armes de luxe. — Premiers découragements des soldats allemands. — Leur attitude. 72
Funérailles d'un général prussien. — Cérémonie. — Sentiments de la population. — Blessure du prince Max de Wurtemberg. — Vie des petits princes à l'hôtel des Réservoirs. 73
Lettre du maire au préfet relativement aux élections municipales ... 75

Organisation définitive des commissions de conseillers municipaux.	75
Nouvelles des négociations de Ferrières. — Abattement des esprits. — Violences au centre de la ville	76
Légers dégâts commis au Musée. — Lettre de M. Soulié au prince royal. — Réponse du prince royal.	77
Rupture d'un fil télégraphique. — Lettres échangées à ce sujet	79
Emprunt conclu par la ville	80
Subventions et traitements accordés par le Conseil municipal aux fonctionnaires et serviteurs de l'Etat. — Annonce officielle de la prise de Strasbourg.	80
Le magasin central. — Son organisation. — Transformation de la gare. — Incident	82
Passage de prisonniers. — Cruauté des Prussiens	83
Ambulance de la presse. — Emprisonnement de M. Jeandel.	84
Motifs de l'arrestation. — Extraits de l'article incriminé.	86
Contribution de 400,000 francs imposée à la ville.	88
Lettre du maire à M. de Blumenthal. — Demande d'audience au prince royal. — Arrivée du préfet prussien, M. de Brauchitsch.	89
Entrevue de M. de Brauchitsch avec le maire.	91
Nouveau ballon. — Avis sur la circulation des cavaliers	92

Octobre.

Délibération du Conseil relative à ses rapports avec le préfet prussien.	93
Le maire est obligé par la maladie de résigner momentanément ses fonctions. — Le Conseil refuse d'accepter sa démission.	93
Conférence du préfet prussien avec M. Cochard, chef de division de la Préfecture.	96
Lettre rédigée par M. Desjardins, archiviste, au nom de ses collègues. — Refus de service. — Réponse de M. de Brauchitsch.	97
Arrestation de MM. Desjardins et Cochard. — Exploration des archives par le sous-préfet prussien.	100
Proclamation de M. de Brauchitsch. — Réquisitions croissantes.	101
Convention conclue avec le commandant de place pour la nourriture des officiers. — Fraude de certains d'entre eux.	104
Faux bruits de victoires. — Entrevue de M. de Brauchitsch et du Conseil municipal	105
Délibération du Conseil. — Refus des propositions faites par le préfet prussien.	107
Faux bruits de victoires. — Passage de M. de Fontanelle. — Vols à la gare de Rennes.	108
Arrestation de M. Barbier.	109
Arrivée à Versailles du roi Guillaume.	109
Installation de M. de Bismarck, rue de Provence; de M. de Moltke, rue Neuve; de M. de Roon, rue Colbert. — Cour du roi.	111
Le roi Guillaume fait jouer les grandes eaux. — Dévastation dans le Parc.	112
Retraite aux flambeaux.	113
Décret de convocation des collèges électoraux pour l'élection d'une Assemblée constituante. — Démarche du maire auprès de M. de Bismarck.	114
Entrevue du maire avec M. de Bismarck	115
Recherche d'un secrétaire par le préfet prussien. — Conversation avec M. Passa.	122
Promenades du préfet et du roi autour de Versailles.	123
Les soldats polonais.	124
Réquisitions de moutons. — Remise de la contribution de 400,000 fr. — Démarche du maire auprès du roi. — Invitation à dîner. — Refus.	125

Service religieux du dimanche. — Le service à la chapelle du Château. 126
Envahissement du Temple protestant. — M. Passa. — Le voile noir sur le tronc des pauvres 127
Évacuation cruelle de l'Hôpital militaire. — Mort de M. Smitt, membre de l'ambulance hollandaise 128
Discours de M. Passa sur la tombe de M. Smitt 130
Discours de M. Rosseuw-Saint-Hilaire 132
Expulsion de l'ambulance internationale hollandaise 135
Revue par le roi Guillaume sur l'avenue de Paris. — Suicide d'un soldat par nostalgie 136
Établissement des fourneaux économiques 137
Échos du combat de Châtillon. — Arrivée des habitants de Garches, expulsés de leur village 139
Souscription en faveur des émigrés. — Leur installation au Grand Séminaire. — M. Raoult. 140
Arrivée à Versailles du général Boyer. — Ses passages à travers la ville. — Enthousiasme et déception 141
Mort subite de M. Hamel 144
Difficultés pour l'approvisionnement et pour le chauffage. — Procédés de chauffage des Prussiens 145
La proclamation du gouvernement de Tours est connue du Conseil, qui répond par une adresse 147
Extraits du *Moniteur* sur Versailles. — Demande de renseignements sur le souterrain qui unit Versailles à Paris. — Réponse du maire. 149
État d'esprit de la garnison prussienne. — Organisation de la police. — Arrestation de M. Chobert. — M. Angel de Miranda 151
Apparition du *Nouvelliste*. — Rapports de M. de Brauchitsch avec les journaux versaillais 165
Entrevue de M. de Brauchitsch avec MM. Bersot et Schorer 168
Suppression des journaux de Versailles 170
Affichage du *Nouvelliste*. — Arrestation à ce sujet. — Publications du *Recueil officiel du département* 171
Rétablissement et perception des contributions directes 176
Emprunt nouveau. — Difficultés financières. — Crise monétaire. 179
Établissement par les autorités prussiennes d'une taxe officielle pour les repas chez les restaurateurs 183
Arrivée de nombreux blessés bavarois. — Demande des lits de l'Hôpital civil. — Protestation du maire 184
Établissement de nouvelles ambulances 186
Subvention à l'Hôpital militaire par la Société internationale .. 187
Amende de *cent francs* imposée à la ville par M. de Bismarck, à propos d'une voiture fournie trop tard. — Lettres du maire 188
Dévastation des bois de Fausses-Reposes 192
Fête du 18 octobre. — 1870 et 1815 193
Arrestation de M. Georges Lesourd, secrétaire d'ambassade 196
Pillage de Saint-Cloud. — Comment les collections de Sèvres ont été sauvées 197
Traits d'honnêteté. — Vols divers. — Hypocrisie prussienne 201
Alerte du 21 octobre 203
Douzième entrevue du maire avec M. de Bismarck 205
Arrêté du commandant de place 213
Extraits du *Nouvelliste*. — Service funèbre d'un commandant de zouaves. 214
Promenade à travers la ville de canons et de prisonniers 215
Réclamation à la ville de 600,000 francs comme prix de réquisitions arriérées. — Lettre du maire au prince royal 216
Remise des 600,000 francs 217
Enterrements nombreux 218

TABLE DES MATIÈRES. 491

Arrestation de conseillers municipaux par le lieutenant de police Zernicki. 219
Aurore boréale. — Préparatifs de l'établissement de l'empire allemand. — Délibérations des plénipotentiaires. — Réquisitions de plumes, encriers, etc. 221
Exécutions à Bougival. — Extrait du *Nouvelliste*. 222
Les otages sur les locomotives. 223
Avances faites à l'Etat par le Conseil municipal. — Paiement de nombreux traitements. — Travaux de terrassement. — Subvention au Bureau de bienfaisance. 224
Passage de membres du Corps diplomatique. 225
Réquisition de 6,000 couvertures. — Démarche des conseillers auprès des habitants. 226
Nouvelle de la capitulation de Metz. 229
La discipline prussienne. — Retraite aux flambeaux 229
Blessure de M. Dax 230
Arrêté relatif aux contributions. — Autorisation d'emprunter accordée aux communes par le préfet prussien. 231
Le prêteur M. Betzold. — Mécanisme financier organisé par M. de Brauchitsch. 232
La politesse prussienne. — Echec de M. Betzold 234
Expulsion des habitants de Saint-Cloud. — Leur arrivée à Versailles. 235
Détresse des émigrés. — M. Raoult. — Les enfants. — M. Rimbault . 236
Transformation du *Nouvelliste* en *Moniteur officiel*. — Les annonces des commerçants juifs. — Les bazars 237
La réquisition d'un matériel de brasserie. — Revue passée par le roi Guillaume. — Arrivée de M. Thiers. — Acclamations. 238
Opinion du *Moniteur* prussien sur les négociations 240
Lettre de M. de Brauchitsch sur la reprise des audiences du tribunal. — Délibération du tribunal 241
Fêtes prussiennes à l'occasion de la capitulation de Metz 243

Novembre.

Conférences de M. Thiers avec M. de Bismarck. 244
Second numéro du *Recueil officiel* du département. — M. de Brauchitsch et l'instruction publique. — Rapport de M. Auquetil sur la situation des écoles. 245
Départ de M. Thiers 249
Arrestation de M. Cochery. 250
Concerts prussiens. — Capture d'un ballon 251
Distribution de lettres aux soldats. — Réquisition au maire d'avoir à donner à M. de Brauchitsch son titre de préfet 252
Réclamation de loyers à la ville. — Réponse du maire 253
Autre réclamation aussi peu fondée faite aux marchands de bois . . 254
Essai de vente par les Prussiens des coupes des forêts de l'Etat. — Echec 255
Appel à la dénonciation adressé par les autorités prussiennes . . . 259
Arrestation et envoi en Prusse de MM. de Raynal et Harel, substituts. — Le conseiller intime Stieber. — Le lieutenant de police Zernicki. 260
Arrestation et envoi en Prusse de M. Thiroux, directeur intérimaire des postes. — Essai de corruption des employés de la poste. . . . 265
Réquisition du matériel complet d'une ambulance 268
Réquisition de 6,000 chemises et de 2,000 paires de bottes 269
Echantillon des réquisitions quotidiennes : un feuillet du registre de la commission 270
Réquisitions des petits princes. — Le *Casino* du prince de Cobourg . 273
Un obus près de Versailles. 274

Craintes sérieuses éprouvées par les autorités. — Suicide du journaliste allemand Hoff. — Fourneaux économiques 275
Préparatifs de départ. — Aéronautes prisonniers 276
Violences contre un sergent de ville. — Coup de sabre à un passant. — Arrestation de M. Bonnessient 277
Ordres de M. de Brauchitsch relativement à l'approvisionnement. — Présentation du sieur Baron, fournisseur et spéculateur 278
État de l'approvisionnement à Versailles 280
Formation d'un syndicat de négociants 280
Fraudes d'un fournisseur prussien. — Population dangereuse de Versailles. — Les braconniers, les espions. 282
Proposition par M. Rémont de voter 200,000 francs pour acheter des canons. 283
Rapport de M. Bersot 284
Voyage à Tours de M. Barbu. 285
Disparition des inquiétudes conçues pendant quelques jours par les Prussiens. — L'abonnement au *Moniteur officiel*. — Panique singulière dans la garnison. — Les vêpres siciliennes versaillaises. . 286
Alarmes continuelles de la police. — MM. Magnier-Lombinet et Luce. — Perquisitions, arrestations 287
Proclamation de Heinrich Dietz aux Français. — Un moyen original de mettre fin à la guerre; exemple de l'exaltation germanique. . . 288
Espérances des Allemands. — Le nouvel empire universel. — Optimisme des Versaillais. 289
La fête de la princesse royale de Prusse. — Jeu des grandes eaux. — Aubade. — Retraite aux flambeaux 290
Inauguration des cours d'adultes 290
Les conférences de la rue Saint-Simon 291
Versailles décrit par un journaliste allemand 292
Signature à Versailles de l'acte qui réunit la Bavière à la Confédération de l'Allemagne du Nord. 299
Reprise des audiences de la justice de paix 300
Les employés de l'intendance à l'Hôtel-de-Ville 301
Un billet de logement extraordinaire. — Le chasseur déguisé . . . 302
Ambulances particulières organisées dans la ville 302
Adresse des Arabes au roi Guillaume. 303
Menaces d'exécution militaire 304
Revendication par le roi de Prusse du droit de nommer les agents des palais de la liste civile 305
Arrestation de MM. Briot et Dutru 305
Alerte. — Sortie du 30 novembre. 306
Vives espérances. — Déception. — Physionomie de Versailles . . . 308

Décembre.

Emprunt nouveau 310
Départ de M. de Brauchitsch. — Son suppléant. — M. Forster. — Envahissement de l'Hôpital. — Nouvelle de la reprise d'Orléans . . 311
Réjouissances des Prussiens. — Mort de la princesse Frédérique de Hollande. — Vie du roi Guillaume. 312
Lettres adressées au roi Guillaume et annotées par lui. 315
Rappel de l'ordonnance sur la conscription. — Sommation aux maires d'avoir à dresser la liste des hommes ayant moins de 46 ans. — Menaces 319
Refus de l'administration municipale versaillaise. — Entrée de canons. Arrivée de prisonniers français. — Brutalités 320
Lettre du maire au colonel de la garde nationale sur la reprise du service de la garde nationale 321

TABLE DES MATIÈRES.

Trait d'honnêteté d'un soldat allemand. — Vol commis par un autre. — La note du commandant de place, ... 322
Réquisition d'omnibus 323
Emprisonnement de M. Bernay. — Envoi de garnisaires chez le maire et chez MM. Rémont et Verlhac. — Exemples de la conduite des officiers et soldats prussiens avec les cochers, ... 323
Retour d'une partie des émigrés. — Bruits divers. — Espérances. . . 325
Cadavre d'enfant trouvé à Ville-d'Avray. — Fausses nouvelles. — Les journaux étrangers 327
Extraits du *Times* reproduits par le *Moniteur* prussien. 328
Incident relatif aux passeports. — Arrestation de M. Deroisin. — Emprisonnement de M. Fouquet 330
Perquisitions à Montreuil. — Interdiction de la circulation dans les bois des environs. 331
Extrait de la *Gazette de Cologne* 332
M. de Roon et sa cuisinière 333
Arrivée à Versailles de la députation qui offre au roi Guillaume la couronne impériale. — Réquisitions pour les députés de logements et de vins de Champagne 335
Service funèbre du lieutenant Olivier Godard 336
Allocution du maire 338
Réquisition de 12 jeunes sapins et de bougies pour les arbres de Noël 339
Retour de M. de Brauchitsch. — Menaces d'exécution militaire. . . . 340
Cérémonie de la présentation de l'adresse au roi Guillaume 341
Détails de la solennité. — Le nouveau drapeau féodal. 344
Excursion des députés. — Gageures sur la reddition de Paris. — Fausses nouvelles. 345
Arrivée de marins prussiens 347
Perquisition générale dans toute la ville. — Arrestations. — Crainte d'une Saint-Barthélemy. — Extrait d'une correspondance allemande 348
Police augmentée. — Coup de sabre à un cantonnier 350
Perquisition dans les bureaux de la Société Internationale. — Vol de vins destinés aux blessés 350
Zernicki. — La Société dissoute. — Annulation de l'ordre de dissolution 352
Amende de 50,000 francs prononcée contre la ville par M. de Brauchitsch. 354
Lettres du maire au commandant de place, à M. de Bismarck et au prince royal. 355
Vol d'une pendule. — Coups de sabre à M. Goister. — Fausses clefs oubliées par des Prussiens. — Charretiers maltraités 358
Célébration des fêtes de Noël par les Prussiens. — Extrait d'une correspondance allemande. — Les arbres de Noël au Château, chez le roi, chez M. de Bismarck 360
Annonce du bombardement de Paris. — Pétitions le réclamant. . . . 365
Résistances de l'état-major. — Commencement du bombardement. — Appel charitable 366
Le bazar de la Galerie municipale. — M. Rimbault. — Autre appel pour les blessés de la Loire. — MM. de Bussière et Rosseeuw-Saint-Hilaire 368
Détresse financière générale. — La caisse des prêts et avances proposée par M. Laurent-Hanin. 372
Exemple des services rendus par cette société. 373
Société de secours aux blessés militaires. — Sociétés anglaises. — MM. Furley, Bullock, Marschall 374

Extraits des récits de M. Furley. — Le *Casino* du prince de Saxe-Cobourg. — Les soirées des princes allemands. — Hommage rendu à la Société internationale. — Misère des Bavarois 375

Mme Inglefield. — Description de l'ambulance du Château 378

Vie de la colonie anglaise. — Le chien *Bismarck*. — Le dépôt de la Société internationale allemande. — Extrait d'une correspondance allemande 379

Voyages au profit des blessés par MM. Rabot, Oudinet, Leclerc, Cizos. 382

Lettre du maire relative au Magasin 383

Refus par le Conseil du paiement de l'amende de 50,000 francs . . . 384

Emprisonnement du maire et de MM. Barué-Perrault, Mainguet, Lefebvre 385

Janvier.

Réjouissances du jour de l'an à la cour prussienne. — Réceptions. — Poésie officielle 386

Visite du commandant de place au maire prisonnier. — Service funèbre d'un capitaine français. — Discours de MM. Fropo et Laurent-Hanin 389

Officier bavarois ivre-mort. — Arrivée de nouveaux émigrés de Meudon. — Nouveaux efforts de M. de Brauchitsch pour constituer le magasin de vivres 391

Persistance du Conseil dans son refus. — Envoi de garnisaires. — Versement des 50,000 francs par les négociants. — Mise en liberté des prisonniers 394

Bombardement des forts du Sud. — Mouvements de troupes. — Espérances 396

Nomination d'un gouverneur général, M. de Fabrice. — Sa proclamation. — Réquisitions 398

Nouvelle installation du préfet prussien. — Arrivée de nombreux blessés. — Visites des Prussiens aux batteries de siège 400

Jubilé du ministre de la Guerre de Roon. — Amende de 100,000 francs frappée par l'intendance générale. — Démarches protectrices de M. de Voigts-Rhetz 401

Incendie. — Un bon mot prussien. — Soirée musicale et dramatique pendant le bombardement. — Etat moral de l'armée prussienne. . 403

Arrêté du préfet prussien relatif aux actes officiels des maires. — Recensement de la population à l'aide de tableaux 405

Nouvelle du désastre du Mans. — Mitrailleuses exposées sur la place d'Armes. — Tristesse profonde et découragement. — Physionomie de la ville 406

Souffrances des expulsés de Meudon et des convoyeurs. — Nomination d'un commissaire civil. — Sa proclamation 409

Réquisitions. — Arrivée d'officiers et de drapeaux 411

Cérémonie de la proclamation de l'Empire allemand 412

Réunion de charité à l'Evêché pour la répartition des fonds envoyés par les journaux anglais 414

La sortie du 19 janvier. — Alerte. — Arrivée de nombreux régiments de renfort. — Anxiété de la population 415

Irritation des Prussiens. — Scène de brutalité. — Arrivée de prisonniers français. — Emprisonnement de M. Moreau. — M. Gasley. — Dévastations commises par la landwehr 417

Esprit général de la landwehr. — Prisonniers de Saint-Cloud. — M. Hardy 419

Enterrements nombreux. — Service funèbre de gardes nationaux. — Démonstrations patriotiques 421

TABLE DES MATIÈRES. 495

Extraits du *Moniteur* prussien. — Distribution gratuite du *Drapeau*. — Proclamation de Henri V. — Pillage à la caserne de la rue de la Bibliothèque 422
Fraudes des officiers pour la nourriture. — Vains efforts pour les déjouer. — Restitution de correspondances allemandes 423
Dons des Sociétés de secours anglaises. — Poésie d'Emile Deschamps. 425
Incendie. — Violences commises tout auprès de la résidence du roi. — Arrivée de M. Jules Favre 429
Conférence de M. Jules Favre avec M. de Bismarck 430
Dîner solennel. — Anniversaire princier. — Dîner du roi à l'hôtel des Réservoirs. — Mouvements de troupes. — Lassitude de l'armée prussienne 431
Nouvelle de la capitulation de Paris. — Stupeur. — Silence des forts. — Nouvelles contributions 432
Lettre du maire. — Réponse ironique du commissaire civil. — Croissance des exactions et des brutalités pendant l'armistice. — Motifs présumés de cette conduite 435
Augmentation des logements militaires. — Les excursions des officiers. — Les logements en 1815 438
Arrivée des lettres arriérées. — Les Parisiens à Versailles. — Le pain du siège 440

Février.

Incendie de Saint-Cloud. — Documents 441
Incendie du château de Meudon 442
Essai de représentation théâtrale : *Une Chaumière à Vaucresson et une Chambre au Palais de Versailles*. — Résistance de M. Ludovic... 443
Ravitaillement de Paris. — Lettre de M. Jules Favre 446
Mise en liberté de M. d'Alaux. — Récit de sa captivité. — Un conseil de guerre au quartier général 447
Lettre de remerciement des réfugiés de Meudon. — Envahissement du quartier Montreuil. — Mort subite d'une femme. — Fermeture rigoureuse de Versailles. — Passage de Parisiens à travers la ville. — Attitude des Versaillais jugée par un Prussien 459
Surveillance du marché par les Prussiens. — Service funèbre d'un garde national. — Précautions prises par la police allemande contre l'entrée d'étrangers. — Coup de sabre à une femme. — Élections pour l'Assemblée nationale. — Résultats 461
Article injurieux sur M. Thiers publié par le *Moniteur* prussien. — Autorisation de porter quelques denrées aux hôpitaux de Paris, accordée à la Société internationale 463
Réclamation du maire contre les logements et les impôts nouveaux. — Reprise des trains du chemin de fer. — Surveillance des voyageurs par des officiers supérieurs. — Arrestation de MM. Grosseuvre et Alcindor. — Réquisitions et menaces d'amende. — Le nettoyage des casernes. — Épuisement des désinfectants. — Dégâts volontaires. — Rétablissement régulier des communications entre Versailles et Paris 465
Contribution nouvelle de 10 millions imposée au département 467
Entrevue de l'administration municipale avec le commissaire civil. — Prétendue justification des impôts par le *Moniteur* prussien. — M. Guizot et M. de Barante 469
Signature des préliminaires de paix. — Loisirs des officiers. — Cavalcades. — Les préparatifs pour l'entrée triomphale dans Paris. — Exercices. — Les recrues. — Départ des mercantis. — Liquidation des bazars. — Emballage général. — Deux photographies emportées comme souvenirs de France 472

Mars.

Départ des troupes allemandes pour Paris. — Anxiété. — Retour sans éclat. — Etat moral de l'armée. — Lassitude profonde des soldats. — Déception des officiers. — Démarches du Conseil pour faire cesser les réquisitions 473

Les réquisitions continuent. — Refus d'une voiture requise. — Lettre du commandant de place. — Le droit des gens respecté après la paix comme avant. — Départ des petits princes. — Départ de M. de Bismarck. 475

La pendule historique 476

Etat dans lequel M. de Bismarck laisse l'hôtel qu'il a habité. — Vols et dégâts. — Le service damassé. — Départ du chef de la police, conseiller intime Stieber. — Vol d'objets d'art. — Coups de sabre et emprisonnement. — Vol de diamants, etc. 479

Départ du prince royal. — Son influence modératrice. — Départ du roi Guillaume. — Acclamations moins bruyantes qu'à l'arrivée. — Le seul enthousiasme qui reste 481

Visite de la Préfecture par M. le baron Normand après le départ du roi. — Inventaire des objets disparus 482

Dernière insulte au drapeau français, la paix étant signée. — Menaces du commandant de place. — Offres inutiles de croix prussiennes. — Nouvelle de l'approche de détachements français 484

Le jour de la délivrance. — Départ de la garnison prussienne. — Entrée des premiers bataillons français. — Réception par le maire et par toute la population. — Retour du bataillon d'honneur. — Joie bien vite disparue 485

www.ingramcontent.com/pod-product-compliance
Lightning Source LLC
Chambersburg PA
CBHW050603230426
43670CB00009B/1244